Betriebliches Rechnungswesen und Controlling

von
Prof. Dr. Jana Eberlein

2., erweiterte Auflage

Oldenbourg Verlag München

Bibliografische Information der Deutschen Nationalbibliothek

Die Deutsche Nationalbibliothek verzeichnet diese Publikation in der Deutschen
Nationalbibliografie; detaillierte bibliografische Daten sind im Internet über
<http://dnb.d-nb.de> abrufbar.

© 2010 Oldenbourg Wissenschaftsverlag GmbH
Rosenheimer Straße 145, D-81671 München
Telefon: (089) 45051-0
oldenbourg.de

Lektorat: Dr. Jürgen Schechler
Herstellung: Anna Grosser
Coverentwurf: Kochan & Partner, München
Gedruckt auf säure- und chlorfreiem Papier
Gesamtherstellung: Grafik + Druck GmbH, München

ISBN 978-3-486-59662-5

Vorbemerkungen zur 1. Auflage

Das betriebliche Rechnungswesen mit seinen vielseitigen Systemen und Verfahren steht nach wie vor im betriebswirtschaftlichen Interesse. Es bildet mittlerweile einen anerkannten Schwerpunkt betriebswirtschaftlicher Tätigkeit in allen Branchen. Kenntnisse des Rechnungswesens sind heute nicht nur im kaufmännischen Bereich relevant, sondern haben ebenso in technischen Disziplinen Einzug gehalten.

Angefangen von der traditionellen Kosten- und Leistungsrechnung, den Teilkostenrechnungssystemen, der Prozesskostenrechnung bis hin zu den Erfolgspotenzial- und Lebenszyklusrechnungen gilt es als praxiserprobtes Instrument des Controllings.

Dieses Buch befasst sich aufgrund des zu begrenzenden Umfanges mit ausgesuchten Sachverhalten des betrieblichen Rechnungswesens und deren Einfluss auf das operative Controlling. Im Fokus steht neben der Skizzierung der jeweiligen Grundaussagen vor allem das Aufzeigen der vielfältigen Interdependenzen zwischen den einzelnen Anwendungsgebieten.

Die Basis bilden die klassischen Ansätze der Kosten- und Leistungsrechnung auf Vollkostenbasis. Als Teilsystem des internen Rechnungswesens dient sie insbesondere der zeitnahen Bereitstellung von entscheidungsrelevanten Informationen. In Form einer kalkulatorischen Rechnung wird der Betriebsprozess mengen- und wertmäßig abgebildet und dokumentiert. Dazu nutzt die Kosten- und Leistungsrechnung, sowohl vergangenheits- als auch zukunftsorientiert, verschiedene Methoden, Instrumente und Verfahren. Daran anknüpfend stehen ausgewählte zeitgemäße Rechensysteme auf Teilkostenbasis im Zentrum der Betrachtung, wobei besonderes Augenmerk auf die Stundensatz- und Prozesskostenrechnung gelegt wird. Diese zwei Systeme werden kritisch auf ihre verursachungsgerechte Anwendbarkeit geprüft. Weil die Qualität des betrieblichen Rechnungswesens nachhaltig die Güte von Budgets, und damit die Planungs-, Informations-, Kontroll- und Koordinationsfunktion des Controllings bestimmt, wird sich abschließend der Diskussion dieses Zusammenhanges gewidmet.

Das Buch wendet sich insbesondere an Studierende. Das Hauptanliegen besteht darin, die Leser im Erlangen von Grundkenntnissen des betrieblichen Rechnungswesens zu unterstützen und gleichfalls zu animieren, diesbezügliche Verfahren, Methoden und Systeme in Bezug auf ihre Eignung, Anwendbarkeit und Wirtschaftlichkeit unter Beachtung spezieller betrieblicher Rahmenbedingungen sachkundig verstehen und anwenden zu wollen. Anhand von zahlreichen, sorgfältig ausgewählten Beispielen und Abbildungen werden vornehmlich elementare Sachverhalte erläutert. Aufgrund der zunehmenden Übertragung der Ansätze des betrieblichen Rechnungswesens auf Dienstleistungsbereiche beziehen sich die Ausführungen nicht nur auf Industriebetriebe, sondern gleichfalls auf Dienstleistungsunternehmungen.

An dieser Stelle gilt mein Dank all jenen, die beim Schreiben dieses Buches geholfen haben. Ohne Hilfe wäre dieses Lehrbuch nicht entstanden. Für die zahlreichen Diskussionen, den wissenschaftlichen Austausch und die wertvollen Anregungen danke ich meinem Kollegen Herrn Prof. Dr. sc. Reiner König herzlich. Herr Gerald Heideck stand mir bei der Lösung technischer Probleme erfolgreich zur Seite. Herzlichen Dank dafür!

Für die verständnisvolle Zusammenarbeit möchte ich mich bei Herrn Martin Weigert, Cheflektor im Oldenbourg Verlag, bedanken.

Besonderen Dank schulde ich meiner Familie, die mich durch ihr nie nachlassendes Verständnis und ihre uneingeschränkte Zuneigung motivierte und schließlich beim langwierigen Korrekturlesen in unzähligen Stunden unterstützte.

Wernigerode, Mai 2006   *Jana Eberlein*

Vorbemerkungen zur 2. Auflage

Nach der erfreulichen Resonanz zur ersten Auflage wurde das Lehrbuch überarbeitet, aktualisiert und um zahlreiche Beispiele sowie Übersichten ergänzt. Hinzuweisen lohnt sich insbesondere auf die inhaltlichen Erweiterungen. Diese beziehen sich bspw. auf die Themen Centerrechnung und Interne Verrechnungspreise, Mehrdimensionale prozessorientierte Deckungsbeitragsrechnung, Target Costing sowie Kennzahlen und Performance Measurement-Systeme.

Dafür, dass diese umfangreichen Erweiterungen vonseiten des Oldenbourg Verlags möglich wurden, möchte ich mich bei Herrn Dr. Jürgen Schechler und Herrn Rainer Berger herzlich bedanken.

Mein Dank gilt Frau Dipl. Ök. Marion Rattay für die angenehmen und hilfreichen Dialoge sowie Frau Dipl. Päd. Margitta Bönsch, die mich vor den Tücken der Software beschützte.

Besonders Dank sagen möchte ich den Studentinnen und Studenten der Hochschule Harz für die vielfältigen Diskussionen und wertvollen Anregungen.

Wernigerode, Mai 2010   *Jana Eberlein*

Inhalt

Abkürzungs- und Symbolverzeichnis

a	Jahr	$DB_{entgangen}$	entgangener Deckungsbeitrag
A	Allgemeine Stelle		
AB	Anfangsbestand	DRS	Deutscher Rechnungslegungsstandard
Abb.	Abbildung		
ABH	Anlagenbuchhaltung	E	Periodenerlös bzw. Umsatz
AfA	Absetzung für Abnutzung	e	spezifischer Erlös
AK	Anschaffungskosten	EC	Eigenkapital
AO	Abgabenordnung	E_{GS}	Deckungsumsatz
AP	Angebotspreis	EK	Einzelkosten
AS	Abschreibungssatz	EstG	Einkommensteuergesetz
ÄZ	Äquivalenzzahl	EVA	Economic Value Added
ÄZ-ME	Äquivalenzzahlen-Mengeneinheit	F	Fertigungshauptstelle
B	Branche	f	fix
B	Merkmalsgröße	f.	folgende Seite
$B\ddot{A}$	Bestandsänderung	F&E	Forschung und Entwicklung
$B\ddot{A}\uparrow$	Bestandserhöhung		
$B\ddot{A}\downarrow$	Bestandsminderung	FBH	Finanzbuchhaltung
BAB	Betriebsabrechnungsbogen	FC	Fremdkapital
BE	Betriebsergebnis	FE	Fertigerzeugnis bzw. -leistung
BilMoG	Bilanzrechtsmodernisierungsgesetz		
BK	Bezugskosten	FEK	Fertigungseinzelkosten
bspw.	beispielsweise	ff.	folgende Seiten
BVP	Barverkaufspreis	FGK	Fertigungsgemeinkosten
bzw.	beziehungsweise	FH	Fertigungshilfsstelle
BSC	Balanced Scorecard	Fifo	First in first out
C	Kapitalbindung	FK	Fertigungskosten
c_{el}	Elektrische Auslastung	FL	Fläche
DCF	Discounted Cashflow	FN	Fertigungsnebenstelle
CRM	Customer Relationship	G	Absatzgebiet
CVA	Cash Value Added	g	Stückgewinn
D	Degressionsbetrag	ggf.	gegebenenfalls
dB	Stückdeckungsbeitrag	GK	Gemeinkosten
DB	Periodendeckungsbeitrag	GK_{Platz}	Platzgemeinkosten
DB^S	Solldeckungsbeitrag	$GK_{T\,Platz}$	nutzungszeitabhängige Platzgemeinkosten

$GK_{U\,Platz}$	nutzungszeitunabhängige Platzgemeinkosten	kWh	Kilowattstunde
GK	Gemeinkosten	L	Liquidationserlös
GoB	Grundsätze ordnungsgemäßer Buchhaltung	l	Leistungsinanspruchnahme des Engpasses
GR	Großkunde	LBH	Lohnbuchhaltung
h	Stunde	LE	Leistungseinheit
H	Hauptprodukt	lfd.-Nr.	laufende Nummer
HDK	Handlungskosten	Lifo	Last in first out
HGB	Handelsgesetzbuch	lmi	leistungsmengeninduziert
Hifo	Highest in first out	lmn	leistungsmengenneutral
HK	Periodenherstellkosten	Lofo	Lowest in first out
hk	Stückherstellkosten	LP	Listenpreis
Hrsg.	Herausgeber	M	Materialstelle
I	Ist	max	maximal
IAS	International Accounting Standards	MBH	Materialbuchhaltung
IFRS	International Financial Reporting	ME	Mengeneinheit
IGC	International Group of Controlling	MEK	Materialeinzelkosten
IK	Instandhaltungskosten	MES	Materialentnahmeschein
K	Periodenkosten	MGK	Materialgemeinkosten
k	Stückkosten	MV	Materialverbrauch
$K^{/}$	Differenzialkosten	N	Nebenprodukt
$k^{/}$	Grenzkosten	ND	Nutzungsdauer
KA	Kostenart	NOPAT	Net Operating Profit After Taxes
K_r^{Leer}	Leerkosten	P	Plan
K_f	fixe Periodenkosten	p.a.	pro Jahr
k_f	fixe Stückkosten	P_{el}	elektrische Nennleistung
K_f^{Nutz}	Nutzkosten	PK	Prozesskosten
KG	Kundengruppe	PKS	Prozesskostensatz
Kg	Kilogramm	PM	Prozessmenge
K_K	Kosten Kuppelprozess	POG	Preisobergrenze
$_{VR}K^P$	verrechnete Plankosten	PUG	Preisuntergrenze
$K_{primär}$	Primärkosten	$Q_{abgesetzt}$	abgesetzte Leistung
KS	Kalkulationssatz	Q_{fertig}	fertig gestellte Leistung
K^S	Sollkosten	$Q_{hergestellt}$	hergestellte Leistung
$K_{sekundär}$	Sekundärkosten	Q^I	Istbeschäftigung
$k_{T\,Platz}$	nutzungszeitabhängige spezifische Platzgemeinkosten	Q^{Normal}	Normalbeschäftigung
K_{wz}	Werkzeugkosten	qm	Quadratmeter
kW	Kilowatt	Q^P	Planbeschäftigung

r	Gesamtrentabilität	VwK	Verwaltungskosten
r_{EC}	Eigenkapitalrentabilität	VwVtK	Verwaltungs- und Vertriebskosten
Rest-FK	Restfertigungskosten	WACC	Kapaitalkostensatz
r_{FC}	Fremdkapitalrendite		
RK	Raumkosten	WK	Wiederbeschaffungskosten
η	Leverage-Effekt	Wz	Werkzeug
S.	Seite	X	Produkt
$S(Q)$	Sicherheitskoeffizient	x	Faktorpreis
SK	Selbstkosten	Z	Zähler
SKF	Sonderkosten Fertigung	z. B.	zum Beispiel
SKV	Sonderkosten Vertrieb	ZE	Zeiteinheit
SO	Sonstige Kunden	ZS	Stundensatz
T	Zeit	ZVEI	Zentralverband der Elektroindustrie
t	Tonnen	α	Abschreibungsbetrag
T€	Tausend Euro	$\Delta K_{relativ}$	relative Kostenveränderung
TD	Technische Dokumente	ΔQ_{rel}	relative Beschäftigungsänderung
T_G	Maschinenzeit	ROCE	Return on Capital Emloyed
T_I	Instandhaltungszeit	r	Reagibilität
T_L	Maschinenlaufzeit	$r(Q)$	Gewinnreagibilität
$T_{Last\,Wz}$	Lastlaufzeit des Werkzeugs	ε	Kostenelastizität
TLE	Tausend Leistungseinheiten	$\Delta K_{relativ}$	relative Kostenelastizität
TME	Tausend Mengeneinheiten	$\Delta Q_{relativ}$	relative Beschäftigungselastizität
T_S	Stillstandszeit	ΔK	Kostenabweichung
UE	unfertige Erzeugnisse bzw. unfertige Leistungen	Δk	Differenzkosten
US	Umlageschlüssel bzw. -satz	ΔQ	Leistungsabweichung
UW	Unternehmenswert	$f(x)$	Funktion von x
v	Variator	ω	Opportunitätskosten
var	variabel	ΔB	Beschäftigungsabweichung
VB	Verrechnungsbasis	ΔV	Verbrauchsabweichung
r	Gesamtrentabilität	%	Prozent
VDI	Verein Deutscher Ingenieure	§	Paragraph
VE	Verbrauch	€	Euro
vgl.	vergleiche	Ø	durchschnittlich
VS	Verrechnungssatz	β	Index für veränderte Menge
Vt	Vertriebsstelle	t	Index für Nutzungsjahr
VtGK	Vertriebsgemeinkosten	Σ	Summe
VtK	Vertriebskosten		
Vw	Verwaltungsstelle		
VwGK	Verwaltungsgemeinkosten		

1   Einführung

1.1   Begriff und Aufgaben des Controllings

Über die Grundidee des Controllings finden sich immens viele Studien und ebenso zahlreiche Auffassungen. Nichtsdestotrotz hat das Controlling als eine der schillernsten und gleichzeitig umstrittensten betriebswirtschaftlichen Teildisziplinen einen fulminanten Einzug in die Praxis vorgelegt.[1]

Die folgenden Ausführungen zur Controlling-Definition orientieren sich nur auf einen begrenzten Blickwinkel und sind vor allem dem Zusammenspiel zwischen Controlling und betrieblichem Rechnungswesen (Management Accounting) geschuldet.

Gegenwärtig besteht weitgehend Konsens darüber, dass Controller die Aufgabe ökonomischer Fluglotsen übernehmen, die durch sachbezogene operative und strategische Navigationsmethoden entscheidend dazu beitragen, dass ein Unternehmen in der Gewinnzone wenigstens jedoch bei Break-even sicher landet.[2]

Der Controller liefert als Inhouse-Consulter indessen nicht nur wesentliche Entscheidungsunterstützung, sondern wächst tendenziell, je nach Historie und Führungsstil des Unternehmens, in eine Managementrolle hinein. Der Erfolg der Controller hängt dabei primär davon ab, inwieweit es dem Topmanagement überzeugend gelingt, die Vision und die Ziele des Unternehmens unmissverständlich zu formulieren und vor allem nachhaltig in sämtliche Unternehmensebenen zu kommunizieren und in der Folge zu leben. Zum Zwecke der zielkonformen und agilen Steuerung ist ein Unternehmen möglichst realitätsnah, vollständig und so detailgetreu wie nötig in Zahlen, Prozessen sowie in den relevanten Wechselwirkungen abzubilden bzw. zu modellieren *(Reporting)*. Es geht letztlich darum, eine Basis für Entscheidungsunterstützungen bereitzustellen.

Sicher sind Störungen, d. h. Problem- und Spannungsfelder niemals vollends vermeidbar; allerdings sind diese schnellstmöglich zielorientiert und einwandfrei zu erkennen und verlangen nach einer zügigen, verantwortungs- und wirkungsvollen Lösung. Ohne eine managementorientierte Accountingplattform dürfte dies unmöglich sein.

---

[1]   Vgl. bspw. Weber, J./Schäffer, U.: (Controlling), S. 2 ff.; Küpper, H.-U.: (Controlling), S. 1.

[2]   Vgl. Deyhle, A.: (Controller-Praxis), S. 11 sowie Deyhle, A./Steigmeier, B. (Controller), S. 19.

Hierbei agiert der Controller innerhalb eines ganzheitlichen, wirkungsvernetzten Führungskonzeptes[3] und ist fokussiert auf einen koordinierten und prozessbezogenen Regelkreis. Abstrakt gesehen gelten die Funktionen *Planung, Information, Steuerung und Kontrolle*[4] derzeit als unumstritten.

Letztlich geht es aber um mehr, insbesondere um die Kombination von Management und psychologischen und ethischen Belangen. Das Controlling nimmt damit Mehrfachfunktionen wahr. Zum Ersten übt es eine Governance-Funktion aus und dient damit als Subsystem der Unternehmensführung zur Durchsetzung der Unternehmensziele (vgl. Abb. 1-1) und zum Zweiten übernimmt das Controlling eine Dienstleistungsfunktion als „Business Partner" der Führungskräfte[5]. Zum Dritten erfüllt das Controlling zunehmend eine Mentoren-Funktion, initiiert durch die permanent notwendige Kommunikation mit den Mitarbeitern in den unterschiedlichsten Abteilungen, Projekten und Prozessen. In zahlreichen, zumeist größeren Unternehmen übernimmt die Gewinnmaximierung nicht immer das alleinige Ziel, sondern das Management wägt bestimmte Entscheidungen auch unter den Prämissen Umweltschutz und Nachhaltigkeit, also ethisch akzeptablen Verhalten ab. Durchaus kann ethisch orientiertes Handeln auch komplementär mit den Ergebniszielen verbunden sein[6].

Der Controller hat mit dem fachspezifischen Management-Know-how die Fähigkeiten von nachdrücklicher Teamorientierung, eindeutig prozess- und/oder funktionalorientierter sowie zugleich freundlicher Mitarbeiterführung bei ausgeprägtem Selbstmanagement zu bewältigen.

Oftmals rückt der Controller in die Ecke des „Erbsenzählers" und „Spaßbremsers". Aber ganz das Gegenteil sollte gängige Praxis sein: Freude und Begeisterung an komplexen, quantitativen und zunehmend qualitativen Fragestellungen, Enthusiasmus für die jeweilige Aufgabe, zweifelsfreie Identifikation mit der Unternehmensstrategie, Mut zur Verantwortung und zu einem ungebrochenen Innovationsbekenntnis und somit (mitunter auch unangenehmen) schnellen, zielorientierten Entscheidungen gepaart mit unnachgiebigem Erfolgswillen bei uneingeschränkter Fairness- und Loyalitätsliebe.

---

[3] Vgl. Mayer, E.: (Leitbildcontrolling), S. 105.
[4] Vgl. bspw. Küpper, H.-U.: (Aufgaben), S. 26 f.
[5] Vgl. Kieninger, M./Horváth, P. (Controlling), S. 157.
[6] Vgl. Schäffer, U.: (Ethik), S. 10 f.

Koordination

Informationsversorgung

Planung | Kontrolle

Funktionen

• Kosten- und Leistungsrechnung/ Cost Accounting/ Kalkulation
• Deckungsbeitragsrechnung/ Budgetierung/
• Planungsrechnungen/ Abweichungsanalysen
• Kennzahlen/ Kennzahlensysteme
• Berichtswesen/ Reporting Kundenerfolgsrechnung
• Verrechnungspreise
• Centerrechnung
• Cash Flow-Rechnungen
• Finanz- und Investitionsrechnung
• Finanzbuchhaltung/ Bilanzierung

• Lebenszyklusrechnung kunden- und /oder produktbezogen
• Target Costing Wertorientierte
• Unternehmensführung/ Shareholder Value
• Strategische Planung
• Balanced Scorecard
• Risikoanalysen
• ABC-Analysen
• Portfolio-Analysen
• Stärken-Schwächen-Analyse
• Wertschöpfungs-Analyse
• Erfahrungskurvenkonzept

Controlling/ Controller

Werkzeuge

Anforderungen

Bezugsobjekte

Inhouse Consulter/ interne Kundenorientierung
Betriebswirtschaftliches Wissen
Kommunikator
Kontrolleur/ Hartnäckigkeit/ Zielstrebigkeit
Lotse/ Navigator/ Initiator
Neugier/ Interesse/ Instinkt/ Enthusiasmus
Identifikation mit dem Unternehmensziel
Erfolgswille
Fairness- und Loyalitätsverständnis
Mut zu Entscheidungen
Innovationsbekenntnis
Analytiker und Architekt

Unternehmen

Center

Bereiche

Projekte

Kostenstellen

Prozesse

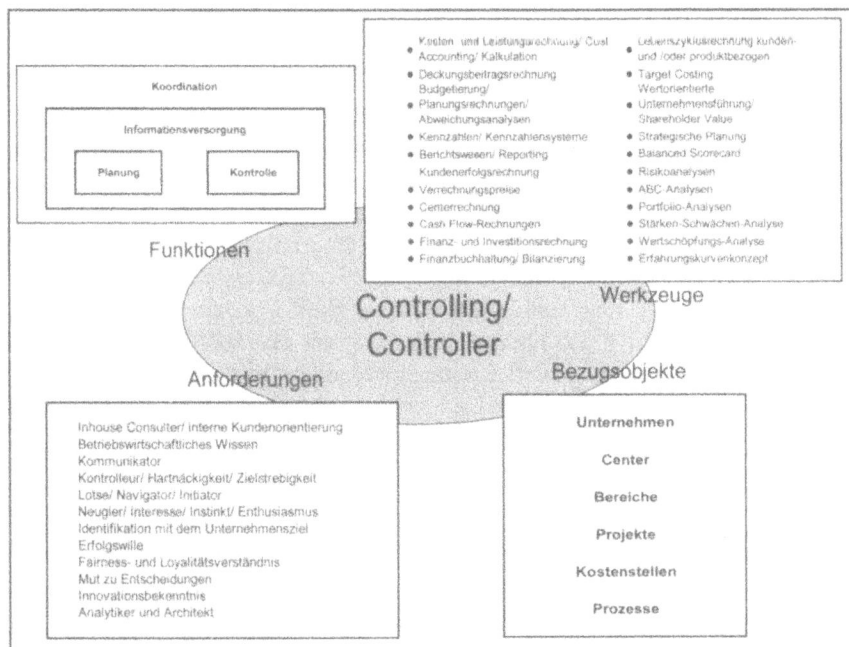

Abb. 1-1: Gestaltungsaspekte des Controllings

So ist nachweisbar, dass der Erfolg des Controllerbereichs ganz entscheidend die Güte von Managemententscheidungen beeinflusst. Je besser also die Qualität der Controllerleistung, desto höher fällt nicht nur die Anerkennung durch das Management, sondern auch der Unternehmenserfolg aus. Gleichermaßen wird häufig einem gut florierenden Unternehmen eine ausgezeichnete Controllingperformance zuerkannt[7].

Das Controlling bedient sich für die Erfüllung dieser Funktionen zahlreichen Werkzeugen. Ein elementares Tool ist zweifellos das betriebliche Rechnungswesen[8]. Es umfasst sämtliche Konzeptionen und Methoden, die eine zweckdienliche „... Erfassung, Dokumentation, Aufbereitung und Auswertung innerbetrieblicher ökonomischer Prozesse sowie der wirtschaftlich relevanten Beziehungen des Unternehmens zu seiner Umwelt ermöglichen."[9]. Damit bietet das betriebliche Rechnungswesen ein maßgebliches und unverzichtbares Fundament für die erfolgreiche Controllertätigkeit.

---

[7] Vgl. Weber, J. (Erfolg der Controller), S. 4.

[8] Vgl. dazu bspw. Hoffjan, A./Bebeck, M.: (Anforderungen), S. 620 f.

[9] Deimel, K./Isemann, R./Müller, St. (Kosten- und Erlösrechnung), S.19.

1.2   Aktuelle Entwicklungen im Controlling

Die umfassende Aktualisierung und Erweiterung der Controllingaufgaben wird vornehmlich durch die Umstellung der Rechnungslegung auf internationale Standards, den *International Financial Reporting Standards (IFRS)*, notwendig. So sind einerseits kapitalmarktorientierte Mutterunternehmen seit Januar 2005 dazu verpflichtet, ihren Konzernabschluss nach IFRS zu erstellen. Andererseits wird durch das am 29. Mai 2009 in Kraft getretene *Bilanzrechtsmodernisierungsgesetz (BilMoG)* die Informationsfunktion des handelsrechtlichen Jahres- und Konzernabschlusses vornehmlich durch eine Annäherung des Handelsrechts an die IFRS gestärkt, weil der bisherigen HGB-Rechnungslegung beschränkt entgegengehalten wird, dass sie die wirtschaftliche Lage des Unternehmens nur unbefriedigend abbilde.[10]

Bedingt dadurch erhöhen sich nicht nur die Berichtspflichten der Unternehmen, sondern es ergeben sich erhebliche Konsequenzen für die Reorganisation des internen Steuerungssystems. Zukünftig ist von einem anhaltenden Trend zur nachhaltigen Konvergenz von internem und externem Rechnungswesen auszugehen. Der daraus resultierende Effekt auf das Controlling wird in Fachkreisen als überaus positiv eingeschätzt; bedarf hingegen zweifelsohne einer Qualifizierung des Controllings *(Biltrolling)*.[11]

Im Vergleich zur bisherig existierenden Schnittstelle gemäß HGB zwischen den zwei Rechnungskreisen hat die Anzahl der Interdependenzen von Rechnungslegung und Controlling durch die Umstellung auf IFRS bedeutend zugenommen. Das Controlling wird zukünftig auffallend stärker in die Rechnungslegung einzubeziehen sein, indem bspw. Informationen wie Planungsrechnungen für Impairment Tests (IAS 36) bei Goodwills oder auch bei Beteiligungen zur Verfügung gestellt werden müssen. Für ein belastbares Performance Measurement[12] muss das Controlling bspw. abwägen, welche Ansätze bei der Berechnung von Kennzahlen, die sich gegenwärtig insbesondere an Größen des externen Rechnungswesens orientieren (z. B. Economic Value Added, EVA) anzuwenden sind. Diese zusätzliche Dienstleistungsfunktion des Controllings für die Bilanzierung führt letztlich partiell dazu, dass Daten aus der Controllingsphäre unmodifiziert im Jahresabschluss veröffentlicht werden *(Management Approach)*.[13]

In diesem Punkt besteht nun das Dilemma des Controllings, denn offenkundig verfolgen beide Systeme, also das interne und das externe Rechnungswesen, trotz zahlreicher Harmonien keineswegs nur komplementäre Ziele (vgl. Abb. 1-2). So stellt der Jahresabschluss vorzugsweise den Investoren entscheidungsnützliche

---

[10]   Vgl. bspw. Ewert, R.: (Fair Values), S. 21 ff. und Wagenhofer, A. (Controlling), S. 1 ff.
[11]   Vgl. bspw. Simons, D./Weißenberger, B. E.: (Konvergenz), S. 137 ff.
[12]   Die International Group of Controlling (IGC) benennt als Kernaktionsfelder der Controllertätigkeit „die Führungsunterstützung des Managements in den Bereichen Planung, Berichtswesen sowie Steuerung bzw. Performance Measurement". Weißenberger, B./IGC: (Controller und IFRS), S. 20.
[13]   Vgl. bspw. Hoffjahn, A./Trapp, R.: (Internationale Rechnungslegung), S. 1022.

Informationen zur Verfügung. Im Kontrast dazu orientiert das Controlling mit der kalkulatorischen Rechnung auf die Verhaltensbeeinflussung betriebsinterner Manager im Interesse langfristiger Unternehmensziele. In der Konsequenz muss bspw. einerseits die Segmentberichterstattung gemäß IFRS den Investoren einen Einblick in das unternehmensinterne Informationssystem gewähren und andererseits darf der Transfer interner Daten keine wettbewerbssensiblen Informationen offenbaren.

Zahlreiche, aus Sicht des Controllings eigentlich schon als erschöpft eingestufte Aufgabenspektren, rücken nun folgerichtig erneut in den Vordergrund. Einige wenige Beispiele seien hier stellvertretend genannt. Obwohl die Praxis schon seit Jahren nach implementierbaren Konzepten einer zeitgemäßen Centerrechnung ruft, fristen Themen betreffs dieser Controllinginstrumente in wissenschaftlichen Publikationen ein Schattendasein. Für mannigfaltige Probleme (z. B. Zurechnung von Overhead-Kosten auf Center) fehlen bislang verursachungsgerechte, überzeugende Lösungsalternativen. Diese dürften sich bei Umstellung auf die Segmentberichterstattung potenzieren. So wird bislang in der Konzernrechnungslegung zwischen sogenannter Management-Konsolidierung (dient dem unterjährigen Vergleich der Gesellschaften im Rahmen eines „bereinigten" Beteiligungscontrollings) und der Legalkonsolidierung (testierter Konzernabschluss; dieser hat jedoch retrospektiven Charakter und besitzt demnach für die Unternehmenssteuerung und Verhaltensbeeinflussung zumeist nur informativen Berichtscharakter) unterschieden.[14] Häufig werden in diesem Zuge Synergien im Interesse der Kostenreduzierung bspw. für die Informationsbereitstellung versprochen. Insbesondere die Qualifizierung der internen funktionalen Rechnung scheint hier, bspw. im Interesse einer unterjährigen und durchgängigen Analysefähigkeit, geboten zu sein.

Außerdem ergeben sich im Zuge der Umstellung der Rechnungslegung auf internationale Standards u.a. Anforderungen an eine integrierte Unternehmenssteuerung mit einem erhöhten Komplexitätsgrad unter stärkerer Einbeziehung eines Risiko- und Chancenmanagements. Die Forderung von Wissenschaft und Praxis nach einer praxistauglichen Verbindung zwischen dem von IFRS prädestinierten Umsatzkostenverfahren und der Abbildung von geschäftsprozessorientierten, marktgerechten Controllingsystemen ist in diesem Kontext unumstritten; denkbare Konzeptionen zur Implementierung werden derzeit hingegen kontrovers diskutiert.

Entsprechend den IFRS-Vorgaben sind zukünftig in den Jahresabschluss auch kunden- bzw. marktspezifische Besonderheiten zu integrieren. Die bislang im Jahresabschluss auf die Gesamtunternehmensebene bezogenen Informationen bergen die Gefahr, dass die aggregierte Veröffentlichung der Vermögens-, Finanz- und Ertragslage die ungleichen Gegebenheiten der Teilbereiche nivelliert. Der Segmentbericht soll derartige Datendefizite beheben, indem mehrdimensionale Informationen bspw. betreffs Sparten, Kundengruppen, Vertriebswegen offenge-

---

[14] Vgl. bspw. Engelbrechtsmüller, Ch./ Fuchs, H. (Segmentberichterstattung), S. 37 ff. und Franz, K.-P./Winkler, C.: (Unternehmenssteuerung), S. 57 ff.

legt werden.[15] Demnach sind praktikable Lösungswege zu entwickeln, die aus heutiger Sicht insbesondere die Reorganisation der prozessorientierten Kosten- und Leistungsrechnung betreffen.

Im Ergebnis muss auf ein integriertes Management Reporting orientiert werden, welches sowohl die Informationsbedürfnisse der Kapitalgeber, die IFRS-spezifischen Publizitätspflichten und die Steuerungsnotwendigkeiten der internen Entscheidungsträger berücksichtigt. Erste Lösungsansätze hierzu bietet die mehr-dimensionale Deckungsbeitragsrechnung, allerdings bedarf es aufgrund der aktu-ellen internationalen Anforderungen sicher noch umfassender Qualifizierungen.

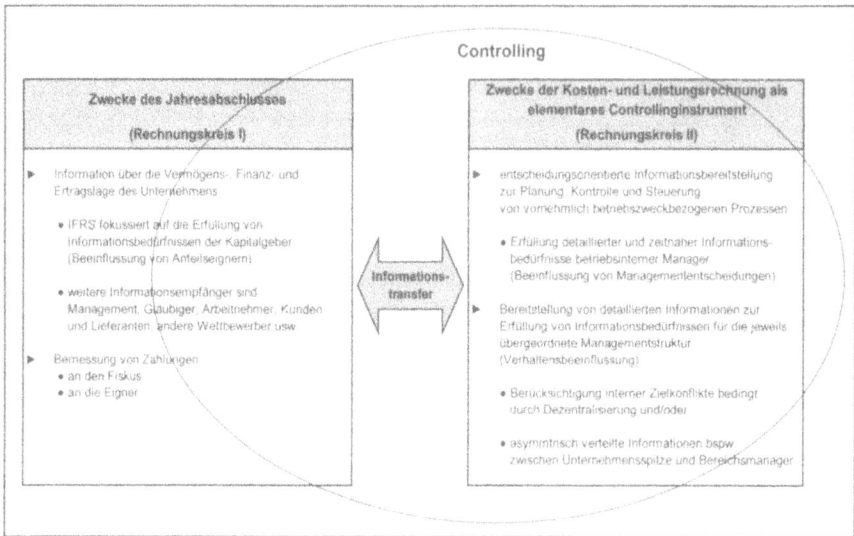

Abb. 1-2:   Schnittfläche zwischen Controlling und Zwecken des Jahresabschlusses

---

[15]   Vgl. bspw. Hoffjahn, A./Trapp, R.: (Internationale Rechnungslegung), S. 1021.

2 Kosten- und Leistungsrechnung als traditionelles Controlling-Tool

2.1 Kosten- und Leistungsrechnung als Teilsystem des Rechnungswesens

Mithilfe des betrieblichen Rechnungswesens werden sämtliche das Betriebsgeschehen betreffende mengen- und wertmäßige Daten systematisch, regelmäßig und/oder punktuell erfasst, aufbereitet, ausgewertet und bereitgestellt.[16] Ein modernes, zeitgemäßes Rechnungswesen wird computergestützt als Massendatenverarbeitung durchgeführt. Dies gewährleistet zum einen die entscheidungsorientierte, einmalige Erfassung aller Informationen entsprechend des Bedarfs in einer Grundrechnung und zum anderen die mehrfache Nutzung dieser Daten in speziellen Auswertungsrechnungen.

Das Rechnungswesen gliedert sich in einen externen und einen intern geprägten Bereich. Diese werden jeweils durch unterschiedliche Zielsetzungen charakterisiert. Das externe Rechnungswesen hat vor allem Informationen über die Vermögens-, Finanz- und Ertragslage des Unternehmens bereitzustellen. Hingegen bietet die interne Rechnung ein umfassendes Informationssystem für die Manager im Unternehmen. Die Kosten- und Leistungsrechnung dient insbesondere zur Planung, Kontrolle und Koordination betriebsinterner Entscheidungen sowie zur Verhaltenssteuerung.[17] Zwischen der externen Rechnungslegung und der Kosten- und Leistungsrechnung (betriebliches Rechnungswesen) existieren zahlreiche Verknüpfungen (vgl. bspw. Abschnitt 4.3). Vornehmlich bedingt durch die Umstellung auf International Financial Reporting Standards (IFRS) ist zukünftig von einer nachhaltigen *Konvergenz* von internem und externem Rechnungswesen auszugehen. Unter Konvergenz ist hierbei zu verstehen, dass im Ergebnis einer kritischen Analyse des internen Rechnungswesens eine Harmonisierung von interner und externer Rechnungslegung angestrebt wird. Hierbei ist einerseits sicherzustellen, dass keine wettbewerbssensiblen Informationen publiziert und andererseits

---

[16] Vgl. Küpper, H.-U./Weber, J.: (Grundbegriffe), S. 282.
[17] Vgl. bspw. Ewert, R./Wagenhofer, A.: (Interne Unternehmensrechnung), S. 3.

die gesetzlichen Anforderungen des externen Rechnungswesens, bspw. zur Vermeidung einer reduzierten Investitionsbereitschaft potenzieller Kapitalgeber, erfüllt werden. Diese Entwicklung erfordert zunehmend eine gesicherte IFRS-Kompetenz der Controllingabteilung.[18] Ausgewählte Aspekte des internen und externen Rechnungswesens sind in Abb. 2-1 zusammengestellt.

Merkmal	Externes Rechnungswesen	Internes Rechnungswesen
Rechnungszweck	- Vergangenheitsorientierte Dokumentation und Rechenschaftslegung	- Dokumentation, Planung, Steuerung, Kontrolle der betrieblichen Geschehnisse
Erfolgsbegriff	- Gewinn, externer Erfolg, Geschäftserfolg, Bilanzgewinn	- Interner Erfolg, kalkulatorischer Erfolg, internes Ergebnis, Betriebserfolg, Betriebsergebnis, kurzfristiges Ergebnis
Informations-gegenstand	- Erfassen von Vorgängen finanzieller Art zwischen dem Unternehmen und dessen Umwelt	- Abbilden des Verzehrs von Produktionsfaktoren und der Leistungsentstehung
Erfassungsbereich	- Gesamtes wirtschaftliches Unternehmensgeschehen	- Wirtschaftliches betriebszweckbezogenes Geschehen
Rechnungstyp	- Pagatorische Rechnung	- Kalkulatorische Rechnung
Adressaten	- Eigentümer, Aktionäre (Shareholder) - Gläubiger - Arbeitnehmer(-vertreter) - Regionale Institutionen - Öffentlichkeit - Lieferanten - Kunden - Behörden - Interne Entscheidungsträger	- Interne Entscheidungsträger (Manager)
Reglementierung	- Handels- und steuerrechtliche Gesetzgebung	- Keine gesetzliche Vorgabe - Rechnungszweckorientierung - Branchenrichtlinien
Rechenwerk	- Bilanzrechnung (Bilanz, Gewinn- und Verlustrechnung)	- Kosten- und Leistungsrechnung - Finanzrechnung - Investitionsrechnung

Abb. 2-1:   Vergleich von internem und externem Rechnungswesen[19]

---

[18]   Vgl. bspw. Weißenberger, B./IGC: (Controller und IFRS), S. 43.
[19]   In Anlehnung an Küpper, H.-U./Weber, J.: (Grundbegriffe), S. 282.

Die Abb. 2-2 zeigt die Einordnung der Kosten- und Leistungsrechnung in das gesamte Rechnungswesen.

	Externes Rechnungs-wesen		Internes Rechnungswesen		
	Bilanzrechnung		**Kosten- und Leistungs-rechnung**	Investitions-rechnung	Finanz-rechnung
	Bilanz	Gewinn- und Verlust-rechnung			
Rechnungs-ziel	Perioden-erfolg	Perioden-erfolg	*Stückerfolg Perioden-erfolg*	mehrperiodi-ger Erfolg	Liquidität
Rechnungs-größe	Vermögen Schulden	Ertrag/ Aufwand	*Leistung/ Kosten*	Einzahlung/ Auszahlung	Einzahlung/ Auszahlung
gesetzliche Regelung	Handels- und Steu-errecht	Handels- und Steu-errecht	*keine (ggf. Ausnahmen)*	keine	keine
Adressat	extern	extern	*intern (ggf. Ausnahmen)*	intern	intern
Zeitbezug	Zeitpunkt	Zeitraum	*Zeitraum*	mehrere Zeiträume	Zeitraum

Abb. 2-2:   Teilsysteme des Rechnungswesens[20]

Die Bilanzrechnung wird dem externen Rechnungswesen, auch als Rechnungskreis I bezeichnet, zugeordnet. Teilsysteme des internen Rechnungswesens sind die Finanz-, die Investitions- sowie die Kosten- und Leistungsrechnung. Letztgenanntes System symbolisiert den Rechnungskreis II.

Die verschiedenen Teilsysteme des Rechnungswesens bedienen sich unterschiedlicher Rechnungsgrößen (vgl. Abb. 2-3).

Werden *Einzahlungen* und *Auszahlungen* einer Abrechnungsperiode gegenübergestellt, ergibt sich im Saldo der Zahlungsmittelbestand (bzw. Kassenbestand).[21]

• Die Kasse dokumentiert den Bestand an liquiden Mitteln (z. B. Bargeld, Sichtguthaben) zu einem Stichtag.

• Einzahlungen sind Zugänge liquider Mittel (z. B. Bareinlagen, Aufnahme eines Kredites).

• Auszahlungen entsprechen den Abgängen liquider Mittel einer Abrechnungsperiode (z. B. Bareinkauf von Rohstoffen).

---

20 Vgl. hierzu bspw. Küpper, H.-U.: (Controlling), S. 113.

21 Vgl. dazu z.B. Haberstock, L.: (Kostenrechnung I), S. 17 f.

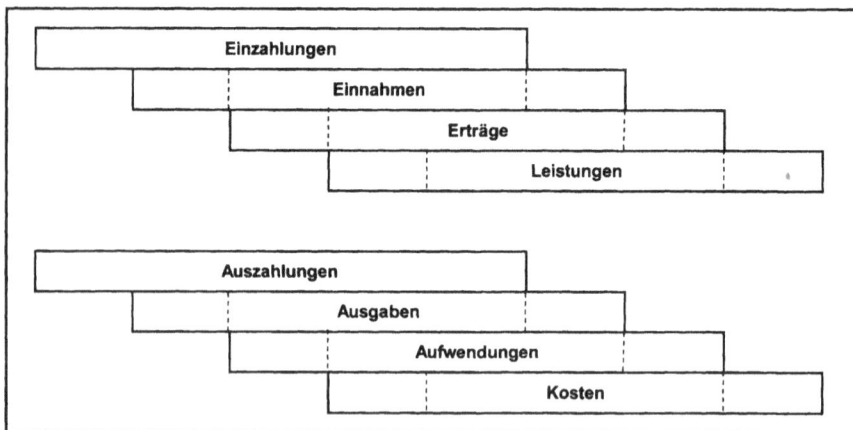

Abb. 2-3:   *Grundbegriffe des Rechnungswesens*

Einnahmen und *Ausgaben* beziehen sich auf das Netto-Geldvermögen eines Unternehmens.

- Das Geldvermögen berechnet sich aus der Summe von Kassenbestand und Forderungen abzüglich der vorliegenden Verbindlichkeiten.
- Einnahmen werden definiert als Geldwert aller Verkäufe von Gütern und Dienstleistungen (z. B. Barverkauf von Dienstleistungen, Zielverkauf von Produkten) und
- Ausgaben als Geldwert aller Einkäufe von Gütern und Dienstleistungen (z. B. Zieleinkauf von Rohstoffen, Bareinkauf von Rohstoffen).

Die Bilanzrechnung ist unternehmensbezogen und stellt *Aufwendungen* und *Erträge* einer Abrechnungsperiode in der Gewinn- und Verlustrechnung gegenüber. Um die Bestandsgröße Gesamtvermögen zu berechnen, werden Aufwand und Ertrag saldiert. Als Differenz von Erträgen und Aufwendungen einer Periode ergibt sich der Erfolg, welcher nicht nur auf die Erfüllung des Betriebszweckes gerichtet sein muss.

- Das Gesamtvermögen stimmt mit der Summe aus Geldvermögen und Sachvermögen überein.
- Ein Ertrag ist der Wert der erbrachten, erfolgswirksamen Güterentstehung einer Periode (z. B. Verkauf von nicht lagerfähigen Dienstleistungen, Herstellung und Lagerung von Produkten, Herstellung und Verkauf von Produkten innerhalb einer Periode).
- Der Wert aller verbrauchten Güter und Dienstleistungen pro Periode (z. B. Verbrauch von Rohstoffen, Abschreibungen von Sachanlagen) wird als Aufwand definiert.

Die Kosten- und Leistungsrechnung arbeitet mit den Rechnungsgrößen *Leistung* bzw. *Erlös* und *Kosten* (Stromgrößen). Durch Gegenüberstellung von Erlösen und Kosten kann als Bestandsgröße das betriebsnotwendige Vermögen ausgewiesen werden. Das Betriebsergebnis einer Periode ist als Differenz zwischen Erlösen und Kosten berechenbar.

- Das betriebsnotwendige Vermögen ergibt sich aus der Differenz von Gesamtvermögen und nicht betriebsnotwendigen (und demnach neutralen) Vermögen.
- Erlöse dokumentieren den Wert aller erbrachten Leistungen pro Periode, die der eigentlichen betrieblichen Tätigkeit (betriebszweckbezogen) entsprechen (z. B. Barverkauf von Produkten, unentgeltlich abgegebene Fertigerzeugnisse, Lagerbestandserhöhungen an unfertigen und fertigen Erzeugnissen).
- Kosten sind der betriebsnotwendige, bewertete Verbrauch von Gütern und Dienstleistungen für die Erstellung und den Absatz betrieblicher Leistungen sowie zur Aufrechterhaltung der Betriebsbereitschaft (z. B. Verbrauch von Material, kalkulatorische Abschreibungen).

2.2 Grundlegende Aussagen zur Kosten- und Leistungsrechnung

2.2.1 Zielsetzung und Aufgaben

Die Kosten- und Leistungsrechnung fokussiert ausnahmslos auf betriebszweckbezogene wirtschaftliche Vorgänge, die insbesondere von den Unternehmensangehörigen gesteuert werden können. Traditionell wird die Kosten- und Leistungsrechnung als operatives Controllinginstrument eingeordnet. Sie gewinnt jedoch auch zunehmend strategische Bedeutung. Im Rahmen der Bereitstellung von fundierten Informationen erfüllt die Kosten- und Leistungsrechnung folgende Aufgaben:

- Informations- und Serviceaufgabe
  Hierunter sind sämtliche Tätigkeiten der zukunfts- und vergangenheitsorientierten Informationsbereitstellung für Entscheidungsträger aller Bereiche zu verstehen. Diese Aktivitäten haben unter Beachtung zeitgemäßer Massendatenverarbeitungssysteme zu erfolgen. Gleichfalls sind hierbei die jeweiligen Informationsbedürfnisse der Entscheidungsträger einzubeziehen[22]. Indessen dürften in der heutigen Praxis vorwiegend Reorganisationsprozesse zu bewältigen sein.

- Dokumentationsaufgabe
  Die Dokumentation bezieht sich auf die Abbildung und Aufzeichnung von Daten. Bedeutend ist hierbei nicht nur die mengen-, sondern gleichfalls die wertmäßige Erfassung des Verzehrs von Produktionsfaktoren und der daraus resultierenden Güterentstehung und -verwertung. Diese Aufgabe wird z. B. im Interesse einer aussagefähigen Analyse von betriebswirtschaftlichen Zusammen-

---

[22] Damit steht die Erfüllung der Rechnungszwecke, also Informationswünsche der Entscheidungsträger, im Vordergrund. Als Rechnungsziel wird das Ergebnis einer mathematischen oder sachlogischen Verknüpfung bezeichnet. Vgl. dazu z.B. Kosiol, E.: (Systematik), S. 137 ff.

hängen und der Sicherstellung der Rechnungsziele und -zwecke als unabdingbar eingeschätzt.

- Planungsaufgabe
  Zum einen ist das Bereitstellen von fundierten Informationen für die Beschaf-
  fungs-, Leistungserstellungs- und Absatzplanung (z. B. Preisobergrenzen für
  Beschaffungsgüter, Kapazitätsplanungen, Preisuntergrenzen für Absatzgüter)
  zu bewältigen. Maßgeblich spielen dabei die Wirkungen von Planalternativen
  auf die Unternehmensziele eine Rolle[23]. Zum anderen dient die Kosten- und
  Leistungsrechnung zur Unterstützung beim Festlegen von kurzfristigen Ziel-
  werten (z. B. Leistungsspektrum, Erlösgrößen, Kosten). Als außerordentlich
  wichtig sind gleichermaßen die Informationsbereitstellung für die Budgetierung, sowie das Durchführen von Plankalkulationen anzusehen.

- Kontrollaufgabe
  Die Wirtschaftlichkeitskontrolle als Gegenüberstellung von bewertetem Output (Nutzen) und Input (Kosten) ist ein zentrales Anliegen des betrieblichen
  Rechnungswesens. Die Kontrolle der jeweiligen Zielerreichung konzentriert
  sich nicht nur auf das Unternehmen insgesamt, sondern ebenso auf einzelne
  Verantwortungsbereiche und Prozesse. In der heutigen Praxis bedient man sich
  hierzu qualifizierter Soll-Ist-Vergleiche sowie weiterführender Abweichungsanalysen (vgl. Abschnitt 11.5) als auch Zeit- und Branchenvergleichen.

- Bewertungsaufgabe
  Mittels einer Bewertung wird eine mengenmäßige Größe durch Hinzuziehen
  eines Bewertungsmaßstabes in eine monetäre Größe transformiert. Die Hand-
  lungsweise ist wiederum mit Hilfe von alternativen Bewertungsverfahren variierbar. Im Verständnis des betrieblichen Rechnungswesens sind jene Verfahren
  und Maßstäbe zu wählen, welche den wahren, betrieblichen Prozess widerspiegeln. Die Gründe für Bewertungen sind so zahlreich wie mannigfaltig, wie
  bspw. das Erfassen und Bereitstellen von Daten für die Bewertung von unfertigen und fertigen Leistungen (vgl. Abschnitt 4.3).

- Steuerungsaufgabe
  Einerseits ist die Steuerung als zukunftsorientiertes Einwirken im Sinne der
  Bereitstellung von Informationen zur Verhaltensbeeinflussung von Handlungs-
  trägern zu interpretieren. Diese Beeinflussung kann entweder auf die Unterstützung der notwendigen Fähigkeiten für ein plankonformes Handeln oder e-
  benso auf die Motivation des Handelnden abzielen[24].
  Andererseits ist die Steuerung als gegenwarts- und vergangenheitsorientiertes
  Einwirken zu verstehen. Im Rahmen der Kontrollaufgabe bzw. Abweichungsanalyse (vgl. Abschnitt 11.5) sind korrigierende, planentsprechende Maßnahmen abzuleiten und zu ergreifen. Die Aufgaben Planung, Information, Kontrolle und Steuerung bedingen einander. Sie sind als parallel zu praktizierende,

---

[23] Vgl. Küpper, H.-U.: (Controlling), S. 114.
[24] Vgl. Küpper, H.-U.: (Controlling), S. 114.

gleichberechtigte Elemente anzusehen. Ihr Zusammenwirken wird üblicherweise als Regelkreis des Controllings bezeichnet.25 Die Steuerungsaufgabe beinhaltet dementsprechend z. B. das Erfassen und die Analyse von Erfolgsgrößen (bspw. kurzfristiges Betriebsergebnis, Deckungsbeiträge), die Entscheidungsvorbereitung als auch die Informationsbereitstellung bezogen auf Unternehmen, Sparten, Bereiche, Stellen, Prozesse, Kostenträger und/ oder Absatzgebiete.

• Motivationsaufgabe
  Die Motivations- und Anreizfunktion folgt der Idee einer Unternehmenskoordination. Danach unterstützt diese Aufgabe, sämtliche Handlungen auf ein unternehmerisches Gesamtziel auszurichten. Dieser hohe und in der Praxis schwerlich umzusetzende Anspruch impliziert bspw. das Sensibilisieren zum kostenbewussten Verhalten des Personals und das Aufzeigen von Steigerungspotenzialen von Leistungen und Erlösen. Der Erfolg eines Unternehmensbereiches oder auch eines Unternehmensangehörigen ist gewöhnlich von anderen Bereichen oder Mitarbeitern abhängig. Deshalb gestatten die mannigfaltigen Interdependenzen im Unternehmen vielfach keine separate Erfolgszuweisung. In diesen Fällen setzen die Motivationssysteme an sogenannten Inputgrößen, wie z. B. den Kosten an.[26]

Um möglichst sämtliche Aspekte hinreichend beachten zu können, sind Erkenntnisse des Kostenmanagements anzuwenden. Durch eine konsequente und frühzeitige Kostenbeeinflussung, bspw. hinsichtlich von Kostenniveau, -struktur und -verlauf[27], werden die Erhöhung des Unternehmenserfolges sowie die Verbesserung der Wettbewerbsfähigkeit angestrebt[28].

Primär werden in der Kosten- und Leistungsrechnung Daten für die innerbetriebliche Verwendung erfasst, aufbereitet und bereitgestellt. Allerdings sind in Ausnahmefällen zugleich externe Informationsbedürfnisse maßgeblich, so z. B.:

• im Rahmen der Erfüllung von Aufträgen der Öffentlichen Hand gemäß den jeweiligen Gesetzgebungen,
• ggf. zur Dokumentation bzw. Begründung von Kredit –, Lizenz- und Versicherungsverträgen sowie
• bei erforderlichen Preisrechtfertigungen gegenüber von Geschäftspartnern oder Kunden.

---

[25] Vgl. Peemöller, V.H.: (Controlling), S. 45 sowie Eberlein, J.: (Instandhaltungscontrolling), S. 50 ff.

[26] Vgl. Küpper, H.-U.: (Controlling), S. 309.

[27] Vgl. Franz, K.-P./Kajüter, P.: (Kostenmanagement), S. 7.

[28] Vgl. Ewert, R./Wagenhofer, A.: (Unternehmensrechnung), S. 276.

2.2.2   Klassischer Aufbau

Die traditionelle Kostenrechnung vollzieht sich abrechnungstechnisch in den drei aufeinanderfolgenden Teilbereichen Kostenarten-, Kostenstellen- und Kostenträgerrechnung (vgl. Abb. 2-4). Die Aufgaben der *Kostenartenrechnung* bestehen in der:

- zeitraumbezogenen Erfassung des vollständigen, betriebszweckbezogenen und bewerteten Verbrauchs an Produktionsfaktoren (primäre Kostenerfassung),
- Gliederung der Kosten entsprechend der Art der Einsatzgüter und dem Verbrauchscharakter (Kostenartenklassifikation),
- Gliederung der Kosten nach unterschiedlichen Rechnungszwecken, so z. B. nach der Zurechenbarkeit der Kosten auf die Kostenträger in Einzel- und Gemeinkosten,
- Bereitstellung und -Transformation der Kosteninformationen für andere Teilbereiche der Kostenrechnung.

Die Kostenartenrechnung legt damit die Basis für die sich anschließende Kostenstellen- und Kostenträgerrechnung und beeinflusst infolgedessen nachhaltig deren Qualität und Aussagefähigkeit. Zeitgemäße Kostenrechnungssysteme orientieren sich zudem nicht nur auf die Zurechenbarkeit der Kosten auf Kostenträger, sondern gleichfalls auf Absatzgebiete, Kundengruppen und Prozesse.

Die *Kostenstellenrechnung* erfüllt verrechnungstechnisch die Aufgaben:

- Aufteilung der Kosten je Periode, welche den Kostenträgern nicht direkt zugerechnet werden können (primäre Kostenträger-Gemeinkosten), auf Kostenstellen (Ort der Kostenentstehung),
- Durchführung der innerbetrieblichen Leistungsverrechnung und daraus resultierend Ausweis der sekundären Gemeinkosten je Kostenstelle,
- Aufstellung der gesamten Gemeinkosten je Kostenstelle und schließlich
- Ermittlung der Kalkulationssätze je Endkostenstelle.

Vor allem mit der Berechnung des Kalkulationssatzes gewährleistet die Kostenstellenrechnung verrechnungstechnisch die Entwicklung der Kostenträgerrechnung. Gleichwohl werden für Controllingzwecke ebenso die Kostenträgereinzelkosten in die Kostenstellenrechnung überführt, aufgrund dessen einer Voraussetzung für die aussagefähige Durchführung der Wirtschaftlichkeitskontrolle je Kostenstelle genügt wird.

betriebsbedingter
Faktorverbrauch

Kostenartenrechnung

| Kostenträger- einzelkosten | Kostenträger- gemeinkosten |

Kostenstellenrechnung

| Kostenstellen- einzelkosten | Kostenstellen- gemeinkosten |
| *Primäre Gemeinkosten* | |

Innerbetriebliche Leistungsverrechnung

Sekundäre Gemein- kosten

Kostenträgergemeinkostenje Endkostenstelle

Kalkulationssatz

Kostenträgerrechnung

| Kostenträger- stückrechnung | Kostenträgerzeit- rechnung |

Bestandsrechnung von Leistungen

Preiskalkulation

Betriebs- ergebnis- rechnung

Erlösrechnung

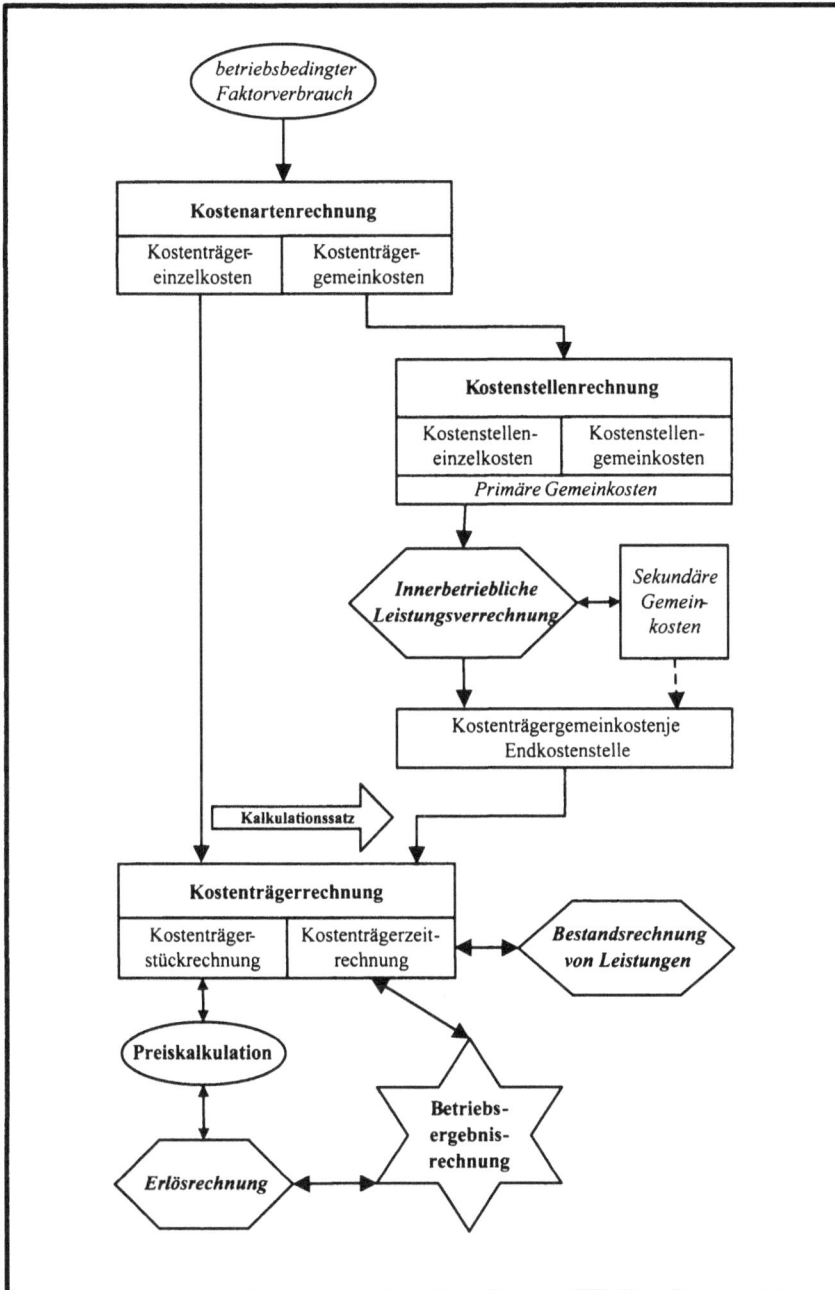

Abb. 2-4:   Grundstruktur der Vollkosten- und Leistungsrechnung

Die *Kostenträgerrechnung* kann sowohl in Form der Kostenträgerzeitrechnung als auch einer Kostenträgerstückrechnung durchgeführt werden.

- Die Kostenträgerstückrechnung, häufig auch als Kalkulation bezeichnet, dient der Bestimmung der Kosten je Kostenträger (je Leistungsart oder auch je Auftrag) und schafft unter anderem den Ausgangspunkt für die Durchführung einer Preiskalkulation.

- Kostenträgerzeitrechnungen weisen im Ergebnis die Periodenkosten (z. B. Kosten eines Monats) bezogen auf einen Kostenträger und das Unternehmen insgesamt aus.

Speziell die Kostenträgerzeitrechnung wird gewöhnlich durch das Einbeziehen der Erlösrechnung zur kurzfristigen Erfolgsrechnung ausgebaut.

Das Gegenstück zur Kostenrechnung bildet die *Leistungsrechnung*, bestehend aus innerbetrieblicher Leistungsverrechnung, Bestandsrechnung sowie Erlösrechnung (vgl. abermals Abb. 2-4). Die Leistungsrechnung steht in enger und nicht lösbarer Wechselwirkung zum Aufbau der Kostenrechnung. So sind bspw. Querverbindungen zwischen der Kostenstellenrechnung und der innerbetrieblichen Leistungsverrechnung existent. Des Weiteren bedingt die Kostenträgerzeitrechnung die Ausführung der Bestandsrechnung von unfertigen und fertigen Leistungen. Die Erlösrechnung hingegen tangiert stark mit einer qualifizierten Kostenträgerstückrechnung.

Die *innerbetriebliche Leistungsverrechnung* fokussiert auf die mengen- und wertmäßige Erfassung, Verrechnung und Wirtschaftlichkeitskontrolle von aus dem betrieblichen Prozess hervorgegangenen Gütern und Dienstleistungen einer Abrechnungsperiode, welche nicht für den Markt, sondern zum Wiedereinsatz im Unternehmen vorgesehen sind. Für diese Rechnung sind nur nicht aktivierungsfähige[29] Leistungen relevant. Abrechnungstechnisch erfolgt die Durchführung zumeist im Rahmen der Kostenstellenrechnung.
Die *Bestandsrechnung von unfertigen und fertigen Leistungen* wird immer dann notwendig, wenn während einer Abrechnungsperiode Differenzen zwischen der Herstellungs- und der Absatzmenge bezogen auf eine Leistungsart auftreten.

Die *Erlösrechnung*[30] umfasst eine systematische Erfassung und Zurechnung der realisierten Entgelte für am Markt abgesetzte Leistungen (Erlöse). Analog zur Kostenrechnung gliedert sich die Erlösrechnung in eine Erlösarten-, Erlösstellen- und Erlösträgerrechnung. Sowohl in der Literatur als auch in der Praxis findet man derzeit die Erlösrechnung kaum als ausgebautes, eigenständiges System. Es ist jedoch aufgrund der zunehmenden Markteinflüsse davon auszugehen, dass der Erlösseite mehr Aufmerksamkeit geschenkt werden muss. Zukünftig können einerseits nennenswerte Wirtschaftlichkeitssteigerungen nicht mehr bloß durch gravierende Kostenreduzierungen erreicht werden. Andererseits zwingt der in der

---

[29] Vgl. zu Aktivierungsvorschriften z.B. Coenenberg, A.G.: (Jahresabschluss), S. 81.
[30] Vgl. Schweitzer, M./Küpper, H.-U.: (Systeme), S. 21.

Praxis vorherrschende Trend zu harten Preisverhandlungen und damit zur zunehmenden Gewährung von Erlösschmälerungen zu einer qualifizierten Erfassung
und Verrechnung von realisierten bzw. geplanten Erlösen.

Im Rahmen der *Erlösartenrechnung* werden

• Erlöse erfasst. Zum einen wird dies gewährleistet, indem Erlöse den Erlösträgern (und damit gleichfalls Kostenträgern[31]) direkt zugerechnet werden. Zum
anderen kann es im Falle von Gemeinerlösen zwingend sein, Erlöse über Erlösstellen den Erlösträgern indirekt zuzuteilen.
• Erlöse, z. B. in die Erlösarten Grundpreise, Aufpreise und Erlösminderungen
klassifiziert.

Die *Erlösstellenrechnung* unterscheidet in die innerbetriebliche und außerbetriebliche Rechnung.

• Eine innerbetrieblich orientierte Erlösstellenrechnung liefert Informationen
über den Beitrag von Teilbereichen des Unternehmens zur Erlösentstehung.
Dazu bedarf es der Kenntnis der Erlöse je Erlösträger (bzw. je Kostenträger)
aus der Erlösträgerrechnung.
• Die außerbetrieblich orientierte Erlösstellenrechnung richtet sich auf die Zurechnung von Erlösen auf Erlösträger. Diese Erlösstellen sind Verantwortungsbereiche mit in der Regel homogenen Absatzbedingungen (z. B. Kundengruppen, Absatzregionen).

Im Ergebnis von *Erlösträgerrechnungen*

• werden die Stückerlöse je Erlösträger ausgewiesen.

Die Ergänzung der Kostenträgerzeitrechnung um die Erlösrechnung führt zur
kurzfristigen Betriebserfolgsrechnung bzw. Betriebsergebnisrechnung. Der kalkulatorische Periodenerfolg ergibt sich aus der Differenz zwischen Erlösen und Kosten. Die kurzfristige Erfolgsrechnung kann unter Verwendung des Umsatzkostenverfahrens und/ oder des Gesamtkostenverfahrens durchgeführt werden.

2.2.3   Überblick über ausgewählte Systeme

Die Historie des betrieblichen Rechnungswesens geht einher mit der Modellierung
zahlreicher Verfahren und Gestaltungsweisen der Kosten- und Leistungsrechnung[32]. Im Ergebnis dieser Entwicklung stehen gegenwärtig mannigfaltige Systeme zur Auswahl. Lediglich auf einige Ausgewählte sei an dieser Stelle, vornehmlich aus der Sicht des Controllings, verwiesen.

---

[31]   Vgl. zur Definition von Fachbegriffen insbesondere Abschnitt 2.
[32]   Vgl. z.B. Horvath, P.: (Controlling), S. 470 ff.

Kostenrechnungssysteme stellen verschiedene Grundsätze und Verfahren zur Verrechnung der erfassten Kosten auf zu definierende Bezugsgrößen dar[33]. Die Möglichkeiten ihrer Gliederung sind sehr vielfältig[34] und orientieren sich vorrangig am jeweiligen Rechnungsziel. Es sei ausdrücklich darauf verwiesen, dass ein Unternehmen je nach Unternehmensgröße, Branche, Rechnungszielen, Zeitflexibilität und nicht zuletzt entsprechend der dafür vorhandenen Ressourcen jeweilige Systeme aus dem Gesamtspektrum aussucht und anwendet. Traditionell lassen sich Systeme der Kosten- und Leistungsrechnung gliedern nach

- dem zeitlichen Bezug in Ist-, Normal- und Planrechnungen (vgl. Abb. 2-5) und
- nach dem Umfang der zu verrechnenden Kosten auf Bezugsobjekte in Vollkosten- und Teilkostenrechnungen (vgl. Abb. 2-6).

Vergangenheitsorientierte Systeme		Zukunftsorientierte Systeme
Ist-Rechnung	*Normal-Rechnung*	*Plan-Rechnung*
• Istkostenrechnung • Istleistungs- und Isterlösrechnung • Istbetriebserfolgs- rechnung	• Normalkostenrechnung • Normalleistungs- und Normalerlösrechnung • Normalbetriebserfolgs- rechnung	• Plankostenrechnung • Planleistungs- und Planerlösrechnung • Planbetriebserfolgs- rechnung

Abb. 2-5:   Kostenrechnungssysteme gegliedert nach dem Zeitbezug

Istrechnungen beinhalten ausnahmslos vergangenheitsorientierte, tatsächlich entstandene und damit realisierte Kosten, Leistungen, Erlöse und Ergebnisse einer Abrechnungsperiode.

Normalrechnungen arbeiten indessen mit durchschnittlichen Istdaten vergangener Perioden und werden demnach als vergangenheitsorientiert eingestuft. Oftmals wird gegenwärtig diese Form der Rechnung als Vereinfachung[35] der Istrechnung angesehen, da sie bspw. Normalkostensätze für bestimmte Abrechnungsperioden, so meistens für ein Wirtschaftsjahr, unverändert beibehält. Auf diese Weise werden gleichfalls Vorteile bezüglich der Vergleichbarkeit von sekundären Kostenarten sowie Zeitgewinne bei der Durchführung von Wirtschaftlichkeitskontrollen bewirkt.[36]

Bei Bezug der Rechnung auf zukünftige Abrechnungsperioden handelt es sich um *Planrechnungen*. Hierbei ist dahin gehend zu unterscheiden, ob mit Standard- oder mit Prognosedaten gearbeitet wird. Die Unterscheidung dieser beiden Ansätze ist nicht unproblematisch.

---

[33] Vgl. dazu bspw. Hieke, H.: (Deckungsbeitragsrechnung), S. 5.
[34] Vgl. Schweitzer, M./Küpper, H.-U.: (Systeme), S. 60 ff.
[35] Vgl. z.B. Hummel, S./Männel, W.: (Kostenrechnung 1), S. 112 ff.
[36] Vgl. Kilger, W./ Pampel, J./Vikas, K.: (Plankostenrechnung), S. 39 f.

Die *Prognosekostenrechnung* und *-leistungsrechnung* arbeitet mit vorausberechne-ten (zu prognostizierenden) Werten für eine zukünftige Abrechnungsperiode. Hierbei wird über zu erwartende Kosten bzw. Leistungen und damit über die zu-künftige Wirtschaftlichkeit informiert. Ausschlaggebend ist dabei, dass die inner-betrieblichen Güterverzehre und Leistungen nicht zu ihren optimalen Verbrauchs-werten erfasst werden, sondern die Planung einschließlich etwaiger Unwirtschaft-lichkeiten erfolgt. Im Fokus stehen in diesem Zusammenhang z. B. auch Verbrauchs- und Preisschwankungen, Qualitätsabweichungen oder ferner organi-satorische Mängel in Arbeitsabläufen. Damit erfüllt die Prognoserechnung Aufga-ben der Situationsprognose von Unternehmensprozessen zukünftiger Abrech-nungsperioden, der Entscheidungsvorbereitung aber auch der Problemfeststellung und der etwaigen Suche nach Alternativen auf allen Führungsebenen[37].

Im Gegensatz dazu dient die *Standardkosten- und Standardleistungsrechnung* vorrangig der Verhaltensforschung[38]. Kennzeichnend für diesen Ansatz ist, dass Güterverbräuche und Leistungen bzw. Erlöse zu genormten, also standardisierten Bewertungsmaßstäben bzw. Festwerten angesetzt werden. Diese orientieren und berücksichtigen hingegen bei der Planung den optimalen Mengenverbrauch von Produktionsfaktoren. Die Konzentration der Rechnung liegt zweifelsfrei in einer klassischen, kostenstellenbezogenen Verfahrensweise. Markteinflüsse, diverse Unwirtschaftlichkeiten, Variantenzahl, Umweltbelastungen und alternative Kos-teneinflussfaktoren zur Beschäftigung bleiben unberücksichtigt.

In der Praxis wird vielmals die Rechnung mit Standardansätzen der Prognoserech-nung vorgezogen[39]. Häufig werden freilich auch die beiden Systeme und damit folglich auch deren Rechenziele miteinander verknüpft, was eine nachträgliche strikte Trennung fast unmöglich macht. Deshalb sollte darauf möglichst verzichtet werden. Es besteht dabei die Gefahr, dass keines der beiden Rechenziele ange-messen erfüllt wird[40].

Weil die Kosten- und Leistungsrechnung traditionell als Standardrechnung ver-standen wird, soll diese im Folgenden auch schwerpunktmäßig thematisiert wer-den.

---

[37]   Vgl. Schweitzer, M./Küpper, H.-U.: (Systeme), S. 269.
[38]   Vgl. Götze, U.: (Kostenrechnung), S. 194.
[39]   Vgl. Schweitzer, M./Küpper, H.-U.: (Systeme), S. 271.
[40]   Vgl. Schweitzer, M./Küpper, H.-U.: (Systeme), S. 271.

Systeme der Kosten- und Leistungsrechnung auf Basis von Vollkosten	Systeme der Kosten- und Leistungsrechnung auf Basis von Teilkosten
• Istkosten- und Istleistungsrechnung	• Teilkosten- und Leistungsrechnung auf Basis variabler Kosten
• Normalkosten- und Normal-leistungsrechnung	• Einstufige Deckungsbeitragsrechnung
• Plankosten- und Planleistungsrechnung	• Mehrstufige Deckungsbeitragsrechnung
• Starre Plankosten- und Planleistungsrechnung	• Mehrdimensionale Deckungsbeitragsrechnung
• Flexible Plankosten- und Planleistungsrechnung	• Fixkostendeckungsrechnung
• Prozesskostenrechnung	• Teilkostenrechnung auf Basis relativer Einzelkosten
• Zielkostenrechnung	• Grenzplankostenrechnung

Abb. 2-6:   Ausgewählte Kostenrechnungssysteme gegliedert nach dem Umfang der Kosten-verrechnung

Die Unterscheidung in Voll- und Teilkostenrechnungen folgt der Logik, dass entweder alle Kosten einer Abrechnungsperiode oder nur ein Teil dieser Gesamt-kosten auf Bezugsobjekte verrechnet werden. Im Rahmen einer *Vollkostenrech-nung* werden sämtliche Kosten, und zwar unabhängig davon, ob diese auch tat-sächlich vom Bezugsobjekt verursacht worden sind, auf dieses umgelegt.

Bei Systemen der *Teilkostenrechnung* greift dagegen strikt das Prinzip der Verur-sachung. Lediglich die nachweisbaren, verursachungsgerechten Kosten müssen vom Bezugsobjekt getragen werden. Somit verzichtet die Teilkostenrechnung zwangsläufig auf die Zuordnung sämtlicher Kosten auf das jeweilige Bezugsob-jekt. Die klassische Kosten- und Leistungsrechnung unterstellt als Bezugsobjekt den Kostenträger, in der Regel also das Fertigprodukt oder die Dienstleistung eines Unternehmens. Vor allem unter dem Aspekt modernerer Ansätze sollte diese Definition weiter gefasst werden. Danach kommen z. B. als Bezugsobjekt gleich-falls Prozesse bzw. Aktivitäten und Zeitraster in Frage.

Indem sich die *Prozesskostenrechnung* von der klassischen Kosteneinflussgröße Beschäftigung löst, gelingt es, auf die veränderten Fertigungs-, Logistik- und Informationstechnologien und genauso auf differenzierte Prozess- und Kosten-strukturen im Unternehmen zu reagieren. Der Fokus dieser Rechnung liegt nicht mehr auf den direkten Leistungsbereichen, sondern jenen indirekten Bereichen, welche durch planende, steuernde und kontrollierende Tätigkeiten geprägt sind. Gegenwärtig folgt die Prozesskostenrechnung zumeist noch ausschließlich den Prinzipien der Vollkostenrechnung. Gleichwohl steigt die Notwendigkeit eines Teilkostenansatzes. Aus diesem Grund wird dazu ein Ausblick in Abschnitt 8 gegeben.

Der Vollständigkeit halber soll hier kurz auf die *Zielkostenrechnung* verwiesen werden. Die Idee dieses Ansatzes beruht darauf, die Kosten- und Leistungspla-nung nicht erst in der tatsächlichen Produktionsphase, sondern bereits während der

Produktentwicklung zu betreiben. Die gängigste Variante (vgl. dazu Abschnitt 11.4.2.3) beruht auf einem retrograden Ansatz. Danach werden die vom Markt „erlaubten Kosten" vom zukünftig erzielbaren Verkaufspreis subtrahiert. Der Verkaufserlös integriert dabei einen Plangewinn. Die sich daraus ergebende Differenz zeigt die notwendig erzielbaren Kostensenkungen im Rahmen der Produktentwicklung auf.[41]

---

[41] Vgl. dazu weiterführend z.B. Steinmüller, P. H./Hering, E./Jórasz, W.: (Controller), S. 269 ff. oder auch Horváth, P.: (Controlling), S. 539 ff.

3 Begriffe des betrieblichen Rechnungswesens

3.1 Leistung

3.1.1 Leistungsdefinition

Leistungen[42] sind bewertete, aus dem betrieblichen Prozess hervorgegangene Güter und Dienstleistungen einer Abrechnungsperiode (wertmäßiger Leistungsbegriff). In der Kosten- und Leistungsrechnung werden Leistungen auch als *Kostenträger* bezeichnet. Als Resultat der Kombination von Produktionsfaktoren müssen Leistungen folglich nachstehende Kriterien aufweisen:

- Es werden Güter oder Dienstleistungen erstellt.
- Die Leistungen müssen dem eigentlichen Betriebszweck entsprechen.
- Die Güter und Dienstleistungen sind in Geldeinheiten bewertbar.

3.1.2 Abgrenzung zwischen Ertrag und Leistung

Die Begriffe Leistung und Ertrag sind voneinander sachlich abzugrenzen (vgl. Abb. 3-1). Es ist zu unterscheiden zwischen:

- Erträgen, denen äquivalent Leistungen (1),
- Erträgen, denen keine Leistungen (2),
- Leistungen, denen keine Erträge (5) sowie
- Leistungen, denen Erträge in anderer Höhe (4) gegenüberstehen.

(1) Erträge, die dem eigentlichen Betriebszweck entsprechen und mit gleichem Wertansatz aus dem Rechnungskreis I in die Kosten- und Leistungsrechnung (Rechnungskreis II) übernommen werden, sind Grundleistungen bzw. betriebliche Erträge (z. B. Verkauf von Fertigerzeugnissen).

---

[42] Der Leistungsbegriff kann sowohl aus betriebswirtschaftlicher als auch aus naturwissenschaftlicher Sicht definiert werden. Nachfolgend wird ausschließlich auf betriebswirtschaftliche, kostenrechnerisch relevante Gesichtspunkte Bezug genommen.

Ertrag			
Neutraler Ertrag (2)	Betriebs(zweck)bedingter Ertrag		
	Grundleistung (1)	Andersleistung (4)	Zusatzleistung (5)
		Kalkulatorische Leistung (3)	
	Leistung		

Abb. 3-1:   Sachliche Abgrenzung von Ertrag und Leistung

(2) Neutrale Erträge gehen nicht aus dem eigentlichen betrieblichen Prozess der Abrechnungsperiode hervor. Deshalb werden diese nicht in die Leistungsrechnung überführt. Dazu gehören:

- Betriebsfremde Erträge (z. B. Mieterträge aus nicht betriebsnotwendigem Vermögen);

- Außerordentliche Erträge (z. B. Anlagenverkauf über Buchwert);

- Periodenfremde Erträge (z. B. Steuerrückerstattung).

(3) Kalkulatorische Leistungen sind in Anders- und Zusatzleistungen zu gliedern.

(4) Andersleistungen sind Leistungen, denen bewertungsbedingt Erträge in anderer Höhe gegenüberstehen (z. B. Bewertung von Bestandserhöhungen an Fertigerzeugnissen im Rechnungskreis I zu Herstellungs-, im Rechnungskreis II zu Herstellkosten).

(5) Zusatzleistungen sind Leistungen, denen keine Erträge zugeordnet werden können (z. B. unentgeltlich abgegebene Fertigerzeugnisse an Dritte).

3.1.3   Elementare Gliederungsmöglichkeiten von Leistungen

In Abhängigkeit von der weiteren Verwendung der erbrachten Leistungen im Unternehmen sind zu unterscheiden (vgl. Abb. 3-2):

- Absatzleistungen,
- Lagerleistungen (bzw. Bestandsleistungen) und
- Innerbetriebliche Leistungen (bzw. Eigenleistungen oder Wiedereinsatzleistungen).

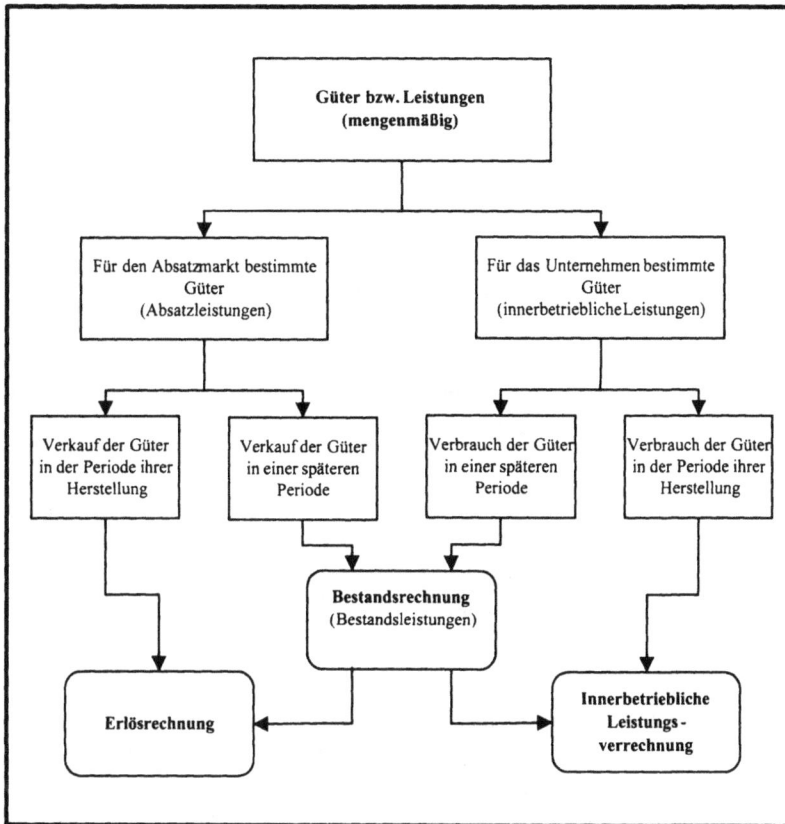

Abb. 3-2:   Zusammenhang zwischen mengen- und wertmäßigen Leistungen

Absatzleistungen sind für den Verkauf auf dem Markt bestimmt. Werden diese Güter bzw. Dienstleistungen in der gleichen Periode ihrer Erstellung an Dritte verkauft, sind sie in der Erlösrechnung zu Verkaufspreisen anzusetzen und führen zu Umsatzerlösen.

Lagerleistungen entsprechen Bestandserhöhungen an unfertigen oder fertigen Leistungen, welche nicht in der Periode ihrer Herstellung auf dem Markt abgesetzt oder im Unternehmen selbst verbraucht werden. Sie sind in der Bestandsrechnung zu Herstellkosten zu bewerten.

Innerbetriebliche Leistungen sind selbst erstellte, marktfähige Güter oder Dienstleistungen, die vom Betrieb selbst verbraucht werden. Ihre Bewertung erfolgt zu Herstellkosten. Es ist zu unterscheiden, ob der Verbrauch der innerbetrieblichen Leistungen in der Periode ihrer Herstellung erfolgt oder erst in einer späteren Periode. Innerbetriebliche Leistungen können aktivierbar (z. B. selbst erstellte Maschinen) oder nicht aktivierbar (z. B. Reparaturleistungen) sein.

Des Weiteren ist in Abhängigkeit von ihrer Stellung im Leistungserstellungsprozess in

- Hauptleistungen,
- Nebenleistungen,
- Hilfsleistungen und
- Allgemeine Leistungen zu differenzieren.

Hauptleistungen sind für den Absatzmarkt bestimmt und überwiegend Leistungen
für ein Endprodukt des Unternehmens (Basisleistungen), welches den eigentlichen
Betriebszweck charakterisiert. Produkte, die als Hauptleistungen bezeichnet werden, gelten folglich für das Unternehmen als wirtschaftlich essenziell. Demnach
sollten sie in der Regel den wertmäßig größten Anteil an den Umsatzerlösen
erbringen (z. B. Umsatzerlöse aus dem Verkauf von Übernachtungsleistungen in
einem Hotelbetrieb).

Nebenleistungen sind gleichfalls für den Absatzmarkt bestimmt. Zusammengefasst
werden darunter überwiegend Leistungen für ein Endprodukt des Unternehmens,
das einen ergänzenden Charakter des Angebotsspektrums trägt (z. B. Umsatzerlöse aus dem Verkauf von Kommunikations- und Serviceleistungen in einem Hotelbetrieb).

Hilfsleistungen sind stets innerbetriebliche Leistungen, welche zum einen üblicherweise nicht für den Absatzmarkt bestimmt sind und zum anderen ganz bestimmte Haupt- und Nebenleistungen unterstützen (z. B. Hotelzimmerreinigung
zur Unterstützung der Erbringung von Übernachtungsleistungen in einem Hotelbetrieb oder innerbetriebliche Instandhaltungsleistungen). Aus diesem Grund werden
Hilfsleistungen für Abrechnungszwecke oftmals einem bestimmten Bereich zugeordnet.

Allgemeine Leistungen[43] sind ebenso innerbetriebliche Leistungen, welche nicht
für den Absatzmarkt gedacht sind. Diese Leistungen werden normalerweise nicht
für ausgewählte, sondern für alle (oder fast alle) Bereiche des Unternehmens zur
Verfügung gestellt (z. B. Leistungen des Betriebsschutzes).

In Abhängigkeit vom Fertigstellungsgrad und der Leistungsverwertung ist zu
gliedern in
- Unfertige Leistungen (bzw. Halbleistungen),
- Fertige Leistungen und
- Abgesetzte Leistungen.

Unfertige Leistungen weisen keinen Fertigstellungsgrad von 100 Prozent auf. Sie
sind demnach in aller Regel nicht marktfähig bzw. können auch noch nicht als
innerbetriebliche Leistungen eingesetzt werden.

---

[43] Häufig wird auf die Unterscheidung in allgemeine Leistungen und Hilfsleistungen verzichtet. In
     diesen Fällen spricht man lediglich von Hilfsleistungen.

Im Gegensatz dazu besitzen *fertige Leistungen* generell einen Fertigstellungsgrad von 100 Prozent und sind daher auf dem Markt absatzfähig bzw. stehen zum Wiedereinsatz im eigenen Unternehmen zur Verfügung.

Abgesetzte Leistungen haben prinzipiell einen hundertprozentigen Fertigstellungsgrad und konnten bereits auf dem Markt verkauft werden (bzw. es wird geplant, diese in der Planperiode zu verkaufen).

Werden diese Leistungen in der Bestandsrechnung einer Periode erfasst, ergeben sich ggf. Bestandsänderungen an unfertigen und fertigen Leistungen (vgl. Abb. 3-3). Sollten in der Abrechnungsperiode mehr Leistungen fertiggestellt als verkauft worden sein, dann führt dies zu einer Bestandserhöhung (+) an fertigen Leistungen bzw. bei einer Verkaufsmenge über der Fertigstellungsmenge zu einer Bestandsminderung (-). Analog können Bestandsminderungen bzw. Bestandserhöhungen von unfertigen Leistungen vorliegen.

Unfertige Leistungen können entweder in der Abrechnungsperiode nicht mehr fertiggestellt werden (Lagerbestandszunahme) oder unfertige Leistungen aus früheren Perioden wurden in der abzurechnenden Periode fertiggestellt (Lagerbestandsabnahme).

	Hergestellte Leistungen
±	Bestandsänderungen an unfertigen Leistungen
=	Fertige Leistungen
±	Bestandsänderungen an fertigen Leistungen
=	Abgesetzte Leistungen

Abb. 3-3:   Ermittlung der abgesetzten Leistung je Leistungsart einer Abrechnungsperiode

Diese Berechnung ist sowohl mengenmäßig je Leistungsart in LE/ZE als auch wertmäßig in €/ZE durchzuführen (vgl. Abschnitt 4.3). An dieser Stelle sei schon darauf verwiesen, dass Bestände an unfertigen und fertigen Leistungen zu Herstellkosten zu bewerten sind.

3.2   Kosten

3.2.1   Kostendefinition

Kosten[44] sind der betriebsnotwendige, bewertete Verbrauch von Gütern und Dienstleistungen für die Erstellung und den Absatz betrieblicher Leistungen sowie zur Aufrechterhaltung der Betriebsbereitschaft[45]. Sofern sind für die Kostendefinition nachstehende Merkmale maßgeblich:

- Es liegt ein mengenmäßiger Verbrauch von Gütern bzw. Dienstleistungen vor.
- Der Verbrauch muss dem eigentlichen Betriebszweck entsprechen.
- Der Verbrauch ist in Geldeinheiten bewertet.
- Der Verbrauch muss leistungsbezogen sein.

3.2.2   Abgrenzung zwischen Aufwand und Kosten

Die Begriffe Aufwand und Kosten sind voneinander sachlich abzugrenzen (vgl. Abb. 3-4), weil zu unterscheiden ist zwischen

- Aufwendungen, denen äquivalent Kosten (1),
- Aufwendungen, denen keine Kosten (2),
- Kosten, denen keine Aufwendungen (5) und
- Kosten, denen Aufwendungen in anderer Höhe (4) gegenüberstehen.

(1) Aufwendungen, die im Zusammenhang zum eigentlichen Betriebszweck entstehen und mit gleichem Wertansatz aus dem Rechnungskreis I in die Kosten- und Leistungsrechnung (Rechnungskreis II) übernommen werden, sind Grundkosten bzw. Zweckaufwand (z. B. Verbrauch von Material, Lohnkosten).

(2) Neutraler Aufwand beruht nicht auf dem eigentlichen betrieblichen Prozess der Abrechnungsperiode. Deshalb wird dieser nicht in die Kostenrechnung überführt. Dazu gehören:

-    Betriebsfremder Aufwand (z. B. Verluste aus Wertpapiergeschäften);

-    Außerordentlicher Aufwand (z. B. Anlagenverkauf unter Buchwert);

-    Periodenfremder Aufwand (z. B. Steuernachzahlung).

---

[44] Die Kosten- und Leistungsrechnung bezieht sich auf den wertmäßigen Kostenbegriff. Alternativ existieren der pagatorische (Kosten = Zahlungsstrom = Auszahlungen) und der entscheidungsorientierte Kostenbegriff.
[45] Vgl. Haberstock, L.: (Kostenrechnung I), S. 26.

Aufwand		
Neutraler Aufwand (2)	Betriebs(zweck)bedingter Aufwand	

Within the Betriebs(zweck)bedingter Aufwand area:

Grundkosten (1)	Anderskosten (4)	Zusatzkosten (5)
	Kalkulatorische Kosten (3)	

Kosten

Abb. 3-4:   Abgrenzung zwischen Aufwand und Kosten

(3) Kalkulatorische Kosten sind Anders- und Zusatzkosten.

    (4) Anderskosten sind Kosten, denen bewertungsbedingt Aufwand in anderer Höhe gegenübersteht (z. B. kalkulatorische Abschreibungen).

    (5) Zusatzkosten sind Kosten, denen kein Aufwand zugeordnet werden kann (z. B. kalkulatorischer Unternehmerlohn).

3.2.3 Elementare Gliederungsmöglichkeiten von Kosten

Ein qualifiziertes betriebliches Rechnungswesen bedingt eine nach Rechnungszweck und –ziel ausgerichtete detaillierte Dokumentation der Kosten. So lassen sich Kosten nach unterschiedlichsten Merkmalen klassifizieren, wie z. B. nach der Art der Einsatzgüter, dem Verbrauchscharakter, der Zurechenbarkeit der Kosten auf Bezugsobjekte, dem Verhalten der Kosten bei Veränderung von Einflussgrößen oder auch dem Verbrauchscharakter der Einsatzgüter. Einige grundsätzliche Gliederungsalternativen seien nachfolgend kurz behandelt:

A   **Gliederung der Kosten nach der Art der verbrauchten Produktionsfaktoren**

Kosten entstehen bedingt durch den sachzielorientierten, periodengerechten Verbrauch von Produktionsfaktoren. Aus diesem Grund wird die Gliederung der Kosten nach dem Merkmal der Güterart als eine der Wesentlichen für die Kostenartenrechnung angesehen. Beispiele dazu sind in der Abb. 3-5 zusammengestellt.

Verbrauchsart	Kostengliederung bzw. Kostenart
Verbrauch von materiellen Gütern	Material- bzw. Stoffkosten
Verbrauch von Arbeit	Personal- bzw. Lohn- und Gehaltskosten
Verbrauch von Informationen	Informationskosten
Verbrauch von Dienstleistungen	Kosten für Fremdleistungen
Langfristiger Verbrauch von Sachgütern	Abschreibungen
Verbrauch von Kapital	Zinsen
Gefahr eines zwangsweisen Verbrauchs	Wagniskosten

Abb. 3-5:   Beispiele zur Gliederung der Kosten nach der Art der verbrauchten Produktionsfaktoren

B   Gliederung der Kosten nach betrieblichen Funktionen

Klassifiziert man die Kosten nach funktionalen Aspekten eines Unternehmens, bspw. der Wertschöpfungskette folgend, so führt dies zu Kosten der Beschaffung, Fertigungs- bzw. Leistungskosten, Lagerkosten, Absatz- bzw. Vertriebskosten und den Kosten der Verwaltung. Diese Klassifizierung der Kosten erweist sich als außerordentlich entscheidend für die Durchführung der Kostenstellenrechnung.

C   Gliederung der Kosten nach der Art ihrer Erfassung

Im Rahmen dieser Gliederungsmöglichkeit wird danach differenziert, ob die Kosten im Rechnungskreis I oder beginnend im Rechnungskreis II erfasst werden.

Aufwandsgleiche Kosten, also Grundkosten, sind identisch mit den Beträgen aus der Bilanzrechnung. Wohingegen kalkulatorische Kosten (Zusatz- oder Anderskosten) lediglich in der Kosten- und Leistungsrechnung relevant sind.

D   Gliederung der Kosten nach der Art der Verrechnung[46]

Die Zurechenbarkeit von Kosten auf Bezugsobjekte führt zu einer zentralen Gliederung von Kosten aus der Sicht der Kostenverrechnung.

Einzelkosten sind so genannte direkte Kosten, weil sie sich unvermittelt (direkt) einer Bezugsgröße zurechnen lassen. Diese Kosten verhalten sich zur jeweiligen Bezugsgröße, so die Annahme, proportional. (Kostenträger-)Einzelkosten können deshalb unmittelbar von der Kostenartenrechnung in die Kostenträgerrechnung überführt werden (z. B. Werkstoffkosten). Als Bezugsgrößen können neben traditionellen Kostenträgern aber auch Kostenträgergruppen, Kostenstellen oder Prozesse in Frage kommen.

Können Kosten hingegen lediglich indirekt der Bezugsgröße zugerechnet werden, handelt es sich um *Gemeinkosten* (auch indirekte Kosten). Abrechnungstechnisch werden deshalb die (Kostenträger-) Gemeinkosten über Kostenstellen geführt. Nur

---

[46] Die Gliederung in Einzel- und Gemeinkosten bezieht sich hauptsächlich auf die Verrechnung von Kosten auf Kostenträger. Es ist jedoch zu beachten, dass in der Kostenrechnung auch die Gliederung der Kosten in Kostenstelleneinzel- und Kostenstellengemeinkosten erfolgt. Die Bezugsgröße ist dabei nicht der Kostenträger, sondern die Kostenstelle.

diese Vorgehensweise ermöglicht ihre Verrechnung mit Hilfe von Kalkulationssätzen auf Kostenträger[47].

Aus abrechnungstechnischen Gründen wird vor allem bei wirtschaftlich unbedeu-
tenden Kosten auf eine direkte Verrechnung von Kosten auf Kostenträger verzichtet, obwohl diese durchaus möglich wäre. In diesem Fall spricht man von *unechten
Gemeinkosten* (z. B. bei Hilfsstoffen).

Sonderkosten[48] werden aus verfahrenstechnischen Gründen für sich isoliert behandelt. Einerseits können sie als Sondereinzelkosten, andererseits als Sonderge-
meinkosten auftreten. Sondereinzelkosten sind dem Bezugsobjekt unmittelbar
zurechenbar, so z. B. Lizenzen oder auch Verpackungsmaterialien. Sind die Sonderkosten nicht je Bezugsobjekt direkt zuordenbar, spricht man von Sonderge-
meinkosten (z. B. Werkzeuge, die für mehrere Kostenträger einsetzbar sind). Des
Weiteren ist in Sonderkosten der Fertigung (z. B. Modellkosten) und in Sonderkosten des Vertriebs (z. B. Zölle) zu unterscheiden.

E   Gliederung der Kosten nach ihrer Herkunft

Die Differenzierung der Kosten nach deren Herkunft führt zu primären und sekundären Kosten. *Primäre Kosten* sind so genannte ursprüngliche Kosten. Sie
basieren auf dem Verbrauch von Produktionsfaktoren, die der Betrieb von außen
bezieht (originäre Einsatzgüter). Abrechnungstechnisch werden die Kosten in der
Kostenartenrechnung erfasst (z. B. Materialkosten, Personalkosten).

Das wertmäßige Äquivalent für den Verbrauch von innerbetrieblichen Leistungen
(z. B. Kosten für „selbst durchgeführte" Reparaturen), also derivative Einsatzgüter, sind sekundäre Kosten. Abrechnungstechnisch werden diese Kosten in der
Kostenstellenrechnung erfasst.

**F   Gliederung der Kosten nach der Abhängigkeit von der Beschäf-
            tigung[49]**

Kosten werden durch mannigfaltige Einflussgrößen in ihrer Höhe und im Verlauf
einer Abrechnungsperiode beeinflusst, z. B. durch die Beschäftigung, Faktorpreise, Kapazität und die Zeit.

Die Beschäftigung gilt traditionell als eine der wichtigsten Kosteneinflussgrößen.
Die Kostendynamik untersucht das Verhalten der Kosten in Abhängigkeit von der
Beschäftigung. Dabei besteht das Problem, dass sich bei Beschäftigungsänderung
die Kosten nicht beharrlich im gleichen Maße bzw. in die gleiche Richtung verändern (vgl. Abb. 3-6).

---

[47] Es wird eine zeitgemäße, differenzierte und keine summarische Verrechnung der Gemeinkostenar-
      ten auf Kostenträger unterstellt.
[48] In der Literatur wird oftmals dafür stark vereinfachend lediglich der Begriff Sondereinzelkosten
      verwendet. Vgl. z.B.: Däumler, K.-D./Grabe, J.: (Kostenrechnung), S. 319 oder auch Haberstock,
      L.: (Kostenrechnung II), S. 214 f.
[49] Beschäftigung ist ein Fachbegriff der Kosten- und Leistungsrechnung. Synonyme hierfür sind z.B.
      Leistungsmenge, Ausbringung, Produktionsmenge, Menge, Maschinenstunden.

Grundsätzlich werden Kosten nach der Abhängigkeit von der Kosteneinflussgröße Beschäftigung in *variable und fixe Kosten* gegliedert. Es ist darauf zu achten, dass die jeweiligen Kostenverläufe generell je Kostenart charakterisiert werden sollten.

Ferner sind Kosten dahin gehend zu unterscheiden, ob sich diese Kostenart ausschließlich variabel oder fix zur Leistungsmenge verhält. Einerseits sind Kostenarten existent, welche vollvariabel zur Beschäftigung verlaufen. Das heißt, diese Kosten entspringen als Periodenkosten im Koordinatenursprung (z. B. Rohstoffkosten). Sie werden als variable spezifische Kosten oder auch variable Periodenkosten in die Gesamtkostenfunktion integriert. Kosten, welche andererseits unabhängig von der Leistungsmenge konstant bleiben, sind ausschließlich fix (z. B. Mietkosten). Fixkosten sind aus diesem Grund ausnahmslos, um dem Verursachungsprinzip zu entsprechen, als Periodenkosten in die Kostenfunktion aufzunehmen.

Dahingegen werden Kosten, welche sowohl einen variablen als auch einen fixen Anteil aufweisen, als *teilvariable Kosten bzw. Mischkosten* bezeichnet (z. B. Energiekosten).

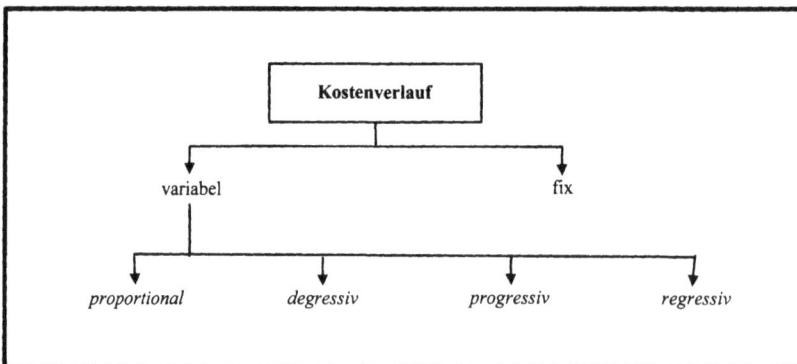

Abb. 3-6:   Einteilung der Kosten in Abhängigkeit von der Beschäftigung

Kostenfunktionen, diese leiten sich wiederum aus Produktionsfunktionen[50] ab, kennzeichnen diesen Zusammenhang zwischen der Ausbringungsmenge [Q] und dem Wert der Faktoreinsatzmenge [K].

$$K = f(Q)$$

Nachfolgend werden typische Kostenverläufe in Abhängigkeit von der Beschäftigung[51] [Q] für Gesamtkosten [K], Durchschnittskosten [k] und Grenzkosten

---

[50] Vgl. zu Produktionsfunktionen bspw. Schneider, D.: (Betriebswirtschaftslehre), S.288 ff.

[51] Die Kosten- und Leistungsrechnung unterstellt häufig eine steigende Beschäftigung innerhalb der Periode. Bei Rückgang der Beschäftigung nehmen die Kosten vielfach einen anderen Verlauf als bei Zunahme der Leistungsmenge. Oftmals fallen die Kosten langsamer, als sie bei steigender

$[\,k^{/}\,]$ dargestellt. Aus diesem Grund werden eingangs unterschiedliche Kostenkategorien kurz definiert.

Gesamtkosten $[\,K\,]$ sind Kosten einer Abrechnungsperiode bzw. Periodenkosten in €/ZE.

$$K \quad = \quad K_f \quad + \quad K_{var}$$

$$K \quad = \quad K_f \quad + \quad k_{var} \cdot Q$$

Legende:
K ... *Periodenkosten in €/ZE*
k ... *Stückkosten bzw. spezifische Kosten bzw. Einheitskosten in €/LE*
K_{var} ... *variable Periodenkosten in €/ZE*
k_{var} ... *variable Stückkosten in €/LE*
K_f ... *fixe Periodenkosten in €/ZE*
Q ... *Leistungsmenge bzw. Beschäftigung in LE/ZE*
LE ... *Leistungseinheit*
ZE ... *Zeiteinheit*

Durchschnittskosten $[\,k\,]$ ergeben sich, indem die Periodenkosten $[\,K\,]$ durch die in dieser Zeiteinheit hergestellten Leistungseinheiten $[\,Q\,]$ dividiert werden. Für Durchschnittskosten existieren eine Reihe von Synonymen, wie z. B. spezifische Kosten, Einheitskosten, Kosten je Leistungseinheit, Stückkosten bzw. Kosten je Produkteinheit jeweils entsprechend in €/LE, €/Stunde oder auch €/Stück.

$$k \quad = \quad \frac{K}{Q}$$

Grenzkosten $[\,k^{/}\,]$ sind die zusätzlich entstehenden Kosten bei einer Erhöhung der Leistungsmenge um eine Einheit in z. B. €/LE, €/Stunde, €/Stück. Mathematisch werden Grenzkosten durch die erste Ableitung der Kostenfunktion ausgedrückt.

$$k^{/} \quad = \quad \frac{dK}{dQ}$$

Kostenverläufe in Abhängigkeit von steigender Beschäftigung können mithilfe des Reagibilitätsgrades $[\,r\,]$ bzw. der relativen Kostenelastizität $[\varepsilon]$ charakterisiert werden. Die Kennzahl beschreibt das Verhältnis zwischen relativer Kostenveränderung $[\,\Delta K_{relativ}\,]$ und relativer Beschäftigungsveränderung $[\,\Delta Q_{relativ}\,]$. Dieses Modell untersucht den Kostenverlauf einer Kostenart bezogen auf eine Leistungsart bei steigender Beschäftigung innerhalb eines Kapazitätsintervalls. Es gilt:

Ausbringung zugenommen haben (träges Verhalten). In diesen Fällen spricht man von Kostenremanenz, welche ihre Ursachen produktionsbedingt, arbeitskräftebedingt und/ oder investitionsbedingt haben kann.

$$\Delta K_{relativ} \quad = \quad \frac{K_1 - K_0}{K_0} \qquad\qquad \text{sowie}$$

$$\Delta Q_{relativ} \quad = \quad \frac{Q_1 - Q_0}{Q_0}$$

Demnach gilt:

$$r \quad = \quad \varepsilon \quad = \frac{\Delta K_{relativ}}{\Delta Q_{relativ}} \quad = \quad \frac{\dfrac{K_1 - K_0}{K_0}}{\dfrac{Q_1 - Q_0}{Q_0}} \quad = \quad \frac{Q_0 \,(K_1 - K_0)}{K_0 \,(Q_1 - Q_0)}$$

Legende:
$r = \varepsilon$ ...   *Reagibilität bzw. Kostenelastizität*
0   ...   *Basiszeitraum*
1   ...   *Berichtszeitraum*

Daraus folgt[52]:

$\varepsilon \; = \; 0$ $\Rightarrow$ Kosten verhalten sich beschäftigungsfix.

$\varepsilon \; = \; 1$ $\Rightarrow$ Kosten verhalten sich proportional.

$0 \; < \; \varepsilon \; < \; 1$ $\Rightarrow$ Kosten verhalten sich degressiv.

$\varepsilon \; > \; 1$ $\Rightarrow$ Kosten verhalten sich progressiv.

Fixe Kosten entstehen bedingt durch die Bereitstellung einer Kapazität. Aus diesem Grund werden sie auch als Bereitschaftskosten bezeichnet (vgl. Abb. 3-7).[53] Jede relative Beschäftigungsveränderung führt zu einer Kostenveränderung von null. Die fixen Gesamtkosten verändern sich bei Beschäftigungsschwankungen bis zur Kapazitätsgrenze nicht. Sie verhalten sich konstant, so z. B. zeitabhängige Abschreibungen auf Anlagevermögen, Mieten, kalkulatorische Zinsen.

---

[52] Die Aussagen beziehen sich nicht auf Mischkosten. Vgl. dazu weiterführende Untersuchungen z.B. Gallenmüller, O./Hieke, H./Hülsenberg, F./Neubert, J.: (Kosten), S. 204 ff.

[53] In der Praxis existiert oftmals kein reiner fixer Verlauf von Kosten, sondern Kosten verhalten sich in einem bestimmten Intervall bzw. bis zu einer konkreten Kapazitätsgrenze fix und steigen dann bei deren Überschreitung sprunghaft an. Bis zur nächsten Kapazitätsgrenze verlaufen sie dann wiederum fix. Dieser Verlauf der Periodenkosten wird als intervallfix bezeichnet.

Gesamtkosten   Durchschnitts-   Grenzkosten
                kosten

K   k   K`

   fix   degressiv   null

            Q   Q   Q

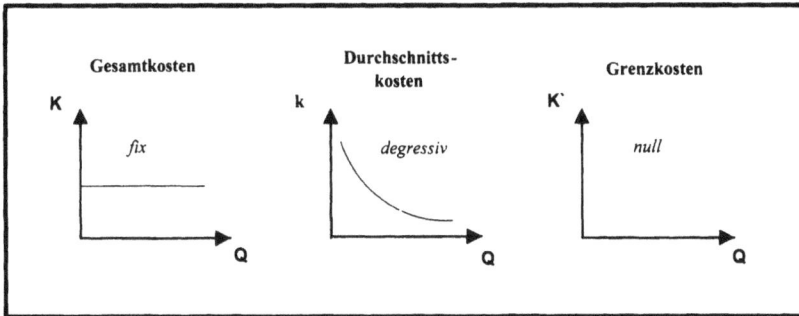

Abb. 3-7:   Kostenverläufe bei Vorliegen fixer Periodenkosten

Variable Kosten sind beschäftigungsabhängige Kosten. Sie nehmen bei steigender Beschäftigung ebenfalls zu. Dabei sind unterschiedliche Kostenverläufe zu unterscheiden. In Abb. 3-8 sind die Kosten für vollvariable Kosten dargestellt. Vollvariable Kostenverläufe entspringen generell im Koordinatenursprung.

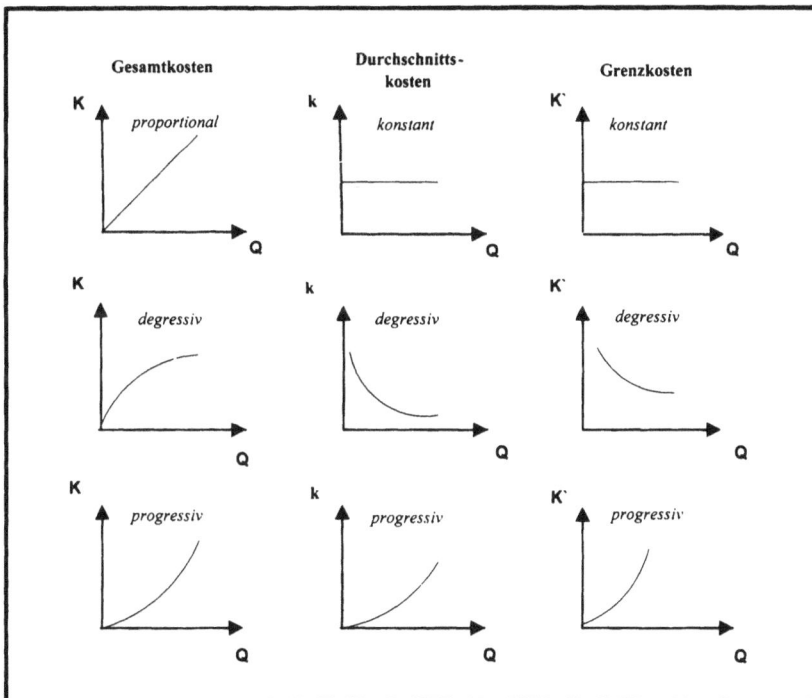

Gesamtkosten   Durchschnitts-   Grenzkosten
                kosten

K   proportional   k   konstant   K`   konstant

            Q   Q   Q

K   degressiv   k   degressiv   K`   degressiv

            Q   Q   Q

K   progressiv   k   progressiv   K`   progressiv

            Q   Q   Q

Abb. 3-8:   Kostenverläufe bei Vorliegen vollvariabler Periodenkosten

Steigen Kosten im gleichen Maße wie die Beschäftigung handelt es sich um proportionale Kosten. Degressive Kosten steigen langsamer als die Beschäftigung anwächst. Progressive Kosten liegen dann vor, wenn die relative Kostenänderung größer ist als die relative Beschäftigungsveränderung.

Regressive Kosten verändern sich entgegengesetzt zur jeweiligen Beschäftigungs-änderung. Wenn die Beschäftigung zunimmt, dann sinken die Periodenkosten absolut und umgekehrt. Regressive Kosten können sich wiederum proportional, degressiv oder progressiv verhalten (vgl. Abb. 3-9).

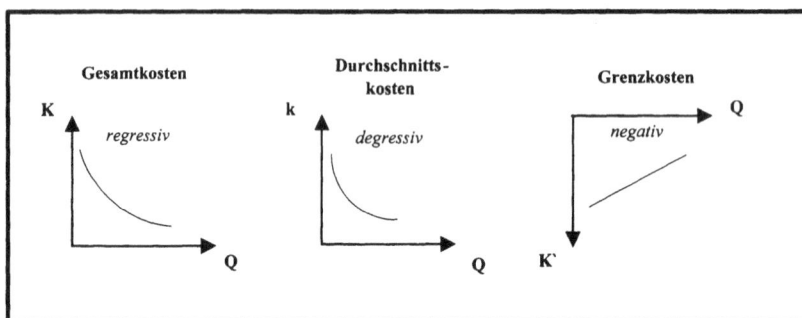

Abb. 3-9:   Kostenverläufe bei Vorliegen regressiver Periodenkosten

In der Kosten- und Leistungsrechnung wird generell stark vereinfachend für variable Periodenkosten ein proportionaler Verlauf unterstellt.

Fixe Kosten werden entsprechend der Kapazitätsgrenze als intervallfix interpretiert, die Funktion beginnt im Schnittpunkt der Ordinate. Der Anstieg der variablen Kostenfunktion entspricht den variablen Stückkosten (vgl. Abb. 3-10).

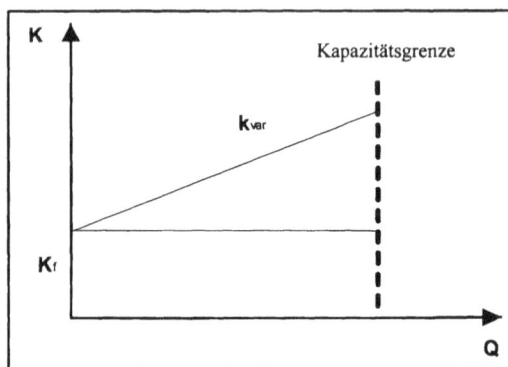

Abb. 3-10:   Grafische Darstellung der Kostenfunktion

Demnach ergibt sich folgende Kostenfunktion:

$$K = K_f + k_{var} \cdot Q$$

Bei der Gliederung der Kosten ist zu beachten, dass sich Einzelkosten stets variabel verhalten. Fixe Kosten sind generell Gemeinkosten, können jedoch sowohl fixe als auch variable Kostenbestandteile aufweisen (vgl. Abb. 3-11). Daraus ergibt sich die Schwierigkeit[54], dass die Gemeinkosten bei Anwendung der Teilkostenrechnung in ihre Kostenbestandteile aufzulösen sind (vgl. Abschnitt 7.2).

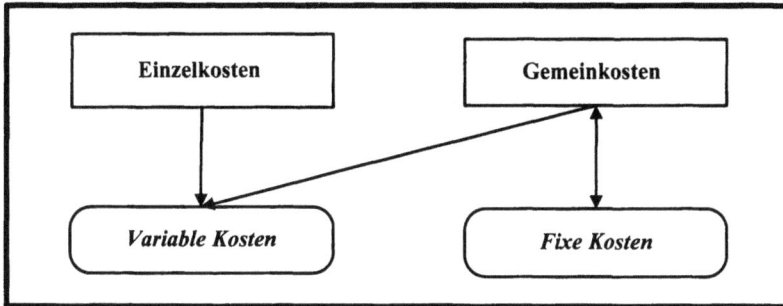

Abb. 3-11: Zusammenhang zwischen Einzel- und Gemeinkosten sowie variablen und fixen Kosten

3.3 Beispiel zur Abgrenzungsrechnung

Im folgenden Beispiel (vgl. Abb. 3-12) soll vereinfacht der Zusammenhang zwischen dem Rechnungskreis I und II verdeutlicht werden.

Ausgangspunkt bilden die Salden einer Abrechnungsperiode entsprechend der Gewinn- und Verlustrechnung. Im Rahmen der sachlichen Abgrenzung werden diese entweder deckungsgleich in die Kosten- und Leistungsrechnung (Grundkosten bzw. Grundleistung) oder als neutrale Position in den Abgrenzungsbereich überführt. Im Fall kalkulatorischer Kosten oder Leistungen sind kostenrechnerische Korrekturen vorzunehmen.

Die Abgrenzungsrechnung ist zum einen von zeitlichen und zum anderen von sachlichen Aspekten geprägt. In der zeitlichen Abgrenzung (vgl. Abschnitt 5.2.3) werden einer Abrechnungsperiode sämtliche verursachungsgerechten Kosten und Leistungen zugerechnet, auch wenn sie in dieser Periode nicht liquiditätswirksam sind. Indessen wird mit der sachlichen Abgrenzung (vgl. Abschnitt 3.2.2) sicher-

---

[54] Die Kostenauflösung ist im Allgemeinen mit unterschiedlichen Methoden praktizierbar, die zumeist eine näherungsweise Lösung ermöglichen (buchtechnisch-statistische Methode, Differenzen-Quotienten-Methode, Reihenhälfte-Methode, Methode der kleinsten Quadrate). Vgl. dazu Abschnitt 7.2.

gestellt, dass sämtliche Kosten und Leistungen dem Kriterium der betriebsge-
wöhnlichen Betriebszweckbezogenheit genügen.

Für das Beispiel wird ein Unternehmen des produzierenden Gewerbes angenommen. Verluste aus dem Wertpapierverkauf, Miet- und Pachterträge sowie Zinser-
träge werden ferner als betriebsfremd eingeordnet. Im externen Rechnungswesen
werden Bestandsänderungen an unfertigen und fertigen Leistungen zu Herstellungskosten, im internen Rechnungswesen hingegen zu Herstellkosten bewertet.
Aus diesem Grund beträgt der Wertansatz in der Kosten- und Leistungsrechnung
lediglich 2.800 € (vgl. Abschnitt 4.3). Weil das Unternehmen mit kalkulatorischen
Kosten (vgl. Abschnitt 5.2.2.4) arbeitet, ergeben sich kalkulatorische Abschreibungen auf betriebsnotwendiges Anlagevermögen in Höhe von 14.500 € und kalkulatorische Zinsen auf Eigenkapital von 1.200 € (Zusatzkosten).

		Rechnungskreis I		Rechnungskreis II			
		Erfolgsrechnung		Abgrenzungsbereich		Kosten- und Leis-tungsrechnung	
		Aufwand	Ertrag	neutraler Aufwand	neutraler Ertrag / Zusatz- bzw. An-derskosten bzw. -leistungen*	Kosten	Leistung
		1	2	3	4	5	6	7
1	Rohstoffaufwand	15.000				15.000	
2	Aufwand für bezo-gene Leistungen	6.000				6.000	
3	Löhne und Gehäl-ter	25.000				25.000	
4	Soziale Abgaben	6.000				6.000	
5	Abschreibungen auf Anlagevermö-gen	12.000			2.500*	14.500	
6	Aufwand für Hilfs- und Betriebsstoffe	5.000				5.000	
7	Verluste aus Ab-gang von Vermö-gensgegen-ständen	100		100			
8	Steuern	2.000				2.000	
9	Verluste aus Wert-papierverkauf	200		200			
10	Außerordentlicher Aufwand	100		100			

11	Kalkulatorische Zinsen				*1.200**	**1.200**	
12	Umsatzerlöse		78.000				**78.000**
13	Bestandserhöhung an unfertigen und fertigen Leistungen		3.000		200		**2.800**
14	Eigenleistungen		1.000				**1.000**
15	Miet- und Pachterträge		2.000		2.000		
16	Erträge aus dem Abgang von Vermögensgegenständen		1.000		1.000		
17	Erträge aus Auflösung von Wertberichtigungen auf Forderungen		400		400		
18	Erträge aus der Auflösung von Rückstellungen		700		700		
19	Zinserträge		800		800		
20	Zwischensumme	71.400	86.900	400	8.800	**74.700**	**81.800**
21	*Saldo*	**15.500** (Gewinn)		**8.400** (neutrales Ergebnis[55])		**7.100** (Betriebsergebnis)	
22	*Summe*	86.900	86.900	8.800	8.800	**81.800**	**81.800**

Abb. 3-12:   *Beispiel zur Abgrenzungsrechnung im produzierenden Gewerbe*

3.4   Kurzfristiger Betriebserfolg

3.4.1   Überblick

Der kurzfristige Betriebserfolg (bzw. das Betriebsergebnis oder auch der kalkulatorische Erfolg) ergibt sich aus der Gegenüberstellung von sämtlichen Leistungen (bzw. Erlösen) und Kosten einer Abrechnungsperiode. Zumeist wird der Betriebserfolg monatsbezogen, im Ausnahmefall quartalsbezogen, berechnet.

Für die Betriebsergebnisrechnung steht zum einen das *Gesamtkosten-* und zum anderen das *Umsatzkostenverfahren* zur Verfügung. Diese Verfahren werden unter Abschnitt 6 ausführlicher diskutiert. Vor allem hinsichtlich der Steuerungsfunkti-

---

[55] Das ausgewiesene neutrale Ergebnis integriert in diesem Beispiel das Ergebnis aus kostenrechnerischen Korrekturen.

on der Kosten- und Leistungsrechnung ist für die Bestimmung des kurzfristigen
Betriebserfolges relevant, ob diese im System der Vollkosten- oder Teilkostenrechnung erfolgt (vgl. Abb. 3-13).

Die Vollkostenrechnung verzichtet auf die Gliederung der Kosten in Abhängigkeit
von der Kosteneinflussgröße Beschäftigung. Die Periodenkosten werden als Gesamtkosten den Umsatzerlösen gegenübergestellt. Im Rahmen der Teilkostenrechnung werden hingegen von den Umsatzerlösen lediglich die variablen Kosten
subtrahiert. Daraus resultiert der Ausweis des Deckungsbeitrages (einstufige
Rechnung[56]). Der Deckungsbeitrag dient dazu, die fixen Kosten auszugleichen
und darüber hinaus zu einem (positiven) Betriebsergebnis beizutragen.

Vollkostenrechnung		Teilkostenrechnung	
Umsatzerlöse	[€/ZE]	Umsatzerlöse	[€/ZE]
./. Kosten	[€/ZE]	./. Variable Kosten	[€/ZE]
= Betriebsergebnis	[€/ZE]	= Deckungsbeitrag	[€/ZE]
		./. Fixe Kosten	[€/ZE]
		= Betriebsergebnis	[€/ZE]

Abb. 3-13:   Ermittlung des kurzfristigen Periodenerfolges in der Vollkosten- und Teilkostenrechnung (vereinfacht)

Die Bestimmung des Betriebsergebnisses bezogen auf eine Beschäftigungseinheit
ist lediglich im Rahmen einer Vollkostenrechnung möglich (vgl. Abb. 3-14). Dieser Rechenansatz vernachlässigt jedoch, dass sich fixe Kosten in Abhängigkeit
von steigender Beschäftigung degressiv fallend verhalten. Die Vollkostenrechnung unterstellt dessen ungeachtet einen konstanten Verlauf fixer Einheitskosten
bei Beschäftigungsänderung. Damit kann keine verursachungsgerechte Bestimmung des Betriebsergebnisses gewährleistet werden.

Lediglich die Teilkostenrechnung beachtet diesen Zusammenhang. Dabei werden
ausschließlich die variablen Stückkosten, die sich bei steigender Beschäftigung
konstant verhalten, dem Kostenträger verursachungsgerecht zugeordnet. Das führt
allerdings dazu, dass mithilfe der Teilkostenrechnung kein kostenträgerbezogenes
Betriebsergebnis ausgewiesen werden kann.

---

[56] Die Deckungsbeitragsrechnung ist sowohl einstufig als auch mehrstufig durchführbar (vgl. dazu
Abschnitt 7).

Vollkostenrechnung		Teilkostenrechnung	
Erlös	[€/LE]	Erlös	[€/LE]
./. Kosten	[€/LE]	./. Variable Kosten	[€/LE]
= **Gewinn/Verlust**	[€/LE]	= **Deckungsbeitrag**	[€/LE]
		x Beschäftigung	[LE/ZE]
		= Deckungsbeitrag	[€/ZE]
		./. Fixe Kosten	[€/ZE]
		= **Betriebsergebnis**	[€/ZE]

Abb. 3-14:   *Ermittlung des Stückerfolges in der Vollkostenrechnung sowie des Stückdeckungsbei-*
                 trages in der Teilkostenrechnung (vereinfacht)

3.4.2   Beispiel

Das nachfolgende, stark vereinfachte Beispiel demonstriert die Ermittlung des Betriebsergebnisses bei Anwendung der Vollkosten- und Teilkostenrechnung einerseits in der Periodenrechnung und andererseits in der Stückrechnung.

Es wird vereinfachend angenommen, dass die Unternehmung lediglich eine Leistungsart herstellt. Bestandsänderungen an unfertigen und fertigen Leistungen liegen nicht vor. Folgende Ausgangsdaten sind relevant:

Leistungen:

Hergestellte Leistungseinheiten	1.200	LE/ZE
Abgesetzte Leistungseinheiten	1.200	LE/ZE
Durchschnittlicher Erlös	83	€/LE

Kosten:

Zeitabhängige Abschreibungen	25.000	€/ZE
Leistungsunabhängige Personalkosten	23.000	€/ZE
Mieten	9.000	€/ZE
Sonstige fixe Kosten	3.000	€/ZE
Rohstoffkosten	15	€/LE
Leistungsabhängige Personalkosten	9	€/LE
Sonstige variable Kosten	5	€/LE

Daraus ergibt sich nachstehende Berechnung des kurzfristigen Betriebsergebnisses:

Periodenrechnung:

	Vollkostenrechnung		
Umsatzerlöse			
(83 · 1.200)		99.600	€/ZE
./. Kosten			
(60.000+29·1.200)		94.800	€/ZE
= Betriebsergebnis		4.800	€/ZE

	Teilkostenrechnung		
Umsatzerlöse			
(83 · 1.200)		99.600	€/ZE
./. Variable Kosten			
(29 · 1.200)		34.800	€/ZE
= Deckungsbeitrag		64.800	€/ZE
./. Fixe Kosten		60.000	€/ZE
= Betriebsergebnis		4.800	€/ZE

Stückrechnung:

	Vollkostenrechnung		
Erlös		83	€/LE
./. Kosten			
(94.800 : 1.200)		79	€/LE
= Betriebsergebnis		4	€/LE

	Teilkostenrechnung		
Erlös		83	€/LE
./. Variable Kosten			
(15 + 9 + 5)		29	€/LE
= Deckungsbeitrag		54	€/LE

Nur aufgrund dessen, dass in diesem Beispiel keine Bestandsänderungen an unfertigen und fertigen Leistungen vorliegen, ist der Ausweis des Periodenergebnisses in der Vollkosten- und Teilkostenrechnung identisch (vgl. dazu weiterführend Abschnitt 7.5).

4 Leistungs- und Erlösrechnung

4.1 Erlösrechnung

4.1.1 Übersicht und Begriffe

Grundsätzlich besteht die Notwendigkeit, die Leistungs- und Erlösrechnung ebenso sorgfältig und differenziert durchzuführen wie die Kostenrechnung. Denn ein primäres Ziel einer Unternehmung besteht wohl darin, Leistungen am Markt abzusetzen, um dafür Erlöse zu erzielen. Diese Erlöse wiederum sollten nicht nur die Kosten für die Herstellung und den Absatz eben dieser Leistungen abdecken, sondern darüber hinaus einen Gewinn garantieren. Dieser Logik folgend ist es also gleichermaßen sinnvoll, genaue Kenntnis sowohl über die Erlös- als auch über die Kostenproblematik zu haben. Dennoch wird vielfach die Erlösseite in der Theorie und in der Praxis stiefmütterlich behandelt. Das zeigt sich unter anderem darin, dass man die Erlösrechnung oftmals nur in Form von Umsatzstatistiken vorfindet. Weit verbreitet wird die Leistungsrechnung lediglich im Zusammenhang mit Aspekten der Kostenrechnung behandelt. Da die Kostenrechnung mit der Leistungsrechnung eng verzahnt ist, kann dieser letztgenannten Vorgehensweise zwar durchaus zugestimmt werden. Hier wird diese allerdings separat diskutiert, um vor allem die Leistungsrechnung als gleichberechtigt gegenüber der Kostenrechnung herauszustellen. Dabei werden die notwendigen Zusammenhänge zur Kostenrechnung benannt.

Um häufig vorkommende Verwirrungen der Begriffe Preis und Erlös zu vermeiden, sind diese eindeutig im Sinne des internen Rechnungswesens[57] zu definieren: Der *Preis* [*e*] in €/LE ist der Wert einer Leistungseinheit der sachzielbezogenen Güter- (bzw. Dienstleistungs-)entstehung einer Abrechnungsperiode. Mitunter wird dafür synonym der Begriff spezifischer Erlös verwendet[58].

---

[57] Vgl. weiterführende Erläuterungen zu Preisen z.B. in Schneider, D.: (Betriebswirtschaftslehre), S. 313 ff.

[58] Vgl. dazu ergänzend z.B. Schweitzer, M./Küpper, H.-U.: (Systeme), S. 21.

Der *Erlös* [*E*] [59] in €/ZE je Leistungsart *i* ergibt sich aus dem Produkt von abgesetzter Menge [$Q_{abgesetzt}$] der Abrechnungsperiode in LE/ZE und dem entsprechendem (Güter-)Preis [*e*] je Leistungseinheit und Leistungsart *i* in €/LE.

Die Summe der Periodenerlöse je Leistungsart ergibt den Umsatzerlös des Unternehmens je Abrechnungsperiode.

$$E = \sum_{i=1}^{n} e_i \cdot Q_i$$

Legende:
e_i   ...   *Stückerlös der Leistungsart i in €/LE*
                  i = 1 ... n; n = Anzahl der Leistungsarten
Q_i   ...   *Beschäftigung einer Leistungsart i in LE/ZE*
E   ...   *Umsatzerlös des Unternehmens in €/ZE*

Für die Bestimmung des Erlöswertes (Ist- oder Planerlöse) stehen unterschiedliche Ansätze zur Auswahl (vgl. Abb. 4-1).

Ein pagatorischer Preis ist die bewertete Leistungeinheit der sachzielbezogenen Güter- (bzw. Dienstleistungs-)entstehung einer Abrechnungsperiode. Der Wertansatz ist zahlungsstromorientiert und identisch mit dem jeweiligen Marktwert.

Die Kosten- und Leistungsrechnung arbeitet hauptsächlich aus Gründen der Kontinuität, Stetigkeit und Vergleichbarkeit mit Verrechnungspreisen, dabei überwiegend mit Fest- oder Durchschnittspreisen. Des Weiteren garantiert die Arbeit mit diesen Preisansätzen eine relative Vereinfachung der Kosten- und Leistungsrechnung. Auf diese Weise wird auch den gängigen Wirtschaftlichkeitsansprüchen genügt.

Der Wertansatz von Leistungsarten mit Verrechnungspreisen besagt, dass für eine bestimmte Zeitspanne, oftmals ein Wirtschaftsjahr, gleiche Leistungsarten mit identischen Preisen bewertet werden. Hierbei ist es unerheblich, ob unterschiedliche Absatzgebiete und damit differenzierte Vertriebskosten oder auch ungleich hohe Erlösminderungen anfallen.

Festpreise für Leistungseinheiten werden vom Unternehmen für eine bestimmte Dauer für innerbetriebliche Abrechnungen oder Planungen als konstant unterstellt. Sie orientieren sich an ökonomisch korrekten Relationen zu den übrigen in der Preisliste enthaltenen Leistungsarten. Zudem kann die Festlegung von festen Einzelpreisen auf bereits realisierten, also vergangenheitsorientierten Preisen sowie auf prognostizierten Preisansätzen basieren.

Der *Durchschnittspreis* orientiert auf vergangenheitsbezogene, pagatorische Erlöswerte einer Leistungsart über mehrere Abrechnungsperioden. Hierbei ist in periodische und rollende bzw. gleitende Durchschnittspreise zu unterscheiden. Der

---

[59] Beachte die Synonyme: Periodenerlös, Umsatzerlös.

periodische Durchschnittspreis ergibt sich aus dem Quotienten von vergangenheitsorientierten Umsatzerlösen einer Leistungsart und der dazugehörigen abgesetzten Menge dieser Leistungsart. Daraus folgt, dass der berechnete Durchschnittspreis für die Abrechnungsperiode konstant bleibt. In diesem Fall handelt es
sich also gleichfalls um einen Festpreis. Bei der Bewertung zu rollenden bzw.
gleitenden Durchschnittspreisen wird der Verrechnungspreis bei jeder Lieferung
einer Leistungsart mit dem entsprechenden pagatorischen Wertansatz neu berechnet. Damit ergibt sich der aktuelle Verrechnungspreis jeweils als gewogenes a-
rithmetisches Mittel.

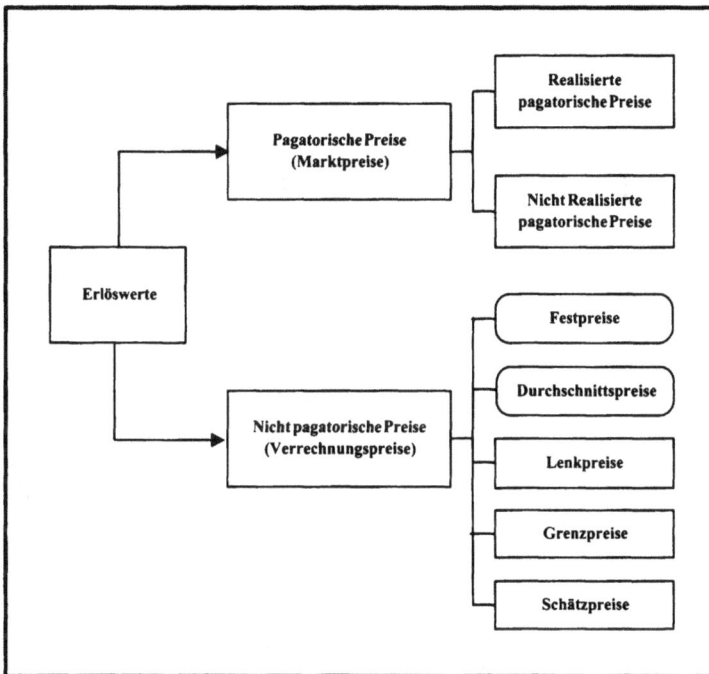

Abb. 4-1:   Übersicht von Preisen[60]

Lenkpreise[61] sind eine spezielle Form von Verrechnungspreisen (vgl. Abschnitt
9.2). Man versteht darunter Wertansätze für innerbetrieblich erstellte Leistungen,
die von anderen, rechnerisch abgegrenzten Unternehmenseinheiten bezogen werden. Sie sind also immer dann notwendig, wenn in divisionalen Unternehmensor-
ganisationen eine wechselseitige Leistungsverflechtung vorliegt. Zur Steuerung

[60] In Anlehnung an Schweitzer, M./Küpper, H.-U.: (Systeme), S. 23.
[61] Vgl. dazu auch Transferpreise, welche für den Gütertransfer in den Wertschöpfungsstufen des
Unternehmens angesetzt werden. Vgl. z.B. Ewert, R./Wagenhofer, A.: (Unternehmensrechnung),
S. 593.

dezentraler Entscheidungen sind die Preise jeweils so festzulegen, dass die Gütermengen auf das gesamtbetriebliche Optimum ausgerichtet sind[62].

Grenzpreise sind im Rahmen von Alternativbetrachtungen relevant. Sie erlauben, insbesondere den Wert von Restriktionsänderungen einzuschätzen. Der Grenzpreis ist die Veränderung des Preises, die dann eintritt, wenn sich eine Restriktion, z. B. der Materialeinkaufspreis, um eine Einheit erhöht oder vermindert. Oder anders ausgedrückt, der Grenzpreis einer Einheit wird charakterisiert als der Betrag, den man maximal zahlen könnte bzw. erzielen müsste, damit man bei Veränderung einer Restriktion mindestens den Betriebserfolg der Ausgangssituation erreicht.[63] Die Ermittlung des Grenzpreises bedingt eine qualifizierte Kosten- und Leistungsrechnung. Die Kostenrechnung ist hierbei als parallele Vollkosten- und Teilkostenrechnung zu gestalten (vgl. Abschnitt 7.8.4).

Schätzpreise folgen nicht den Preisbildungsmethoden, welche sich vornehmlich auf die Kalkulation von Kosten und Gewinnen beziehen. Diese Preise ergeben sich auf Grundlage fundierter Kalküle der Entscheidungsträger und sind nicht selten Resultat von internen aber auch zunehmend extern geführten Verhandlungen.

4.1.2   Systematik der Erlösrechnung

Die Erlösrechnung dient der Planung, Kontrolle, Information und Steuerung von Umsätzen einer Abrechnungsperiode bezogen auf unterschiedlichste Bezugsobjekte, wie bspw. Produkte, Kunden und Absatzgebiete. In diesem Zusammenhang sind Erlöse zu berechnen, zu dokumentieren, bereitzustellen, zu analysieren und zu kontrollieren[64]. Die Aufgaben sind sowohl zukunftsbezogen (Planrechnung) als auch vergangenheitsbezogen (Istrechnung) zu erfüllen.

Analog zur Kostenrechnung gliedert sich auch die Erlösrechnung in eine Erlösarten-, Erlösstellen- und Erlösträgerrechnung. Allerdings kann für die Erlösrechnung keine Aufeinanderfolge von Arten-, Stellen- und Trägerrechnung festgeschrieben werden. Eine Zuordnung der Erlöse auf Erlösstellen und Erlösträger erfolgt bereits in der *Erlösträgerrechnung*. Die Verrechnung der realisierten oder geplanten Erlöse auf die abgesetzten Leistungen und damit also auf die Kostenträger[65], für die sie sich direkt erfassen lassen, bildet den Gegenstand der Erlösträgerrechnung. Somit bildet die Erlösträgerrechnung den Ausgangspunkt für die Erlösrechnung. In der Abb. 4-2 ist der Aufbau für die Erfassung von Erlösen vereinfacht vorgestellt.

---

[62] Vgl. Coenenberg, A.G.: (Kostenrechnung), S. 516 ff.

[63] Vgl. Ewert, R./Wagenhofer, A.: (Unternehmensrechnung), S. 113.

[64] Vgl. Heinhold, M.: (Kosten- und Erfolgsrechnung), S. 324.

[65] In der Regel kann davon ausgegangen werden, dass der Erlösträger identisch mit dem Kostenträger ist. Aus diesem Grund wird in praxi auch oftmals nur der Begriff des Kostenträgers benutzt.

Es sei darauf verwiesen, dass die Umsatzsteuer in der Kosten- und Leistungsrechnung keine Relevanz[66] besitzt, da sie eine so genannte durchlaufende Steuer ist. Die Begriffe brutto und netto sind demnach anders als im externen Rechnungswesen belegt. Der in der Kosten- und Leistungsrechnung angesetzte Bruttoerlös beinhaltet keine Umsatzsteuer, sondern wird als Grunderlös definiert.

Berechnungsmodell	*Beispiele*
Basiserlös der Hauptleistung	
+ Zuschläge	Sonderausführungszuschläge
	Mindermengenzuschläge
	Zuschläge für Versandverpackung
= Bruttoerlös der Hauptleistungen	
+ Zusatzerlös für Nebenleistungen	Zusatzerlöse für Versand
= Bruttoerlöse für Haupt- und Nebenleistungen	
./. Erlösminderungen	Funktionsrabatte
	Auftragsbezogene Mengenrabatte
	Selbstabholerrabatte
	Gratislieferungen/ Naturalrabatte
= Vorläufiger Nettoerlös (nach Abzug von Erlösminderungen)	
./. Direkt erfassbare Erlösberichtigungen	Gutschriften für Rücksendungen
	Kundenskonti
	Debitorenausfälle
	Gewährleistungszahlungen
	Schadenersatzzahlungen
	Konventionalstrafen
	Wechselkursänderungen
= Vorläufiger Nettoerlös (nach Abzug von Erlösberichtigungen, den Absatzleistungen direkt zurechenbar)	
./. Erlösberichtigungen, nur periodenbezogen erfassbar	Boni (werden bspw. zum Ende des Wirtschaftsjahres als Prozentsatz des Jahresumsatzes je Kunde berechnet)
= Vorläufiger Nettoerlös (nach Abzug von Erlösberichtigungen, die nur periodenbezogen erfassbar sind)	
± Erlöskorrekturen	Berechnungsfehler
	Buchungsfehler
= Nettoerlös	

Abb. 4-2: *Erfassungsschema von Erlösen für Absatzleistungen*[67]

---

[66] Ausnahmen davon gibt es bei der Preiskalkulation, siehe dazu Ausführungen zur Kostenträgerstückrechnung im Abschnitt 5.4.

[67] In Anlehnung an Männel, W.: (Kostenrechnung 2), S. 74.

Der Nettoerlös ergibt sich als Differenz von Bruttoerlös abzüglich der Erlösminderungen. Vereinfachend kann demnach wie folgt vorgegangen werden:

    Bruttoerlös
./. Erlösminderungen
= Nettoerlös

Für die Steuerung und Kontrolle des Unternehmens empfiehlt es sich, der Erlösträgerrechnung eine Erlösquellenrechnung (vgl. Abb. 4-3) vorzuschalten. Erlösquellen, auch als außerbetriebliche Erlösstellen bezeichnet, sind Bereiche der Erlösentstehung außerhalb des Unternehmens. Sie sollten einheitliche Verantwortungsbereiche mit möglichst homogenen Absatzbedingungen und einer eindeutigen Vertriebskompetenz darstellen, z. B. Kunden bzw. Kundengruppen, Regionen, Absatzwege und Marktsegmente[68].

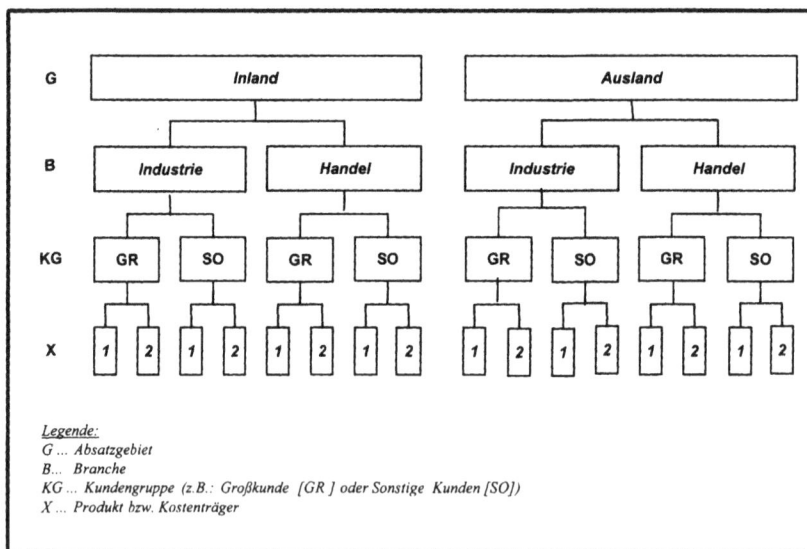

Abb. 4-3:   Beispiel für den Hierarchieaufbau einer Erlösquellenrechnung

Damit stellt die Erlösrechnung wertvolle Informationen für die Absatzsteuerung, -planung und -kontrolle sowie für eine marktorientierte Erfolgsrechnung zur Verfügung.

Die *Erlösstellenrechnung*, bezogen auf innerbetriebliche Erlösstellen, dient zur Planung und Kontrolle der Marktpreise. Es wird erfasst, inwieweit Teilbereiche eines Unternehmens zur Erlösrealisation beitragen. (Innerbetriebliche) Erlösstellen

---

[68]   Vgl. dazu z.B. Küpper, H.-U./Weber, J.: (Grundbegriffe), S. 114.

sind betriebliche Teilbereiche, denen Erlöse direkt zurechenbar sind. Folgende Kriterien für die Erlösstellenbildung sind zu beachten[69]:

- Die Stellen sollten eindeutige Verantwortungsbereiche für den Vertrieb mit homogenen Absatzbedingungen bilden (organisatorisches Kriterium).
- Erlöse für klar definierte Leistungsarten (Kosten- bzw. Erlösträger) müssen für diese Stellen wirtschaftlich erfassbar, zurechenbar und auswertbar sein (rechentechnisches Kriterium).
- Die Zusammensetzung des Absatzprogramms und damit nicht selten der Aufbau der Vertriebsorganisation ist mitentscheidend für die Anzahl der zu bildenden Erlösstellen.
- Da jede Erlösstelle auch Kosten verursacht, ist diese zugleich auch Kostenstelle.

Erlösstellen können z. B. Vertriebsstellen (vgl. Abb. 4-4) sowie Filialen und im Falle von divisionalen Organisationen zudem Profit Center und Investment Center sein.

A	M	Fertigungsbereich I			Fertigungsbereich II			Vertriebsbereich			Vw
		F	FN	FH	F	FN	FH	Vt 1	Vt 2	Vt 3	

			Leistungs-		
	Bezeichnung	*stelle*	*Kostenstelle*	*Erlösstelle*
A	*Allgemeine Stelle*	*X*	*X*	
M	*Materialstelle*	*X*	*X*	
F	*Fertigungshauptstelle*	*X*	*X*	
FN	*Fertigungsnebenstelle*	*X*	*X*	
FH	*Fertigungshilfsstelle*	*X*	*X*	
Vt	*Vertriebsstelle*	*X*	*X*	*X*
Vw	*Verwaltungsstelle*	*X*	*X*	

Legende:

Abb. 4-4:   *Vereinfachte Darstellung für die Bildung von Leistungs-, Kosten- und Erlösstellen bei funktionaler Gliederung*

In der *Erlösartenrechnung* werden Erlösdaten perioden- und sachgerecht erfasst, klassifiziert, verarbeitet, gespeichert und bereitgestellt. Die Erlösartenrechnung kann nicht isoliert von der Stellen- und Trägerrechnung durchgeführt werden, da im Allgemeinen eine Abhängigkeit zwischen Erlösarten, -stellen und –trägern besteht. In der Abb. 4-5 sind ausgewählte Klassifizierungsmöglichkeiten von Erlösarten zusammengestellt.

---

[69] Modifiziert übernommen von Schweitzer, M./Küpper, H.-U.: (Systeme), S. 124 f.

Analog zur Kostenrechnung löst sich die Erlösrechnung in der Regel von den tatsächlich realisierten (vergangenheitsbezogenen) bzw. zu realisierenden (zukunftsbezogenen) Marktpreisen (pagatorische Erlöse) und ist demnach keine pagatorische Rechnung. Es werden von den Zahlungen abweichende Wertansätze, insbesondere Fest- und Durchschnittspreise, einbezogen. Die Erlösrechnung arbeitet demzufolge mit kalkulatorischen Erlösen.

Art der Ausbringungsgüter	- Erlöse aus dem Verkauf von Hauptleistungen - Erlöse aus dem Verkauf von Nebenleistungen - Erlöse aus dem Verkauf von Informationen - Erlöse aus der Vermietung von Gebäuden - Erlöse aus dem Verkauf von Beratungsleistungen
Bezugsgröße	- Stückerlöse in €/LE - Periodenerlöse in €/ZE
Wertansatz	- Kalkulatorische Erlöse - Pagatorische Erlöse
Zurechenbarkeit	- Einzelerlöse - Gemeinerlöse
Abhängigkeit von der Leistungsmenge	- Variable Erlöse - Fixe Erlöse

Abb. 4-5   Gliederungsmöglichkeiten von Erlösen

Entsprechend der Zurechenbarkeit der Erlöse auf einen Erlösträger und demnach auch Kostenträger können *Einzel- und Gemeinerlöse* unterschieden werden. Einzelerlöse sind dem Erlösträger direkt zurechenbar.

Im Gegensatz dazu können auf Erlösträger lediglich indirekt Gemeinerlöse verrechnet werden. Gemeinerlöse resultieren häufig aus absatzwirtschaftlichen Leistungsverbunden (vgl. Abb. 4-6).

In Abhängigkeit von der Einflussgröße Beschäftigung ist eine Klassifizierung in *variable* und *fixe Erlöse* möglich. Liegt eine Abhängigkeit der Erlöse von der verkauften Gütermenge vor, handelt es sich um variable Erlöse. Hierbei sind vor allem Aspekte der Preispolitik des Unternehmens maßgeblich. Fixe Erlöse sind dann gegeben, wenn sich der Erlös bei sich verändernder Absatzmenge konstant verhält. In aller Regel arbeitet die Kosten- und Leistungsrechnung, wie bereits erörtert, mit fixen Erlösen bzw. Durchschnittserlösen oder Standarderlösen für einen bestimmten Abrechnungszeitraum. Damit wird von externen Einflüssen abstrahiert, um eine gewisse Stetigkeit und Vergleichbarkeit der Berechnungen zu gewährleisten[70].

Angebotsverbunde
-   Leistungsarten werden in diesem Fall nur als ein Paket angeboten und verkauft (Kopplungsgeschäfte). Beispiele hierfür sind Sets, Geschenk-korb, Pauschalangebote für Reisen.

Nachfrageverbunde
-   Leistungsarten stehen in einer bestimmten Beziehung zueinander. Diese kann verwendungs- oder auswahlbedingt bzw. marken- oder lieferanten-bezogen geprägt sein.
    -   Verwendungsverbunde, z. B. Drucker incl. Farbpatrone
    -   Auswahlverbunde, z. B. Wühltisch: 2 Bekleidungsstücke zu einem bestimmten Preis (gewährte Rabatte, die für mehrere Leistungsar-ten zusammen gewährt werden)
    -   Kaufverbunde, z. B. Marken- oder Lieferantentreue

Abb. 4-6:   Übersicht zu Erlösverbunden[71]

Erlöse können, sofern sie den Leistungseinheiten direkt zugerechnet werden, in der Erlösartenrechnung als konstante *Stückerlöse* in €/LE oder als *Periodenerlöse* in €/ZE erfasst werden. Die Ermittlung der Stückerlöse bei vorliegenden Gemein-erlösen ist jedoch nicht verursachungsgerecht möglich.

4.1.3   Probleme der Erlösrechnung

Bedingt durch die weitverbreitete Vernachlässigung der Erlös- und Leistungsrech-nung in Theorie und Praxis ist diese bislang nicht ausreichend qualifiziert entwi-ckelt und ausgebaut. Daraus ergeben sich zwangsläufig Defizite bei der Erfassung, Verarbeitung und Bereitstellung von Erlösdaten, insbesondere von Erlösminde-rungen. Auf dem Markt existierende Softwarelösungen sind im Vergleich zum Angebot von Systemen für die Kostenrechnung häufig nicht ansprechend genug entwickelt. Die ausgewiesenen Erfolgsgrößen basieren im Allgemeinen auf fun-dierten Kostenkenntnissen, jedoch nur auf unzureichenden Erlösdaten. Damit können die für die Planung, Steuerung und Kontrolle relevanten Daten fehlerhaft ausgewiesen sein und ggf. zu Fehlentscheidungen führen.

Für die Kompensierung dieses Mangels sind Teilbereiche des Unternehmens (z. B. Marketing) im Interesse einer erfolgsorientierten Steuerung ihres Aufgabengebie-tes nicht selten gezwungen, eigene Informationssysteme aufzubauen. In der Folge

---

[70] Im Gegensatz dazu könnte mit Preis-Absatzfunktionen gearbeitet werden.
[71] Vgl. z.B. Männel, W.: (Kostenrechnung 1), S. 317 sowie Schweitzer, M./Küpper, H.-U.: (Syste-me), S. 184 ff.

unterstützen solche Handlungsweisen wiederum Mehrfacherfassungen in Unternehmungen und führen damit zu nicht unerheblichen Divergenzen. Insbesondere die Abhängigkeit der Erlösrealisation von den jeweiligen Marktbedingungen, z. B. gepaart mit immer kürzeren Produktlebenszyklen und dem Trend zu härteren Preisverhandlungen (Erlösschmälerungen), erschwert die Planung von Erlösen. Der in der Kosten- und Leistungsrechnung derzeit angewandte fixe Erlös wird demzufolge immer häufiger durch variable Erlöse (Preis-Absatzfunktionen) ergänzt werden müssen.

Der Zeitpunkt der Erlösrealisation ist zwar im Rechnungskreis I gesetzlich fixiert, die Vorgehensweise in der Kosten- und Leistungsrechnung ist davon allerdings losgelöst. Dessen Festsetzung (z. B. Rechnungslegung nach Ablauf der Rückgabefrist oder erst nach Zahlungseingang) ist nicht unproblematisch und für den Ausweis des Periodenerfolges ganz maßgeblich. Gerade im Zuge der Konvergenz beider Rechnungskreise und der Erstellung von, für beide Rechnungskreise interessierende, Auswertungsrechnungen (bspw. Zusammenhang zwischen Segmentberichterstattung und mehrdimensionaler Deckungsbeitragsrechnung, vgl. auch Abschnitt 7.7.3) nimmt dieser Aspekt für eine erfolgreiche Unternehmenssteuerung zu.

Zudem ist die Ermittlung und Erfassung von Gemeinerlösen, so z. B. im Fall von Erlösverbunden, verursachungsgerecht je Leistungsart nicht möglich. Hierzu muss sich einer indirekten Verrechnung bedient werden. Somit übertragen sich die Probleme der Gemeinkostenverrechnung auf die Erlösrechnung. Dies hat für die Qualität der Deckungsbeitragsrechnung keine unerheblichen Konsequenzen. So gilt es also nicht nur, Kosten möglichst verursachungsgerecht und wirtschaftlich auf Kalkulationsobjekte zuzurechnen, sondern gleichfalls jenen Kosten auch realitätsnahe Erlöse gegenüberzustellen.

Hinzu kommt, dass dieser Anspruch nicht nur für die klassische Kalkulation von Produkten oder Dienstleistungen erhoben wird. Nichtsdestoweniger sind zudem Zuordnungen für alle das Unternehmen interessierende Dimensionen, wie Absatzgebiete und Kundengruppen, vorzunehmen. Es sei an dieser Stelle daran erinnert, dass hierbei dem Verursachungsprinzip, neben dem Wirtschaftlichkeitsprinzip, das Primat zukommt. Diesem Anspruch ist nur mit einer qualitativ ansprechenden integrierten Finanzbuchhaltung und dementsprechend hervorragend ausgebildetem Personal gerecht zu werden.

4.2   Innerbetriebliche Leistungsverrechnung

4.2.1   Voraussetzungen

Erstellt ein Unternehmen neben marktorientierten Leistungen auch solche, die es selbst wieder verbraucht, fallen innerbetriebliche Leistungen bzw. Wiedereinsatzleistungen an. Dabei kann es sich zum Beispiel um die Erzeugung von Strom,

Transportleistungen, Reparaturleistungen oder auch selbst hergestellte Modelle oder Werkzeuge handeln.

Für die Verrechnung dieser Leistungen im internen Rechnungswesen ist zu unterscheiden, ob

- diese Leistungen mehrjährig nutzbar und demnach aktivierbar sind (z. B. selbst erstellte Maschinen) oder
- in der Periode ihrer Erstellung sofort verbraucht werden (z. B. Reparaturleistungen, Stromerzeugung, Transportleistungen).

Im Rahmen der innerbetrieblichen Leistungsverrechnung sind ausschließlich die wechselseitigen Leistungsbeziehungen zwischen Leistungsstellen[72] des Unternehmens relevant (Leistungsinterdependenzen), welche nicht aktivierungsfähig sind.

Entscheidend für die innerbetriebliche Leistungsverrechnung ist die Gliederung der Leistungen in Abhängigkeit ihrer Stellung im Leistungserstellungsprozess in Haupt-, Neben- und Hilfsleistungen sowie Allgemeine Leistungen. Diese Einteilung soll deshalb im Folgenden noch präzisiert werden (vgl. Abb. 4-7).

Stellen[73] sind räumlich und/ oder funktional voneinander abgegrenzte Teilbereiche eines Unternehmens, denen Leistungen und Kosten zugeordnet werden können (vgl. Abschnitt 5.3.2).

Gliederung der Leistungen in Abhängigkeit von ihrer Stellung im Leistungserstellungsprozess	Gliederung der Stellen in Abhängigkeit von	
	Funktionen im Leistungserstellungsprozess	Abrechnungstechnischen Gesichtspunkten
Hauptleistung	Hauptstelle	Endstelle
Nebenleistung	Nebenstelle	Endstelle
Hilfsleistung	Hilfsstelle	Vorstelle
Allgemeine Leistung	Hilfsstelle	Vorstelle

Abb. 4-7:   Zusammenhang zwischen Leistung und Stelle

[72] Eine Leistungsstelle des Unternehmens verursacht auch Kosten und ist demnach auch immer eine Kostenstelle. Daraus folgt Leistungsstelle = Kostenstelle. Häufig verwendet man dafür ausschließlich den Begriff der Kostenstelle.
[73] Es sei nochmals darauf verwiesen, dass Stellen gleichfalls sowohl Kosten- als auch Leistungsstellen sind (vgl. dazu auch Abschnitt 5.3.2). In der Praxis wird vorzugsweise von Kostenstellen gesprochen.

4.2.2   Rechnungsziele

Mithilfe der innerbetrieblichen Leistungsverrechnung sollen alle relevanten Daten der Leistungsverflechtung ermittelt werden, um Informationen für

- Eine aussagefähige Planung, Steuerung und Kontrolle der Leistungen sowie der dafür verursachten Kosten je Stelle und
- Damit eine fundierte Kalkulation der abzusetzenden Güter des Unternehmens zu gewährleisten.

Dafür ist es erforderlich,

- den mengenmäßigen Leistungsaustausch zwischen den Stellen zu erfassen,
- Verrechnungssätze je Leistungsart für deren Bewertung zu bestimmen,
- die Kosten der Hilfsstellen (entsprechen dem Produkt von Leistung und Verrechnungssatz) gemäß ihrer Inanspruchnahme durch andere Hilfs-, Neben- und Hauptstellen zu verteilen sowie
- jede Stelle mit den Kosten für die Leistungen zu belasten, die sie von anderen Stellen empfängt.

Im Ergebnis der Leistungsverrechnung sind sämtliche zu innerbetrieblichen Verrechnungssätzen bewerteten Leistungen der Hilfsstellen auf die sie beanspruchten Haupt- und Nebenstellen verteilt. Die Vorstellen werden im Resultat der innerbetrieblichen Leistungsverrechnung komplett wertmäßig entlastet. Da diese Kosten erst im Rahmen der Kostenstellenrechnung auf die entsprechenden Stellen verrechnet werden, nennt man sie *sekundäre Kosten*.[74]

Diese wertmäßige Befreiung der Vorstellen ist nicht damit gleichzusetzen, dass vonseiten des Controllings auch die Allgemeinen Stellen und Hilfsstellen einer umfassenden Wirtschaftlichkeitskontrolle zu unterziehen sind.

4.2.3   Ausgewählte Verfahren

4.2.3.1   Überblick

Nachfolgend wird eine Übersicht über grundsätzliche, direkte Verfahren der innerbetrieblichen Leistungsverrechnung gegeben (vgl. Abb. 4-8).

Direkte Verfahren setzen im Gegensatz zu indirekten Verfahren die Kenntnis der mengenmäßigen Leistungsverflechtung zwischen den einzelnen Stellen voraus.

Eine *homogene Leistungsverflechtung* verlangt, dass in einer Stelle generell nur eine einzige Leistungsart erstellt wird. Erbringt eine Leistungsstelle verschiedenartige Leistungsarten für andere Stellen, liegt eine *heterogene Verflechtung* vor.

---

[74]   Vgl. dazu nochmals Abschnitt 3.2.3 zu Gliederungsmöglichkeiten von Kosten.

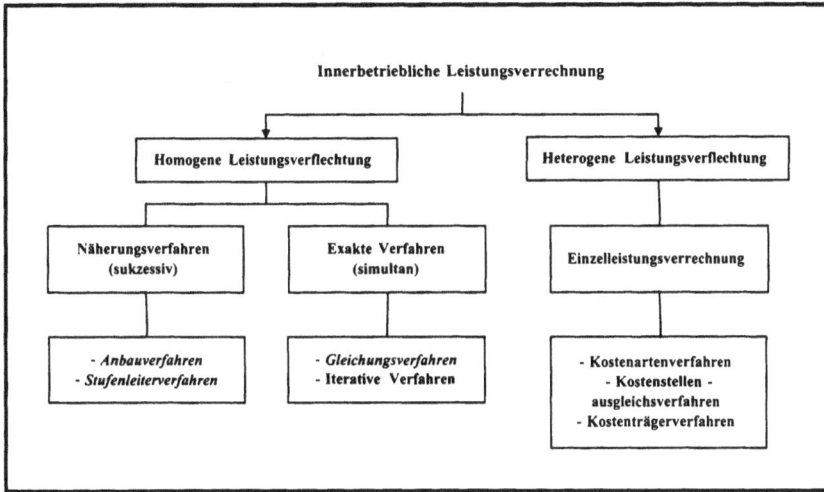

Abb. 4-8:   Verfahren der innerbetrieblichen Leistungsverrechnung

4.2.3.2   Beispiel bei homogener Leistungsverflechtung

Im Folgenden sollen vor allem wegen ihrer praktischen Relevanz das Anbau-, das Stufen- und das Gleichungsverfahren anhand eines Beispiels näher erläutert werden.[75] Die Abb. 4-9 stellt die dafür angenommene Leistungsverflechtung grafisch dar.

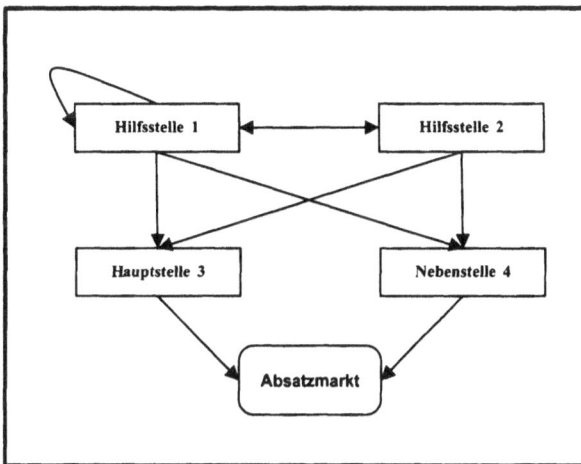

Abb. 4-9:   Beispiel zur innerbetrieblichen Leistungsverrechnung

---

[75]   Vgl. insbesondere zum iterativen Verfahren z.B. Haberstock, L.: (Kostenrechnung I), S. 124 ff.; Götze, U.: (Kostenrechnung), S. 89 ff.; Steinmüller, P. H./Hering, E./Jórasz, W.: (Controller), S. 107 ff.; Weber, J.: (Rechnungswesen), S. 186 f.

Die entsprechenden mengen- und wertmäßigen Angaben des innerbetrieblichen Leistungsaustausches sind der Abb. 4-10 zu entnehmen. Die Haupt- und Nebenstelle veräußern ihre Leistungen ausschließlich auf dem Markt. Die Hilfsstelle 1 verbraucht einen Teil der eigenen Leistungen selbst (Eigenverbrauch).

Leistungsabgebende Stelle			Leistungsempfangende Stelle			
Stelle	Leistungsart	Summe	Hilfsstelle 1	Hilfsstelle 2	Hauptstelle 3	Nebenstelle 4
1	*2*	*3*	*4*	*5*	*6*	*7*
1 Hilfsstelle 1	Reparatur [h/ZE]	550	20	50	280	200
2 Hilfsstelle 2	Arbeitsvorbereitung [h/ZE]	480	10	0	320	150
3 Hauptstelle 3	Hauptprodukt [kg/ZE]	0	0	0	0	0
4 Nebenstelle 4	Nebenprodukt [Stück/ZE]	0	0	0	0	0

Leistungsstelle		Primäre Kosten in €/ZE
	1	*2*
1	Hilfsstelle 1	15.000
2	Hilfsstelle 2	24.017
3	Hauptstelle 3	240.000
4	Nebenstelle 4	80.000

Legende:
ME   ...   Mengeneinheit
ZE   ...   Zeiteinheit
h   ...   Stunde
kg   ...   Kilogramm

Abb. 4-10:   Ausgangsdaten

A   Anbauverfahren (bzw. Blockverfahren)

Das Anbauverfahren ist ein Näherungsverfahren, denn Leistungsverflechtungen zwischen Vorleistungsstellen werden ebenso vernachlässigt wie Verflechtungen zwischen Endstellen. Es werden lediglich Leistungen, welche von Vorstellen für Endstellen erbracht werden, berücksichtigt. Der Verrechnungssatz wird gebildet, indem die Primärkosten der Stelle durch die Leistungsmenge dividiert werden, die diese Stelle an Endstellen abgibt. Demzufolge werden die Primärkosten der Vorstelle proportional auf Endstellen umgelegt. Dieses Vorgehen gewährleistet keine verursachungsgerechte Verrechnung von Kosten und führt zwangsläufig zu Kostenverzerrungen. Hilfsstellen, welche von anderen Stellen „viele" innerbetriebliche Leistungen empfangen bzw. „wenig" Leistungen an andere Vorstellen abgeben, werden zu billig ausgewiesen. Die Verrechnungssätze sind zu niedrig.

Dieser Fehler hat Auswirkungen auf die Höhe der Gesamtkosten einer Endkostenstelle, damit auf den Ausweis der Kalkulationssätze und folglich auch auf das Kalkulationsergebnis von Produkten (vgl. Abb. 4-11).[76]

$$VS_i = \frac{K_{primär\ i}}{\sum\limits_{j=1}^{m} Q_{ij}}$$

Legende:

i	...	*Index der Vorstelle bei i = 1 ... n*
m	...	*Anzahl der Endstellen*
j	...	*Index der Endstellen bei j = 1 ... m*
$K_{primär\ i}$	...	*Primärkosten der Vorstelle i in €/ZE*
VS_i	...	*Verrechnungssatz der Stelle i in €/h*
Q_{ij}	...	*Gesamtleistungsmenge der Vorstelle i, die an Endstellen j abgegeben wird in h/ZE*

$$VS_1 = \frac{15.000\ €\,/\,ZE}{(280+200)\ h\,/\,ZE} = 31,25\ €\,/\,h$$

$$VS_2 = \frac{24.017\ €\,/\,ZE}{(320+150)\ h\,/\,ZE} = 51,10\ €\,/\,h$$

	Position	Hilfs-stelle 1	Hilfs-stelle 2	Haupt-stelle 3	Neben-stelle 4	Summe
	1	*2*	*3*	*4*	*5*	*6*
1	Primärkosten	15.000,00	24.017,00	240.000,00	80.000,00	**359.017,00**
2	Sekundärkosten Hilfsstelle 1			8.750,00	6.250,00	
3	Sekundärkosten Hilfsstelle 2			16.352,00	7.665,00	
4	Gesamtkosten	0,00	0,00	265.102,00	93.915,00	**359.017,00**

Abb. 4-11:   *Ergebnisse mithilfe des Anbauverfahrens in €/ZE*

---

[76]   Vgl. dazu Haberstock, L.: (Kostenrechnung I), S. 136.

B   Stufenleiterverfahren (bzw. Treppenverfahren)

Das Stufenleiterverfahren ist ein Näherungsverfahren zur sukzessiven Verrechnung von innerbetrieblichen Leistungen. Im Gegensatz zum Anbauverfahren können zumindest Anteile der innerbetrieblichen Leistungsverflechtungen berücksichtigt werden. Das sind genau die Leistungen, die eine Stelle empfängt, für die bereits ein Verrechnungspreis vorliegt. Bei jeder noch abzurechnenden Stelle werden die Leistungen der Stellen demnach vernachlässigt, für die noch kein Verrechnungssatz gebildet werden konnte.

Dieses Verfahren birgt somit ein Reihenfolgeproblem in sich. Mit fortschreitender Rechnung berücksichtigt man sukzessive mehr sekundäre Gemeinkosten. Deshalb ist es empfehlenswert, jene Stellen zuerst zu verrechnen, welche möglichst wenige Leistungen von danach abzurechnenden, also nachgelagerten Stellen empfangen. Das Verfahren bietet bei wechselseitigen Leistungsverflechtungen keine exakte Lösung und führt damit zu Kostenverzerrungen mit den entsprechenden Konsequenzen für die Kalkulation. Der Verrechnungssatz ergibt sich aus dem Quotienten von Primär- und Sekundärkosten der Stelle dividiert durch die Leistungsmenge, die diese Stelle an Endstellen und an nachfolgende Hilfsstellen abgibt.

$$VS_i = \frac{K_{primär\,i} + K_{sekundär\,i}}{\sum_{j=1}^{m} Q_{ij} + \sum_{1=1}^{n} Q_{i\,in}} = \frac{K_{primär\,i} + \sum_{i=1}^{n-1} Q_{iv\,i} \cdot VS_i}{\sum_{j=1}^{m} Q_{ij} + \sum_{i=1}^{n} Q_{i\,in}}$$

Legende:
n ... *Anzahl der Vorstellen*
$K_{sekundär\,i}$ ... *Sekundärkosten der Vorstelle i in €/ZE*
Q_i ... *Gesamtleistungsmenge in der Vorstelle i in ME/ZE*
Q_{ii} ... *Gesamtleistungsmenge der Vorstelle i, die von Vorstellen i empfangen wird in h/ZE*
$Q_{i\,in}$ ... *Gesamtleistungsmenge der Vorstelle i, die an nachfolgende Vorstellen i abgegeben wird in ME/ZE*
$Q_{iv\,i}$ ... *Gesamtleistungsmenge der vorherigen Vorstelle i, die von der Vorstelle i empfangen wird in ME/ZE*

Entsprechend der gewählten Reihenfolge in der Verrechnung der Hilfsstellen ergeben sich unterschiedliche Verrechnungssätze. Um dies zu verdeutlichen, werden im Rahmen dieses Beispiels die zwei möglichen Verrechnungsreihenfolgen (Variante I, vgl. Abb. 4-12 sowie Variante II, vgl. Abb. 4-13) demonstriert.

- Variante I:
  Berechnung der Verrechnungssätze, Reihenfolge 1→ 2→ 3→ 4

$$VS_1 = \frac{15.000\,€\,/\,ZE}{(280 + 200 + 50)\,h\,/\,ZE} = 28,301886793\,€\,/\,h$$

$$VS_2 = \frac{24.017 \, € / ZE \;+\; (28{,}301886793 \, € / h \cdot 50 \, h / ZE)}{(320 + 150) \, h / ZE}$$

$$= \underline{\underline{54{,}11083902 \, € / h}}$$

Position	Hilfs-stelle 1	Hilfs-stelle 2	Haupt-stelle 3	Neben-stelle 4	Summe
1	2	3	4	5	6
1 Primärkosten	15.000,00	24.017,00	240.000,00	80.000,00	**359.017,00**
2 Sekundärkosten Hilfsstelle 1		1.415,09	7.924,52	5.660,38	
3 Sekundärkosten Hilfsstelle 2			17.315,47	8.116,63	
4 Gesamtkosten	0,00	0,00	265.239,99	93.777,01	**359.017,00**

Abb. 4-12:   Ergebnisse mithilfe des Stufenleiterverfahrens (Variante I) in €/ZE

- Variante II:
  Berechnung der Verrechnungssätze, Reihenfolge 2→ 1→ 3→ 4

$$VS_2 = \frac{24.017 \, € / ZE}{(320 + 150 + 10) \, h / ZE} = \underline{\underline{50{,}035416667 \, € / h}}$$

$$VS_1 = \frac{15.000 \, € / ZE \;+\; (50{,}035416667 \, € / h \cdot 10 \, h / ZE)}{(280 + 200) \, h / ZE}$$

$$= \underline{\underline{32{,}292404514 \, € / h}}$$

Position	Hilfs-stelle 2	Hilfs-stelle 1	Haupt-stelle 3	Neben-stelle 4	Summe
1	2	3	4	5	6
1 Primärkosten	24.017,00	15.000,00	240.000,00	80.000,00	**359.017,00**
2 Sekundärkosten Hilfsstelle 2		500,35	16.011,33	7.505,32	
3 Sekundärkosten Hilfsstelle 1			9.041,87	6.458,48	
4 Gesamtkosten	0,00	0,00	265.053,20	93.963,80	**359.017,00**

Abb. 4-13:   Ergebnisse mithilfe des Stufenleiterverfahrens (Variante II) in €/ZE

C   Gleichungsverfahren

Das Gleichungsverfahren als ein simultaner Ansatz bietet eine exakte Lösung für die Berechnung wechselseitiger Leistungsbeziehungen. Sämtliche Leistungsverflechtungen wie auch der Eigenverbrauch von Stellen werden berücksichtigt. Die Reihenfolge für die Berechnung der einzelnen Leistungsstellen ist dabei unerheblich. Der Lösungsansatz wird durch ein lineares Gleichungssystem dokumentiert, wobei die Anzahl der Gleichungen mit der Anzahl der zu verrechnenden Stellen übereinstimmt. Eine Gleichung wird gebildet, indem die Summe der primären Kosten und der sekundären Kosten je Stelle der zu innerbetrieblichen Verrechnungssätzen bewerteten Summe der abgegebenen Leistungen der Stelle gleichgesetzt wird. Damit weisen die Gleichungen je Stelle folgende Grundstruktur[77] auf:

Summe der abgegebenen Leistungen   =   Summe des Werteverzehrs

Diese Vorgehensweise garantiert die verursachungsgerechte Umlage sämtlicher Kosten in dem Umfang auf die Stellen, wie diese Leistungen beansprucht haben (vgl. Abb. 4-14).

$$Q_i \cdot VS_i = K_{primär\,i} + K_{sekundär\,i} \text{ oder } Q_i \cdot VS_i = K_{primär\,i} + \sum_{i=1}^{n} Q_i \cdot VS_i$$

Position	Hilfs-stelle 1	Hilfs-stelle 2	Haupt-stelle 3	Neben-stelle 4	Summe
1	2	3	4	5	6
1 Primärkosten	15.000,00	24.017,00	240.000,00	80.000,00	**359.017,00**
2 Sekundär-kosten Hilfs-stelle 1		586,07	1.465,18	8.204,99	5.860,71	
3 Sekundär-kosten Hilfs-stelle 2	530,88	0,00	16988,12	7.963,18	
4 Gesamt-kosten	0,00	0,00	265.193,11	93.823,89	**359.017,00**

Abb. 4-14:   Ergebnisse mithilfe des Gleichungsverfahrens in €/ZE

Für das Beispiel ergibt sich danach folgender Gleichungsansatz:

I   550 VS$_1$ =   15.000   +   10 VS$_2$ +   20 VS$_1$

daraus folgt:

530 VS$_1$ =   15.000   +   10 VS$_2$

II   480 VS$_2$ =   24.017   +   50 VS$_1$

---

[77] Vgl. Götze, U.: (Kostenrechnung), S. 94.

Nach Auflösung der Gleichungen ergeben sich nachstehende Verrechnungssätze:

$$VS_1 \quad = \quad \underline{\underline{29{,}303544728\ €\,/\,h}}$$

$$VS_2 \quad = \quad \underline{\underline{53{,}087869240\ €\,/\,h}}$$

D   Iterationsverfahren

Iterationsverfahren führen gewöhnlich zu Näherungslösungen von innerbetrieblichen Verrechnungspreisen. Die Exaktheit der Lösung wird dabei nachhaltig durch die Anzahl der Iterationen[78], also der wiederholten Rechnungsschritte, bestimmt. Bei genügend vollzogenen Iterationen können in der Folge auch präzise Aussagen zu Sekundärkosten entsprechend der Kostenverursachung mit trivialen mathematischen Rechenoperationen erzielt werden. Das Verfahren bietet auf diese einfache Weise eine Möglichkeit, simultane Gleichungssysteme zu lösen[79].

Das Iterationsverfahren kann in drei Varianten praktiziert werden[80]. Zum ersten kann die Methode des unbeirrten Drauflosrechnens bzw. die Methode der Kreislaufrechnung gewählt werden. Diese Variante beginnt damit, die primären Gemeinkosten einer allgemeinen Kostenstelle verursachungsgerecht, also entsprechend der Leistungsinanspruchnahme, auf Kostenstellen aufzuteilen. Nachfolgend werden die primären und bereits erfassten sekundären Kosten der zweiten allgemeinen Stelle auf die Kostenstellen, auch wiederum auf die erste allgemeine Stelle, verrechnet. Danach widmet man sich erneut der Kostenverteilung der ersten allgemeinen Stelle. Die Iteration wird letztlich so lange wiederholt, bis ein wirtschaftlich vertretbares Ergebnis erzielt wird. Das Gesamtschrittverfahren bietet eine zweite Möglichkeit der iterativen Vorgehensweise. Hierbei wird allerdings die Startlösung bezüglich der Verrechnungssätze für allgemeine Kostenstellen basierend auf primären Gemeinkosten gewählt. Das Einzelschrittverfahren, als eine dritte Variante, ähnelt dem Gesamtschrittverfahren. Die Modifikation besteht darin, dass ab dem zweiten zu bildenden Verrechnungssatz bereits korrigierte Werte der ersten Iteration einfließen.

E   Zusammenfassung

Alle drei hier im Beispiel vorgestellten Verfahren der innerbetrieblichen Leistungsverrechnung führen zu einem unterschiedlichen Ausweis der Verrechnungssätze und damit zu differenzierten Sekundär- und Gesamtkosten je Stelle (vgl. Abb. 4-15). Lediglich das Gleichungsverfahren garantiert eine exakte Lösung. Das Anbauverfahren vernachlässigt sämtliche innerbetrieblichen Leistungsverflechtungen zwischen Hilfsstellen und weist damit das ungenaueste Ergebnis aus.

---

[78] Vgl. zur Schrittfolge von Iterationen z.B. Kruschwitz, L.: (Leistungsverrechnung), S. 105 ff.
[79] Vgl. Heinhold, M.: (Kosten- und Erfolgsrechnung), S. 218.
[80] Vgl. dazu Däumler, K.-D./Grabe, J.: (Kostenrechnung), S. 271 ff.

Dass die einzelnen Resultate in diesem Beispiel nur geringfügig voneinander abweichen, ist lediglich auf die niedrige Anzahl der Leistungsstellen und die damit verbundene minimale Leistungsverflechtung zurückzuführen. Die Gesamtkosten des Unternehmens sind stets unabhängig vom angewandten Verfahren der innerbetrieblichen Leistungsverrechnung konstant, hier betragen sie 359.017,00 €.

Verfahren		Verrechnungssätze [€/h]		Kosten [€/ZE]		
		Hilfs-stelle 1	Hilfs-stelle 2	Haupt-stelle 3	Neben-stelle 4	Summe
1		*2*	*3*	*4*	*4*	*6*
1	Anbauverfahren	31,25	51,10	265.102,00	93.915,00	359.017,00
2	Stufenleiter-verfahren					
	Variante I	28,30	54,11	265.239,99	93.777,01	359.017,00
	Variante II	32,29	50,04	265.053,20	93.963,80	359.017,00
3	Gleichungs-verfahren	29,30	53,09	265.193.11	93.823,89	359.017,00

Abb. 4-15:   *Zusammenfassung der Ergebnisse*

4.2.3.3   Beispiele bei heterogener Leistungsverflechtung

Die bislang diskutierten Verfahren der innerbetrieblichen Leistungsverrechnung erweisen sich allesamt als unbrauchbar, wenn eine heterogene Leistungsverflechtung vorliegt. Ebenso vermögen die behandelten Ansätze unter Abschnitt 4.2.3.2 nicht, etwaige Bestandsänderungen von internen Leistungen zu handhaben. Heterogene Leistungsverflechtungen sowie die Berücksichtigung von Bestandsänderungen gebieten gesonderte Verfahren, wie das Kostenarten-, Kostenstellenausgleich- oder auch das Kostenträgerverfahren.

A   Kostenarten- bzw. Einzelkostenverfahren

Dieses Verfahren basiert auf einer Gliederung der Kosten für innerbetriebliche Leistungen zum einen in direkt den empfangenden Kostenstellen zurechenbare (Einzel-)kosten. Bei diesen dürfte es sich im Regelfall um vollproportionale Material- und Personalkosten handeln. Zum anderen wird in die den innerbetrieblichen Leistungen zuordenbaren Gemeinkosten unterschieden. Das Verfahren stellt nun darauf ab, dass vorleistungsempfangende Kostenstellen lediglich mit den für diese Leistungen direkt erfassbaren, primären (Kostenstellen-)Einzelkosten belastet werden.[81] Mit den durch die innerbetriebliche Leistung hervorgerufenen Gemeinkosten werden ausschließlich die leistenden Kostenstellen belastet (vgl. Abb. 4-16).

---

[81]   Vgl. z.B. Kosiol, E.: (Kostenrechnung), S. 142.

Befürworter der Vollkostenrechnung kritisieren dieses Verfahren hinsichtlich der unvollständigen Zurechnung von Kosten auf Kalkulationsobjekte. Die resultierenden Kalkulationssätze würden für die empfangende Endkostenstelle zu niedrig ausgewiesen. Nicht selten findet man die Aussage, dass deshalb dieses Verfahren Kosten verzerrt darstellt und demnach nicht für betriebliche Entscheidungen herangezogen werden könne[82]. Diesem Argument steht entgegen, dass letztlich nur die für entscheidungsorientierte Zwecke relevanten Kosten verrechnet werden[83]. Dies entspricht weitestgehend dem Gedanken der Teilkostenrechnung (vgl. Abschnitt 7). Die aufgrund des fehlenden Mengengerüsts nur unzureichend oder völlig unterlasse Wirtschaftlichkeitsbeurteilung ist in jedem Fall als nachteilig anzumerken.

	Position	Hilfs-stelle 1	Hilfs-stelle 2	Haupt-stelle 3	Neben-stelle 4	Summe
	1	*2*	*3*	*4*	*5*	*6*
1	Primärkosten	10.000,00	6.000,00	140.000,00	180.000,00	336.000,00
2	davon: Fertigungslöhne Fertigungsmaterial	2.000,00 1.000,00	800,00 1.200,00			
3	Sekundärkosten Hilfsstelle 1	- 2.000,00 -1.000,00		1.200,00 300,00	800,00 700,00	
4	Sekundärkosten Hilfsstelle 2		- 800,00 -1.200,00	180,00 650,00	620,00 550,00	
5	Gesamtkosten	7.000,00	4.000,00	142.330,00	182.670,00	336.000,00

Abb. 4-16:   *Beispiel für die Anwendung des Kostenartenverfahrens in €/ZE*

B   **Kostenstellenausgleichsverfahren**

Im Gegensatz zum Kostenartenverfahren werden bei Anwendung des Kostenstellenausgleichsverfahrens auch anteilige Gemeinkosten verrechnet (vgl. Abb. 4-17). Einzelkosten werden für einen Innenauftrag separat aufgezeichnet. Sie bilden dann entsprechend die Basis für eine nachfolgende Gemeinkostenzurechnung. Hierbei gilt in der Regel der identische Kalkulationssatz wie für Absatzleistungen.

---

[82]   Vgl. z.B. Heinhold, M.: (Kosten- und Erfolgsrechnung), S. 252.

[83]   Vgl. z.B. Hummel, S./Männel, W.: (Kostenrechnung 1), S. 238 f.

Position	Hilfs-stelle 1	Hilfs-stelle 2	Haupt-stelle 3	Neben-stelle 4	Summe
/	2	3	4	5	6
1 Primärkosten	10.000,00	6.000,00	140.000,00	180.000,00	**336.000,00**
2 davon: Fertigungslöhne	2.000,00	800,00			
Fertigungsmaterial	1.000,00	1.200,00			
3 Sekundärkosten Hilfsstelle 1	-2.000,00		1.200,00	800,00	
	-1.000,00		300,00	700,00	
4 Sekundärkosten Hilfsstelle 2		- 800,00	180,00	620,00	
		-1.200,00	650,00	550,00	
5 Zwischensumme Gesamtkosten	7.000,00	4.000,00	142.330,00	182.670,00	**336.000,00**
6 Kalkulationssatz Materialgemeinkosten (20%)	- 200,00	- 240,00	60,00 / 130,00	140,00 / 110,00	
7 Kalkulationssatz Fertigungsgemeinkosten (80%)	- 1.600,00	- 640,00	960,00 / 144,00	640,00 / 496,00	
8 Gesamtkosten	5.200,00	3.120,00	143.624,00	184.056,00	**336.000,00**

Abb. 4-17:   *Beispiel für das Kostenstellenausgleichsverfahren in €/ZE*

C   Kostenträgerverfahren

Als Charakteristikum des Kostenträgerverfahrens ist anzumerken, dass Innenaufträge analog der Kalkulation von marktbezogenen Leistungen berechnet werden (vgl. Abschnitt 5.4.3). Dieses Verfahren ist neben der Berücksichtigung heterogener Leistungen insbesondere für aktivierbare Eigenleistungen größeren Umfangs (bspw. Großreparaturen) empfehlenswert. Es eignet sich des Weiteren dann, wenn Leistungen als eigenständige Kostenträger erfassbar sind und für ihre Herstellung mehrere Leistungsstellen beanspruchen[84]. Für wertmäßig bedeutende Innenaufträge werden in der Regel gesonderte Positionen in der Kostenarten- und Kostenstellenrechnung geführt (vgl. Abschnitt 5.3.2).

Die jeweiligen Einzel- und Gemeinkosten werden ebenso behandelt, wie im Falle marktbezogener Leistungen bis hin zur Kalkulation dieser. Die mithilfe des Kostenträgerverfahrens kalkulierten Kosten werden im Falle ihres kompletten Verbrauchs in der Periode ihrer Herstellung auf Basis der in Anspruch genommenen Verbrauchseinheiten auf die Leistungsempfänger (Kostenstellen) i.d.R. auf Basis von Zuschlagssätzen verrechnet. Handelt es sich hingegen um aktivierbare Leistungen, so sind die entsprechenden Abschreibungen in der Kostenartenrechnung zu erfassen, und nachfolgend wie Gemeinkosten weiter zu verrechnen.

---

[84]   Vgl. z.B. Hummel, S./Männel, W.: (Kostenrechnung 1), S. 242 sowie Schweitzer, M./Küpper, H.-U.: (Kosten- und Erlösrechnung), S.147.

4.3 Bestandsrechnung für Halb- und Fertigerzeugnisse

4.3.1 Bewertungsmaßstäbe

Für Bewertungen (bspw. Materialverbrauch, Bestandsveränderungen an unfertigen und fertigen Leistungen, aktivierbare Eigenleistungen u.a.) innerhalb des Rechnungswesens stehen unterschiedlichste Bewertungsmaßstäbe zur Auswahl (vgl. Abb. 4-18).

Anschaffungs-kosten	Originärer Wertmaßstab für alle vom Unternehmen von außen bezogenen Güter		Anschaffungspreis, brutto
		./.	Mehrwertsteuer
		=	Anschaffungspreis, netto
		./.	Anschaffungspreisminderungen
		+	Anschaffungsnebenkosten, sofern einzeln zurechenbar
		+	Nachträgliche Anschaffungskosten
		=	Anschaffungskosten
Herstellungs-kosten	Begriff des externen Rechnungswesens Ursprünglicher Wertmaßstab für alle vom Unternehmen hergestellten, am Bilanzstichtag noch nicht verkauften Gegenstände des Anlage- und Umlaufvermögens (unfertige und fertige Leistungen, Eigenleistungen)[85] Die Herstellungskosten leiten sich aus den in der Kosten- und Leistungsrechnung ermittelten Herstellkosten ab.		Die Ermittlung nach HGB setzt sich aus Muss- und Kannbestandteilen zusammen. Deshalb ergibt sich eine Wertober- und Wertuntergrenze. Wertobergrenze = Muss- plus Kannbestandteile; Wertuntergrenze = Summe aller Mussbestandteile.

Materialeinzelkosten		muss
Fertigungseinzelkosten		muss
Sonstige Einzelkosten		muss
Materialgemeinkosten		kann
Fertigungsgemeinkosten		kann
Verwaltungsgemeinkosten		kann
Vertriebskosten		Verbot

Herstellungskosten (nach HGB)[86]

Die Bestandteile der Herstellungskosten nach IFRS ergeben sich wie folgt:

Materialeinzelkosten	Pflicht
Fertigungseinzelkosten	Pflicht
Sonderkosten der Fertigung	Pflicht
angemessene Gemeinkosten:	
Materialgemeinkosten	Pflicht
Fertigungsgemeinkosten	Pflicht
Verwaltungsgemeinkosten der Fertigung	Pflicht
Vertriebskosten	Verbot
Kalkulatorische Kosten	Verbot
Allgemeine Verwaltungskosten	Verbot
Finanzierungskosten bei Qualifying Assets	Wahl

Herstellungskosten (nach IFRS)[87]

---

[85] Vgl. § 255 (2) HGB
[86] Vgl. z.B. Coenenberg, A.G./Mattner, G./Schultze, W.: (Rechnungswesen), S. 73.
[87] Vgl. z.B. Buchholz, R.: (Rechnungslegung), S. 124.

Herstellkosten	Begriff des internen Rechnungswesens
	
	Herstellkosten können im Gegensatz zu Herstellungskosten auch kalkulatorische Positionen berücksichtigen. Herstellkosten beinhalten sämtliche die für die Erstellung von Leistungen verbrauchten und bewerteten Produktionsfaktoren, außer jenen, die für Verwaltung und Vertrieb anfallen.
		Die Ermittlung ist analog der Vorgehensweise in der Kalkulation.
		
		      Materialeinzelkosten
		+ Materialgemeinkosten
		= Materialkosten
		      Fertigungseinzelkosten
		+ Fertigungsgemeinkosten
		+ Sonderkosten Fertigung
		= Fertigungskosten
		= Herstellkosten

Wieder-beschaffungs-kosten	Relevanter Wert im betrieblichen Rechnungswesen. Um die Substanzerhaltung zu gewährleisten, wird oftmals der Wert angesetzt, welcher voraussichtlich erforderlich sein wird, um vorhandenes Vermögen zu einem späteren Zeitpunkt zu ersetzen.	Dieser Wert ist schwer feststellbar und muss oftmals (fundiert) geschätzt werden, da z. B. folgende Aspekte ungewiss sein können: - Zeitpunkt der Wiederbeschaffung - Tempo des wissenschaftlich-technischen Fortschritts - Inflations- und Preissteigerungsraten
Tageswert	Die Verwendung dieses Ansatzes ist eher selten. Zum einen wird er bei sehr preisintensiven Materialen angesetzt, wobei die Preise starken Schwankungen unterliegen (z.B. Galvanik, Öl). Zum anderen ist die Anwendung im Interesse eines möglichst realistischen Ansatzes sinnvoll, wenn der Bezug und der Verbrauch von Gütern zeitlich weit auseinander liegen.	Die Schwierigkeit besteht darin, den Tag festzusetzen, an welchem der Wert festgeschrieben wird. Möglich sind z. B.: Tag des Angebotes Tag der Lagerentnahme Tag des Zahlungseinganges Tag der Rechnungslegung
Verrechnungs-wert	Innerbetrieblicher Wert für Güter und Dienstleistungen bzw. die Nutzung gemeinsamer Ressourcen (z.B. innerbetriebliche Leistungsverrechnung). Meist wird dieser für einen längeren Zeitraum festgelegt, der auch künftige Preiserwartungen mit berücksichtigen kann.	Möglich sind z. B. Durchschnittspreise, Lenkpreise, Festpreise, Grenzpreise und Schätzpreise.

Abb. 4-18:   *Überblick zu Wertmaßstäben*

Grundsätzlich sollte dabei beachtet werden, dass im externen Rechnungswesen dem Prinzip der nominellen Kapitalerhaltung, im internen Rechnungswesen hingegen dem der Substanzerhaltung[88] entsprochen wird. Deshalb werden in der Kosten- und Leistungsrechnung in der Regel nur dann Anschaffungswerte herangezogen, wenn die zu bewertenden Mengen unmittelbar nach ihrer Beschaffung verbraucht werden.

Die Bewertung von Bestandsänderungen an unfertigen und fertigen Leistungen erfolgt in der Kosten- und Leistungsrechnung generell zu *Herstellkosten*. Sie werden im Rahmen der Kostenträgerrechnung ermittelt und bilden die Basis für die Bestimmung der Herstellungskosten im externen Rechnungswesen. Herstellkosten können im Gegensatz zu Herstellungskosten auch kalkulatorische Kosten, so z. B. kalkulatorische Abschreibungen und kalkulatorische Zinsen (vgl. Abschnitt 5.2.2.4) beinhalten.

Im Zuge der Umstellung auf IFRS und dem BiLMoG sind zudem Änderungen beim Ansatz von Herstellungskosten im Vergleich zur Berechnung der Herstellkosten des betrieblichen Rechnungswesens zu beachten (vgl. nochmals Abb. 4-18 sowie auch Abb. 4-19).

Handelsbilanz	Steuerbilanz	Kosten- und Leistungsrechnung
Materialeinzelkosten Fertigungseinzelkosten Materialgemeinkosten Fertigungsgemeinkosten Sonder (einzel)kosten der Fertigung	Materialeinzelkosten Fertigungseinzelkosten Materialgemeinkosten Fertigungsgemeinkosten Sonder (einzel)kosten der Fertigung	Materialeinzelkosten Fertigungseinzelkosten Materialgemeinkosten Fertigungsgemeinkosten Sonder(einzel)kosten der Fertigung
Planmäßige Abschreibungen auf selbst erstellte immaterielle VG des AV, falls Entwicklungskosten aktiviert worden sind.	-	-
(Herstellungskosten-Untergrenze: untergeordnete Bedeutung)	**(Herstellungskosten-Untergrenze: untergeordnete Bedeutung)**	**Herstellkosten**
Verwaltungsgemeinkosten	Verwaltungsgemeinkosten	
Aufwendungen für soziale Einrichtungen	*Aufwendungen für soziale Einrichtungen*	-
Freiwillige soziale Leistungen	*Freiwillige soziale Leistungen*	-
Kosten für betriebliche Altersversorgung	*Kosten für betriebliche Altersversorgung*	*Kosten für betriebliche Altersversorgung*
Zinsen für Fremdkapital zur Finanzierung der Herstellung	*Zinsen für Fremdkapital zur Finanzierung der Herstellung*	*Bestandteil der kalkulatorischen Zinsen (bspw. innerhalb der Fertigungsgemeinkosten)*
Herstellungskosten (Obergrenze)	**Herstellungskosten (Obergrenze)**	

Abb. 4-19: Überblick zu Wertmaßstäben[89]

---

[88] Nominelle Kapitalerhaltung hat das Ziel der Bewahrung des ursprünglichen Eigenkapitals in Einheiten der effektiven Währung. Die Gewinnermittlung erfolgt deshalb auf Basis des Anschaffungswertprinzips. Die Substanzerhaltung ist nominell oder real zu verstehen. Bei der nominellen Substanzerhaltung geht es darum, ob die in Geldwerten ausgedrückte Vermögenssituation gleich geblieben ist. Es ist also relevant, ob das Eigenkapital der Abrechnungsperiode vom Eigenkapital der Vorperiode abweicht. Bei der realen Substanzerhaltung wird die Konstanz der realen Vermögenssubstanz angestrebt. Nominalprinzip heißt: Euro = Euro, auch wenn sich während der Laufzeit der Geldwert, z.B. durch Inflation, verändert hat. Realwerte sind um die Inflationsrate bereinigte Werte. Der Substanzwert ist der Gesamtwert aller Vermögensteile eines Unternehmens abzüglich der Schulden. Vgl. dazu z.B. Haberstock, L.: (Kostenrechnung I), S. 88.

[89] In Anlehnung an bspw. Coenenberg, A. G./Haller, A./Schultze, W.: (Jahresabschluss), S. 11 ff. sowie unter Verwendung des BiLMoG.

4.3.2   Mengen- und wertmäßige Bestimmung von Bestandsänderungen

Bestandsänderungen an Leistungen entstehen, wenn in einer Abrechnungsperiode Herstellungs- und Absatzmenge nicht übereinstimmen. Bestandsänderungen können entweder als Erhöhungen oder Minderungen auftreten (vgl. Abb. 4-20).

Anfangsbestand	(stichtagsbezogen)
+ Bestandserhöhungen	(zeitraumbezogen)
- Bestandsminderungen	(zeitraumbezogen)
= **Endbestand**	(stichtagsbezogen)

Abb. 4-20:   *Ermittlung des Endbestandes einer Abrechnungsperiode*

Bestandsänderungen an fertigen Leistungen treten auf, wenn
- Leistungen in einer Abrechnungsperiode erstellt werden, die erst in einer kommenden Periode abgesetzt werden (Bestandserhöhung) und
- Leistungen in der Abrechnungsperiode abgesetzt werden, die in einer früheren Periode erstellt wurden (Bestandsminderung).

Bestandsänderungen an unfertigen Leistungen liegen dann vor, wenn
- Leistungen in einer Abrechnungsperiode bearbeitet werden, jedoch erst in einer kommenden Abrechnungsperiode fertiggestellt werden können (Bestandserhöhung) oder
- Leistungen werden in einer Abrechnungsperiode fertiggestellt, die bereits in einer früheren Periode bearbeitet wurden (Bestandsminderung).

Das folgende Beispiel soll diese Aussagen verdeutlichen:

Hergestellte Leistungen	120 LE/ZE
Fertiggestellte Leistungen	110 LE/ZE
Abgesetzte Leistungen	140 LE/ZE

Daraus ergeben sich:

Bestandserhöhung an unfertigen Leistungen	10 LE/ZE
Bestandsminderung an fertigen Leistungen	30 LE/ZE

Die mengenmäßige Bestandsaufnahme an unfertigen und fertigen Leistungen je Leistungsart resultiert üblicherweise aus der Inventur und bedarf einer anschließenden Bewertung zu spezifischen Herstellkosten. Im Ergebnis liegen dann sowohl mengen- als auch wertmäßige Bestände vor (vgl. Abb. 4-21).

Mengenmäßige Rechnung (Leistungsrechnung) [LE/ZE]	Bewertung zu spezifischen Herstellkosten [€/LE]	Wertmäßige Rechnung (Kostenrechnung) [€/ZE]
hergestellte Leistungen		hergestellte Leistungen
- Bestandserhöhungen unfertige Leistungen		- Bestandserhöhungen unfertige Leistungen
+ Bestandsminderungen unfertige Leistungen	⟶	+ Bestandsminderungen unfertige Leistungen
= fertige Leistungen		= fertige Leistungen
- Bestandserhöhungen fertige Leistungen		- Bestandserhöhungen fertige Leistungen
+ Bestandsminderungen fertige Leistungen		+ Bestandsminderungen fertige Leistungen
= abgesetzte Leistungen		= abgesetzte Leistungen

Abb. 4-21:   Mengen- und wertmäßige Ermittlung der abgesetzten Leistungen einer Abrechnungsperiode im Rahmen der Vollkostenrechnung

4.3.3 Bewertungsverfahren zu Istpreisen[90]

4.3.3.1 Überblick[91]

In der Vergangenheit sollten nach § 252, Abs. 1, Nr. 3 HGB (alte Fassung) Vermögensgegenstände einzeln bewertet werden. In den IFRS-Vorschriften findet sich kein Einzelbewertungsgrundsatz im Framework, dennoch erlangt die Einzelbewertung bedingt durch die Notwendigkeit der Bilanzierung separater Vermögensgegenstände und Schulden an Bedeutung. Indessen sehen die IFRS zahlreiche Anlässe zur Abkehr des Einzelbewertungsansatzes vor; so bspw. im Zusammenhang von Impairment-Tests. Mit dem am 29. Mai 2009 in Kraft getretenen BilMOG werden Bewertungseinheiten kodifiziert (§ 254 HGB neue Fassung)[92].

Im Controlling handelte man schon in der Vergangenheit nach der Überzeugung, dass eine *Einzelbewertung* in der Regel einen zu hohen Aufwand erfordere, so z.

---

[90] Grundsätzlich kann unterschieden werden in die Bewertung von Mengen zu Istpreisen und zu Planpreisen. Darüber hinaus können Roh-, Hilfs- und Betriebsstoffe des Vorratsvermögens mit einem Festwert (gleich bleibender Wert) angesetzt werden. Voraussetzungen dafür sind, dass diese Vorräte/ Mengen regelmäßig ersetzt werden, ihr Wert nur geringen Schwankungen unterliegt und ihr Gesamtwert für das Unternehmen von untergeordneter Bedeutung ist.

[91] Die hier vorgestellten Bewertungsverfahren sind nicht nur für die Bewertung von Halb- und Fertigleistungen relevant, sondern auch für die Bewertung von Materialverbrauchsmengen. Vgl. dazu auch Abschnitt 5.2.2.3.

[92] Die Bilanzierung einer Bewertungseinheit folgt dem Prinzip, dass vergleichbare Risiken aus einem Grundgeschäft durch gegenläufige Wertänderungen bzw. Zahlungsströme eines Sicherungsgeschäfts wirtschaftlich neutral sein können. Vgl. dazu bspw. Künkele, K. P./Zwirner. Ch.: (Bilanzierung), S. 360.

B. die getrennte Lagerung von gleichartigen Vorräten mit unterschiedlichen An-
schaffungs- oder Herstellkosten. Aus Gründen der Wirtschaftlichkeit sind deshalb
abweichende Vereinfachungen der Einzelbewertung zulässig (vgl. Abb. 4-22).[93]

Im Falle einer *Gruppenbewertung* werden gleichartige Vermögensgegenstände
zusammengefasst und zu einem einheitlichen Preis (Durchschnittswert) angesetzt.
Gleichartigkeit liegt vor, wenn die Vermögensgegenstände derselben Warengat-
tung angehören oder einen identischen Verwendungszweck[94] aufweisen.

Auch die *Sammelbewertung* unterstellt für die Anwendung gleichartige Vermögensgegenstände. Sie kann zum einen mit Durchschnittspreisen arbeiten und zum
anderen sich zur vereinfachten Ermittlung der Anschaffungs- oder Herstellkosten[95] bestimmter fiktiver Verbrauchsfolgen bedienen[96].

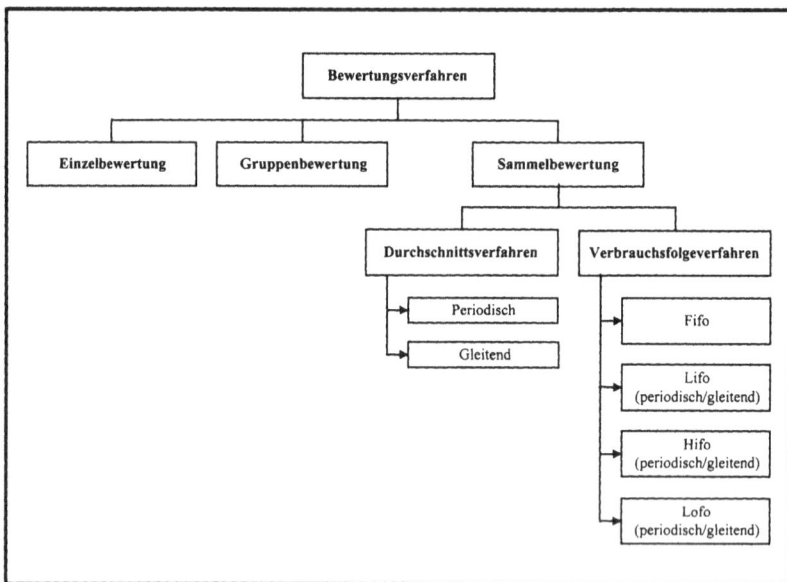

Abb. 4-22:   *Bewertungsverfahren*

---

[93] Vgl. Eisele, W.: (Rechnungswesen), S. 442.

[94] Vgl. z.B. Coenenberg, A.G./Mattner, G./Schultze, W.: (Rechnungswesen), S. 379.

[95] Im Falle einer Bewertung des Materialverbrauchs sind Anschaffungskosten, für die Bewertung
      von unfertigen und fertigen Leistungen sind Herstellkosten maßgebend.

[96] Vgl. Eisele, W.: (Rechnungswesen), S. 444.

4.3.3.2   Beispiel

Der Abb. 4-23 enthält die Ausgangsdaten für die nachfolgenden Berechnungen.

		Datum	Menge [LE]	Herstell- kosten [€/LE]	Herstellkosten [€]
	1	*2*	*3*	*4*	*5*
1	Anfangsbestand	01.01.	300	210,00	63.000,00
2	Zugang	25.01.	240	208,00	49.920,00
3	Abgang	01.02.	320		
4	Zugang	16.02.	60	211,00	12.660,00
5	Zugang	28.02.	100	220,00	22.000,00
6	Abgang	14.03.	300		
7	Zugang	29.03.	40	214,00	8.560,00
8	Endbestand	31.03.	120		

Abb. 4-23:   Ausgangsdaten

A   Durchschnittsverfahren

A-1   Periodisches Durchschnittsverfahren

Das Durchschnittsverfahren (vgl. Abb. 4-24) findet in der Praxis breite Anwendung.

		Datum	Menge [LE]	Herstell- kosten [€/LE]	Herstellkosten [€]
	1	*2*	*3*	*4*	*5*
1	Anfangsbestand	01.01.	300	210,00	63.000,00
2	+ Zugang	25.01.	240	208,00	49.920,00
3	+ Zugang	16.02.	60	211,00	12.660,00
4	+ Zugang	28.02.	100	220,00	22.000,00
5	+ Zugang	29.03.	40	214,00	8.560,00
6	**= Summe**		*740*		*156.140,00*
7	Anfangsbestand	01.01.	300	210,00	63.000,00
8	+ Zugang	25.01.	240	208,00	49.920,00
9	- Abgang	01.02.	320	211,00	67.520,00
10	+ Zugang	16.02.	60	211,00	12.660,00
11	+ Zugang	28.02.	100	220,00	22.000,00
12	- Abgang	14.03.	300	211,00	63.300,00
13	+ Zugang	29.03.	40	214,00	8.560,00
14	**= Endbestand**	**31.03.**	**120**	**211,00**	**25.320,00**

Abb. 4-24:   Periodisches Durchschnittsverfahren

Soll der gewogene bzw. periodische Durchschnittswert berechnet werden, so wird der Wert aller Zugänge einschließlich des Anfangsbestandes der Abrechnungsperiode durch die Summe der jeweiligen Mengeneinheiten dividiert. Mit diesem

Durchschnittswert werden in der Folge der Endbestand und sämtliche Abgänge der Periode bewertet.

Dieses Verfahren ist einfach anwendbar, garantiert jedoch keine aktuelle Bewertung. Die durchschnittlichen Herstellkosten ergeben sich im vorliegenden Beispiel aus dem Quotienten von 156.140 € dividiert durch 740 LE. Sie betragen somit 211 €/LE.

A-2   Gleitendes bzw. permanentes Durchschnittsverfahren

Das gleitende Durchschnittsverfahren (vgl. Abb. 4-25) stellt eine Verfeinerung des gewogenen Durchschnitts dar. Nach jedem Zugang bzw. vor jedem Abgang wird ein aktueller Durchschnittswert berechnet. Dieser Betrag gilt für die Bewertung des darauf folgenden Abganges.

		Datum	Menge [LE]	Herstell-kosten [€/LE]	Herstell-kosten [€]	gleitender Durchschnitt [€/LE]
	1	2	3	4	5	6
1	Anfangsbestand	01.01.	300	210,00	63.000,00	
2	+ Zugang	25.01.	240	208,00	49.920,00	112.920 : 540 = 209,111111
3	= Bestand		540		112.920,00	
4	- Abgang	01.02.	320	209,11	66.915,55	
5	= Bestand		220		46.004,45	
6	+ Zugang	16.02.	60	211,00	12.660,00	
7	+ Zugang	28.02.	100	220,00	22.000,00	80.664,45 : 380 =212,274868421
8	= Bestand		380		80.664,45	
9	- Abgang	14.03.	300	212,27	63.682,46	
10	= Bestand		80		16.981,99	
11	+ Zugang	29.03.	40	214,00	8.560,00	
12	= Endbestand	31.03.	120	212,85	25.541,99	25.541,99 : 120 =212,849916667

Abb. 4-25:   Gleitendes Durchschnittsverfahren

B   Verbrauchsfolgeverfahren

Als Verfahren für die Bewertung gleichartiger Wirtschaftsgüter sind möglich[97]:

Fifo-Verfahren   } Verbrauchsfolgeunterstellungen bezüglich der zeitlichen
Lifo-Verfahren   Reihenfolge der Anschaffung bzw. Herstellung

Hifo-Verfahren   } Verbrauchsfolgeunterstellungen bezüglich des Wertan-
Lofo-Verfahren   satzes der Anschaffung bzw. Herstellung

---

[97] Vgl. z.B. Eisele, W.: (Rechnungswesen), S. 445.

Verbrauchsfolgeverfahren können sowohl periodisch als auch gleitend angewandt werden, wobei beim Fifo-Verfahren zwischen der periodischen und gleitenden Variante keine Unterschiede im Ergebnisausweis auftreten[98].

B-1   Fifo-Verfahren

Dieses Verfahren (first in – first out) unterstellt, dass die jeweils ältesten Bestände zuerst verbraucht bzw. veräußert werden. Damit setzt sich der Endbestand aus den zuletzt im Lager eingetroffenen Lieferungen zusammen (vgl. Abb. 4-26).

		Datum	Menge [LE]	Herstellkosten [€/LE]	Herstellkosten [€]
_1_		_2_	_3_	_4_	_5_
_1_	Anfangsbestand	01.01.	300	210,00	63.000,00
_2_	Zugang	25.01.	240	208,00	49.920,00
_3_	Zugang	16.02.	60	211,00	12.660,00
_4_	Zugang	28.02.	100	220,00	22.000,00
_5_	Zugang	29.03.	40	214,00	8.560,00
_6_	_Summe_		_740_		_156.140,00_
_7_	- Verbrauch	01.02.	300	210,00	63.000,00
_8_			20	208,00	4.160,00
_9_		14.03.	220	208,00	45.760,00
_10_			60	211,00	12.660,00
_11_			20	220,00	4.400,00
_12_	**= Endbestand**	**31.03.**	**120**		**26.160,00**

Abb. 4-26:   Periodisches Fifo-Verfahren

B-2   Lifo-Verfahren

Das Lifo-Verfahren (last in – first out) geht davon aus, dass die zuletzt in das Lager gelieferten Einheiten zuerst verbraucht werden. Somit wird der Verbrauch stets mit den zuletzt gültigen Preisen bewertet. Steigen die Preise im Zeitablauf, dann bleiben die zuerst mit den niedrigeren Werten ins Lager eingestellten Güter im Endbestand. Das würde letztlich dazu führen, dass die Gewinne der Abrechnungsperiode niedriger ausgewiesen werden.

---

[98] Vgl. Kilger, W.: (Kostenrechnung), S. 86.

B-2.1   Periodisches Lifo-Verfahren

		Datum	Menge [LE]	Herstellkosten [€/LE]	Herstellkosten [€]
	1	*2*	*3*	*4*	*5*
1	Anfangsbestand	01.01.	300	210,00	63.000,00
2	Zugang	25.01.	240	208,00	49.920,00
3	Zugang	16.02.	60	211,00	12.660,00
4	Zugang	28.02.	100	220,00	22.000,00
5	Zugang	29.03.	40	214,00	8.560,00
6	*Summe*		*740*		*156.140,00*
7	- Verbrauch	01.02.	40	214,00	8.560,00
8			100	220,00	22.000,00
9			60	211,00	12.660,00
10			120	208,00	24.960,00
11		14.03.	120	208,00	24.960,00
12			180	210,00	37.800,00
13	= **Endbestand**	**31.03.**	**120**		**25.200,00**

Abb. 4-27:   Periodisches Lifo-Verfahren

Beim periodischen Lifo-Verfahren (vgl. Abb. 4-27) wird der Bestand am Ende der Abrechnungsperiode berechnet. Dabei ist es nicht von Belang, zu welchem Zeitpunkt des fiktiven Verbrauchs der dafür herangezogene Zugang tatsächlich im Lager eingetroffen ist.

B-2.2   Gleitendes bzw. permanentes Lifo-Verfahren

Beim permanenten Lifo-Verfahren wird der Verbrauch fortlaufend während der gesamten Periode erfasst und die Entnahmen entsprechend der zuletzt gelieferten Einheiten bewertet (vgl. Abb. 4-28).

		Datum	Menge [LE]	Herstellkosten [€/LE]	Herstellkosten [€]
	1	*2*	*3*	*4*	*5*
1	Anfangsbestand	01.01.	300	210,00	63.000,00
2	Zugang	25.01.	240	208,00	49.920,00
3	Zugang	16.02.	60	211,00	12.660,00
4	Zugang	28.02.	100	220,00	22.000,00
5	Zugang	29.03.	40	214,00	8.560,00
6	*Summe*		*740*		*156.140,00*
7	- Verbrauch	01.02.	240	208,00	49.920,00
8			80	210,00	16.800,00
9		14.03.	100	220,00	22.000,00
10			60	211,00	12.660,00
11			140	210,00	29.400,00
12	= **Endbestand**	**31.03.**	**120**		**25.360,00**

Abb. 4-28:   Gleitendes Lifo-Verfahren

B 3   Hifo-Verfahren

Es wird angenommen, dass die Güter mit den höchsten Preisen zuerst das Lager verlassen (highest in – first out). Auf diese Weise wird der niedrigste Wertansatz des Endbestandes ausgewiesen.

B-3.1   Periodisches Hifo-Vefahren

		Datum	Menge [LE]	Herstellkosten [€/LE]	Herstellkosten [€]
1	*2*	*3*	*4*	*5*	
1	Anfangsbestand	01.01.	300	210,00	63.000,00
2	Zugang	25.01.	240	208,00	49.920,00
3	Zugang	16.02.	60	211,00	12.660,00
4	Zugang	28.02.	100	220,00	22.000,00
5	Zugang	29.03.	40	214,00	8.560,00
6	*Summe*		*740*		*156.140,00*
7	- Verbrauch	01.02.	100	220,00	22.000,00
8			40	214,00	8.560,00
9			60	211,00	12.660,00
10			120	210,00	25.200,00
11		14.03.	180	210,00	37.800,00
12			120	208,00	24.960,00
13	**= Endbestand**	**31.03.**	**120**		**24.960,00**

Abb. 4-29:   Periodisches Hifo-Verfahren

Das periodische Vorgehen betrachtet die Abrechnungsperiode als Gesamtheit. Der Zeitpunkt der Zu- und Abgänge ist hierbei unerheblich (vgl. Abb. 4-29).

B-3.2   Gleitendes bzw. permanentes Hifo-Vefahren

Beim permanenten Hifo-Verfahren wird der Verbrauch entsprechend der zeitlichen Abfolge mit den bis dahin im Lager vorrätigen wertmäßig höchsten Beständen verrechnet (vgl. Abb. 4-30).

		Datum	Menge [LE]	Herstellkosten [€/LE]	Herstellkosten [€]
1	*2*	*3*	*4*	*5*	
1	Anfangsbestand	01.01.	300	210,00	63.000,00
2	Zugang	25.01.	240	208,00	49.920,00
3	Zugang	16.02.	60	211,00	12.660,00
4	Zugang	28.02.	100	220,00	22.000,00
5	Zugang	29.03.	40	214,00	8.560,00
6	*Summe*		*740*		*156.140,00*
7	- Verbrauch	01.02.	300	210,00	63.000,00
8			20	208,00	4.160,00
9		14.03.	100	220,00	22.000,00
10			60	211,00	12.660,00
11			140	208,00	29.120,00
12	**= Endbestand**	**31.03.**	**120**		**25.200,00**

Abb. 4-30:   Gleitendes Hifo-Verfahren

B-4   Lofo-Verfahren

Das Anwenden des Lofo-Verfahrens (lowest in – first out) führt zum höchst möglichen Wertansatz der Bestände. Es gilt die Fiktion, dass die Einheiten mit den
niedrigsten Preisen zuerst verbraucht werden.

B-4.1   Periodisches Lofo-Verfahren

Das periodische Lofo-Verfahren ist anhand der Beispieldaten in Abb. 4-31 dargestellt.

		Datum	Menge [LE]	Herstellkosten [€/LE]	Herstellkosten [€]
	1	*2*	*3*	*4*	*5*
1	Anfangsbestand	01.01.	300	210,00	63.000,00
2	Zugang	25.01.	240	208,00	49.920,00
3	Zugang	16.02.	60	211,00	12.660,00
4	Zugang	28.02.	100	220,00	22.000,00
5	Zugang	29.03.	40	214,00	8.560,00
6	*Summe*		*740*		*156.140,00*
7	- Verbrauch	01.02.	240	208,00	49.920,00
8			80	210,00	16.800,00
9		14.03.	220	210,00	46.200,00
10			60	211,00	12.660,00
11			20	214,00	4.280,00
12	= Endbestand	31.03.	120		26.280,00

Abb. 4-31:   Periodisches Lofo-Verfahren

B-4.2   Gleitendes bzw. permanentes Lofo-Verfahren

Beim permanenten Lofo-Verfahren sind für den fiktiven Verbrauch die zu diesem
Zeitpunkt im Lager vorrätigen wertmäßig niedrigsten Bestände maßgeblich (vgl.
Abb. 4-32).

		Datum	Menge [LE]	Herstellkosten [€/LE]	Herstellkosten [€]
	1	*2*	*3*	*4*	*5*
1	Anfangsbestand	01.01.	300	210,00	63.000,00
2	Zugang	25.01.	240	208,00	49.920,00
3	Zugang	16.02.	60	211,00	12.660,00
4	Zugang	28.02.	100	220,00	22.000,00
5	Zugang	29.03.	40	214,00	8.560,00
6	*Summe*		*740*		*156.140,00*
7	- Verbrauch	01.02.	240,00	208,00	49.920,00
8			80	210,00	16.800,00
9		14.03.	220	210,00	46.200,00
10			60	211,00	12.660,00
11			20	220,00	4.400,00
12	= Endbestand	31.03.	120		26.160,00

Abb. 4-32:   Gleitendes Lofo-Verfahren

5 Vollkostenrechnung

5.1 Ausgewählte Prinzipien der Kostenverrechnung

Innerhalb der Kosten- und Leistungsrechnung sind Kosten je Kostenart auf Kostenstellen und –träger zu verrechnen. Dafür bedient man sich unterschiedlicher Prinzipien.

A Verursachungsprinzip

Allgemein besagt dieses Prinzip, dass nur jene Kosten auf Bezugsobjekte, so z. B. Kostenträger, Prozesse und Kostenstellen verrechnet werden dürfen, die diese auch veranlasst bzw. herbeigeführt haben. Im betrieblichen Rechnungswesen gilt die Verursachung *als der zentrale Grundsatz für die Verteilung von Kosten auf Bezugsobjekte.*

Dieses Prinzip bezieht sich speziell auf die Verrechnung von Kosten auf unterschiedlichste Bezugsobjekte. Als das zentralste Objekt gilt der Kostenträger. Kosten dürfen demnach nur jenen Kostenträgern zugerechnet werden, welche sie als Zweckursache bewirkt haben. Allerdings findet das Prinzip auch für die Zuordnung von Kosten auf bspw. Kostenstellen, Projekte, Prozesse und Center Anwendung.

B Tragfähigkeitsprinzip (bzw. Deckungs- oder Belastbarkeitsprinzip)

Mit diesem Verteilungsprinzip von Kosten wird *keine* verursachungsgerechte Zurechnung von Kosten auf Bezugsobjekte angestrebt. Kosten werden einem Kostenträger nach dessen Belastbarkeit zugerechnet, bspw. proportional zu dessen Erlös oder Deckungsbeitrag. Demzufolge wäre die Belastbarkeit des Kostenträgers umso größer, je höher dessen Stückerlös oder Deckungsbeitrag ist.

In der Praxis finden sich hauptsächlich zwei Gründe für diese Vorgehensweise. Zum einen kann bei Vorliegen von Verbundproduktionen[99] (Kuppelproduktion z. B. in der chemischen Industrie) keine verursachungsgerechte Kostenverrechnung realisiert werden. Zum anderen könnte das Unternehmen preispolitische

---

[99] Mit der Erstellung eines Produktes (Hauptprodukt) entstehen zwangsläufig weitere marktfähige Produkte (z.B. absatzfähige Abfallprodukte).

Zielsetzungen verfolgen und deshalb an einer verursachungsgerechten Kalkulation nicht interessiert sein.

C   Proportionalitätsprinzip

Wenn sich Kosten nicht direkt auf Kostenträger oder Kostenstellen zurechnen lassen, dann besteht eine Lösungsmöglichkeit darin, Gemeinkosten proportional zu einer bestimmten (festzulegenden) Basisgröße auf die Kostenträger bzw. Kostenstelle zu verteilen. Vorrangig wird dieses Prinzip bei der Verrechnung von Kostenstellen-Gemeinkosten auf Kostenstellen angewandt (vgl. Abschnitt 5.3.3). Voraussetzung dafür ist, dass sich mithilfe dieser Bezugsgrößen indirekte Kosten je Kostenstelle (Kostenstellen-Gemeinkosten) plausibel begründen lassen. Das erfordert, dass zwischen der Bezugsgröße und der Leistung einer Kostenstelle eine hinreichend starke Korrelation existiert. Des Weiteren wird unterstellt, dass sich die jeweiligen Stellenkosten in Abhängigkeit zur Bezugsgröße proportional verhalten. Mit dieser Vorgehensweise werden indirekte Kosten zwar nicht verursachungsgerecht behandelt, das Verursachungsprinzip wird aber zumindest angestrebt.

D   Durchschnittsprinzip

Dieses Prinzip sollte nur in Ausnahmefällen Anwendung finden. Eine verursachungsgerechte Verrechnung von Kosten kann nicht wahrgenommen werden. Sämtliche Kosten werden ebenmäßig auf alle Kostenträger verteilt, d.h., jede Leistungseinheit wird mit gleich hohen Kosten belastet.

E   Identitätsprinzip

Hierbei wird vorausgesetzt, dass jegliche Kostenentstehung auf einer Entscheidung basiert. Nach dem von RIEBEL[100] kreierten Prinzip können Kosten nur dann einem Bezugsobjekt zugerechnet werden, wenn Kosten und Erlöse durch die gleiche, also identische Entscheidung ausgelöst worden sind. In der klassischen Kosten- und Leistungsrechnung wird dieser Grundsatz bislang nicht praktiziert.

5.2   Kostenartenrechnung

5.2.1   Aufgaben der Kostenartenrechnung

In der Kostenartenrechnung werden sämtliche Kosten vergangenheits- und/ oder zukunftsbezogen erfasst, klassifiziert, nach unterschiedlichen Rechnungszwecken gegliedert (vgl. Abschnitt 3.2.3) und für die weitere zumeist innerbetriebliche Verwendung bereitgestellt (vgl. Abb. 5-1).

---

[100] Vgl. Riebel, P.: (Einzelkostenrechnung), S. 272.

Im traditionellen Verständnis bildet die Kostenartenrechnung die Basis für die Kostenstellen- und Kostenträgerrechnung und beeinflusst damit entscheidend die Qualität des gesamten Rechnungsablaufes (vgl. Abschnitt 2.2.2).

Der Umfang und die Ausgestaltungsform der Kostenartenrechnung stehen in starker Abhängigkeit von dem verfolgten Rechnungszweck, der Branche, der Betriebsgröße und dem gewählten Kostenrechnungssystem (z. B. Vollkosten- oder Teilkostenrechnung).

Sachliche und zeitliche Erfassung von Kosten	• Sachliche Abgrenzung von Kosten und Aufwendungen In die Kostenartenrechnung werden die in der Finanzbuchführung erfassten, betrieblichen Daten übernommen. Das erfordert, die neutralen von den betriebszweckbezogenen Aufwendungen sachlich abzugrenzen. Lediglich der Zweckaufwand wird in die Kostenartenrechnung überführt (vgl. Abschnitt 3.2.2). Zudem ist es ggf. nötig, kalkulatorische Kosten zu ermitteln. • Mengenmäßige Erfassung Neben der Erfassung des wertmäßigen Verbrauchs von Produktionsfaktoren sollte ebenso der mengenmäßige Verbrauch erfasst werden. • Zeitliche Erfassung von Kosten Da die Kosten- und Leistungsrechnung in der Regel als Monatsrechnung durchgeführt wird, müssen sämtliche Kostenarten für diesen Zeitabschnitt verursachungsgerecht dokumentiert werden. So ist es bspw. nötig, Versicherungsprämien, die im Allgemeinen einmal jährlich für das gesamte Wirtschaftsjahr gezahlt werden, verursachungsgerecht auf einen Monat umzubuchen.
Gliederung von Kosten[101]	• nach der Art der verbrauchten Produktionsfaktoren, z. B. Material-, Lohn- und Werkstoffkosten • nach betrieblichen Funktionen, z. B. Beschaffungs-, Fertigungs- und Vertriebskosten • nach der Art der Verrechnung in Einzel- und Gemeinkosten nach der Abhängigkeit von der Einflussgröße Beschäftigung • in fixe und variable Kosten
Kostenauflösung	• Auflösung der Gemeinkostenarten in fixe und variable Bestandteile
Bereitstellung von Kostendaten	• Aufbereitung und Bereitstellung von Kostendaten für weiterführende Rechnungen, z. B. für die Kostenstellen- und Kostenträgerrechnung

Abb. 5-1:   Arbeitsschritte der Kostenartenrechnung

---

[101] Vgl. Abschnitt 3.2.3 und zu Aufgaben der Kostenartenrechnung z.B. König, R./Eberlein, J.: (Kosten- und Leistungsrechnung 2), S. 10 ff.

5.2.2   Erfassung ausgewählter Kostenarten[102]

5.2.2.1   Materialkosten

Zu den Materialkosten zählen Kosten für *Roh-, Hilfs- und Betriebsstoffe*[103]. Rohstoffe und gleichfalls fremd bezogene Bauteile sind den Kostenträgern direkt zurechenbar und demnach Einzelkosten. Hilfsstoffe könnten ggf. unter erheblichem
wirtschaftlichem Aufwand den Kostenträgern direkt zugerechnet werden. In aller
Regel werden sie jedoch als (unechte) Gemeinkosten behandelt. Betriebsstoffe
können lediglich indirekt den Kostenträgern zugerechnet werden und zählen demzufolge zu den Gemeinkosten. In einem ersten Schritt ist der mengenmäßige
Verbrauch von Materialien zu erfassen. Anschließend wird dieser in einem zweiten Schritt bewertet.

5.2.2.2   Erfassung des Materialverbrauchs

Für die Erfassung des mengenmäßigen Verbrauchs stehen die Zugangsmethode,
die Inventurmethode, die Skontrationsmethode sowie die retrograde Methode zur
Verfügung. Sie unterscheiden sich neben den unterschiedlichen Rechenansätzen
vor allem in der Genauigkeit des ausgewiesenen Materialverbrauchs, den Möglichkeiten, Verbräuche den Kostenstellen- und Kostenträgern zuzuordnen und im
Erkennen nicht regulärer Bestandsreduzierungen. Die einzelnen Methoden werden
im Folgenden anhand vereinfachter Beispiele demonstriert und eingeschätzt.

A   Zugangsmethode (bzw. Festwertmethode)

Es gilt die Annahme, dass die in der Abrechnungsperiode beschafften Materialmengen auch in dieser Periode verbraucht werden. Abrechnungstechnisch entstehen deshalb hierbei keine Bestände. Die Ausgaben für die Beschaffung dieser
Materialien werden gemäß Materiallieferschein sofort und in vollem Umfang als
Materialkosten gebucht. Damit wird kostenrechnerisch ein Verbrauch unterstellt:

Verbrauch = Zugang gemäß Lieferschein

Der Vorteil dieser Methode besteht in der einfachen Vorgehensweise (vgl. Abb. 5-
2), welche relativ wenig Verwaltungsaufwand erfordert. Als nachteilig muss angeführt werden, dass ein außerordentlicher Verbrauch (z. B. Schwund, Diebstahl,
Ausschuss) nicht nachgewiesen werden kann. Empfehlenswert ist diese Methode
aufgrund ihrer nur hinreichenden Genauigkeit bei nicht lagerfähigen Gütern (z. B.

---

[102]   Im Folgenden sollen die Kostenarten Materialkosten, kalkulatorische Zinsen und kalkulatorische
        Abschreibungen näher erläutert werden. Die durchzuführende sachliche Abgrenzung zwischen
        dem Aufwand des Rechnungskreises I und den Kosten im Rechnungskreis II wurde bereits im Ab-
        schnitt 3.2.2 behandelt. Zur Erfassung von Personalkosten vgl. z.B. Götze, U.: (Kostenrechnung),
        S. 37 ff.

[103]   Rohstoffe sind Einsatzgüter, welche den Hauptbestandteil des zu erstellenden Produktes ausma-
        chen (z.B. Holz für Möbel). Hilfsstoffe gehen ebenfalls körperlich in das neue Produkt ein, stellen
        jedoch Nebenbestandteile dar (z.B. Schrauben). Betriebsstoffe zählen nicht zu den körperlichen
        Komponenten, werden jedoch für den Leistungserstellungsprozess benötigt (z.B. Kraftstoffe).

Obst), geringwertigen Materialien und mit Einschränkungen ggf. für jene Materialarten, für die der Vorrat über längere Zeiträume auf konstantem Niveau gehalten werden kann.

		Datum	Materialart „0054" [ME]	Verbrauch Materialart „0054" [ME/Monat]
	1	*2*	*3*	*4*
1	Zugang	04.01.	300	
2	+ Zugang	12.01.	210	
3	+ Zugang	23.01.	160	
4	+ Zugang	30.01.	240	
5	**= Verbrauch**			**910**

Abb. 5-2: *Beispiel zur Zugangsmethode*

B **Inventurmethode** (bzw. Bestandsvergleichs- oder Befundrechnung)

Der gesamte Verbrauch wird am Ende der Abrechnungsperiode berechnet, indem die Summe aus Anfangsbestand (= Endbestand der vorangegangenen Periode) und den Zugängen während der Abrechnungsperiode dem in der Inventur festgestellten Endbestand gegenübergestellt wird (vgl. Abb. 5-3).

Verbrauch = Anfangsbestand (Stichtag) + Zugang (Periode) – Endbestand (Stichtag)

Die Bestände ergeben sich jeweils aus der Inventur, die Zugänge gemäß der im Rechnungskreis I registrierten Lieferscheine. Es handelt sich daher um eine indirekte Verbrauchsmessung. Da diese Methode keine separate Erfassung des Materialverbrauchs (mittels Materialentnahmeschein) erfordert, kann der Verwaltungsaufwand als vertretbar angesehen werden. Im Vergleich zur Zugangsmethode können mit der Befundrechnung Materialbestandsschwankungen berücksichtigt werden.

		Datum	Materialart „0021" [ME]	Verbrauch Materialart „0021" [ME/Monat]
	1	*2*	*3*	*4*
1	Anfangsbestand	01.01.	40	
2	+ Zugang	04.01.	24	
3	+ Zugang	15.01.	21	
4	+ Zugang	25.01.	12	
5	- *Endbestand gemäß Inventur*	*31.01.*	*31*	
6	**= Verbrauch**			**66**

Abb. 5-3: *Beispiel zur Inventurmethode*

Hingegen existieren zahlreiche Nachteile. Nicht reguläre Bestandsminderungen sind nicht erkennbar und deshalb nicht beeinflussbar. Zudem ist eine jährliche

Stichtagsinventur unzureichend, weil die Kostenrechnung für den Monat, im Ausnahmefall für ein Quartal, durchgeführt werden sollte. Des Weiteren lässt sich die Zuordnung des Materialverbrauches auf Kostenstellen bzw. Kostenträger aufgrund der Saldierungsrechnung nicht realisieren. Aus diesen Gründen empfiehlt sich diese Methode für jene Unternehmen nicht, welche verschiedenartige Kostenträger vermarkten. Sie ist ggf. für die Verbrauchsfeststellung von Massengütern und/ oder geringwertigen Materialien einsetzbar.

C   Skontrationsmethode (bzw. Fortschreibungsmethode)

Die Nachteile der Inventurmethode (vgl. Abb. 5-4) umgeht die Skontration, indem sämtliche Lagerzugänge gemäß Lieferscheinen und ebenso alle Lagerabgänge gemäß Materialentnahmescheinen belegmäßig registriert werden. Deshalb bedingt diese Methode zwangsläufig eine Lagerbuchhaltung.

Auf den Materialentnahmescheinen sollten mindestens das Datum, die Materialart, die Materialmenge, der Empfänger (z. B. Kostenstelle) und die Auftragsnummer (z. B. Kostenträger, Kunde) aufgenommen sein. Der Verbrauch entspricht den auf den Materialentnahmescheinen aufgezeichneten Lagerbestandsreduzierungen.

Verbrauch = Summe der entnommenen Mengen gemäß Materialentnahmescheinen

		Datum	Materialart „015" [ME]	Verbrauch Materialart „015" [ME/Monat]
	1	*2*	*3*	*4*
1	Anfangsbestand	01.01.	1.200	
2	+ Zugang	04.01.	2.900	
3	- Abgang	10.01.	2.100	
4	+ Zugang	15.01.	1.000	
5	- Abgang	16.01.	1.400	
6	- Abgang	23.01.	1.500	
7	+ Zugang	25.01.	1.200	
8	*- Endbestand gemäß Inventur*	*31.01.*	*1.300*	
9	**= Verbrauch**			**5.000**

Abb. 5-4:   Beispiel zur Skontrationsmethode

Diese Methode weist eine Reihe von Vorteilen auf:

- präzise Erfassung des Verbrauchs von Materialien zurechenbar auf Kostenstellen und Kostenträger und damit Möglichkeit einer verursachungsgerechten Kostenverrechnung
- nicht reguläre Bestandsminderungen feststellbar (bzw. außerordentlicher Verbrauch), z. B. bedingt durch Diebstahl oder Schwund
- keine Notwendigkeit einer monatlichen Stichtagsinventur.

Aus den genannten Gründen sollte diese Methode bei mengenmäßig umfangreichen, gut erfassbaren und/ oder wertintensiven Materialien eingesetzt werden. Als nachteilig könnte der erhöhte Aufwand für die belegmäßige Organisation angeführt werden. Allerdings ist mithilfe einer intelligenten EDV-Anwendung der Verwaltungsaufwand durchaus minimierbar.

Sollte der Endbestand (Ist) gemäß Inventur nicht mit dem Endbestand (Soll), welcher sich aus Anfangsbestand zuzüglich Zugang (gemäß Beleg) und wiederum abzüglich Abgang (gemäß Beleg) ergibt, übereinstimmen, so entsteht ein außerordentlicher Verbrauch. Dieser müsste dann entsprechend analysiert werden.

D   Retrograde Methode (bzw. Rückrechnung)

Der Materialverbrauch wird aus den hergestellten unfertigen und fertigen Leistungen der Abrechnungsperiode abgeleitet. Zumeist fungieren dafür als Grundlage Stücklisten oder Rezepturen. Aus ihnen werden Sollverbrauchsmengen, welche auch unvermeidbare Abfälle bei der Erstellung berücksichtigen, berechnet. Durch Multiplikation der Sollverbrauchsmengen mit der Anzahl der erstellten Leistungsmengen ergeben sich die Verbrauchsmengen (vgl. Abb. 5-5). Es gilt also:

Verbrauch = Erstellte Leistungseinheiten · Sollverbrauchsmenge je Leistungseinheit

		Datum	Materialart „074" [ME]	Verbrauch Materialart „074" [ME/Monat]
		2	*3*	*4*
1	Anfangsbestand	01.01.	420	
2	+ Zugang	03.01.	290	
3	+ Zugang	15.01.	110	
4	+ Zugang	25.01.	140	
5	**– Verbrauch gemäß Rückrechnung**			**620**
6	*= Endbestand gemäß Inventur*	*31.01.*	*340*	

Ausgangsdaten:

Hergestellte Leistungseinheiten in 01/...   = 50,00 LE/Monat

Sollverbrauchsmenge der Materialart „074" = 12,40 ME/LE

Lösung:

Materialverbrauch der Materialart „074":

50 LE/Monat · 12,40 ME/LE = 620 ME/Monat

Abb. 5-5:   Beispiel zur retrograden Methode

Dieses Verfahren bietet bei vertretbarem Aufwand eine Möglichkeit, den verursachungsgerechten Verbrauch einer Materialart je Kostenstelle und ggf. je Kostenträger auszuweisen. Folgende Nachteile sind allerdings zu beachten:

- keine exakte Verbrauchsermittlung (je komplizierter der Erstellungsprozess, desto ungenauer die Bestimmung der Sollverbrauchsmenge),
- unscharfe Messung des Gemeinkostenmaterialverbrauchs je Kostenträger,
- keine Feststellung nicht regulärer Bestandsminderungen möglich.

5.2.2.3   Bewertung des Materialverbrauchs

Alternative Bewertungsmaßstäbe für den Materialverbrauch sind Anschaffungspreise, Festpreise, Wiederbeschaffungspreise und Verrechnungspreise (vgl. Abschnitt 4.3.1). Würden für die Materialbewertung durchschnittliche Anschaffungspreise gewählt, müsste für jede Abrechnungsperiode ein neuer Durchschnitt ermittelt werden. Der dafür notwendige Rechenaufwand wäre relativ hoch. Vor allem aus dem Blickwinkel einer aussagekräftigen Kostenkontrolle, insbesondere hinsichtlich von Mengenabweichungen, bietet sich der Einsatz von Festpreisen bzw. Standardpreisen an. Auf diese Weise können Kostenkontrollen von zusätzlichen Preisabweichungen entlastet werden (vgl. Abschnitt 11.5.2.1).

Als Bewertungsverfahren stehen die bereits unter Punkt 4.3.3 beschriebenen Möglichkeiten der Einzel-, Gruppen- und Sammelbewertung entweder in Form von Durchschnitts- oder Verbrauchsfolgeverfahren zur Auswahl. Materialmengen werden häufig mit Hilfe von Durchschnittsverfahren bewertet. Da die Erfassung der zeitlichen und wertmäßigen Verbrauchsfolge häufig zu aufwendig oder nicht praktizierbar ist, finden in der Kosten- und Leistungsrechnung die Verbrauchsfolgeverfahren für die Materialbewertung kaum Anwendung.[104]

5.2.2.4   Ermittlung kalkulatorischer Kosten

A   Überblick

Im betrieblichen Rechnungswesen soll der tatsächliche Werteverzehr sämtlicher Produktionsfaktoren einer Abrechnungsperiode, welcher für den eigentlichen Betriebszweck notwendig war bzw. sein wird, erfasst werden. Handels- und steuerrechtliche Vorschriften sind dabei in der Regel ohne Belang. Deshalb wird unter anderem auch nicht das Prinzip der Kapitalerhaltung, sondern das der Substanzerhaltung unterstellt.

Damit die Kosten- und Leistungsrechnung ihrer Aufgabe als Planungs- und Kontrollinstrument gerecht wird, und in diesem Zusammenhang bspw. plausible Informationen für die Kalkulation bereitstellen kann, ist es notwendig, die Rechnung von Unregelmäßigkeiten und Zufälligkeiten zu befreien sowie die Stetigkeit von Ansätzen zu gewährleisten. Aus diesen Gründen arbeitet man in der Kosten- und Leistungsrechnung mit kalkulatorischen Kosten. Kosten, denen entweder Auf-

---

[104] Vgl. z.B. Steinmüller, P. H./Hering, E./Jórasz, W.: (Controller), S. 71 f.

wand in anderer Höhe (Anderskosten) oder kein Aufwand (Zusatzkosten) im Rechnungskreis I gegenübersteht, nennt man kalkulatorisch (vgl. Abschnitt 3.2.2). Als Kostenarten können berechnet werden:

- kalkulatorische Abschreibungen,
- kalkulatorische Zinsen,
- kalkulatorische Wagnisse,
- kalkulatorische Mieten und
- kalkulatorischer Unternehmerlohn.

Im Folgenden sollen wegen ihrer praktischen Relevanz vorzugsweise kalkulatorische Abschreibungen und kalkulatorische Zinsen behandelt werden.

B   **Kalkulatorische Abschreibungen**

Die im Laufe der Nutzungsdauer auftretenden Wertminderungen von Vermögensgegenständen werden rechnerisch durch Abschreibungen berücksichtigt. Der Werteverzehr kann verbrauchsbedingt, wirtschaftlich und/ oder zeitlich bedingt verursacht sein (vgl. Abb. 5-6). Diese Ursachen treten üblicherweise nicht isoliert, sondern miteinander gekoppelt auf.

Verbrauchsbedingte Ursachen des Werteverzehrs
- Abnutzung des Wirtschaftsgutes infolge Gebrauchs
- Abnutzung durch Zeitverschleiß
- Abnutzung durch Substanzverringerung
- Abnutzung bedingt durch Katastrophen

Wirtschaftlich bedingte Ursachen des Werteverzehrs
- Wertminderungen durch wissenschaftlich-technischen Fortschritt
- Wertminderungen aufgrund von Nachfrageverschiebungen
- Wertminderungen aufgrund des Sinkens von Wiederbeschaffungskosten
- Wertminderungen aufgrund des Sinkens von Abnehmerpreisen
- Wertminderungen aufgrund von Fehlinvestitionen
- Wertminderungen durch Forderungsausfälle

Zeitlich bedingte Ursachen des Werteverzehrs
- Ablauf der Grundmietzeit eines Leasingvertrages vor Ablauf der technischen Nutzungsdauer eines Wirtschaftsgutes
- Ablauf von Schutzrechten oder Konzessionen

Abb. 5-6:   *Übersicht über Ursachen des Werteverzehrs*[105]

---

[105] In Anlehnung an Haberstock, L.: (Kostenrechnung I), S. 80 f.

Im Gegensatz zu den bilanziellen Abschreibungen sollen kalkulatorische Abschreibungen die tatsächliche, planmäßige und betriebsbedingte Wertminderung eines abnutzbaren Vermögensgegenstandes für jede Abrechnungsperiode widerspiegeln (vgl. Abb. 5-7).

Kriterium	Externes Rechnungswesen		Betriebliches Rechnungswesen
	Bilanziell	Steuerlich	Kalkulatorisch
Zielsetzung	Einflussnahme auf Ergebnis- und Vermögenssituation	Beeinflussung des zu versteuernden Gewinns	Erfassung des betriebszweckbezogenen Werteverzehrs
Gesetzgebung	HGB	EStG; AO	in der Regel keine (Ausnahme: öffentliche Aufträge)
Abschreibungsbasis	Anschaffungs- oder Herstellungskosten		Wiederbeschaffungskosten
Abschreibungsverfahren (planmäßige Abschreibung)	Wahl gemäß GoB, Vorsichtsprinzip, Planmäßigkeit	Entsprechend den Regelungen im Steuergesetz	in der Regel lineare zeitabhängige Abschreibung
Außerplanmäßige Abschreibung	Entsprechend HGB	bei linearer Abschreibung zulässig, sonst Teilwertabschreibung	Verrechnung im Rahmen der kalkulatorischen Wagniskosten
Nutzungsdauer (tatsächlich – geschätzt)	Verteilungsbasis: maximal Anschaffungs- oder Herstellungskosten; Restbuchwert 1,00 €; weitere Abschreibung nicht zulässig; Nutzungsdauer gemäß AfA		Verrechnung der Kosten, die sich bei richtiger Schätzung ergeben hätten
Erhaltungskonzeption	Nominelle Kapitalerhaltung		Substanzerhaltung

Abb. 5-7:   *Vergleich der Abschreibungspraxis zwischen externem und betrieblichem Rechnungswesen[106]*

Folgende *Abschreibungsverfahren* stehen zur Auswahl (vgl. Abb. 5-8):

- lineare Abschreibung (bei gleichmäßigem Werteverzehr während der Nutzungsdauer),
- degressive Abschreibung (bei ungleichmäßigem, fallendem Werteverzehr während der Nutzungsdauer),
- progressive Abschreibung (bei unregelmäßigem, steigendem Abnutzungsverlauf während der Nutzungsdauer) sowie
- leistungsbezogene Abschreibung (bei wechselndem Abnutzungsverlauf während der Nutzungsdauer).

---

[106] Modifiziert übernommen von Steinmüller, P. H./Hering, E./Jórasz, W.: (Controller), S. 80.

Abschreibungsverfahren	Erklärung
lineare Abschreibung	• unterstellt gleichmäßigen Werteverzehr während der Nutzungsdauer • gleichmäßige Verteilung des abzuschreibenden Betrags auf die Nutzungsjahre • liegt ein bedeutsamer Restwert (Liquidationserlös nach Ablauf der Nutzungsdauer) vor, dann *kann* dieser den abzuschreibenden Betrag reduzieren • $\alpha = \dfrac{AK - L}{ND}$
degressive Abschreibung	• unterstellt abnehmenden Werteverzehr während der Nutzungsdauer • die ersten Jahre der Nutzungsdauer werden stärker belastet als die späteren Jahre • verursachungsgerechte Erfassung des Werteverzehrs wird, wie auch bei der linearen Abschreibung, nicht gewährleistet
Geometrisch-degressive Abschreibung	• Abschreibungsbetrag wird jährlich als fester Prozentsatz vom jeweiligen Restbuchwert bestimmt • mathematisch ergibt sich kein Restwert von null • $\alpha = L_{t-1} \cdot \dfrac{AS}{100}$ $AS = 100 \left(1 - \sqrt[ND]{\dfrac{L}{AK}} \right)$
Arithmetisch-degressive Abschreibung	• Abschreibungsbeträge fallen jedes Jahr um den gleichen Degressionsbetrag • Abschreibungsbasis wird dividiert durch die Summe der Jahresziffern über die Nutzungsdauer • im Ergebnis der Division erhält man den konstanten Degressionsbetrag, der mit den Jahresziffern in fallender Reihe multipliziert wird
	• $D = \dfrac{2 \cdot AK}{ND\,(ND + 1)}$ $\alpha = D \cdot (ND + 1 - t) = \dfrac{2 \cdot AK}{ND\,(ND + 1)} (ND + 1 - t)$

leistungsabhängige Abschreibung	• Abschreibung erfolgt in Abhängigkeit der Beanspruchung des Anlagevermögens • Schwierigkeit besteht in der vorherigen Bestimmung der Leistungsbeanspruchung
	• üblicherweise trägt jede Leistungseinheit denselben Abschreibungsbetrag • $AS = \dfrac{100}{Q_{ND}} \qquad \alpha = (AK \cdot AS)Q_t$

Legende:
α ... *jährlicher Abschreibungsbetrag in €/Jahr*
AK ... *Anschaffungskosten in €*
L ... *Liquidationserlös am Ende der Nutzungsdauer in €*
ND ... *Nutzungsdauer in Jahren; t = 1...ND*
AS ... *Abschreibungssatz in Prozent*
D ... *Degressionsbetrag*
Q ... *Leistungseinheiten über die gesamte Nutzungsdauer in LE*
Q$_t$ ... *Leistungseinheiten im Nutzungsjahr t in LE/Jahr*

Abb. 5-8:   Überblick über ausgewählte Abschreibungsverfahren[107]

In der Praxis der Kosten- und Leistungsrechnung wird häufig die zeitabhängige lineare Abschreibung gewählt. Sie hat den Vorteil, dass sie rechnerisch einfach anwendbar ist und die einzelnen Abrechnungsperioden mit gleichmäßig hohen Abschreibungsbeträgen belastet werden. Damit wird der geforderten Konstanz und Stetigkeit entsprochen. Um dem Ziel der Substanzerhaltung gerecht zu werden, sind als abzuschreibende Beträge anstelle der Anschaffungskosten die Wiederbeschaffungskosten anzusetzen. Obwohl die Kostenrechnung die Möglichkeit bietet, von der laut AfA vorgeschriebenen Nutzungsdauer abzuweichen, wird darauf oftmals aus Gründen der Planungssicherheit verzichtet.

Das nachfolgende Beispiel zeigt unterschiedliche Möglichkeiten bei der Anwendung kalkulatorischer Abschreibungen (vgl. Abb. 5-9). Es wird deutlich, dass der kalkulatorische Abschreibungsbetrag, bedingt durch die Variation der Nutzungsdauer, in seiner jährlichen Höhe angehoben bzw. vermindert werden kann. Dies wirkt sich gleichfalls auf die jeweilige ausgewiesene Höhe der Kosten aus.

Geht man davon aus, dass der Preis der entsprechenden Leistungsarten konstant bleibt, führt ein Anstieg der kalkulatorischen Kosten unweigerlich zu einer vorweggenommenen Gewinnverwendung im Interesse der Substanzerhaltung. Allerdings ist auf das eingegangene Risiko bei verlängerter (also kalkulatorischer) Nutzungsdauer zu verweisen. Diese unterstellt, dass die Lebensdauer des abnutzbaren Anlagengutes bei gleich bleibender Qualität ausgedehnt wird. Hierbei sollten ebenso die eventuell ansteigenden Instandhaltungskosten Berücksichtigung finden.

---

[107] Auf eine nähere Erörterung der progressiven Abschreibung wird im Folgenden aufgrund fehlender praktischer Relevanz verzichtet. Vgl. zur arithmetisch – progressiven und geometrisch - progressiven Abschreibung z.B. Gallenmüller, O./Hieke, H./Hülsenberg, F./Neubert, J.: (Kosten), S. 255 ff.

Ausgangsdaten:

Anschaffungskosten	50.000 €
Nutzungsdauer laut AfA	5 Jahre (Jahr = ZE)
Wiederbeschaffungskosten	60.000 €
Nutzungsdauer, kalkulatorisch	8 Jahre

Lösungsansätze:

Nutzungsjahr		Bilanzielle Abschreibung [€/ZE]	Kalkulatorische Abschreibung [€/ZE]	
			1. Möglichkeit	2. Möglichkeit
1		2	3	4
1	1	10.000	7.500	12.000
2	2	10.000	7.500	12.000
3	3	10.000	7.500	12.000
4	4	10.000	7.500	12.000
5	5	10.000	7.500	12.000
6	Zwischensumme	50.000	37.500	60.000
7	6	-	7.500	-
8	7	-	7.500	-
9	8	-	7.500	-
10	Summe	50.000	60.000	60.000

Abb. 5-9:   Beispiel für Ansatzalternativen kalkulatorischer Abschreibungen

C   Kalkulatorische Zinsen

Im externen Rechnungswesen finden als Zinsaufwand nur tatsächlich gezahlte Zinsen für Fremdkapital Berücksichtigung. Der Ansatz von Zinsen auf Eigenkapital ist nicht zulässig. Gründe für das Rechnen mit kalkulatorischen Zinsen im Rechnungskreis II bestehen darin, dass

- (pagatorische) Fremdkapitalzinsen ggf. Schwankungen des Marktzinssatzes unterliegen und deshalb nicht in gleich bleibender Höhe in die Kostenrechnung übernommen werden können (Anderskosten) und
- eine Verzinsung des Eigenkapitals im Rechnungskreis I nicht zulässig ist. Weil Eigenkapital als Produktionsfaktor für die betriebliche Leistungserstellung verbraucht wird, muss es auch als Kostenposition aufgenommen werden (Zusatzkosten). Diese tragen Opportunitätscharakter (Opportunitätskosten) und ergeben sich im Vergleich des Erfolgs der zur Wahl stehenden nächstbesten nicht gewählten Alternative (bspw. Kapitalanlage in festverzinsliche Wertpapiere im Vergleich zur Investition des Kapitals in das Unternehmen).

Kalkulatorische Zinsen sind stets auf der Grundlage des betriebsnotwendigen Kapitals zu berechnen (vgl. Abb. 5-10), welches auf den kalkulatorischen Zinssatz zu beziehen ist.

	Betriebsnotwendiges nicht abnutzbares Anlagevermögen
+	Betriebsnotwendiges abnutzbares Anlagevermögen
=	Betriebsnotwendiges Anlagevermögen
+	Betriebsnotwendiges Umlaufvermögen
=	Betriebsnotwendiges Vermögen bzw. Kapital
./.	Abzugskapital
=	**Zinsberechtigtes betriebsnotwendiges Kapital**

Abb. 5-10:   *Berechnung des zinsberechtigten betriebsnotwendigen Kapitals*

Das betriebsnotwendige, nicht abnutzbare Anlagevermögen ist entsprechend der bilanziellen Wertansätze[108] in die Berechnung zu übernehmen.

Das betriebsnotwendige Umlaufvermögen wird mit jenen Beträgen angesetzt, die durchschnittlich während der Abrechnungsperiode im Unternehmen gebunden sind.

$$Umlaufvermögen = \frac{AB_t + EB_t}{2}$$

Legende:
AB_t ...   *Anfangsbestand des Jahres t*
EB_t ...   *Endbestand des Jahres t*

Der Wertansatz für das betriebsnotwendige, abnutzbare Anlagevermögen kann entweder mit der

I.   Methode der *Restwertverzinsung* oder

II.   der Methode der *Durchschnittsverzinsung* ermittelt werden.

Zu I.   **Restwertverzinsung**

Die Zinsen werden hierbei auf Basis des kalkulatorischen Restwertes am Ende der jeweiligen Periode berechnet. Im Laufe der Nutzungsdauer sinken daraufhin die kalkulatorischen Zinsen (vgl. Abb. 5-11).

$$Anlagevermögen_{abnutzbar} = \frac{C_{t-Beginn} + C_{t-Ende}}{2}$$

Legende:
C ...   *Kapitalbindung in €*
t ...   *Nutzungs- bzw. Wirtschaftsjahr*

---

[108] Hierzu sind insbesondere für controllingrelevante Aufgaben auch die neueren Entwicklungen der IFRS-Rechnungslegung zu beachten. Vgl. dazu z.B. Weißenberger, B./Haas C.: (Neuausrichtung), S. 54.

Zu II.   Durchschnittsverzinsung

Ausgangsdaten:

Zeitabhängige Abschreibungen	18.000 € : 4 Jahre = 4.500 €/ZE
Kalkulatorischer Zinssatz	10 % pro Jahr
Anschaffungszeitpunkt	01.01.01

Lösung:

Kalkulatorische Zinsen bei Restwertverzinsung:

Jahr	01	02	03	04	kumulativ
Kapitalbindung Jahresbeginn in €/ZE	18.000	13.500	9.000	4.500	
Kapitalbindung Jahresende in €/ZE	13.500	9.000	4.500	0	
Berechnung	31.500 : 2 = 15.750	22.500 : 2 = 11.250	13.500 : 2 = 6.750	4.500 : 2 = 2.250	
Kalkulatorische Zinsen in €/ZE	**1.575**	**1.125**	**675**	**225**	**3.600**

Kalkulatorische Zinsen bei Durchschnittsverzinsung:

Jahr	01	02	03	04	kumulativ
Berechnung		18.000 € : 2 = 9.000 € 9.000 € · 10 % = 900 €/ZE			
Kalkulatorische Zinsen in €/ZE	**900**	**900**	**900**	**900**	**3.600**

Abb. 5-11:   *Beispiel zur Berechnung kalkulatorischer Zinsen für abnutzbares, betriebsnotwendiges Vermögen*

Bei linearer Abschreibung, so wird unterstellt, ist über die gesamte Nutzungsdauer der durchschnittliche Anschaffungswert des Wirtschaftsgutes (also demnach die Hälfte der Anschaffungskosten) finanziell gebunden. Die kalkulatorischen Zinsen bleiben deshalb für jede einzelne Abrechnungsperiode der gesamten Nutzungsdauer konstant (vgl. Abb. 5-11).

$$Anlagevermögen_{abnutzbar} = \frac{C_{ND-Beginn} + C_{ND-Ende}}{2} = \frac{AK}{2}$$

Legende:
ND   ...   Nutzungsdauer in Jahren; t = 1...ND
AK   ...   Anschaffungskosten in €

Unter Abzugskapital versteht man zinsfrei zur Verfügung stehendes Kapital, wie z. B. zinslose Kredite oder auch Kundenanzahlungen. Der Ansatz des kalkulatorischen Zinssatzes bereitet oftmals Schwierigkeiten. Häufig wird dafür der langfristige Kapitalmarktsatz[109] gewählt.

D   Kalkulatorische Wagnisse

Unternehmerischen Chancen zur Erzielung positiver Ergebnisse stehen gleichfalls mannigfaltige Risiken gegenüber. Hierbei ist in das allgemeine Unternehmerwagnis und in spezielle Einzelwagnisse zu unterscheiden. Das allgemeine Unternehmerwagnis integriert Verluste, die das Unternehmen insgesamt betreffen, so zum Beispiel Nachfragerückgänge, politisch-kulturelle und klimabedingte Einflüsse oder auch Entwicklungen bezüglich des wissenschaftlich-technischen Fortschritts. Diese Wagnisse sind in aller Regel mit hoher Unsicherheit behaftet und nicht versicherbar. Unternehmerische Tätigkeit erfordert das Eingehen dieser allgemeinen Risiken, welche letztlich durch den Unternehmensgewinn abgegolten werden.[110]

Im Gegensatz dazu stehen spezielle Einzelwagnisse, für die sich Erwartungswerte formulieren lassen. Einzelwagnisse, welche sich vielgestaltig differenzieren (vgl. Abb. 5-12), befinden sich zumeist in einem unmittelbaren Zusammenhang zur Herstellung sowie zum Vertrieb von Produkten und Dienstleistungen. Diese kalkulierbaren Wagnisse sind dadurch gekennzeichnet, dass sie zeitlich und wertmäßig unregelmäßig anfallen. Die Kosten bei Eintritt des Wagnisses sind deshalb nicht gleich bleibend für jede Abrechnungsperiode erfassbar.

Um Kalkulationsstetigkeit, Vergleichbarkeit der Abrechnungsperioden und Planungssicherheit bei Berücksichtigung der Risiken zu erreichen, wird mit kalkulatorischen Wagnissen gearbeitet. Diese beziehen sich auf den Durchschnitt der in den vergangenen Perioden eingetretenen Verluste bezüglich des jeweiligen Einzelwagnisses. Es wird aus Vorsichtsgründen unterstellt, dass künftig mit ähnlich hohen Wagnisverlusten zu rechnen ist. Durch Ansatz kalkulatorischer Wagnisse werden die Periodenkosten angehoben, wobei davon auszugehen ist, dass der Markt diese zusätzlichen Kosten nicht trägt. Aus diesem Grund spricht man von vorgezogener Gewinnverwendung im Sinne des Opportunitätsgedankens (vgl. Abschnitt 7.8.4).

Der Ansatz eines kalkulatorischen Einzelwagnisses ist nur in dem Fall gerechtfertigt, wenn für dieses Risiko kein Versicherungsschutz besteht. Bei Abschluss von Fremdversicherungen werden die hierfür anfallenden Versicherungsprämien in der Kostenartenrechnung als betriebsbedingte Kosten erfasst.

---

[109] Vgl. zur Auswahl des Zinssatzes bspw. Muschol, H./Zirkler, B. (Kompendium), S. 93 f.
[110] Vgl. z.B. Hummel, S./Männel, W.: (Kostenrechnung 1), S. 179.

Spezielles Einzelwagnis	Beispiel	Bezugsgröße
Beständewagnis	Lagerverluste von Beständen bedingt durch Schwund, Preissenkungen, Veralten, Diebstahl	Wert des Vorratsvermögens (bei unfertigen und fertigen Leistungsbeständen Herstellkosten) bzw. Materialart (z. B. durchschnittliche Anschaffungskosten)
Anlagenwagnis	Außerordentliche Schäden bei Anlagegütern	Wert des Anlagevermögens gemäß Anlagenbuchhaltung
Fertigungswagnis	Material-, Arbeitsprozess- und Bedienfehler	durchschnittliche Herstell- oder Fertigungskosten
Gewährleistungswagnis	Verlust aus Garantieleistungen, wie z. B. Nacharbeiten, Ersatzlieferungen	durchschnittliche Herstell- kosten oder Umsatzerlöse bzw. durchschnittliche Werte für Garantieleistungen vergangener Perioden (Erfahrungswerte)
Entwicklungswagnis	Fehlergebnisse von Forschungsprojekten	Entwicklungskosten der Periode
Vertriebswagnis	Forderungsausfälle, Währungsverluste	Warenverkaufserlöse von Ziel- bzw. Währungsgeschäften

Abb. 5-12: Differenzierungsmöglichkeiten von Einzelwagnissen[111]

E   Kalkulatorische Miete

Diese Kostenart besitzt lediglich für Einzelunternehmungen und Personengesellschaften Bedeutung. Sollte der Unternehmer Privaträume für betriebliche Zwecke zur Verfügung stellen, handelt es sich um den betriebsbedingten, periodengerechten Verbrauch eines Produktionsfaktors. Demgemäß können dafür Kosten angesetzt werden, obwohl im Rechnungskreis I kein Aufwand registriert wird (Zusatzkosten). Die Höhe kalkulatorischer Mieten richtet sich nach dem vergleichbaren, ortsüblichen Mietzins (Anhaltspunkt ist zum Beispiel der Mietspiegel der Stadt).

Im Fall, dass für diese Räume dennoch anteilige Aufwendungen (z. B. Energie-, Heiz- und Versicherungskosten) geltend gemacht werden, verfällt der Anspruch auf den Ansatz der kalkulatorischen Kostenart.

F   Kalkulatorischer Unternehmerlohn

Inhaber oder Gesellschafter von Einzelunternehmen und Personengesellschaften erhalten keinen Lohn, sondern ihre Arbeitstätigkeit wird durch den erwirtschafteten Unternehmensgewinn abgegolten. Aus diesem Grund würde im betrieblichen Rechnungswesen kein Ansatz dieser Personalkostenart erfasst, obwohl ein betriebsbedingter Verbrauch eines Produktionsfaktors vorliegt. In der Folge wäre die

---

[111] In Anlehnung an Däumler, K.-D./Grabe, J.: (Kostenrechnung 1), S. 187.

Aussagefähigkeit der Kalkulation gestört. Daraus schlussfolgernd empfiehlt sich der Gebrauch eines kalkulatorischen Unternehmerlohnes.

Für die Bemessung dieser Kostenart[112] bietet sich zum einen der Ansatz entsprechend dem durchschnittlichen Arbeitsentgelt eines Angestellten in vergleichbarer Position in einem analogen Unternehmen und zum anderen die Idee des Opportunitätsprinzips an. Danach setzt der Unternehmer nach eigenem Ermessen den Betrag fest, den er in verwandter Position und bei gleicher Arbeitsleistung in einem gleichartigen Unternehmen erhalten würde[113].

5.2.3   Zeitliche Abgrenzung von Kosten

Die Kosten- und Leistungsrechnung benutzt im Gegensatz zur bilanziellen Rechnung als Abrechnungsperiode den Monat, ggf. auch das Quartal. Werden die Daten aus dem externen Rechnungswesen übernommen, ist es notwendig, diese verursachungsgerecht für einen Monat zu erfassen.

Mithilfe der zeitlichen Abgrenzung von Kosten sind unregelmäßig auftretende Aufwendungen verursachungsgerecht auf die jeweiligen Abrechnungsperioden auch innerhalb eines Wirtschaftsjahres zu verteilen. Hierbei ist zu unterscheiden in

- die Nachverteilung von Kosten,
- die Vorverteilung von Kosten sowie
- in die Kombination von Vor- und Nachverteilung von Kosten.

A   Nachverteilung von Kosten

Von einer Kostennachverteilung spricht man, wenn die zu Beginn eines Wirtschaftsjahres für mehrere Monate gebuchten Aufwendungen auf die jeweiligen Abrechnungsperioden des Wirtschaftsjahres verursachungsgerecht umgebucht werden. Wurden im Januar Versicherungsprämien für das gesamte Wirtschaftsjahr gezahlt, sind diese Kosten nachträglich gleichmäßig auf alle 12 Monate zu verteilen (vgl. Abb. 5-13).

---

[112] In der Vergangenheit wurden die nach heutigen Gesichtspunkten veralteten Formeln der seifenverarbeitenden Industrie und des Rationalisierungs-Kuratoriums der deutschen Wirtschaft befürwortet. Vgl. dazu Olfert, K.: (Kostenrechnung), S. 132.
[113] Vgl. Däumler, K.-D./Grabe, J.: (Kostenrechnung 1), S. 189.

Zahlung einer Versicherungsprämie (Gebäudeversicherung)
am 10.01.20…für den Zeitraum 01-12/20… (ZE = Jahr)   5.040 €/ZE
Nachverteilung: 5.040 €/ZE : 12 Monate/ZE = 420 €/Monat

Ausgabe → *Nachverteilung*

5.040 €

01	02	03	04	05	06	07	08	09	10	11	12
420	420	420	420	420	420	420	420	420	420	420	420

Abb. 5-13:   *Beispiel zur Nachverteilung von Kosten*

B   Vorverteilung von Kosten

Werden im Voraus monatliche Kosten auf Abrechnungsperioden gebucht, handelt
es sich um eine Vorverteilung (vgl. Abb. 5-14). Die Ausgabe erfolgt erst am Ende
des Wirtschaftsjahres, bezieht sich verursachsrechtlich jedoch auf alle vorangegangenen Abrechnungsperioden des Wirtschaftsjahres (z. B. Weihnachtsgeld-
zahlungen im Dezember).

Zahlung einer Jahresprämie am 15.12.20… für den Zeitraum   3.120 €/ZE
01-12/20… des gleichen Wirtschaftsjahres (Jahr = ZE)
Vorverteilung: 3.120 €/ZE : 12 Monate/ZE = 260 €/Monat

                                                 Vorverteilung   ← *Ausgabe*

                                                                  3.120 €

01	02	03	04	05	06	07	08	09	10	11	12
260	260	260	260	260	260	260	260	260	260	260	260

Abb. 5-14:   *Beispiel zur Vorverteilung von Kosten*

C   Kombination von Vor- und Nachverteilung von Kosten

Liegt die auf die einzelnen Monate zu verrechnende Zahlung von betriebsbedingten Aufwendungen innerhalb eines Wirtschaftsjahres, sind sowohl eine Vor- als
auch eine Nachverteilung der Kosten notwendig (vgl. Abb. 5-15).

Zahlung einer Großreparatur im August des Wirtschaftsjahres (Jahr = ZE)	42.000 €/ZE

Vor- und Nachverteilung: 42.000 €/ZE : 12 Monate/ZE = 3.500 €/Monat

Vorverteilung   ← *Ausgabe* →   *Nachverteilung*

42.000 €

01	02	03	04	05	06	07	08	09	10	11	12
3.500	3.500	3.500	3.500	3.500	3.500	3.500	3.500	3.500	3.500	3.500	3.500

Abb. 5-15:   *Beispiel zur Kombination von Vor- und Nachverteilung von Kosten*

5.2.4   Kostenartenplan

Die Kostenklassifizierung und –erfassung sollte, um wirtschaftlichen Gesichtspunkten zu genügen, systematisch und standardisiert durchgeführt werden. Dazu wird sich gewöhnlich eines Kostenartenplanes (vgl. Abb. 5-16) bedient. Entsprechend der sachlichen (vgl. Abschnitt 3.2.2) und zeitlichen Abgrenzung (vgl. Abschnitt 5.2.3) zwischen Rechnungskreis I und II werden die Kostenarten gemäß dem Kostenartenplan registriert.

Ein modernes Rechnungswesen zeichnet mithilfe der integrierten Buchhaltung sämtliche relevante Informationen für beide Rechnungskreise in einem Buchungsvorgang auf. Für die Belange der Kosten- und Leistungsrechnung können das, in Abhängigkeit von Betriebsgröße und -art, Branche und Rechnungszweck, z. B. folgende Aspekte sein:

- Datum, Buchungsnummer, Bearbeiter/in, Verantwortlichkeiten,
- Zuordnung der Kostenart bezüglich der Verrechnung auf Kostenträger (Einzel-, Gemein- oder Sonderkosten),
- Kostenartennummer und Bezeichnung,
- Aussagen bezüglich der Kostenauflösung je Kostenart in variable und fixe Kostenbestandteile,
- Informationen für die Zuordnung von Kostenarten zu Kostenstellen,
- Mengen- und wertmäßiger Verzehr je Kostenart.

Kostenartenplan					Zeitraum: I. Quartal						
Unternehmen:								*Variator*			
Lfd. Nr.	KA-Nr.	Kostenarten-bezeichnung	BAB Zeile	Kosten-träger EK / GK	Kostenbereiche bzw. Kostenstellen						
					A	M	Fertigung			Vw	Vt
							F	FN	FH		
1	*2*	*3*	*4*		*5*	*6*	*7*	*8*	*9*	...	*n*
1	9200	Fertigungsmaterial		EK			10	10	10		
2	9290	Sonderkosten Fertigung		EK			0	0			
3	9291	Fremdleistungen		EK	0	10	10	10	10	0	0
4	9292	Vertriebseinzelkosten		EK	0	0	0	0	0	0	10
5	9210	Gemeinkostenmaterial	1	GK	0	0	4	4	3	0	0
6	9220	Betriebsstoffe	2	GK	0	0	5	5	5	0	0
7	9222	Brenn-/Treibstoffe	3	GK	2	1	3	3	3	0	0
8	9223	Gas, Strom, Wasser	4	GK	1	0	3	3	3	0	0
9	9224	Reparaturmaterial	5	GK	0	0	2	2	0	0	0
10	9225	Fremdinstandhaltung	6	GK	0	0	5	5	5	0	0
11	9231	Fertigungslöhne	7	GK	0	0	3	2	0	0	0
12	9232	Hilfslöhne	8	GK	0	0	0	0	0	0	0
13	9239	Löhne Auszubildende	9	GK	0	0	0	0	0	0	0
14	9239	Gehälter	10	GK	0	0	0	0	0	0	0
15	9240	Sozialkosten	11	GK	0	0	0	0	0	0	0
16	9250	Kalkulatorische Abschreibungen	12	GK	0	0	0	0	0	0	0
17	9251	Kalkulatorische Zinsen	13	GK	0	0	0	0	0	0	0
18	9260	Büromaterial	14	GK	0	0	0	0	0	0	0
...	...	...		...							
m	...	...		...							

Legende:
BAB	...	*Betriebsabrechnungsbogen*
KA-Nr.	...	*Kostenarten-Nummer; 1... m; m = Anzahl der Kostenarten*
EK	...	*Einzelkosten*
GK	...	*Gemeinkosten*
A	...	*Allgemeine Stelle (Kosten- bzw. Leistungsstelle)[114]*
M	...	*Material(kosten)stelle*
F	...	*Fertigungshaupt(kosten)stelle*
FN	...	*Fertigungsneben(kosten)stelle*
FH	...	*Fertigungshilfs(kosten)stelle*
Vw	...	*Verwaltungs(kosten)stelle*
Vt	...	*Vertriebs(kosten)stelle*

Abb. 5-16:   *Beispiel für einen Kostenartenplan (stark vereinfacht)*

Für die Durchführung einer parallelen Voll- und Teilkostenrechnung ist eine Kostenauflösung der Kosten notwendig. Unter Kostenauflösung (vgl. Abschnitt 7.2)

---

[114] In der Praxis wird zumeist von Kostenstellen gesprochen.

versteht man die Aufteilung der Gemeinkostenarten in variable und fixe Bestandteile.

Eine Möglichkeit der Kostenauflösung bietet die Variatormethode[115]. Der Variator
ist die Zahl, welche angibt, um wie viel Prozent sich die Periodenkosten verändern, wenn sich die Beschäftigung um 10 Prozent erhöht.[116] Der Variator kann
entsprechend der Definition Werte im Intervall 0 bis 10 annehmen. Es gilt:

$$Variator \quad = v \ = \ \frac{K_{var} \ \cdot \ 10}{K}$$

Legende:
v ...   *Variator*
K_{var} ...   *variable Periodenkosten in €/ZE*
K ...   *Periodenkosten in €/ZE*

Folgende Interpretationen können relevant sein:

$v = 0$ }   Alle Periodenkosten K sind beschäftigungsfix (fix).
Sie verhalten sich bei Beschäftigungsänderungen konstant.

$v = 10$ }   Alle Periodenkosten K sind beschäftigungsvariabel (variabel).

$0 < v < 10$ }   Der Variator kennzeichnet den variablen Kostenanteil an den
Gesamtkosten. Beträgt der Variator beispielsweise 4 *(v = 4)*,
so sind 40 Prozent der Gesamtkosten variable Kosten.

Variatoren lassen sich sowohl für die Gesamtkosten des Unternehmens als auch
für einzelne Kostenarten, Kostenartengruppen, Kostenstellen und Kostenträger
berechnen. Die Abbildung 5-16 zeigt die Bildung von Variatoren je Kostenart und
Kostenstelle. Es wird deutlich, dass sich Variatoren für Kostenarten in den jeweiligen Kostenstellen als gleichartig erweisen, jedoch ebenso unterschiedlich ausfallen können.[117]

Es sei ausdrücklich nochmals darauf verwiesen, dass die Gewissenhaftigkeit, die
Verursachungsgerechtigkeit sowie Zweckmäßigkeit der Kostenartenrechnung
nachhaltig die Qualität und Aussagefähigkeit der Kostenstellen-, Kostenträger-
und Betriebsergebnisrechnung bestimmen.

---

[115] Vgl. Kilger, W.: (Plankostenrechnung), S. 362.
[116] Der Variator kann synonym als relativer Elastizitätskoeffizient bezeichnet werden.
[117] Vgl. Gallenmüller, O./Hieke, H./Hülsenberg, F./ Neubert. J.: (Kosten), S. 443.

5.3   Kostenstellenrechnung

5.3.1   Aufgaben und Anforderungen

Kostenstellen sind betriebliche Teilbereiche, in denen Kosten verursacht werden und kostenrechnerisch autonom abgerechnet werden können. In der Kostenstellenrechnung, die als Ist-, Normal- oder Planungsrechnung durchführbar ist, werden die Kosten auf Orte ihrer Entstehung zugerechnet. Damit können folgende klassische Aufgaben realisiert werden:

- Abbilden von Leistungs- und Kostenbeziehungen zwischen Teilbereichen,
- Durchführen der Wirtschaftlichkeitskontrolle,
- Bestimmen von Kalkulationssätzen für die Verrechnung von Gemeinkosten auf Kalkulationsobjekte,
- Erhöhung der Kalkulationsgenauigkeit und
- Möglichkeit für die Planung, Budgetierung und Abrechnung von Kosten.

Je detaillierter die Einteilung von Kostenstellen vorgenommen wird, desto besser sind exakte Maßstäbe für eine Kostenverursachung feststell- und analysierbar. Daraus resultiert eine qualifiziertere Kostenkontrolle und Kalkulation. Die Gliederungstiefe bei der Bildung von Kostenstellen ist unter anderem abhängig von der Betriebsgröße, der Branche, den angewandten Produktionsverfahren, dem Produktionsprogramm und der vorhandenen Aufbauorganisation (vgl. Abb. 5-17 und Abb. 5-18). Außerdem ist es entscheidend, welche Kalkulations- und Kostenkontrollgenauigkeit angestrebt wird. Bei der Bildung von Kostenstellen sind des Weiteren die Prinzipien der Wirtschaftlichkeit und Übersichtlichkeit zu beachten.

Folgende Hauptkriterien sind für die Bildung von Kostenstellen relevant:

- Sachliche Notwendigkeit,
- Wirtschaftlichkeit und Übersichtlichkeit,
- Identität von Kostenstelle, abgegrenzter Verantwortungsbereich und Leistungsstelle (keine Kompetenzüberschneidungen, räumliche Zuordnungsfähigkeit),
- Möglichkeit der Bestimmung von Maßgrößen (bzw. Verrechnungsbasen) für die Kostenverursachung,
- Wirtschaftliche Erfassbarkeit von Kosten und Leistungen gemäß Belegen sowie
- Passfähigkeit von Kostenarten, -stellen und –trägern.

5.3.2   Gliederung von Kostenstellen

Die Gliederung von Kostenstellen erfolgt analog zur Klassifizierung von Leistungsstellen (vgl. Abschnitt 3.1.3). Insbesondere ist nachstehenden Möglichkeiten Rechnung zu tragen:

A   Gliederung in Abhängigkeit vom Leistungserstellungsprozess

Demnach ist zu unterscheiden in

- Hauptkostenstellen,
- Nebenkostenstellen und
- Hilfskostenstellen.

Hauptkostenstellen[118] sind jene Kostenstellen, deren Kosten nicht auf andere Stellen weiterverrechnet werden. Die Kosten werden mit Hilfe von Kalkulationssätzen (bzw. Zuschlagssätzen) auf die Kostenträger verrechnet. Aus diesem Grund bezeichnet man diese Stellen auch als Endkostenstellen. Üblicherweise berühren die Vorgänge dieser Stellen den Hauptzweck des Unternehmens.

Zu *Nebenkostenstellen*[119] gehören betriebliche Teilbereiche, deren Kosten ebenso wie die der Hauptstellen nicht auf andere Kostenstellen, sondern mit Hilfe von Kalkulationssätzen auf Kostenträger verteilt werden. Demnach zählen sie ebenfalls zu den Endkostenstellen. Im Gegensatz zu den Hauptstellen werden hier jedoch Nebenprodukte bzw. ergänzende Produkte erstellt.

Als *Hilfskostenstellen*[120] werden Kostenstellen bezeichnet, deren Kosten auf andere Kostenstellen umgelegt werden. Diese Stellen dienen zur Erzeugung innerbetrieblicher Leistungen. Weil die Kosten nicht direkt auf Kostenträger verrechnet werden, nennt man diese Stellen auch Vorkostenstellen.

Zusammenfassend ist festzustellen, dass in der Kostenstellenrechnung für Haupt- und Nebenstellen Kalkulationssätze ermittelt werden. Kalkulations- bzw. Zuschlagssätze dienen zur Verrechnung der Gemeinkosten auf Kostenträger. Für Hilfsstellen werden zur Verrechnung innerbetrieblicher Leistungen Verrechnungssätze (vgl. Abschnitt 4.2) gebildet.

B   Gliederung in Abhängigkeit abrechnungstechnischer Aspekte

Daraus ergibt sich eine Klassifizierung in

- Endkostenstellen und
- Vorkostenstellen.

Endkostenstellen sind Hauptkostenstellen. Hierzu gehören im klassischen, funktionalen Verständnis Materialstellen, Fertigungshaupt- und Fertigungsnebenstellen sowie Verwaltungs- und Vertriebsstellen. Die Kosten jener Stellen werden nicht auf andere Stellen, sondern vielmehr über Kalkulationssätze auf die entsprechenden Kostenträger verrechnet.

---

[118] Z.B.: Im produzierenden Gewerbe: Materialstelle, Fertigungshauptstelle, Verwaltungs- und Vertriebsstellen sowie in Hotelunternehmungen: Etage, Empfang und Restaurant.

[119] Z.B.: Fertigungsnebenstellen im produzierenden Gewerbe bzw. Garage und Sportanlagen in Hotels.

[120] Z.B.: Fertigungshilfsstellen und Allgemeine Stellen, wie bspw. Gebäude, Heizung, Reinigung.

Vorkostenstellen sind Hilfskostenstellen, wie bspw. allgemeine Stellen und Fertigungshilfsstellen. Mithilfe der innerbetrieblichen Leistungsverrechnung werden
die Kosten von Vorstellen auf die Stellen verrechnet, welche kostenverursachend
gewirkt haben. Damit werden diese Kosten (also die sekundären Kosten) nicht
direkt auf die Kostenträger umgelegt, sondern über die entsprechenden Endstellen
geführt.

C   Gliederung in Abhängigkeit von funktionalen Aspekten

Die traditionelle Einteilung, welche allerdings von der Branche, der Unternehmensgröße und dem Rechenzweck abhängig ist, kann z. B. wie folgt gestaltet sein
(vgl. Abb. 5-17):

- Materialstellen,
- Fertigungsstellen (bzw. Leistungsstellen im Dienstleistungssektor),
- Verwaltungsstellen,
- Vertriebsstellen,
- Allgemeine Stellen sowie
- Forschungs-, Entwicklungs- und Konstruktionsstellen.

Allgemeine Stelle	Grundstücke, Reinigung, Hausverwaltung, Betriebsfeu-erwehr, Betriebsrat
Materialstelle	Beschaffung und Lagerung von Material, z. B. Einkauf, Lager, Prüflabor, Materialausgabe
Fertigungs- *(bzw. Leistungs-)stelle*	Dreherei, Spritzer, Montage (bzw. Wäscherei, Beratung)
Fertigungshilfsstelle	Arbeitsvorbereitung, Instandhaltung, Konstruktion, Stro-merzeugung
Verwaltungsstelle	Geschäftsleitung, Personalwesen, Rechnungswesen, Revision
Vertriebsstelle	Versand, Warenlager, Kundendienst

Abb. 5-17:   *Beispiele zu Kostenstellen*

Gewöhnlich erfolgt die Systematik der Kostenstellen mit einem Kostenstellenplan.
Beispiele hierfür zeigen die Abb. 5-18 und die Abb. 5-19.

1	**Allgemeiner Bereich**	3	**Fertigungsbereich**
11	Immobilien/ Räume	31	Fertigungshilfsstellen
111	Grundstücke und Gebäude	311	Arbeitsvorbereitung
112	Wärme und Beleuchtung	312	Werkzeugmacherei
		313	Haushandwerker
113	Reinigung	314	Konstruktion
114	Bewachung		...
	...		
12	Energie	32	Fertigungshauptstellen
121	Wasserversorgung	321	Dreherei
122	Stromerzeugung	322	Fräserei
123	Gaserzeugung	323	Schmiede
124	Dampferzeugung	324	Lackiererei
	...		...
13	Transport	33	Fertigungsnebenstellen
131	Förderanlagen und Kräne	331	Abfallverwertung
132	Fuhrpark Lkw	332	Abfallveredlung
133	Fuhrpark Pkw		...
	...		
14	Sozialdienste	4	**Vertriebsbereich**
141	Gesundheitsdienst	41	Verkauf
142	Kantine	411	Verkauf Inland
143	Werksbibliothek	412	Verkauf Ausland
144	Sportstätten	42	Lager
145	Betriebsrat	421	Lager Produkt A-F
	...	422	Lager Produkt E-L
2	**Materialbereich**	43	Kundendienst
21	Einkauf	44	Verpackung
211	Einkaufsleitung	45	Marketing
212	Materialprüfung		...
213	Einkaufsabteilung	5	**Verwaltungsbereich**
22	Lager	51	Geschäftsleitung
221	Lagerleitung	52	Interne Revision
222	Warenannahme	53	Rechtsabteilung
223	Lagerbuchhaltung	54	Rechnungswesen
224	Warenausgabe	55	Controlling
	...	56	Personal
		57	Rechenzentrum
			...

Abb. 5-18:   *Beispiel für einen Kostenstellenplan in der Industrie[121]*

---

[121] Modifiziert übernommen von Olfert, K.: (Kostenrechnung), S. 150 f.

1		**Allgemeiner Bereich**	2		**Leistungsbereich**
	11	Immobilien/ Räume		21	Fertigungshilfsstellen
		111 Grundstücke und			211 Küche
		Gebäude			212 Wäscherei
		112 Reinigung			
		113 Bewachung		22	Fertigungshauptstellen
	12	Energie			221 Beherbergung/ Logis
		121 Wasser			222 Empfang
		122 Strom			223 Restaurant
		123 Wärme		23	Fertigungsnebenstellen
					231 Telefon und
3		**Vertriebsbereich**			Kommunikation
	31	Logis			232 Garage
	32	Restaurant			233 Sportanlagen
	...				234 Bankett-/ Tagungsräume
4		**Verwaltungsbereich**			235 Hotelshop
	...				236 Bar

Abb. 5-19:   *Beispiel für einen Kostenstellenplan im Gastgewerbe[122]*

5.3.3   Betriebsabrechnungsbogen

5.3.3.1   Überblick

Die Kostenstellenrechnung kann abrechnungstechnisch entweder kontenmäßig oder in statistisch-tabellarischer Form durchgeführt werden. Zumeist wird sie in letztgenannter Prägung mithilfe eines Betriebsabrechnungsbogens, kurz als BAB bezeichnet, abgewickelt. Der Betriebsabrechnungsbogen enthält in Tabellenform nachstehende Mindestangaben:

* Kopfzeile: Erläuterungen zum Aufbau, Organisation und Inhalt des BAB, Angaben zu Verrechnungsbasen, laufende Spaltennummern;
* Spalten: Kostenartenkonten, Bezeichnung der Kostenarten, Verteilungsschlüssel, Kostenstellen;
* Zeilen: Gemeinkostenarten, Bezeichnungen für die innerbetriebliche Leistungsverrechnung;
* Übrige Angaben: Zwischensummen und Summen, Kalkulationssätze, Angaben zur Wirtschaftlichkeitskontrolle.

Verrechnungstechnisch werden im BAB lediglich Kostenträger-Gemeinkosten verrechnet, da sich Einzelkosten den Kostenträgern direkt zurechnen lassen und deshalb kein Kalkulationssatz notwendig ist.

Einzelkosten werden vor allem deshalb in den BAB aufgenommen, weil diese oftmals als Verrechnungsbasis fungieren und ebenso wie Gemeinkosten für die Wirtschaftlichkeitskontrolle eines Verantwortungsbereiches relevant sind.

---

[122] Vgl. dazu ergänzend Aspekte zur Kostenstellengliederung im Hotelbetrieb in Henschel, K.: (Hotelmanagement), S. 322.

Folgende Arbeitsschritte sind innerhalb der Kostenstellenrechnung und damit im BAB durchzuführen:

I.   *Verteilung der primären Kostenträger-Gemeinkosten auf Kostenstellen*

II.   *Durchführung der innerbetrieblichen Leistungsverrechnung und somit Ermittlung der sekundären Kosten*

III. *Bildung von Kalkulationssätzen (bzw. Zuschlagssätzen) für die Verrechnung der Kostenträger-Gemeinkosten auf Kostenträger*

IV.   *Durchführung der Kostenkontrolle*

5.3.3.2   Beispiel

Das Beispiel bezieht sich auf eine Kostenstellenrechnung im produzierenden Gewerbe.

Anhand des folgenden vereinfachten Betriebsabrechnungsbogens[123] (vgl. Abb. 5-20) werden die oben genannten Arbeitsschritte I bis IV der Kostenstellenrechnung (vgl. Abschnitt 5.3.3.1) dokumentiert und erläutert.

I.   *Verteilung der primären Kostenträger-Gemeinkosten auf Kostenstellen*

Aus der Kostenartenrechnung werden die primären Kosten in den BAB (vgl. Spalte 1 bis 3) übernommen und auf die entsprechenden Kostenstellen (vgl. Spalten 5 bis 11) verteilt. Diese Zuordnung auf Kostenstellen ist auf zwei Wegen möglich:

- Besteht die Möglichkeit, gemäß der Kontierung auf den Kostenartenbelegen auf die Kostenstellen zu schlussfolgern, die diese Kosten verursacht haben, ist eine direkte Verteilung gegeben (Einhaltung des Verursachungsprinzips). Es liegen folglich Kostenstellen-Einzelkosten vor (vgl. Zeilen 3 bis 5).
- Ist hingegen eine verursachungsgerechte, also direkte Zuordnung der Gemeinkosten auf die Kostenstelle nicht erreichbar, kann lediglich eine indirekte Verrechnung von primären Kosten auf Kostenstellen praktiziert werden. In diesem Fall handelt es sich um Kostenstellen-Gemeinkosten. Hierfür ist eine indirekte Verteilung der Kosten auf Kostenstellen mit Hilfe von Umlageschlüsseln [US] unter Anwendung des Proportionalitätsprinzips notwendig (vgl. Zeilen 6 bis 8). Insbesondere die Wahl der Umlageschlüssel bereitet in der Praxis mannigfaltige Probleme. Etwaige Verrechnungsschlüssel sind in der Abbildung 5-21 zusammengestellt.

---

[123] Modifiziert übernommen von König, R./Eberlein, J.: (Kosten- und Leistungsrechnung), S. 19 f.

	Betriebsabrechnungsbogen: Monat										
Firma:	Alle Kostenangaben in T€/ZE										
							Kostenstellen				
	Kostenarten						Fertigungsbereich				
Lfd. Nr.	Konto	Bezeichnung	Σ	Verteiler	A	M	FH	F	FN	Vw	Vt
	1	*2*	*3*	*4*	*5*	*6*	*7*	*8*	*9*	*10*	*11*
1	4000	Materialeinzelkosten	4.000	TD		4.000					
2	4001	Fertigungseinzelkosten	1.120	TD				900	220		
3	4100	Hilfs- und Betriebsstoffe	300	MES	10	10	20	110	50	50	50
4	4200	Gemeinkostenlöhne/ Gehälter	900	LBH	50	60	80	370	40	130	170
5	4300	Sozialkosten	435	LBH	25	30	40	170	30	60	80
6	4500	Steuern, Gebühren	480	US	*80*	*80*	*40*	*120*	*40*	*80*	*40*
7	4600	Übrige Kosten	720	US	*120*	*60*	*60*	*180*	*60*	*120*	*120*
8	4700	Kalkulatorische Kosten	550	US	*125*	*50*	*75*	*150*	*50*	*75*	*25*
9		**Σ GK primär**	**3.385**		410	290	315	1.100	270	515	485
10		Umlage A			→	50	75	150	100	22,5	12,5
11		Zwischen-Σ					390				
12		Umlage FH					→	292,5	97,5		
13		**Σ GK sekundär**					50	442,5	197,5	22,5	12,5
14		**Σ GK (Ist)**	**3.385**		**0**	**340**	**0**	**1542,5**	**467,5**	**537,5**	**497,5**
15		KS [%]				8,50		171,38	212,5	7,343	6,796
16		*Σ GK (Plan)*			*(400)*	*355*	*(360)*	*1.500*	*470*	*556*	*480*
17		Kostenüberdeckung				15			2,5	18,5	
18		Kostenunterdeckung			10		30	42,5			17,5

Legende:

A	*... Allgemeine Stelle*	*M*	*... Materialstelle*
FH	*... Fertigungshilfsstelle*	*F*	*... Fertigungshauptstelle*
FN	*... Fertigungsnebenstelle*	*Vw*	*... Verwaltungsstelle*
Vt	*... Vertriebsstelle*	*KA*	*... Kostenarten*
TD	*... Technische Dokumente*	*MES*	*... Materialentnahmeschein*
LBH	*... Lohnbuchhaltung*	*US*	*... Umlageschlüssel*
GK	*... Gemeinkosten*	*KS*	*... Kalkulationssatz*

Abb. 5-20: **Betriebsabrechnungsbogen im produzierenden Gewerbe**

Kostenart	Verteilung	Umlageschlüssel
Zusatzlöhne	direkt	LBH: Lohnbuchhaltung/ Lohnscheine
Gehälter und Sozialkosten	direkt	LBH: Lohnbuchhaltung/ Lohnscheine
Hilfs- und Betriebsstoffe	direkt	MES: Materialentnahmescheine
Mieten	indirekt	Quadratmeter
Kalkulatorische Abschreibungen	indirekt oder direkt	Anzahl der Anlagen Wert gemäß Anlagenbuchhaltung
Strom / Energie	indirekt oder direkt	Zahl der Lichtquellen Stromzähler
Innerbetrieblicher Transport	indirekt	Kilometer

Abb. 5-21:   Verteilungsalternativen primärer Kosten auf Kostenstellen

Im vorliegenden Beispiel gelten die Kostenarten 4500, 4600 und 4700 als Kosten-stellen-Gemeinkosten. Ihre indirekte Verteilung auf die Kostenstellen beruht auf folgenden Verhältnissen (vgl. Abb. 5-22):

		Kostenstelle							
	1	*2*	*3*	*4*	*5*	*6*	*7*	*8*	
1	**Kostenart**	**A**	**M**	**FH**	**F**	**FN**	**Vw**	**Vt**	
2	**4500**	2	2	1	3	1	2	1	
3	**4600**	2	1	1	3	1	2	2	
4	**4700**	5	2	3	6	2	3	1	

Abb. 5-22:   Umlageschlüssel

II.   Durchführung der innerbetrieblichen Leistungsverrechnung

Sämtliche Kosten der Vorkostenstellen (vgl. Abb. 5-20, Spalten 5 und 7) werden mithilfe der innerbetrieblichen Leistungsverrechnung auf die jeweiligen, leis-tungsempfangenden Stellen verrechnet. Die Abb. 5-23 zeigt die mengenmäßige Leistungsverflechtung zwischen den Stellen.

leistungsabgebende Stelle		leistungsempfangende Stelle [TME/ZE]						
		A	**M**	**FH**	**F**	**FN**	**Vw**	**Vt**
	1	*2*	*3*	*4*	*5*	*6*	*7*	*8*
1	**A**	-	20	30	60	40	9	5
2	**FH**	-	-	-	3	1	-	-

Abb. 5-23:   Mengenmäßige Leistungsverflechtung

In diesem Beispiel nutzt man das Stufenleiterverfahren[124] beginnend mit der Kos-tenverrechnung der Stelle A (vgl. Abschnitt 4.2). Die innerbetrieblichen Verrech-nungssätze [VS] lassen sich daher wie folgt ermitteln:

---

[124] Bedingt dadurch, dass die Stelle FH keine Leistungen an die Stelle A abgibt und kein Eigen-verbrauch der Vorleistungsstellen existiert, führt das Stufenleiterverfahren beim Einhalten der

$$VS_A = \frac{410\,T\text{€}/ZE}{(20+30+60+40+9+5)\,ME/ZE} = \frac{410\,T\text{€}/ZE}{164\,TME/ZE} = \underline{\underline{2{,}50\ \text{€}/ME}}$$

$$VS_{FH} = \frac{315\,T\text{€}/ZE + (30\,TME/ZE \cdot 2{,}50\text{€}/ME)}{(3+1)\,TME/ZE} = \frac{390\,T\text{€}/ZE}{4\,TME/ZE} = \underline{\underline{97{,}50\ \text{€}/ME}}$$

Für die Kostenverrechnung der Allgemeinen Stelle ergeben sich in einem ersten Schritt folgende Sekundärkosten [K]:

Materialstelle	K	=	20	TME/ZE	·	2,50	€/ME	= 50,00 T€/ZE
Fertigungs-hilfsstelle	K	=	30	TME/ZE	·	2,50	€/ME	= 75,00 TE/ZE
Fertigungs-hauptstelle	K	=	60	TME/ZE	·	2,50	€/ME	= 150,00 T€/ZE
Fertigungs-nebenstelle	K	=	40	TME/ZE	·	2,50	€/ME	= 100,00 T€/ZE
Verwal-tungsstelle	K	=	9	TME/ZE	·	2,50	€/ME	= 22,50 T€/ZE
Vertriebs-stelle	K	=	5	TME/ZE	·	2,50	€/ME	= 12,50 T€/ZE

Nachfolgend werden die sekundären Kosten der Fertigungshilfsstelle verteilt:

Fertigungs-hauptstelle	K	=	3	TME/ZE	·	97,50	€/ME	= 292,50 T€/ZE
Fertigungs-nebenstelle	K	=	1	TME/ZE	·	97,50	€/ME	= 97,50 T€/ZE

III.   Bildung von Kalkulationssätzen (bzw. Zuschlagssätzen) für die Verrechnung der Kostenträger-Gemeinkosten auf Kostenträger

Mit Hilfe von Kalkulationssätzen (bzw. Zuschlagssätzen) [*KS*] erfolgt die indirekte Verrechnung von Gemeinkosten je Kostenstelle auf Kostenträger. Damit stellen Kalkulationssätze das Bindeglied zwischen der Stellen- und der Trägerrechnung dar.

$$KS = \frac{\text{Gemeinkosten je Kostenstelle}}{\text{Verrechnungsbasis}} \cdot 100$$

Als Verrechnungsbasis ist möglichst eine Größe zu definieren, welche einen relevanten Maßstab zur Kostenverursachung der jeweiligen Gemeinkosten darstellt. In der Wahl einer geeigneten Verrechnungsbasis besteht das Hauptproblem bei der Gemeinkostenverrechnung. Deshalb sollte bereits bei der Einteilung von Kostenstellen darauf geachtet werden, dass je Kostenstelle eine Bezugsgröße definierbar

---

Reihenfolge A vor FH zum gleichen Ausweis von sekundären Kosten wie das Gleichungsverfahren.

ist. Typische Verrechnungsbasen sind in der Abb. 5-24 zusammengestellt. Traditionell werden Gemeinkosten auf Basis der jeweiligen Einzelkosten verrechnet.

Da Gemeinkosten zum überwiegenden Anteil zumeist als Fixkosten auftreten, wird bei der Verrechnung auf Basis von beschäftigungsabhängigen Kosten das Verursachungsprinzip verletzt. Zeitgemäßere Ansätze, wie bspw. die Teilkostenrechnung, die Stundensatz- und die Prozesskostenrechnung auf Grenzkostenbasis, bieten dazu praktikable Alternativen (vgl. Abschnitte 7.3, 7.6 sowie 8.4.3).

Gemeinkosten	Typische Verrechnungsbasis
Materialgemeinkosten (MGK)	Materialeinzelkosten
Fertigungsgemeinkosten (FGK)	Fertigungseinzelkosten Maschinenstundenkosten Platzkosten
Vertriebsgemeinkosten (VtGK)	Herstellkosten der hergestellten Leistung[125] Herstellkosten der abgesetzten Leistung[126]
Verwaltungsgemeinkosten (VwGK)	Herstellkosten der hergestellten Leistung Herstellkosten der abgesetzten Leistung

Abb. 5-24:   *Klassische Verrechnungsbasen zur Kalkulationssatzbildung*

Für die Bestimmung der Kalkulationssätze gelten für das vorliegende Beispiel die klassischen Verrechnungsbasen gemäß der Abb. 5-25.

Gemeinkosten	Verrechnungsbasis
Materialgemeinkosten	Materialeinzelkosten
Fertigungsgemeinkosten	Fertigungseinzelkosten
Verwaltungsgemeinkosten	Herstellkosten des Umsatzes
Vertriebsgemeinkosten	Herstellkosten des Umsatzes

Abb. 5-25:   *Gültige Verrechnungsbasen für das Beispiel*

Die Berechnung der Kalkulationssätze gestaltet sich demnach wie folgt:

$$KS_{MGK} = \frac{340,00\ T€/ZE}{4.000,00\ T€/ZE} \cdot 100 = \underline{\underline{8,500\%}}$$

$$KS_{FGK_F} = \frac{1.542,50\ T€/ZE}{900,00\ T€/ZE} \cdot 100 = \underline{\underline{171,38\overline{8}\ \%}}$$

$$KS_{FGK_{FN}} = \frac{467,50\ T€/ZE}{220,00\ T€/ZE} \cdot 100 = \underline{\underline{212,500\ \%}}$$

$$KS_{VwGK} = \frac{537,50\ T€/ZE}{7.320,60\ T€/ZE} \cdot 100 = \underline{\underline{7,343\ \%}}$$

$$KS_{VtGK} = \frac{497,50\ T€/ZE}{7.320,60\ T€/ZE} \cdot 100 = \underline{\underline{6,796\ \%}}$$

---

[125] Synonym zu Herstellkosten der Erzeugung.
[126] Synonym zu Herstellkosten des Umsatzes.

Für die Berechnung der Kalkulationssätze für die Verwaltungs- und Vertriebsgemeinkosten sind die Herstellkosten der abgesetzten Leistung entsprechend dem Algorithmus der Kostenträgerzeitrechnung zu bestimmen (vgl. Abb. 5-26). Hierfür wird unterstellt, dass insgesamt 1.000 LE/ZE lediglich einer Leistungsart hergestellt wurden, von denen in der Abrechnungsperiode 980 LE verkauft werden konnten. Folglich liegt eine Bestandserhöhung an fertigen Leistungen von 20 LE/ZE vor. Bestandsänderungen an unfertigen Leistungen bestehen nicht.

		TE/ZE
Materialeinzelkosten	4.000,00	TE/ZE
+ Materialgemeinkosten	340,00	TE/ZE
= Materialkosten	4.340,00	TE/ZE
Fertigungseinzelkosten F	900,00	TE/ZE
+ Fertigungsgemeinkosten F	1.542,50	TE/ZE
+ Fertigungseinzelkosten FN	220,00	TE/ZE
+ Fertigungsgemeinkosten FN	467,50	TE/ZE
= Fertigungskosten	3.130,00	TE/ZE
= Herstellkosten der hergestellten Leistung	7.470,00	TE/ZE
+ Bestandsminderungen an unfertigen Leistungen	0,00	TE/ZE
./. Bestandserhöhungen an unfertigen Leistungen	0,00	TE/ZE
= Herstellkosten der fertig gestellten Leistung	7.470,00	TE/ZE
+ Bestandsminderungen an fertigen Leistungen	0,00	TE/ZE
./. Bestandserhöhungen an fertigen Leistungen	149,40	TE/ZE
= Herstellkosten der abgesetzten Leistung	**7.320,60**	**TE/ZE**

Abb. 5-26:   *Berechnung der Herstellkosten der abgesetzten Leistung*

Die mengenmäßige Bestandserhöhung an fertigen Leistungen wird gemäß der Bestandsrechnung zu Herstellkosten der fertiggestellten Leistung bewertet:

$$BÄ \uparrow FE = \frac{\textit{Herstellkosten der fertig gestellten Leistung in } €/ZE}{\textit{fertig gestellte Leistungen in } LE/ZE} \cdot BÄ \uparrow \textit{ in } LE/ZE$$

$$= \frac{7.470,00 \, T€/ZE}{1.000 \, LE/ZE} \cdot 20 \, LE/ZE = \underline{\underline{149,40 \, T€/ZE}}$$

IV.   *Durchführung der Kostenkontrolle*

Innerhalb der Kostenstellenrechnung sollte die Kontrolle der Wirtschaftlichkeit der einzelnen Teilbereiche des Unternehmens erfolgen. In diesem Beispiel werden lediglich die Gemeinkosten in einem Plan-Ist-Vergleich kontrolliert. Weiterführende Überlegungen zur Wirtschaftlichkeitskontrolle erfolgen unter Abschnitt 11.5. An dieser Stelle soll vorerst ein elementarer Vergleich von Plan- und Istkosten vorgenommen werden. Dementsprechend gilt:

Istkosten	>	Plankosten	⇒	Kostenunterdeckung
Istkosten	<	Plankosten	⇒	Kostenüberdeckung

In der Praxis wird zumeist mithilfe des Plankostensatzes gearbeitet. Wird der Plankostensatz mit der Ist-Bezugsgröße multipliziert, erhält man die entsprechenden Plangemeinkosten bzw. Sollkosten.

5.4   Kostenträgerrechnung

5.4.1   Überblick

Die Durchführung der Kostenträgerrechnung schließt sich an die Kostenarten- und Kostenstellenrechnung an. Analog zur Kostenarten- und Kostenstellenrechnung ist sie als Ist-, Normal- oder Planungsrechnung praktizierbar.

Ein Kostenträger stellt eine eigenständige Leistungs- bzw. Produktionseinheit dar, die entweder für den Markt (Absatzleistung) oder zum Wiedereinsatz im Unternehmen (innerbetriebliche Leistung) bestimmt ist. Je nach Branche treten mannigfaltige Kostenträger auf, so bspw. hergestellte Produkteinheiten (z. B. Los), Einzelaufträge, Beratungsleistungen, Dienstleistungen, Forschungsleistungen.[127] Im Gegensatz zu Unternehmen der freien Wirtschaft bereitet die Definition von Kostenträgern im öffentlichen Sektor (z. B. Krankenhäuser, Hochschulen) gelegentlich Schwierigkeiten. Als mögliche Kostenträger sind in diesen Branchen Betten, Patienten bzw. Studiengänge oder Studierende denkbar.

Organisatorisch werden Kostenträger in der Regel in einem nummerisch aufgebauten *Kostenträgerplan* (vgl. Abb. 5-27 und Abb. 5-28) erfasst. Die Kumulation gleichartiger Kostenträger geschieht in Kostenträgergruppen. Hierbei sind wiederum den Besonderheiten der Branche, der Unternehmensgröße und der Historie unter der Maßgabe der Wirtschaftlichkeit Rechnung zu tragen.

Innerhalb der Kostenträgerrechnung ist in die Ausprägungsformen *Kostenträgerstück- und Kostenträgerzeitrechnung* zu unterscheiden. Im Ergebnis der Kostenträgerrechnung werden zum einen die Herstell- und Selbstkosten je Leistungseinheit (Kostenträgerstückrechnung bzw. Kalkulation) und zum anderen je Periode (Kostenträgerzeitrechnung) ermittelt. Diese Daten werden genutzt für die:

• Bewertung der Bestände an unfertigen und fertigen Leistungen,
• Bewertung innerbetrieblicher Leistungen,
• Bestimmung von internen Verrechnungspreisen,
• Durchführung der kurzfristigen Erfolgsrechnung,
• Vorbereitung preispolitischer Entscheidungen sowie
• zur Unterstützung von Planungs- und Kontrollaufgaben.

---

[127] Vgl. Coenenberg, A. G.: (Kostenrechnung), S. 73.

Kostenträger-gruppe	Kosten-trägerart	Kosten-träger	Bezeichnung
1	*2*	*3*	*4*
1	1000		Zaun
2		1100	Flechtzaun
3		1110	Flechtzaun 180x180
4		1120	Flechtzaun 150x100
5		....	....
6		1200	Wellenzaun
7		1210	Wellenzaun 180x180
8		1220	Wellenzaun 150x110
9		....	....
10		1300	Bogenzaun
11		....	....
12	2000		Tor
13		2100	Tor/ eckig
14		2110	ohne Beschlag 180x100
15		2120	mit Beschlag 180x100
16		2200	Tor/ halbrund
17		2210	ohne Beschlag 160/180x100
18		2220	mit Beschlag 160/180x100
...	....	....	....

Abb. 5-27:   Beispielhafter Auszug aus einem Kostenartenplan (Gartenholzhersteller)

Kostenträger-gruppe	Kosten-trägerart	Kostenträger	Bezeichnung
1	*2*	*3*	*4*
1	100		Beherbergungsleistung
2		110	Einzelzimmer
3		111	Kategorie A
4		112	Kategorie B
5		....	....
6		120	Doppelzimmer
7		121	Kategorie A
8		122	Kategorie B
9		....	....
10		130	Suite
11		....	....
12	200		Küchenleistung/ Speisen
13		210	Kalte Speisen
14		211	Vorspeise
15		212	Dessert
16		220	Warme Speisen
17		221	....
18	300		Wellness
19		310	Sauna
20		311	Massage
	....	....	....

Abb. 5-28:   Beispielhafter Auszug aus einem Kostenartenplan (Hotel)

5.4.2   Kostenträgerzeitrechnung

5.4.2.1   Überblick

Die Kostenträgerzeitrechnung gestaltet sich als eine Zeitraumrechnung mit dem Ziel, die in der Abrechnungsperiode insgesamt angefallenen bzw. geplanten Periodenkosten sowohl für das Unternehmen als auch für die einzelnen Kostenträger auszuweisen. Die Rechnung bildet eine maßgebliche Voraussetzung für die Ermittlung des kurzfristigen Betriebsergebnisses[128].

Gewöhnlich erfolgt die Kostenträgerzeitrechnung in Form des *Kostenträgerzeitblattes* (vgl. Abb. 5-29 und Abb. 5-30). Die Kostenträgerzeitrechnung in Handels- bzw. Dienstleistungsunternehmen unterstellt üblicherweise, dass Dienstleistungen nicht lagerfähig sind. Aus diesem Grund werden keine Bestandsänderungen an unfertigen und fertigen Leistungen in die Rechnung aufgenommen.

```
Angaben            Warenkosten (bzw. Wareneinsatz)
in €/ZE
          +    Personalkosten
          +    Energiekosten
          +    Steuern/Versicherungen/Beiträge
          +    Verwaltungskosten
          +    Miet-, Pacht- und Leasingkosten
          +    Zinsen
          +    Abschreibungen
          +    Instandhaltungskosten
          +    Übrige Grundkosten und kalkulatorische Kosten
          =    Handlungskosten (HDK)
          =    Selbstkosten
```

Abb. 5-29:   Aufbau eines Kostenträgerzeitblattes (Handelsbetrieb)

---

[128] Vgl. dazu Abschnitt 3.4 sowie Abschnitt 6. In der Betriebsergebnisrechnung werden den Leistungen einer Periode die diesbezüglichen Periodenkosten gegenübergestellt.

Angaben in €/ZE		Materialeinzelkosten
	+	Materialgemeinkosten
	=	Materialkosten
	+	Fertigungseinzelkosten
	+	Fertigungsgemeinkosten
	+	Sonderkosten der Fertigung
	=	Fertigungskosten
	=	Herstellkosten der hergestellten Leistung
	+	Bestandsminderungen an unfertigen Leistungen
	./.	Bestandserhöhungen an unfertigen Leistungen
	=	Herstellkosten der fertig gestellten Leistung
	+	Bestandsminderungen an fertigen Leistungen
	./.	Bestandserhöhungen an fertigen Leistungen
	=	Herstellkosten der abgesetzten Leistung
	+	Verwaltungsgemeinkosten
	+	Vertriebsgemeinkosten
	+	Sonderkosten des Vertriebs
	=	**Selbstkosten**

Abb. 5-30:   *Aufbau eines Kostenträgerzeitblattes (produzierendes Gewerbe)*

5.4.2.2   Beispiele

A   Beispiel für eine Kostenträgerzeitrechnung (Industrie)

Es sei vereinfachend angenommen, dass ein Industriebetrieb in der Abrechnungsperiode 02 die zwei Produktgruppen A und B fertigt. Die für die Rechnung erforderlichen Angaben sind der Abb. 5-31 zu entnehmen.

Die Materialgemeinkosten werden auf Basis der Materialeinzelkosten, die Fertigungsgemeinkosten auf Grundlage der Fertigungseinzelkosten verrechnet. Als
Verrechnungsbasis für die Verwaltungs- und Vertriebskosten fungieren die Herstellkosten des Umsatzes. Die Abb. 5-32 stellt die sich daraus resultierende Kostenträgerzeitrechnung dar.

		Unternehmen insgesamt	Produkt-gruppe A	Produkt-gruppe B
	1	*2*	*3*	*4*
1	**Leistungen der Periode 02** [LE/ZE]:			
2	Hergestellte Erzeugnisse		500	700
3	Fertigerzeugnisse		450	800
4	Abgesetzte Erzeugnisse		480	780
5	**Kosten der Periode 02** [€/ZE]:			
6	Fertigungsmaterial	60.000	39.000	21.000
7	Fertigungseinzelkosten	100.000	60.000	40.000
8	Materialgemeinkosten	12.000	......	......
9	Fertigungsgemeinkosten	80.000	......	......
10	Verwaltungsgemeinkosten	20.500	......	......
11	Vertriebsgemeinkosten	12.852	......	......
12	**Bestandsrechnung der Periode 01** [€/LE] (Durchschnittsbewertung):			
13	Herstellkosten der hergestellten Leistung		290,00	140,00
14	Herstellkosten der fertig gestellten Leistung		310,00	155,00

Abb. 5-31:   Ausgangsdaten

Nachfolgend seien einige Zwischenergebnisse erläutert. Für die Verrechnung der indirekten Materialgemeinkosten auf Kostenträger ist der Kalkulationssatz [KS] zu bilden:

$$KS_{MGK} = \frac{MGK}{MEK} \cdot 100 = \frac{12.000\ €/ZE}{60.000\ €/ZE} \cdot 100 = \underline{\underline{20\%}}$$

Der Kalkulationssatz für Materialgemeinkosten dient anschließend zur Berechnung der Materialgemeinkosten in €/ZE je Produktgruppe bzw. je Kostenträger:

$$MK_A = 20\% \cdot 39.000\ €/ZE = \underline{\underline{7.800\ €/ZE}}$$

$$MK_B = 20\% \cdot 21.000\ €/ZE = \underline{\underline{4.200\ €/ZE}}$$

Legende:
MK   ...   Materialkosten in €/ZE
MGK   ...   Materialgemeinkosten in €/ZE
MEK   ...   Materialeinzelkosten in €/ZE
KS   ...   Kalkulationssatz in %

Analog hat die Berechnung der Fertigungsgemeinkosten sowie der Verwaltungs-
und Vertriebsgemeinkosten je Produktgruppe bzw. je Kostenträger zu erfolgen.

Zur Bewertung der mengenmäßigen Bestandsveränderungen an unfertigen und
fertigen Leistungen dient vereinfachend in diesem Beispiel das Durchschnittsverfahren. Mengenmäßige Bestandsänderungen werden danach mit durchschnittlichen spezifischen Herstellkosten je Leistungsart bewertet.

Dabei ist zu beachten, dass für Bestandserhöhungen die Herstellkosten der aktuellen Periode, für Bestandsminderungen hingegen die Herstellkosten früherer Perioden relevant sind. Für das Beispiel lassen sich die wertmäßigen Bestände an unfertigen und fertigen Leistungen je Produktgruppe wie folgt ermitteln:

$$BÄ \uparrow UE_A = \frac{154.800 \ €/ZE}{500 \ ME/ZE} \cdot 50 \ ME/ZE \quad = \quad 15.480 \ €/ZE$$

$$BÄ \downarrow UE_B = 140 \ €/ME \cdot 100 \ ME/ZE \quad = \quad 14.000 \ €/ZE$$

$$BÄ \downarrow FE_A = 310 \ €/ME \cdot 30 \ ME/ZE \quad = \quad 9.300 \ €/ZE$$

$$BÄ \uparrow FE_B = \frac{111.200 \ €/ZE}{800 \ ME/ZE} \cdot 20 \ ME/ZE \quad = \quad 2.780 \ €/ZE$$

Legende:
$BÄ \uparrow$	...	*Bestandserhöhungen*
$BÄ \downarrow$	...	*Bestandsminderungen*
UE	...	*unfertige Leistungen bzw. unfertige Erzeugnisse*
FE	...	*fertige Leistungen bzw. fertige Erzeugnisse*

Firma:			Kostenträgerzeitblatt: Periode 02		
	Bezeichnung	KS [%]	Periodenkosten [€/ZE]		
			Unternehmen insgesamt	Produkt- gruppe A	Produkt- gruppe B
	1	2	3	4	5
1	Materialeinzelkosten		60.000	39.000	21.000
2 +	Materialgemeinkosten	20,000	12.000	7.800	4.200
3 =	Materialkosten		72.000	46.800	25.200
4	Fertigungseinzelkosten		100.000	60.000	40.000
5	Fertigungsgemeinkosten	80,000	80.000	48.000	32.000
6 =	Fertigungskosten		180.000	108.000	72.000
7 =	Herstellkosten der hergestellten Leistung		252.000	154.800	97.200
8 +	Bestandsminderungen unfertige Leistungen		14.000	0	14.000
9 ./.	Bestandserhöhungen unfertige Leistungen		15.480	15.480	0
10 =	Herstellkosten fertig gestellte Leistungen		250.520	139.320	111.200
11 +	Bestandsminderungen fertige Leistungen		9.300	9.300	0
12 ./.	Bestandserhöhungen fertige Leistungen		2.780	0	2.780
13 =	Herstellkosten abgesetzte Leistungen		257.040	148.620	108.420
14 +	Verwaltungsgemein- kosten	7,975	20.500	11.853	8.647
15 +	Vertriebsgemeinkosten	5,000	12.852	7.431	5.421
16 =	**Selbstkosten**		**290.392**	**167.904**	**122.488**

Abb. 5-32:   *Durchführung der Kostenträgerzeitrechnung*

B   **Beispiel für eine Kostenträgerzeitrechnung (Dienstleistung)**

Für das nachfolgende Beispiel sind die Ausgangsdaten der Abb. 5-33 zu entnehmen. Maßgebend für die Ermittlung der Periodenkosten ist entsprechend der gegebenen Daten das Kostenträgerzeitblatt für einen Handelsbetrieb (vgl. nochmals
Abb. 5-29). Es gilt ferner zu beachten, dass Warenkosten Einzelkostencharakter
besitzen, hingegen Handlungskosten zumeist als Gemeinkosten anfallen. Demzufolge werden Handlungskosten [HDK], der traditionellen Verfahrensweise folgend, über einen Kalkulationssatz [KS] auf Basis der direkten Warenkosten auf
die jeweiligen Leistungsarten verrechnet.

Demgemäß resultiert für das Beispiel nachstehende Berechnung:

$$KS = \frac{\text{Summe indirekte Handlungskosten}}{\text{Warenkosten}} \cdot 100 = \frac{421.400\,€}{980.000\,€} \cdot 100 = 43,00\,\%$$

		Unternehmen insgesamt	Waren-gruppe A	Waren-gruppe B	Waren-gruppe C
	1	*2*	*3*	*4*	*5*
1	**Leistungsangaben:**				
2	Abgesetzte Waren [LE/Monat]		350	248	280
3	Produktive Arbeits-zeit [Minuten/Monat]	17.752	....	......	......
4	Produktive Arbeits-zeit [Minuten/LE]		20	14	26
5	**Kostenangaben [€/ZE]:**				
6	Warenkosten	980.000	360.000	285.000	335.000
7	Gehaltskosten	230.000			
8	Zeitvariable Personalkosten	150.892			
9	Energiekosten	36.000			
10	Miet- / Pachtkosten	44.000			
11	Sonstige Verwal-tungskosten	18.000			
12	Instandhaltungs-kosten	12.000			
13	Kalkulatorische Zinsen	29.400			
14	Kalkulatorische Abschreibungen	42.000			
15	Sonstige Handlungskosten	10.000			

Abb. 5-33:   Ausgangsdaten

Mithilfe dieses Kalkulationssatzes ergeben sich die auf Warengruppen bezogenen Handlungskosten:

$$HDK_i = VB_i \cdot KS$$

$$HDK_A = 360.000 \, € \, / \, Monat \cdot 43,00\% = 154.800 \, € \, / \, Monat$$

$$HDK_B = 285.000 \, € \, / \, Monat \cdot 43,00\% = 122.550 \, € \, / \, Monat$$

$$HDK_C = 335.000 \, € \, / \, Monat \cdot 43,00\% = 144.050 \, € \, / \, Monat$$

Legende:

HDK_i ...   *Handlungskosten je Leistungsart i*

VB_i ...   *Verrechnungsbasis bzw. Warenkosten je Leistungsart i*

KS ...   *Kalkulationssatz in %*

ZS ...   *Stundensatz bzw. Zeitsatz in €/ZE*

T ...   *Zeit bzw. Arbeits- oder Laufzeit je Periode*

Für die Verteilung der zeitvariablen Personalkosten wird sich der Stundensatz-rechnung (vgl. Abschnitt 5.5) bedient.

Für die Ermittlung des Zeitsatzes [ZS] bzw. Stundensatzes fungiert als Verrech-nungsbasis die produktive Arbeitszeit. Folgende Rechnungen sind hierbei durch-zuführen:

$$ZS = \frac{Summe\ zeitabhängige\ indirekte\ Handlungskosten}{Summe\ produktive\ Arbeitszeit}$$

$$= \frac{150.892\ €}{17.752\ Minuten}$$

$$= 8,50\ €\ /\ Minute$$

Anschließend sind die produktiven Arbeitszeiten je Warengruppe (vgl. Abb. 5-34) auszuweisen. Im Beispiel wird vereinfachend unterstellt, dass keine Bestandsände-rungen an Leistungen vorliegen.

		Unternehmen insgesamt	Waren-gruppe A	Waren-gruppe B	Waren-gruppe C
	1	*2*	*3*	*4*	*5*
1	Abgesetzte Waren [LE/Monat]		350	248	280
2	Produktive Arbeitszeit [Minuten/Monat]	17.752	7.000	3.472	7.280
3	Produktive Arbeitszeit [Minuten/LE]		20	14	26

Abb. 5-34:   Berechnung der produktiven Arbeitszeit je Warengruppe in Minuten/Monat

Es errechnen sich nun die warenbezogenen Handlungskosten je Abrechnungsperi-ode wie folgt:

$$HDK_i = ZS \cdot T_i$$

$$HDK_A = 8,50\ €\ /\ Minute \cdot 7.000\ Minuten\ /\ Monat = 59.500\ €\ /\ Monat$$

$$HDK_B = 8,50\ €\ /\ Minute \cdot 3.472\ Minuten\ /\ Monat = 29.512\ €\ /\ Monat$$

$$HDK_C = 8,50\ €\ /\ Minute \cdot 7.280\ Minuten\ /\ Monat = 61.880\ €\ /\ Monat$$

Das Kostenträgerzeitblatt (vgl. Abb. 5-35) weist die Kosten je Warengruppe in €/Monat aus.

Firma:			Kostenträgerzeitblatt: Periode 06			
			Periodenkosten [€/Monat]			
Bezeichnung		KS/ ZS	Unternehmen insgesamt	Warengruppe A	Warengruppe B	Warengruppe C
	1	*2*	*3*	*4*	*5*	*6*
1	Warenkosten		980.000	360.000	285.000	335.000
2	Handlungskosten (zeitunabhängig)	43,0	421.400	154.800	122.550	144.050
3	+ Handlungskosten (zeitabhängig)	8,50	150.892	59.500	29.512	61.880
4	= Σ Handlungskosten		572.292	214.300	152.062	205.930
5	= **Selbstkosten**		**1.552.292**	**574.300**	**437.062**	**540.930**

Abb. 5-35:   Kostenträgerzeitblatt

5.4.3   Kostenträgerstückrechnung

5.4.3.1   Überblick

Die Kostenträgerstückrechnung ist eine *Kalkulation* mit dem Ziel, die Herstell- und Selbstkosten je Leistungseinheit festzustellen. Entsprechend des Zeitpunktes der Kalkulation wird in die Vor-, die Zwischen- und die Nachkalkulation differenziert. Des Weiteren kann in Abhängigkeit von der Richtung der Kalkulation in eine Vorwärts-, Differenz- und Rückwärtskalkulation[129] unterschieden werden.

Kalkulationsverfahren sind Methoden zur Bestimmung der Kosten je Leistungseinheit (Kostenträger). Hierbei sind entsprechend der Zurechenbarkeit der Kosten auf den jeweiligen Kostenträger direkte und indirekte Kosten separat zu behandeln. Kriterien für die Wahl des Kalkulationsverfahrens (vgl. Abb. 5-36) sind die Fertigungsart und im Falle von getrennten Leistungen der Charakter der Leistungserstellung (homogen bzw. heterogen).

Homogene Leistungen liegen bei undifferenzierten Massen- oder Sortenfertigungen vor. Die einzelnen Leistungen weichen nur unerheblich voneinander ab, in der Regel bestehen sie aus gleichen Materialien und werden mit identischen Produktionsverfahren erstellt.

Von *heterogenen Leistungen* wird bei individuellen Einzel- und Serienleistungen gesprochen. Obwohl eine spezielle Serie durchaus gleichartige Leistungsarten umfasst, sind die Kostenträger aufgrund ihrer differenzierten Herstellungsprozesse nicht für Zwecke der Kalkulation vergleichbar. Die Kostenverursachung für die einzelnen Leistungsarten variiert.

---

[129] Die Rückwärtskalkulation wird häufig auch als retrograde Kalkulation tituliert.

Fertigungstyp	Charakter der Leistungs-erstellung	Kalkulationsverfahren		
		Verfahren	Anwendungs-möglichkeiten	Modifizierungen
Massen-fertigung	Homogene Leistungen	**Divisions-kalkulation**	Einstufig Zweistufig Mehrstufig	
Sortenfertigung	Homogene Leistungen	**Divisions-kalkulation mit Äquivalenz-zahlen**	Einstufig Zweistufig Mehrstufig	
Einzel- oder Serienfertigung	Heterogene Leistungen	**Zuschlags-kalkulation**	Summarisch Differenziert	
			nach Bezugsgrößen	Stunden-satzkalkulation
				Platzkosten-kalkulation
				Prozesskosten-kalkulation
Kuppelfertigung	Heterogene Leistungen	**Kuppel-kalkulation**	nach Erlösen nach Kosten nach Substi-tuten	Restwert-kalkulation
			mit Äquiva-lenzzahlen	Verteilungs-methode

Abb. 5-36:   *Kalkulationsverfahren in Abhängigkeit vom Fertigungstyp*

Unabhängig vom angewandten Kalkulationsverfahren kann an die Ermittlung der Kosten je Leistungseinheit [k] eine Preiskalkulation [e] anschließen (vgl. Abb. 5-37).

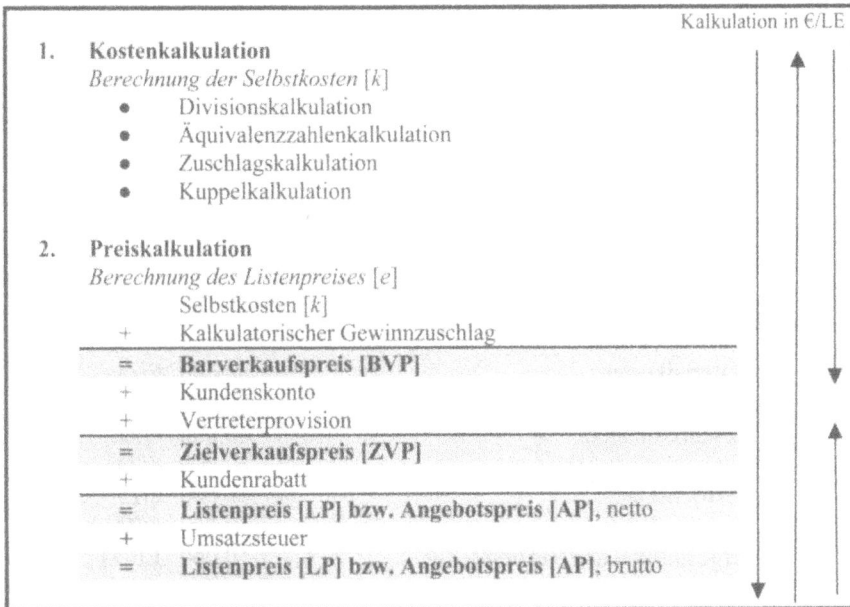

	Kalkulation in €/LE

1. **Kostenkalkulation**
   Berechnung der Selbstkosten [k]
   - Divisionskalkulation
   - Äquivalenzzahlenkalkulation
   - Zuschlagskalkulation
   - Kuppelkalkulation

2. **Preiskalkulation**
   Berechnung des Listenpreises [e]
   Selbstkosten [k]
   + Kalkulatorischer Gewinnzuschlag
   = **Barverkaufspreis [BVP]**
   + Kundenskonto
   + Vertreterprovision
   = **Zielverkaufspreis [ZVP]**
   + Kundenrabatt
   = **Listenpreis [LP] bzw. Angebotspreis [AP]**, netto
   + Umsatzsteuer
   = **Listenpreis [LP] bzw. Angebotspreis [AP]**, brutto

Abb. 5-37:   *Zusammenhang zwischen Kosten- und Preiskalkulation als Vorwärts-, Rückwärts-*
                      oder Differenzkalkulation

5.4.3.2   Anwendung von Kalkulationsverfahren

A   Divisionskalkulation

Die Divisionskalkulation ermöglicht mit einfachem rechnerischen Vorgehen eine hinreichende Genauigkeit bei der Ermittlung von Kosten je Leistungseinheit. Je nach Ablauf des Herstellungsprozesses von Leistungsarten gestaltet sich dieses Kalkulationsverfahren ein-, zwei- oder mehrstufig.

A-1   Einstufige Divisionskalkulation

Die einstufige Divisionskalkulation ist immer dann geeignet, wenn:

- eine homogene Leistungserstellung[130] vorliegt. Bedingt dadurch, verhalten sich die Periodenkosten proportional zur Beschäftigung. Jede Leistungseinheit verursacht demzufolge identisch hohe Stückkosten.
- keine Bestandsveränderungen sowohl an unfertigen als auch an fertigen Leistungen existieren.

Sind alle diese Voraussetzungen erfüllt, entspricht das Vorgehen dem Kostenverursachungsprinzip. Die einstufige Divisionskalkulation unterscheidet zwei Ausprägungsformen. Die *summarische Divisionskalkulation* errechnet die Kosten je Leistungseinheit durch Bildung des Quotienten aus der Summe sämtlicher Kosten und den jeweiligen Leistungsmengen:

---

[130] Werden gleichartige Waren in großer Stückzahl hergestellt und abgesetzt, spricht man von Massenfertigung.

$$k \quad = \quad \frac{K}{Q}$$

Legende:

k	...	*spezifische Kosten bzw. Stückkosten in €/LE*
K	...	*Periodenkosten in €/ZE*
Q	...	*Beschäftigung bzw. Leistungsmenge in LE/ZE*

Das nachfolgende Beispiel soll diese Vorgehensweise demonstrieren. Als Ausgangsdaten werden angenommen:

Materialkosten	80.000	€/ZE
Personalkosten	200.000	€/ZE
Abschreibungen	45.000	€/ZE
Verwaltungskosten	20.000	€/ZE
Vertriebskosten	16.000	€/ZE
Sonstige Kosten	10.000	€/ZE
hergestellte = abgesetzte Menge	10.000	LE/ZE

Daraus folgt:

$$k \quad = \quad \frac{(80.000 + 20.0000 + 45.000 + 20.000 + 16.000 + 10.000)\, € / ZE}{10.000\, LE / ZE}$$

$$= \quad \frac{371.000\, € / ZE}{10.000\, LE / ZE} \quad = \quad 37{,}10\, € / LE$$

Die Kosten je Leistungseinheit betragen folglich 37,10 €.

Eine Alternative dazu stellt die *differenzierte einstufige Divisionskalkulation* dar. Mithilfe dieser Vorgehensweise ist eine qualifiziertere Wirtschaftlichkeitskontrolle der jeweiligen Kostenarten gewährleistet.

Die Stückkosten [k] werden zusätzlich je Kostenart (n = Anzahl der Kostenarten) und nicht nur je Leistungseinheit ausgewiesen.

$$k \quad = \quad \frac{K_1}{Q} + \frac{K_2}{Q} + ... + \frac{K_n}{Q} \quad = \quad k_1 + k_2 + ... k_n$$

Demgemäß ergibt sich nachfolgender Ansatz:

$$k \quad = \quad \frac{80.000}{10.000} + \frac{200.000}{10.000} + \frac{45.000}{10.000} + \frac{20.000}{10.000} + \frac{16.000}{10.000} + \frac{10.000}{10.000}$$

$$= \quad \left(8{,}00 + 20{,}00 + 4{,}50 + 2{,}00 + 1{,}60 + 1{,}00\right) € / LE$$

$$= \quad 37{,}10\, € / LE$$

A-2   Zweistufige Divisionskalkulation

Die Anwendung der zweistufigen Divisionskalkulation bedarf folgender Voraussetzungen:

- homogener Leistungserstellungsprozess,
- keine Bestandsänderungen an unfertigen Leistungen sowie
- die Möglichkeit der Differenzierung der Gesamtkosten in Herstell-, Verwaltungs- und Vertriebskosten.

Die Stückkosten berechnen sich nach diesem Ansatz:

$$k = \frac{HK}{Q_{hergestellt}} + \frac{VwK + VtK}{Q_{abgesetzt}} = k_{HK} + k_{VwK} + k_{VtK}$$

Legende:
HK ...   *Herstellkosten in €/ZE*
VwK ...   *Verwaltungskosten in €/ZE*
VtK ...   *Vertriebskosten in €/ZE*
$Q_{hergestellt}$ ...   *hergestellte Leistungsmenge in LE/ZE*
$Q_{abgesetzt}$ ...   *abgesetzte Leistungsmenge in LE/ZE*

Indem die Herstellkosten auf die hergestellte Leistungsmenge der Periode, die Verwaltungs- und Vertriebskosten hingegen auf die abgesetzten Leistungseinheiten bezogen werden, gelingt es, Bestandsänderungen an fertigen Leistungen in die Berechnung einzubeziehen. Bei Annahme der Ausgangsdaten

Herstellkosten der hergestellten Leistung	500.000	€/ZE
Verwaltungskosten	60.000	€/ZE
Vertriebskosten	24.000	€/ZE
Anzahl der hergestellten Leistungen	10.000	LE/ZE
Bestandsminderung an fertigen Leistungen	2.000	LE/ZE

ergeben sich Stückkosten in Höhe von 57,00 €/LE.

$$k = \frac{500.000 \,€ \,/ \,ZE}{10.000 \,LE \,/ \,ZE} + \frac{(60.000 + 24.000) \,€ \,/ \,ZE}{12.000 \,LE \,/ \,ZE} = \underline{\underline{57,00 \,€ \,/ \,LE}}$$

A-3   Mehrstufige Divisionskalkulation

Erstreckt sich der Produktionsprozess über mehrere Bearbeitungsstufen n und wird in jeder dieser Stufen ein einheitliches Produkt erstellt, welches entweder weiterverarbeitet oder abgesetzt wird, dann ist diese Kalkulationsform durchzuführen. Voraussetzung hierfür ist, dass insgesamt ein homogener Leistungserstellungsprozess vorliegt. Die Stückkosten werden sukzessive über die einzelnen Herstellungsstufen berechnet.

$$k = \frac{HK_1}{Q_{1_{hergestellt}}} + \frac{HK_2}{Q_{2_{hergestellt}}} + \dots + \frac{HK_n}{Q_{n_{hergestellt}}} + \frac{VwK + VtK}{Q_{abgesetzt}}$$

Anhand des folgenden Beispiels soll diese Vorgehensweise demonstriert werden. Es gelten die nachstehenden Annahmen:

In einem Industriebetrieb werden aus einer Materialart durch Bearbeitung in mehreren Produktionsstufen die zwei Endprodukte A und B hergestellt. Des Weiteren entstehen in diesem Prozess die Zwischenprodukte der Stufe 1 und der Stufe 2. Vom Produkt A werden in der Abrechnungsperiode 900 LE_{3a} und von Produkt B 800 LE_{3b} abgesetzt. Die Verwaltungs- und Vertriebskosten in Höhe von 180.000 €/ZE werden zu gleichen Teilen auf die Endprodukte verrechnet.

Ferner wird vereinfachend unterstellt, dass der Materialeinsatz in der jeweils ersten Verarbeitungsstufe zu beachten ist. Mengenreduzierungen, zum Beispiel bedingt durch Abfall, Ausschuss, Gewichtsverlust, werden vernachlässigt. Der Leistungserstellungsprozess ist der Abb. 5-38 zu entnehmen.

Zu Beginn der Kalkulation ist der wertmäßige Rohstoffeinsatz je Tonne [t] zu ermitteln:

$$k_{Rohstoffeinsatz} = \frac{600.000 \ \text{€} \ / \ ZE}{2.000 \ t \ / \ ZE} = 300,00 \ \text{€} \ / \ t$$

Danach sind die Herstellkosten je Verarbeitungsstufe auszuweisen. Unter Beachtung des Rohstoffeinsatzes ergeben sich die Herstellkosten der Stufe 1:

Einsatzkosten:	
1.900 t / ZE · 300,00 € / t =	570.000 €/ZE
Kosten der Bearbeitungsstufe:	200.000 €/ZE
Gesamtkosten der Bearbeitungsstufe:	770.000 €/ZE

$$k_1 = \frac{770.000 \ \text{€} \ / \ ZE}{5.000 \ LE_1 \ / \ ZE} = 154,00 \ \text{€} \ / \ LE_1$$

Analog sind die Herstellkosten der Verarbeitungsstufe 2 zu berechnen.

Einsatzkosten:	
4.500 LE_1 / ZE · 154,00 € / LE_1 =	693.000 €/ZE
Kosten der Bearbeitungsstufe:	157.000 €/ZE
Gesamtkosten der Bearbeitungsstufe:	850.000 €/ZE

$$k_2 = \frac{850.000 \ \text{€} \ / \ ZE}{4.000 \ LE_2 \ / \ ZE} = 212,50 \ \text{€} \ / \ LE_2$$

```
                    ┌─────────────────────────────┐
                    │       Rohstoffeinsatz        │
                    │  Menge:        2.000 t       │
                    │  Wert:       600.000 €       │
                    └─────────────────────────────┘
                    ┌─────────────────────────────┐
                    │           Stufe 1            │
                    │  Einsatzmenge:    1.900 t    │
                    │  Kosten:       200.000 €     │
                    │  Ausstoßmenge:  5.000 LE₁    │
                    └─────────────────────────────┘
                    ┌─────────────────────────────┐
                    │           Stufe 2            │
                    │  Einsatzmenge:    4.500 LE₁  │
                    │  Kosten:       157.000 €     │
                    │  Ausstoßmenge:   4.000 LE₂   │
                    └─────────────────────────────┘
```

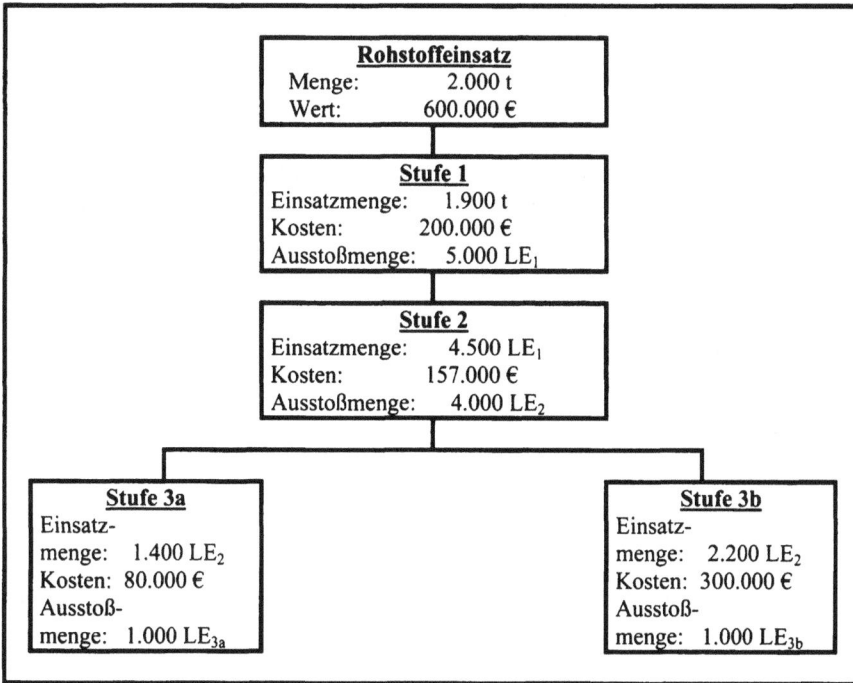

Abb. 5-38: Leistungserstellungsprozess

Stufe 3a: Einsatzmenge: 1.400 LE_2; Kosten: 80.000 €; Ausstoßmenge: 1.000 LE_{3a}

Stufe 3b: Einsatzmenge: 2.200 LE_2; Kosten: 300.000 €; Ausstoßmenge: 1.000 LE_{3b}

In der Bearbeitungsstufe 3 können alternativ die Leistungsarten 3a und 3b gefertigt werden. Die spezifischen Kosten der Stufe 3a lassen sich wie folgt ausweisen:

Einsatzkosten:
1.400 LE_2 / ZE · 212,50 € / LE_2 =   297.500 €/ZE
Kosten der Bearbeitungsstufe: 80.000 €/ZE
Gesamtkosten der Bearbeitungsstufe: 377.500 €/ZE

$$k_{3a} = \frac{377.500 \text{ €} / ZE}{1.000 \ LE_{3a} / ZE} + \frac{90.000 \text{ €} / ZE}{900 \ LE_{3a} / ZE} = 477,50 \text{ €} / LE_{3a}$$

Im Falle der Herstellung der Leistungsart 3b sind Stückkosten in Höhe von 880,00 €/LE maßgeblich.

Einsatzkosten:
2.200 LE_2 / ZE · 212,50 € / LE_2 =   467.500 €/ZE
Kosten der Bearbeitungsstufe: 300.000 €/ZE
Gesamtkosten der Bearbeitungsstufe: 767.500 €/ZE

$$k_{3b} = \frac{767.500 \text{ €} / ZE}{1.000 \ LE_{3b} / ZE} + \frac{90.000 \text{ €} / ZE}{800 \ LE_{3b} / ZE} = 880,00 \text{ €} / LE_{3b}$$

B   **Äquivalenzzahlenkalkulation**

Das relativ einfache Vorgehen der Divisionskalkulation und die damit erzielbare Genauigkeit der Ergebnisse halten dazu an, diese Methode möglichst auch dann anzuwenden, wenn die Homogenität der Leistungsarten nicht von vornherein gegeben ist. Handelt es sich also um ähnliche bzw. artverwandte Leistungsarten, die in einem analogen Leistungsprozess, zumeist im Rahmen einer Sortenfertigung[131], entstehen, so kann unterstellt werden, dass die Kosten der Leistungsarten in einem konstanten Verhältnis zueinanderstehen. Als vergleichbar gelten Kostenträger, wenn sie:

- aus den gleichen Einsatzstoffen bzw. Materialien und/ oder
- nach den gleichen oder vergleichbaren technologischen Verfahren hergestellt werden.

Im Dienstleistungssektor sind diese Anforderungen adäquat gültig. Es wird vorausgesetzt, dass die Kostenträger

- vergleichbare Einsatzressourcen beanspruchen und/ oder
- für die Bereitstellung der Leistungen gleiche oder vergleichbare Prozesse bedingen.

Damit wird deutlich, dass sich die verschiedenen Güter oder Dienstleistungen sowohl quantitativ und begrenzt auch qualitativ voneinander unterscheiden können. Wesentliche Unterschiede in ihrem Gebrauchswert dürfen jedoch keinesfalls auftreten. Das feste Kostenverhältnis zwischen den Kostenträgern wird durch Äquivalenzzahlen abgebildet. Mittels der Äquivalenzzahlenrechnung können somit diese Leistungsarten, welche vorerst nicht homogen sind, durch das Anwenden von Verhältniszahlen vergleichbar gestaltet werden. Auf diese Weise transferiert man verschiedenartige Leistungsarten in rechnerisch äquivalente, kumulierbare Größen.

Äquivalenzzahlen geben Auskunft über das Kostenverhältnis zwischen den verschiedenen Leistungsarten. Es wird letztlich eine fiktive Homogenität erzeugt. Durch Bildung und Anwendung der Äquivalenzzahlen werden die Einstiegsvoraussetzungen für eine Divisionskalkulation erfüllt, sodass diese nachfolgend realisierbar ist. Aus diesem Grund bezeichnet man dieses Kalkulationsverfahren auch als Divisionskalkulation mit Äquivalenzzahlen. Ebenso wie im Falle der Divisionskalkulation ist die Äquivalenzzahlenkalkulation einstufig, zweistufig und mehrstufig praktizierbar. Je nachdem, ob die Gesamtkosten in Summe oder in einzelnen Kostenarten separat auf die Sorten verrechnet werden, ist in die summarische oder differenzierte Äquivalenzzahlenkalkulation zu unterscheiden.

---

[131] Sortenfertigung liegt dann vor, wenn aus einem oder mehreren Rohstoffen verschiedene Leistungsarten einer Erzeugnisart (z.B. Biersorten in einer Brauerei) hergestellt werden.

B-1   **Einstufige summarische Äquivalenzzahlenkalkulation**

Die Anwendung der einstufigen Äquivalenzzahlenkalkulation verlangt folgende Bedingungen:

- Vorliegen einer Sortenfertigung,
- Herstellen von Leistungsarten, die gleichartig, jedoch nicht vergleichbar sind,
- die Kosten der gleichartigen Leistungsarten stehen aufgrund von fertigungs-technischen Ähnlichkeiten bzw. analogen Leistungsprozessen in einem kon-kreten, nachweisbaren Verhältnis zueinander,
- keine Bestandsänderungen an unfertigen und fertigen Leistungen.

Für die Durchführung einer Äquivalenzzahlenkalkulation ist nachstehender Algo-rithmus zwingend:

I.   Ermittlung von Äquivalenzzahlen

II.   Berechnung von Äquivalenzzahlenmengen

III.   Bestimmung der Kosten je Äquivalenzzahlen-Mengeneinheit

IV.   Feststellung der Stückkosten je Sorte

Einleitend sei nun beispielhaft die summarische, einstufige Kalkulation mit Äqui-valenzzahlen erklärt. Folgende Ausgangssituation ist gegeben: Ein Betrieb stellt ein Erzeugnis in drei verschiedenen Qualitäten her. Dem internen Rechnungswe-sen (vgl. Abb. 5-39) sind diese Informationen zu entnehmen:

	Sorte	Planmenge [ME/ZE]	Zeitaufwand [Stunden/ZE]	Kosten [€/ZE]	Äquivalenzzahl
1	*2*	*3*	*4*		*5*
1	Standard	6.000	670		1,00
2	Luxus	2.200	402		
3	Brillant	1.000	938		
4	**Summe**			600.000	

Abb. 5-39:   Ausgangsdaten

Zur Ermittlung der Stückkosten je Sorte ist nun wie folgt vorzugehen:

I.   Ermittlung von Äquivalenzzahlen

Die Aufstellung einer der Kostenverursachung weitgehend entsprechenden Äqui-valenzzahlenreihe ist für die Durchführung der Äquivalenzzahlenkalkulation zwingend notwendig. Dies stellt gleichfalls das Hauptproblem dieses Kalkulati-onsverfahrens dar. Die Schwierigkeit besteht letztlich darin, eine für die Kosten-verursachung maßgebliche Bezugsbasis zu definieren, auf deren Grundlage die entsprechenden Mengen kumuliert und damit verglichen werden können. Diese Entscheidung ist oftmals nicht subjektivitätsfrei. Als mögliche Bezugsbasen kommen bspw. Fertigungs- und Bearbeitungszeiten, Materialverbrauchsmengen,

Materialpreise, Personalmengen oder –kosten, Flächen- und Raumgrößen oder auch Norm- bzw. Standardverbräuche in Frage.

Es ist ferner sicherzustellen, dass sich die ausgewählten Bezugsbasen im Zeitablauf für alle Kostenträger im gleichen Maße verändern. Damit geht einher, dass die Auswahl der Bezugsbasen stetig zu aktualisieren ist. Können diese Voraussetzungen nicht garantiert werden, ist trotz Vorliegen gleichartiger Kostenträger die Durchführung der Äquivalenzzahlenkalkulation nicht empfehlenswert. In diesen Fällen muss auf die Zuschlagskalkulation (vgl. Abschnitt 5.4.3.2, Position C) zurückgegriffen werden.

Als gleichermaßen problematisch erweist sich die Bestimmung des Kostenträgers, welcher als sogenannte Basisleistung fungiert. Diese Leistungsart bekommt die Äquivalenzzahl <1> zugeordnet und sollte, sofern möglich, das Standardprodukt bzw. die Standardleistung darstellen. Im vorliegenden Beispiel dient als Bezugsbasis der Zeitaufwand für die Leistungserstellung je Abrechnungsperiode, als Basisleistung die Sorte „Standard". Demzufolge ergeben sich die in Abb. 5-40 aufgeführten Äquivalenzzahlen.

	Sorte	Äquivalenzzahl
	1	*2*
1	Standard	1,00
2	Luxus	0,60
3	Brillant	1,40

Abb. 5-40:   *Bestimmung von Äquivalenzzahlen*

Beispielhaft sei an dieser Stelle die Bestimmung der Äquivalenzzahl [ÄZ] für die Sorte Luxus demonstriert:

$$\ddot{A}Z_{Luxus} \quad = \quad \frac{1}{670 \; Stunden / ZE} \cdot \; 402 \; Stunden / ZE \quad = \quad \underline{\underline{0,6}}$$

II.   Berechnung von Äquivalenzzahlenmengen [ÄZ-ME]

Die sortenspezifischen Äquivalenzzahlenmengen ergeben sich durch Multiplikation von Planmenge und Äquivalenzzahl je Sorte (vgl. Abb. 5-41). Diese ermöglichen in einem weiteren Schritt die Kumulation von Mengen über die Summe aller Sorten, hier in Höhe von 8.720 ÄZ-ME. Damit ist das Ziel der Äquivalenzzahlenrechnung erreicht, die Voraussetzungen für den Einstieg in die Divisionskalkulation erfüllt.

	Sorte	Planmenge [ME/ZE]	Äquivalenzzahl [ÄZ]	Äquivalenzzahlenmenge [ÄZ-ME]
1		2	3	4
1	Standard	6.000	1,00	6.000
2	Luxus	2.200	0,60	1.320
3	Brillant	1.000	1,40	1.400
4	**Summe**			**8.720**

Abb. 5-41:   Bestimmung von Äquivalenzzahlenmengen

III.   Bestimmung der Kosten je Äquivalenzzahlen-Mengeneinheit

Dieser Schritt stellt die Durchführung der Divisionskalkulation dar, indem die Gesamtkosten durch die Gesamtmenge einer Abrechnungseinheit dividiert werden. Die Gesamtmenge ergibt sich als rechnerisch äquivalente Größe der verschiedenartigen Sorten. Somit gilt:

$$k_{\ddot{A}Z-ME} = \frac{600.000 \,€\,/\,ZE}{8.720\,\ddot{A}Z - ME} = \underline{\underline{68,807339\,€\,/\,\ddot{A}Z - ME}}$$

IV.   Feststellung der Stückkosten je Sorte

Um die spezifischen Kosten [k] je Sorte zu erhalten, ist nachfolgend die Eliminierung der zuvor eingefügten Äquivalenzzahlen unerlässlich. Dazu sind die Äquivalenzzahlen je Sorte mit der Äquivalenzzahlen-Mengeneinheit zu multiplizieren (vgl. Abb. 5-42). Schließlich können gleichfalls die Periodenkosten je Sorte bestimmt werden.

	Sorte	Planmenge [ME/ZE]	ÄZ [ÄZ]	Äquivalenz- zahlen-ME [€/ÄZ-ME]	Kosten [€/ZE]	Kosten [€/ME]
1		2	3	4	5	6
1	Standard	6.000	1,00	68,807339	412.844,03	68,81
2	Luxus	2.200	0,60	68,807339	90.825,69	41,28
3	Brillant	1.000	1,40	68,807339	96.330,28	96,33
4	Σ				**600.000,00**	

Abb. 5-42:   Bestimmung der Stückkosten je Sorte

B-2   Mehrstufige summarische Äquivalenzzahlenkalkulation

Die Voraussetzungen für die Anwendung der mehrstufigen summarischen Äquivalenzkalkulation entsprechen dem Grunde nach denen der einstufigen Rechnung. Der Unterschied besteht lediglich darin, dass die Sortenfertigung über mehrere Prozess- bzw. Leistungsstufen abläuft. Darüber hinaus können Bestandsänderungen an fertigen Leistungen berücksichtigt werden. Diese Aspekte verlangen das Aufstellen mehrerer Äquivalenzzahlenreihen. Die Kalkulation verbindet daher die Vorgehensweisen der einstufigen Äquivalenzzahlenkalkulation und der mehrstufigen Divisionskalkulation.

Die Vorgehensweise soll anhand eines Beispiels (vgl. Abb. 5-43 und Abb. 5-44) für das produzierende Gewerbe demonstriert werden. Dabei steht vereinfachend fest, dass eine Leistungseinheit der Stufe 1 für die Herstellung einer Einheit der Stufe 2 notwendig sei (Einsatzkoeffizient = 1). Die Verwaltungs- und Vertriebskosten sind zu gleichen Teilen auf die spezifischen Einheiten je Sorte zu verrechnen. Somit sind keine Verhältniszahlen für die Kostenposition verpflichtend.

	Sorte	Leistungsstufe 1			Leistungsstufe 2			Verwaltungs- und Vertriebsbereich	
		Herstell-menge	Bezugs-größe (Material-einsatz)	ÄZ	Herstell-menge	Bezugs-größe (Zeit)	ÄZ	Absatz-menge	ÄZ
		[LE/ZE]	[€/LE]	[ÄZ]	[LE/ZE]	[h/ZE]	[ÄZ]	[LE/ZE]	[ÄZ]
1	*2*	*3*	*4*	*5*	*6*	*7*	*8*	*9*	
1	A	200	40	1,0	200	410	1,0	190	1,0
2	B	180	28	0,7	180	440	1,1	150	1,0
3	C	240	32	0,8	240	328	0,8	240	1,0

Abb. 5-43:   *Bestimmung der Äquivalenzzahlen je Sorte und Bereich*

Die Gesamtkosten der Leistungsstufe 1 betragen 199.948 €/ZE, die der Leistungsstufe 2 insgesamt 319.780 €/ZE und die Verwaltungs- und Vertriebskosten belaufen sich auf 41.760 €/ZE. Die Kosten je Äquivalenzzahleneinheit lassen sich wie folgt bestimmen:

$$k_{\ddot{A}Z-ME} \; Stufe\,1 \;\; = \;\; \frac{199.948 \; € / ZE}{518 \; \ddot{A}Z - ME} \;\; = \;\; 386,00 \; € / \ddot{A}Z - ME$$

$$k_{\ddot{A}Z-ME} \; Stufe\,2 \;\; = \;\; \frac{319.780 \; € / ZE}{590 \; \ddot{A}Z - ME} \;\; = \;\; 542,00 \; € / \ddot{A}Z - ME$$

$$k_{\ddot{A}Z-ME} \; VwVtK \;\; = \;\; \frac{41.760 \; € / ZE}{580 \; \ddot{A}Z - ME} \;\; = \;\; 72,00 \; € / \ddot{A}Z - ME$$

Legende:

ÄZ	...	*Äquivalenzzahl*
ÄZ – ME	...	*Äquivalenzzahlen-Mengeneinheit*
$k_{\ddot{A}Z-ME}$	...	*Stückkosten je Äquivalenzzahlen-Mengeneinheit*
VwVtK	...	*Verwaltungs- und Vertriebskosten*

Sorte		Leistungsstufe 1			Leistungsstufe 2			Verwaltungs- und Vertriebsbereich		
		ÄZ-ME	Kosten	Kosten	ÄZ-ME	Kosten	Kosten	ÄZ-ME	Kosten	Kosten
		[€/ÄZ-ME]	[€/LE]	[€/ZE]	[€/ÄZ-ME]	[€/LE]	[€/ZE]	[ÄZ-ME]	[€/LE]	[€/ZE]
1	*2*	*3*	*4*	*5*	*6*	*7*	*8*	*9*	*10*	
1	A	200	386,00	77.200	200	542,00	108.400	190	72,00	13.680
2	B	126	270,20	48.636	198	596,00	107.316	150	72,00	10.800
3	C	192	308,80	74.112	192	434,00	104.064	240	72,00	17.280
4	Σ	518		199.948	590		319.780	580		41.760

Abb. 5-44: Bestimmung der Stück- und Periodenkosten je Sorte

B-3 Einstufige differenzierte Äquivalenzzahlenkalkulation

Die Äquivalenzzahlenkalkulation lässt sich bei Bedarf nach separaten Kostenarten gestalten. In diesem Fall handelt es sich um eine nach Kostenarten differenzierte Divisionskalkulation mit Äquivalenzzahlen. Je Kostenart ist eine Äquivalenzzahlenreihe zu bilden. Dementsprechend können nachfolgend die Kosten je Kostenart auf Sorten verrechnet werden. Die Vorgehensweise soll hier für ein Handelsunternehmen vereinfacht demonstriert werden (vgl. Abb. 5-45 und Abb. 5-46). Der Wareneinsatz ist direkt je Sorte erfassbar. Die Verhältnisreihe für Personalkosten wird auf Basis der Provisionssätze gebildet. Dagegen fungieren die Verkaufsflächen als Grundlage für die Äquivalenzreihe der übrigen Handlungskosten. Als Standardsorte sei die Sorte 1 festgelegt.

Sorte	Plan-menge	Waren-einsatz	Personal-kosten	Bezugs-basis	ÄZ	ÄZ-ME	Kosten	Personal-kosten
	[ME/ZE]	[€/ZE]	[€/ZE]	[%]	[ÄZ]	[ÄZ-ME]	[€/ME]	[€/ZE]
1	*2*	*3*	*4*	*5*	*6*	*7*	*8*	*9*
1	1	18.000	260.000		3,0	1,0	18.000	8,70	156.600
2	2	10.000	430.000		4,5	1,5	15.000	13,05	130.500
3	3	12.000	250.000		2,7	0,9	10.800	7,83	93.960
4	Σ		940.000	381.060			43.800		381.060

Abb. 5-45: Bestimmung der Kosten je Sorte und Kostenart (Teil 1)

Die Kosten je Äquivalenzzahleneinheit bezogen auf die Personalkosten berechnen sich wie folgt:

$$k_{\ddot{A}Z-ME} \; Personalkosten \; = \; \frac{381.060 \; € \, / \, ZE}{43.800 \; \ddot{A}Z - ME} \; = \; \underline{\underline{8{,}70 \; € \, / \, \ddot{A}Z - ME}}$$

Für die übrigen Handlungskosten ergeben sich die Kosten je Äquivalenzzahleneinheit nach folgendem Ansatz:

$$k_{\ddot{A}Z-ME} \text{ Handlungskosten} = \frac{160.272 \; € \, / \, ZE}{50.400 \; \ddot{A}Z - ME} = 3,18 \; € \, / \, \ddot{A}Z - ME$$

Sorte	Plan-menge	Übrige Handlungs-kosten	Bezugs-basis	ÄZ	ÄZ-ME	Übrige Handlungs-kosten	Übrige Handlungs-kosten
	[ME/ZE]	[€/ZE]	[m²]	[ÄZ]	[ÄZ-ME]	[€/ME]	[€/ZE]
1	*2*	*3*	*4*	*5*	*6*	*7*	*8*
1	1	18.000		320	1,0	18.000	3,18	57.240
2	2	10.000		576	1,8	18.000	5,72	57.240
3	3	12.000		384	1,2	14.400	3,82	45.792
4	Σ		**160.272**			**50.400**		**160.272**

Abb. 5-46:   *Bestimmung der Kosten je Sorte und Kostenart (Teil 2)*

Mittels Kumulation der entsprechenden Kosten je Kostenart sind anschließend die Stückkosten je Sorte feststellbar (vgl. Abb. 5-47).

Sorte	Waren-einsatz	Waren-einsatz	Perso-nal-kosten	Perso-nal-kosten	Übrige Hand-lungs-kosten	Übrige Hand-lungs-kosten	Summe Kosten	Summe Kosten
	[€/ZE]	[€/ME]	[€/ZE]	[€/ME]	[€/ZE]	[€/ME]	[€/ZE]	[€/ME]
1	*2*	*3*	*4*	*5*	*6*	*7*	*8*	*9*
1	1	260.000	14,44	156.600	8,70	57.240	3,18	473.840	26,32
2	2	430.000	43,00	130.500	13,05	57.240	5,72	617.740	61,77
3	3	250.000	20,83	93.960	7,83	45.792	3,82	389.752	32,48
4	Σ	**940.000**		**381.060**		**160.272**		**1.481.332**	

Abb. 5-47:   *Berechnung der Stück- und Periodenkosten je Sorte*

C   Zuschlagskalkulation

Liegen die Voraussetzungen

- heterogene Leistungserstellung,
- Serien- oder Einzelfertigung[132],
- mehrstufige Produktions- bzw. Leistungserstellungsabläufe,
- Bestandsänderungen an unfertigen und fertigen Erzeugnissen sowie
- Trennung der Gesamtkosten nach ihrer Verrechenbarkeit auf Kostenträger in Einzel- und Gemeinkosten

vor, dann ist die Zuschlagskalkulation zu wählen. Dies kann in Form einer summarischen oder differenzierten Rechnung oder als Bezugsgrößenkalkulation ge-

---

[132] Bei Einzelfertigung wird ein Erzeugnis individuell für den Kunden hergestellt. Eine Serienferti-gung liegt vor, wenn Leistungsarten zwar in großer Stückzahl jedoch weitestgehend kundenbezo-gen, oftmals auf konkreten Kundenaufträgen basierend, hergestellt werden (z.B. Autoproduktion).

schehen. Bei Anwendung der *summarischen Zuschlagskalkulation* werden die gesamten Gemeinkosten mit Hilfe *nur eines* Kalkulationssatzes auf die Kostenträger verrechnet. Weil diese Vorgehensweise in keiner Weise dem Verursachungsprinzip entspricht, sollte sie nicht betrieben werden. Die *differenzierte Zuschlagskalkulation* veranschlagt die Gemeinkosten je Kostenstelle als Zuschlag auf der Grundlage unterschiedlicher Verrechnungsbasen. Als klassische Verrechnungsbasen gelten (vgl. Abschnitt 5.3.3):

- Materialeinzelkosten [*MEK*] für die Verrechnung von Materialgemeinkosten [*MGK*],
- Fertigungseinzelkosten [*FEK*] für die Verrechnung von Fertigungsgemeinkosten [*FGK*] und
- Herstellkosten [*HK*] für die Verrechnung von Verwaltungsgemeinkosten [*VwGK*] sowie Vertriebsgemeinkosten [*VtGK*].

Die Bezugsgrößenkalkulation (vgl. Abschnitt 5.5) löst sich von den oben angeführten traditionellen Verrechnungsbasen und wählt für die Verrechnung der Gemeinkosten Bezugsgrößen, wie z. B. Akkordzeiten, Maschinenzeiten, Rüstzeiten. Oftmals werden die Gemeinkosten einer Stelle mithilfe mehrerer Bezugsgrößen auf die Kostenträger verrechnet (z. B. nach Kostenplätzen in der Platzkostenrechnung). Die Abb. 5-48 und Abb. 5-49 zeigen die Kalkulationsschemata für die Durchführung der Zuschlagskalkulation.

(Kostenkalkulation in €/LE)

	Materialeinzelkosten [*MEK*]
+	Materialgemeinkosten [*MGK*]
=	Materialkosten [*MK*]
	Fertigungseinzelkosten [*FEK*]
+	Fertigungsgemeinkosten [*FGK*]
+	Sonderkosten der Fertigung [*SKF*]
=	Fertigungskosten [*FK*]
=	Herstellkosten [*HK*]
+	Verwaltungsgemeinkosten [*VwGK*]
+	Vertriebsgemeinkosten [*VtGK*]
+	Sonderkosten des Vertriebs [*SKV*]
=	**Selbstkosten** [*k*]

Abb. 5-48: Kalkulationsschema (Industrie und produzierendes Gewerbe)

(Kostenkalkulation in €/LE)

	Einstandspreis/ Bezugskosten des Händlers (netto) [*BK*]
+	Handlungskosten in Prozent vom Einstandspreis [*HDK*]
=	**Selbstkosten(preis) des Händlers** [*k*]

Abb. 5-49: Kalkulationsschema (Handel)

Einige ausgewählte Formen der Zuschlagskalkulation werden anschließend anhand von schematisierten Beispielen erklärt.

C-1   Differenzierte Zuschlagskalkulation als Vorwärtskalkulation

Die differenzierte Zuschlagskalkulation zeigt beispielhaft die Abb. 5-50. Sie ist dadurch gekennzeichnet, dass für die jeweiligen Gemeinkostenpositionen entsprechende Kalkulationssätze gebildet werden. Als Vorwärtskalkulation wird mit der Berechnung der Materialkosten begonnen, die Berechnung der Selbstkosten endet gewöhnlich mit dem Ausweisen der Verwaltungskosten.

Ausgangsdaten:
Aus einem Industriebetrieb sind folgende Informationen bekannt:

Materialeinzelkosten	100	€/ME
Fertigungseinzelkosten	240	€/ME
Materialgemeinkosten	12	%
Fertigungsgemeinkosten	80	%
Verwaltungs- und Vertriebsgemeinkosten	5	%
Kalkulatorischer Gewinn	6	%
Kundenrabatt	5	%
Kundenskonto	2	%

Es gelten die traditionellen Basen für die Verrechnung der Gemeinkosten.

Lösung:

Kostenkalkulation:

Materialeinzelkosten	100,00	€/ME
+ Materialgemeinkosten	12,00	
= Materialkosten	112,00	
Fertigungseinzelkosten	240,00	
+ Fertigungsgemeinkosten	192,00	
+ Sonderkosten der Fertigung	0,00	
= Fertigungskosten	432,00	
= Herstellkosten	544,00	
+ Verwaltungsgemeinkosten	} 27,20	
+ Vertriebsgemeinkosten		
+ Sonderkosten des Vertriebs	0	
= **Selbstkosten**	**571,20**	

Preiskalkulation:

Selbstkosten	571,20
+ Kalkulatorischer Gewinnzuschlag	34,27
= Barverkaufspreis	605,47
+ Kundenskonto	12,36
+ Vertreterprovision	0,00
= Zielverkaufspreis	617,83
+ Kundenrabatt	32,52
= **Listenpreis bzw. Angebotspreis**, netto	**650,35**

Abb. 5-50:   *Beispiel einer differenzierten Zuschlagskalkulation als Vorwärtsrechnung*

C-2   Differenzierte Zuschlagskalkulation als Rückwärtskalkulation

Anhand des folgenden Beispiels (vgl. Abb. 5-51) wird die differenzierte Zuschlagskalkulation als Rückwärtskalkulation demonstriert. Als Charakteristikum der Rechnung ist anzuführen, dass als Ausgangspunkt der Listenpreis gilt. Insofern zeichnet sich diese Vorgehensweise durch einen hohen Marktbezug aus.

Ausgangsdaten:
Gemäß einer Marktstudie ist dem Unternehmen bekannt, dass für das Produkt ein Nettopreis in Höhe von 400 €/ME realisierbar wäre. Für die Kalkulation werden folgende Daten zugrunde gelegt:

Fertigungseinzelkosten	40 €/ME
Materialgemeinkosten	10 %
Fertigungsgemeinkosten	120 %
Verwaltungs- und Vertriebsgemeinkosten	8 %
Kalkulatorischer Gewinn	10 %
Kundenrabatt	8 %
Kundenskonto	2 %

Für die Verrechnung der Gemeinkosten kommen die traditionellen Basen zur Anwendung.

Lösung:
Kostenkalkulation:

	Materialeinzelkosten		195,97 €/ME
+	Materialgemeinkosten	10 %	19,60
=	Materialkosten		215,57
	Fertigungseinzelkosten		**40,00**
+	Fertigungsgemeinkosten	120 %	48,00
+	Sonderkosten der Fertigung		0,00
=	Fertigungskosten		88,00
=	Herstellkosten		303,57
+	Verwaltungsgemeinkosten	} 8 %	24,29
+	Vertriebsgemeinkosten		
+	Sonderkosten des Vertriebs		0,00
=	**Selbstkosten**		**327,86**

Preiskalkulation:

	Selbstkosten		327,86
+	Kalkulatorischer Gewinnzuschlag	10 %	32,78
=	Barverkaufspreis		360,64
+	Kundenskonto	2 %	7,36
+	Vertreterprovision		0,00
=	Zielverkaufspreis		368,00
+	Kundenrabatt	8 %	32,00
=	**Listenpreis bzw. Angebotspreis**, netto		**400,00**

Abb. 5-51:   Beispiel einer differenzierten Zuschlagskalkulation als Rückwärtsrechnung

C-3   Differenzierte Zuschlagskalkulation als Differenzkalkulation

Das in der Abb. 5-52 aufgeführte Beispiel zeigt die Differenzkalkulation in einem
Handelsunternehmen. Die Vorgehensweise ist dadurch geprägt, dass einerseits aus
der Sicht des Unternehmens kalkuliert wird und andererseits auch Impulse des
Marktes in die Rechnung einfließen. Der Gewinn errechnet sich als Differenz
zwischen dem realisierbaren Marktpreis und den intern kalkulierbaren Kosten.

Ausgangsdaten:
Für ein Produkt einer Handelsunternehmung soll der maximal mögliche kalkulatorische
Gewinn ermittelt werden. Folgende Informationen sind hierzu bekannt:

Konditionen Einkauf:
Listeneinkaufspreis, brutto	2.380,00 €/LE
Skonto	2,00 %
Rabatt	15,00 %
Mehrwertsteuer	19,00 %

Konditionen Verkauf:
Maximaler Listenverkaufspreis, netto	2.600,00 €/LE
Handlungskosten	10,00 %
Kundenrabatt	12,00 %
Mehrwertsteuer	19,00 %

Lösung:
Einkauf:
	Listenpreis, brutto	2.380,00 €/LE
./.	Mehrwertsteuer (19 %)	380,00
=	Listeneinkaufspreis, netto	2.000,00
./.	Rabatt (15 %)	300,00
=	Zieleinkaufspreis	1.700,00
./.	Skonto (2 %)	34,00
=	**Bareinkaufspreis**	**1.666,00**

Verkauf:
	Wareneinsatz	1.666,00 €/ME
+	Handlungskosten (10 %)	166,60
=	**Selbstkosten(preis)**	**1.832,60**

	Listenverkaufspreis	2.600,00 €/ME
./.	Rabatt (12 %)	312,00
=	**Ziel- bzw. Barverkaufspreis**	**2.288,00**
	(weil Skonto = 0%)	

Kalkulatorischer Gewinn:
	Zielverkaufspreis	2.288,00 €/ME
./.	Selbstkosten(preis)	1.832,60
=	**Kalkulatorischer Gewinn**	**455,40**

Abb. 5-52:   Beispiel zur differenzierten Zuschlagskalkulation als Differenzrechnung

D   Kuppelkalkulation

Liegen Herstellungsprozesse vor, in deren Ergebnis aufgrund technischer oder natürlicher Gesetzmäßigkeiten[133] zwangsläufig verschiedenartige, ggf. auch substanzgleiche Produkte entstehen, spricht man von Kuppelproduktion (verbundene Produktion)[134]. Die Kalkulation hat nun die Aufgabe, die als Ganzes verursachten Gesamtkosten des Prozesses auf die zwangsläufig gemeinsam entstehenden Kostenträger zu verteilen. Eine direkte Kostenerfassung je Leistungsart ist unmöglich, ebenso eine verursachungsgerechte indirekte Verrechnung aufgrund der gegenseitigen Leistungsabhängigkeiten.

Kuppelkalkulationen bieten demnach lediglich Näherungslösungen. Sie bedienen sich entweder dem Tragfähigkeits- oder dem Durchschnittsprinzip (vgl. Abschnitt 5.1). Weil die Kalkulationsergebnisse immense Bedeutung für die Preisbestimmung, Wirtschaftlichkeitsberechnung sowie damit für die gewinnmaximale Steuerung des Unternehmens besitzen, sind im Interesse einer fundierten Kostenermittlung die jeweiligen individuellen Gegebenheiten des Unternehmensprozesses einzubeziehen. Grundsätzlich ist zu relativieren,

- ob die aus dem Verbundprozess resultierenden Kostenträger mengenmäßig variierbar sind (unvollkommen verbundene Leistungen) oder nicht (vollkommen verbundene Leistungen) und
- inwiefern bestimmte Kuppelleistungen eine besondere wirtschaftliche Relevanz für das Unternehmen, z. B. aufgrund ihres Umsatzanteils, einnehmen.

Entsprechend dieser Einschätzung können die Kuppelprodukte in Hauptprodukte, Nebenprodukte und ggf. absatzfähige Abfallprodukte gegliedert werden. Des Weiteren sollte angestrebt werden, lediglich die Verbundkosten im Rahmen der Kuppelkalkulation zu verrechnen. Die übrigen Kosten, auch als Alleinverarbeitungskosten bezeichnet, sind unter Verwendung der alternativen Kalkulationsverfahren zu berücksichtigen. Die Gliederung der Kosten vollzieht sich demzufolge in

- Verbundkosten, welche die Kuppelprodukte gemeinsam verursacht haben und
- in die Kosten, welche einem Kuppelprodukt entsprechend der betrieblichen Prozesse der weiteren Bearbeitung direkt oder auch indirekt zugeordnet werden können. Dazu gehören z. B. weiterführende Fertigungskosten für die Aufbereitung, Verpackung und Materialbeschaffung.

D-1   Restwert- bzw. Subtraktionsmethode

Bei möglicher Klassifizierung von Kuppelprodukten in ein *Hauptprodukt* sowie in ein oder auch mehrere *Nebenprodukte* bietet sich die Restwertmethode an. Kenn-

---

[133] Beispiele hierfür finden sich in der Metallurgie (Roheisen, Schlacke, Gichtgas), in Raffinerien (Öl, Benzin, Gas) usw.

[134] Vgl. zu Kalkulationsverfahren bei Kuppelproduktion z.B. Kilger, W.: (Kostenrechnung), S. 355 und Haberstock, L.: (Kostenrechnung I), S. 166 ff.

zeichnend für diese Kalkulationsform ist, dass lediglich die Kosten für das Hauptprodukt kalkuliert werden. Die Verfahrensweise kann hierbei differenziert werden:

- in Gesamtverbundkosten der Kuppelprodukte abzüglich der Verkaufserlöse der
  Nebenleistungen,

$$ k_H = \frac{K_K - \sum_{i=1}^{n}(e_{Ni} - k_{Ni}) \cdot Q_{Ni}}{Q_H} $$

- in Gesamtverbundkosten der Kuppelprodukte abzüglich der Verkaufserlöse der
  Nebenleistungen minus eines durchschnittlich angenommenen Gewinns für die
  Nebenleistungen.

$$ k_H = \frac{K_K - \sum_{i=1}^{n}(e_{Ni} - k_{Ni} - g_{Ni}) \cdot Q_{Ni}}{Q_H} $$

Legende:

k_H ...   *Herstellkosten des Hauptproduktes in €/LE*

K_K ...   *Verbundkosten des Kuppelprozesses in €/ZE*

e_{Ni} ...   *Stückerlös des Nebenproduktes i in €/LE ; i = 1...n;*
                n = Anzahl der Nebenprodukte

k_{Ni} ...   *Alleinweiterverarbeitungskosten des Nebenproduktes i in €/LE;*
                i = 1...n; n = Anzahl der Nebenprodukte

g_{Ni} ...   *fundiert geschätzter, durchschnittlicher Stückgewinn des*
                Nebenproduktes i in €/LE; i = 1...n;
                n = Anzahl der Nebenprodukte

Q_{Ni} ...   *Menge des Nebenproduktes i in LE/ZE; i = 1...n;*
                n = Anzahl der Nebenprodukte

Q_H ...   *Menge des Hauptproduktes in LE/ZE*

Entsprechende Alleinverarbeitungskosten der Nebenprodukte sind zu eliminieren
und in einer weiterführenden Kalkulation zu berücksichtigen. Die Stückkosten des
Hauptproduktes in €/LE ergeben sich anschließend durch Division der Hauptpro-
duktmenge in LE/ZE.[135]

D-2   Verteilungsmethode

Können die Kuppelprodukte nicht nach Haupt- und Nebenleistungen unterschieden werden, ist die Verteilungsmethode anzuwenden. Diese folgt der Idee der
Äquivalenzzahlenkalkulation. Der maßgebliche Unterschied besteht allerdings
darin, dass hierbei die Äquivalenzzahlen nicht der Verursachung geschuldet sind,
sondern der Tragfähigkeit der einzelnen Kuppelprodukte Rechnung tragen.

---

[135] Vgl. ausführliche Beispiele zur Kalkulation von Kuppelprodukten Schweitzer, M./Küpper, H.-U.:
(Kosten- und Erlösrechnung), S. 176 ff.

Die Proportionalität der Äquivalenzzahlen kann auf technischen Kenngrößen (z. B. Zeit), Mengen (z. B. Absatzmenge) oder auch Preisen (z. B. Marktpreis) basieren. Eine verursachungsgerechte Ermittlung der Stückkosten ist hiermit unmöglich.

$$k_i = \frac{K_K}{\sum\limits_{i=1}^{n} e_i \cdot Q_i}$$

Legende:

k_i ...   *Stückkosten je Kuppelprodukt i in €/LE*

i ...   *Kuppelprodukte i = 1...n, n = Anzahl der Kuppelprodukte*

e_i ...   *Marktpreis des Kuppelproduktes i in €/LE*

Q_i ...   *Herstell- und Absatzmenge des Kuppelproduktes i in LE/ZE*

5.5   Stundensatzrechnung

5.5.1   Überblick

Die Stundensatzrechnung als Form eine der Bezugsgrößenkalkulation beachtet, dass die Kostenhöhe vielfach von mannigfaltigen Einflussgrößen determiniert wird. Entgegen dem klassischen Ansatz der Kosten- und Leistungsrechnung, welche die Kostenabhängigkeit ausnahmslos von der Leistungsmenge unterstellt, können für Kostenausprägungen neben der art- und mengenmäßigen Zusammensetzung des Programms z. B. die Maschinenbelegung, die Losgrößen und deren Reihenfolge, die Fertigungsintensitäten, Prozessabläufe und Prozessbedingungen oder ebenso das Schichtsystem maßgebend sein.

Bedingt durch den stetig zunehmenden Automatisierungsgrad steigt die absolute Höhe der indirekten technologischen Kosten. Damit einher geht eine Reduzierung der variablen Lohnkosten, da die direkte produktive Lohnarbeit durch eine vornehmlich überwachende, steuernde Tätigkeit des Personals kompensiert wird. Diese Personalkosten fallen deshalb zumeist als zeitproportionale Kosten, unabhängig von der Leistungsmenge und der Kapazitätsauslastung, an. Lohnkosten entwickeln sich folglich von variablen zu fixen Kosten. Weil traditionell die indirekten technologischen Kosten auf Basis der den Kostenträgern direkt zurechenbaren Lohnkosten verrechnet werden, führt diese Entwicklung in der Folge zur rasanten Erhöhung der Kalkulationssätze für Fertigungsgemeinkosten. Die Korrelation zwischen indirekten Kosten und beschäftigungsabhängiger Verrechnungsbasis ist nur noch minimal, folglich wird das Verursachungsprinzip stark verletzt. Aufgrund dieser Feststellung und der Kenntnis, dass sich diese Kosten vorwiegend zeitproportional verhalten, geht man in der Stundensatzkalkulation dazu über, die Abhängigkeit der indirekten Fertigungskosten von der Zeit, üblicherweise der Maschinenlaufzeit, voranzustellen. Mit diesem Ansatz wird ein vorwiegend

proportionales Verhältnis zwischen den zu verrechnenden indirekten Fertigungskosten und der Maschinenlaufzeit unterstellt.

Eine Anwendung der Stundensatzkalkulation bietet sich indes nicht ausschließlich
für die Verrechnung von Fertigungsgemeinkosten an, sondern gleichfalls in modi-
fizierter Ausprägung für die Kalkulation von indirekten Leistungskosten im
Dienstleistungssektor (vgl. Abschnitt 7.6). Insbesondere in Branchen, in denen die
Beschäftigung als Bezugsgröße keine verursachungsgerechte Verrechnung von
indirekten Kosten auf Kostenträger garantiert, erweist sich der Parameter Zeit als
zweckdienlichere Bezugsgröße.

5.5.2   Berechnung der Maschinenlaufzeit

Für eine möglichst verursachungsgerechte Verrechnung von Kosten ist es unerlässlich, die jeweilige Zeitgröße zu präzisieren. Die Bestimmung des Maschinenstundensatzes verlangt, jene Zeit zu ermitteln, in der die Maschine tatsächlich
produktiv genutzt wird. Die Gliederung der gesamten Maschinenzeit zeigt die
Abb. 5-53. Die totale Maschinenzeit setzt sich aus der technischen Nutzungszeit,
der Zeit für Instandhaltungsmaßnahmen und der Stillstandszeit zusammen[136].

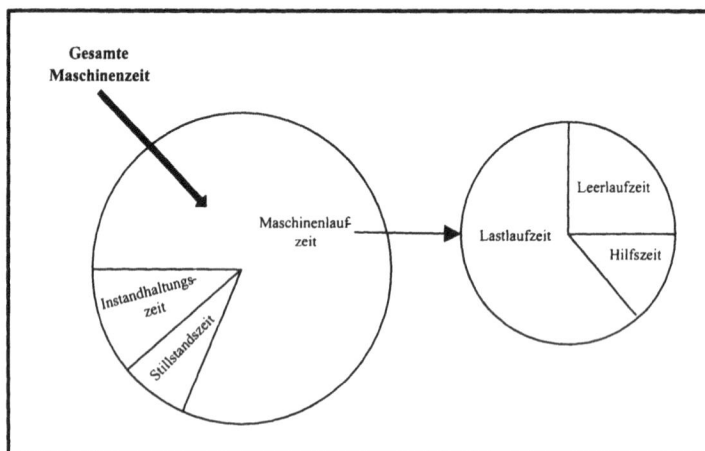

Abb. 5-53:   *Gliederung der Maschinenzeit*

Unter der gesamten Maschinenzeit ist jene Zeit zu verstehen, in der die Maschine
dem Unternehmen zur Verfügung steht. Sie ist dem Grunde nach lediglich eine
theoretische Größe und umfasst die komplette jeweilige Abrechnungsperiode.
Stillstandszeiten sind letztlich Zeitverluste, welche arbeitsablaufbedingt, störungs-
bedingt und/ oder arbeitskräftebedingt entstehen. Die arbeitsbedingten Stillstandszeiten sind auf organisatorische Regelungen (z. B. arbeitsfreie Tage), kapazitäts-

---

[136] Vgl. VDI-Richtlinie 3258 sowie Olfert, K.: (Kostenrechnung), S. 199.

bedingte oder auch arbeitsschichtbedingte Maßnahmen zurückzuführen. Während der Stillstandszeit befindet sich die Maschine im Ruhezustand. Die Maschinenlaufzeit, die eigentliche Betriebszeit, ist durch die technische Inbetriebnahme der Maschine charakterisiert. Sie berechnet sich wie folgt:

$$T_L \; = \; T_G - T_S - T_I$$

Legende:

T_L	...	*Maschinenlaufzeit in Stunden/Periode*
T_G	...	*gesamte Maschinenzeit in Stunden/Periode*
T_S	...	*Stillstandszeit in Stunden/Periode*
T_I	...	*Instandhaltungszeit in Stunden/Periode*

Die Maschinenlaufzeit ist die Summe aus Lastlauf-, Leerlauf- und Hilfszeit. Die Lastlaufzeit stellt die produktive, reine Maschinenlaufzeit dar. Unter Leerlaufzeit sind jene Zeiten zusammengefasst, in der die Maschine arbeitet, jedoch keine Leistungen bzw. Kostenträger erwirtschaftet. Dies tritt bspw. dann ein, wenn die Maschine vom Ruhezustand auf Betriebstemperatur gefahren wird. Hilfszeiten sind z. B. geprägt durch vorbereitende Tätigkeiten, wie den Wechsel von Werkzeugen (Rüstzeit). Die Maschinenlaufzeit ist je Abrechnungseinheit, üblicherweise also je Maschinenplatz, auszuweisen.

5.5.3   Vorgehensweise

Die Stundensatzrechnung dient der Verrechnung vornehmlich indirekter Fertigungs- bzw. Leistungskosten auf Bezugsobjekte. Der Bezugsgrößenwechsel von der Beschäftigung zurzeit bedingt oftmals eine Modifizierung der Abrechnungseinheit. Die in der traditionellen Rechnung als kleinste angesehene Einheit kann (lediglich bei Bedarf) durch den Maschinen- bzw. Arbeitsplatz oder auch Prozess ersetzt werden.

Die Vorgehensweise der Stundensatzrechnung (vgl. Abb. 5-54) folgt sehr stark der Logik der Zuschlagskalkulation. Das heißt, die Gliederung der Kosten in Einzel- und Gemeinkosten bezogen auf die funktionale Gliederung des Unternehmens ist zwingend. Zudem konzentriert sich diese Rechnung in Form einer (Maschinen-) Stundenrechnung ausnahmslos auf die indirekten Fertigungs- bzw. Leistungskosten. Diese Kosten sind je Kostenart entsprechenden Plätzen (analog Fertigungs- bzw. Leistungsstellen) entweder direkt (Platzeinzelkosten) oder mit Hilfe von Verhältnisreihen indirekt (Platzgemeinkosten) zuzuordnen.

Kostenarten, welche als platzunabhängig definiert sind, bezeichnet man als Restgemeinkosten. Weil platzunabhängige Kosten nicht im Rahmen einer Stundensatzrechnung verrechnet werden können, müssen sie mit der herkömmlichen indirekten Verrechnung auf Basis der Beschäftigung auf die Kostenträger bezogen werden.

Wendet man die Stundensatzrechnung auf Vollkostenbasis an (vgl. Abschnitt 7.6), ist es letztlich unerheblich, ob tatsächlich ein proportionaler Zusammenhang zwischen Maschinenlaufzeit und Platzkosten besteht. Das Vollkostensystem unterstellt fälschlicherweise, dass sich sämtliche Platzkosten zeitproportional verhalten. Damit bleibt, wie auch in der traditionellen Vollkostenrechnung, das Verursachungsprinzip erheblich gestört. Als vorteilhaft wirkt sich diese Rechnung letztlich dennoch dadurch aus, dass die Bezugsgröße Zeit als Verrechnungsbasis dient:

$$Stundensatz\ [\text{€}/Stunde] \ = \ \frac{Gesamtkosten\ je\ Fertigungsgemeinkostenart\ und\ Platz\ [\text{€}/ZE]}{Maschinenlaufzeit\ [Stunden/ZE]}$$

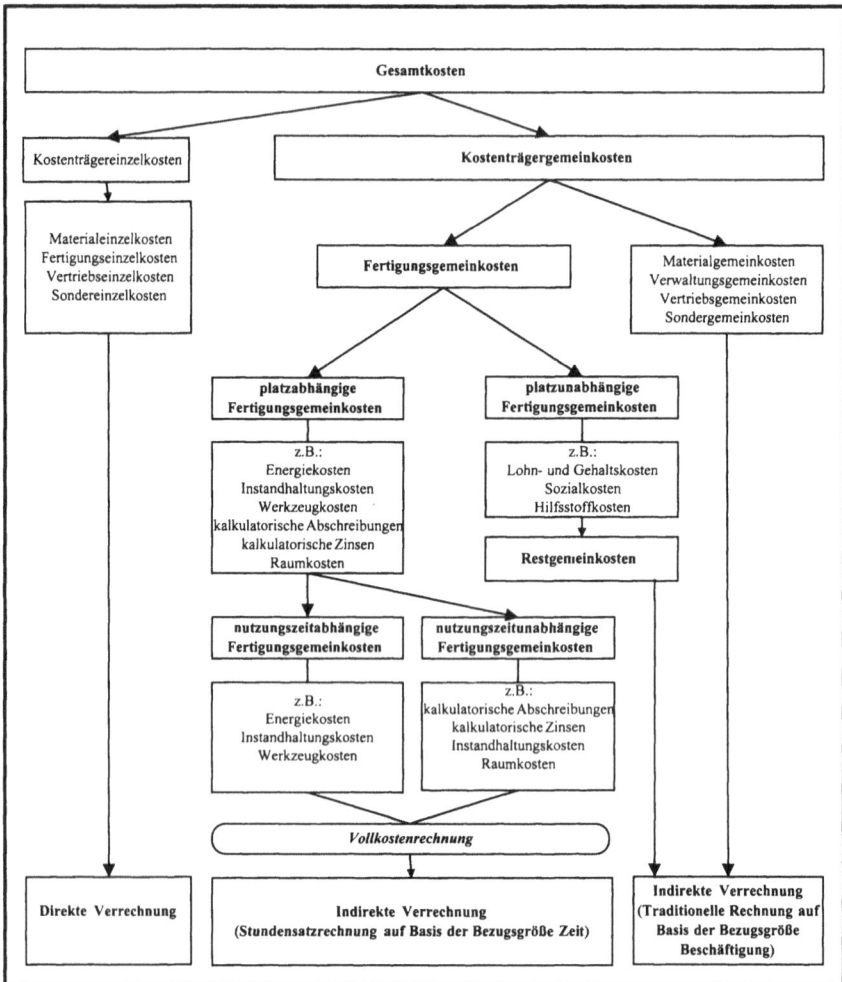

Abb. 5-54:   Vorgehensweise der Stundensatzrechnung

5.5.4 Beispiel

Das nachfolgende Beispiel demonstriert die Vorgehensweise einer Maschinen-stundenrechnung. Explizit werden die Arbeitsstufen Berechnung der Maschinen-laufzeit (A), Durchführung einer Kostenstellen- bzw. Platzrechnung (B), Darstel-lung der Kostenträgerzeitrechnung (C) sowie die Kalkulation (D) herausgestellt.

Es sei vereinfacht angenommen, dass das Unternehmen (z. B. Herstellung von Kunststoffteilen einschließlich Erwärmung) die zwei Produktgruppen X und Y fertigt. Der Fertigungsbereich besteht aus den drei Plätzen I, II, III (z. B. Platz II Fertigungspresslinie). Ein innerbetrieblicher Leistungsaustausch liegt nicht vor.

A   Berechnung der Maschinenlaufzeit

Der Abb. 5-55 ist die Bestimmung der Maschinenlaufzeit für den Maschinenplatz II zu entnehmen. Die Maschine II arbeitet im Zweischichtsystem.

			Bezeichnung	Zeit	
				Tage/Jahr	Stunden/Jahr
1	*2*		*3*	*4*	*5*
1			Kalendertage	365,00	8.760,00
2	=		Gesamte Maschinenzeit		8.760,00
3		-	Stillstandszeit		
4			Samstage und Sonntage	105,00	2.520,00
5			Wochenfeiertage	4,00	96,00
6			Durchschnittliche Krankentage	2,50	60,00
7			Durchschnittliche Urlaubstage (Betriebsruhe)	10,00	240,00
8			Durchschnittliche sonstige Ausfalltage (z. B. Betriebsversammlungen)	0,80	19,20
9	=		Summe Stillstandszeit	122,30	2.935,20
10	=		Zwischenergebnis I	242,70	5.824,80
11		-	Schichtfaktor (2-Schichtbetrieb, tarifliche Arbeitszeit von 7,8 Stunden/Tag)		2.038,68
12	=		Zwischenergebnis II		3.786,12
13		-	Instandhaltungszeit		
14			Prozentualer Erfahrungswert von der Maschinenlaufzeit = 1,9 %		70,59
15	=		**Maschinenlaufzeit (jährlich)**		**3.715,53** (≈ 3.716)

Abb. 5-55:   *Beispiel zur Berechnung der Maschinenlaufzeit eines Platzes*

B   Kostenstellen- bzw. Platzrechnung

Für die weitere Berechnung gelten die in der Abb. 5-56 zusammengestellten Aus-gangsdaten.

Die Kostenstellenrechnung (vgl. Abb. 5-57) verläuft wie die in der traditionellen Voll-kostenrechnung. In einem ersten Arbeitsschritt werden die Gemeinkosten entweder direkt oder indirekt den jeweiligen Stellen und Plätzen zugeordnet. In der Folge können die primären Gemeinkosten je Stelle bzw. je Platz berechnet werden. Die darauf folgende Durchführung der innerbetrieblichen Leistungsverrechnung entfällt, da in diesem Beispiel vereinfachend keine Leistungsverflechtung vorliegt. Somit entspricht die Summe der primären Gemeinkosten der Summe der Gemeinkosten je Stelle bzw. Platz.

Firma:	Angaben: Periode 20… Maschinenzeiten Leistungsdaten		
Bezeichnung	Unternehmen insgesamt	Produktgruppe X	Produktgruppe Y
1	*3*	*4*	*5*
1	Maschinenlaufzeit, Platz I [Stunden/Jahr]	1.500	840	660
2	Maschinenlaufzeit, Platz II [Stunden/Jahr]	3.716	1.516	2.200
3	Maschinenlaufzeit, Platz III [Stunden/Jahr]	3.000	1.360	1.640
4	Hergestellte Leistungen [LE/Jahr]		1.000	2.000
5	Fertig gestellte Leistungen [LE/Jahr]		1.000	2.000
6	Abgesetzte Leistungen [LE/Jahr]		950	2.000

Abb. 5-56:   Ausgangsdaten

Die Kalkulationssätze [KS] bzw. Stundensätze berechnen sich wie folgt:

$$KS_{MGK} = \frac{378.000 \text{ € } / \text{ Jahr}}{3.150.000 \text{ € } / \text{ Jahr}} = \underline{\underline{12,00\,\%}}$$

$$\text{Stundensatz}_{Platz\ I} = \frac{676.000 \text{ € } / \text{ Jahr}}{1.500 \text{ Stunden } / \text{ Jahr}} = \underline{\underline{450,66 \text{ € } / \text{ Stunde}}}$$

$$\text{Stundensatz}_{Platz\ II} = \frac{713.000 \text{ € } / \text{ Jahr}}{3.716 \text{ Stunden } / \text{ Jahr}} = \underline{\underline{191,87 \text{ € } / \text{ Stunde}}}$$

$$\text{Stundensatz}_{Platz\ III} = \frac{1.031.000 \text{ € } / \text{ Jahr}}{3.000 \text{ Stunden } / \text{ Jahr}} = \underline{\underline{343,67 \text{ € } / \text{ Stunde}}}$$

Als Verrechnungsbasis für die Kalkulationssätze von Verwaltungs- und Vertriebsgemeinkosten fungieren die Herstellkosten des Umsatzes. Diese resultieren aus der Kostenträgerzeitrechnung (vgl. Abb. 5-58).

$$KS_{VwGK} = \frac{524.000 \text{ € } / \text{ Jahr}}{9.445.560 \text{ € } / \text{ Jahr}} = \underline{\underline{5,55\,\%}}$$

$$KS_{VtGK} = \frac{601.000 \text{ € } / \text{ Jahr}}{9.445.560 \text{ € } / \text{ Jahr}} = \underline{\underline{6,36\,\%}}$$

							Betriebsabrechnungsbogen: Periode 20…				
Firma:							Alle Kostenangaben in T€/Jahr				
							Kostenstellen / Plätze				
		Kostenarten					Fertigungsbereich				
Lfd. Nr.	Konto	Bezeichnung	Σ	Ver- teiler	M	Platz I	Platz II	Platz III	Rest- FK	Vw	Vt
_1_	_2_	_2_	_3_	_4_	_5_	_6_	_7_	_8_	_9_	_10_	_11_
_1_	4000	Material- einzel- kosten	3.150	TD	3.150						
_2_	4001	Fertigungs- einzelkosten	2.075	TD					2.075		
_3_	4100	GK-material	400	MBH	20	0	0	0	320	0	60
_4_	4200	GK-löhne/ Gehälter	900	LBH	60	0	0	0	580	90	170
_5_	4300	Sozialkosten	360	LBH	20	0	0	0	245	35	60
_6_	4400	Steuern, Gebühren	230	FBH	10	0	0	0	0	180	40
_7_	4500	Kalkula- torische Abschrei- bungen	1.436	ABH	70	200	346	490	190	60	80
_8_	4550	Kalkula- torische Zinsen	640	US	68	86	96	190	100	40	60
_9_	4600	Instand- haltungs- kosten	560	TD	50	120	80	150	90	25	45
_10_	4650	Raumkosten	212	FL	20	30	42	50	20	30	20
_11_	4700	Stromkosten	175	Z	10	40	34	46	15	14	16
_12_	4800	Werkzeug- kosten	420	TD	0	200	115	105	0	0	0
_13_	4900	Übrige Kosten	250	US	50	0	0	0	100	50	50
_14_		Σ GK primär	5.583		378	676	713	1.031	1.660	524	601
_15_		Σ GK sekundär	0		0	0	0	0	0	0	0
_16_		**Σ GK**	**5.583**		**378**	**676**	**713**	**1.031**	**1.660**	**524**	**601**
_17_		Maschinen- laufzeit [Stunden/Jahr]				1.500	3.716	3.000			
_18_		KS [%]			12,0				80,00	5,55	6,36
_19_		KS [€/Stunde]				450,67	191,87	343,67			

Legende:

Rest-FK	… _Restfertigungs- gemeinkosten_	_ABH_	… _Anlagenbuchhaltung_
FBH	… _Finanzbuchhaltung_	_US_	… _Umlageschlüssel_
_TD_	… _Technische Dokumente_	_MBH_	… _Materialbuchhaltung_
LBH	… _Lohnbuchhaltung_	_GK_	… _Gemeinkosten_
_Vw_	… _Verwaltungsstelle_	_Vt_	… _Vertriebsstelle_
_M_	… _Materialstelle_	_KS_	… _Kalkulationssatz_
_FL_	… _Fläche_	_Z_	… _Zähler_

Abb. 5-57:   _Kostenstellen- und Platzrechnung_

C   Kostenträgerzeitrechnung

Die Selbstkosten des Unternehmens und der Produktgruppen X und Y sind Ergebnis der Kostenträgerzeitrechnung (vgl. Abb. 5-58).

Firma:			Kostenträgerzeitblatt: Periode 20...		
			Periodenkosten in T€/Jahr		
Bezeichnung		KS	Unternehmen insgesamt	Produkt-gruppe X	Produkt-gruppe Y
1		2	3	4	5
1	Materialeinzelkosten		3.150,00	1.650,00	1.500,00
2	+ Materialgemeinkosten	12,00	378,00	198,00	180,00
3	= Materialkosten		3.528,00	1.848,00	1.680,00
4	Fertigungseinzelkosten		2.075,00	980,00	1.095,00
5	+ Fertigungsgemeinkosten Platz I	450,67	676,00	378,56	297,44
6	+ Fertigungsgemeinkosten Platz II	191,87	713,00	290,88	422,12
7	+ Fertigungsgemeinkosten Platz III	343,67	1.031,00	467,39	563,61
8	+ Restfertigungsgemeinkosten	80,00	1.660,00	784,00	876,00
9	= Fertigungskosten		6.155,00	2.900,83	3.254,17
10	= Herstellkosten der hergestellten Leistung		9.683,00	4.748,83	4.934,17
11	+ Bestandsminderungen unfertige Leistungen		0,00	0,00	0,00
12	./. Bestandserhöhungen unfertige Leistungen		0,00	0,00	0,00
13	= Herstellkosten der fertig gestellten Leistung		9.683,00	4.748,83	4.934,17
14	+ Bestandsminderungen fertige Leistungen		0,00	0,00	0,00
15	./. Bestandserhöhungen fertige Leistungen		237,44	237,44	0,00
16	= Herstellkosten der abgesetzten Leistung		9.445,56	4.511,39	4.934,17
17	+ Verwaltungsgemeinkosten	5,55	524,00	250,27	273,73
18	+ Vertriebsgemeinkosten	6,36	601,00	287,05	313,95
19	= **Selbstkosten**		**10.570,56**	**5.048,71**	**5.521,85**

Abb. 5-58:   *Kostenträgerzeitrechnung unter Verwendung von Stundensätzen*

D Kalkulation

Für die Kalkulation des Maschinenplatzes II gelten die zusätzlich gegebenen Daten gemäß Abb. 5-59.

Anschaffungskosten	2.400.000,00	€
Jährliche Preissteigerungsrate	1,80	% p.a.
Nutzungsdauer	8,00	Jahre
Kalkulatorischer Zinssatz	8,00	% p.a.
Flächenbedarf	300,00	qm
Raumkostensatz	140,00	€/qm
Elektrische Nennleistung	120,00	kW
Auslastung der elektrischen Nennleistung	63,00	%
Strompreis	0,12	€/kWh
Durchschnittliche Werkzeugkosten (Formwerkzeug)	28.800,00	€/Werkzeug
Durchschnittliche Nutzungsdauer	558,00	Stunden/Werkzeug
Lastlaufzeit anteilig an der Maschinenlaufzeit	60,00	%

Abb. 5-59:   *Angaben zu Maschinenplatz II*

Die Abb. 5-60 zeigt die Bestimmung des Maschinenstundensatzes je Kostenart beispielhaft für den Platz II.

	Platzab-hängige Kosten-art	Berechnung	Kosten [€/Stunde]
	1	*2*	*3*
1	Kalkula-torische Abschrei-bungen	$$\frac{WK}{ND \cdot T_L} = \frac{2.768.174,51\,€}{8\;Jahre \cdot 3.716\;Stunden\,/\,Jahr}$$	93,12
2	Kalkula-torische Zinsen	$$\frac{\frac{AK}{2} \cdot i}{T_L} = \frac{1.200.000\,€ \cdot 0,08}{3.716\;Stunden\,/\,Jahr}$$ *Annahme: Durchschnittsverzinsung*	25,83
3	Instand-haltungs-kosten	$$\frac{IK}{T_L} = \frac{80.000\,€\,/\,Jahr}{3.716\;Stunden\,/\,Jahr}$$	21,53
4	Raumkosten	$$\frac{RK}{T_L} = \frac{300\,qm \cdot 140\,€\,/\,qm}{3.716\;Stunden\,/\,Jahr}$$	11,30
5	Stromkosten	$$P_{el} \cdot c_{el} \cdot p \;=\; 120\,kW \cdot 0,63 \cdot 0,12\,€\,/\,kWh$$	9,07

6	Werkzeug-kosten	$\dfrac{\dfrac{T_{Last\,Wz}}{ND_{Wz}} \cdot K_{Wz}}{T_L}$ $= \dfrac{\dfrac{3.716\ Stunden\,/\,Jahr \cdot 0,6}{558\ Stunden\,/\,Werkzeug} \cdot 28.800\ € \,/\, Werkzeug}{3.716\ Stunden\,/\,Jahr}$ *Annahme: 4 Werkzeuge/Jahr*	31,00
7	**Summe**[137]		**191,85**

Legende:					
ND	...	*Nutzungsdauer*	*WK*	...	*Wiederbeschaffungskosten*
T_L	...	*Maschinenlaufzeit*	*AK*	...	*Anschaffungskosten*
IK	...	*Instandhaltungskosten*	*RK*	...	*Raumkosten*
K_{Wz}	...	*Werkzeugkosten*	*T_{Last Wz}*	...	*Lastlaufzeit des Werkzeugs*
Wz	...	*Werkzeug*	*i*	...	*kalkulatorischer Zinssatz*
P_{el}	...	*elektrische Nennleis-tung*	*c_{el}*	...	*elektrische Auslastung*
x	...	*Faktorpreis*			

Abb. 5-60:   *Berechnung des Maschinenstundensatzes für Platz II*

Daraus resultiert die gesamte Kalkulation für die Produktgruppen X und Y (vgl. Abb. 5-61).

Die Produktkosten unter Verwendung des Maschinenstundensatzes lassen sich im Anschluss beispielhaft für die Produktgruppe X und den Maschinenplatz II wie folgt berechnen:

$$k_{Platz\,II,\,X} = \frac{1.516\ Stunde\,/\,Jahr}{1.000\ LE\,/\,Jahr} \cdot 191,87298\ €\,/\,Stunde = \underline{\underline{290,88\ €\,/\,LE}}$$

---

[137] Die auftretende Differenz im Vergleich zum ausgewiesenen Stundensatz in der Kostenstellenrechnung ist rundungsbedingt.

Firma:			Kalkulation: Periode 20...	
	Bezeichnung	KS	Kosten in €/LE	
			Produktgruppe X	Produktgruppe Y
	1	*2*	*3*	*4*
1	Materialeinzelkosten		1.650,00	750,00
2	+ Materialgemeinkosten	12,00	198,00	90,00
3	= Materialkosten		1.848,00	840,00
4	+ Fertigungseinzelkosten		980,00	547,50
5	+ Fertigungsgemein-kosten Platz I	450,67	378,56	148,72
6	+ Fertigungsgemein-kosten Platz II	191,85	290,88	211,06
7	+ Fertigungsgemein-kosten Platz III	343,67	467,39	281,81
8	+ Restfertigungs-gemeinkosten	80,00	784,00	438,00
9	= Fertigungskosten		2.900,83	1.627,09
10	= Herstellkosten		**4.748,83**	**2.467,09**
17	+ Verwaltungsgemein-kosten	5,55	263,45	136,86
18	+ Vertriebsgemeinkosten	6,36	302,16	156,98
19	= **Selbstkosten**		**5.314,44**	**2.760,93**

Abb. 5-61:   *Kostenträgerstückrechnung*

6 Kurzfristige Betriebsergebnisrechnung

6.1 Überblick

Die kurzfristige Betriebserfolgsrechnung (bzw. Betriebsergebnisrechnung oder auch kurzfristige Erfolgsrechnung) stellt für eine Abrechnungsperiode (in der Regel für einen Monat) die Kosten den Leistungen gegenüber (vgl. Abb. 6-1).

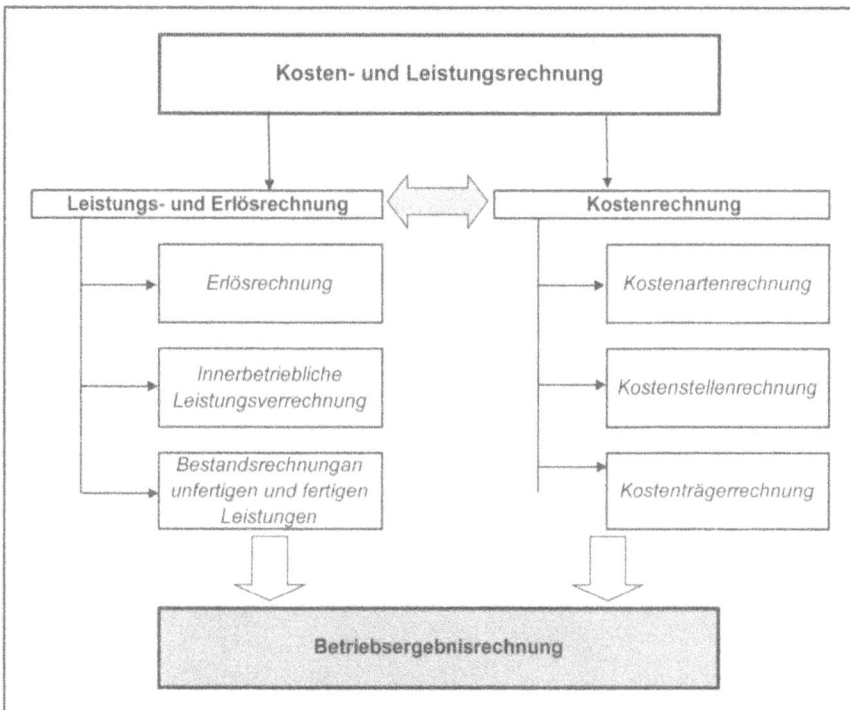

Abb. 6-1:   Einordnung der Betriebsergebnisrechnung in die Kosten- und Leistungsrechnung

Der sich daraus ergebende Betriebserfolg kann mittels des Gesamtkostenverfahrens und/ oder des Umsatzkostenverfahrens bestimmt werden. Die zwei Verfahren führen grundsätzlich zu einem identischen Erfolgsausweis (Betriebsgewinn oder

Betriebsverlust).[138] Umsatz- und Gesamtkostenverfahren können sowohl im Rahmen der Vollkosten- als auch der Teilkostenrechnung eingesetzt werden.

Die Betriebsergebnisse von Vollkosten- und Teilkostenrechnung stimmen dagegen nur dann überein, wenn die Bestandsänderung an unfertigen und fertigen Leistungen null beträgt. Im Folgenden wird sich lediglich auf die Vollkostenrechnung[139] bezogen. Die Anwendung beider Verfahren verlangt die vorherige Durchführung einer Kostenträgerzeitrechnung und der periodenbezogenen Leistungsrechnung, bestehend aus Erlös-, innerbetrieblicher Leistungs- und Bestandsrechnung.

Beide Rechnungen können in tabellarischer und kontenmäßiger Form abgewickelt werden. Weil in der Kosten- und Leistungsrechnung gegenwärtig die Tabellenform bevorzugt wird, sei diese auch hier favorisiert.

6.2   Gesamtkostenverfahren

Beim Gesamtkostenverfahren (vgl. Abb. 6-2 und Abb. 6-3) werden die Periodenerlöse, gegliedert nach Kostenträgern, den nach Kostenarten differenzierten Periodenkosten gegenübergestellt.

```
                                               (Angaben in €/Periode)
      Umsatzerlöse
  +  Bestandserhöhungen an unfertigen und fertigen Leistungen
  ./. Bestandsminderungen an unfertigen und fertigen Leistungen
  +  Aktivierte Eigenleistungen[140]
  =  Gesamtleistung

  ./. Herstellkosten der hergestellten Leistung
  ./. Verwaltungskosten
  ./. Vertriebskosten
  ./. Sonstige Kosten[141]
  =  Kurzfristiges Betriebsergebnis
```

Abb. 6-2:   Gesamtkostenverfahren (Staffel- bzw. Tabellenform)

---

[138] Es sei denn, die Bestandsbewertung von unfertigen und fertigen Leistungen würde in den Verfahren irregulär unterschiedlich erfolgen.

[139] Vgl. zur Betriebsergebnisrechnung in Teilkostensystemen und zum konträren Ausweis der Betriebsergebnisse bei Voll- und Teilkostenansatz Abschnitt 7.5.

[140] Aktivierte Eigenleistungen werden ebenso wie Bestandsänderungen an unfertigen und fertigen Leistungen zu Herstellkosten bewertet.

[141] Vgl. dazu Ausführungen unter Abschnitt 4.3.1; zu sonstigen Kosten können bspw. Forschungs- und Entwicklungskosten oder auch Kosten für die betriebliche Altersversorgung zählen, sofern diese betriebsbedingt und nicht Bestandteil der Herstellkosten sind.

Die Periodenkosten beziehen sich auf die in dieser Periode hergestellten Leistungen. Die Bestandsänderungen, bewertet zu Herstellkosten (vgl. Abschnitt 4.3), werden deshalb separat ausgewiesen.

Das Verfahren in seiner Grundform gestattet im Allgemeinen eine, in Abhängigkeit von der Qualität der Kostenartenrechnung, aussagekräftige Kostenartenanalyse. Als nachteilig ist zu erwähnen, dass die klassische Anwendung des Verfahrens bzw. die Grundform keine Kostenanalyse je Kostenträger zulässt. Der Beitrag eines Kostenträgers am Unternehmenserfolg kann demnach nicht gemessen werden. Verfügt das Unternehmen allerdings über eine qualifizierte Kostenarten- und Kostenstellenrechnung, so wird dadurch dieser Nachteil der Grundform kompensiert.

Abb. 6-3:   Gesamtkostenverfahren (Kontenform)

6.3   Umsatzkostenverfahren

Das Betriebsergebnis wird ermittelt, indem von den Umsatzerlösen je Kostenträger und Periode die Kosten der abgesetzten Leistung[142] subtrahiert werden (vgl. Abb. 6-4 und Abb. 6-5).

Die Kosten sind hierbei den entsprechenden Kostenträgern zugeordnet. Damit ist gewährleistet, dass entscheidungsorientierte Informationen, z. B. in Bezug auf die Gestaltung des Produktionsprogramms, sowie eine produktorientierte Erfolgsanalyse dem Management zur Verfügung gestellt werden können. Da sich das Verfahren konsequent auf Absatzdaten bezieht, wird es daher als marktbezogen eingeschätzt.

---

[142] Vgl. dazu bspw. Coenenberg, A. G./Fischer, Th. M./Günther, Th. (Kostenrechnung), S. 174.

```
                                                              (Angaben in €/Periode)
            Umsatzerlöse
       ./.  Herstellkosten der abgesetzten Leistung
       ./.  Verwaltungskosten
       ./.  Vertriebskosten
       ./.  Sonstige Kosten
       =    Kurzfristiges Betriebsergebnis
```

Abb. 6-4:   Umsatzkostenverfahren (Staffelform)

```
                                                              (Angaben in €/Periode)
                         Betriebsergebniskonto
   Kosten                                                     Leistungen

   Herstellkosten                                             Umsatzerlöse
   der abgesetzten Leistung


   Verwaltungskosten
   Vertriebskosten
   Sonstige Kosten


   Betriebsgewinn                                             Betriebsverlust
```

Abb. 6-5:   Umsatzkostenverfahren (Kontenform)

6.4   Beispiel

Das Beispiel soll unter anderem zeigen, dass beide Verfahren zur Ermittlung des Periodenerfolges sowohl eine vorherige Kostenträgerzeit- als auch Leistungsrechnung benötigen.

Insbesondere sind im Rahmen der Kostenträgerzeitrechnung die Herstellkosten der hergestellten Leistung (Gesamtkostenverfahren) und die Herstellkosten der fertig gestellten Leistung (Umsatzkostenverfahren) relevant. Die Ausgangsdaten sind der Abb. 6-6 zu entnehmen. Die Durchführung einer kurzfristigen Erfolgsrechnung setzt eine anfängliche Erlös- und Kostenträgerzeitrechnung voraus.

Weil die Erlösrechnung in diesem Beispiel relativ anspruchslos ist, wird lediglich die Kostenträgerzeitrechnung in Abb. 6-7 ausführlicher demonstriert.

			Unternehmen gesamt	Produkt	
				A	B
		1	*2*	*3*	*4*
1	Umsatzerlöse	[€/LE]		200	280
2	Materialkosten	[€/ZE]	48.000	18.000	30.000
3	Fertigungskosten	[€/ZE]	140.000	60.000	80.000
4	Verwaltungs- und Vertriebskosten	[€/ZE]	13.000	5.000	8.000
5	hergestellte Leistung	[LE/ZE]		600	400
6	Bestandserhöhungen	[LE/ZE]		100	20

Abb. 6-6:   Ausgangsdaten

			Unternehmen [€/ZE]	Produkt A [€/ZE]	Produkt B [€/ZE]
		1	*2*	*3*	*4*
1		Materialkosten	48.000	18.000	30.000
2	+	Fertigungskosten	140.000	60.000	80.000
3	=	Herstellkosten hergestellte Leistung	188.000	78.000	110.000
4	+ –	Bestandsminderungen FE Bestandserhöhungen FE	- 18.500	- 13.000	- 5.500
5	=	Herstellkosten abgesetzte Leistung	169.500	65.000	104.500
6	+	Verwaltungs- und Vertriebskosten	13.000	5.000	8.000
7	=	**Selbstkosten**	**182.500**	**70.000**	**112.500**

Abb. 6-7:   Kostenträgerzeitrechnung

Die Abb. 6-8 und Abb. 6-9 zeigen anhand der Ausgangsdaten die Anwendung von Umsatz- und Gesamtkostenverfahren.

			Unternehmen [€/ZE]	Produkt A [€/ZE]	Produkt A [€/ZE]
		1	*2*	*3*	*4*
1		Umsatzerlöse	206.400	100.000	106.400
2	-	Selbstkosten (abgesetzte Leistung)	182.500	70.000	112.500
3	=	**Betriebsergebnis**	**23.900**	**30.000**	**- 6.100**

Abb. 6-8:   Umsatzkostenverfahren

		Unternehmen [€/ZE]	Produkt A [€/ZE]	Produkt A [€/ZE]
	1	*2*	*3*	*4*
1	Umsatzerlöse	206.400	100.000	106.400
2	+ Bestandserhöhungen	18.500	13.000	5.500
3	- Bestandsminderungen	-	-	-
3	+ Eigenleistungen	-	-	-
4	= **Gesamtleistung**	**224.900**	**113.000**	**111.900**
5	- Kosten der hergestellten Leistung: Materialkosten	48.000	18.000	30.000
	Fertigungskosten	140.000	60.000	80.000
	Verwaltungs- und Vertriebskosten	13.000	5.000	8.000
6	= **Betriebsergebnis**	**23.900**	**30.000**	**- 6.100**

Abb. 6-9:   Gesamtkostenverfahren

Die Bestandserhöhungen an fertigen Leistungen werden zu Herstellkosten der laufenden Periode bewertet. Beispielhaft für das Produkt A ergeben sich demnach 13.000 €/ZE:

$$BÄ\uparrow FE_A \ = \ \frac{78.000 \ € \ / \ ZE}{600 \ LE \ / \ ZE} \ \cdot \ 100 \ LE \ / \ ZE \ = \ 13.000 \ € \ / \ ZE$$

Legende:
$BÄ\uparrow$ ...   *Bestandserhöhung*
FE ...   *Fertigleistung bzw. -erzeugnis*

Es wird außerdem deutlich, dass beide Verfahren das identische kurzfristige Betriebsergebnis sowohl für das Unternehmen insgesamt als auch für die Produkte A und B ausweisen.

7 Teilkostenrechnung auf Basis variabler Kosten

7.1 Grundlagen

Die Teilkostenrechnung auf Basis variabler Kosten[143], im Folgenden nur als Teilkostenrechnung bezeichnet, ist ein System der Kostenrechnung, bei dem nicht alle Kosten, sondern lediglich die variablen Kosten unter Maßgabe des Verursachungsprinzips auf die einzelnen Kostenträger zugerechnet werden. Auf die Schlüsselung von Fixkosten wird verzichtet, weil diese Kosten zum einen von mehreren Leistungsarten gemeinschaftlich verursacht werden und zum anderen innerhalb von Kapazitätsgrenzen trotz Leistungsschwankungen konstant anfallen.

Das Teilkostensystem setzt deshalb die *strikte Trennung in variable und fixe Kosten* voraus (Kostenauflösung). Die Zuordnung von Einzelkosten auf Leistungsarten gestaltet sich weitestgehend unproblematisch, hingegen ist die Verrechnung von variablen Gemeinkosten auf Kalkulationsobjekte lediglich indirekt, in der Regel mit Hilfe von variablen Kalkulationssätzen bzw. variablen Stundensätzen umsetzbar.

Die Kostenrechnung auf Teilkostenbasis läuft ebenso wie die Vollkostenrechnung in den Rechenschritten Kostenarten-, Kostenstellen- und Kostenträgerrechnung (vgl. Abb. 7-1) ab. Einzelkosten und fixe Gemeinkosten werden direkt in die Kostenträgerrechnung bzw. Betriebsergebnisrechnung überführt. Ausschließlich die variablen Gemeinkosten bedingen im Falle der einstufigen Teilkostenrechnung (Direct Costing) der Abrechnungsschritte der Stellenrechnung. Im Ergebnis der Kostenträgerstückrechnung steht der Ausweis der variablen, leistungsartbezogenen, spezifischen Kosten, wohingegen nach Ablauf der Kostenträgerzeitrechnung die variablen Periodenkosten des Unternehmens sowie der Leistungsarten bekannt sind. Leistungsartenbezogene Kosten beinhalten grundsätzlich nur variable Kosten.

---

[143] Teilkostenrechnungssysteme sind in die Teilkostenrechnung auf Basis variabler Kosten und in die relative Einzelkostenrechnung zu unterscheiden. Auf Grund ihrer praxisrelevanten Bedeutung wird sich hier ausschließlich auf die Erstgenannte, kurz Teilkostenrechnung, konzentriert. Vgl. zur relativen Einzelkostenrechnung z.B. Riebel, P.: (Deckungsbeitragsrechnung).

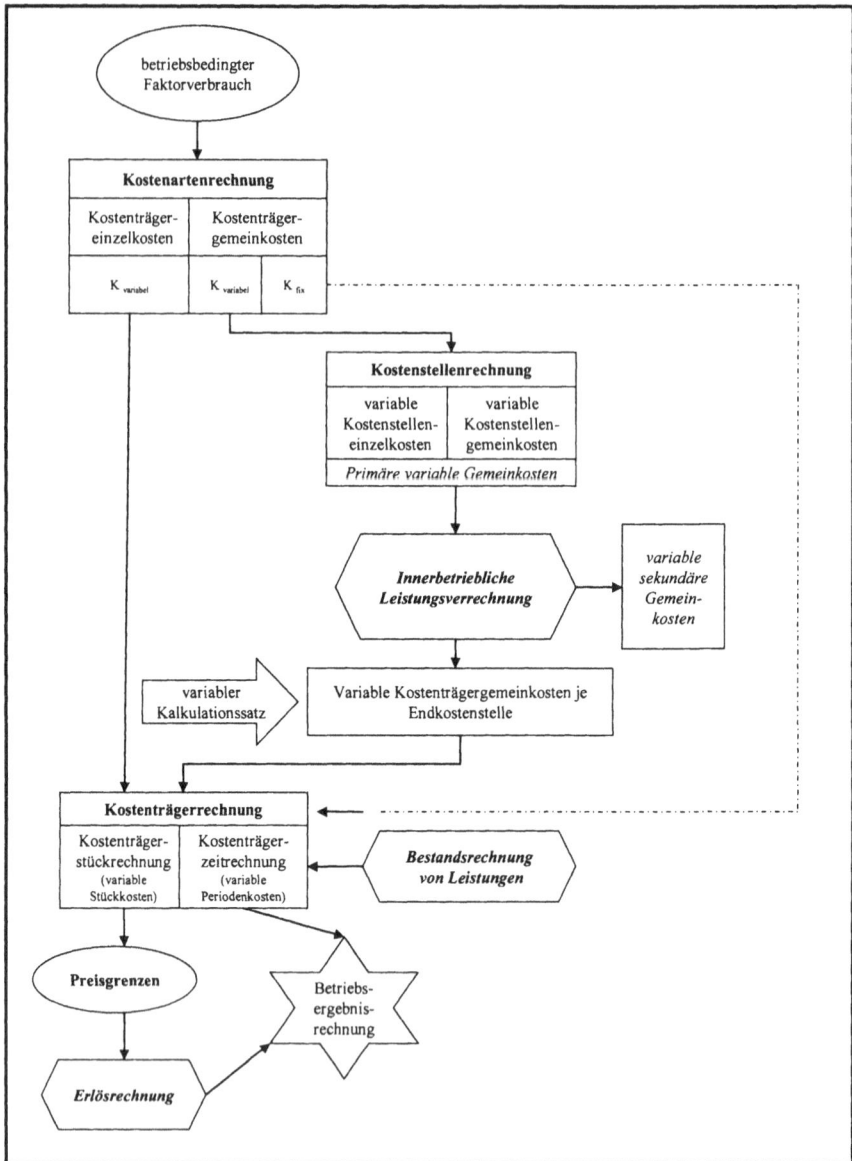

Abb. 7-1:   *Grundstruktur traditioneller Teilkosten- und Leistungsrechnung*

Nicht zu missachten ist ferner, dass die Durchführung der Teilkostenrechnung einer parallelen, qualifizierten Vollkostenrechnung bedarf.

Zusammenfassend seien grundsätzliche Unterschiede zur Vollkostenrechnung genannt.

- Die Teilkostenrechnung erfordert die Auflösung der Gesamtkosten je Kostenart und möglichst je Kostenstelle in variable und fixe Bestandteile. Die Kostenauflösung zählt zu den zentralen Aufgaben der Kostenartenrechnung.
- Dem Verursachungsprinzip folgend werden ausnahmslos variable Gemeinkosten in der Kostenstellenrechnung verrechnet. Daraus resultiert, dass grundsätzlich variable Kalkulationssätze [KS_{var}] berechnet werden.

$$KS_{var} = \frac{variable\ Gemeinkosten\ je\ Endkostenstelle}{Verrechnungsbasis} \cdot 100$$

- Als Bewertungsmaßstab für die Bestände an unfertigen und fertigen Leistungen fungieren generell die variablen, spezifischen Herstellkosten je Leistungsart.
- Fixkosten werden prinzipiell nicht auf Kostenträger verrechnet, sondern als Block, stufenweise und/ oder mehrdimensional als Periodenkosten in die Erfolgsrechnung übernommen (Deckungsbeitragsrechnung, Direct Costing).

Wird die Teilkostenrechnung um die Erlösrechnung erweitert, spricht man von *Deckungsbeitragsrechnung* als Form einer kurzfristigen, kalkulatorischen Betriebsergebnisrechnung. Die *Betriebsergebnisrechnung* ist einerseits in Form des Gesamtkostenverfahrens und andererseits als Umsatzkostenverfahren (vgl. Abschnitt 6) jeweils im Vollkosten- und Teilkostensystem praktizierbar. Deckungsbeiträge können lediglich mit dem *Umsatzkostenverfahren* ausgewiesen werden. Hierbei sind zu unterscheiden:

- Einstufige Deckungsbeitragsrechnung (Fixkosten werden im Block, also summarisch, im Umsatzkostenverfahren berücksichtigt.)
- Mehrstufige Deckungsbeitragsrechnung (Die verursachungsgerechte Einbeziehung der Fixkosten in die Betriebsergebnisrechnung erfolgt differenziert in Abhängigkeit von aufbauorganisatorischen und/ oder programmabhängigen Abrechnungsstufen.)
- Mehrdimensionale Deckungsbeitragsrechnung. (Fixe Gemeinkosten, zumeist Vertriebskosten, werden nach ihrer Verursachung auf Erlösquellen zugerechnet.)

Abb. 7-2 zeigt die summarische Deckungsbeitragsrechnung (Direct Costing) in tabellarischer Form (Staffelform).

```
      Umsatzerlöse in €/ZE (gegliedert nach Leistungsarten)
 ./.  variable Kosten des Umsatzes bzw. variable Selbstkosten in €/ZE
      (gegliedert nach Leistungsarten)
 =    Deckungsbeitrag in €/ZE (gegliedert nach Leistungsarten)
 ./.  Fixkosten in €/ZE (unternehmens- oder divisionsbezogen)
 =    Betriebsergebnis in €/ZE (unternehmens- oder divisionsbezogen)
```

Abb. 7-2:   *Umsatzkostenverfahren bei Anwendung der Teilkostenrechnung*
                (einstufige Deckungsbeitragsrechnung)

Ebenso wäre das Gesamtkostenverfahren bei Anwendung der Teilkostenrechnung
durchführbar. Aufgrund dessen, dass hierbei keine Deckungsbeiträge messbar
sind, erlangt dieses Verfahren für Teilkostenrechnungssysteme nur untergeordnete
Bedeutung (vgl. Abb. 7-3).

```
      Umsatzerlöse in €/ZE (gegliedert nach Leistungsarten)
 +    Bestandszunahmen an unfertigen und fertigen Leistungen bewertet zu vari-
      ablen Herstellkosten in €/ZE
 ./.  Bestandsabnahmen an unfertigen und fertigen Leistungen bewertet zu vari-
      ablen Herstellkosten in €/ZE
 +    Aktivierte Eigenleistungen bewertet zu variablen Herstellkosten in €/ZE
 =    Gesamtleistung in €/ZE

 ./.  Variable Herstellkosten der hergestellten Leistung in €/ZE
 ./.  Variable Verwaltungs- und Vertriebskosten in €/ZE
 ./.  Fixkosten in €/ZE (unternehmens- oder divisionsbezogen)
 =    Betriebsergebnis in €/ZE (unternehmens- bzw. divisionsbezogen)
```

Abb. 7-3:   *Gesamtkostenverfahren (Staffelform) bei Anwendung der Teilkostenrechnung*

Es sei nochmals unterstrichen, dass bei qualifizierter Kostenstellenrechnung die
einfache Form der Betriebsergebnisrechnung an Relevanz verliert. Gegenwärtig
sollte vorrangig die erweiterte Form der Betriebsergebnisrechnung Anwendung
finden. Demnach ist es nicht mehr zwingend, dass die Gliederung der Kosten nach
Kostenarten im Falle des Umsatzkostenverfahrens oder die Differenzierung der
Kosten nach Leistungsarten beim Gesamtkostenverfahren dem Management un-
bekannt ist (vgl. nochmals Abschnitt 6).

Dass mit der Teilkostenrechnung keine leistungsartenbezogene Gesamtkostenbe-
rechnung möglich ist, muss als nachteilig angeführt werden. Somit ist weder eine
herkömmliche Preiskalkulation noch eine produktbezogene Ergebnisrechnung
denkbar.

Die Teilkostenrechnung garantiert allerdings den Ausweis von Preisober- und
Preisuntergrenzen sowie im Rahmen des Umsatzkostenverfahrens die Berechnung

von Deckungsbeiträgen je Kostenträger. Damit liefert dieses Rechensystem neben dem verursachungsgerechten Ausweis des unternehmens- bzw. divisionsbezogenen Betriebsergebnisses wertvolle Informationen für kurzfristige Entscheidungen.

7.2 Kostenauflösung als eine Aufgabe der Kostenartenrechnung

7.2.1 Überblick

Die Aussagekraft der Teilkostenrechnung wird nachhaltig durch die Qualität der Kostenartenrechnung geprägt. Die Erfassung, Klassifizierung, Gliederung und Weiterverarbeitung der Kosten gehört zu den grundlegendsten Aufgaben der Kostenrechnung. Für die Durchführung der Teilkostenrechnung ist es unerlässlich, einen weiteren Gliederungsaspekt hinzuzufügen. Galt bislang in Vollkostenrechnungssystemen die Gliederung in Einzel- und Gemeinkosten als eine der Wichtigsten im Sinne der Kostenverrechnung, so ist sie nun um den Aspekt der Beeinflussbarkeit der Kosten von Kosteneinflussgrößen zu ergänzen. Als die wohl traditionell bedeutendste Einflussgröße wird hierbei die Beschäftigung angesehen. Danach sind bekanntermaßen Einzelkosten generell variable Kosten, Gemeinkosten hingegen können sowohl aus variablen als auch aus fixen Kostenbestandteilen bestehen (Mischkosten). Die deshalb zwingend notwendige Kostenspaltung der Gemeinkosten wird üblicherweise als *Kostenauflösung* bezeichnet.

Für traditionelle Teilkostenrechnungen ist die Trennung in fixe [K_f] und variable Kostenbestandteile [K_{var}] je Kostenart in Abhängigkeit von der Kosteneinflussgröße Beschäftigung [Q] unentbehrlich. Im Idealfall erfolgt die Kostenauflösung der Gemeinkosten je Kostenstelle. Zunehmend sind darüber hinaus in Abhängigkeit vom angewandten Teilkostenrechnungssystem weitere Kosteneinflussfaktoren für die Kostengliederung zu verwenden. Für die Stundensatzrechnung auf Teilkostenbasis ist es z. B. unerlässlich, die Kosten in Abhängigkeit von der Einflussgröße Zeit in zeitabhängige (also zeitvariable) und zeitunabhängige Kosten (demnach zeitfixe oder konstante Kosten) zu gliedern. Analog sind gemäß dem Prozesskostengedanken weitere Kosteneinflussgrößen als Gliederungsaspekte aufzunehmen. Außerdem sollte Beachtung finden, dass die Ergebnisse der Kostenauflösung nicht nur je Kostenart, sondern ebenso je Kostenstelle, Platz und wenn erforderlich auch je Prozess differieren können.

Die vielfältigen Kosteneinflussfaktoren und die mannigfaltigen Programm-, Produktions- und Absatzbedingungen bewirken für die Aufstellung der jeweiligen Kostenfunktionen je Gemeinkostenart und Kostenstelle einen immensen Verwaltungsaufwand. Deshalb nutzt man für die Kostenplanung[144] Näherungsverfahren, mit deren Unterstützung durch Auflösen der Periodenkosten schätzungsweise variable und fixe Kostenanteile berechnet werden können. Vereinfachend wird, wie bereits ausgeführt, bei der *Kostenauflösung von der Kosteneinflussgröße Beschäftigung* ausgegangen und angenommen, dass die quantitativen und qualitativen Merkmale damit hinreichend Berücksichtigung finden. Sämtliche in der Praxis angewandten Teilkostensysteme unterstellen einen linearen Verlauf der variablen Periodenkosten. Aus diesem Grund werden häufig variable Kosten als proportionale Kosten bezeichnet. Eine Übersicht der Kostenauflösungsverfahren zeigt Abb. 7-4.

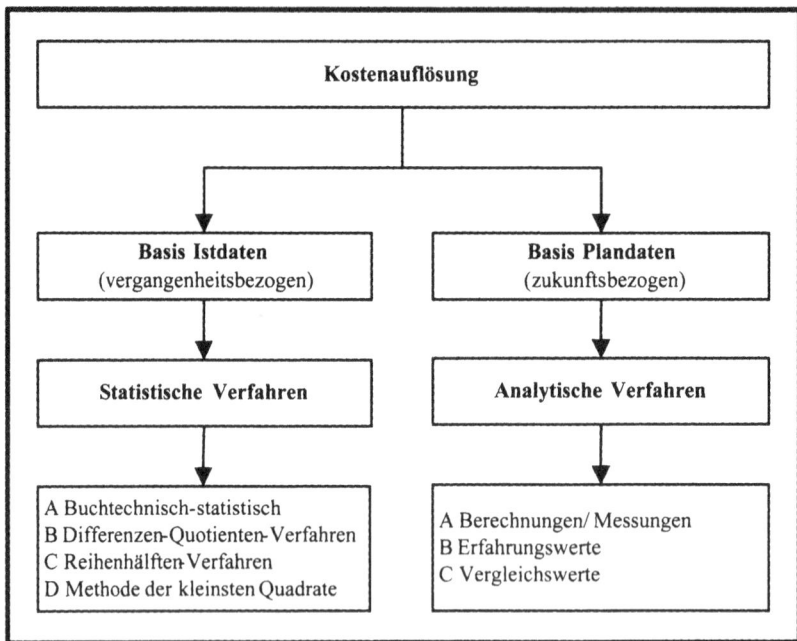

Abb. 7-4:   *Verfahren der Kostenauflösung[145]*

---

[144] Die Kostenauflösung geschieht in der Regel als zukunftsorientierte Rechnung. Vgl. zur Gemeinkostenplanung auch Abschnitt 11.4.

[145] Auf die Darstellung des Streupunktdiagramms als grafische Möglichkeit zur Kostenauflösung wird hier wegen fehlender Praxisrelevanz verzichtet. Vgl. z.B. Kilger, W./Pampel, J./Vikas, K.: (Plankostenrechnung), S. 268.

7.2.2   Statistische Verfahren der Kostenauflösung

Statistische Verfahren werten um außerordentliche Vorkommnisse[146] bereinigte, kostenstellenbezogene Daten vergangener Abrechnungsperioden, welche sich auf einzelne Kostenarten in Abhängigkeit von der Beschäftigung beziehen, aus. Augenfällig variable Kostenarten (z. B. Hilfsstoffkosten) und eindeutig fixe Kostenarten (z. B. zeitabhängige Abschreibungen) können in einem ersten Schritt den jeweiligen Kostenkomplexen zugeteilt werden. Die Zuordnung von Mischkosten einer Kostenstelle (z. B. Energiekosten) zu fixen oder variablen Bestandteilen geschieht nun entweder mittels fundierter Schätzung oder mithilfe statistischer Methoden.[147] Hierbei gilt es zu beachten, dass die Zuordnung einer Kostenart differenziert nach Kostenstellen angestrebt werden sollte. So verhalten sich Energie- oder auch Instandhaltungskosten im Verwaltungsbereich fix, im Leistungsbereich hingegen partiell beschäftigungsvariabel. Anhand vereinfachter Ausgangsdaten (vgl. Abb. 7-5) werden statistische Methoden der Kostenauflösung anschließend beispielhaft vorgestellt.

Abrechnungsperiode [ZE]		Beschäftigung [LE/ZE]	Kosten [€/ZE]
1		2	3
1	01	500	12.800
2	02	550	14.000
3	03	460	12.200
4	04	410	10.900
5	05	580	14.300
6	06	600	14.900
7	07	390	10.000
8	08	540	13.200
9	09	620	15.400
10	10	710	16.600
11	11	690	16.300
12	12	680	16.100
Annahme: Die Daten beziehen sich auf die Kostenart X der Kostenstelle I.			

Abb. 7-5:   Ausgangsdaten

A   **Buchtechnisch statistische Kostenauflösung
(Reagibilitätsmethode)**

Die Berechnung konzentriert sich lediglich auf zwei Wertepaare der Datenmenge (Zwei-Punkte-Verfahren). Es wird festgestellt, wie sich die tatsächlichen Kosten bei Beschäftigungsveränderung entwickelt haben. Die Reagibilität [*r bzw. ε*] gibt

---

[146] Zu außerordentlichen Vorkommnissen zählen z.B. Fehlbuchungen, Unwirtschaftlichkeiten, außergewöhnliche Produktions- und Absatzstörungen.
[147] Vgl. z.B. Schweitzer, M./Küpper, H.-U.: (Systeme), S. 398.

bezogen auf ein Beschäftigungsniveau[148] an, um wie viel Prozent sich die Kosten [K] ändern, wenn die Leistungsmenge [Q] um ein Prozent variiert.

$$r = \varepsilon = \frac{\Delta K_{relativ}}{\Delta Q_{relativ}} = \frac{\dfrac{K_1 - K_0}{K_0}}{\dfrac{Q_1 - Q_0}{Q_0}} = \frac{Q_0\,(K_1 - K_0)}{K_0\,(Q_1 - Q_0)}$$

Legende:

r bzw. ε	...	*Reagibilität*
$\Delta K_{relativ}$	...	*relative Kostenelastizität*
$\Delta Q_{relativ}$	...	*relative Beschäftigungselastizität*
K_1	...	*Kosten der Berichtsperiode in €/ZE*
K_0	...	*Kosten der Basisperiode in €/ZE*
Q_1	...	*Herstellmenge der Berichtsperiode in LE/ZE*
Q_0	...	*Herstellmenge der Basisperiode in LE/ZE*
0	...	*Basiszeitraum*
1	...	*Berichtszeitraum*

Daraus folgt:

$r = 0$ $\Rightarrow$ Die Kostenart verhält sich beschäftigungsfix.

$r = 1$ $\Rightarrow$ Die Kostenart verhält sich beschäftigungsvariabel.

$0 < r < 1$ $\Rightarrow$ Die Kostenart verhält sich zum Teil beschäftigungsfix, teilweise beschäftigungsvariabel.

z. B.: $r = 0{,}4 \Rightarrow$ 40 % variable, 60 % fixe Kosten

Ein Beispiel zur Anwendung der Reagibilitätsmethode zeigt die Abb. 7-6. Die Methode garantiert zwar für das jeweilige Beschäftigungsniveau eine näherungsweise Kenntnis der variablen und fixen Kosten, für jeden weiteren Beschäftigungspunkt der Kostenkurve wäre allerdings im Interesse objektiver Resultate eine erneute Berechnung erforderlich. Letztlich würde das dazu führen, dass ggf. auch alternative, also keine proportionalen, Kostenverläufe erfasst werden könnten. Bezieht sich die Anwendung dieser Methode lediglich auf die Einbeziehung zweier Wertepaare, so ist damit zu rechnen, dass

- eine hohe Abhängigkeit des Kostenauflösungsergebnisses von der Auswahl des Wertepaares existiert.
- die Kurvenpunkte zu nahe beieinanderliegen und somit die Gefahr besteht, nicht repräsentative Gegebenheiten zu analysieren.
- eine zu große Differenz zwischen den Kurvenpunkten außergewöhnliche Vorkommnisse dennoch integriert. Weil die Anforderung besteht, dass vor der Kostenauflösung Istkosten zu bereinigen sind, wird oftmals empfohlen, zwei

---

[148] Bezogen auf die Beschäftigungsentwicklung ist der Kostenverlauf bestimmbar (vgl. Abschnitt 3.2.3).

Wertepaare mit relativ großem Bezugsgrößenabstand auszuwählen (Hoch-Tiefpunkt-Verfahren).

Abrechnungsperiode	Beschäftigung [LE/ZE]	Gesamtkosten [€/ZE]
07	390	10.000
10	710	16.600

r = 0,804375

Abrechnungs-periode	Variable Kosten [€/LE]	Kosten [€/ZE]		
		gesamt	fix	variabel
07	20,63	10.000	1.956,25	8.043,75
10	18,81	16.600	3.247,38	13.352,63

Abb. 7-6:   *Beispiel zur buchtechnisch-statistischen Methode*

B   **Differenzen –Quotienten-Verfahren**

Wie die buchtechnisch-statistische Methode verwendet auch die Differenzmethode lediglich zwei Wertepaare der Gesamtdatenmenge. Damit gelten alle genannten Nachteile von Zwei-Punkte-Verfahren. Diese Form der Kostenauflösung geht auf den *proportionalen Satz Schmalenbachs*[149] zurück, wonach einzelne Kostenarten in Grenz- und Residualkosten aufgeteilt werden. Es gilt:

$$\Delta k = \frac{K_1 - K_0}{Q_1 - Q_0} = \frac{\Delta K}{\Delta Q} = k_{var}$$

Unterstellt wird, dass sich bei Beschäftigungszunahme ausnahmslos variable Kostenbestandteile erhöhen. Bei linearem Kostenverlauf entsprechen die Einheitsdifferenzkosten den variablen, spezifischen Kosten. Somit resultieren die fixen Kosten bei linearen Kostenfunktionen als Residualkostenbetrag:

$$K_f = K_1 - \Delta k \, Q_1 = K_0 - \Delta k \, Q_0$$

Legende:

Δk	...	*Differenzkosten in €/LE*
ΔK	...	*Kostenveränderung in €/ZE*
ΔQ	...	*Leistungsveränderung in LE/ZE*
k_{var}	...	*variable Stückkosten in €/LE*
K_f	...	*Periodenfixkosten in €/ZE*

---

[149] Vgl. Schmalenbach, E.: (Selbstkostenrechnung), S. 294.

Als vorteilhaft, ist sicher die Einfachheit der Methode anzuführen. Nachteile sind, neben denen von Zwei-Punkte-Verfahren, die Ermittlung der fixen Kosten als rechnerische Restgröße und die Beschränkung auf lineare Kostenfunktionen. Dieses Verfahren (vgl. Beispiel in Abb. 7-7) löst deshalb die Gesamtkosten [K] lediglich näherungsweise auf.

Abrechnungsperiode	Beschäftigung [LE/ZE]	Gesamtkosten [€/ZE]
07	390	10.000
10	710	16.600

k_{var} = 20,625 ≈ 20,63 € / LE

Abrechnungsperiode	Variable Kosten [€/LE]	Kosten [€/ZE]		
		gesamt	fix	Variabel
07	20,63	10.000	1.956,25	8.043,75
10	20,63	16.600	1.956,25	14.643,75

Abb. 7-7:   Beispiel zur Differenzen-Quotienten-Methode

C   Reihenhälften-Verfahren

Weil sämtliche Werte der Datenmenge Berücksichtigung finden, zählt das Reihenhälften-Verfahren zu den Mehr-Punkte-Betrachtungen. Die Datenmenge wird aufbereitet, so dass zwei repräsentative Wertepaare entstehen. Des Weiteren werden die bereinigten Istdaten bezogen auf eine Kostenart nach aufsteigender Beschäftigung sortiert. Nachfolgend wird diese Reihe in eine obere und eine untere Hälfte getrennt. Für jede dieser Hälften kann anschließend das arithmetische Mittel für die Bezugsgrößen und Kostendaten berechnet werden. Die daraus resultierenden Ergebnisse gelten nun als die Wertepaare für die Kostenauflösung (vgl. Abb. 7-8).

$$k_{var} = \frac{\varnothing K_{Hälfte\,2} - \varnothing K_{Hälfte\,1}}{\varnothing Q_{Hälfte\,2} - \varnothing Q_{Hälfte\,1}}$$

$$K_f = K - k_{var} \cdot Q$$

Im Folgenden lassen sich die fixen und variablen Kostenanteile berechnen:

$$k_{var} = \frac{15.600\,€ - 12.183\,€}{647\,LE - 475\,€} = \frac{3.417\,€}{172\,LE}$$

$$= \underline{\underline{19,87\,€ / LE}}$$

$$K_f = 15.600\,€ - (19,87\,€ / LE \cdot 647\,LE) = \underline{\underline{2.744\,€ / ZE}}$$

Für dieses Beispiel werden zur Berechnung der fixen Kosten die Daten der oberen Hälfte genutzt (subjektive Entscheidung).

Periode		Beschäftigung [LE/ZE]	Rang	Kosten [€/ZE]
1		*2*	*3*	*4*
1	Untere Hälfte:			
2	07	390	1	10.000
3	04	410	2	10.900
4	03	460	3	12.200
5	01	500	4	12.800
6	08	540	5	13.200
7	02	550	6	14.000
8	Summe	2.850 → Ø 475		73.100 → Ø 12.183
9	Obere Hälfte:			
10	05	580	7	14.300
11	06	600	8	14.900
12	09	620	9	15.400
13	12	680	10	16.100
14	11	690	11	16.300
15	10	710	12	16.600
16	Summe	3.880 → Ø 647		93.600 → Ø 15.600

Abb. 7-8:   *Reihenhälften-Verfahren*

D   Methode der kleinsten Quadrate

Die Methode der kleinsten Quadrate geht von einem linearen Verlauf der variablen Kostenanteile aus und führt deshalb ebenfalls zu keinen exakten Resultaten der Kostenauflösung. Außerdem sollten in die Berechnung ausnahmslos bereinigte Daten einfließen, d.h., dass z. B. Mengen- und Preisgefüge den betriebsbedingten, verursachungsgerechten Ablauf des Betriebes entsprechen. Überdies wird eine Normalverteilung unterstellt.

Es muss ferner sichergestellt sein, dass die Werte der Datenmenge nicht miteinander korrelieren. Oftmals kann in der Praxis diesem Anspruch nicht oder mit enormem wirtschaftlichen Aufwand entsprochen werden. Für die Berechnung der Regressionsgeraden[150] kommen nachstehende Ansätze zur Anwendung:

$$(I) \qquad k_{\mathrm{var}} \cdot \sum_{i=1}^{n} Q_i^2 \ + \ K_f \cdot \sum_{i=1}^{n} Q_i \ = \ \sum_{i=1}^{n} Q_i \cdot K_i$$

---

[150] Vgl. zur Ermittlung der Regressionsgeraden z.B.: Kreyszig, E.: (Statistische Methoden), S. 258 ff.

$$(II) \qquad k_{var} \cdot \sum_{i=1}^{n} Q_i \; + \; K_f \cdot n \; = \; \sum_{i=1}^{n} K_i$$

bzw.

$$(I) \qquad \varnothing K_i \; = \; K_f \; + \; k_{var} \cdot \varnothing Q_i$$

$$(II) \qquad k_{var} \; = \; \sum_{i=1}^{n} \frac{\Delta Q_i \; \cdot \; \Delta K_i}{\Delta Q_i^2}$$

Legende:

Q_i ... *Herstellmenge bezogen auf eine Leistungsart in LE/Periode i; i = 1...n; n = Anzahl der Perioden*

K_i ... *Kosten bezogen auf eine Kostenart in €/Periode i; i = 1...n; n = Anzahl der Perioden*

Daraus resultiert für das Beispiel der Ansatz (vgl. Abb. 7-5):

$$(I) \qquad k_{var} \cdot 3.899.300 \; + \; K_f \cdot 6.730 \; = \; 95.972.000$$

$$(II) \qquad k_{var} \cdot 6.730 \; + \; K_f \cdot 12 \; = \; 166.700$$

bzw.

$$(I) \qquad 13.891,67 \; = \; K_f \; + \; k_{var} \cdot 560,8\overline{3}$$

$$(II) \qquad k_{var} \; = \; \frac{2.481.083}{124.892}$$

Im Ergebnis erhält man die variablen Stückkosten und die Periodenfixkosten:

$$k_{var} \qquad = \; 19,87 \; € \, / \, LE$$

$$K_f \qquad = \; 2.750,29 \; € \, / \, ZE$$

E   Zusammenfassung

Sämtliche hier vorgestellten statistischen Verfahren bieten lediglich Näherungslösungen für die Kostenauflösung an. Dennoch ist insbesondere zu beachten, dass Mehr-Punkte-Verfahren im Gegensatz zu Zwei-Punkte-Verfahren objektivere Ergebnisse liefern. Letztlich wird vereinfachend stets ein proportionaler Verlauf variabler Kosten unterstellt. Diese statistischen Methoden vermögen ferner nicht, die Veränderlichkeit von Produktionsfaktoren, bspw. der Mitarbeiterstruktur (z. B.

Fehlzeiten aufgrund von Krankheitstagen) oder auch Programmverschiebungen (z. B. Verringerung von Losgrößen), abzubilden. Die Abb. 7-9 stellt die Ergebnisse der statistischen Verfahren für dieses Beispiel zusammenfassend vor.

	Verfahren	Fixkosten [€/ZE]	Variable Kosten [€/LE]	Sollkostenfunktion[151]
	1	*2*	*3*	*4*
1	Buchtechnisch-statistisches Verfahren	1.956	20,63	$K = 1.956 + 20,63\,Q$
2	Differenzen-Quotienten-Verfahren	1.956	20,63	$K = 1.956 + 20,63\,Q$
3	Reihenhälften-Verfahren	2.744	19,87	$K = 2.744 + 19,87\,Q$
4	Methode der kleinsten Quadrate	2.750	19,87	$K = 2.750 + 19,87\,Q$

Abb. 7-9:   *Zusammenfassung der Ergebnisse des Beispiels zu statistischen Verfahren der Kostenauflösung*

Unabhängig von der Verfahrenswahl zur Kostenauflösung nutzen die Unternehmen zum Ausweis der variablen Anteile an den Gesamtkosten je Kostenart oder Kostenartengruppe den Variator (vgl. Abschnitt 5.2.4), welcher üblicherweise innerhalb des Kostenartenplans als Plankennzahl ausgewiesen wird.

Die Qualität der Kostenauflösung beeinflusst die Aussagekraft der nachfolgenden Kostenstellen- und Kostenträgerrechnung und damit Informationen für das Controlling, wie bspw. Deckungsbeiträge oder auch Preisgrenzen ganz erheblich. Aus diesem Grund setzen die Unternehmen je nach Relevanz der Kostenarten und –stellen unterschiedliche Verfahren der Kostenauflösung parallel ein. Demnach sind die Methoden jeweils priorisiert nach dem Verwendungszweck der erzielten Informationen, und dem Wirtschaftlichkeitsaspekt sachkundig auszuwählen. Im Übrigen dürften die beschriebenen Verfahren auch zunehmend Gültigkeit für die Prozesskostenrechnung (vgl. Abschnitt 8, Trennung in leistungsmengeninduzierte und leistungsmengenneutrale Kosten) und die Stundensatzrechnung (vgl. Abschnitt 7.6, Trennung in zeitabhängige und –unabhängige Kosten) erlangen.

7.2.3   Analytische Verfahren der Kostenauflösung

Mit diesen Verfahren der Kostenauflösung wird auf das vornehmlich qualitative Verhalten der (Gemein-)Kosten ohne zwingendes Vorliegen von Datenmengen abgestellt. Die Basis der Überlegungen bilden vielmehr objektiv wirkende Gesetzmäßigkeiten. Unter Abstrahierung alternativer Kosteneinflussgrößen wird unter sachlich logischen Gesichtspunkten festgestellt, wie sich die Kosten in Abhängigkeit von der Beschäftigung verhalten müssten.

---

[151] Vgl. zur Berechnung und Anwendung der Sollkostenfunktion auch Abschnitt 11.5.

Eingangs ist die Höhe der fixen Kosten festzustellen, welche für die zur Verfügung stehende Betriebsbereitschaft anfallen. Hierzu zählen gewöhnlich Kostenarten wie Gehälter, kalkulatorische Abschreibungen oder auch Kosten für Versicherungen. Vereinfachend könnte nachfolgend die Differenz zu den erfassten Gesamtkosten als variabler Anteil deklariert werden.

Für die Erlangung exakterer Ergebnisse sind allerdings weitere Verfahrensschritte unabdingbar. Als problematisch gestaltet sich insbesondere die Bestimmung der variablen und fixen Kosten im Falle von Mischkosten. Grundlagen von diesbezüglichen Überlegungen können sein:

- Berechnungen bzw. Messungen (z. B.: Bestimmung der Energiekosten),
- Erfahrungswerte (z. B.: Festlegung variabler und fixer Gemeinkostenlöhne),
- Vergleichswerte (z. B.: Zeit- oder auch Branchenvergleiche beim Ansatz von fixen und variablen Instandhaltungskosten).

Die Ergebnisse der Kostenauflösung bei Anwendung von Berechnungen und Messungen entsprechen weitestgehend der Verursachung, erfordern aber oftmals immense Verwaltungsaktivitäten. Bei Berücksichtigung von Erfahrungs- bzw. Vergleichswerten gelangt man relativ zügig mit vertretbarem Aufwand zu Ergebnissen. Allerdings dürften diese Resultate häufig nicht präzise sein. Zudem sind streng genommen auch qualitative Methoden nicht nur je Kostenart, sondern gleichfalls je Kostenstelle bzw. Abrechnungseinheit durchzuführen. Ebenso wie die statistischen Verfahren der Kostenauflösung sind die Kosteneinflussgrößen für die Stundensatz- und die Prozesskostenrechnung zu modifizieren.

7.3 Kostenstellenrechnung bei paralleler Voll- und Teilkostenrechnung

7.3.1 Überblick

Im Rahmen der Teilkostenrechnung werden ausnahmslos variable Kosten, also Einzel- und variable Gemeinkosten, auf Kostenträger verrechnet. Insofern durchlaufen lediglich variable Gemeinkosten die Kostenstellenrechnung in folgenden Arbeitsschritten:

I.   *Verteilung der primären variablen Kostenträger-Gemeinkosten auf Kostenstellen*

II.   *Durchführung der innerbetrieblichen Leistungsverrechnung und somit Ermittlung der variablen sekundären Kosten*

III. Bildung von variablen Kalkulationssätzen für die Verrechnung der variablen Gemeinkosten auf Kostenträger

IV. Durchführung der Kostenkontrolle bezüglich der variablen Gemeinkosten und Einzelkosten (sowie ggf. Kostenstellenfixkosten[152])

Für die Verrechnung variabler Gemeinkosten ist eine parallele Vollkostenrechnung unentbehrlich.

7.3.2 Beispiel

Anhand des folgenden Beispiels soll die parallele Voll- und Teilkostenrechnung in Bezug auf die Kostenstellenrechnung demonstriert werden.

I.   Verteilung der primären variablen Kostenträger-Gemeinkosten auf Kostenstellen

Die primären variablen Kostenstelleneinzelkosten können verursachungsgerecht den einzelnen Kostenstellen zugeordnet werden. Im Gegensatz dazu sind für die Verteilung der primären Kostenstellen-Gemeinkosten auf Kostenstellen Verhältniszahlen auf Basis des Proportionalitätsprinzips unabdingbar. Für das Beispiel gelten nachstehende Verhältnisse:

$$A1 \; : \; A2 \; : \; M \; : \; F1 \; : \; F2 \; : \; Fh \; : \; Vw \; : \; Vt \; =$$
$$1 \; : \; 1 \; : \; 3 \; : \; 6 \; : \; 4 \; : \; 1 \; : \; 2 \; : \; 2$$

Legende:
A1   ... Allgemeine Kostenstelle 1   A2   ... Allgemeine Kostenstelle 2
M   ... Materialstelle   F1   ... Fertigungshauptstelle 1
F2   ... Fertigungshauptstelle 2   Fh   ... Fertigungshilfsstelle
Vw   ... Verwaltungsstelle   Vt   ... Vertriebsstelle

II. Durchführung der innerbetrieblichen Leistungsverrechnung

Die Verrechnung der Kosten des Allgemeinen Bereiches erfolgt mit Hilfe des Gleichungsverfahrens. Die mengenmäßige Leistungsverflechtung (vgl. Abb. 7-10) ist wie folgt zu berücksichtigen:

Stellen, die Leistungen an andere Stellen abgeben:	Stellen, die Leistungen von anderen Stellen empfangen:							
	A 1	A2	M	F 1	F 2	Fh	Vw	Vt
1	*2*	*3*	*4*	*5*	*6*	*7*	*8*	*9*
1 A1	5	10	20	30	20	5	5	10
2 A2	200	10	40	400	600	100	20	-

Abb. 7-10:   Mengenmäßige Leistungsverflechtung in ME/ZE

---

[152] Vgl. Ausführungen zur mehrstufigen Deckungsbeitragsrechnung unter Abschnitt 7.7.2.

a) Vollkostenrechnung:

Stelle A1:   100 $A1$ =   4.000   +   200 $A2$

Stelle A2:   1.360 $A2$ =   3.200   +   10 $A1$

$A1$ =   45,373134 € / ME

$A2$ =   2,686567 € / ME

b) Teilkostenrechnung:

Stelle A1:   100 $A1$ =   2.000   +   200 $A2$

Stelle A2:   1.360 $A2$ =   1.200   +   10 $A1$

$A1$ =   22,089552 € / ME

$A2$ =   1,044776   € / ME

Die sekundären Kosten in €/ZE ergeben sich jeweils durch Multiplikation der Verrechnungssätze und der Verbräuche an innerbetrieblichen Leistungen je Kostenstelle (vgl. Abb. 7-11; Zeile 6). Die Kosten der Fertigungshilfsstelle [Fh] werden vereinfacht zu gleichen Teilen auf die Fertigungshauptstellen [F1] und [F2] verrechnet (vgl. Abb. 7-11; Zeile 7).

III.   Bildung von variablen Kalkulationssätzen für die Verrechnung der variablen Gemeinkosten auf Kostenträger

Mit Bildung von variablen Kalkulationssätzen gelingt bei weitestgehender Respektierung des Verursachungsprinzips die Zuordnung variabler Gemeinkosten auf Kalkulationsobjekte. Es handelt sich um eine indirekte Verrechnung unter Zuhilfenahme von Verrechnungsbasen. Sowohl indirekt zu verrechnende Kosten als auch die Verrechnungsbasis weisen im Gegensatz zur Vollkostenrechnung in der Teilkostenrechnung eine Abhängigkeit zur Beschäftigung auf.

Variable Materialgemeinkosten werden auf Basis von Materialeinzelkosten, variable Fertigungsgemeinkosten auf Grundlage der Fertigungseinzelkosten verrechnet.

Die Verrechnungssätze für Materialgemeinkosten [KS_{MGK} bzw. $KS_{\text{var } MGK}$] belaufen sich in der Vollkostenrechnung auf:

$$KS_{MGK} = \frac{15.014 \ \text{€} \ / \ ZE}{60.056 \ \text{€} \ / \ ZE} \cdot 100 = \underline{\underline{25,00\%}}$$

und in der Teilkostenrechnung auf:

$$KS_{\text{var } MGK} = \frac{7.484 \ \text{€} \ / \ ZE}{60.056 \ \text{€} \ / \ ZE} \cdot 100 = \underline{\underline{12,46\%}}$$

Des Weiteren fungieren im Beispiel als Verrechnungsbasen für die Verwaltungsgemeinkosten die variablen Herstellkosten der hergestellten Leistung[153], für die variablen Vertriebsgemeinkosten sollen die variablen Herstellkosten des Umsatzes verwendet werden.

Zur Kenntnis der Herstellkosten des Umsatzes werden Bestandserhöhungen an fertigen Leistungen in Höhe von 20 LE/ZE bei einer hergestellten Leistung von 1.000 LE/ZE angenommen. Die Ermittlung der Verrechnungsbasen ist der Abb. 7-12 zu entnehmen.

Daran anschließend sind die Kalkulationssätze für die Verwaltungs- [KS_{VwGK}] und Vertriebsgemeinkosten [KS_{VtGK}] berechenbar. Beispielhaft sind diese im Folgenden für die variablen Kalkulationssätze aufgeführt:

$$KS_{\text{var } VwGK} = \frac{3.131 \ \text{€} \ / \ ZE}{186.704 \ \text{€} \ / \ ZE} \cdot 100 = \underline{\underline{1,68\%}}$$

$$KS_{\text{var } VtGK} = \frac{2.721 \ \text{€} \ / \ ZE}{182.970 \ \text{€} \ / \ ZE} \cdot 100 = \underline{\underline{1,49\%}}$$

---

[153] Alternativ wären auch die variablen Herstellkosten des Umsatzes als Verrechnungsbasis einsetzbar.

| | Gesamtkosten | | Allgemeiner Bereich | | | | Materialstelle M | | Fertigungsbereich | | | | | | Verwaltungsstelle Vw | | Vertriebsstelle Vt | |
| | | | Stelle A 1 | | Stelle A 2 | | | | Hauptstelle F 1 | | Hauptstelle F 2 | | Hilfsstelle Fh | | | | | |
	Voll-kosten	Teil-kosten	Voll-kosten	Teil-kosten	Voll-kosten	Teil-kosten	Voll-kosten	Teil-kosten	Voll-kosten	Teil-kosten	Voll-kosten	Teil-kosten	Voll-kosten	Teil-kosten	Voll-kosten	Teil-kosten	Voll-kosten	Teil-kosten
1	*2*	*3*	*4*	*5*	*6*	*7*	*8*	*9*	*10*	*11*	*12*	*13*	*14*	*15*	*16*	*17*	*18*	*19*
1 *Materialeinzelkosten*	*60.056*						60.056											
2 *Fertigungseinzelkosten*	*80.000*								50.000		30.000							
3 Σ Primäre Kostenstelleneinzelkosten	60.000	32.500	2.000	1.000	1.200	200	8.000	4.000	20.000	12.000	15.800	12.800	3.000	1.000	8.000	1.000	2.000	500
4 Σ Primäre Kostenstellengemeinkosten	40.000	20.000	2.000	1.000	2.000	1.000	6.000	3.000	12.000	6.000	8.000	4.000	2.000	1.000	4.000	2.000	4.000	2.000
5 Σ Primäre Gemeinkosten	100.000	52.500	4.000	2.000	3.200	1.200	14.000	7.000	32.000	18.000	23.800	16.800	5.000	2.000	12.000	3.000	6.000	2.500
6 Umlage Sekundäre Kosten A1							907	442	1.361	663	907	442	227	110	227	110	457	221
A2							107	42	1.074	418	1.611	627	269	104	53	21	0	0
7 Umlage Sekundäre Kosten Fh									2.748	1.107	2.748	1.107						
8 Σ Sekundäre Kosten							1.014	484	5.183	2.188	5.266	2.176			280	131	457	221
9 Σ Gemeinkosten	100.000	52.500					15.014	7.484	37.183	20.188	29.066	18.976			12.280	3.131	6.457	2.721
10 Kalkulationssatz [%]							25,00	12,46	74,37	40,38	96,89	63,25			5,55	1,68	2,98	1,49

Abb. 7-11:   *Parallele Durchführung der Kostenstellenrechnung auf Basis von Voll- und Teilkosten in €/ZE (Betriebsabrechnungsbogen)*

		Vollkosten	Teilkosten
	Materialeinzelkosten	60.056	60.056 €/ZE
+	Materialgemeinkosten	15.014	7.484 €/ZE
=	Materialkosten	75.070	67.540 €/ZE
	Fertigungseinzelkosten F1	50.000	50.000 €/ZE
+	Fertigungsgemeinkosten F1	37.183	20.188 €/ZE
+	Fertigungseinzelkosten F2	30.000	30.000 €/ZE
+	Fertigungsgemeinkosten F2	29.066	18.976 €/ZE
=	Fertigungskosten	146.249	119.164 €/ZE
=	**Herstellkosten der hergestellten Leistung**	**221.319**	**186.704 €/ZE**
./.	Bestandserhöhungen an fertigen Leistungen	4.426	3.734 €/ZE
=	**Herstellkosten der abgesetzten Leistung**	**216.893**	**182.970 €/ZE**

Abb. 7-12:   Berechnung der Herstellkosten des Umsatzes auf Basis von Voll- und Teilkosten

IV.   Durchführung der Kostenkontrolle

Ebenso wie in der Vollkostenrechnung sind Ist- und Plankosten gegenüberzustellen. Die Teilkostenrechnung nimmt allerdings die Kostenkontrolle separat für variable und fixe Kosten vor. Die sich daraus ergebenden Abweichungen sind im Rahmen der Grenzplankostenrechnung zu analysieren (vgl. dazu weiterführend Abschnitt 11.5.2.4).

7.4   Kostenträgerrechnung bei paralleler Voll- und Teilkostenrechnung

7.4.1   Kostenträgerzeitrechnung auf Basis von Teilkosten

Im Ergebnis der Kostenträgerzeitrechnung unter Verwendung ausschließlich variabler Kosten steht der Ausweis variabler Selbstkosten [K_{var}] bezogen auf eine konkrete Abrechnungsperiode (vgl. Abb. 7-13 und Abb. 7-14). Variable Selbstkosten setzen sich aus direkten Kosten (also den Einzelkosten) und den variablen Gemeinkosten zusammen. Somit integrieren sie sämtliche Probleme indirekter Kostenverrechnung sowie der Kostenauflösung, allerdings unter dem Anspruch weitestgehender Beachtung des Verursachungsprinzips.

(Angaben in €/ZE)

	Materialeinzelkosten
+	variable Materialgemeinkosten
=	variable Materialkosten
+	Fertigungseinzelkosten
+	variable Fertigungsgemeinkosten
+	variable Sonderkosten der Fertigung
=	variable Fertigungskosten

= variable Herstellkosten der hergestellten Leistung

+	variable Bestandsminderungen an unfertigen Leistungen
./.	variable Bestandserhöhungen an unfertigen Leistungen
=	variable Herstellkosten der fertig gestellten Leistung
+	variable Bestandsminderungen an fertigen Leistungen
./.	variable Bestandserhöhungen an fertigen Leistungen

= variable Herstellkosten der abgesetzten Leistung

+	variable Verwaltungsgemeinkosten
+	variable Vertriebsgemeinkosten
+	variable Sonderkosten des Vertriebs

= variable Selbstkosten

Abb. 7-13:   Aufbau eines Kostenträgerzeitblattes bei Teilkostenrechnung (produzierendes Gewerbe)

Des Weiteren bedient sich die Teilkostenrechnung im Gegensatz zur traditionellen Vorgehensweise auf Basis von Vollkosten den variablen Herstellkosten als Bewertungsmaßstab für Bestände an unfertigen und fertigen Leistungen sowie aktivierbaren Eigenleistungen.

Damit erhält das Management eine Kostengröße, die in der Regel als kurzfristig beeinflussbar und als weitestgehend verursachungsgerecht ermittelbar gilt. Variable Selbstkosten sind demnach einem Kostenträger zurechenbar und können schließlich im Rahmen der Betriebsergebnisrechnung dessen spezifischem Erlös gegenübergestellt werden (vgl. Abschnitt 7.5). Die sich innerhalb des Umsatzkostenverfahrens ergebende Differenz zwischen Erlös und variablen Kosten, der kostenträgerbezogene *Deckungsbeitrag* in €/ZE [*DB*], ist eine für kurzfristige Entscheidungen überaus wichtige betriebsinterne Kenngröße für das Controlling.

Der Deckungsbeitrag drückt aus, welchen Anteil ein Kostenträger zur Deckung der fixen Kosten und darüber hinaus zur Gewinnerzielung des Unternehmens beisteuert.

```
                        (Angaben in €/ZE)
        Warenkosten (bzw. Wareneinsatz)
    +   variable Personalkosten
    +   variable Energiekosten
    +   variable Verwaltungskosten
    +   variable Leasingkosten
    +   variable Instandhaltungskosten
    +   übrige variable Kosten
    =   variable Handlungskosten
    =   variable Selbstkosten
```

Abb. 7-14:   *Aufbau eines Kostenträgerzeitblattes bei Teilkostenrechnung (Handelsbetrieb)*

Unter Wareneinsatz versteht man die Summe aller aus dem Lager für den Verkauf entnommenen (Handels-)Waren[154] bewertet zu Einkaufs- oder i.d.R. zu Einstandskosten. Als Einstandskosten versteht sich das Ergebnis aus Einkaufskosten zzgl. eventueller Bezugskosten (Anschaffungsnebenkosten), wie bspw. für Transportpreise, Notariats- und Maklergebühren, Provisionen und Zölle. Es ist in drei verschiedene Möglichkeiten für die Ermittlung des Wareneinsatzes zu unterscheiden[155]:

* Abgangsrechnung:
  Wareneinsatz = Anfangsbestand + Zugänge – Endbestand
* Befundrechnung:
  Wareneinsatz = Abgänge – Eigenverbrauch
* Fortschreibungsrechnung:
  Wareneinsatz = Abgänge – Eigenverbrauch – außerordentliche Abgänge

7.4.2   Kostenträgerstückrechnung auf Basis von Teilkosten

7.4.2.1   Überblick

Die Kalkulation auf Teilkostenbasis weist als Resultat die spezifischen variablen Kosten in €/LE aus. Analog zur Vollkostenrechnung (vgl. Abschnitt 5.4.3) kann zum einen in Abhängigkeit vom Durchführungszeitpunkt in Vor-, Zwischen- und Nachkalkulation und zum anderen beeinflusst von der Rechnungsrichtung in Vorwärts-, Differenz- und Rückwärtskalkulation differenziert werden. Ebenso wie in der traditionellen Rechnung unter Verwendung von Vollkosten ist unter mannigfaltigen Kalkulationsverfahren in Abhängigkeit von der Fertigungsart und vom Charakter der erstellten Leistungen zu wählen.

---

[154] Unter Handelswaren versteht man Güter, die von einem Unternehmen eingekauft und ohne wesentliche Ver- oder Bearbeitung wieder verkauft werden.

[155] Vgl. Coenenberg, A. G./Haller, A./Mattner, G./ Schultze, W.: (Rechnungswesen), S. 128.

Im Vergleich zur Vollkostenrechnung kann die Kostenkalkulation allerdings nicht zur Preiskalkulation weitergeführt werden. Da es sich in der Teilkostenrechnung aufgrund der Einhaltung des Verursachungsprinzips verbietet, fixe Kosten auf Kostenträger zuzurechnen, ist ein Ausweis der spezifischen Gesamtkosten und damit eines Vollpreises unmöglich. Die variablen spezifischen Kosten gelten allerdings als *kurzfristige Preisgrenze*, zu denen ein Unternehmen unter ganz bestimmten Prämissen ein Produkt/ eine Ware verkaufen könnte. Gründe dafür bestehen z. B. bei Markteinführungen neuer Produkte, Produktverbunden, Unterbeschäftigungen und Prestigebestrebungen.

Die Differenz von spezifischen Erlösen $[e]$ und variablen Stückkosten $[k_{var}]$ nennt man Stückdeckungsbeitrag bzw. *spezifischen Deckungsbeitrag* $[dB]$. Für kurzfristige betriebswirtschaftliche Entscheidungen, in dem Sinne, dass fixe Kosten in dieser Frist weder aufbau- noch abbaufähig sind, erlangt der Deckungsbeitrag maßgebliche Bedeutung (vgl. Abschnitt 7.8) für die gewinnmaximale Steuerung des Unternehmens.

7.4.2.2   Kalkulationsverfahren bei Teilkostenrechnung

Prinzipiell gelten die Bedingungen für die Wahl von Kalkulationsverfahren zur Bestimmung der variablen spezifischen Kosten analog zur Vollkostenrechnung. Es gilt bezüglich der Fertigungsart und dem Leistungscharakter zwischen Divisions-, Äquivalenz-, Zuschlags- und Kuppelkalkulation zu entscheiden. Entsprechend dem Herstellungsprozess kann in ein- bzw. mehrstufige Rechnungen differenziert werden.

A   Divisionskalkulation

Im Falle der summarischen, einstufigen Divisionskalkulation ergeben sich die variablen Kosten je Leistungseinheit durch Division der gesamten variablen Periodenkosten in €/ZE durch die entsprechende Leistungsmenge der Abrechnungsperiode in LE/ZE $[Q]$:

$$k_{var} = \frac{K_{var}}{Q}$$

Bei Anwendung der zweistufigen Divisionskalkulation berechnen sich die variablen Stückkosten wie folgt:

$$k_{var} = \frac{HK_{var}}{Q_{hergestellt}} + \frac{VwK_{var} + VtK_{var}}{Q_{abgesetzt}}$$

Legende:

k_{var}	...	*variable Stückkosten in €/LE*
K_{var}	...	*variable Periodenkosten in €/ZE*
HK_{var}	...	*variable Herstellkosten in €/ZE*
VwK_{var}	...	*variable Verwaltungskosten in €/ZE*
VtK_{var}	...	*variable Vertriebskosten in €/ZE*
$Q_{hergestellt}$	...	*hergestellte Leistungsmenge in LE/ZE*
$Q_{abgesetzt}$	...	*abgesetzte Leistungsmenge in LE/ZE*

Hierzu bedingt es der separaten Erfassung variabler Herstellkosten sowie variabler Verwaltungs- und Vertriebskosten. Weil üblicherweise bei Anwendung der Divisionskalkulation lediglich nur eine Leistungsart erstellt wird, erübrigt sich eine Unterscheidung in Einzel- und Gemeinkosten.

Die Bestandsänderung an fertigen Leistungen findet aufgrund der unterschiedlichen Einbeziehung von hergestellten und abgesetzten Leistungen Berücksichtigung.

Die mehrstufige Divisionskalkulation empfiehlt sich bei Herstellungsprozessen homogener Leistungen, welche sich über mehrere Bearbeitungsstufen erstrecken. Die variablen Stückkosten werden stufenartig entsprechend des Herstellungsverlaufes ermittelt:

$$k_{var} = \frac{HK_{var\ 1}}{Q_{1_{hergestellt}}} + \frac{HK_{var\ 2}}{Q_{2_{hergestellt}}} + \ ...\ + \frac{HK_{var\ n}}{Q_{n_{hergestellt}}} + \frac{VwK_{var} + VtK_{var}}{Q_{abgesetzt}}$$

B   Äquivalenzzahlenkalkulation

Der Einsatz der Äquivalenzzahlenkalkulation erfordert, wie bereits in Abschnitt 5.4.3.2 erläutert, nachstehenden Algorithmus:

I.   Ermittlung von Äquivalenzzahlen [AZ_i]

Ausgangspunkt bildet die Zuordnung der Äquivalenzzahl 1 zur entsprechenden Standard- bzw. Vergleichssorte (= Kostenträger). Des Weiteren muss für die Transformation der Herstell- und Absatzmengen der einzelnen Sorten [Q_i] in homogene Recheneinheiten eine sogenannte Basis- bzw. Merkmalsgröße definiert werden. Diese Merkmalsgröße [B] der Standardsorte [S] stellt die Grundlage für die Berechnung der Äquivalenzzahlen aller übrigen Sorten i dar. Für das Standardprodukt [S] ergibt sich demnach folgendes Verhältnis [B_S]:

$$B_S = \frac{1}{B}$$

Die Äquivalenzzahlen aller übrigen Sorten i [$\ddot{A}Z_i$] lassen sich nun durch Multiplikation des Standardverhältnisses und der jeweiligen Basisgröße je Sorte berechnen:

$$\ddot{A}Z_i = B_S \cdot B_i$$

II.   Berechnung von Äquivalenzzahlenmengen [$\ddot{A}Z - M$]

Mittels der Äquivalenzzahlen je Sorte wird die Umwandlung der Herstell- bzw. Absatzmengen der einzelnen Sorten i in homogene und damit additionsfähige Äquivalenzzahlenmengen [$\ddot{A}Z - M_i$] vorgenommen:

$$\ddot{A}Z - M_i = Q_i \cdot \ddot{A}Z_i$$

Nachfolgend lässt sich die Gesamtmenge der äquivalenten Einheiten [$Q_{\ddot{A}Z-M}$] bilden:

$$Q_{\ddot{A}Z-M} = \sum_{i=1}^{n} Q_i \, \ddot{A}Z_i$$

Legende:

$\ddot{A}Z_i$	...	*Äquivalenzzahl der Sorte i;*
		i = 1,..., n, n = Sortenanzahl
B	...	*Merkmalsgröße*
S	...	*Standardsorte*
$\ddot{A}Z - M$	...	*Äquivalenzzahlenmenge*
Q_i	...	*Leistungsmenge der Sorte i;*
		i = 1,..., n, n = Sortenanzahl
$k_{\text{var} \ddot{A}Z-ME}$	...	*variable Kosten je Äquivalenzzahlen-Mengeneinheit*
$k_{\text{var} i}$	...	*variable Stückkosten der Sorte i;*
		i = 1,..., n, n = Sortenanzahl
$Q_{\ddot{A}Z-M}$	...	*Gesamtmenge der Äquivalenzzahlen-Mengen*

III.   Bestimmung der variablen Kosten je Äquivalenzzahlen-Mengeneinheit
       [$k_{\text{var} \ddot{A}Z-ME}$]

Im Rahmen einer Divisionskalkulation werden die variablen Stückkosten je Äquivalenzeinheit ermittelt, indem die variablen Gesamtperiodenkosten (bzw. variable Kosten bezogen auf eine Kostenart) für alle Sorten in €/ZE durch die Summe der Äquivalenzzahlenmengen in ÄZ-ME bezogen auf diese Periode dividiert werden. Somit gilt:

$$k_{\text{var} \ddot{A}Z-ME} = \frac{K_{\text{var}}}{Q_{\ddot{A}Z-M}}$$

IV.   Feststellung der variablen Stückkosten je Sorte [$k_{\text{var } i}$]

Durch Multiplikation der variablen Stückkosten je Äquivalenzeinheit in €/ÄZ-ME mit den zugehörigen Äquivalenzzahlen werden die spezifischen variablen Kosten je Sorte [$k_{\text{var } i}$] in €/ME ausgewiesen:

$$k_{\text{var } i} \;=\; \ddot{A}Z_i \;\cdot\; k_{\text{var } \ddot{A}Z - ME}$$

C   Zuschlagskalkulation

Sollen die variablen Stückkosten bei Vorliegen heterogener Leistungserstellung von Serien- oder Einzelfertigung errechnet werden und liegen zudem Bestandsänderungen an Halb- und Fertigleistungen vor, bietet sich die Anwendung der Zuschlagskalkulation an. Charakteristika dieser Vorgehensweise sind die Trennung der Kosten in Einzel- und Gemeinkosten sowie der Gebrauch von variablen Kalkulationssätzen [KS_{var}] für die Verrechnung von variablen Gemeinkosten auf Kostenträger (vgl. Abb. 7-15 und Abb. 7-16).

```
                                                          (Kostenkalkulation in €/LE)
         Materialeinzelkosten [MEK]
    +    variable Materialgemeinkosten [MGK_var]
    =    variable Materialkosten [MK_var]
         Fertigungseinzelkosten [FEK]
    +    variable Fertigungsgemeinkosten [FGK_var]
    +    variable Sonderkosten der Fertigung [SKF_var]
    =    variable Fertigungskosten [FK_var]
    =    variable Herstellkosten [HK_var]

    +    variable Verwaltungsgemeinkosten [VwGK_var]
    +    variable Vertriebsgemeinkosten [VtGK_var]
    +    variable Sonderkosten des Vertriebs [SKV_var]
    =    variable Selbstkosten [k_var]
```

Abb. 7-15:   Kalkulationsschema zur Ermittlung der variablen Selbstkosten (Industrie und produzierendes Gewerbe)

Die traditionelle Vorgehensweise unterstellt die differenzierte Verrechnung der variablen Gemeinkosten auf Basis der Einzelkosten. Als Verrechnungsbasen für die Ermittlung der variablen Verwaltungs- und Vertriebsgemeinkosten fungieren die variablen Herstellkosten.

$$KS_{MGK_{\text{var}}} \;=\; \frac{MGK_{\text{var}}}{MEK} \;\cdot\; 100$$

$$KS_{FGK_{var}} = \frac{FGK_{var}}{FEK} \cdot 100$$

$$KS_{VwGK_{var}} = \frac{VwGK_{var}}{HK_{var}} \cdot 100$$

$$KS_{VtGK_{var}} = \frac{VtGK_{var}}{HK_{var}} \cdot 100$$

(Kostenkalkulation in €/LE)

  Einstandspreis/ Bezugskosten des Händlers (netto) [BK]
+ variable Handlungskosten in Prozent vom Einstandspreis [HDK_{var}]
= **variabler Selbstkosten(preis) des Händlers** [k_{var}]

Abb. 7-16:   *Kalkulationsschema zur Ermittlung variabler Selbstkosten (Handel)*

Üblicherweise werden die variablen Handlungskosten indirekt auf Basis des Wareneinsatzes bzw. des Einstandspreises (i.d.R. variabel) auf Kostenträger verrechnet.

$$KS_{HDK_{var}} = \frac{HDK_{var}}{BK} \cdot 100$$

D   Kuppelkalkulation

Aufgrund der Unzulänglichkeit dieser Kalkulation hinsichtlich einer verursachungsgerechten Ermittlung von leistungsartbezogenen Kosten genügt diese nicht den Anforderungen einer Teilkostenrechnung (vgl. dazu Abschnitt 5.4.3.2).

7.5   Betriebsergebnisrechnung bei paralleler Voll- und Teilkostenrechnung

7.5.1   Überblick

Die Betriebsergebnisrechnung auf paralleler Voll- und Teilkostenbasis bedarf einer vorherigen Erlösrechnung sowie der Voll- und Teilkostenrechnung. Differenzen der Betriebsergebnisse im Vergleich beider Rechensysteme ergeben sich aufgrund der unterschiedlichen Bewertungsmaßstäbe für unfertige und fertige Leistungen. Wohingegen Bestände bei Anwendung der Vollkostenrechnung zu spezifischen Herstellkosten bewertet werden, sind in der Teilkostenrechnung, dem Verursachungsprinzip folgend, variable Stückherstellkosten relevant. Infolgedessen fallen die ermittelten vollen Periodenkosten im Falle von Bestandserhöhungen an Halb- und Fertigleistungen niedriger aus und lassen damit das Betriebsergebnis fälschlicherweise höher erscheinen. Die Teilkostenrechnung beachtet die Prinzipien der Verursachung und verrechnet fixe Kosten nicht auf Kostenträger, sondern weist die konstanten Kapazitätskosten korrekt und periodengerecht aus. In der Folge resultieren verursachungsgerecht ermittelte Periodenergebnisse, welche letztlich auch eine fundierte Wirtschaftlichkeitsbetrachtung des Unternehmens sowie anschauliche betriebswirtschaftliche Entscheidungen gewährleisten.

7.5.2   Beispiel

Nachfolgend soll anhand eines vereinfachten Beispiels die Anwendung der Betriebsergebnisrechnung bei paralleler Voll- und Teilkostenrechnung und den daraus resultierenden Schlussfolgerungen demonstriert werden. Die Abb. 7-17 enthält die dazu notwendigen Ausgangsdaten.

Aus dem internen Rechnungswesen eines Centers, das eine Leistungsart herstellt und verkauft, liegen folgende Informationen eines Abrechnungsmonates vor:

	Kostenarten	Variator	Periodenkosten [€/ZE]
	1	*2*	*3*
1	Materialbereich:		
2	Fertigungsmaterial	10	272.000
3	Gemeinkostenmaterial	6	119.000
4	Lagerhaltungskosten für Material	2	27.200
5	Fertigungsbereich:		
6	Kalkulatorische Abschreibungen	0	326.400
7	Kalkulatorische Zinsen	0	149.600
8	Leistungsabhängige Personalkosten	10	476.000
9	Leistungsunabhängige Personalkosten	0	408.000
10	Sonstige Fertigungskosten	4	81.600
11	Verwaltungsbereich:	0	138.000
12	Verwaltungskosten		
13	Vertriebsbereich:		
14	Direkte Vertriebskosten	8	12.000
15	Sonstige Vertriebskosten	0	54.000

	Leistungen einer Leistungsart	Mengen
	1	*2*
1	Hergestellte Leistung	34.000 LE/ZE
2	Fertiggestellte Leistung	34.000 LE/ZE
3	Abgesetzte Leistung	30.000 LE/ZE

	Erlösart	Betrag
	1	*2*
1	Bruttoerlös, incl. Umsatzsteuer	166,60 €/LE
2	Skonto, durchschnittlich	2,00 %
3	Rabatt, durchschnittlich	4,00 %

Abb. 7-17:   *Ausgangsdaten*

Für die Betriebsergebnisrechnung sind erstens die Erlösrechnung und zweitens die Kenntnis der Periodenkosten zwingend. Aufgrund der vorgegebenen Bestandserhöhung an fertigen Leistungen müssen zudem die spezifischen Herstellkosten der laufenden Periode als Bewertungsmaßstab ausgewiesen werden. Der Abb. 7-18 kann die Erlösrechnung entnommen werden.

	Position der Erlösrechnung	Betrag
	1	*2*
1	Bruttoerlös, incl. Umsatzsteuer	166,60 €/LE
2	- Umsatzsteuer (19%)	26,60 €/LE
3	= Nettoerlös	140,00 €/LE
4	- Rabatt	5,60 €/LE
5	= Zielverkaufspreis	134,40 €/LE
6	- Skonto	2,69 €/LE
7	= **Barverkaufspreis**	**131,71 €/LE**
8	Umsatzerlöse	3.951.300 €/ZE

Abb. 7-18:   *Erlösrechnung*

Üblicherweise erstellt man die Kostenrechnung als parallele Rechnung auf Basis von Voll- und Teilkosten. Für die Bewertung der Bestandserhöhung von fertigen Leistungen [$B\ddot{A}\uparrow_{FE}$] ist eine Kostenträgerstückrechnung unerlässlich. Entsprechend den Ausgangsbedingungen kann die zweistufige Divisionskalkulation angewandt werden. Es gilt deshalb im Rahmen der Kalkulation auf Vollkostenbasis:

$$k = \frac{HK}{Q_{hergestellt}} + \frac{VwK + VtK}{Q_{abgesetzt}}$$

$$k = \frac{1.859.800 \, € / ZE}{34.000 \, LE / ZE} + \frac{204.000 \, € / ZE}{30.000 \, LE / ZE}$$

$$k = 54,70 \, € / LE + 6,80 \, € / LE$$

$$k = \underline{\underline{61,50 \, € / LE}}$$

Parallel dazu müssen variable Herstell- und Selbstkosten bestimmt werden:

$$k_{var} = \frac{HK_{var}}{Q_{hergestellt}} + \frac{VwK_{var} + VtK_{var}}{Q_{abgesetzt}}$$

$$k_{var} = \frac{857.480 \, € / ZE}{34.000 \, LE / ZE} + \frac{9.600 \, € / ZE}{30.000 \, LE / ZE}$$

$$k_{var} = 25,22 \, € / LE + 0,32 \, € / LE$$

$$k_{var} = \underline{\underline{25,54 \, € / LE}}$$

Entsprechend kann sich daran die Bestandsrechnung von fertigen Leistungen anschließen. Diese Bestandserhöhungen in Höhe von 4.000 LE/ZE werden in der Vollkostenrechnung zu spezifischen Herstellkosten in Höhe von 54,70 €/LE, dagegen in der Teilkostenrechnung lediglich zu variablen spezifischen Herstellkosten von 25,22 €/LE bewertet. Infolgedessen ergeben sich nachstehende wertmäßige Bestände [$B\ddot{A}_{FE}$] bzw. [$B\ddot{A}_{FE\,var}$]:

$$B\ddot{A}_{FE} \quad = \quad 54,70 \; € \,/\, LE \cdot 4.000 \; LE \,/\, ZE \quad = \quad 218.800 \; € \,/\, ZE$$

$$B\ddot{A}_{FE\,var} \quad = \quad 25,22 \; € \,/\, LE \cdot 4.000 \; LE \,/\, ZE \quad = \quad 100.880 \; € \,/\, ZE$$

Als weitere Voraussetzung für die Durchführung der Betriebsergebnisrechnung bedarf es einer parallelen Kostenträgerzeitrechnung. Im Ergebnis (vgl. Abb. 7-19) erhält man sowohl die vollen Selbstkosten als auch die variablen Periodenkosten. Durch Gegenüberstellung von Leistungen und Kosten einer Periode ist das kurzfristige Betriebsergebnis ausweisbar. Diese Rechnung ist sowohl in Form des Umsatz- als auch des Gesamtkostenverfahrens auf Basis von Voll- und Teilkosten durchführbar. Beide Formen der Betriebsergebnisrechnung führen bei identischer Bestandsrechnung an unfertigen und fertigen Leistungen und innerhalb übereinstimmender Rechensysteme grundsätzlich zu kongruenten Ergebnissen (vgl. Abb. 7-20 und Abb. 7-21).

	Rechenposition	Periodenkosten in €/ZE	
		Vollkosten	Teilkosten
	1	*2*	*3*
1	Materialeinzelkosten	272.000	272.000
2	+ Materialgemeinkosten	146.200	76.840
3	= Materialkosten	418.200	348.840
4	Fertigungseinzelkosten	476.000	476.000
5	+ Fertigungsgemeinkosten	965.600	32.640
6	= Fertigungskosten	1.441.600	508.640
7	= Herstellkosten der hergestellten Leistung	1.859.800	857.480
8	- Bestandserhöhungen an fertigen Leistungen	218.800	100.880
9	= Herstellkosten der abgesetzten Leistung	1.641.000	756.600
10	+ Verwaltungskosten	138.000	0
11	+ Vertriebskosten	66.000	9.600
12	**= Selbstkosten**	**1.845.000**	**766.200**

Abb. 7-19:   *Parallele Kostenträgerzeitrechnung auf Basis von Voll- und Teilkosten*

Gesamtkostenverfahren		
Rechenposition		**Betrag**
	1	*2*
1	Umsatzerlöse	3.951.360 €/ZE
2 +	Bestandserhöhungen an Halb- und Fertigleistungen	218.800 €/ZE
3 -	Bestandsminderungen an Halb- und Fertigleistungen	0 €/ZE
4 =	**Gesamtleistung**	**4.170.160 €/ZE**
5 -	Herstellkosten der hergestellten Leistung	1.859.800 €/ZE
6 -	Verwaltungs- und Vertriebskosten	204.000 €/ZE
7 =	**Betriebsergebnis**	**2.106.360 €/ZE**

Abb. 7-20:   *Gesamtkostenverfahren auf Basis von Vollkosten*

Umsatzkostenverfahren		
Rechenposition		**Betrag**
	1	*2*
1	Umsatzerlöse	3.951.360 €/ZE
2 -	Selbstkosten	1.845.000 €/ZE
3 =	**Betriebsergebnis**	**2.106.360 €/ZE**

Abb. 7-21:   *Umsatzkostenverfahren auf Basis von Vollkosten*

Üblicherweise berechnet man das Betriebsergebnis auf Teilkostenbasis mithilfe des Umsatzkostenverfahrens (vgl. Abb. 7-22). Nur dieses Verfahren ermöglicht den Ausweis des Deckungsbeitrages. Dieser garantiert als marktbezogene Kennzahl kurzfristige und betriebswirtschaftlich fundierte Entscheidungen mit dem Ziel der Gewinnmaximierung des Unternehmens.

Der Differenzbetrag zwischen den Betriebsergebnissen auf Voll- und Teilkostenbasis in Höhe von 117.920 €/ZE erklärt sich aus den anteiligen fixen Kosten der Bestandsänderungen an fertigen Leistungen.

Umsatzkostenverfahren		
Rechenposition		**Betrag**
	1	*2*
1	Umsatzerlöse	3.951.360 €/ZE
2 -	variable Selbstkosten	766.200 €/ZE
3 =	**Deckungsbeitrag**	**3.185.160 €/ZE**
4 -	fixe Kosten	1.196.720 €/ZE
5 =	**Betriebsergebnis**	**1.988.440 €/ZE**

Abb. 7-22:   *Umsatzkostenverfahren auf Basis von Teilkosten (Deckungsbeitragsrechnung)*

Lediglich bei Bestandsänderungen von null stimmen die kalkulatorischen Betriebserfolge in Voll- und Teilkostensystemen überein. Das Gesamtkostenverfahren hat für das Teilkostensystem eine stark untergeordnete Bedeutung (vgl. Abb. 7-23).

Gesamtkostenverfahren		
Rechenposition		Betrag
	1	*2*
1	Umsatzerlöse	3.951.360 €/ZE
2 +	Bestandserhöhungen an Halb- und Fertigleistungen	100.880 €/ZE
3 -	Bestandsminderungen an Halb- und Fertigleistungen	0 €/ZE
4 =	**Gesamtleistung**	**4.052.240 €/ZE**
5 -	variable Herstellkosten der hergestellten Leistung	857.480 €/ZE
6 -	variable Verwaltungs- und Vertriebskosten	9.600 €/ZE
7 -	fixe Kosten	1.196.720 €/ZE
8 =	**Betriebsergebnis**	**1.988.440 €/ZE**

Abb. 7-23:   Gesamtkostenverfahren auf Basis von Teilkosten

Die aufgeführten Ausgangsdaten und bereits erzielten Ergebnisse gestatten in diesem Beispiel die Berechnung des spezifischen Deckungsbeitrages in €/LE [*dB*]. Er kann wie folgt abgeleitet werden:

$$dB_i = e_i - k_{\text{var }i}$$

Legende:
dB_i ...   *Stückdeckungsbeitrag des Kostenträgers i in €/LE*

e_i ...   *spezifischer Erlös je Kostenträger i in €/LE*

$k_{\text{var }i}$ ...   *variable Stückkosten je Kostenträger i in €/LE*

Somit erhält man:

$$dB_i = 131,71 \, €/LE - 25,54 \, €/LE = \underline{106,17 \, €/LE}$$

Dieser Betrag in Höhe von 106,17 €/LE steht für die Deckung der fixen Kosten und darüber hinaus zur Gewinnerzielung zur Verfügung.

Zusammenfassend lässt sich folgende Schlussfolgerung festhalten:

• Im Falle von Bestandserhöhungen an unfertigen und fertigen Leistungen werden aufgrund fehlerhafter Bewertung die Periodenkosten im Vollkostensystem zu niedrig ausgewiesen und in der Folge das Betriebsergebnis fehlerhaft zu hoch beziffert.

• Im Falle von Bestandsminderungen tritt exakt der entgegengesetzte Effekt ein; das Betriebsergebnis erscheint in der Betriebsergebnisrechnung auf Vollkostenbasis zu niedrig.

• Lediglich die Teilkostenrechnung vermag aufgrund der Beachtung des Verursachungsprinzips korrekte Ergebnisse zu berechnen.

Die Abb. 7-24 zeigt nochmals die Möglichkeiten der Berechnung von kurzfristigen Betriebsergebnissen auf.

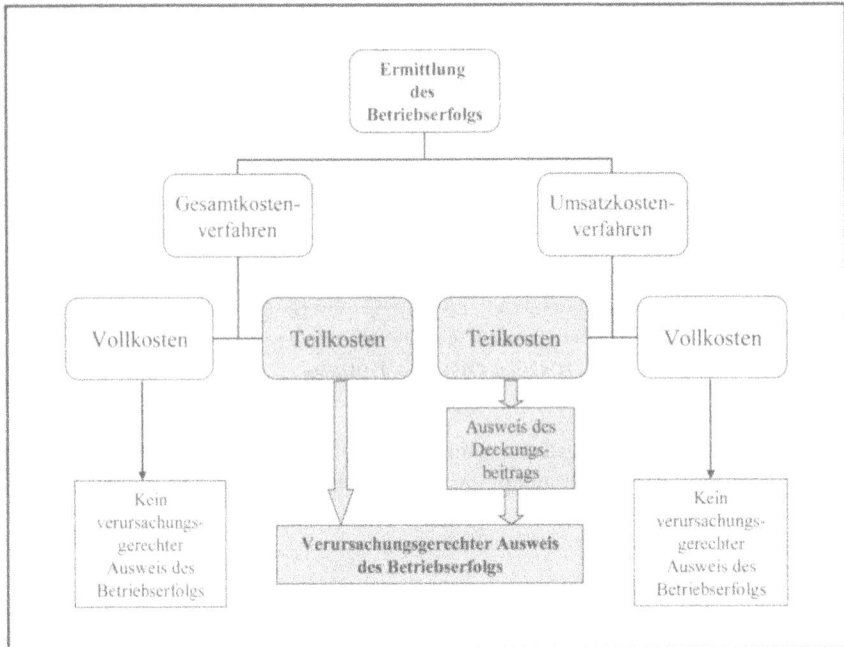

Abb. 7-24:   *Möglichkeiten der Betriebsergebnisrechnung*

7.6   Stundensatzrechnung bei Anwendung der Teilkostenrechnung

7.6.1   Überblick

Die Berechnung von Stundensätzen auf Vollkostenbasis missachtet das Kosten-verursachungsprinzip, indem z. B. sämtliche Platzkosten zeitproportional auf Kostenträger (vgl. Abschnitt 5.5) verrechnet werden. Um aussagekräftige Informationen für betriebliche Entscheidungen zu erlangen, ist eine parallele Rechnung zum einen mit Vollkosten und zum anderen mit Teilkosten unerlässlich.

Die Betrachtung unter Teilkostenaspekten verlangt demgemäß die Gliederung der Platzgemeinkosten in nutzungszeitabhängige und nutzungszeitunabhängige Komponenten. Die Erfüllung dieser Aufgabe verlangt folglich die *Kostenauflösung bezüglich der Kosteneinflussgröße Zeit* unter Zuhilfenahme der zur Verfügung stehenden Näherungsverfahren (vgl. Abschnitt 7.2). Diese Aufgabe obliegt der Kostenartenrechnung. Im Resultat der Kostengliederung kann formuliert werden:

$$GK_{Platz} \quad = \quad GK_{U\ Platz} \quad + \quad GK_{T\ Platz}$$

$$= \quad GK_{U\ Platz} \quad + \quad k_{T\ Platz} \cdot T$$

Legende:

GK_{Platz}	...	*Platzgemeinkosten in €/ZE*
		(ZE = z. B. Abrechnungsmonat)
$GK_{U\,Platz}$	...	*nutzungszeitunabhängige Platzgemeinkosten in €/ZE*
$GK_{T\,Platz}$	...	*nutzungszeitabhängige Platzgemeinkosten in €/ZE*
$k_{T\,Platz}$	...	*nutzungszeitabhängige, spezifische Platzgemeinkosten in €/Stunde*
T	...	*Nutzungszeit in Stunden/ZE*

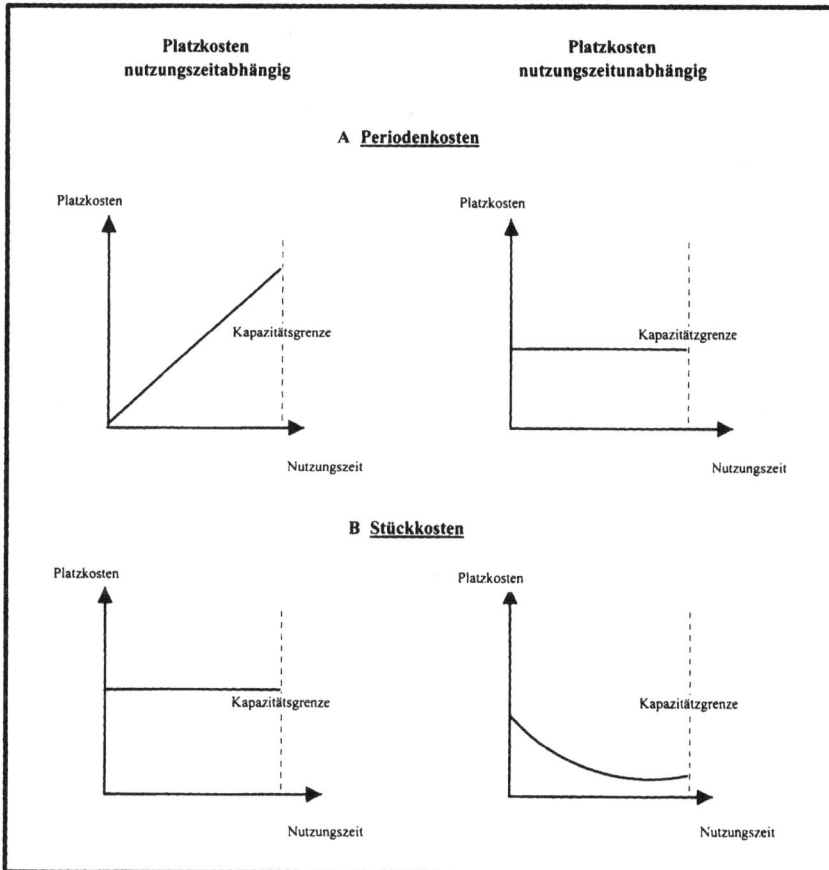

Platzkosten nutzungszeitabhängig   **Platzkosten nutzungszeitunabhängig**

A Periodenkosten

Platzkosten — Kapazitätsgrenze — Nutzungszeit   Platzkosten — Kapazitätgrenze — Nutzungszeit

B Stückkosten

Platzkosten — Kapazitätsgrenze — Nutzungszeit   Platzkosten — Kapazitätgrenze — Nutzungszeit

Abb. 7-25:   Verhalten der Platzkosten in Abhängigkeit von der Nutzungszeit

Sofern die Platzgemeinkosten sowohl nutzungszeit- als auch beschäftigungsunabhängig anfallen, sind sie im *Direct Costing* als Block in die Periodenrechnung bzw. als modifizierte Fixkosten in die mehrstufigen- oder mehrdimensionalen Rechnungen einzubeziehen. Ihre leistungsartbezogene Verwendung in spezifischer Form darf aufgrund des degressiven Kostenverlaufs von nutzungszeitunabhängigen, spezifischen Platzkosten nicht praktiziert werden (vgl. Abb. 7-25).

Die Abb. 7-26 zeigt den Algorithmus der Stundensatzrechnung auf Basis von Teilkosten. Der proportionale Stundensatz [*Stundensatz*$_{var}$] für die indirekte Verrechnung nutzungszeitabhängiger Platzkosten berechnet sich diesbezüglich:

$$Stundensatz_{var} = \frac{GK_{T\,Platz}}{T}$$

Es sei darauf verwiesen, dass hierfür neben den immensen Vorteilen der Teilkostenrechnung auch sämtliche Grenzen dieser zu berücksichtigen sind (vgl. insbesondere Abschnitt 7.1).

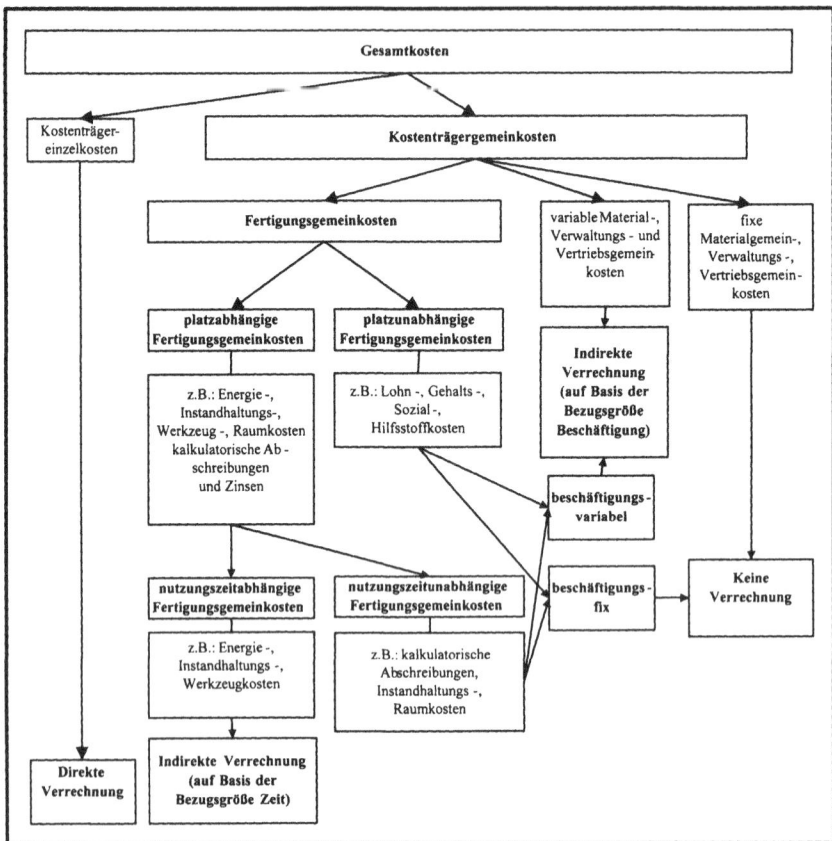

Abb. 7-26:   *Vorgehensweise der Stundensatzrechnung auf Teilkostenbasis*

7.6.2   Beispiel

Nachfolgend gelten für die Anwendung die Ausgangsdaten und bisherigen Ergebnisse des Beispiels zur Stundensatzrechnung bei Vollkostenrechnung unter Abschnitt 5.5.4. Modifikationen sind hinsichtlich der Kostenauflösung in variable und fixe Bestandteile für die Bereiche Beschaffung, Verwaltung und Vertrieb notwendig. Verwaltungs- und Vertriebsgemeinkosten verhalten sich vereinfachend vollständig beschäftigungsneutral. Die Anteile der variablen Materialgemeinkosten sind der Abb. 7-27 zu entnehmen. Für die Kostenstellenrechnung sind nun lediglich die nutzungszeitabhängigen Anteile der Platzkosten relevant. Es wird unterstellt, dass die gesamten Restfertigungskosten Fixkostencharakter tragen.

Die Kostenstellenrechnung (vgl. Abb. 7-27) verläuft analog zur traditionellen Vollkostenrechnung. In einem ersten Arbeitsschritt werden die Gemeinkosten entweder direkt oder indirekt mit Hilfe von Verhältniszahlen den jeweiligen Stellen und Plätzen zugeordnet. In der Folge ist die Summe der primären Gemeinkosten je Stelle bzw. je Platz berechenbar.

Die ansonsten im Anschluss daran durchzuführende innerbetriebliche Leistungsverrechnung entfällt hier, weil vereinfachend von internen Leistungsverflechtungen abstrahiert wird. Die Kalkulationssätze [KS] bzw. Stundensätze berechnen sich wie folgt:

$$KS_{MGK} \quad = \quad \frac{124.000 \, € \, / \, Jahr}{3.150.000 \, € \, / \, Jahr} \quad = \quad \underline{\underline{3,936508 \, \%}}$$

$$Stundensatz_{Platz \, I} \quad = \quad \frac{337.000 \, € \, / \, Jahr}{1.500 \, Stunden \, / \, Jahr} \quad = \quad \underline{\underline{224,6\overline{6} \, € \, / \, Stunde}}$$

$$Stundensatz_{Platz \, II} \quad = \quad \frac{230.000 \, € \, / \, Jahr}{3.716 \, Stunden \, / \, Jahr} \quad = \quad \underline{\underline{61,89 \, € \, / \, Stunde}}$$

$$Stundensatz_{Platz \, III} \quad = \quad \frac{300.000 \, € \, / \, Jahr}{3.000 \, Stunden \, / \, Jahr} \quad = \quad \underline{\underline{100,00 \, € \, / \, Stunde}}$$

Als ein Resultat der Kostenträgerzeitrechnung ergeben sich im Anschluss die variablen Selbstkosten des Unternehmens und der Produktgruppen X und Y (vgl. Abb. 7-28).

Lfd. Nr.	Konto	Bezeichnung	Σ	Ver-teiler	M	Platz I	Platz II	Platz III	Rest-FK	Vw	Vt
		Kostenarten				Fertigungsbereich					
						Kostenstellen / Plätze					
	1	2	3	4	5	6	7	8	9	10	11
1	4000	Material-einzelkosten	3.150	TD	3.150						
2	4001	Fertigungs-einzelkosten	2.075	TD					2.075		
3	4100	GK-material	12	MBH	12	0	0	0	0	0	0
4	4200	GK-löhne/Gehälter	50	LBH	50	0	0	0	0	0	0
5	4300	Sozialkosten	20	LBH	20	0	0	0	0	0	0
6	4400	Steuern, Gebühren	0	FBH	0	0	0	0	0	0	0
7	4500	Kalkulatorische Abschreibungen	0	ABH	0	0	0	0	0	0	0
8	4550	Kalkulatorische Zinsen	0	US	0	0	0	0	0	0	0
9	4600	Instandhaltungskosten	320	TD	20	105	70	125	0	0	0
10	4650	Raumkosten	105	Fläche	10	20	30	45	0	0	0
11	4700	Stromkosten	104	Zähler	2	32	28	42	0	0	0
12	4800	Werkzeugkosten	370	TD	0	180	102	88	0	0	0
13	4900	Übrige Kosten	10	US	10	0	0	0	0	0	0
14		Σ GK primär	991		124	337	230	300	0	0	0
15		Σ GK sekundär	0		0	0	0	0	0	0	0
16		Σ GK	991		124	337	230	300	0	0	0
17		Maschinenlaufzeit [Stunden/Jahr]				1.500	3.716	3.000			
18		KS [%]			3,94						
19		KS [€/Stunde]				224,67	61,89	100,00			

Betriebsabrechnungsbogen: Periode 20...
Alle Kostenangaben in T€/Jahr

Firma:

Legende:

Rest-FK	... Restfertigungsgemein-kosten	ABH	... Anlagenbuchhaltung
FBH	... Finanzbuchhaltung	US	... Umlageschlüssel
TD	... Technische Dokumente	MBH	... Materialbuchhaltung
LBH	... Lohnbuchhaltung	Vt	... Vertriebsstelle
GK	... Gemeinkosten	M	... Materialstelle
Vw	... Verwaltungsstelle	KS	... Kalkulationssatz

Abb. 7-27: 　Kostenstellenrechnung bei Verwendung variabler Stundensätze

Firma:			Kostenträgerzeitblatt: Periode 20...		
Bezeichnung		KS_{var} $\approx$	Periodenkosten in T€/Jahr		
			Unternehmen insgesamt	Produkt- gruppe X	Produkt- gruppe Y
	1	*2*	*3*	*4*	*5*
1	Materialeinzelkosten		3.150,00	1.650,00	1.500,00
2 +	variable Materialgemeinkosten	3,94	124,00	64,95	59,05
3 =	variable Materialkosten		3.274,00	1.714,95	1.559,05
4	Fertigungseinzelkosten		2.075,00	980,00	1.095,00
5 +	nutzungszeitabhängige Fertigungsgemeinkos- ten Platz I	224,67	337,00	188,72	148,28
6 +	nutzungszeitabhängige Fertigungsgemeinkos- ten Platz II	61,89	230,00	93,83	136,17
7 +	nutzungszeitabhängige Fertigungsgemeinkos- ten Platz III	100,00	300,00	136,00	164,00
8 +	variable Restfertigungs- gemeinkosten	-	0	0	0
9 =	variable Fertigungskosten		2.942,00	1.398,55	1.543,45
10 =	variable Herstellkosten hergestellte Leistung		**6.216,00**	**3.113,50**	**3.102,50**
11 +	Bestandsminderungen fertige Leistungen		0,00	0,00	0,00
12 -	Bestandserhöhungen fertige Leistungen		155,68	155,68	0,00
13 =	Herstellkosten abgesetzte Leistung		**6.060,32**	**2.957,82**	**3.102,50**
14 +	Verwaltungs- gemeinkosten	-	0	0	0
15 +	Vertriebsgemeinkosten	-	0	0	0
16 =	**Selbstkosten**		**6.060,32**	**2.957,82**	**3.102,50**

Abb. 7-28:   Kostenträgerzeitrechnung bei Verwendung variabler Stundensätze

Nach Modifizierung der Stundensatzkalkulation im Sinne der Teilkostenbetrach-
tung resultiert die Kalkulation der proportionalen Kosten für die Produktgruppen
X und Y (vgl. Abb. 7-29).

Firma:		Kalkulation: Periode 20…		
Bezeichnung	KS$_{var}$	Kosten in €/LE		
		Produktgruppe X	Produktgruppe Y	
_1_	_2_	_3_	_4_	
_1_	Materialeinzelkosten		1.650,00	750,00
_2_	+ variable Materialgemeinkosten	3,94	64,95	29,52
_3_	= variable Materialkosten		1.714,95	779,52
_4_	Fertigungseinzelkosten		980,00	547,50
_5_	+ nutzungszeitabhängige Fertigungsgemeinkosten Platz I	224,67	188,72	74,14
_6_	+ nutzungszeitabhängige Fertigungsgemeinkosten Platz II	61,89	93,83	68,08
_7_	+ nutzungszeitabhängige Fertigungsgemeinkosten Platz III	100,00	136,00	82,00
_8_	+ variable Restfertigungs-gemeinkosten	-	0	0
_9_	= variable Fertigungskosten		1.398,55	771,72
_10_	= variable Herstellkosten		**3.113,50**	**1.551,24**
_11_	+ variable Verwaltungs-gemeinkosten	-	0	0
_12_	+ variable Vertriebsge-meinkosten	-	0	0
_13_	= **variable Selbstkosten**		**3.113,50**	**1.551,24**

Abb. 7-29:　　_Kostenträgerstückrechnung bei Verwendung variabler Stundensätze_

7.7　　Systeme der Deckungsbeitragsrechnung

7.7.1　　Einstufige Deckungsbeitragsrechnung

Werden die Kapazitätskosten lediglich in einer Summe vom Deckungsbeitrag des Unternehmens abgesetzt und keiner weiteren Analyse unterzogen, handelt es sich um eine einstufige Deckungsbeitragsrechnung bzw. dem _Direct Costing_. Das Rechensystem stellt darauf ab, dass Gesamtkosten je Kostenart in variable und fixe Kosten gegliedert werden. Der Deckungsbeitrag berechnet sich aus der Differenz von Umsatzerlös abzüglich der Kosten für abgesetzte Leistungen. Diese Rechnung ist sowohl als Stück- als auch Periodenrechnung, außerdem vergangenheits- und zukunftsorientiert praktizierbar und wird als marktorientiert eingestuft. Der Hauptanspruch dieser Vorgehensweise bezieht sich auf das _Respektieren des Verursachungsprinzips_. Es sollen nur jene Kosten auf einen Kostenträger verrechnet werden, die dieser auch ursächlich ausgelöst hat. Dieser Logik folgend und der

Kenntnis entsprechend, dass variable Kosten kurzfristig beeinflussbar sind, werden auf Grundlage des Deckungsbeitrags vielfältige kurzfristige Entscheidungen abgeleitet (vgl. Abschnitt 7.8).

Allerdings kann der Deckungsbeitrag mit mannigfaltigen Inkorrektheiten behaftet sein. Die Ursachen können dafürin allen Rechenstufen der Kosten- und Leistungsrechnung liegen.

So gilt es z. B. nicht zu übersehen, dass gelegentlich Kostenarten als variabel und infolgedessen als kurzfristig beeinflussbar deklariert werden, die dennoch auch konstante Charakteristika aufweisen. Typisch hierfür sind leistungsabhängige Personalkosten[156], bei denen häufig gesetzliche Kündigungsfristen im betrieblichen Rechnungswesen vernachlässigt werden. Ferner sollte man der Tatsache Rechnung tragen, dass sich Deckungsbeiträge traditionell auf die Kosteneinflussgröße Beschäftigung beziehen. Es steht jedoch außer Zweifel, dass noch eine Vielzahl weiterer Einflussgrößen auf die Kostenverläufe der Unternehmen einwirken (vgl. dazu Abschnitt 7.6 sowie 8.4.3). Beim Treffen unternehmerischer Entscheidungen sollte letztlich auch ins Kalkül gezogen werden, dass Deckungsbeiträge üblicherweise im Rechnungskreis II proportionale Kosten- und Erlösverläufe unterstellen und zudem oftmals auf Näherungsverfahren für die Kostenauflösung beruhen. Im Verlauf der Kostenstellenrechnung werden variable Kostenstellen-Gemeinkosten nicht verursachungsgetreu auf Kostenstellen verrechnet. Man bedient sich hierbei häufig proportionaler Verhältnisse basierend auf Verrechnungsbasen. Ebenso hat das gewählte Verfahren für die Berechnung sekundärer Kosten je Endkostenstelle eine nicht unerhebliche Bedeutung auf den endgültigen Betrag an variablen Gemeinkosten je Kostenträger. Zudem werden die indirekten Kosten je Endkostenstelle anschließend unter Zuhilfenahme variabler Kalkulationssätze lediglich wiederum indirekt auf Produkte verrechnet. Auch hierbei dürften Ungenauigkeiten auftreten.

Ebenso haften der Erlösrechnung noch mannigfaltige Unzulänglichkeiten an. Eine aussagekräftige Deckungsbeitragsrechnung verlangt eine qualifizierte Erfassung und Gliederung der Erlöse je Kostenträger, das heißt, auch eine exakte Registrierung von Erlösminderungen je Produkt. Vielgestaltige periodenbezogene Rabatte, Boni und z. B. Erlösverbunde sind indessen nur näherungsweise bei vertretbarem Aufwand erfassbar.

Besonders Unternehmungen, die durch einen relativ hohen Anteil an Fixkosten gemessen an den Gesamtkosten geprägt sind, so bspw. jene mit hohem Automatisierungsgrad oder auch Dienstleistungsfirmen weisen überdimensional hohe Deckungsbeiträge je Kostenträger aus. Diese haben dagegen einen vergleichsweise immensen Betrag von fixen Kosten abzudecken, sodass die Gewinnmarge unter Umständen nur sehr niedrig ausfällt. Etwaige Fristen, in denen Kapazitätskosten auf- bzw. abbaufähig wären, bleiben darüber hinaus unerkannt. Die Aussagekraft des Deckungsbeitrages kann deshalb stark eingeschränkt bzw. nur für einen sehr

---

[156] Vgl. dazu z.B. Hoberg, P.: (Personalkosten), S. 15.

kurzen Zeitraum für betriebswirtschaftliche Entscheidungen relevant sein. Zudem besteht die Gefahr des einseitigen Denkens in Deckungsbeiträgen. Deckungsbeiträge sind nicht mit Gewinnen zu verwechseln[157]. Das könnte im Extremfall dazu führen, dass man in Verkaufsverhandlungen dazu neigt, zu hohe Preisnachlässe zu tolerieren.

7.7.2 Mehrstufige Deckungsbeitragsrechnung

7.7.2.1 Überblick

Mit der mehrstufigen Deckungsbeitragsrechnung[158] wird eine *Verfeinerung des Direct Costing bezüglich der Kapazitätskosten* vorgenommen. Fixe Kosten werden nicht mehr nur summarisch bzw. als Block vom Unternehmensdeckungsbeitrag subtrahiert, sondern die Zuordnung des Fixkostenblocks geschieht sukzessive nach deren verursachungsgerechter Erfassbarkeit auf Abrechnungseinheiten. Damit gewinnt man zusätzliche Informationen bezüglich der fixen Kosten. Die Kurzfristigkeit der Aussagekraft der einstufigen Rechnung wird erweitert. Bedingt dadurch, dass fixe Kosten entsprechend der im Unternehmen definierbaren Abrechnungseinheiten verursachungsgerecht aufgezeichnet, aufbereitet und analysiert werden, sind Indikatoren für längerfristige Absatz- und Investitionsentscheidungen feststellbar. Aus weiterführenden Fixkostenanalysen, so z. B. nach der Aufbau- und Abbaufähigkeit oder der Untersuchung in Leer- und Nutzkosten je Bezugshierarchie (vgl. Abschnitt 11.5.2.4), lassen sich anschließend längerfristigere Entscheidungen ableiten.

Die Gliederung der Fixkosten vollzieht sich vornehmlich unter der Maßgabe des Verursachungsprinzips und ausschließlich als Periodenrechnung. Damit liegt die Möglichkeit der Gliederungstiefe von Kapazitätskosten zum einen in den Restriktionen des Verwaltungsaufwandes und zum anderen in der direkten Zurechenbarkeit der fixen Kosten auf Bezugsgrößen.

Jegliche Zuordnung von fixen Kosten auf Abrechnungseinheiten gebietet zu Beginn eine Reorganisation in der integrierten Finanzbuchhaltung, sprich in der Abstimmung zwischen externem Rechnungswesen und Kostenartenrechnung. Ebenso erfährt die Kostenstellenrechnung eine Anpassung, indem Kostenstellenfixkosten über die Kostenstellen und ggf. Bereiche verrechnet werden. Gelingt es im weiteren Verlauf, auch Produkt- sowie Produktgruppenfixkosten zu definieren, bedarf es auch einer Anpassung dieser Rechenstufen.

---

[157] Vgl. Schmalenbach, E.: (Selbstkostenrechnung), S. 175.
[158] Vgl. Agthe, K.: (Fixkostendeckungsrechnung), S. 406 ff.

	(Deckungsbeitragsrechnung in €/ZE)
Bruttoerlös je Kostenträger	
./. Erlösminderungen je Kostenträger	
= Nettoerlös je Kostenträger	
./. variable Kosten je Kostenträger	
= Deckungsbeitrag I je Kostenträger	
./. Kostenträgerfixkosten	
= Deckungsbeitrag II je Kostenträger	→ Zusammenfassung nach Kostenträgergruppen
./. Kostenträgergruppenfixkosten	
= Deckungsbeitrag III je Kostenträgergruppe	→ Zusammenfassung nach Kostenstellen
./. Kostenstellenfixkosten	
= Deckungsbeitrag IV je Kostenstelle	→ Zusammenfassung nach Bereichen
./. Bereichsfixkosten	
= Deckungsbeitrag V je Bereich	→ Zusammenfassung nach Unternehmen (Betrieb oder Center)
./. Unternehmensfixkosten (bzw. Restfixkosten)	
= Betriebsergebnis	

Abb. 7-30:   Aufbau einer mehrstufigen Deckungsbeitragsrechnung auf Basis variabler Kosten

Gemäß der Kostenverursachung muss es Anspruch sein, fixe Kosten je Bezugsgröße ausnahmslos direkt zu erfassen. Die Festlegung der Bezugsgrößen ist unternehmensindividuell. Hierbei spielen z. B. die Historie des Unternehmens, der Entwicklungsverlauf des Rechnungswesens, die Branche, die Unternehmensgröße und der Rechnungszweck eine herausragende Rolle. Als typische Bezugsgrößen überwiegen einerseits produktbezogene Einteilungen, wie Produkte (bzw. Kostenträger), Produktgruppen (bzw. Kostenträgergruppen) und schon seltener das Produktionsprogramm. Andererseits geschieht die Differenzierung nach Abrechnungseinheiten zumeist in Kostenstellen und (Kostenstellen-)Bereiche. Zunehmend entscheiden sich Unternehmungen für eine Kombination von verschiedenen Bezugsgrößen[159] (vgl. Abb. 7-30).

7.7.2.2   Beispiel

Sämtliche Erlös- und Kostendaten sind der Abb. 7-31 zu entnehmen. Es sei angenommen, dass ein Unternehmen die Kostenträger A, B, C, D, E und F herstellt und verkauft. Die Kostenträger A und B gehören der Kostenträgergruppe I, C sowie D der Kostenträgergruppe II, die übrigen Kostenträger der Kostenträger-

---

[159] Vgl. Schweitzer, M./Küpper, H.-U.: (Systeme), S. 463.

gruppe III an. Die Kostenträgergruppe I wird dem Verantwortungsbereich 1, die Kostenträgergruppen II und III der Kostenstelle 2 zugeordnet.

							(Erlös- und Kostendaten in T€/ZE)	
Unternehmen								
Kostenstelle			1		2			
Kostenträgergruppe			I		II		III	
Kostenträger			A	B	C	D	E	F
1		*I*	*2*	*3*	*4*	*5*	*6*	*7*
1		Bruttoerlös	200	400	300	800	450	840
2	-	Erlösminderung	10	16	12	48	9	18
3	=	Nettoerlös	190	384	288	752	441	822
4	-	variable Kosten	110	160	120	492	311	512
5	=	**Deckungsbeitrag I**	**80**	**224**	**168**	**260**	**130**	**310**
6	-	Kostenträgerfixkosten	5	0	10	20	9	8
7	=	**Deckungsbeitrag II**	**75**	**224**	**158**	**240**	**121**	**302**
8	-	Kostenträgergruppen-fixkosten	140		380		200	
9	=	**Deckungsbeitrag III**	**159**		**18**		**223**	
10	-	Kostenstellenfixkos-ten	80		140			
11	=	**Deckungsbeitrag IV**	**79**		**101**			
12	-	Unternehmensfixkos-ten	80					
13	=	**Betriebsergebnis**	**100**					

Abb. 7-31:   *Beispiel zur mehrstufigen Deckungsbeitragsrechnung auf Basis variabler Kosten*

Bekannt aus der einstufigen Deckungsbeitragsrechnung ist bereits der Deckungsbeitrag I je Kostenträger. Außerdem lässt sich dieser nun auch je Kostenstelle und Bereich zuordnen. Weitere zusätzliche Informationen sind aus der mehrstufigen Rechnung ab dem Stufendeckungsbeitrag II ablesbar.

Der jeweilige Deckungsbeitrag gibt den Betrag an, welcher für die Deckung der noch nicht berücksichtigten Fixkosten und darüber hinaus zur Erzielung eines Gewinns zur Verfügung steht. Des Weiteren lassen sich der Rechnung Hinweise zur wirtschaftlichen Situation der entsprechenden Bezugsgrößen entnehmen. Im Ergebnis wird ersichtlich, dass etwaige niedrige Stufendeckungsbeiträge in höheren Abrechnungshierarchien durch dazugehörige Bezugsgrößendeckungsbeiträge kompensiert werden können.

7.7.3   Mehrdimensionale Deckungsbeitragsrechnung

7.7.3.1   Überblick

Während die mehrstufige Deckungsbeitragsrechnung den gesamten Fixkostenblock nacheinander entsprechend der definierbaren Bezugsgrößen untersucht, bezieht sich die mehrdimensionale Rechnung hauptsächlich auf die *Untersuchung von fixen Vertriebskosten*. Sie findet deshalb insbesondere in Dienstleistungsunternehmungen breite Anwendung. Die mehrstufige Rechnung erfährt eine Verfeinerung, indem Fixkosten, gegliedert nach Kostenarten, in Bezug auf nebeneinander angeordnete Bezugsgrößen bzw. Dimensionen von unterschiedlichen Perspektiven aus durchleuchtet werden.

Als unbedingte Voraussetzung gilt auch hier die strikte Einhaltung des Verursachungsprinzips. Fixkosten müssen auf Dimensionen ohne Schlüsselungen erfassbar sein. Das erfordert erstens eine weitere Qualifizierung der Kostenarten-, Kostenstellen- und Kostenträgerrechnung und zweitens sind Erlösarten nicht nur je Kostenträger, sondern zugleich je Dimension zu registrieren.

In Abhängigkeit von der Branche, der Unternehmensgröße und nicht zuletzt vom Rechnungszweck sind vielgestaltige Dimensionen denkbar. Die Einbeziehung von Erlösquellen bedarf einer branchenbezogenen *Marktsegmentierung*[160]. Sehr häufig finden sich in der Praxis die drei Dimensionen Produkt- bzw. Produktgruppe, Kundengruppe und Absatzgebiet. In der Konsequenz fallen Fixkosten an, die

- zugleich allen drei Dimensionen direkt zugerechnet werden können (z. B. Werbung in einer Fachzeitschrift bezogen auf eine Kundengruppe für ein Produkt in einem Absatzgebiet, bspw. Europa),
- lediglich zwei Dimensionen verursachungsgerecht zuordenbar sind (z. B. fixe Kosten einer Agentur für gewerbliche Kunden in einem konkreten Absatzgebiet),
- nur für eine Dimension eindeutig erfassbar sind (z. B. Frachtkosten für ein Absatzgebiet).

Die Durchführung einer mehrdimensionalen Rechnung ersetzt die mehrstufige Betrachtung von Fixkosten nicht. Um umfassende Analyseergebnisse zu erhalten, sollten beide Rechensysteme parallel praktiziert werden.

Die Vorgehensweise der mehrdimensionalen Rechnung gestaltet sich sukzessive. In einem ersten Schritt werden vom Periodendeckungsbeitrag, resultierend aus Nettoerlösen und variablen Kosten, jene Fixkosten subtrahiert, welche allen Dimensionen zurechenbar sind. Dieser Beitrag steht nun zur Deckung der noch nicht berücksichtigten fixen Kosten und unter Umständen zur Gewinnerzielung zur Verfügung.

Ein zweiter Schritt bezieht folglich fixe Kosten ein, die lediglich von zwei Dimensionen (also *n -1* Dimension) verursacht werden. Die Rechnung strukturiert sich zunehmend globaler, die ausgewiesenen Deckungsbeiträge beziehen sich gemäß dem Rechenalgorithmus sukzessiv auf immer mehr Dimensionen (vgl. Abb. 7-32 und Abb. 7-33).

---

[160] Vgl. dazu z.B. Schweitzer, M./Küpper, H.-U.: (Systeme), S. 467.

		(Deckungsbeitragsrechnung in €/ZE *n = Anzahl der Dimensionen)*
	Bruttoerlös n Dimensionen	
./.	Erlösminderungen (n Dimensionen)	
=	Nettoerlös (n Dimensionen)	
./.	variable Kosten (n Dimensionen)	
=	**Deckungsbeitrag I** (bezogen auf n Dimensionen)	
./.	Fixkosten bezogen auf n Dimensionen	
=	**Deckungsbeitrag II** (bezogen auf n Dimensionen)	→ Zusammenfassung nach n-1 Dimensionen
./.	Fixkosten bezogen auf n-1 Dimensionen	
=	**Deckungsbeitrag III** (bezogen auf n-1 Dimensionen)	→ Zusammenfassung nach n-2 Dimensionen
./.	Fixkosten bezogen auf n-2 Dimensionen	
=	**Deckungsbeitrag IV** (bezogen auf n-2 Dimensionen)	→ Zusammenfassung nach n-3 Dimensionen
	Fixkosten	
./.	bezogen auf n-3 Dimensionen (Unternehmens- bzw. Restfixkosten)	
=	**Betriebsergebnis**	

Abb. 7-32:   *Aufbau einer dreidimensionalen Deckungsbeitragsrechnung (produzierendes Gewerbe)*

Aufgrund der Dimensionalität der Rechnung resultieren Wahlmöglichkeiten in der Reihenfolge der Betrachtung von Bezugsgrößen. Im Falle von drei Dimensionen ($n=3$) ergeben sich folglich $n!$ Möglichkeiten ($n! = 6$) der Dimensionsbetrachtung.

Nachfolgend soll kurz demonstriert werden, dass für eine vollständige Informationsgewinnung die Berechnung von n-Varianten ausreicht.

Greift man das Beispiel der drei Dimensionen Produkt [P], Absatzgebiet [G] und Kundengruppe [K] auf, lassen sich folgende Rechenvarianten gemäß der Dimensionsreihenfolge herleiten:

$(P \rightarrow G \rightarrow K)$, $(G \rightarrow K \rightarrow P)$, $(K \rightarrow P \rightarrow G)$, $(K \rightarrow G \rightarrow P)$, $(G \rightarrow P \rightarrow K)$ und schließlich $(P \rightarrow K \rightarrow G)$.

Unterstellt man die Logik, die Dimensionen in der Reihenfolge des Uhrzeigersinns zu berücksichtigen, ergeben sich zwei Varianten:

- Variante 1: $(P \rightarrow G \rightarrow K)$, $(G \rightarrow K \rightarrow P)$, $(K \rightarrow P \rightarrow G)$ und
- Variante 2: $(K \rightarrow G \rightarrow P)$, $(G \rightarrow P \rightarrow K)$, $(P \rightarrow K \rightarrow G)$.

Wird die mehrdimensionale Rechnung nun getreu einer dieser Varianten der Reihenfolgewahl von Dimensionen vollzogen[161], kommt es bei Verminderung des Rechenaufwandes zu keinerlei Informationsverlusten.

	(Deckungsbeitragsrechnung in €/ZE n = Anzahl der Dimensionen)
Bruttoerlös n Dimensionen	
./. Erlösminderungen (n Dimensionen)	
= Nettoerlös (n Dimensionen)	
./. Wareneinsatz (n Dimensionen)	
./. variable Handlungskosten (n Dimensionen)	
= **Deckungsbeitrag I** (bezogen auf n Dimensionen)	
./. Fixkosten bezogen auf n Dimensionen	
= **Deckungsbeitrag II** (bezogen auf n Dimensionen)	→ Zusammenfassung nach n-1 Dimensionen
./. Fixkosten bezogen auf n-1 Dimensionen	
= **Deckungsbeitrag III** (bezogen auf n-1 Dimensionen)	→ Zusammenfassung nach n-2 Dimensionen
./. Fixkosten bezogen auf n-2 Dimensionen	
= **Deckungsbeitrag IV** (bezogen auf n-2 Dimensionen)	→ Zusammenfassung nach n-3 Dimensionen
./. Fixkosten bezogen auf n-3 Dimensionen (Unternehmens- bzw. Restfixkosten)	
= **Betriebsergebnis**	

Abb. 7-33:   *Aufbau einer dreidimensionalen Deckungsbeitragsrechnung (Handel)*

7.7.3.2   Beispiel

Das nachstehende Beispiel veranschaulicht eine dreidimensionale Deckungsbeitragsrechnung. Ein Unternehmen handelt mit den zwei Sportartikeln [P] A und B. Beide Waren werden sowohl für Damen als auch für Herren geführt. Folglich werden diese als Kundengruppen [K] definiert. Das Unternehmen agiert in den Absatzgebieten [G] In- und Ausland.

Die Ermittlung des Betriebsergebnisses erfolgt

- erstens in den Varianten K → G → P (vgl. Abb. 7-34),
- zweitens in G → P → K (vgl. Abb. 7-35) sowie
- drittens in der Dimensionsreihenfolge P → K → G (vgl. Abb. 7-36).

---

[161] Vgl. Hieke, H.: (Deckungsbeitragsrechnung), S. 74.

			Damen				Herren			*(Daten in T€/ZE)*
Kundengruppe [K]			Damen				Herren			
Absatzgebiet [G]			Inland		Ausland		Inland		Ausland	
Produkt [P]			A	B	A	B	A	B	A	B
		1	*2*	*3*	*4*	*5*	*6*	*7*	*8*	*9*
1		Bruttoerlös	900	200	700	980	300	450	200	370
2	-	Erlösminderung	18	5	10	14	9	2	4	3
3	=	Nettoerlös	882	195	690	966	291	448	196	367
4	-	variable Kosten	360	80	285	390	280	180	120	150
5	=	**Deckungsbeitrag I**	**522**	**115**	**405**	**576**	**11**	**268**	**76**	**217**
6	-	Fixkosten [K, G, P] n Dimensionen	20	12	8	10	4	7	2	2
7	=	**Deckungsbeitrag II**	**502**	**103**	**397**	**566**	**7**	**261**	**74**	**215**
8	-	Fixkosten [K, G] n-1 Dimensionen	280		210		100		79	
9	=	**Deckungsbeitrag III**	**325**		**753**		**168**		**210**	
10	-	Fixkosten [K] n-2 Dimensionen	298				158			
11	=	**Deckungsbeitrag IV**	**780**				**220**			
12	-	Restfixkosten (Vertrieb) Sonstige Fixkosten	628 100							
13	=	**Betriebsergebnis**	**272**							

Abb. 7-34:   *Beispiel einer dreidimensionalen Deckungsbeitragsrechnung (K → G → P)*

Aufgrund der unterschiedlichen Betrachtungsperspektiven von Bezugsgrößen unter Einbeziehung der Erlösquellenrechnung liegen im Ergebnis vielfältige marktbezogene Informationen vor. Betrachtet man die Erlösseite, so ist z. B. ablesbar, welchen Umsatzanteil die einzelnen Produkte je Kundengruppe und Absatzgebiet erwirtschaften. In weiterführenden Überlegungen könnten diese Umsatzdaten bezüglich ihrer Einflussfaktoren, wie spezifische Erlöse und Absatzmengen, noch detaillierter untersucht werden. Ähnliche Aussagen treffen auch für die Analyse der variablen Kosten zu.

Des Weiteren lässt sich die Aussagekraft der Deckungsbeitragsrechnung hinsichtlich der fixen Kosten maßgeblich steigern. Informationsgewinne zeigen sich dabei speziell bei weiter fortschreitender Rechnung. Die kumulativen Deckungsbeiträge I und II stimmen in den einzelnen Varianten überein, weisen aber zusätzliche Daten für die Perspektiven aus. Die Erfassbarkeit der fixen Kosten je Dimensionskombination führt in der Folge zu zusätzlichen Ergebnissen. Dies lässt sich z. B. anhand der Fixkostenbelastung für Absatzgebiete (vgl. Abb. 7-36) ableiten. Augenscheinlich dürfte ebenso sein, dass die Produkte für Damen (vgl. Abb. 7-34) höhere Deckungsbeiträge einspielen. Hierbei favorisiert das Auslandsgeschäft (vgl. Abb. 7-35).

			Inland			Ausland		(Daten in T€/ZE)
Absatzgebiet [G]			Inland			Ausland		
Produkt [P]		A		B		A		B
Kundengruppe [K]		Da-men	Her-ren	Da-men	Her-ren	Da-men	Her-ren	Da-men	Her-ren
	1	*2*	*3*	*4*	*5*	*6*	*7*	*8*	*9*
1	Bruttoerlös	900	300	200	450	700	200	980	370
2 -	Erlösminderung	18	9	5	2	10	4	14	3
3 =	Nettoerlös	882	291	195	448	690	196	966	367
4 -	variable Kosten	360	280	80	180	285	120	390	150
5 =	**Deckungsbeitrag I**	**522**	**11**	**115**	**268**	**405**	**76**	**576**	**217**
6 -	Fixkosten [G, P, K] n Dimensionen	20	4	12	7	8	2	10	2
7 =	**Deckungsbeitrag II**	**502**	**7**	**103**	**261**	**397**	**74**	**566**	**215**
8 -	Fixkosten [G, P] n-1 Dimensionen	12		4		11		5	
9 =	**Deckungsbeitrag III**	**497**		**360**		**460**		**776**	
10 -	Fixkosten [G] n-2 Dimensionen	676				489			
11 =	**Deckungsbeitrag IV**	**181**				**747**			
12 -	Restfixkosten (Vertrieb) Sonstige Fixkosten	556 100							
13 =	**Betriebsergebnis**	**272**							

Abb. 7-35:   *Beispiel einer dreidimensionalen Deckungsbeitragsrechnung (G → P → K)*

Der Produktvergleich fällt zugunsten des Produktes B bei fast ähnlicher Fixkostenbelastung im Vergleich zu Produkt A aus (vgl. Abb. 7-36). Das verhältnismäßig schlechte Ergebnis beim Verkauf des Kostenträgers A im Herrenbereich, insbesondere beim Inlandsgeschäft, wird entscheidend durch den Verkauf im Damenbereich kompensiert.

Die jeweiligen Deckungsbeiträge können zum einen eingehend untersucht werden, und zum anderen zeigen sie den Beitrag je Dimension, welcher zur Deckung noch nicht verrechneter Fixkosten bereitsteht. Schließlich kann geschlussfolgert werden, welche Absatzgebiete, Produkte und Kundengruppen Wertbeiträge zur Gewinnerwirtschaftung leisten. Nicht zuletzt bieten diese Informationen Indikatoren für die längerfristige Unternehmenssteuerung.

		A				B			
									(Daten in TE/ZE)
Produkt [P]		A				B			
Kundengruppe [K]		Damen		Herren		Damen		Herren	
Absatzgebiet [G]		In-land	Aus-land	In-land	Aus-land	In-land	Aus-land	In-land	Aus-land
1		2	3	4	5	6	7	8	9
1	Bruttoerlös	900	700	300	200	200	980	450	370
2 -	Erlösminderung	18	10	9	4	5	14	2	3
3 =	Nettoerlös	882	690	291	196	195	966	448	367
4 -	variable Kosten	360	285	280	120	80	390	180	150
5 =	**Deckungsbeitrag I**	**522**	**405**	**11**	**76**	**115**	**576**	**268**	**217**
6 -	Fixkosten [P, K, G] n Dimensionen	20	8	4	2	12	10	7	2
7 =	**Deckungsbeitrag II**	**502**	**397**	**7**	**74**	**103**	**566**	**261**	**215**
8 -	Fixkosten [P, K] n-1 Dimensionen	20		40		30		10	
9 =	**Deckungsbeitrag III**	**879**		**41**		**639**		**466**	
10 -	Fixkosten [P] n-2 Dimensionen	63				69			
11 =	**Deckungsbeitrag IV**	**857**				**1.036**			
12 -	Restfixkosten (Vertrieb) Sonstige Fixkosten	1.521				100			
13 =	**Betriebsergebnis**	**272**							

Abb. 7-36:   Beispiel einer dreidimensionalen Deckungsbeitragsrechnung (P → K → G)

7.8   Ausgewählte Anwendungsmöglichkeiten der Deckungsbeitragsrechnung

7.8.1   Gewinnschwellenanalyse

7.8.1.1   Überblick

Die Kenntnis von Deckungsbeiträgen ermöglicht in der Form eines Modells die Berechnung der sogenannten *Break-even-Menge* bzw. *Gewinnschwellenmenge*. Diese Menge muss mindestens auf dem Markt veräußert werden, um sämtliche dadurch verursachten Kosten abzudecken. Als Modellrestriktionen bestehen:

- Variable Periodenkosten und -erlöse verlaufen proportional. Etwaige Erlösminderungen werden als Durchschnittswerte einbezogen. Damit gelten je Leistungsart konstante Stückdeckungsbeiträge.

- Die Kostenauflösung von Gemeinkosten in variable und fixe Bestandteile wird als hinreichend genau betrachtet und festgeschrieben.
- Periodenerlöse werden den entsprechenden Umsatzkosten gegenübergestellt. Bestandsveränderungen an unfertigen und fertigen Leistungen werden nicht explizit ausgewiesen.
- Die Break-even-Menge gilt nur bis zur festgeschriebenen Kapazitätsgrenze.
- Die Anwendung erfolgt unter der Maßgabe homogener Leistungserstellung, ggf. kann diese fiktiv bspw. mit Hilfe von Äquivalenzzahlen erzeugt werden.

Die Gewinnschwelle ergibt sich als Schnittpunkt von Periodenkosten- und Periodenerlöskurve unter Beachtung der Konstanz der Fixkosten bei Beschäftigungsschwankungen (vgl. Abb. 7-37). Daraus folgt:

$$E = K$$

$$e \cdot Q = K_f + k_{var} \cdot Q$$

$$Q_{GS} = \frac{K_f}{e - k_{var}} = \frac{K_f}{dB}$$

Legende:

K	...	*Periodenkosten in €/ZE*
E	...	*Periodenumsatz in €/ZE*
e	...	*spezifischer Erlös in €/LE*
Q	...	*Absatzmenge in LE/ZE*
Q_{GS}	...	*Gewinnschwellenmenge in LE/ZE*
K_f	...	*fixe Periodenkosten in €/ZE*
k_{var}	...	*variable spezifische Kosten in €/LE*
dB	...	*spezifischer Deckungsbeitrag in €/LE*

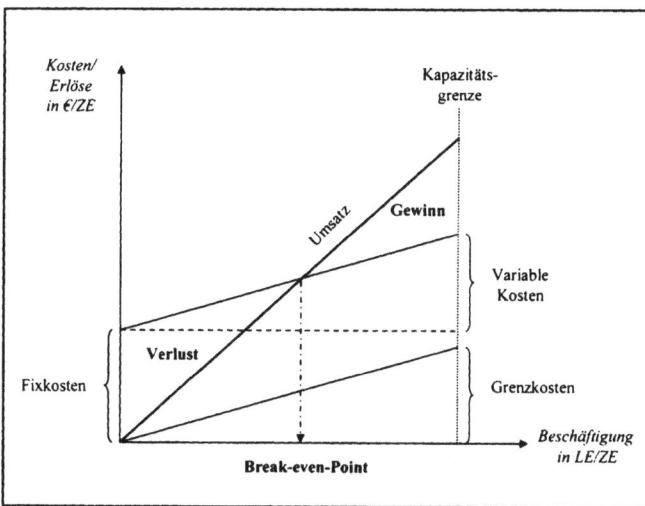

Abb. 7-37:   Schematische Darstellung des Break-even-Modells

Die Gewinnschwelle gestattet weitergehende Betrachtungen zur ergebnisorientierten Unternehmenssteuerung. So drückt die *Gewinnreagibilität* das leistungswirtschaftliche Risiko bezüglich von Absatzschwankungen aus. Mit ihrer Hilfe wird berechnet, um wie viel Prozent sich das Betriebsergebnis verändert, wenn sich das Absatzvolumen um ein Prozent reduziert bzw. erhöht.

$$r(Q) = \left(\frac{Q(e - k_{var})}{Q(e - k_{var}) - K_f} \right) \cdot 100$$

Der *Sicherheitskoeffizient* gibt Auskunft darüber, um wie viel Prozent der Absatz nachlassen dürfte, bevor die Gewinnschwelle erreicht wäre.

$$s(Q) = \left(\frac{Q - Q_{GS}}{Q} \right) \cdot 100$$

Legende:
$r(Q)$ ...   *Gewinnreagibilität*
$s(Q)$ ...   *Sicherheitskoeffizient*

Damit beurteilt der Sicherheitskoeffizient das Risiko der Unterschreitung der Gewinnschwelle und steht im Zusammenhang mit dem operativen Leverage-Effekt. Dieser Effekt verdeutlicht den Einfluss der Fixkosten im Falle von Umsatzrückgängen. So ist davon auszugehen, dass Unternehmungen mit hohen Fixkostenanteilen anfälliger auf Umsatzeinbußen reagieren (vgl. dazu auch Abschnitt 10.2).

$$r_l = \frac{\dfrac{\Delta BE}{BE}}{\dfrac{\Delta E}{E}} = \frac{1}{s(Q)}$$

Legende:
r_l ...   *operativer Leverage-Effekt*
BE ...   *Betriebsergebnis der Periode in €/ZE*

Gleichfalls steht diesem Risiko auch eine Chance gegenüber. Zu ergänzen sei noch, dass Unternehmungen mit relativ hohen Fixkostenanteilen häufig auch mit beträchtlichen Fremdkapitalbeträgen agieren. Aus diesem Grund besteht ein nicht unerheblicher Zusammenhang zwischen operativem und finanziellem Leverage-Effekt[162] und daher zur Finanzausstattung der Unternehmungen. Durch Aufnahme von Fremdkapital, mit welchem häufig fixe Kosten gegenfinanziert werden, kann die Eigenkapitalrentabilität gesteigert werden, so fern die Kosten für zusätzliches Fremdkapital niedriger ausfallen als die erwirtschaftete Eigenkapitalrentabilität.

---

[162] Vgl. zum finanziellen Leverage-Effekt bspw. Mensch, G.: (Finanz-Controlling), S. 191 ff.

Die Steigerung der Eigenkapitalrendite ist umso lukrativer, je höher der Verschuldungsgrad $\left(\dfrac{FC}{EC}\right)$ ist. Es wird angestrebt, die Chance $(r > r_{FC})$ durch Aufnahme des Fremdkapitals zu nutzen, um die Rentabilität des Eigenkapitals über die Gesamtkapitalrentabilität zu steigern. Liegt die Gesamtrendite über dem Fremdkapitalzinssatz, steigt mit wachsender Verschuldung die Eigenkapitalrendite überproportional.

Demgegenüber steht jedoch im Falle eines Absatzrückgangs ein Risiko $(r < r_{FC})$, welches sich im Zusammenspiel mit dem operativen Leverage-Effekt potenziert, das heißt, ist die Investitionsrendite niedriger als die Fremdkapitalrendite (z. B. steigender Fremdkapitalzins bei steigendem Fremdkapital und ggf. fallenden Umsätzen) sinkt die Eigenkapitalrendite mit wachsender Verschuldung anschwellend[163].

$$r_{EC} \quad = \quad r_i + \frac{FC}{EC}\,(r_i - r_{FC})$$

Legende:

r_{EC}	...	*Eigenkapitalrentabilität*
r_i	...	*Gesamtkapitalrentabilität*
r_{FC}	...	*Fremdkapitalrentabilität*
FC	...	*Fremdkapital*
EC	...	*Eigenkapital*

Liegt keine homogene Leistungserstellung vor und kann diese auch nicht fiktiv erzeugt werden, so muss man auf die Berechnung des Deckungsumsatzes [E_{GS}] zurückgreifen. Es gelten fernerhin die identischen Modellrestriktionen, allerdings besteht die Einschränkung, dass die unterstellten Mengenverhältnisse zwischen den Kostenträgern konstant bleiben. Damit einher geht eine maßgebliche Einschränkung der Aussagefähigkeit dieser Kennzahl.

$$E_{GS} \quad = \quad \frac{K_f}{1 - \dfrac{\displaystyle\sum_{i=1}^{n} k_{\text{var}\,i} \cdot Q_i}{\displaystyle\sum_{i=1}^{n} e_i \cdot Q_i}}$$

Legende:

E_{GS}	...	*Deckungsumsatz in €/ZE*
$k_{\text{var}\,i}$	...	*variable spezifische Kosten der Leistungsart i in €/LE;*
		i = 1...n; n = Anzahl der Leistungsarten

---

[163] Für den Financial-Leverage gelten folgende Modellannahmen: konstanter Eigenkapitaleinsatz, variabler Fremdkapitaleinsatz, konstanter Fremdkapitalzinssatz.

Q_i ... *Absatzmenge der Leistungsart i in LE/ZE;*
         i = 1...n; n = Anzahl der Leistungsarten

e_i ... *spezifischer Erlös der Leistungsart i in €/LE;*
         i = 1...n; n = Anzahl der Leistungsarten

7.8.1.2 Beispiel

Für die kommende Periode wird der Absatz von 500 LE/ZE zu je 25 €/LE bei homogener Leistungserstellung geplant. Gemäß Kostenrechnung wird von folgenden Ansätzen ausgegangen:

Vollkostenrechnung:	Vollkosten [k]	=	23 € / LE
Teilkostenrechnung:	Einzelkosten [EK]	=	5 € / LE
	Teilkostensatz [KS_{var}]	=	40 %
	Fixkosten [K_f]	=	8.000 € / ZE

Die Plankosten [K^P] belaufen sich demnach unter Verwendung der Vollkostenrechnung auf:

$$K^P = 500\ LE/ZE \cdot 23\ €/LE = \underline{\underline{11.500\ €/ZE}}$$

Zu den identischen Plankosten kommt man ebenso unter Verwendung der Teilkostenrechnung. Es gilt:

Einzelkosten	5,00 € / LE · 500 LE / ZE	=	2.500 €/ZE
variable Gemeinkosten	2.500 € / ZE · 0,4	=	1.000 €/ZE
Fixkosten		=	8.000 €/ZE
Plankosten		=	11.500 €/ZE

Die Plankosten im Vollkosten- und Teilkostensystem entsprechen einander. Kommt es hingegen in der Folge zu Modifizierungen der Absatzmenge, treten Differenzen im Planansatz auf (vgl. Abb. 7-38).

	Absatz-menge	Umsatz-erlös	Vollkostenrechnung		Teilkostenrechnung	
			Kosten	Betriebs-erfolg	Kosten	Betriebs-erfolg
	[LE/ZE]	[€/ZE]	[€/ZE]	[€/ZE]	[€/ZE]	[€/ZE]
	1	*2*	*3*	*4*	*5*	*6*
1	400	10.000	9.200	800	10.800	- 800
2	600	15.000	13.800	1.200	12.200	2.800

Abb. 7-38:   *Berechnung der Plankosten und –erfolge im Vergleich von Voll- und Teilkosten-rechnung*

Liegt die Planmenge unter der Ursprungsmenge, weist die Vollkostenrechnung aufgrund zu niedrig berechneter spezifischer Fixkosten je Leistungseinheit ein ungerechtfertigt höheres Betriebsergebnis im Vergleich zur Teilkostenrechnung aus. Umgekehrt verhält es sich im Falle steigender Planmenge. Die Break-even-Menge (vgl. auch Abb. 7-39) lässt sich ausnahmslos nur auf Basis von Teilkosten feststellen:

$$Q_{GS} = \frac{8.000 \, \text{€} \, / \, ZE}{25 \, \text{€} \, / \, LE - (5 \, \text{€} \, / \, LE + 2 \, \text{€} \, / \, LE)} = \frac{8.000 \, \text{€} \, / \, ZE}{18 \, \text{€} \, / \, LE} \approx \underline{\underline{444 \, LE \, / \, ZE}}$$

Im Falle von Variantenvergleichen lässt sich die Gewinnschwellenanalyse durch den Ausweis von *Wahlpunkten* ergänzen. Die Berechnung der Wahlpunkte I und II setzt folgende Modellannahmen voraus:

- Die Umsatzkosten je Variante sind möglichst verursachungsgerecht erfassbar und als lineare Kostenfunktion periodenbezogen auszuweisen.
- Die Kosten je Variante sind in beschäftigungsfixe und -variable Bestandteile auflösbar.
- Den jeweiligen Varianten sind lineare Erlösfunktionen gegenüberzustellen.

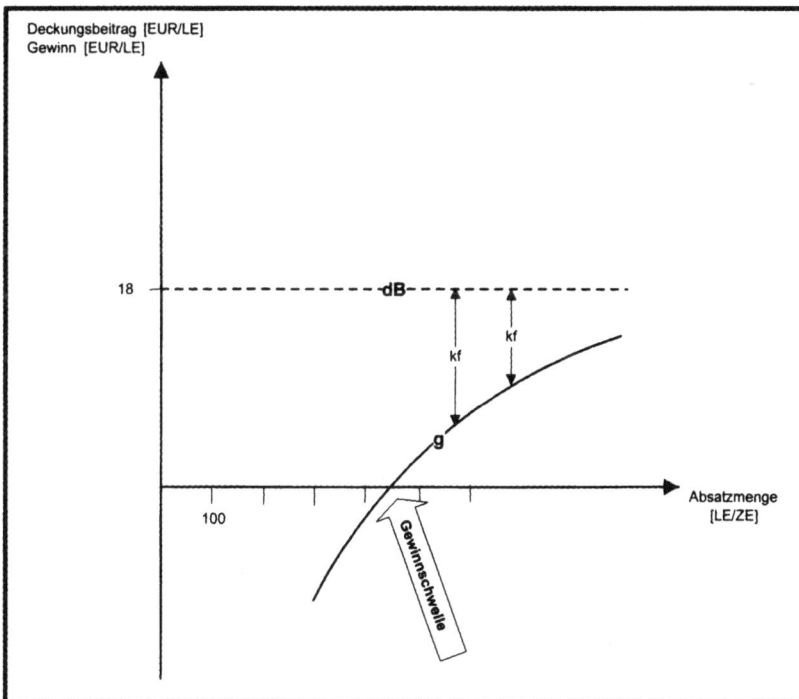

Abb. 7-39:   *Grafische Darstellung der Gewinnschwelle*

A   Wahlpunkt I

Der Wahlpunkt I $\lfloor Q_{WP\,I} \rfloor$ weist jene Absatzmenge aus, bei der die Selbstkosten $[K]$ beider Varianten gleich hoch sind. Für beide Varianten (Index 1 oder 2) gilt die identische Erlösfunktion. Demzufolge ergeben sich im Schnittpunkt beider Kostenkurven identische Selbstkosten und Gewinne je Variante.

$$K_1 = K_2$$

$$K_f^1 + k_{var}^1 \cdot Q_{WP\,I} = K_f^2 + k_{var}^2 \cdot Q_{WP\,I}$$

$$Q_{WP\,I} = \frac{K_f^1 - k_f^2}{k_{var}^2 - k_{var}^1}$$

Die Lukrativität einer Variante nach Erreichen der Break-even-Menge ergibt sich aus ihrer Fixkostenbelastung $\lfloor K_f \rfloor$. Solange die Absatzmenge unterhalb des Wahlpunktes liegt, ist jene Variante lukrativer, die einen niedrigeren Fixkostensockel besitzt. Übersteigt indessen der Absatz die ausgewiesene Wahlpunktmenge, so wäre die Variante mit den höheren Fixkosten zu wählen. Bedingt durch die einsetzende Fixkostendegression (der zu verdienende Betrag für die Fixkostendeckung sinkt je verkaufte Einheit) kompensieren sich die höheren Fixkosten im Vergleich zur Alternative. Hinzu kommt, dass eine fixkostenintensive Variante aufgrund der unterstellten Linearität der variablen Periodenkosten stets niedrigere variable Stückkosten $[k_{var}]$ aufweist.

B   Wahlpunkt II

Für die Berechnung des Wahlpunktes II $\lfloor Q_{WP\,II} \rfloor$ wird jeder Variante ein separater Erlös $[e]$ gegenübergestellt. Im Wahlpunkt II wird die Absatzmenge $[Q]$ ausgewiesen, für die die Periodenergebnisse $[G]$ beider Varianten identisch sind.

$$G_1 = G_2$$

$$e^1 \cdot Q_{WP\,II} - \left(K_f^1 + k_{var}^1 \cdot Q_{WP\,II} \right) = e^2 \cdot Q_{WP\,II} - \left(K_f^2 + k_{var}^2 \cdot Q_{WP\,II} \right)$$

$$Q_{WP\,II} = \frac{K_f^1 - K_f^2}{e^1 - k_{var}^1 - e^2 + k_{var}^2}$$

Mit Erreichen des Wahlpunktes II ist die anlagenintensivere Variante zu bevorzugen, da bei dieser der Gewinn bei Absatzmengenzunahme schneller steigt. Die höheren Fixkosten werden durch die relative Gewinnsteigerung bedingt durch die degressiv fallenden spezifischen Fixkosten je Absatzmengeneinheit und die vergleichsweise niedrigeren spezifischen variablen Kosten kompensiert.

7.8.2   Kurzfristige, gewinnoptimale Programmplanung

7.8.2.1   Überblick

Die Art und Menge der innerhalb einer Periode herzustellenden bzw. abzusetzenden Produkte bilden das Produktions- bzw. Absatzprogramm der Unternehmung. Von Interesse ist lediglich unter diesem Fokus, unabhängig von der Branche, die Mehrproduktunternehmung.

Die Vorgehensweise folgt dem Anspruch, konform der jeweiligen Unternehmenszielsetzung, das gewinnoptimale Programm auszuweisen. Diese betriebliche Entscheidung kann entweder unter Maßgabe langfristiger oder kurzfristiger Prämissen getroffen werden. Im Falle langfristiger Planung sind die Kapazitäten und Leistungsarten dispositionsabhängig. Zur Anwendung kommen deshalb Instrumente, wie z. B. das Product Life Cycle Costing oder auch die Investitionsrechnung[164].

Die einstufige Deckungsbeitragsrechnung unterstützt vorrangig die kurzfristige gewinnoptimale Programmplanung, wohingegen mehrstufige und mehrdimensionale Ansätze der längerfristigen Planung (vgl. dazu Abschnitt 7.7.2 sowie 7.7.3) dienen. Mithilfe des Direct Costing werden auf der strategischen Programmplanung basierend die temporären optimalen Produktionsprogramme gesucht. Entscheidendes Kriterium für die Definition der Kurzfristigkeit ist die fehlende Möglichkeit, Kapazitätskosten auf- bzw. abzubauen. Dieser Tatbestand dominiert die Frist der Programmoptimierung. Für kurze Zeit, z. B. einen Tag oder eine Woche, kann davon ausgegangen werden, dass die Kapazität keinen Schwankungen unterliegt. Nur deshalb sind Fixkosten nicht entscheidungsrelevant. Die Maximierung des totalen Periodendeckungsbeitrages führt daher auch zum maximalen Periodenergebnis. Es sei an dieser Stelle nochmals an die Bedeutung der Kostenauflösung und damit an die Erfassung von Fixkosten erinnert (vgl. Abschnitt 7.2).

Allerdings können betriebliche Entscheidungen in der Regel nicht isoliert getroffen werden, sie sind durch vielfältige gegenseitige Abhängigkeiten geprägt. Vorhandene Potenziale, vorgegebene Absatzmöglichkeiten und –wege, Interdependenzen zwischen betrieblichen Funktionsbereichen oder auch Kapazitäts- und Finanzierungsengpässe seien dafür beispielhaft genannt. Daraus folgend ergeben sich mannigfaltige Zielkriterien für die Wahl des optimalen Programms, so bspw. die maximale Kapazitätsauslastung, der maximale Periodenumsatz oder der maximale kalkulatorische Periodenerfolg.

Die Kurzfristperspektive unterstellt eine konstante Kapazität sowie unveränderliche externe Absatz- und Beschaffungsmarktrestriktionen. Zudem werden nachfolgend vereinfachend keine Bestandsänderungen an unfertigen und fertigen Leistungen betrachtet, Herstell- und Absatzmengen sind demzufolge identisch. Es handelt sich im Folgenden generell um *Alternativentscheidungen*. Leistungsarten werden unabhängig voneinander veräußert und erzeugt, sowohl von Kuppelferti-

---

[164] Vgl. z.B. Coenenberg, A.G.: (Kostenrechnung), S. 473 ff. und Kruschwitz, L.: (Investitionsrechnung), S. 43 ff.

gungen als auch von Verbunderlösen wird abstrahiert. Variable Periodenkosten sowie Erlösfunktionen verhalten sich proportional, fixe Periodenkosten, sofern nicht explizit anders definiert, konstant.

7.8.2.2   Programmoptimierung bei Unterbeschäftigung

Bestehen freie Kapazitäten, spricht man auch von Unterbeschäftigung. Es existieren grundsätzlich *keine Kapazitätsbeschränkungen*, sämtliche auf dem Markt absatzfähigen Leistungsarten könnten mit der verfügbaren Kapazität bereitgestellt werden.

Bei Vorliegen dieses Sachverhalts ist zur Bestimmung des gewinnoptimalen Programms der *Stückdeckungsbeitrag je Leistungsart i* zwingend. Die Verwendung des spezifischen Gewinns *i* für das Treffen kurzfristiger Entscheidungen führt zu betrieblichen Fehleinschätzungen[165]. Es gilt entsprechend:

$$dB_i = e_i - k_{\text{var }i}$$

Legende:

dB_i ...   *spezifischer Deckungsbeitrag der Leistungsart i in €/LE*

e_i ...   *spezifischer Erlös der Leistungsart i in €/LE*

$k_{\text{var }i}$ ...   *variable spezifische Kosten der Leistungsart i in €/LE*

Die variablen Stückkosten ergeben sich als ein Ergebnis der Kalkulation auf Teilkostenbasis (vgl. Abschnitt 7.4.2), der spezifische Erlös je Leistungseinheit *i* ist aus der Erlösrechnung bekannt. Maßgabe sollte es sein, dass der Stückdeckungsbeitrag einen positiven Betrag aufweist und somit zur Deckung von Kapazitätskosten sowie ggf. zur Gewinnerzielung beiträgt. Die Situation, dass spezifischer Erlös und variable Stückkosten einander entsprechen, führt zum Ausweis der kurzfristigen Preisuntergrenze. Unter gewissen Umständen wäre es durchaus sinnvoll, Leistungsarten zu diesem Erlös für kurze Zeit zu veräußern. Allerdings sollten dabei sämtliche Defizite und Näherungslösungen bei der Bestimmung von Kosten und Erlösen ins Kalkül gezogen werden (z. B.: Verfahren der Kostenauflösung, Berechnungsmethoden von Kalkulations- und innerbetrieblichen Verrechnungssätzen). Weist der Stückdeckungsbeitrag einen negativen Wert aus, ist aus Sicht des Controllings auf den Verkauf dieser Leistungseinheit zu verzichten.

Trotz der Konstanz der Kapazitäten sollte sich an die Programmplanung im Falle freier Kapazitäten im Interesse einer Wirtschaftlichkeitsbetrachtung[166] grundsätzlich eine *Analyse der Fixkosten* (vgl. Abschnitt 11.5.2.4) anschließen.

Das folgende Beispiel (vgl. Abb. 7-40) unterstreicht den Einsatz des Stückdeckungsbeitrages als Entscheidungskriterium. Bei Verwendung des spezifischen Gewinns kommt es aus temporärer Sicht zwangsläufig zu Fehleinschätzungen. Kostenträger, die einen negativen Stückdeckungsbeitrag ausweisen, sind grund-

---

[165] Vgl. Weber, J.: (Rechnungswesen), S. 218.

[166] Vgl. zur Kapazitätsplanung z.B. Steinmüller, P.H./Hering, E./Jórasz, W.: (Controller), S. 446 f.

sätzlich nicht ins Programm aufzunehmen. Obwohl im vorliegenden Beispiel die Leistungsart C einen negativen Stückgewinn erwirtschaftet, sollte die Leistungsart aufgrund des positiven Deckungsbeitrages hergestellt und verkauft werden. Der Kostenträger leistet demnach einen Beitrag zur Deckung von Fixkosten.

			Leistungsart		
			A	B	C
		1	*2*	*3*	*4*
1	spezifischer Erlös [€/LE]		400	180	340
2	Höchstabsatzmenge [LE/ZE]		1.200	1.400	2.000
3	variable Kosten [€/LE]		210	80	200
4	Gesamtkosten [€/LE]		300	140	350
5	Fixkosten [€/ZE]			492.000	
6	Stückgewinn [€LE]		100	40	-10
7	**Stückdeckungsbeitrag [€/LE]**		**190**	**100**	**140**
8	**optimales Leistungsprogramm [LE/ZE]**		**1.200**	**1.400**	**2.000**

Abb. 7-40:   Berechnung des optimalen Programms bei freier Kapazität

Des Weiteren beinhaltet der leistungsartenbezogene Gewinn eine Schlüsselung von fixen Kosten. Bei Beschäftigungsschwankungen von Leistungsarten i [ΔQ_i], angenommen die Absatzmenge von C könnte um 100 LE erhöht werden, wären Fixkosten entsprechend ihrem degressiven Kostenverlauf anzupassen. Die Vollkostenrechnung vermag diese Aufgabe nicht zu lösen und berechnet das kurzfristige Betriebsergebnis fehlerhaft:

$$BE \quad = \quad \sum_{i=1}^{n} g_i \cdot Q_i$$

$$= \quad 100 \cdot 1.200 + 40 \cdot 1.400 + (-10) \cdot 2.100 = 155.000 \,€\,/\,ZE$$

Die Berechnung unter Verwendung von Deckungsbeiträgen führt hingegen zu realistischen Ergebnissen:

$$BE \quad = \quad \sum_{i=1}^{n} dB_i \cdot Q_i - K_f$$

$$= \quad (190 \cdot 1.200 + 100 \cdot 1.400 + 140 \cdot 2.100) - 492.000 = 170.000 \,€\,/\,ZE$$

Legende:
BE ...   Betriebsergebnis in €/ZE
g_i ...   spezifischer Gewinn der Leistungsart i in €/LE;
*   i = 1...n; n = Anzahl der Leistungsarten*
Q_i ...   Absatzmenge der Leistungsart i in LE/ZE
*   i = 1...n; n = Anzahl der Leistungsarten*
dB_i ...   spezifischer Deckungsbeitrag der Leistungsart i in €/LE;
*   i = 1...n; n = Anzahl der Leistungsarten*
K_f ...   Periodenfixkosten in €/ZE

7.8.2.3   Programmoptimierung bei einer Kapazitätsbeschränkung

Liegen Leistungsengpässe vor, so sind Stückdeckungsbeiträge der Leistungsarten keine hinreichenden Entscheidungskriterien für die gewinnoptimale Gestaltung des Leistungsprogramms. Existiert lediglich *ein Engpass,* dann ist für eine Maximierung des Erfolges der auf die Einheit dieses Engpasses bezogene Stückdeckungsbeitrag relevant. Diesen bezeichnet man als *engpassbezogenen Stückdeckungsbeitrag* oder auch als *Leistungserfolgssatz*:

$$db_{l_{ij}} = \frac{dB_i}{l_{ij}}$$

Legende:

dB_{lij} ... *engpassbezogener Deckungsbeitrag der Produktart i je Einheit des beanspruchten Engpasses j in €/Engpasseinheit*

dB_i ... *Stückdeckungsbeitrag der Produktart i in €/LE*

l_{ij} ... *Leistungsinanspruchnahme des Engpasses j je Einheit der Leistungsart i in Engpasseinheit/LE*

Mithilfe des engpassbezogenen Deckungsbeitrages kann die Rangfolge der herzustellenden Leistungsarten bei einer Kapazitätsbeschränkung bestimmt werden. Die Kenntnis des engpassbezogenen Deckungsbeitrages gestattet, Entscheidungen bezüglich der gewinnmaximalen Nutzung einer freien Engpasskapazität und der Vorteilhaftigkeit der Aufnahme einer neuen Produktart gegenüber dem Wegfall eines bereits im Programm befindlichen Produkts vorzunehmen.

Im Zusammenhang mit diesen Entscheidungen sind die *Opportunitätskosten* einer gewählten Alternative zu berücksichtigen. Sie werden als entgangener Nutzen der besten nicht gewählten Alternative gemäß der Zielfunktion, so z. B. entgangener Gewinn oder entgangener Deckungsbeitrag, definiert. Für das nachfolgende Beispiel gelten ebenso die Ausgangsdaten entsprechend der Abb. 7-40.

		Leistungsart		
		A	B	C
	1	*2*	*3*	*4*
1	benötigte Kapazität je Leistungsart [Stunden/LE]	0,20	0,10	0,25
2	benötigte Kapazität je Leistungsart [Stunden/ZE]	240	140	500
3	Gesamtkapazität [Stunden/ZE]	800		
4	Höchstabsatzmenge [LE/ZE]	1.200	1.400	2.000
5	Fixkosten [€/ZE]	492.000		
6	Stückdeckungsbeitrag [€/LE]	190	100	140
7	**Leistungserfolgssatz [€/Stunde]**	**950**	**1.000**	**560**
8	Rangfolge	II	I	III
9	**optimales Leistungsprogramm [LE/ZE]**	**1.200**	**1.400**	**1.680**
10	Kapazitätsnutzung [Stunden/ZE]	240	140	420

Abb. 7-41:   Berechnungsbeispiel des optimalen Programms bei einer Kapazitätsbeschränkung

Zusätzlich besteht für die Erstellung der Leistungsarten A, B und C, welche alle die gleiche Anlage beanspruchen, eine Kapazitätsbegrenzung von 800 Stunden/ZE. Durch Gegenüberstellung der verfügbaren Leistungskapazität der Unternehmenseinheit und der für die Höchstabsatzmenge erforderlichen Kapazität ergibt sich ein Engpass in Höhe von 80 Stunden/ZE (vgl. Abb. 7-41).

In die Betrachtung fließen grundsätzlich nur jene Leistungsarten ein, die einen positiven Stückdeckungsbeitrag erzielen. Die Rangfolge der engpassbezogenen Stückdeckungsbeiträge gibt den Algorithmus für die Aufstellung des optimalen Programms vor. Bei dessen Realisierung ist unter den gegebenen Bedingungen der maximal erzielbare Deckungsbeitrag $[DB_{max}]$ und damit der Höchstgewinn $[BE_{max}]$ garantiert:

$$DB_{max} \quad = \quad 190 \cdot 1.200 + 100 \cdot 1.400 + 140 \cdot 1.680 \quad = \quad \underline{\underline{603.200 \, \text{€} \, / \, ZE}}$$

$$BE_{max} \quad = \quad 603.200 \, \text{€} \, / \, ZE - 492.000 \, \text{€} \, / \, ZE \quad = \quad \underline{\underline{111.200 \, \text{€} \, / \, ZE}}$$

Bedingt durch die begrenzte Kapazität kann die Leistungsart C nicht im vollen Umfang der ursprünglich geplanten Absatzmenge zur Verfügung gestellt werden. Demzufolge muss auf einen Deckungsbeitrag in folgender Höhe verzichtet werden:

$$DB_{entgangen} \quad = \quad 140 \cdot 320 \quad = \quad \underline{\underline{44.800 \, \text{€} \, / \, ZE}}$$

7.8.2.4 Programmoptimierung bei mehreren Kapazitätsbeschränkungen

Für die kurzfristige Programmplanung bei mehreren Engpässen reicht die bloße Rangfolge engpassbezogener Stückdeckungsbeiträge nicht mehr aus, denn die einzelnen Leistungsarten beanspruchen die jeweiligen Engpässe unterschiedlich. In der Folge resultieren unter Umständen konträre Rangordnungen für die jeweiligen Kapazitätsbeschränkungen, die einer Optimierung bedürfen. Für die Lösung bei mehreren Engpässen werden deshalb üblicherweise *Modelle der linearen Optimierungsrechnung* genutzt. Dafür bedarf es einer Zielfunktion unter Beachtung der vorgegebenen Nebenbedingungen (Primalaufgabe). Die zu maximierende Zielgröße ist der Periodendeckungsbeitrag oder der Periodengewinn auf Basis von Teilkosten.

Zielfunktion: $\qquad DB \quad = \quad \displaystyle\sum_{i=1}^{n} dB_i \cdot Q_i \quad \rightarrow \quad Maximum \,!$

oder $\qquad\qquad BE \quad = \quad \displaystyle\sum_{i=1}^{n} dB_i \cdot Q_i - K_f \quad \rightarrow \quad Maximum \,!$

Die Begrenzungen z. B. der Fertigungszeit, der Absatzrestriktionen [a_{ij}] je Leistungsart i und Kapazitätsart j sowie die Forderung nach Nichtnegativität der Entscheidungsvariablen [Q_i] werden in den Nebenbedingungen ausgedrückt. Die Angabe der Beschränkung der Kapazität [b_j] je Kapazitätsart fließt ebenfalls in die Formulierung der Nebenbedingungen ein.

Nebenbedingungen: $Q_i \geq 0$ sowie $\displaystyle\sum_{i=1}^{n} a_{ij} \cdot Q_i \leq b_j$

Legende:
DB ...   *Deckungsbeitrag des Unternehmens bzw. der Division in €/ZE*
dB_i ...   *spezifischer Deckungsbeitrag der Leistungsart i in €/LE;*
              i = 1...n; n = Anzahl der Leistungsarten
Q_i ...   *Absatzmenge der Leistungsart i in LE/ZE;*
              i = 1...n; n = Anzahl der Leistungsarten
a_{ij} ...   *notwendige (Kapazitäts-)Einheiten des Faktors bzw.*
              Koeffizienten j in Stunden/LE bzw. ME/LE
b_j ...   *verfügbare (Kapazitäts-)Einheiten des Faktors bzw.*
              Koeffizienten j in Stunden/ZE bzw. ME/ZE;
              j = 1... m; m = Anzahl der Faktoren bzw. Koeffizienten
BE ...   *Betriebsergebnis des Unternehmens bzw. der Division in €/ZE*
K_f ...   *Fixkosten des Unternehmens bzw. der Division in €/ZE*

Im folgenden Beispiel (vgl. Abb. 7-42) wird angenommen, dass ein Profit Center die vier Leistungsarten A, B, C und D herstellt.

		Leistungsart				Gesamt
		A	B	C	D	
	1	*2*	*3*	*4*	*5*	*6*
1	Erlös [€/ME]	8	10	6	12	
2	variable Kosten [€/ME]	4	4	3	7	
3	Kapazitätskosten [€/ZE]					20.000
4	Notwendige Beanspruchungszeit [h/ME] Kapazitätseinheit I Kapazitätseinheit II Kapazitätseinheit III	0,50 0,80 0,60	0,50 0,75 0,80	0,20 0,35 0,35	0,20 0,50 0,40	
5	Kapazitätsverfügbarkeit [h/ZE] Kapazitätseinheit I Kapazitätseinheit II Kapazitätseinheit III					6.200 10.500 10.300
6	geplanter Absatz [ME/ZE]	4.500	5.000	4.100	5.000	

Abb. 7-42:   Berechnungsbeispiel des optimalen Programms bei mehreren Kapazitätsbeschränkungen

Alle Leistungsarten beanspruchen die Kapazitätseinheiten I, II und III und erwirtschaften einen positiven Stückdeckungsbeitrag. Aus diesem Grund müssen sie vollständig in die Programmplanung einbezogen werden. Bei Prüfung der Kapazitätsverfügbarkeit für die Gewährleistung der geplanten Absatzmengen wird ersichtlich, dass sowohl die Kapazitätseinheit I als auch die Kapazität II einen Engpass bilden. Somit liegen mehrere Beschränkungen vor.

Zur Lösung wird sich der linearen Optimierung[167] bedient:

$$DB = 4 \cdot Q_A + 6 \cdot Q_B + 3 \cdot Q_C + 5 \cdot Q_D \quad \rightarrow \quad Maximum\ !$$

$$0{,}50\,Q_A + 0{,}50\,Q_B + 0{,}20\,Q_C + 0{,}20\,Q_D \leq 6.200$$

$$0{,}80\,Q_A + 0{,}75\,Q_B + 0{,}35\,Q_C + 0{,}50\,Q_D \leq 10.500$$

$$0{,}60\,Q_A + 0{,}80\,Q_B + 0{,}35\,Q_C + 0{,}40\,Q_D \leq 10.300$$

$$Q_A;Q_B;Q_C;Q_D \geq 0$$

Daraus resultieren die optimalen Absatzmengen:

Q_A = 3.518,75 $LE\,/\,ZE$ Q_B = 5.000,00 $LE\,/\,ZE$

Q_C = 4.100,00 $LE\,/\,ZE$ Q_D = 5.000,00 $LE\,/\,ZE$

Der maximal erreichbare Periodendeckungsbeitrag beträgt 81.375 €/ZE. Aufgrund der Kapazitätsbeschränkungen muss auf einen Deckungsbeitrag in Höhe von 3.925 €/ZE verzichtet werden.

7.8.3   Make or buy – Entscheidungen

7.8.3.1   Überblick

Make or buy – Entscheidungen, diese gelten im Grunde auch als Vorstufe einer kompletten Outsourcing-Entscheidung, müssen immer dann gefällt werden, wenn Leistungsarten sowohl im Unternehmen selbst gefertigt als auch als Handelsware geführt werden können.

---

[167] Vgl. zur linearen Optimierung bspw. Matthäus, H./Matthäus, W.-G.: (Mathematik), S. 115 ff.

Chancen durch Outsourcing	Risiken durch Outsourcing
Kostenvorteile	Kostenvorteile (wegen eigener vager Kalkulationen nur bedingt belegbar)
Flexible Kapazitätsanpassungen	
Kostentransparenz durch Vertragsabsprachen	Verlust von Know-how
Konzentration auf Kernkompetenzen	Kontrollverluste (bezüglich Leistungsmodifikationen und Prozessen)
Know-how des Dienstleisters	
Risiko-Reduktion durch Haftung des Dienstleisters	Abhängigkeit vom Dienstleister
	Notwendigkeit aufwendiger Leistungsspezifikationen
Definition des Service-Levels (Qualität, Zuverlässigkeit, Sicherheit)	Hoher organisatorischer Aufwand für das Management
Vorteile bedingt durch Tarifpolitik (oft niedrigere Löhne beim Dienstleister)	Prestigeverlust (bspw. durch Widerstände betroffener Mitarbeiter)
	Innovationshemmnis Geringe Skaleneffekte

Abb. 7-43:   Chancen und Risiken von Outsourcing-Entscheidungen[168]

Die Entscheidung dient letztlich zur Kosten- und Nutzenermittlung im Sinne der Fertigungstiefenreduktion. Vereinfachend wird zumeist unterstellt, dass eigenerstellte und fremd bezogene Güter weitestgehend qualitativ gleichwertig[169] sind und ferner keinerlei Imageverluste durch eine Fremdherstellung auftreten würden (vgl. Abb. 7-43).

Aufbauend auf den Erkenntnissen der kurzfristigen, optimalen Programmplanung unterstützt die Deckungsbeitragsrechnung diese Alternativenwahl. Verhalten sich im Vergleich beider Varianten die fixen Kosten konstant, dann gilt die Alternative als lohnenswerter, die dem Unternehmen den höchsten *Periodendeckungsbeitrag* garantiert. Demzufolge gilt:

$$DB_{Eigenfertigung} > DB_{Fremdbezug} \Rightarrow \text{Leistungsart wird selbst gefertigt.}$$

$$DB_{Eigenfertigung} < DB_{Fremdbezug} \Rightarrow \text{Leistungsart wird fremd bezogen.}$$

Sollte der Betrag an fixen Kosten zwischen Eigenfertigung und Fremdbezug variieren, so müsste als Entscheidungskriterium das Periodenergebnis auf Teilkostenbasis herangezogen werden. Für die Berechnung der Periodendeckungsbeiträge

---

[168] In Anlehnung an Allweyer, Th./Besthorn, Th./Schaaf, J.: (Outsourcing), S. 14 ff.

[169] Vgl. bspw. Knolmayer, G. F.: (Sourcing-Entscheidungen), S. 1 ff.

bzw. –ergebnisse sind im Falle der Eigenfertigung die Kalkulationsverfahren der gewerblichen Fertigung anzuwenden, die Handelskalkulation ist hingegen für den Fremdbezug zwingend (vgl. Abschnitt 5.4.3).

7.8.3.2   Beispiel

Für ein Profit Center soll das optimale Leistungsprogramm berechnet werden. Das Center plant, die Leistungsarten B und C selbst herzustellen. Alle zwei Leistungsarten beanspruchen die gleiche Kapazitätseinheit, die Gesamtkapazität muss für den Zeitraum als konstant angesehen werden. Des Weiteren besteht die Möglichkeit, das Produkt A entweder im Center bei Nutzung der gleichen Kapazitätseinheit selbst zu fertigen oder als Handelsware zu führen. Sämtliche Absatzmengen, Erlösdaten und die Fixkosten stimmen bei Eigen- und Fremdbezug vereinfachend überein. Ferner gelten die Ausgangsdaten gemäß Abb. 7-44.

Weil alle drei Leistungsarten positive Stückdeckungsbeiträge erwirtschaften, werden diese auch in die Kapazitätsprüfung einbezogen (vgl. Abb. 7-45).

Für die Herstellung der Kostenträger A, B und C zu den jeweiligen Planabsatzmengen bedarf es einer Gesamtkapazität in Höhe von 684 Stunden/ZE, damit reicht die verfügbare Kapazität nicht aus. Es existiert ein Fertigungsengpass in Höhe von 84 Stunden/ZE. Aus diesem Grund wird das optimale Leistungsprogramm, bestehend aus den Produkten A, B und C, auf der Basis des Leistungserfolgssatzes bestimmt. Für den Fall, dass das Produkt A im Center selbst gefertigt wird, beträgt der Periodendeckungsbeitrag 143.032 €/ZE.

Das Vorgehen bei der Berechnung der Periodendeckungsbeiträge für B und C für die Alternative, dass die Leistungsart A zugekauft wird, erfolgt analog wie bei deren Eigenfertigung. Die verfügbare Kapazität genügt für die Herstellung der geplanten Absatzmengen nicht. Für die Ware A ist hingegen die Handelskalkulation auf Teilkostenbasis (im vorliegenden Beispiel nur stark verkürzt) von Interesse (vgl. Abb. 7-46).

		Leistungsart		
		A	B	C
	1	*2*	*3*	*4*
1	geplante Absatzmenge [LE/ZE]	2.000	1.200	1.400
2	Erlös [€/LE]	100	140	120
3	**Eigenfertigung:**			
4	Der variable Gemeinkostensatz beträgt 18 %.			
5	Einzelkosten [€/LE]	46	90	85
6	Beanspruchung der Kapazitätseinheit [Stunden/LE]	0,2	0,12	0,1
7	Gesamtkapazität [Stunden/ZE]	600		
8	Fixkosten [€/ZE]	92.000		
9	**Fremdbezug:**			
10	Einkaufspreis [€/LE]	35		
11	variable Handlungskosten [€/LE]	12		

Abb. 7-44:   Ausgangsdaten

		Summe	Leistungsart		
	1	*2*	A	B	C
			3	*4*	*5*
1	Stückdeckungsbeitrag [€/LE]		45,72	33,80	19,70
2	Leistungserfolgssatz [€/Stunde]		228,60	281,67	197,00
3	Optimales Programm [LE/ZE]		2.000	1.200	560
4	**Periodendeckungsbeitrag [€/ZE]**	**143.032**	**91.440**	**40.560**	**11.032**
5	**Periodenergebnis [€/ZE]**	**51.032**			

Abb. 7-45:   Berechnung des maximalen Periodendeckungsbeitrages bei Eigenfertigung

Anschließend kann der Periodendeckungsbeitrag des gesamten Leistungsprogramms bei Fremdbezug der Leistungsart A in Höhe von 174.140 €/ZE berechnet
werden (vgl. Abb. 7-47). Die Entscheidung fällt zugunsten des Fremdbezugs des
Produkts A gegenüber dessen Eigenfertigung aus.

	Wareneinsatz	35	€/LE
+	variable Handlungskosten	12	€/LE
=	variable Selbstkosten	47	€/LE
	Daraus folgt:		
	Verkaufspreis	100	€/LE
−	variable Selbstkosten	47	€/LE
=	**Stückdeckungsbeitrag**	**53**	**€/LE**

Abb. 7-46:   Berechnung des Stückdeckungsbeitrages bei Fremdbezug

		Summe	Leistungsart		
	1	*2*	A	B	C
			3	*4*	*5*
1	Stückdeckungsbeitrag [€/LE]		53,00	33,80	19,70
2	Leistungserfolgssatz [€/Stunde]		-----	281,67	197,00
3	Optimales Programm [LE/ZE]		2.000	1.200	1.400
4	**Periodendeckungsbeitrag [€/ZE]**	**174.140**	**106.000**	**40.560**	**27.580**
5	**Periodenergebnis [€/ZE]**	**82.140**			

Abb. 7-47:   Berechnung des Periodendeckungsbeitrages bei Fremdbezug

7.8.4   Bestimmung von kurzfristigen Preisgrenzen

7.8.4.1   Überblick

Preisgrenzen sind Wertansätze für Beschaffungs- bzw. Absatzgüter, welche im Interesse der Unternehmenszielsetzung zu realisieren sind. Die Höhe der Preisgrenze ist von den bestehenden Alternativen der Güterherstellung bzw. des Güterabsatzes abhängig.[170] Deshalb lassen sich kurzfristige Preisunter- und Preisobergrenzen je Leistungsart im Anschluss an die Ermittlung optimaler Leistungsprogramme[171] feststellen.

Modellhaft wird sich hier auf die Zielfunktion der Deckungsbeitrags- bzw. Periodengewinnmaximierung beschränkt. Preisgrenzen stellen für eine konkrete Entscheidungssituation kritische Werte dar. Sie besitzen generell nur für klar definierte Entscheidungsfelder, wie z. B. festgelegte Absatzmengen und konstante Kapazitäten Gültigkeit. Darüber hinaus muss das Controlling noch weitere Restriktionen, so bspw. die im Rechnungswesen angewandten Verfahren zur Bestimmung spezifischer Kosten, die Markt- und Wettbewerbssituation des Unternehmens (z. B. Liquidität), den Produktlebenszyklus, die relevanten Beschaffungsmöglichkeiten, die Qualität der Güter und evtl. existierende Fristen berücksichtigen.

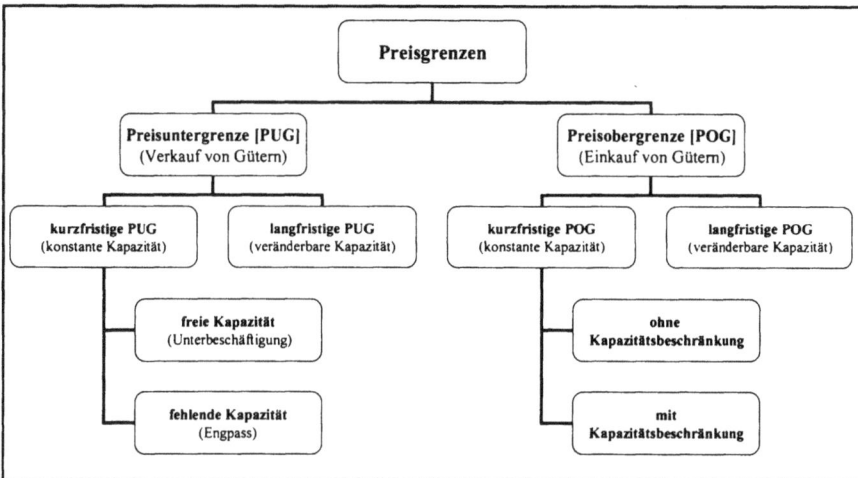

Abb. 7-48:   Charakterisierung von Preisgrenzen

Zur Beantwortung der Frage, wie hoch der Nettoverkaufspreis mindestens sein muss, damit sich der Absatz einer Leistungsart lohnt, ist die Kenntnis der *Preisuntergrenze* [*PUG*] interessant. Soll hingegen die Entscheidung für oder wider den

---

[170] Vgl. Schweitzer, M./Küpper, H.-U.: (Kosten- und Erlösrechnung), S. 491.

[171] Vgl. weiterführend zu Preisgrenzen bei veränderbarer Kapazität sowie zu langfristigen Preisgrenzen z.B. Coenenberg, A. G./Fischer, Th. M./Günther, Th: (Kostenrechnung), S. 375 ff.

Einkauf von Handelswaren oder auch Materialien bzw. Bauteilen getroffen werden, bedarf es *Preisobergrenzen* [*POG*]. Bei der Bestimmung von kurzfristigen Preisgrenzen müssen außerdem eventuell existierende Kapazitätsbeschränkungen berücksichtigt werden (vgl. Abb. 7-48).

7.8.4.2   Kurzfristige Preisgrenzen bei Unterbeschäftigung

A   Preisuntergrenzen

Bei freier Kapazität (Unterbeschäftigung) wird jede Produktart produziert und abgesetzt, deren Preis über den Grenzkosten [k_{var}] liegt:

$$PUG = k_{var}$$

Ist bei gegebenem Leistungsprogramm nachträglich über die Aufnahme eines Zusatzauftrages bezüglich der Leistungsart i zu befinden, sind eventuell auftretende Preisinterdependenzen zwischen dem Zusatzauftrag und den Aufträgen die übrigen Leistungsarten j betreffend zu berücksichtigen. Resultieren also z. B. durch die Aufnahme eines Zusatzauftrages für die Leistungsart i Preisreduzierungen bei den Leistungsarten j, so muss die Preisuntergrenze [PUG_i] um diese durch den Zusatzauftrag verursachten Erlösschmälerungen [Δe_j] bei den übrigen Leistungen erhöht werden[172]. Die Preisgrenze als Entscheidungswert stellt immer eine relative Größe dar, hier bezogen auf eine feststehende Absatzmenge der Leistungsart i des Zusatzauftrages [Q_i]:

$$PUG_i = k_{var\,i} + \frac{\sum_{j=1}^{n} Q_j \cdot \Delta e_j}{Q_i}$$

Legende:

PUG_i ...   *Preisuntergrenze der alternativen Leistungsart i in €/LE*

$k_{var\,i}$ ...   *variable spezifische Kosten der alternativen Leistungsart i in €/LE*

Q_i ...   *Absatzmenge der alternativen Leistungsart i in LE/ZE*

Q_j ...   *Absatzmenge der Leistungsart j in LE/ZE;*
j = 1...n; n = Anzahl der Leistungsarten

e_j ...   *spezifischer Erlös der Leistungsart j in €/LE;*
j = 1...n; n = Anzahl der Leistungsarten

Zur Erklärung soll nachstehendes Beispiel dienen. Für ein Unternehmen liegt bereits für den Planzeitraum ein Leistungsprogramm bestehend aus den Leistungsarten A, B und C vor, wobei freie Kapazitäten registriert werden. Diese Kapazitäten sind nicht dispositionsfähig. Ebenso können Personalkosten aufgrund verbindlicher Kündigungsfristen nicht reduziert werden.

---

[172] Vgl. Coenenberg, A. G.: (Kostenrechnung), S. 315.

Materialeinzelkosten	12,50	€/LE
+ variable Materialgemeinkosten	0,50	€/LE
= variable Materialkosten	13,00	€/LE
+ Fertigungseinzelkosten	20,00	€/LE
+ variable Fertigungsgemeinkosten	34,00	€/LE
= variable Fertigungskosten	54,00	€/LE
= variable Herstellkosten	67,00	€/LE
+ Vertriebseinzelkosten	2,00	€/LE
= **variable Selbstkosten (kurzfristige Preisuntergrenze)**	**69,00**	**€/LE**

Abb. 7-49:   Beispiel für die Berechnung einer kurzfristigen Preisuntergrenze bei Unterbeschäftigung

Nachfolgend werden die bereits bekannten Kalkulationswerte der Leistungsart A aufgeführt (vgl. Abb. 7-49). Die variablen Personalkosten betragen 20 €/LE, die übrigen proportionalen Fertigungskosten 34 €/LE. Der Rohstoffverbrauch wird mit 5 Mengeneinheiten/LE bei einem durchschnittlichen Materialeinstandspreis von 2,50 €/Mengeneinheit kalkuliert. Materialgemeinkosten werden auf Vollkostenbasis mit 12 Prozent, auf Teilkostenbasis mit 4 Prozent veranschlagt. Des Weiteren sind 2 €/LE Vertriebseinzelkosten und ein Kalkulationssatz für Vertriebs- und Verwaltungsgemeinkosten (Reagibilität = null) von 5 Prozent zu berücksichtigen. Aus den gegebenen Daten resultiert eine kurzfristige Preisuntergrenze für die Leistungsart A [PUG_A] von 69,00 €/LE.

In der Folge erhält das Unternehmen eine Anfrage, zu welchen Konditionen die Möglichkeit besteht, in dieser betrachteten Periode zusätzlich 200 Leistungseinheiten des Produktes A bereitzustellen (vgl. Abb. 7-50). Zum anfragenden Unternehmen bestanden bisher keine Geschäftsbeziehungen, auch ist nicht davon auszugehen, dass sich Folgeaufträge ergeben. Die Berechnung der Preisuntergrenze bezieht nunmehr nur jene Kalkulationspositionen ein, welche durch den Zusatzauftrag verursacht werden. Im Umkehrschluss heißt dass, Kosten, die auch bei Nichtannahme des zusätzlichen Auftrages anfallen würden, fließen nicht in die Preisgrenze ein.

Materialeinzelkosten	12,50	€/LE
+ variable Materialgemeinkosten	0,50	€/LE
= variable Materialkosten	13,00	€/LE
+ variable Fertigungsgemeinkosten	34,00	€/LE
= variable Fertigungskosten	34,00	€/LE
= variable Herstellkosten	47,00	€/LE
+ Vertriebseinzelkosten	2,00	€/LE
= **variable Selbstkosten (kurzfristige Preisuntergrenze)**	**49,00**	**€/LE**

Abb. 7-50:   Beispiel für die Berechnung einer kurzfristigen Preisuntergrenze für einen Zusatzauftrag bei Unterbeschäftigung

B   Preisobergrenzen

Als Gradmesser für den Einkauf von Gütern j (Charakter von variablen Kosten) für die Herstellung von Fertigleistungen i und der Annahme, dass diese Leistungsart in jedem Fall hergestellt werden soll, sind Preisobergrenzen des Beschaffungsgutes j heranzuziehen.

Bei freier Kapazität wird darauf abgezielt, dass die Einkaufspreise maximal so hoch ansteigen dürfen, dass der Verkauf der mit diesem Gut erstellten Leistungsart mindestens einen Stückdeckungsbeitrag [dB_i] von null erwirtschaftet:

$$POG_j = \frac{e_i - {}_\beta k_{\text{var } i}}{VE_j}$$

Legende:

POG_j ⋯   *Preisobergrenze des Einsatzgutes j in €/ME*

e_i …   *Stückerlös der Leistungsart i, das mit dem Einsatzgut j hergestellt wird in €/LE*

${}_\beta k_{\text{var } i}$ …   *variable Stückkosten der Leistungsart i ohne Berücksichtigung der variablen Kosten, welche sich auf den Verbrauch des Einsatzgutes j beziehen in €/LE*

VE_j …   *Verbrauch des Einsatzgutes j je Einheit der Leistungsart i in ME/LE*

7.8.4.3   Kurzfristige Preisgrenzen bei einer Kapazitätsbeschränkung

Sollen für die Aufnahme oder die Eliminierung von Leistungsarten in Programme, für welche gleichzeitig Engpässe gelten, Preisgrenzen aufgestellt werden, so ist dies nur unter Einbeziehung von Opportunitätskosten möglich. Die Grenzkosten [$k_{\text{var } i}$] reichen dann als Höhe für die Preisgrenzen nicht aus, sondern müssen um den Betrag der entgangenen Nutzen[173], hier Gewinne bzw. Deckungsbeiträge je Leistungseinheit, korrigiert werden[174].

A   Preisuntergrenzen

Die Preisuntergrenze der Leistungsart i berechnet sich demnach in allgemeiner Form wie folgt:

$$PUG_i = k_{\text{var } i} + \omega$$

$$\omega = \frac{\sum_{\beta=1}^{m} dB_\beta \cdot \Delta Q_\beta}{Q_i} \qquad \text{bzw.} \qquad POG_i$$

$$= k_{\text{var } i} + (-)\omega$$

---

[173] Vgl. zur Nutzensdefinition z.B. Samuelson, P.A./Nordhaus, W. D.: (Volkswirtschaftslehre), S. 1050.

[174] Vgl. Wedell, H.: (Grundlagen), S. 229 ff. und Coenenberg, A. G.: (Kostenrechnung), S. 318.

Legende:

PUG_i ⋯   *Preisuntergrenze der (alternativen) Leistungsart i in €/LE*

POG_i ⋯   *Preisobergrenze der (alternativen) Leistungsart i in €/LE*

$k_{var\ i}$ ⋯   *variable Stückkosten der (alternativen) Leistungsart i in €/LE*

ω ⋯   *Opportunitätskosten in €/LE (bezogen auf eine engpassbezogene Einheit der alternativen Leistungsart i)*

β ...   *Index der Leistungsarten mit veränderter Menge gegenüber der Basisalternative, $\beta = 1...m$, m =Anzahl der Leistungsarten mit veränderter Menge, $m \neq i$*

dB_β ⋯   *Stückdeckungsbeitrag der Leistungsart β in €/LE*

ΔQ_β ...   *Herstell- bzw. Absatzmengenänderung der Leistungsart β gegenüber der Basisalternative in LE/ZE*

Q_i ...   *Herstell- bzw. Absatzmenge der(alternativen) Leistungsart i in LE/ZE*

Im Falle von Preisobergrenzen handelt es sich um eine Art Opportunitätsspielraum im Sinne von verdrängten Kosten gegenüber der Nächstbesten nicht gewählten Alternative. Das heißt, der Preis könnte ausgehend vom Basispreis bis zu dieser Preisgrenze ansteigen, bevor es zum Wechsel der Vorteilhaftigkeit der Alternativen kommt.

A-1   Preisgrenze bei Vorzug des Fremdbezugs gegenüber der Eigenfertigung

Es gelten die Ausgangsdaten und Berechnungen des Beispiels im Abschnitt 7.8.3.2. Die Leistungsart A ist das Alternativprodukt, das entweder selbst hergestellt oder zugekauft werden kann. Im vorliegenden Beispiel ergibt die Berechnung die Vorteilhaftigkeit des Fremdbezugs. Aus diesem Grund stellt sich die Frage, bis zu welcher Preissteigerung der Zukauf von A als vorteilhafter gegenüber der Eigenfertigung angesehen werden kann.

Die Opportunitätskosten [ϖ] belaufen sich auf:

$$\varpi \quad = \quad \frac{31.108\ € / ZE}{2.000\ LE / ZE} \quad = \quad \underline{\underline{15,55\ € / LE}}$$

Die Preisgrenze für die Leistungsart A bei konstant unterstellten spezifischen Handlungskosten beträgt demgemäß:

$$PUG_A \quad = \quad 35,00\ € / LE + 15,55\ € / LE \quad = \quad \underline{\underline{50,55\ € / LE}}$$

Die Entscheidung zugunsten des Fremdbezugs gilt bis zur Preisuntergrenze in Höhe von 50,55 €/LE, bei Ansteigen des Einkaufspreises über diesen Wert wird die Eigenfertigung vorteilhafter.

A-2   **Preisgrenze bei Vorzug der Eigenfertigung gegenüber dem Fremdbezug**

Folgende Ausgangsdaten sind gegeben:

Planabsatzmenge der alternativen Leistungsart X	100	LE/ZE
Einkaufspreis für den Fremdbezug der Leistungsart X	180	€/LE
Periodendeckungsbeitrag des gesamten Leistungsprogramms bei Eigenfertigung der Leistungsart X	80.000	€/ZE
Periodendeckungsbeitrag des gesamten Leistungsprogramms bei Fremdbezug der Leistungsart X	78.000	€/ZE

Die variablen Handlungskosten in €/LE bleiben unverändert.
Als lukrativer wird die Eigenfertigung eingeschätzt, bis der Einkaufspreis folgenden Wert erreicht:

$$PUG_X = 180 \; €/LE + \frac{78.000 \; €/ZE - 80.000 \; €/ZE}{100 \; LE/ZE} = \underline{\underline{160,00 \; €/LE}}$$

A-3   **Preisgrenze bei Vorzug des Fremdbezugs gegenüber der Eigenfertigung und beeinflussbaren variablen Handlungskosten**

Im Folgenden wird davon ausgegangen, dass sich das optimale Leistungsprogramm bei Eigenfertigung des Alternativprodukts A zusammensetzt aus:

Leistungsart A	60	LE/ZE
Leistungsart B	44	LE/ZE
Leistungsart C	40	LE/ZE

Der mit diesem Programm erzielbare Periodendeckungsbeitrag beläuft sich auf insgesamt 797,60 €/ZE. Bei Fremdbezug der Leistungsart A zu einem Nettoeinkaufspreis in Höhe von 3,20 €/LE sowie einem variablen Handlungskostensatz von 10 Prozent wird nachstehendes Leistungsprogramm gewählt:

Leistungsart A	60	LE/ZE
Leistungsart B	60	LE/ZE
Leistungsart C	40	LE/ZE

Damit erreicht das Unternehmen einen Periodendeckungsbeitrag von 920,80 €/ZE. Die Entscheidung fällt damit zugunsten des Fremdbezugs der Leistungsart A aus. Die Preisgrenze unter Annahme eines konstanten Handlungskostensatzes ermittelt sich wie folgt:

$$PUG_A = 3,20 \; €/LE + \frac{920,80 \; €/ZE - 797,60 \; €/ZE}{60 \; LE/ZE} \cdot \frac{100}{110} = \underline{\underline{5,0\overline{6} \; €/LE}}$$

Durch Kosteneinsparungsmaßnahmen bzw. der Nutzung von Lernkurvenpotenzialen kann eine Reduzierung des variablen Handlungskostensatzes von 0,5 Prozent erreicht werden. In der Konsequenz könnte sich die Preisuntergrenze auf $\approx 5{,}08$ €/LE erhöhen:

$$PUG_A \quad = 3{,}20 \ € \ / \ LE + \frac{920{,}80 \ € \ / \ ZE - 797{,}60 \ € \ / \ ZE}{60 \ LE \ / \ ZE} \cdot \frac{100}{109{,}5} = \ \underline{\underline{5{,}075 \ € \ / \ LE}}$$

B   Preisobergrenzen

Die Bestimmung von Preisobergrenzen erfolgt analog zur Berechnung von Preisuntergrenzen.[175] Es gilt mithilfe der Preisobergrenzen den Wert auszuweisen, welcher die Vorteilhaftigkeit des Gütereinkaufs (bspw. Rohstoffe) garantiert. Im Fall einer Engpasssituation reduziert sich diese Preisobergrenze um jenen entgangenen Deckungsbeitrag, den ein anderes Produkt mit der zur Disposition stehenden Kapazität erreicht hätte (Opportunität).

$$POG_i \quad = \quad \frac{e_i - \left(k_{\text{var } i} - k_{RST}\right) \ - \ \left(dB_y : l_y\right) \cdot l_i}{b_{RST}}$$

Legende:

k_{RST} ···   *Rohstoffkosten zur Herstellung der Leistungsart i in €/LE*

b_{RST} ...   *Rohstoffeinsatzkoeffizient für eine Leistungsart i in ME/LE*

l_i ...   *Kapazitätskoeffizient zur Herstellung einer Leistungseinheit i in Engpasseinheit/LE*

y ...   *Produkt, welches in der knappen Kapazität alternativ gefertigt werden könnte*

Folgendes Beispiel soll die Berechnung demonstrieren:

Erlös des Produktes i	400	€/LE
Variable Kosten des Produktes i	300	€/LE
Rohstoffkosten für die Herstellung des Produktes i	200	€/LE
Einsatzkoeffizient für Rohstoffe, Herstellung Produkt i	4	ME/LE
Kapazitätskoeffizient für die Herstellung des Produktes i	0,5	h/LE

Der Deckungsbeitrag des Alternativproduktes y beträgt 300 €/LE bei einem Kapazitätskoeffizienten der zur Disposition stehenden Kapazität von 5 h/LE.

$$POG \quad = \quad \frac{400 - \left(300 - 200\right) \ - \ \left(300 : 5\right) \cdot 0{,}5}{4} \ = \ \underline{\underline{67{,}50 \, € \ / \ ME}}$$

---

[175] Vgl. zu diesen Ausführungen vor allem Coenenberg, A. G./Fischer, Th./ Günther, Th.: (Kostenrechnung), S. 408 ff.

8   Prozesskostenrechnung

8.1   Anlass zur Entwicklung

Die herkömmliche Kosten- und Leistungsrechnung unterstellt traditionell homogene Strukturen des Fertigungs- und Absatzprogramms, welche sich lediglich zögernd über mehrere Abrechnungsperioden hinweg verändern. Dieser Logik folgen die Rechnungsziele der Kosten- und Leistungsrechnung und fokussieren beinahe ausnahmslos[176] auf die Kosteneinflussgröße Beschäftigung. Daher stehen kurzfristige unternehmerische Entscheidungen im Mittelpunkt der Betrachtungen. Der Schwerpunkt der Kostenverrechnung liegt in den gängigen direkten Leistungsbereichen.

Im Zuge der Entwicklung in den letzten Jahren hat sich nun die relative Homogenität der Fertigungs- und Absatzprogramme nahezu aufgelöst. Bedingt durch die rasante und nachhaltige Erhöhung des Wettbewerbsdrucks sind bspw. Zunahmen der Variantenanzahl, stetige Verbesserungen der Produktqualität oder auch eine Reduzierung von Lieferzeiten notwendig geworden. Hinzu kommt eine starke Tendenz zu einer Verschmelzung ehemals weitgehend voneinander getrennter Wertschöpfungsketten und Märkte. Unternehmen weisen, unabhängig von ihrem Leistungserstellungstyp, *Dienstleistungscharakter* auf[177]. Die Fertigungstiefe der einstmals klassischen Industrieunternehmen wird bedingt durch Outsourcing - Aktivitäten vermindert, die Anstrengungen in den indirekten Bereichen, wie bspw. Auftragsabwicklung, Kundenbetreuung, Logistik, Qualitätsmanagement oder auch Beschaffung, nehmen hingegen beständig zu.

Diese Entwicklung der Leistungsstruktur der Unternehmen geht folglich mit einem *Wandel des Kostengefüges* einher. Der Schwerpunkt der Wertschöpfung liegt auf den vorbereitenden, planenden, steuernden und überwachenden Aktivitäten[178]. Diese verursachen letztlich vorrangig fixe Kosten. Die Kostenverschiebung verläuft infolgedessen von den direkten Bereichen, die ehemals mit hohen prozentualen Kostenanteilen an den Gesamtkosten eines Unternehmens belastet waren, zugunsten der indirekten Bereiche. Demgemäß ist die Kosteneinflussgröße Beschäftigung als Haupteinflussgröße kritisch zu hinterfragen, ggf. sogar obsolet.

---

[176] Ausnahmen bilden hierbei die Ansätze der Stundensatzrechnung, die mit der Kosteneinflussgröße Zeit arbeiten.

[177] Vgl. Brösel, G./Dintner, R./Keuper, F.: (Unternehmensführung), S. 26.

[178] Vgl. Horváth, P.: (Controlling), S. 553.

Mit relativen Kostenreduzierungen in den direkten Bereichen, in denen die Beschäftigung als Hauptkosteneinflussgröße gemäß der gängigen Lehre der Kostendynamik[179] gilt, sind Einflussfaktoren für eine Kostenverrechnung zu suchen, welche auch den indirekten Bereichen gerecht werden. Hinzu kommt, dass die ausschlaggebenden Aktivitäten nicht alleinig den funktionalorientierten Kostenstellen zugerechnet werden können. Das bedarf einerseits einer kleineren Abrechnungseinheit als der Kostenstelle und andererseits sind die überwiegend abteilungsübergreifenden Abläufe kostenrechnerisch abzuwickeln.

Will man diesen Umständen hinreichend gerecht werden, können diese Vorgänge nicht in den bis dato strengen Grenzen der Kostenstellen abgebildet und gehandhabt werden. Der Rechenansatz bezieht sich deshalb zum einen auf die Abrechnungseinheit *Aktivität* (bzw. Teilprozess), die generell Ingredienz einer Kostenstelle sein muss. Zum anderen werden unter gegebenen Konstellationen Teilprozesse zu *Hauptprozessen* zusammengefasst. Diese Hauptprozesse können sowohl innerhalb der Grenzen einer Kostenstelle ablaufen als auch kostenstellenübergreifend gebildet werden.

Die herkömmliche Verrechnung von Gemeinkosten auf Basis der Beschäftigung hält diesen aktuellen Kostenstrukturen nicht mehr Stand. Infolgedessen sind im Interesse fundierter betriebswirtschaftlicher Entscheidungen die damit ermittelten Kalkulationssätze, die sich zumeist auf die Verrechnung der größtenteils fixen Gemeinkosten auf Basis der Einzelkosten stützen, keineswegs mehr akzeptabel.

Die Prozesskostenrechnung bietet eine zu prüfende Alternative im Rahmen eines Planungs- und Steuerungssystems mit der etwaigen Option einer *verursachungsgerechteren Kostenverrechnung* an. Damit verfolgt die Prozesskostenrechnung im Gegensatz zu anderen Kostenrechnungssystemen kein konträres Ziel, sondern versucht lediglich dem Anspruch einer realitätskonformen Kostenverrechnung zu genügen.

Gleichfalls wird mithilfe der Prozesskostenrechnung darauf fokussiert, einen effizienten Ressourcenverbrauch zu garantieren, die Kalkulationsgenauigkeit zu verbessern sowie Entscheidungsunterstützung und Informationen zur Kapazitätsauslastung zu geben[180].

Damit leistet die Prozesskostenrechnung einen maßgeblichen Beitrag zur verbesserten Unternehmenssteuerung. Ursprünglich wurde sie als ein System auf Basis von Vollkosten konzipiert und wird derzeit auch nahezu noch durchgehend[181] auf dieser Annahme beruhend angewandt.

---

[179] Vgl. hierzu z.B. Gallenmüller, O./Hieke, H./Hülsenberg, F./Neubert, J.: (Kosten), S. 194 ff.

[180] Vgl. Horváth, P./Mayer, R.: (Prozesskostenrechnung), S. 216.

[181] Vgl. zur prozessorientierten Kundendeckungsbeitragsrechnung z.B. Horváth, P.: (Controlling), S. 561 sowie Kilger, W./Pampel, J./Vikas, K.: (Plankostenrechnung), S. 7 ff.

8.2 Begriffe und Vorgehensweise im traditionellen Ansatz

Die Prozesskostenrechnung konzentriert sich auf jene Gemeinkostenbereiche[182] im Unternehmen, die sich durch *repetitive* und strukturierte Aktivitäten bzw. Teilprozesse auszeichnen. Im Dienstleistungssektor bietet sich die Prozesskostenrechnung auch für die Verrechnung der Kosten der direkten Leistungsbereiche an. Hierbei wird vornehmlich dem Ziel nachgegangen, die Kosten dieser Bereiche verursachungsgerechter auf Bezugsobjekte als in traditionellen Systemen zu verrechnen. Einerseits nutzt die Prozesskostenrechnung zu diesem Zweck zwar den klassischen Aufbau der Kostenrechnung, also Kostenarten-, Kostenstellen- und Kostenträgerrechnung. Bedingt dadurch, dass sich die Prozesskostenrechnung von der althergebrachten Gliederung der Kosten auf Basis der Einflussgröße Beschäftigung und damit vom Gliederungsschema der Kosten in beschäftigungsfix und -variabel löst, ergibt sich andererseits nicht nur die Notwendigkeit neuer Kosteneinflussgrößen, sondern gleichfalls dazugehöriger Kategorien, wie z. B. Aktivität, Prozess und Prozessmenge.

Als *Aktivität* (bzw. Teilprozess)[183] ist eine Tätigkeit zu verstehen, die zum Verbrauch von Ressourcen führt. Sind Aktivitäten nach Struktur, Ablauf und Zeitvolumen gleich oder ähnlich, handelt es sich um homogene Aktivitäten.

Als *Cost Driver* wird jene Haupteinflussgröße der Kostenentstehung und -entwicklung bezogen auf eine Aktivität oder einen Prozess bezeichnet.

Die Folge von homogenen Aktivitäten, die sich auf ein bestimmtes Arbeitsziel beziehen und bei einem erneuten Arbeitsvollzug identisch wiederholt werden müssen, wird als Prozess[184] bzw. Hauptprozess definiert. Prozesse können ebenso kostenstellenübergreifend gebildet werden. Es sei ausdrücklich betont, dass hier im Interesse der Einhaltung des Verursachungsprinzips die Ansicht vertreten wird, dass die zu einem Prozess zusammengefassten Aktivitäten von ein und derselben Kosteneinflussgröße abhängig sein müssen[185]. Diese Kosteneinflussgröße fungiert schließlich als Bezugsbasis für die indirekte Verrechnung der Prozesskosten auf Kostenträger. *Küpper*[186] vertritt die Ansicht, dass Teilprozesse durchaus mehreren Hauptprozessen zugeordnet werden können. In diesen Fällen sollen die entsprechenden Prozesskosten im Verhältnis der von den Hauptprozessen beanspruchten

---

[182] Im produzierenden Gewerbe handelt es sich hierbei üblicherweise um die indirekten Bereiche, im Dienstleistungssektor allerdings auch um die direkten Bereiche.

[183] Bei der Definition von Aktivität und Teilprozess existieren unterschiedliche Auffassungen. Oftmals sind diese Differenzen in den zu wählenden Hierarchieebenen der Prozesse begründet. Hier sei kein Unterschied zwischen Aktivität und Teilprozess unterstellt. Anders sehen es Schweitzer, M./Küpper, H.-U.: (Systeme), S. 363. Sie vertreten die Meinung, dass ein Teilprozess eine Kette homogener Aktivitäten darstellt.

[184] Vgl. dazu ergänzend Kajüter, P.: (Prozesskostenmanagement), S. 251.

[185] Vgl. auch Horváth, P./Mayer, R.: (Methodik), S. 16.

[186] Vgl. Schweitzer, M./Küpper, H.-U.: (Systeme), S. 363 f.

Prozessmengen auf die Hauptprozesse verteilt werden. Dies entspricht im Grunde einer indirekten Zuordnung von Kosten auf Bezugsobjekte, wobei die Prozessmenge als Bezugsgröße fungiert. Die in Abb. 8-1 dargestellte Bildung von Hauptprozessen unterstellt indessen ausnahmslos eine direkte Zuordnung von Aktivitäten zu Prozessen. Demzufolge ergeben sich im Vergleich zur herkömmlichen Kostenrechnung mannigfaltige Modifikationen:

- Die in einer Abrechnungsperiode anfallenden Kosten sind im Rahmen der Kostenartenrechnung nach ihrer Art zu erfassen, zeitlich und sachlich abzugrenzen, zu gliedern als auch für nachfolgende Rechnungen zur Verfügung zu stellen. Die Prozesskostenrechnung verlangt darüber hinaus innerhalb der Kostenartenrechnung keine weitergehenden Anforderungen. Lediglich erfahren die Kostengliederungsaspekte mit dem der Prozessgrößenabhängigkeit eine ausschlaggebende Ergänzung.
- Kennzeichnend für den Rechenansatz ist, dass nicht mehr die Kostenstelle als kleinste Abrechnungseinheit angesehen wird. An ihre Stelle tritt die Aktivität (bzw. Teilprozess) als ein Ergebnis einer fundierten *Tätigkeitsanalyse*. Wohingegen für den Aufbau von Kostenstellen vornehmlich funktionale Gründe relevant sind, werden Aktivitäten vorgangs- bzw. handlungsorientiert gebildet. Damit ergibt sich als aufsteigende Abrechnungsstruktur in der Regel die Abfolge Aktivität, Prozess, Kostenstelle, ggf. Sparte oder Center und schließlich komprimiert das Unternehmen (vgl. Abb. 8-1). Hinzu kommt, dass die Aktivität bzw. der Prozess nicht als „starre Abrechnungseinheit" fungiert. Relevant ist ebenfalls die Prozessmenge, also die mengenmäßige Wiederholung eines Prozesses während einer Abrechnungsperiode.
- Des Weiteren bleibt festzuhalten, dass es für diese Rechnung entscheidend ist, Kosteneinflussgrößen für die Aktivitäten zu identifizieren. Die Wahl dieser Cost Driver bestimmt nachhaltig die Qualität der Prozesskostenrechnung und den Grad der Respektierung des Kostenverursachungsprinzips. Mit deren Hilfe kann gleichfalls der jeweilige Ressourcenverbrauch charakterisiert werden. Als maßgebend wird die Korrelation zwischen Kostenanfall und Kosteneinflussgröße angesehen. Diese sollte möglichst stark ausgeprägt sein. Wie im gesamten betrieblichen Rechnungswesen allgemein üblich, wird auch in diesem System vereinfachend ein proportionaler Zusammenhang zwischen dem bewerteten Verbrauch von Produktionsfaktoren (also den Prozesskosten) und der jeweiligen Kosteneinflussgröße unterstellt.
- Die Kosteneinflussgröße eines Prozesses stellt die Bezugsbasis für die Verrechnung der indirekten Kosten auf Kostenträger dar. Dem Anspruch einer möglichst verursachungsgerechten Vorgehensweise ist unbedingt zu genügen.
- Ferner steht die Abbildung des Leistungsoutputs im Vordergrund. Wie im traditionellen Rechnungswesen auch besteht ein weiteres Rechnungsziel der Prozesskostenrechnung darin, die Wirtschaftlichkeitsansprüche einzuhalten.
- Sind Vorgänge wegen nicht identifizierbarer Cost Driver oder fehlender Homogenität nicht mit Hilfe von Prozesskostensätzen verrechenbar, werden so genannte Umlagesätze gebildet. Als Alternative dazu können die Kosten jener Vorgänge, die nicht in die Prozesskostenrechnung integrierbar sind, im Rah-

men der traditionellen Vorgehensweise auf Kalkulationsobjekte zugeordnet werden.

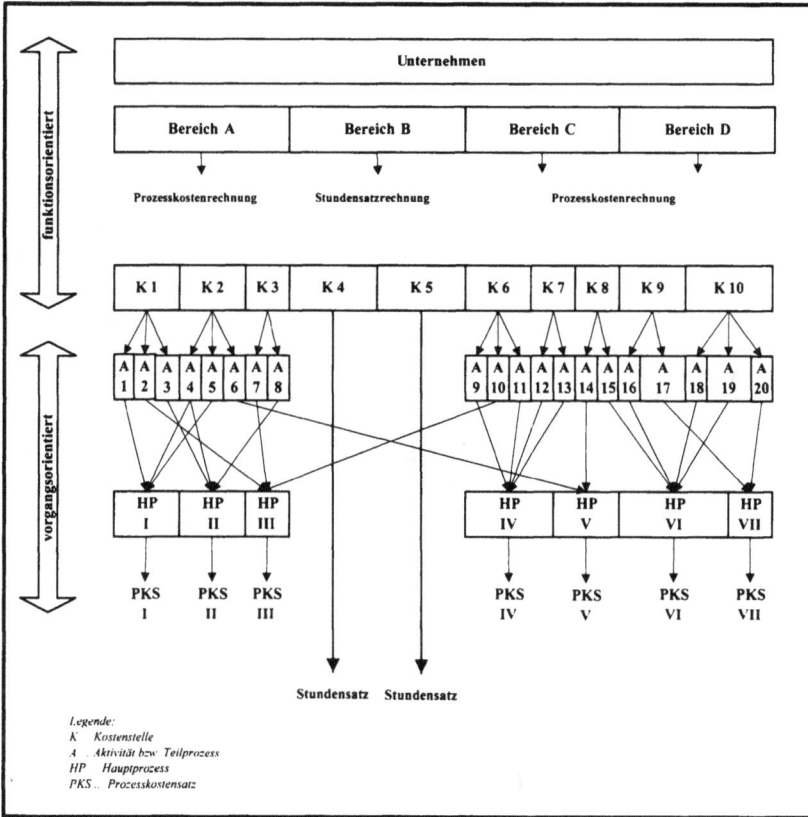

```
funktionsorientiert
    Unternehmen

    Bereich A    Bereich B    Bereich C    Bereich D

    Prozesskostenrechnung   Stundensatzrechnung   Prozesskostenrechnung

    K 1   K 2   K 3   K 4   K 5   K 6   K 7   K 8   K 9   K 10

vorgangsorientiert

    A   A   A   A   A   A   A   A        A   A   A   A   A   A   A   A   A   A   A   A
    1   2   3   4   5   6   7   8        9  10  11  12  13  14  15  16   17  18  19  20

    HP    HP    HP              HP    HP    HP    HP
    I     II    III             IV    V     VI    VII

    PKS   PKS   PKS             PKS   PKS   PKS   PKS
    I     II    III             IV    V     VI    VII

              Stundensatz   Stundensatz

Legende:
K     Kostenstelle
A     Aktivität bzw. Teilprozess
HP    Hauptprozess
PKS   Prozesskostensatz
```

Abb. 8-1:   *Bildung von Hauptprozessen in indirekten Bereichen in Kombination mit der Stundensatzrechnung in direkten Bereichen*

Die Prozesskostenrechnung als Vollkostenrechnungssystem geht üblicherweise nach folgendem Algorithmus[187] vor, wobei einzelne Arbeitsschritte einander bedingen und damit die hier aufgeführte Schrittfolge nicht zwingend sein darf:

---

[187] Vgl. dazu auch Horváth, P.: (Controlling), S. 557.

I.   Festlegung der Zielsetzungen sowie der einzubeziehenden Bereiche

In die Prozesskostenrechnung sind jene Bereiche einzubeziehen, deren Kosten mit herkömmlichen Kostenrechnungssystemen nur unzureichend auf Kalkulationsobjekte verrechnet werden können und folglich das Kalkulationsergebnis verfälscht würde. Im produzierenden Gewerbe betrifft das insbesondere sekundäre Leistungsbereiche, wie z. B. Forschung und Entwicklung, Beschaffung bzw. Einkauf und Logistik[188]. Für die direkten Bereiche wird sich bei Anstrebung einer verursachungsgerechten Vorgehensweise der Systeme der Teilkostenrechnung oder auch der Stundensatzrechnung bedient.

In Dienstleistungsunternehmen hat die Prozesskostenrechnung einen höheren Stellenwert, hier werden ebenso Kosten direkter Bereiche unter Zuhilfenahme von Prozesskostensätzen auf Kostenträger zugeteilt. Insgesamt fokussiert die Prozesskostenrechnung als aktivitätsorientierte Rechnung auf Gemeinkostenbereiche[189], die sich durch repetitive und strukturierte Verrichtungen auszeichnen.

II.   Aufstellen von Hypothesen über Prozesse und deren Kosteneinflussfaktoren

Unternehmen bilden ihrer Wertschöpfungskette[190] folgend, also dem horizontalen organisatorischen Ablauf der Leistungserstellung, Hierarchien von Handlungsebenen. Die einzelnen Ebenen unterscheiden sich bezüglich ihres quantitativen und qualitativen Handlungsumfangs. Bezieht sich der quantitative Gehalt auf die Anzahl der durchzuführenden Vorgänge, charakterisiert die Qualität den Schwierigkeitsgrad der jeweiligen Aktivitäten[191].

Setzen die Hypothesen über etwaige Prozesse an der Kostenstellengliederung an, so erfolgt primär eine präzise Kostenstellenanalyse. Im weiteren Verlauf sind darauf aufbauend kostenstellenübergreifende Prozesse zu identifizieren.

Alternativ zu dieser Vorgehensweise kann sich die Prozessbildung der sogenannten Vogelperspektive bedienen. Den Ausgangspunkt bildet dann das gesamte Handlungsspektrum des jeweiligen relevanten Funktionsbereiches. Die Analyse verläuft davon ausgehend sukzessive bis hin zu den Detailvorgängen in den Kostenstellen.

III.   Durchführen einer Tätigkeitsanalyse zur Ermittlung von Aktivitäten bzw. Prozessen

Die Tätigkeitsanalyse zählt zweifelsfrei zu den elementarsten und wohl auch schwierigsten Schritten der Prozesskostenrechnung. Sie dient letztlich dazu, in akribischer Detailarbeit aus den durchzuführenden Leistungsprofilen in Kostenstellen *maßgebliche Aktivitäten* systematisch aufzuzeigen, abzugrenzen, zu dokumentieren, zu präzisieren und zu definieren.

---

[188]   Vgl. zur Anwendung der Prozesskostenrechnung z.B. Horváth, P./Mayer, R.: (Methodik), S. 16.
[189]   Vgl. Horváth, P.: (Controlling), S. 552.
[190]   Vgl. Porter, M.: (Competitive Advantage), S. 37.
[191]   Vgl. Braun, St.: (Prozesskostenrechnung), S. 39.

Darüber hinaus sind für diese Aktivitäten die ausschlaggebenden *Kosteneinfluss-größen* zu identifizieren. Dafür sind über einen repräsentativen Zeitraum sämtliche Vorgänge einer Kostenstelle lückenlos nach Struktur, Umfang, Aufwand und Ressourceninanspruchnahme möglichst arbeitskraftbezogen aufzuzeichnen. Nicht selten ist diese Tätigkeit mit erheblichem zeitlichen und personellen Aufwand verbunden und überdies mit psychologischen und arbeitsrechtlichen Schwierigkeiten behaftet.

Für diese Analyse eignen sich einerseits Instrumente der Primär- und andererseits Möglichkeiten im Rahmen der Sekundärerhebung, z. B. Auswertung von Datenmaterial wie bspw. Arbeitsanweisungen[192]. Allerdings bietet die Primärerhebung, wie z. B. das Interview mit Mitarbeitern und die permanente Aufzeichnung von Arbeitsvorgängen über einen repräsentativen Zeitraum, zahlreiche Vorteile im Interesse des Verursachungsprinzips.

Auch ist sicherzustellen, dass die definierten Aktivitäten und Prozesse sowohl den abrechnungstechnischen Anforderungen des betrieblichen Rechnungswesens im Sinne einer zeitgemäßen und permanenten Kosten- und Leistungsrechnung als auch den Ansprüchen an ein gehaltvolles Kostenmanagement entsprechen. Relevante Aspekte sind[193]:

- Sachliche Notwendigkeit,
- Wirtschaftlichkeit und Übersichtlichkeit,
- Identität von Aktivität, abgegrenztem Verantwortungsbereich und Leistungsprofil (Das heißt bspw., dass Kompetenzüberschneidungen auszuschließen sind und möglichst eine Zuordnungsfähigkeit anzustreben ist. Ferner muss davon ausgegangen werden, dass mit zunehmenden kostenübergreifenden Prozessen auch die Konflikte im Prozessablauf steigen[194], weshalb die Festlegung von Prozessverantwortlichkeiten zwingend notwendig ist.),
- Möglichkeit der Bestimmung von exakten Maßgrößen (bzw. Cost Drivern) für die Kostenverursachung[195] (Für eine produktbezogene Kalkulation sind die Gemeinkosten des Prozesses nach den sie bestimmenden Prozessbezugsgrößen zu unterteilen.),
- Wirtschaftliche Erfassbarkeit von Kosten und Leistungen anhand von Belegen je Aktivität (Kontierung),
- Erfassbarkeit von Prozessketten sowie
- Passfähigkeit der Aktivitäten für die zeitgemäße Durchführung der Kostenarten-, -stellen sowie –trägerrechnung.

---

[192] Vgl. Götze, U.: (Kostenrechnung), S. 213.

[193] Vgl. Kriterien zur Kostenstellenbildung unter Abschnitt 5.3.1.

[194] Vgl. Böhmeke, J.: (Berichtswesen), S. 328.

[195] Hierbei handelt es sich um kein zwingendes Kriterium. Sind keine Cost Driver für eine Aktivität definierbar, müssen die Kosten für diese Aktivität mithilfe des Umlagesatzes oder mit traditionellen Kalkulationssätzen auf Kalkulationsobjekte verrechnet werden.

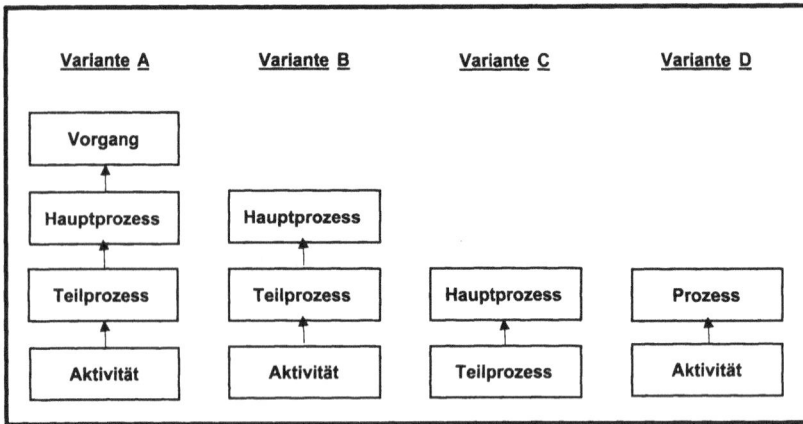

Abb. 8-2:   *Ausgewählte Alternativen der Prozesshierarchie*

Die Definition der notwendigen Hierarchiestufen, also der Gliederungstiefe, sollte sich in Abhängigkeit von den jeweiligen Bedingungen im Unternehmen gestalten. Vordergründig dürften hierbei die angestrebte Kalkulationsgenauigkeit, Unternehmensgröße, Handlungskomplexität[196] und Wirtschaftlichkeitsaspekte sein. Alternative Lösungsansätze, wie z. B. die Gliederung in Aktivität und Prozess[197], in Hauptprozess, Teilprozess und Aktivität[198] oder auch in Hauptprozess und Teilprozess[199] zeigt in einer Übersicht die Abb. 8-2. Hingegen wird der Gliederungsvorschlag für Prozesse in Vorgang, Hauptprozess, Teilprozess und Aktivität[200] als zu sehr detailliert und weniger praxisrelevant, z. B. wegen des damit verbundenen hohen Verwaltungsaufwands, eingeschätzt.

IV.   Kapazitäts- und Kostenzuordnung zu Aktivitäten (bzw. Prozessen)

Hierin besteht ein nicht minder einzuschätzendes Problem. Es bietet sich an, die Ersterfassung von Prozesskosten im Rahmen der Tätigkeitsanalyse anzustreben. Ferner muss sichergestellt sein, dass für die Prozesse die jeweilig dazugehörigen Gemeinkosten erfasst, gegliedert, geplant und weiterverarbeitet werden können. Mindestanforderungen an die Gliederung von Prozesskosten sind:

---

[196] Vgl. Baecker, D.: (Komplexität), S. 1 sowie Braun, St.: (Prozesskostenrechnung), S. 46.

[197] Vgl. Franz, K.-P.: (Prozesskostenrechnung), S. 117.

[198] Vgl. Schweitzer, M./Küpper, H.-U.: (Systeme), S. 364.

[199] Vgl. Götze, U. (Kostenrechnung), S. 215.

[200] Vgl. Braun, St.: (Prozesskostenrechnung), S. 44.

- Gliederung der Prozesskosten nach ihrer Erfassbarkeit in direkte und indirekte Prozesskosten

  Dem Verursachungsprinzip folgend, müssten streng gesehen, sämtliche Aktivitätskosten direkt messbar sein. Andernfalls sind die indirekten Prozesskosten mithilfe des Proportionalitätsprinzips (vgl. Abschnitt 5.1) auf Prozesse zu verrechnen.

- Gliederung der Prozesskosten nach ihrer Abhängigkeit von der Kosteneinflussgröße

  Danach sind Kosten in leistungsmengeninduzierte und leistungsmengenneutrale Kosten zu unterscheiden[201]. *Leistungsmengeninduzierte Kosten* (lmi) verlaufen variabel zur Menge der in Anspruch genommenen Prozessgröße. Aus Vereinfachungsgründen wird eine Proportionalität zwischen den Kosten und der Prozessgröße unterstellt.

  Leistungsmengenneutrale Kosten (lmn) entstehen unabhängig von der Menge der in Anspruch genommenen Prozessgröße. Sie verhalten sich konstant bzw. fix. In der Abb. 8-3 sind die Kostenverläufe beispielhaft zusammengestellt.

- Gliederung der Prozesskosten nach ihrem Wertbeitrag in wertschöpfende und wertneutrale Prozesse

  Ziel sollte es sein, mit der Prozesskostenrechnung synergieartig eine Steigerung des Wertebewusstein sowohl für leistungserstellende als auch für leistungsempfangende Prozesse zu forcieren, wertorientierte Potenziale aufzudecken und somit einen Beitrag zu einem wertorientierten Prozessmanagement zu leisten.

  Wertschöpfende Prozesse tragen positiv zur Steigerung des Unternehmenswertes durch Steigerung von Renditegrößen und Verringerung der Kapitalbindung an Anlage- und Umlaufvermögen bei. Um diesem Anspruch zu genügen, sind jene Werttreiber zu erkennen, die einen maßgeblichen wertorientierten Beitrag für das Unternehmen leisten[202].

---

[201] Vgl. Horváth, P.: (Controlling), S. 555.

[202] Vgl. zum Begriff des Werttreibers z.B. Weber, Th. A./ Daum, A.: (Prozessmanagement), S. 382. Sie verstehen unter Werttreiber Umsatztreiber reduziert um Kostentreiber sowie Kapitalkosten.

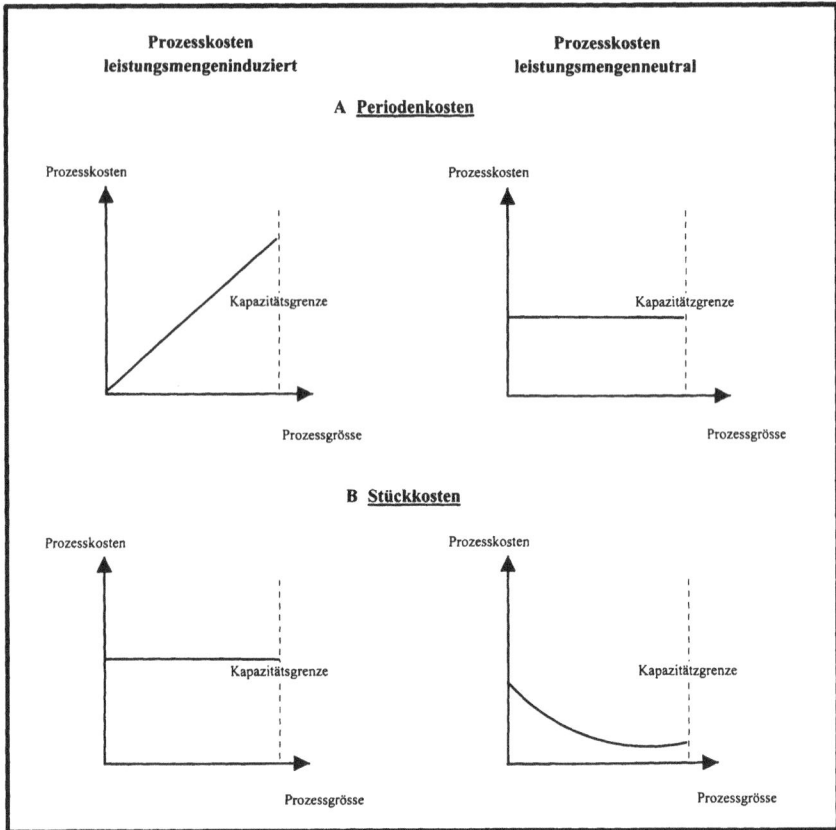

Abb. 8-3:   *Verhalten der Prozesskosten in Abhängigkeit von der Prozessgröße*

V.   *Erfassen und Festlegen von Cost Drivern je Aktivität*

Allerdings reicht es als Ergebnis der Tätigkeitsanalyse nicht aus, die Aktivitäten lediglich zu benennen. Gleichfalls besteht der Anspruch, jene Einflussgrößen festzustellen, die maßgeblich die Kosten für die Realisierung dieser Aktivität verursachen. Streng genommen bedarf es dafür einer wissenschaftlich fundierten Untersuchung[203], die den kausalen Zusammenhang zwischen den Kosten einer Aktivität und deren Einflussgröße sowie dessen Ausprägung nachweist[204].

Hinzu kommt, dass die Kapazitäten in indirekten Leistungsbereichen nur sehr vage auf verschiedene Prozesse aufteilbar sind. Die gängige Praxis zeigt, dass die Prozessbezugsgrößen nicht selten betriebsindividuell festgelegt bzw. geschätzt werden. Eine Vorgehensweise, die nicht frei von subjektiven Einflüssen ist. Gleichfalls greift hier wiederum die Differenzierung in leistungsmengenneutrale und leistungsmengeninduzierte Kosten. Für Aktivitäten, die sich als unabhängig

---

[203] Z.B. Anwendung einer Regressions- und Korrelationsrechnung.

[204] Vgl. z.B. Shank, J.K.: (Cost Driver Analysis), S. 82 f.

vom Arbeitsvolumen einer Kostenstelle erweisen, lassen sich demzufolge auch keine Cost Driver identifizieren.

VI.   Verdichten von Aktivitäten zu Prozessen

Sämtliche Aktivitäten sowohl einer Kostenstelle als auch aller übrigen Kostenstellen, die

• einen identischen Cost Driver aufweisen und
• in einem sachlichen Zusammenhang im Sinne des Prozessresultats stehen,

sind zu kostenstellenübergreifenden Prozessen zu verdichten. Sollte eine Aktivität in mehrere Prozesse einfließen, sind im weiteren Hergang der Rechnung die Gesamtkosten der Aktivität im Verhältnis der beanspruchten Prozessmengen auf die relevanten Prozesse aufzuteilen.

VII.   Bestimmung der Prozessmengen

Die Prozessmenge, als Resultat der quantitativen Messung der Prozessbezugsgröße (Cost Driver), dokumentiert die Häufigkeit, mit der ein Prozess innerhalb einer Abrechnungsperiode wiederholt wird. Die dafür erforderlichen Eingangsgrößen müssen ebenfalls im Rahmen der Tätigkeitsanalyse erfasst werden.

Auch dieser Schritt der Prozesskostenrechnung ist durchaus strittig. Es wird von einer unterstellten Proportionalität zwischen Prozessgröße und Prozessbeanspruchung ausgegangen. Aspekte des Erfahrungskurveneffektes können hierbei nur bedingt, also sukzessive über die Abrechnungsperioden einfließen. Des Weiteren sind die Gliederungsebenen von Aufgaben in indirekten Bereichen, und diese stellen zugleich die Basis für die Prozessbildung dar, von betrieblichen Faktoren abhängig. Ebenso werden die Anzahl der Prozesse und deren Cost Driver betriebsspezifisch festgelegt. Der Einfluss auf Prozesskosten und Prozessmenge, welche durch die Leistungsvielfalt geprägt werden können, bleibt zudem unberücksichtigt.[205]

VIII.   Ermittlung des Prozesskosten- und Umlagesatzes sowie Verrechnung der Prozesskosten auf Kalkulationsobjekte

Der Prozesskostensatz gewährleistet die Verrechnung der (leistungsmengeninduzierten) Prozesskosten des Unternehmens in Abhängigkeit von der Prozessmenge auf die jeweiligen Kalkulationsobjekte. Die Berechnung des Prozesskostensatzes erfolgt mittels Division der gesamten Prozesskosten durch die Prozessmenge:

$$PKS_j = \frac{PK_j}{\sum_{i=1}^{n} PM_{ij}}$$

Anschließend bestimmt man die Prozesskosten der Leistungsart *i* durch Multiplikation der leistungsartbezogenen Prozessmenge mit dem Prozesskostensatz:

---

[205]   Vgl. Schweitzer, M./Küpper, H.-U.: (Systeme), S. 374.

$$PK_{ij} = PKS_j \cdot PM_{ij}$$

All jene Kosten, die sich als unabhängig von einer Prozessgröße erweisen, werden nachfolgend mit einem Umlagesatz auf die Kalkulationsobjekte verrechnet. Hierbei ist in die summarische und differenzierte Vorgehensweise zu unterscheiden. So können die kumulierten leistungsmengenneutralen Kosten des Unternehmens auf die Summe sämtlicher Prozesskosten (also leistungsmengeninduzierten Kosten) bezogen werden. Auf diese Art und Weise würde ein einziger Umlagesatz für das Gesamtunternehmen gelten. Alternativ dazu wäre die Berechnung bereichsbezogener Umlagesätze möglich. Diese Version bietet ggf. Vorteile unter dem Fokus des Kostenmanagements:

$$US = \frac{\sum_m K_{lmn}}{\sum_{j=1} PK_j} \cdot 100$$

Die leistungsmengenneutralen Kosten der Leistungsart i sind das Multiplikationsergebnis von Umlagesatz und Summe der prozessmengeninduzierten Kosten je Leistungsart:

$$K_{lmn\ i} = US \cdot \sum_{i=1}^{n} PK_i$$

Legende:

PKS_j	...	*Prozesskostensatz des Prozesses j in €/ME bzw. €/Stunde; j = 1...m; m = Anzahl der Prozesse*
PK_j	...	*Prozesskosten (bzw. leistungsmengeninduzierte Kosten) des Prozesses j in €/ZE*
PK_{ij}	...	*Prozesskosten des Prozesses j für die Leistungsart i in €/ZE; i= 1...n; n = Anzahl der Leistungsarten*
PK_i	...	*Prozesskosten einer Leistungsart i über sämtliche Prozesse in €/ZE*
PM_{ij}	...	*Prozessmenge je Leistungsart i bezogen auf den Prozess j in ME/ZE bzw. Stunden/ZE*
US	...	*Umlagesatz in Prozent*
K_{lmn}	...	*leistungsmengenneutrale Kosten in €/ZE*
$K_{lmn\ i}$	...	*leistungsmengenneutrale Kosten der Leistungsart i in €/ZE*

Indem die leistungsmengenneutralen Kosten auf Basis der Prozesskosten auf Kostenträger zugeteilt werden, erfährt die Vollkostenrechnung eine skurrile Renaissance. Das Verursachungsprinzip wird letztlich analog der traditionellen Vollkostenrechnung verletzt.

8.3 Mehrdimensionale prozessorientierte Deckungsbeitragsrechnung

8.3.1 Mehrdimensionaler Ansatz und Segmentberichterstattung

In der Controllingpraxis sieht man sich seit jeher mit der Frage nach praxistauglichen Controllinginstrumenten konfrontiert. Aus der Angebotsfülle sind unaufhörlich jene Werkzeuge für das Unternehmen auszusuchen, die die Balance zwischen notwendiger Anpassung an sich wandelnde wirtschaftliche Bedingungen und opportuner Gelassenheit bei Modewellen gewährleisten. Bei all diesen Entscheidungen darf die Performance des Controllings selbst im Interesse der Glaubwürdigkeit und Akzeptanz nicht aus dem Auge verloren werden.

Gegenwärtig stehen auf der Controllingagenda hauptsächlich konzeptionelle Fragestellungen, die sich im Zuge der verstärkenden Globalisierung des Wirtschaftslebens zum einen auf eine international konzernfähige Kosten- und Leistungsrechnung (bspw. Centerrechnung) und zum anderen auf geschäftsprozessorientierte Themen[206] orientieren. Hinzu kommt, dass im Kontext der Umstellung auf die IFRS die Integration von internem und externem Rechnungswesen zunehmend an Relevanz[207] gewinnt. Die Konvergenz beider Systeme wird hierbei nicht mehr nur auf die Verwendung weitestgehend harmonisierter Kosten- und Leistungsarten sowie auf die eventuelle Abkehr von kalkulatorischen Kosten bezogen, sondern erstreckt sich vielmehr auch darauf, das externe Rechnungswesen zunehmend durch zukunftsorientierte und detailliert betriebsbezogene Daten zu ergänzen[208].

Die Konvergenz erfordert jedoch ein Spagat zwischen beiden Rechnungskreisen, denn sie verfolgen nicht einheitliche Ziele. So steht für das Financial Accounting Standards Board die Entscheidungsnützlichkeit im Mittelpunkt. Demzufolge hat ein IFRS-Abschluss vorwiegend den Investoren entscheidungsnützliche Informationen zu liefern[209]. Im Gegensatz dazu orientiert die kalkulatorische Rechnung auf die Verhaltensbeeinflussung betriebsinterner Manager. Insbesondere wegen ungenügender Steuerungskompetenz des externen Rechnungswesens ist es nach wie vor unstrittig, dass es eine eigenständige kalkulatorische Erfolgsrechnung zur Lösung entscheidungsrelevanter interner Koordinationsaufgaben braucht.

Das Controlling-Tool „prozessorientierte mehrdimensionale Deckungsbeitragsrechnung" bietet indes eine Möglichkeit, den Rechnungskreis I mit dem prozessorientierten Vollkostenansatz und der Deckungsbeitragsrechnung[210], die sich bekanntermaßen auf das vom IFRS prädestinierte Umsatzkostenverfahren (Rechnungskreis II) stützt, zu verbinden. Diese Kombination dürfte ganz im Interesse

---

[206] Vgl. Losbichler, H.: (Controlling), S. 55.

[207] Vgl. Horváth, P. (Controlling), S. 438 ff.

[208] Vgl. Barthelheimer, J./Kückelhaus, M./Wohltat, A.: (Impairment), S. 23.

[209] Vgl. bspw. Coenenberg, A. G./Haller, A./Mattner, G./Schultze, W.: (Rechnungswesen), S. 22.

[210] Vgl. zu Abschnitt 8.3 Eberlein, J.: (Deckungsbeitragsrechnung), S. 280 ff.

der Transparenzvorschriften für die IFRS-Segmentberichterstattung (vgl. IAS 14) liegen und ihre Umsetzung bedarf hinreichenden Informationen aus dem betrieblichen Rechnungswesen[211].

Die Anwendung der Prozesskostenrechnung in der Praxis nimmt rasant zu, allerdings folgen die Unternehmen fast ausschließlich der Vollkostenidee. Eine aussichtsreiche Unternehmenssteuerung verlangt aber eine verursachungsgerechte Informationsbereitstellung (vgl. Abschnitt 7). Deshalb sollte man unter wirtschaftlichen Aspekten prüfen, ob die Weiterführung der Prozesskostenrechnung als mehrdimensionale Teilkostenausprägung eine realitätskonforme Alternative bietet. Die Vorteile liegen auf der Hand: Genauer und damit zuverlässiger Ausweis des operativen Betriebserfolgs einschließlich damit verbundener Kennzahlen sowie korrektere Bewertung von Lagerbeständen, fundierte Entscheidungen, (z. B. Leistungsprogramme, Make or buy – Probleme, kurzfristige Preisgrenzen). Ferner eröffnet ein solcher Ansatz qualifizierte Kapazitätsbeurteilungen und damit vielfältige Einblicke in die Absatz- und Kundenstruktur sowie Indikatoren für längerfristige Entscheidungen[212].

Die Segmentberichterstattung, bislang nur für börsennotierte Unternehmen verpflichtend, soll das Risiko-Chancen-Verhältnis im Vergleich zu anderen Unternehmen zuverlässig bestimmen helfen. Die Analyse kann entweder auf produkt- bzw. tätigkeitsorientierten oder auf geografischen Segmenten basieren (IAS 14.9). Für beide Ansätze finden sich in der mehrdimensionalen Deckungsbeitragsrechnung Impulse. Offenbar überträgt sich auch die Reihenfolgenproblematik von Dimensionen durch die Wahlmöglichkeit der Segmentbasis[213]. Damit steigt der Einfluss auf die Informationsbereitstellung vonseiten des betrieblichen Rechnungswesens. Zu den Fragen der Segmentabgrenzung sowie –anzahl über einzeln offen zu legende Segmente (IAS 14.35; IAS 14.9) ist ein subjektiver Ermessensspielraum zu verzeichnen. Letztlich korrespondiert dies im internen Rechnungswesen mit der Bildung von Erlösquellen sowie der Kostenträgergliederung. Ebenso transferiert sich das Problem der Gemeinkostenverrechnung auf das externe Rechnungswesen. Dies zeigt sich eigens in mannigfaltigen Gestaltungsspielräumen, wie z. B. der Aufteilung von gemeinschaftlich genutzten Vermögenswerten auf Segmente[214].

Für die Offenlegung von Informationen innerhalb der Segmentberichterstattung und damit für deren Qualität greift das Kriterium, ob Daten direkt oder nachvollziehbar indirekt den jeweiligen Segmenten zuordenbar sein müssen (IAS 14.16). Eine prozessorientierte mehrdimensionale Deckungsbeitragsrechnung dürfte diesem Anspruch hinreichend gerecht werden. Kann keine überzeugende Zuordnung gewährleistet werden, sind diese Daten als Ausgleichsposten in einer Überleitungsspalte auf die Unternehmenswerte aufzuzeigen. Werden Vermögenswerte gemeinschaftlich genutzt, so sind sie nur dann Segmenten anteilig zuzuordnen,

---

[211] Vgl. bspw. Auer, K. V.: (Segment Reporting), S. 5.
[212] Vgl. dazu auch Gleich, R. (Performance Management), S. 312 sowie Coenenberg, A. G. (Kostenrechnung), S. 231 ff.
[213] Vgl. Auer, K. V.: (Segment Reporting), S. 7.
[214] Vgl. bspw. Auer, K. V.: (Segment Reporting), S. 11.

soweit dafür eine zuverlässige sachliche Grundlage vorliegt (IAS 12.11). Als eine akzeptable Lösung führt das betriebliche Rechnungswesen dafür das Proportionalitätsprinzip an, das auch für die Segmentberichterstattung nicht kontrovers sein dürfte. Die Konvergenz müsste den Investoren mit ihren Analysebestrebungen gefallen, ihr Wunsch nach Betriebsinterna würde zunehmend erfüllt. Bei Nutzung potenzieller Synergien reduzieren sich die Kosten für die Informationsbereitstellung. Vielversprechende Wirtschaftlichkeitsvorteile gehen allerdings zulasten des bislang dominierenden Informationsvorteils interner Entscheidungsträger. Der anhaltende Handlungsbedarf bezüglich einer Abgrenzungsrechnung zwischen beiden Systemen resultiert speziell durch den Ansatz kalkulatorischer Kosten sowie neutraler Aufwendungen und Erträge (IAS 14.20). Die zu erhöhende Frequenz der externen Berichterstattung, so wie durch IFRS gefordert, sollte für das Controlling sehr vertraut sein.

8.3.2   Prinzipielle Anforderungen

Wie unter Abschnitt 8.2 erläutert, liefert die Prozesskostenrechnung zum einen eine Alternative zur traditionellen Gemeinkostenverrechnung auf Kalkulationsobjekte und zum anderen wertvolle Informationen, bspw. in Form von Kennzahlen bzw. Prozesskostensätzen zur Unternehmenssteuerung. Die Informationen haben dabei i.d.R. einen besseren Aussagewert, da Gemeinkosten üblicherweise verursachungsgerechter als in der herkömmlichen Vollkostenrechnung auf Leistungsarten verrechnet werden.

Der Aufbau einer prozessorientierten mehrdimensionalen Deckungsbeitragsrechnung basiert ursächlich auf dem traditionellen Ablauf der Teilkosten- und Leistungsrechnung. Im Folgenden sind in diesen bekannten Aufbau einige Modifikationen betreffs des Prozesskostenansatzes konsequent einzuarbeiten, welche letztlich sowohl die Kosten- als auch die Leistungsperspektive betreffen (vgl. Abb. 8-4).

Das Defizit des prozessorientierten Vollkostenansatzes besteht insbesondere in der indirekten Verrechnung von leistungsmengenneutralen Kosten (lmn) in Form des Umlagesatzes. Des Weiteren wird der Charakter der leistungsmengeninduzierten Kosten (lmi), welche überwiegend klassische Fixkosten sein dürften, vernachlässigt. Streng genommen werden lmi-Kosten in Abhängigkeit von häufig subjektiv festgelegten Einflussgrößen proportionalisiert. Sowohl die mehrstufige als auch die mehrdimensionale prozessorientierte Rechnung, welche stets als Periodenrechnungen konzipiert sind, weichen diesem Fehler aus. Auf summarische und differenzierte Umlagesätze wird grundsätzlich verzichtet.

Der mehrdimensionale Ansatz bietet zudem eine Analysemöglichkeit der leistungsinduzierten Kosten. Die Idee beruht darauf, alle Prozesskosten so detailliert und verursachungsgerecht auf jener Dimensionsebene mit Bezug zu einer Erlösquelle wirtschaftlich zu erfassen, auf der sie noch als leistungsinduziert nachweisbar sind. Indem Prozesskosten als leistungsmengeninduziert eindeutig erfasst werden, sinkt i.d.R. der Anteil an leistungsmengenneutralen Kosten an den Gesamtkosten. Die klassische Prozesskostenrechnung erfährt neben dem mehrstufigen Ansatz eine weitere Verfeinerung, indem Kosten (zumeist Fixkosten im tradi-

tionellen Verständnis) in Bezug auf nebeneinander angeordnete, zumeist marktbezogene Dimensionen analysiert und gesteuert werden.

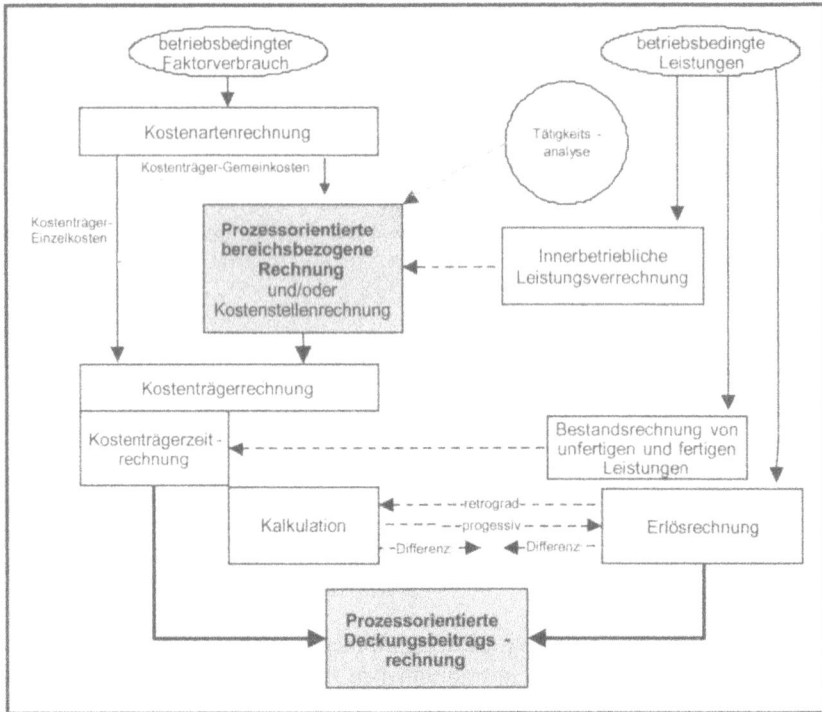

Abb. 8-4:   *Einordnung der prozessorientierten mehrdimensionalen Deckungsbeitragsrechnung*
in die Kosten- und Leistungsrechnung

Die Implementierung dieses Controllinginstruments verlangt zwangsläufig Modifikationen im betrieblichen Rechnungswesen. Diese lösen einerseits in den Unternehmen ein nicht unerhebliches Ausmaß an Reorganisationsmaßnahmen aus,
andererseits lässt sich dadurch maßgeblich die Qualität der Unternehmenssteuerung verbessern.

Die Schritte der prozessorientierten mehrdimensionalen Deckungsbeitragsrechnung lehnen sich an den allgemein üblichen Algorithmus der Prozesskostenrechnung an (vgl. Abb. 8-5). Die Rechnung unterteilt sich in die drei Hauptschwer-
punkte Tätigkeitsanalyse, Kostenverrechnung und Unternehmenssteuerung. Diese
sind mit speziellen Arbeitsschritten zu realisieren, die sich vielfach einander bedingen und deshalb auch parallel ablaufen müssen. Im Folgenden werden die
separaten Arbeitsschritte näher beschrieben:

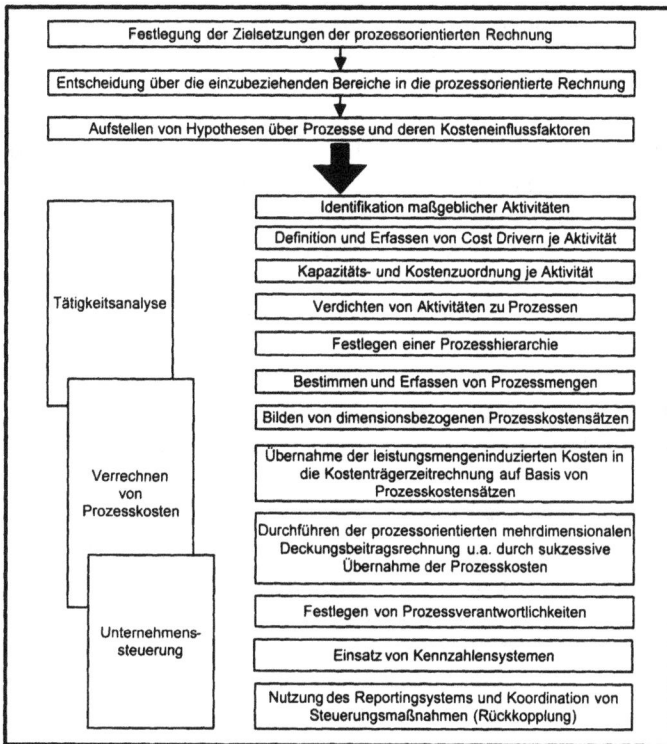

Abb. 8-5:   *Arbeitsschritte einer prozessorientierten mehrdimensionalen Deckungsbeitrags-*
                rechnung

- Die Tätigkeitsanalyse gehört zu den anspruchsvollsten Aufgaben. Sie ist im Vergleich zur traditionellen Prozesskostenrechnung noch um die jeweilig relevanten Dimensionen zu erweitern. Unter möglichst objektiven Blickwinkeln sind für die weiterführende Rechnung maßgebliche, repetitive, dimensionsbezogene Aktivitäten logisch zu identifizieren, zu erfassen, sachlich und zeitlich abzugrenzen, zu präzisieren und späterhin zu pflegen.
- Als Dimensionen sind vorzugsweise Erlösquellen wie bspw. Kundengruppen, Absatzgebiete und Vertriebswege denkbar. Diese sind üblicherweise um die Dimension Leistungsart zu ergänzen. Die Anzahl der Dimensionen ist abhängig von der Branche, der Unternehmensgröße und nicht zuletzt vom Rechnungszweck. Neben einer umfassenden Qualifizierung der integrierten Finanz- und Betriebsbuchhaltung bedarf es einer dimensionsorientierten Registrierung von Erlösarten, die wiederum eine vorherige Marktsegmentierung voraussetzt.
- Für sämtliche Aktivitäten sind ausnahmslos die bestimmenden dimensionsbezogenen Cost Driver zu identifizieren und festzuschreiben. Dafür sind über einen repräsentativen Zeitraum Vorgänge lückenlos nach Struktur, Umfang, Aufwand und Ressourceninanspruchnahme aufzuzeichnen. Weisen Aktivitäten identische Cost Driver auf und stehen sie in einem sachlichen Zusammenhang, sind sie zu kostenstellenübergreifenden Prozessen zusammenzufassen. Prozes-

se sind nicht als starre Abrechnungseinheiten zu interpretieren, sondern entsprechen den jeweiligen Wertschöpfungsabschnitten. Tangiert eine Aktivität
mehrere Prozesse, sind ihre Gesamtkosten im Verhältnis der beanspruchten
Prozessmengen auf die relevanten Prozesse aufzuteilen.

• Sämtliche Prozesse müssen sowohl die abrechnungstechnischen Anforderungen als auch die an ein durchdringendes Kostenmanagement erfüllen. Dies
setzt bspw. eine Identität von Aktivität, Verantwortungsbereich sowie Leistungsprofil voraus; Kompetenzüberschneidungen sind unbedingt zu vermeiden. Mit zunehmenden kostenstellenübergreifenden Prozessen nehmen oftmals
Konflikte im Prozessablauf zu[215],weshalb die Festlegung von Prozessverantwortlichkeiten zwingend ist.

• Die Aussagekraft der Ergebnisse der Deckungsbeitragsrechnung hängt maßgeblich von der Qualität der Kostenartenrechnung ab. Diese muss derart reorganisiert werden, dass Prozesskosten nach der Art ihrer Entstehung und möglichst je Dimension erfasst, sachlich und zeitlich abgegrenzt, gegliedert als
auch für weiterführende Rechnungen aktuell bereitgestellt werden können.

• Je nach Rechnungszweck sind Prozessdaten dimensionsbezogen, z. B. nach
ihrer Erfassbarkeit in direkte und indirekte Prozesskosten, in Abhängigkeit
vom Cost Driver in leistungsmengeninduziert und leistungsmengenneutral,
nach der Art der Entstehung sowie im Interesse der Aufdeckung wertorientierter Potenziale[216] in wertschöpfende und wertneutrale Positionen zu gliedern.
Obwohl eine indirekte Verrechnung von Prozessgemeinkosten nach dem Proportionalitätsprinzip nicht der Idealvorstellung entspricht, dürfte es dennoch
allgemeine Praxis sein.

• Wie bereits angesprochen, stellt sich betreffs der angestrebten Konvergenz
speziell für mittlere und größere Kapitalgesellschaften die Frage nach der
Sinnhaftigkeit, noch kalkulatorische Größen in Prozesskosten einzubeziehen.
Hier wird sich für das Beibehalten an kalkulatorischen Kategorien, insbesondere von Zinsen, ausgesprochen, da die Erfolgsgrößen der externen Rechnungslegung zur Verhaltensbeeinflussung dezentraler Entscheidungsträger
nicht umfassend geeignet sind. Demzufolge entsteht ein Zurechnungsproblem,
weil auch kalkulatorische Kosten Prozessen und Dimensionen, wahrscheinlich
vornehmlich mithilfe des Proportionalitätsprinzips, zuzuordnen sind.

• Ein Vorteil besteht in der Abbildung des Leistungsspektrums durch ganzheitli-
che, der Wertschöpfungskette folgende Prozesse. Allerdings zieht diese einerseits Modifizierungen für die innerbetriebliche Leistungsverrechnung und an-
derseits die Anpassung von Bewertungsmaßstäben (z. B. in der Bestandsrechnung) nach sich. Abhängig vom Kalkulationsverfahren würden sich solcherlei
Veränderungen auch auf Kalkulationsergebnisse (z. B. Veränderung der Kalkulationssätze für Verwaltungsgemeinkosten) und demzufolge ggf. auf den
Preis und den spezifischen Erfolg je Leistungsart niederschlagen.

---

[215] Vgl. zu Konflikten im Prozessablauf bspw. Böhmeke, J.: (Berichtswesen), S. 328.
[216] Vgl. dazu bspw. Weber, Th. A./Daum, A.: (Wertorientierung), S. 382.

- Die Ergebnisqualität und damit die Akzeptanz der Rechnung hängt maßgeblich davon ab, in welchem Maße es gelingt, Kosteneinflussgrößen für Aktivitäten zu identifizieren und ob diese für alle Dimensionen gleichermaßen gültig sind. Mittels Prozessgrößen lässt sich der Ressourcenverbrauch charakterisieren, der auch als Grundlage in Budgetverhandlungen herangezogen werden kann. Als maßgeblich dürfte hierbei die Korrelation zwischen Kostenanfall und -einflussgröße[217] angesehen werden. Gelingt es, glaubwürdige Prozessdaten zu planen, fließen diese ggf. in flexible Budgets ein und versprechen zuverlässige dimensionsbezogene Abweichungsanalysen.
- Cost Driver stellen die Bezugsbasis für die Zuordnung der leistungsmengeninduzierten Kosten auf Dimensionen dar. Die Verrechnungsergebnisse sind nicht unwesentlich für den Verlauf von Preisfestsetzungen, Ergebnisberechnungen oder auch für das Bestimmen von Benchmarks.
- Der Prozesskostensatz garantiert die periodenbezogene Verrechnung der lmi-Kosten in Abhängigkeit von der Prozessmenge auf die jeweiligen Dimensionen. Nur bei gesicherten, nach praktischem Ermessen objektiven Eingangsdaten entspricht dieses Vorgehen der Verursachung.
- Ausnahmslos jene Kosten sind dimensionsbezogen kalkulierbar, die sich (proportional) abhängig vom jeweiligen Cost Driver verhalten. Konsequent würde das Verursachungsprinzip nur dann als vollends erfüllt gelten, wenn die Beziehung zwischen Kosten und Cost Driver je Dimension tatsächlich zweifelsfrei nachweisbar wäre. In der Konsequenz fallen (z. B. drei Dimensionen, n=3) leistungsmengenindizierte Kosten an, die zugleich allen drei Dimensionen, lediglich zwei Dimensionen oder eben nur einer Dimension eindeutig zugerechnet werden können.

Der Ablauf der Rechnung gestaltet sich also sukzessiv (vgl. Abb. 8-6). Deckungsbeiträge beziehen sich gemäß dem Algorithmus auf immer mehr Dimensionen; die Rechnung wird schrittweise zunehmend globaler. Eingangs werden vom produktbezogenen Periodendeckungsbeitrag all jene leistungsmengeninduzierten Kosten subtrahiert, die alle Dimensionen stichhaltig tangieren. Der sich daraus ergebende Beitrag steht für die Deckung der noch zu berücksichtigten Prozesskosten und ggf. zur Gewinnerzielung bereit.

Nunmehr sind lmi- Kosten einzubeziehen, die lediglich von zwei Dimensionen verursacht werden.

Aufgrund der Dimensionalität resultieren n! Betrachtungsreihenfolgen mit immanenten Informationen. Indes lässt sich der Rechenaufwand ohne Informationsverlust auf n Varianten reduzieren, wenn ein fixierter Turnus (analog der mehrdimensionalen Deckungsbeitragsrechnung, vgl. Abschnitt 7.7.3) der Dimensionen beibehalten wird und diese nach einem starren Modus, z. B. nach dem Uhrzeigersinn, Berücksichtigung finden. Schließlich sind die leistungsmengenneutralen Kosten am Ende der Rechnung als Block einzubeziehen.

---

[217] Vgl. bspw. Shank, J. K.: (Cost Driver Analysis), S. 82 f.

Absatzgebiet	I						II						...	Σ
Kundengruppe	A			B			A			B			...	
Produkt	1	2	...	1	2	...	1	2	...	1	2	...	...	
Bruttoerlös														
- Erlösminderungen														
= Nettoerlös														
- Einzelkosten														
= Deckungsbeitrag (produktbezogen)														
- lmi – Kosten aller Dimensionen														
= prozessbezogener Deckungsbeitrag (produktbezogen)														
- lmi – Kosten der Dimensionen Produkt und Kundengruppe														
= prozessbezogener Deckungsbeitrag (kundengruppenbezogen)														
- lmi – Kosten der Dimension Absatzgebiet														
= prozessbezogener Deckungsbeitrag (absatzgebietsbezogen)														
- lmn – Kosten														
= Betriebsergebnis [€/Periode]														

Abb. 8-6:   *Aufbau einer prozessorientierten mehrdimensionalen Deckungsbeitragsrechnung, Dimensionsreihenfolge: Absatzgebiet, Kundengruppe, Produkt (vereinfacht)*

- In der Praxis dürfte sich die Grenze zwischen Einhaltung und Verletzung des Verursachungsprinzips als diffizil erweisen. Die Gründe hierfür sind sehr vielfältig. So sind nicht nur im Rahmen der Tätigkeitsanalyse, sondern kontinuierlich im Alltagsgeschäft, zumindest jedoch während jeder jährlichen Planungsphase, die Prozessmengen detailliert und nachweisbar zu erfassen und zu dokumentieren. Schon der dazu notwendige Verwaltungsaufwand lässt erahnen, dass hierbei oftmals anstelle der Primärerfassung Schätzungen und Prognosen herangezogen werden.

Vereinfachend wird (wie im betrieblichen Rechnungswesen stets üblich) ein proportionaler Zusammenhang zwischen dem bewerteten Verbrauch von Produktionsfaktoren und der Kosteneinflussgröße unterstellt.

Gliederungen von Bereichsaufgaben gelten als von betrieblichen, sich stetig verändernden Faktoren stark beeinflusst. Gerade bedingt durch die permanenten Erneuerungen, bspw. in Bezug auf Sortimentsänderungen, Modifizierungen in der Fertigungstiefe durch Outsourcing u.ä. verändern sich die Bereichsabläufe und damit die Inputdaten für die Prozesskostenrechnung.

Mitunter lassen sich Kapazitäten nur sehr vage auf verschiedene Prozesse auf-
teilen. Nicht selten, so zeigt die gängige Praxis, basieren die Prozesse selbst,
deren Anzahl sowie die Cost Driver auf betriebsspezifischen Interpretationen.
Der Einfluss auf Prozesskosten und -menge, die durch die Leistungsvielfalt
geprägt werden können, bleibt zudem unberücksichtigt[218].

Kann man allerdings von einer objektiven Tätigkeitsanalyse sowie fernerhin
einer kontinuierlichen und wirtschaftlichen Erfassung und Aufbereitung der
Eingangsdaten ausgehen, so sind verlässliche Aussagen im Sinne der Unternehmenssteuerung evident.

8.4   Beispiel für das produzierende Gewerbe

8.4.1   Ausgangssituation

Entsprechend der klassischen Verfahrensweise in der Kostenträgerrechnung werden Kalkulationssätze für die Verrechnung von Gemeinkosten gebildet (vgl. Abschnitt 1). Diese Kalkulationssätze unterstellen häufig einen Zusammenhang zwischen zu verrechnenden Gemeinkosten und der Verrechnungsbasis, in der Regel
also den Einzelkosten.

Es kann davon ausgegangen werden, dass es sich bei den Gemeinkosten zumeist
um fixe Kosten handelt. Einzelkosten verhalten sich bekanntermaßen variabel. Die
Gemeinkostenverrechnung impliziert demnach die Verrechnung von beschäfti-
gungsunabhängigen Kosten auf Basis der Leistungsmenge. Die Einhaltung des
Verursachungsprinzips ist damit ad absurdum geführt.

Das nachfolgende Beispiel demonstriert anhand der in Abb. 8-7 zusammengestellten Ausgangsinformationen die Kombination von paralleler Voll- und Teilkostenrechnung, von Prozesskostenrechnung sowie von Stundensatzrechnung.

---

[218] Vgl. bspw. Schweitzer, M./Küpper, H.-U.: (Kosten- und Erlösrechnung), S. 375.

Position	Leistungsarten		
	A	B	C
1	*2*	*3*	*4*
1 Materialeinzelkosten [€/ZE]	105.000	136.000	78.000
2 Fertigungseinzelkosten [€/ZE]	240.000	150.000	170.000
3 Fertigungsgemeinkosten der Stelle I [€/ZE] Zeitabhängigkeit = 84 %	640.000		
4 Fertigungsgemeinkosten der Stelle II [€/ZE] Zeitabhängigkeit = 72 %	130.036		
5 Verwaltungsgemeinkosten [€/ZE]; Variator = 0	54.000		
6 Vertriebsgemeinkosten [€/ZE]; Variator = 2	40.000		
7 Hergestellte Leistungseinheiten [LE/ZE]	5.000	6.400	2.620
8 Abgesetzte Leistungseinheiten [LE/ZE]	4.800	6.350	2.200
9 Kapazitätsinanspruchnahme der Stelle I [Anlagenstunden/LE]	0,020	0,018	0,040
10 Kapazitätsinanspruchnahme der Stelle II [Anlagenstunden/LE]	0,004	0,010	0,010

Abb. 8-7:   *Ausgangsdaten*

8.4.2   Lösungsansatz bei Anwendung der Vollkostenrechnung

Wie bereits mehrfach erwähnt, werden in der Vollkostenrechnung ausnahmslos alle Kosten auf die Kostenträger verrechnet. Dies kann unabhängig von dem angewandten Rechensystem erfolgen. So werden in diesem Beispiel die indirekten Materialkosten anhand von Prozesskostensätzen, die Fertigungsgemeinkosten im Rahmen der Stundensatzrechnung und die übrigen Gemeinkosten mit traditionellen Kalkulationssätzen auf die drei Leistungsarten zugeordnet.

A   Anwendung der Prozesskostenrechnung

Für die Verrechnung der Gemeinkosten des Beschaffungsbereiches dient die Prozesskostenrechnung. Als Ergebnis einer durchgeführten Tätigkeitsanalyse liegen die Aktivitäten, die jeweiligen Kosten sowie bereits identifizierte Cost Driver vor (vgl. Abb. 8-8).

Alleinig den Aktivitäten „Bereich verwalten" sowie „Lager leiten" sind keine eindeutigen Kosteneinflussgrößen zuordenbar.

	Aktivitäten	Cost Driver	Kosten
	1	*2*	*3*
1	Bereich verwalten	-	12.400 €/ZE
2	Bestellbedarf ermitteln	Anfragen (intern)	7.120 €/ZE
3	Bestellung auslösen	Bestellungen	18.760 €/ZE
4	Bestelleingang prüfen	Prüfminuten	5.300 €/ZE
5	Angebot einholen	Lieferanten	2.840 €/ZE
6	Angebot prüfen	Lieferanten	800 €/ZE
7	Bestellvorgang registrieren	Anfragen (intern)	2.400 €/ZE
8	Rechnung prüfen	Bestellungen	3.450 €/ZE
9	Prüfdokumentation erstellen	Prüfminuten	2.380 €/ZE
10	Bestelleingang lagern	Bestellpositionen	1.680 €/ZE
11	Rechnung bezahlen	Bestellungen	3.550 €/ZE
12	Ausgabe/ Weitergabe Wareneingang	Bestellpositionen	1.104 €/ZE
13	Lager leiten	-	7.000 €/ZE
14	**Σ Materialgemeinkosten**		**68.784 €/ZE**

Abb. 8-8:   *Überblick über identifizierte Aktivitäten, Cost Driver sowie Aktivitätskosten*

Anschließend lassen sich Aktivitäten auf Basis identischer Kosteneinflussgrößen zu Prozessen verdichten (vgl. Abb. 8-9). Im Falle einer summarischen Verrechnung von leistungsmengenneutralen Kosten können im Folgenden die entsprechenden Aktivitäten, denen keine Cost Driver zuordenbar sind, kumuliert werden. Demnach betragen die leistungsmengenneutralen Kosten insgesamt 19.400 €.

	Prozessbezeichnung	Cost Driver	Prozesskosten [€/ZE]
	1	*2*	*3*
1	Materialbedarfsfeststellung	Anfragen	9.520
2	Angebotsbearbeitung	Lieferanten	3.640
3	Bestellvorgang ausführen	Bestellungen	25.760
4	Materialqualitätsprüfung	Prüfminuten	7.680
5	Materiallagerung	Bestellpositionen	2.784
6	**Σ leistungsmengeninduzierte Kosten**		**49.384**

Abb. 8-9:   *Verdichten von Aktivitäten zu Prozessen*

Ebenfalls im Rahmen der Tätigkeitsanalyse sind die Prozessmengen bezogen auf die jeweiligen Leistungsarten (vgl. Abb. 8-10) zu erfassen.
Dementsprechend ergeben sich nachstehende Prozesskostensätze [*PKS*] für die Zuordnung der leistungsmengeninduzierten Kosten auf einzelne Leistungsarten:

Materialbedarfsfeststellung:

$$PKS \quad = \frac{9.520 \, € \,/\, ZE}{340 \, Anfragen \,/\, ZE} \quad = \quad \underline{\underline{28,00 \, € \,/\, Anfrage}}$$

Angebotsbearbeitung:

$$PKS \quad = \frac{3.640\,€\,/\,ZE}{26\,Lieferanten\,/\,ZE} \quad = \quad 140,00\,€\,/\,Lieferant$$

Bestellvorgang ausführen:

$$PKS \quad = \frac{25.760\,€\,/\,ZE}{1.610\,Bestellungen\,/\,ZE} = \quad 16,00\,€\,/\,Bestellung$$

Materialqualitätsprüfung:

$$PKS \quad = \frac{7.680\,€\,/\,ZE}{9.600\,Minuten\,/\,ZE} \quad = \quad 0,80\,€\,/\,Minute$$

Materiallagerung:

$$PKS \quad = \frac{2.784\,€\,/\,ZE}{29\,Positionen\,/\,ZE} \quad = \quad 96,00\,€\,/\,Bestellposition$$

Cost driver		Prozessmenge je Leistungsart		
		A	B	C
	1	*2*	*3*	*4*
1	Anfragen	120	80	140
2	Lieferanten	8	12	6
3	Bestellungen	700	420	490
4	Prüfminuten	4.300	3.100	2.200
5	Bestellpositionen	5	9	15

Abb. 8-10:   *Prozessmengen je Leistungsart*

Die Verrechnung der leistungsmengenneutralen Kosten auf die Leistungsarten geschieht mithilfe des Umlagesatzes [*US*]:

$$US \quad = \frac{19.400\,€\,/\,ZE}{(9.520 + 25.760 + 7.680 + 3.640 + 2.784)\,€\,/\,ZE} \cdot 100$$

$$= \quad 39{,}283979\,\%$$

B   **Anwendung der Stundensatzrechnung**

Für die Verrechnung der Fertigungsgemeinkosten der Stellen I und II auf die Leistungsarten findet nachfolgend die Stundensatzrechnung Anwendung. Eine Ermittlung des Stundensatzes auf Vollkostenbasis unterstellt fälschlicherweise eine Abhängigkeit sämtlicher Fertigungsgemeinkosten von der Zeitgröße[219]:

$$Stundensatz_{Stelle\,I} = \frac{640.000\,\text{€}\,/\,ZE}{320\,Anlagenstunden\,/\,ZE} = 2.000,00\,\text{€}\,/\,Anlagenstunde$$

$$Stundensatz_{Stelle\,II} = \frac{130.036\,\text{€}\,/\,ZE}{110,2\,Anlagenstunden\,/\,ZE} = 1.180,00\,\text{€}\,/\,Anlagenstunde$$

C   **Anwendung traditioneller Kalkulationssätze**

Um die Verwaltungs- [*VwGK*] und Vertriebsgemeinkosten [*VtGK*] auf Kalkulationsobjekte zu beziehen, wird sich an dieser Stelle klassischer Kalkulationssätze bedient. Alternativ dazu wäre auch der Einsatz von Prozesskostensätzen denkbar:

$$KS_{VwGK} = \frac{54.000,00\,\text{€}}{1.607.367,93\,\text{€}} \cdot 100 = 3,3595295\,\%$$

$$KS_{VtGK} = \frac{40.000,00\,\text{€}}{1.607.367,93\,\text{€}} \cdot 100 = 2,48854038\,\%$$

D   **Durchführung der Kostenträgerzeitrechnung**

Die Abb. 8-11 zeigt die Kostenträgerzeitrechnung unter Verwendung von Prozesskostensätzen, Stundensätzen und klassischen Kalkulationssätzen. Der Aufbau der Rechnung entspricht dem typischen Kostenträgerzeitblatt, indes beinhaltet die Rechnung zahlreiche qualitative Verbesserungen im Sinne des Verursachungsprinzips.

Es sei an dieser Stelle wiederholt betont, dass solche Verfeinerungen eine Reorganisation insbesondere in der Kostenarten- aber auch in der Kostenstellenrechnung notwendig machen. Insbesondere an die Kostenerfassung mithilfe einer integrierten Finanzbuchführung, an die Kostengliederung und nicht zuletzt an die Kostenauflösung gelten wesentlich erhöhte Anforderungen.

---

[219] Alternativ zu dieser Vorgehensweise wäre es ggf. zweckmäßiger, die zeitunabhängigen Fertigungsgemeinkosten über den klassischen Kalkulationssatz unter Verwendung der Fertigungseinzelkosten als Verrechnungsbasis auf die Leistungsarten zu verrechnen.

Firma:		Kostenträgerzeitblatt: Periode 20…			
Bezeichnung	KS	Σ	Periodenkosten [€/ZE]		
			A	B	C
1	*2*	*3*	*4*	*5*	*6*
1 MEK		319.000,00	105.000,00	136.000,00	78.000,00
2 Material-bedarfs-feststellung	28,00	9.520,00	3.360,00	2.240,00	3.920,00
3 Angebots-bearbeitung	140,00	3.640,00	1.120,00	1.680,00	840,00
4 Bestellvorgang ausführen	16,00	25.760,00	11.200,00	6.720,00	7.840,00
5 Material-qualitäts-prüfung	0,80	7.680,00	3.440,00	2.480,00	1.760,00
6 Material-lagerung	96,00	2.784,00	480,00	864,00	1.440,00
7 Σ Prozess-kosten (MGK lmi)		49.384,00	19.600,00	13.984,00	15.800,00
8 MKG lmn	39,28	19.400,00	7.699,66	5.493,47	6.206,87
9 Σ MGK		68.784,00	27.299,66	19.477,47	22.006,87
10 **Materialkosten**		**387.784,00**	**132.299,66**	**155.477,47**	**100.006,87**
11 FEK		560.000,00	240.000,00	150.000,00	170.000,00
12 FGK Stelle I	2.000,00	640.000,00	200.000,00	230.400,00	209.600,00
13 FGK Stelle II	1.180,00	130.036,00	23.600,00	75.520,00	30.916,00
14 Σ FGK		770.036,00	223.600,00	305.920,00	240.516,00
15 Fertigungs-kosten		1.330.036,00	463.600,00	455.920,00	410.516,00
16 HK hergestellte Leistung		1.717.820,00	595.899,66	611.397,47	510.522,87
17 - Bestands-erhöhung fertige Leistung		110.452,07	23.835,99	4.776,54	81.839,54
18 HK abgesetzte Leistung		1.607.367,93	572.063,67	606.620,93	428.683,33
19 VwGK	3,3595	54.000,00	19.218,65	20.379,61	14.401,74
20 VtGK	2,4885	40.000,00	14.236,04	15.096,01	10.667,95
21 **Selbstkosten**		**1.701.367,93**	**605.518,36**	**642.096,55**	**453.753,02**

Legende:
MEK … Materialeinzelkosten
MGK … Materialgemeinkosten
HK … Herstellkosten
VtGK … Vertriebsgemeinkosten
lmi … leistungsmengeninduziert
FEK … Fertigungseinzelkosten
FGK … Fertigungsgemeinkosten
VwGK … Verwaltungsgemeinkosten
lmn … leistungsmengenneutral
KS … Kalkulations-, Stunden- bzw. Prozesskostensatz

Abb. 8-11: Kostenträgerzeitrechnung auf Vollkostenbasis unter Verwendung von Prozesskosten-, Stunden- sowie Kalkulationssätzen

8.4.3 Lösungsansatz bei Anwendung der Teilkostenrechnung

Die Teilkostenrechnung bezieht die dem Kalkulationsobjekt verursachungsgerecht zurechenbaren Kosten, also grundsätzlich die variablen Kosten, auf eine spezifische Leistung. Diese zugrunde liegende Logik wird anschließend auf die Systeme der Stundensatz- und Prozesskostenrechnung modifizierend übertragen. Ausnahmslos jene Kosten, welche sich als (dem Ansatz nach eindeutig) abhängig von der jeweiligen Kosteneinflussgröße erweisen, sind dem Kalkulationsobjekt (nahezu) verursachungsgerecht zurechenbar. Das trifft innerhalb der Teilkostenrechnung bekanntermaßen auf variable Kosten zu. In der Stundensatzrechnung können somit zeitabhängige Kosten und in der Prozesskostenrechnung leistungsmengeninduzierte Kosten auf Leistungsarten konjugiert werden. Hierbei kann es sich sowohl um direkte als auch um indirekte Kosten handeln. Es sei allerdings betont, dass der Anspruch an die Verursachung letztlich nur dann vollends als erfüllt angesehen werden kann, wenn der Zusammenhang zwischen den in die Verrechnung einbezogenen Kosten und der entsprechenden Kosteneinflussgröße tatsächlich zweifelsfrei nachweisbar wäre (vgl. dazu nochmals Abb. 8-3).

Diese Beziehung zwischen Kosten und Bezugsgröße wird zudem üblicherweise im betrieblichen Rechnungswesen rationalisierend als proportional verlaufend unterstellt. Des Weiteren wird zum einen sowohl in der Stundensatzrechnung als auch in der Prozesskostenrechnung der Zusammenhang zwischen Kosten und Leistungsart fingiert. Eine Beziehung kann, wenn überhaupt, nur mittelbar hergestellt werden, so bspw. zwischen Kostenanfall und Kapazitätsinanspruchnahme gemessen in *Zeiteinheit pro Leistungseinheit*.

Gleichermaßen gilt diese These für die Unterstellung eines proportionalen Zusammenhangs zwischen leistungsmengeninduzierten Kosten und Prozessgröße. Es wird eine durchaus nicht zweifelsfreie Beziehung zum Kalkulationsobjekt suggeriert, indem die Prozesskosten über die *Prozessmenge bezogen auf die Leistungsarten* verrechnet werden. Die Auswirkungen solcherart Vorgehensweisen, insbesondere auf den Ausweis der Periodenkosten, sollen im folgenden Beispiel aufgezeigt werden.

A **Berechnung von Stundensätzen**

Für die Verrechnung der zeitabhängigen Fertigungsgemeinkosten der Stellen I und II gelten nachstehende Stundensätze:

$$Stundensatz_{Stelle\,I} = \frac{537.600,00 \text{€} \,/\, ZE}{320 \, Anlagenstunden \,/\, ZE} = 1.680,00 \text{€} \,/\, Anlagenstunde$$

$$Stundensatz_{Stelle\,II} = \frac{93.625,92 \text{€} \,/\, ZE}{110,2 \, Anlagenstunden \,/\, ZE} = 849,60 \text{€} \,/\, Anlagenstunde$$

B   Berechnung von variablen Kalkulationssätzen

Die variablen Vertriebsgemeinkosten sind mithilfe eines Kalkulationssatzes [$KS_{var\,VtGK}$] auf Basis der Herstellkosten des Umsatzes auf die Leistungsarten aufzuteilen:

$$KS_{var\,VtGK} \quad = \quad \frac{8.000,00\ €}{1.459.264,94\ €} \cdot 100 \quad = \quad 0,54822122\ \%$$

C   Durchführung der Kostenträgerzeitrechnung

Bei Anwendung dieser Sätze ergibt sich die in der Abb. 8-12 dargestellte Kostenträgerzeitrechnung.

Firma:		Kostenträgerzeitblatt: Periode 20…				
			Periodenkosten [€/ZE]			
Bezeichnung	KS	Σ		Leistungsart		
				A	B	C
1	*2*	*3*		*4*	*5*	*6*
1	MEK		319.000,00	105.000,00	136.000,00	78.000,00
2	Materialbedarfs-feststellung	28,00	9.520,00	3.360,00	2.240,00	3.920,00
3	Angebots-bearbeitung	140,00	3.640,00	1.120,00	1.680,00	840,00
4	Bestellvorgang ausführen	16,00	25.760,00	11.200,00	6.720,00	7.840,00
5	Materialqualitäts-prüfung	0,80	7.680,00	3.440,00	2.480,00	1.760,00
6	Materiallagerung	96,00	2.784,00	480,00	864,00	1.440,00
7	Σ MGK lmi		49.384,00	19.600,00	13.984,00	15.800,00
8	Σ Material-kosten, variabel, lmi		368.384,00	124.600,00	149.984,00	93.800,00
9	FEK		560.000,00	240.000,00	150.000,00	170.000,00
10	FGK Stelle I	1.680,00	537.600,00	168.000,00	193.536,00	176.064,00
11	FGK Stelle II	849,60	93.625,92	16.992,00	54.374,40	22.259,52
12	Σ zeitabhängige FGK		631.225,92	184.992,00	247.910,40	198.323,52
13	Fertigungs-kosten (mengen- und zeitabhängig)		1.191.225,92	424.992,00	397.910,40	368.323,52
14	**HK hergestellte Leistung** prozess-, mengen-, zeitabhängig		**1.559.609,92**	**549.592,00**	**547.894,40**	**462.123,52**

15	- Bestands-erhöhung Fertigleistungen		100.344,98	21.983,68	4.280,43	74.080,87
16	HK abgesetzte Leistung prozess-, mengen-, zeitabhängig		1.459.264,94	527.608,32	543.613,97	388.042,65
17	VtGK mengen-abhängig	0,54822	8.000,00	2.892,46	2.980,21	2.127,33
18	**Selbstkosten** prozess-, mengen-, zeitabhängig		**1.467.264,94**	**530.500,78**	**546.594,18**	**390.169,98**
19	Σ prozess-, mengen- und zeitunabhängige Kosten		244.210,08			
20	**Selbstkosten**		**1.711.475,02**			

Legende:

MEK	... Materialeinzelkosten	FEK	... Fertigungseinzelkosten
MGK	... Materialgemeinkosten	FGK	... Fertigungsgemeinkosten
HK	... Herstellkosten	VwGK	... Verwaltungsgemeinkosten
VtGK	... Vertriebsgemeinkosten	lmn	... leistungsmengenneutral
lmi	... leistungsmengeninduziert	KS	... Kalkulations-, Stunden- bzw. Prozesskostensatz

Abb. 8-12: Kostenträgerzeitrechnung auf Teilkostenbasis unter Verwendung von Prozesskosten-, Stunden- sowie variablen Kalkulationssätzen

Die Differenz der Periodenkosten im Vergleich zu den berechneten Periodenvollkosten (vgl. nochmals Abb. 8-11) in Höhe von 10.107,09 € ist durch die anteiligen zeitunabhängigen und leistungsmengenneutralen Kosten in den wertmäßigen Bestandsänderungen erklärbar.

D   Anwendung der Deckungsbeitragsrechnung

Durch Gegenüberstellung von prozess-, mengen- und zeitabhängigen Selbstkosten und periodengerechten Erlösen sind bezugsgrößenabhängige Deckungsbeiträge messbar (vgl. Abb. 8-13). Diese Ergebnisse liefern ansprechende Informationen für langfristige programm- und preispolitische Entscheidungen.

Firma:		Prozessorientierte Deckungsbeitragsrechnung: Periode 20...			
Bezeichnung		Periodenkosten [€/ZE]			
		Summe	Leistungsart		
			A	B	C
1	1	3	4	5	6
1	Umsatzerlöse, brutto	2.111.650,00	571.200,00	882.650,00	657.800,00
2	- durchschnittliche Erlösminderungen	40.432,80	10.281,60	17.653,00	12.498,20

3	=	Umsatzerlöse, netto	2.071.217,20	560.918,40	864.997,00	645.301,80
4	-	Herstellkosten der abgesetzten Leistung prozess-, mengen-, zeitabhängig	1.459.264,94	527.608,32	543.613,97	388.042,65
5	=	**Deckungsbeitrag I**	**611.952,26**	**33.310,08**	**321.383,03**	**257.259,15**
6	-	Vertriebskosten mengenabhängig	8.000,00	2.892,46	2.980,21	2.127,33
7	=	**Deckungsbeitrag II**	**603.952,26**	**30.417,62**	**318.402,82**	**255.131,82**
8	-	sonstige Kosten prozess-, mengen-, zeitunabhängig	244.210,08			
9	=	**Kurzfristiges Betriebsergebnis**	**359.742,18**			

Abb. 8-13:   *Prozessbezogene Deckungsbeitragsrechnung*

8.5   Beispiel für ein Handelsunternehmen

8.5.1   Ausgangsdaten

Nach dem Vorbild einer mehrdimensionalen Deckungsbeitragsrechnung auf Basis variabler Kosten wird nachfolgend eine erlösquellenbezogene, prozessorientierte Deckungsbeitragsrechnung für einen Handelsbetrieb beispielhaft vorgestellt. Sowohl die Leistungs- als auch die Kostenrechnung werden leistungsartenspezifisch bezogen auf die zwei Absatzgebiete sowie die vier Filialen durchgeführt. Die notwendigen Informationen zur Leistungsrechnung sind in der Abb. 8-14 zusammengestellt. Bei Anwendung der konventionellen Handelskalkulation werden sämtliche Gemeinkosten auf Basis des Wareneinstandes verrechnet. Demzufolge gelten nachstehende Kalkulationssätze:

			Absatzmenge [LE/ZE]			
				Absatzgebiet I		Absatzgebiet II	
	Leistungsart	$\sum$	Filiale 1	Filiale 2	Filiale 3	Filiale 4
	1	*2*	*3*	*4*	*5*	*6*
1	A	900	200	400	100	200
2	B	500	50	100	250	100
3	C	300	60	140	20	80
			Durchschnittlicher Verkaufspreis [€/LE]			
4	A		95,00			
5	B		116,00			
6	C		200,00			

Abb. 8-14:   *Ausgangsdaten für die Leistungsrechnung*

$$KS_{Einkaufsgemeinkosten} \quad = \quad \frac{12.210,00\ €\ /\ ZE}{203.500,00\ €\ /\ ZE} \cdot 100 \quad = \quad 6,00\,\%$$

$$KS_{Handlungsgemeinkosten} \quad = \quad \frac{81.400,00\ €\ /\ ZE}{203.500,00\ €\ /\ ZE} \cdot 100 \quad = \quad 40,00\,\%$$

$$KS_{Verwaltungsgemeinkosten} \quad = \quad \frac{8.140,00\ €\ /\ ZE}{203.500,00\ €\ /\ ZE} \cdot 100 \quad = \quad 4,00\,\%$$

Die auf diese Weise berechneten Vollkosten je Leistungsart werden den jeweiligen Umsatzerlösen gegenübergestellt (vgl. Abb. 8-16). Die ausgewiesenen Betriebsergebnisse implizieren den Kardinalfehler der Vollkostenrechnung.

8.5.2 Prozesskostenrechnung auf Vollkostenbasis

Im Ergebnis der Tätigkeitsanalyse werden je Absatzgebiet und Filiale Prozesse auf Basis von Kosteneinflussgrößen gebildet. Als Besonderheit wird festgestellt, dass die Prozesse Akquise und Auftragsabwicklung lediglich für die Dimensionen Filiale bzw. Absatzgebiet identifizierbar sind (vgl. Abb. 8-15). Das hat zur Folge, dass die Kosten dieser Prozesse bei Anwendung der Vollkostenrechnung als leistungsmengenneutrale Kosten behandelt werden müssen.

	Prozess	Cost Driver	Prozesskosten [T€/ZE]				
			Σ	Absatzgebiet I		Absatzgebiet II	
				Filiale 1	Filiale 2	Filiale 3	Filiale 4
	1	2	3	4	5	6	7
1	Kundenbetreuung	Beratungszeit	12,93	3,20	4,00	3,57	2,16
2	Warenannahme	Prüfstunden	5,80	1,20	2,00	1,20	1,40
3	Warenlagerung/-auslieferung	Bestellungen	14,38	3,40	1,62	4,76	4,60
4	Warenpräsentation	Verkaufsfläche	23,00	5,40	6,56	6,00	5,04
5	Akquise	Vertreterstunden	17,36	8,00		9,36	
6	Auftragsabwicklung	Lieferantenanfragen	14,70	14,70			
7	Σ Kosten leistungsmengeninduziert		88,17				

Abb. 8-15: Prozessgrößen und Prozesskosten

Bezeichnung	KS [%]	Σ	Absatzgebiet I						Absatzgebiet II					
			Filiale 1			Filiale 2			Filiale 3			Filiale 4		
			A	B	C	A	B	C	A	B	C	A	B	C
_1_	_2_	_3_	_4_	_5_	_6_	_7_	_8_	_9_	_10_	_11_	_12_	_13_	_14_	_15_
Umsatzerlös [T€/ZE]		404,00	36,0	12,5	23,4	72,0	25,0	54,6	18,0	62,5	7,8	36,0	25,0	31,2
			71,90			151,60			88,30			92,2		
			223,50						180,5					
2 Wareneinstand		203,50	19,0	5,8	12,0	38,0	11,6	28,0	9,5	29,0	4,0	19,0	11,6	16,0
3 + Einkaufsgemeinkosten	6	12,21	1,14	0,348	0,72	2,28	0,696	1,68	0,57	1,74	0,24	1,14	0,696	0,96
4 + Handlungsgemeinkosten	40	81,40	7,6	2,32	4,8	15,2	4,64	11,2	3,8	11,6	1,6	7,6	4,64	6,4
5 + Verwaltungsgemeinkosten	4	8,14	0,76	0,232	0,48	1,52	0,464	1,12	0,38	1,16	0,16	0,76	0,464	0,64
6 = Selbstkosten [T€/ZE]		305,25	28,5	8,7	18,0	57,0	17,4	42,0	14,25	43,5	6,0	28,5	17,4	24,0
			55,20			116,40			63,75			69,90		
			171,60						133,65					
7 = Betriebsergebnis [T€/ZE]		98,75	7,5	3,8	5,4	15,0	7,6	12,6	3,75	19,0	1,8	7,5	7,6	7,2
			16,70			35,2			24,55			22,30		
			51,90						46,85					

Abb. 8-16:   Erlösquellenbezogene Betriebsergebnisrechnung auf Basis von Vollkosten (Handelsbetrieb)

In einem nächsten Schritt werden den vorliegenden Prozessen die erfassten Prozessmengen zugeordnet (vgl. Abb. 8-17).

Cost Driver		Σ	Prozessmenge [ME/Cost Driver]										
			Absatzgebiet I						Absatzgebiet II				
			Filiale 1			Filiale 2			Filiale 3			Filiale 4		
			A	B	C	A	B	C	A	B	C	A	B	C
1	*2*		*3*	*4*	*5*	*6*	*7*	*8*	*9*	*10*	*11*	*12*	*13*	*14*
1	Beratungs-zeit	580	50	30	80	40	50	70	60	40	40	50	30	40
2	Prüf-stunden	270	20	10	30	30	10	40	10	30	20	30	20	20
3	Bestel-lungen	514	20	50	30	30	20	10	60	90	20	60	84	40
4	Verkaufs-fläche	720	60	40	80	50	60	50	70	60	70	80	40	60
5	Vertreter-stunden	400	70			90			150			90		
6	Lieferanten-anfragen	98	40						58					

Abb. 8-17: Prozessmengen

Die Kenntnis von Prozesskosten und Prozessmenge ermöglicht nun die Berechnung der Prozesskostensätze [*PKS*]. Im vorliegenden Beispiel wird eine differenzierte Prozesskostenrechnung nach Absatzgebieten und Filialen praktiziert. Aus diesem Grund sind je Dimension spezifische Prozesskostensätze zu berechnen.

Der Ausweis der Prozesskostensätze je Dimension ist als sehr wertvoll im Interesse einer erfolgsorientierten Steuerung der Unternehmung einzuschätzen. Beispielhaft werden diese nachfolgend für den *Prozess Kundenbetreuung* aufgeführt:

$$PKS_{Filiale\,1} = \frac{3.200,00\,€\,/\,ZE}{160,00\,Stunden\,/\,ZE} = \underline{\underline{20,00\,€\,/\,Stunde}}$$

$$PKS_{Filiale\,2} = \frac{4.000,00\,€\,/\,ZE}{160,00\,Stunden\,/\,ZE} = \underline{\underline{25,00\,€\,/\,Stunde}}$$

$$PKS_{Filiale\,3} = \frac{3.570,00\,€\,/\,ZE}{140,00\,Stunden\,/\,ZE} = \underline{\underline{25,50\,€\,/\,Stunde}}$$

$$PKS_{Filiale\,4} = \frac{2.160,00\,€\,/\,ZE}{120,00\,Stunden\,/\,ZE} = \underline{\underline{18,00\,€\,/\,Stunde}}$$

Die Höhe der leistungsmengenneutralen Kosten von insgesamt 45.640 €/ZE ergibt sich aus der Differenz von Gemeinkosten i.H.v. 101.750 €/ZE (12.210 + 81.400 + 8.140) abzüglich der leistungsmengeninduzierten Kosten i.H.v. 56.110 €/ZE (88.170 – 32.060 €/ZE). Für ihre Verrechnung auf die Leistungsarten dient der Umlagesatz [*US*], wodurch letztlich alle nicht leistungsmengeninduzierten Gemeinkosten schließlich doch auf Basis von Cost Drivern auf die Kostenträger bezogen werden:

$$US = \frac{45.640,00\,€\,/\,ZE}{56.110,00\,€\,/\,ZE} \cdot 100 = \underline{\underline{81,34022\,\%}}$$

Vergleicht man die kurzfristigen Betriebsergebnisse (vgl. Abb. 8-18) je Leistungsart, Absatzgebiet und Filiale mit denen der klassischen Vollkostenrechnung, sind Differenzen augenscheinlich. Die Filiale 1 erzielt mit dem Verkauf der Leistungsart B, die Filiale 3 mit der Ware A im Gegensatz zur traditionellen Rechnung Verlust.

Diese Aussagen müssen allerdings auch dahin gehend kritisch beurteilt werden, weil sowohl die klassische Kosten- und Leistungsrechnung als auch die vollkostenorientierte Prozesskostenrechnung Unzulänglichkeiten hinsichtlich des Verursachungsprinzips beinhalten.

Unterstellt man freilich eine objektive Tätigkeitsanalyse und demzufolge akzeptable Prozessdaten, sind den Ergebnissen der Prozesskostenrechnung größere Aussagewerte zuzuerkennen, obgleich in diesem Beispiel der Umlagesatz i.H.v. rund 81% für eine überzeugende Rechnungsumstellung zu hoch sein dürfte.

8.5.3 Prozessorientierte mehrdimensionale Deckungsbeitragsrechnung

Die prozessorientierte Deckungsbeitragsrechnung unterlässt die Verrechnung von leistungsmengenneutralen Kosten auf Kalkulationsobjekte. Damit wird ein verursachungsgerechter Ausweis von Kosten angestrebt[220].

Als weiterer Vorteil ist anzumerken, dass außerdem Prozesse auf höheren Abrechnungsebenen identifiziert werden können. Damit gelingt es, Kosten, die in unteren Abrechnungsstufen als leistungsmengenneutral einzuschätzen sind, in komprimierten Hierarchien als Prozesskosten zu handhaben.

Im Beispiel trifft diese Möglichkeit zum einen auf den Prozess Akquise der Dimension Filiale und zum anderen auf den Prozess Auftragsabwicklung zu. Die Kosten dieser Prozesse können absatzgebietsbezogen berechnet werden. Es ergeben sich folgende Prozesskostensätze [PKS]:

Prozess Akquise:

$$PKS_{Absatzgebiet\ I} = \frac{8.000,00\ €\ /\ ZE}{160,00\ Stunden\ /\ ZE} = 50,00\ €\ /\ Stunde$$

$$PKS_{Absatzgebiet\ II} = \frac{9.360,00\ €\ /\ ZE}{240,00\ Stunden\ /\ ZE} = 39,00\ €\ /\ Stunde$$

Prozess Lieferantenanfragen:

$$PKS_{Unternehmen} = \frac{14.700,00\ €\ /\ ZE}{98,00\ Anfragen\ /\ ZE} = 150,00\ €\ /\ Anfrage$$

Die prozessbezogenen Stufendeckungsbeiträge (vgl. Abb. 8-19) ermöglichen die Unterstützung von mannigfaltigen Entscheidungsmomenten. So ist bspw. im Ge-

---

[220] Die absolute Verursachung ist aufgrund der Bestimmungsmöglichkeiten von Prozessmengen, Prozesskosten sowie Prozessgrößen nicht garantiert.

gensatz zur prozessorientierten Vollkostenrechnung erkennbar, dass alle Leistungsarten einen positiven prozessorientierten Deckungsbeitrag erwirtschaften und demnach einen Beitrag zur Deckung der leistungsmengenneutralen Kosten leisten. Des Weiteren geben die jeweiligen Prozesskostensätze wichtige Hinweise im Interesse der Wirtschaftlichkeitssteuerung im Unternehmen.

	Bezeichnung	Σ	Absatzgebiet I						Absatzgebiet II					
			Filiale 1			Filiale 2			Filiale 3			Filiale 4		
			A	B	C	A	B	C	A	B	C	A	B	C
	1	*3*	*4*	*5*	*6*	*7*	*8*	*9*	*10*	*11*	*12*	*13*	*14*	*15*
1	Umsatzerlös [T€/ZE]	404,00	36,00	12,50	23,40	72,00	25,00	54,60	18,00	62,50	7,80	36,00	25,00	31,20
			71,90			151,60			88,30			92,2		
			223,50						180,5					
2	Wareneinstand	203,50	19,00	5,80	12,00	38,00	11,60	28,00	9,50	29,00	4,00	19,00	11,60	16,00
3 +	Kosten für Kundenbetreuung	12,93	1,00	0,60	1,60	1,00	1,25	1,75	1,53	1,02	1,02	0,90	0,54	0,72
4 +	Warenannahme	5,80	0,40	0,20	0,60	0,75	0,25	1,00	0,20	0,60	0,40	0,60	0,40	0,40
5 +	Warenlagerung und -auslieferung	14,38	0,68	1,70	1,02	0,81	0,54	0,27	1,68	2,52	0,56	1,50	2,10	1,00
6 +	Warenpräsentation	23,00	1,80	1,20	2,40	2,05	2,46	2,05	2,10	1,80	2,10	2,24	1,12	1,68
7 =	Prozesskosten (lmi)	56,11	3,88	3,70	5,62	4,61	4,50	5,07	5,51	5,94	4,08	5,24	4,16	3,80
8 +	leistungsmengenneutrale Kosten (lmn)	45,64	3,16	3,01	4,57	3,76	3,66	4,12	4,48	4,83	3,32	4,26	3,38	3,09
9 =	Σ Kosten	305,25	26,04	12,51	22,19	46,37	19,76	37,19	19,49	39,77	11,40	28,50	19,14	22,89
10 =	Betriebsergebnis [T€/ZE]	98,75	9,96	-0,01	1,21	25,63	5,24	17,41	-1,49	22,73	-3,60	7,50	5,86	8,31

Abb. 8-18: Erlösquellenbezogene, prozessorientierte Betriebsergebnisrechnung auf Vollkostenbasis (Handelsbetrieb)

		Absatzgebiet I						Absatzgebiet II					
		Filiale 1			Filiale 2			Filiale 3			Filiale 4		
Bezeichnung	Σ	A	B	C	A	B	C	A	B	C	A	B	C
1	*3*	*4*	*5*	*6*	*7*	*8*	*9*	*10*	*11*	*12*	*13*	*14*	*15*
1 Umsatzerlös [TE/ZE]	404,00	36,00	12,50	23,40	72,00	25,00	54,60	18,00	62,50	7,80	36,00	25,00	31,20
(Filiale-Summe)			71,90			151,60			88,30			92,2	
(Absatzgebiet-Summe)				223,50					180,5				
2 Wareneinstand	203,50	19,00	5,80	12,00	38,00	11,60	28,00	9,50	29,00	4,00	19,00	11,60	16,00
3 = Deckungsbeitrag	200,50	17,00	6,70	11,40	34,00	13,40	26,60	8,50	33,50	3,80	17,00	13,40	15,20
4 - Kosten für Kundenbetreuung	12,93	1,00	0,60	1,60	1,00	1,25	1,75	1,53	1,02	1,02	0,90	0,54	0,72
5 - Warenannahme	5,80	0,40	0,20	0,60	0,75	0,25	1,00	0,20	0,60	0,40	0,60	0,40	0,40
6 - Warenlagerung und -auslieferung	14,38	0,68	1,70	1,02	0,81	0,54	0,27	1,68	2,52	0,56	1,50	2,10	1,00
7 - Warenpräsentation	23,00	1,80	1,20	2,40	2,05	2,46	2,05	2,10	1,80	2,10	2,24	1,12	1,68
8 = Prozessbezogener Deckungsbeitrag (leistungsartbezogen)	144,39	13,12	3,00	5,78	29,39	8,90	21,53	2,99	27,56	-0,28	11,76	9,24	11,40
9 - Kosten für Akquise	17,36		3,50			4,50			5,85			3,51	
10 = Prozessbezogener Deckungsbeitrag (filialbezogen)	127,03		18,40			55,32			24,42			28,89	
11 - Kosten für Auftragsabwicklung	14,70				6,00						8,70		
12 = Prozessbezogener Deckungsbeitrag (absatzgebietsbezogen)	112,33				67,72						44,61		
13 - leistungsmengenneutrale Kosten	13,58							13,58					
14 = Betriebsergebnis [TE/ZE]	98,75							98,75					

Abb. 8-19:   *Erlösquellenbezogene, prozessorientierte sowie mehrdimensionale Deckungsbeitragsrechnung (Handelsbetrieb)*

9 Centerrechnung und interne Verrechnungspreise

9.1 Centerrechnung

9.1.1 Überblick

Die Organisation eines dezentralisierten Unternehmens in Center zählt gegenwärtig zur weitverbreiteten Praxis, wobei hierbei in unterschiedlichste Facetten zu unterscheiden ist. Im Folgenden seien einige wenige Möglichkeiten genannt:

- Gliederung des Unternehmens in Center → Bereiche → Kostenstellen (vgl. Abb. 9-1);
- Gliederung des Unternehmens in Center → Bereiche, ohne das zusätzliche Führen von Kostenstellen;
- Gliederung des Unternehmens in Center → Kostenstellen, ohne das zusätzliche Führen von Bereichen.

Klassisch unterscheidet man hierzu in funktional gegliederte Kostenstellen und/oder Bereiche (Beschaffung, Produktion, Absatz), in Sparten (Produkte, Produktgruppen) und in Absatzgebiete (Regionen, Vertriebswege)[221]. Zudem wären je nach Erfordernis Projekte und Prozesse in die Gesamtorganisation zu integrieren. Center bzw. Responsibility Center (mitunter auch Werke) sind relativ selbstständig am Markt agierende Organisationseinheiten, Unternehmensbereiche oder auch Tochtergesellschaften. Diese Organisationsform weist vor allem bei wachsenden Unternehmensgrößen Vorteile auf. Als nachteilig im Vergleich zu traditionellen Organisationsformen werden hingegen häufig z. B. die Schwerfälligkeit bei Entscheidungen, eine mangelnde Reaktionsfähigkeit sowie fehlende Steuerungs- und Kontrollkompetenzen verzeichnet. Die Centerorganisation entlastet die Führungsspitze, indem Aufgaben und Verantwortung auf die zweite Leistungsebene delegiert werden. In der Folge entstehen organisatorisch kleinere, flexiblere und reaktionsfähigere marktorientierte Einheiten.

---

[221] Bei Zentralisation werden merkmalsgleiche Teilaufgaben zzgl. Mitarbeitern und Sachmitteln eines Unternehmens zusammengefasst. Im Falle einer Spartenorganisation (synonym: divisionale Organisation oder Centerorganisation) wird ein Unternehmen nach Tätigkeitsbereichen wie bspw. Produkt- oder Kundengruppen oder auch Absatzgebieten gegliedert (Dezentralisation). Vgl. dazu bspw. Wöhe, G./Döring, U.: (Einführung), S. 125 f.

Centerorganisationen erfordern hingegen einen enormen Koordinationsbedarf bezüglich der i.d.R. existierenden asymmetrischen Informationsverteilung sowohl zwischen den verschiedenen Stellen als auch zwischen der Unternehmensleitung/ Zentrale und den Bereichsmanagern bzw. Stellenverantwortlichen. Einerseits entstehen, wie bereits erläutert, für das Unternehmen Vorteile bedingt durch das Delegieren von Zuständigkeiten, Verantwortlichkeiten und Entscheidungsbefugnissen. Andererseits konkurrieren die einzelnen Center in Bezug auf Humanressourcen sowie technologische und organisatorische Ressourcen.[222]

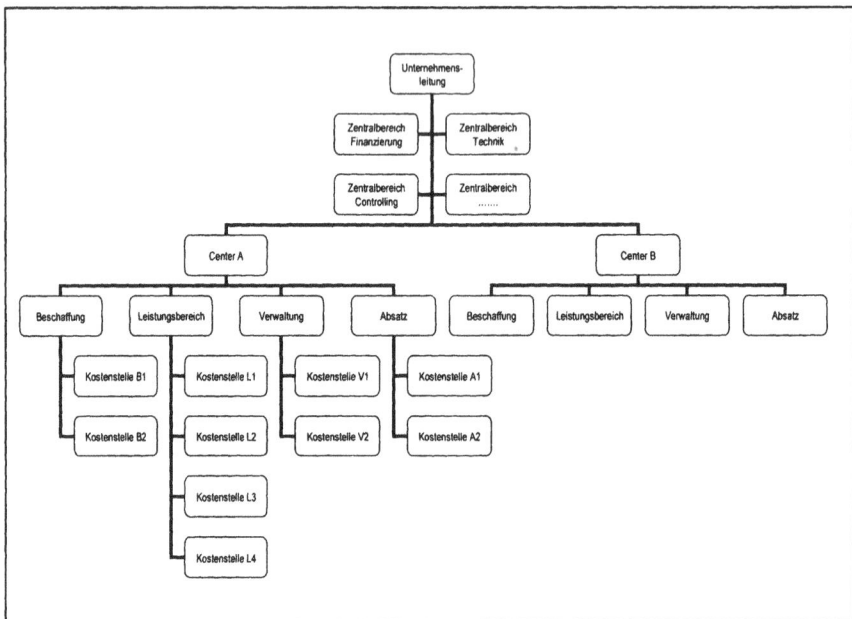

```
                          ┌─────────────────┐
                          │  Unternehmens-  │
                          │     leitung     │
                          └─────────────────┘

        ┌─────────────────┐   ┌─────────────────┐
        │ Zentralbereich  │   │ Zentralbereich  │
        │   Finanzierung  │   │     Technik     │
        └─────────────────┘   └─────────────────┘

        ┌─────────────────┐   ┌─────────────────┐
        │ Zentralbereich  │   │ Zentralbereich  │
        │   Controlling   │   │     .......     │
        └─────────────────┘   └─────────────────┘

              ┌──────────┐                      ┌──────────┐
              │ Center A │                      │ Center B │
              └──────────┘                      └──────────┘

┌───────────┐ ┌──────────────┐ ┌───────────┐ ┌────────┐   ┌───────────┐ ┌──────────────┐ ┌───────────┐ ┌────────┐
│Beschaffung│ │Leistungsbereich│ │Verwaltung│ │ Absatz │   │Beschaffung│ │Leistungsbereich│ │Verwaltung│ │ Absatz │
└───────────┘ └──────────────┘ └───────────┘ └────────┘   └───────────┘ └──────────────┘ └───────────┘ └────────┘

┌─────────────┐ ┌─────────────┐ ┌─────────────┐ ┌─────────────┐
│Kostenstelle B1│ │Kostenstelle L1│ │Kostenstelle V1│ │Kostenstelle A1│
└─────────────┘ └─────────────┘ └─────────────┘ └─────────────┘

┌─────────────┐ ┌─────────────┐ ┌─────────────┐ ┌─────────────┐
│Kostenstelle B2│ │Kostenstelle L2│ │Kostenstelle V2│ │Kostenstelle A2│
└─────────────┘ └─────────────┘ └─────────────┘ └─────────────┘

                ┌─────────────┐
                │Kostenstelle L3│
                └─────────────┘

                ┌─────────────┐
                │Kostenstelle L4│
                └─────────────┘
```

Abb. 9-1:   *Beispiel für eine Centerorganisation*

Nicht selten entspringen hierdurch Zielkonflikte zwischen vertikaler und horizontaler Koordination der einzelnen Center und Motivation dieser, welche sich bspw. in der verzögerten oder gar verfälschten Weitergabe von Informationen äußern. Zur Lösung dieser Probleme werden Zentralbereiche als Stabsstellen etabliert, die vornehmlich bereichsübergreifende Service- und Koordinationsleistungen im Interesse der Unternehmensleitung übernehmen[223]. Klassische Zentralbereiche sind Rechnungswesen/Controlling, Finanzen, Personal, Beschaffung und Recht.

Die jeweilig zu wählende Center-Form hängt von mannigfaltigen Kriterien, wie bspw. von der Unternehmensgröße und –historie, der bereits existierenden Form beim Kauf von Unternehmensbereichen, den Informationsbedürfnissen und Kom-

---

[222] Vgl. dazu weiterführend Ewert, R./Wagenhofer, A.: (Interne Unternehmensrechnung), S. 400.
[223] Vgl. Horvath, P.: (Controlling), S. 806.

petenzansprüchen der Zentrale gegenüber den Bereichen aber auch den Fähigkeiten und der Risikoeinstellung der Bereichsmanager ab (vgl. Abb. 9-2).

Organisationsform	Charakteristik	Tools zur Planung und Kontrolle
Cost Center	Verantwortung für Effizienz der Leistungserstellung; keine Verantwortung über die Beschäftigung; oftmals als Kostenstellen ohne direkten Marktbezug	Standardkosten- und Leistungsrechnung Budgetierung Abweichungsanalysen
Service Center	Verantwortung für Effizienz der Leistungserstellung; i.d.R. Cost Center, die vorzugsweise interne Leistungen erbringen (bspw. Rechtsberatung)	Standardkosten- und Leistungsrechnung Budgetierung Abweichungsanalysen
Expense Center	Verantwortung für Ausgabenhöhe; Outputorientierung nicht möglich oder vorteilhaft, da Output nicht messbar oder Zusammenhang zwischen Output und Input nicht objektiv herstellbar ist; Kosten sind nicht zur Beurteilung geeignet	Budgetierung Budgetkontrolle/ Abweichungsanalysen bezogen auf Ausgaben
Revenue Center	Verantwortung für Erlöse/Erträge, nicht für Kosten/Aufwendungen; Kosten können nicht eindeutig dem Center zugeordnet werden, da sie in größerem Umfang oder vollends in anderen Bereichen verursacht werden (bspw. Marketingbereich)	Erlösrechnung/ Erlösplanung Erlös-Abweichungsanalysen
Profit Center	Verantwortung für Kosten und Erlöse (Erfolg/ auch Gewinn, je nach Steuerungsgröße); Manager haben weitreichende Entscheidungskompetenzen; Investitions- und Finanzierungsentscheidungen liegen jedoch weitestgehend bei der Unternehmensleitung	Plan- und Istkosten- und Leistungsrechnung Betriebsergebnisrechnung Budgetierung Abweichungsanalysen
Investment Center	Verantwortung für Rendite, Residualgewinn (Gewinn nach Abzug einer vorgegebenen Verzinsung des eingesetzten Kapitals), ROI; Investitions- und Kapazitätsentscheidungen liegen beim Bereichsmanager, allerdings weitreichende Entscheidungen zur Aufnahme von langfristigem Fremdkapital und Eigenkapital bei der Zentrale	Plan- und Istkosten- und Leistungsrechnung Betriebsergebnisrechnung Budgetierung Investitionsrechnung Kapazitätsrechnung Abweichungsanalysen

Abb. 9-2:   Ausprägungen von Centern und ihre Controlling-Tools[224]

Auf die Praxis des betrieblichen Rechnungswesens und Controllings hat die Centerorganisation elementare Auswirkungen. Erschwert werden diese vor allem noch dadurch, dass die Unternehmensorganisation, bspw. bedingt durch permanente Unternehmenszusammenschlüsse, den Verkauf von Unternehmensbestandteilen oder auch sich ständig veränderte Leistungsspektren und daher modifizierende Unternehmensstrukturen sich unablässigen Änderungen unterworfen sieht. Reorganisationen, verbunden mit fortwährend gefordertem Change-Management im Interesse einer Harmonisierung sämtlicher Reporting- und Benchmarking-Prozesse sind eine zwangsläufige Folge. Das Ziel dieser Aktivitäten liegt im ur-

---

[224] Vgl. Coenenberg, A. G./Fischer, Th. M./Günther, Th.: (Kostenrechnung), S. 699 f. sowie Ewert, R./Wagenhofer, A.: (Interne Unternehmensrechnung), S. 401 f.

sprünglichsten Controllinggedanken, insbesondere der optimalen Steuerung des Unternehmens. Die Centerorganisation stellt an das betriebliche Rechnungswesen mannigfaltige Anforderungen. Grundsätzlich lassen sich diese in zwei Rubriken gliedern:

- bezogen auf das separate Center und
- orientiert auf das Gesamtunternehmen bzw. den Zentralbereich Controlling.

Im Folgenden seien dazu einige Aspekte aufgeführt.

- Im Interesse der Unternehmenssteuerung, also der Vergleichbarkeit und der Konsolidierung der Unternehmenseinheiten wäre es ideal, sämtliche Center analog, d. h. mit identischen Verfahren und Methoden zu managen. Das würde bspw. bedeuten, dass Bewertungsverfahren (z. B. Gleichungsleiterverfahren für die Verrechnung innerbetrieblicher Leistungen) und –maßstäbe (z. B. deckungsgleicher kalkulatorischer Zinssatz) für vergleichbare Rechenzwecke übereinstimmend ausgewählt werden würden. Analoges gilt für sämtliche Verrechnungsbasen (bspw. Verursachungsprinzip sowie Wahl von Bezugsbasen für die Kalkulation; Kriterien für Kalkulationsverfahren usw.).
- Es müsste demnach gelingen, parallel mit den jeweiligen Reorganisationen, bspw. mit dem Zukauf von Unternehmensteilen, das betriebliche Rechnungswesen der Unternehmensstruktur anzupassen. Allerdings dürfte das aufgrund des dafür erforderlichen enormen Verwaltungs- und Zeitaufwands häufig nicht realisierbar und praktikabel sein. In der Regel machen solcherlei Disharmonien für Centervergleiche nachgelagerte Überleitungsrechnungen erforderlich.
- Desgleichen besteht das Erfordernis nach identischen Steuerungsgrößen bzw. Kennzahlensystemen sowie Abrechnungsperioden bis hin zu klar festgelegten einheitlichen Periodenabgrenzungen. Damit wäre ein Grundstein gelegt, dass das Reporting analoge Informationen zur Verfügung stellen kann und eine gesamtheitliche Unternehmenssteuerung erfolgreich umsetzbar wäre.
- In Abhängigkeit von der existierenden Centerform innerhalb eines Unternehmens dürften mannigfaltige Prämissen für die Verrechnung innerbetrieblicher Leistungstransfers erforderlich werden. Hierzu zählen einerseits die innerbetriebliche Leistungsverrechnung mit dem Ausweis innerbetrieblicher Verrechnungssätze (vgl. Abschnitt 4.2) und andererseits der Ansatz interner Verrechnungspreise.
- Als elementares Problem lässt sich die Kostenverrechnung der Overhead-Kosten (Kosten der Unternehmensleitung und der Zentralbereiche) auf die jeweiligen Center identifizieren. Hierbei existieren zahlreiche Möglichkeiten, die letztlich auch unter steuerpolitischen Gesichtspunkten gelöst werden müssen. Betrachtet man diese Aufgabe lediglich aus der Controllingperspektive, so ist schon eingangs festzuhalten, dass eine eindeutig verursachungsgerechte Lösung nicht angeboten werden kann. Generell wäre eine Kostenzurechnung auf Basis des Proportionalitätsprinzips, bspw. bezogen auf die Anzahl der Mitarbeiter oder auch in Abhängigkeit von der Anzahl von Anfragen an die Zentralabteilung zu favorisieren. In der Praxis finden sich solcherlei Lösungsansätze, vor allem bedingt durch den hohen Verwaltungsaufwand eher selten. Oftmals

dominiert das Durchschnittsprinzip (z. B. gleichmäßige Kostenverteilung auf alle Center) oder das Tragfähigkeitsprinzip (z. B. Kostenverteilung auf Basis der erwirtschafteten Center-Deckungsbeiträge oder verursachten Periodenkosten des Centers). Dass hierdurch zum einen die Koordinationserfolge des Unternehmens, und zum anderen die Motivation der Bereichsmanager stark eingeschränkt werden, dürfte augenfällig sein.

9.1.2   Beispiele

9.1.2.1   Centerrechnung bei Vollkostenansatz

Das Beispiel (vgl. Abb. 9-3) konzentriert sich auf die Abrechnung eines produktbezogenen Cost Centers mit funktionaler Gliederung in Kostenstellen. Das Center führt neben den Endstellen eine Allgemeine Stelle und einer Fertigungshilfsstelle. Bestandsänderungen an unfertigen und fertigen Leistungen bestehen nicht.

Die Materialeinzelkosten setzen sich zusammen aus klassischen Rohstoffkosten i.H.v. 500.000 €/ZE und Kosten für Fertigbauteile. Letztere werden von einem anderen Center des Unternehmens zu einem internen Verrechnungspreis auf Vollkostenbasis bezogen. Vereinfachend wird unterstellt, dass 4.000 Stück Fertigbauteile zu einem Verrechnungspreis von 500 €/Stück in der Periode eingekauft werden.

Die Kostenträger-Gemeinkosten sind in Kostenstelleneinzel- und Kostenstellengemeinkosten zu gliedern. Letztere werden mithilfe des Proportionalitätsprinzips (vgl. Verteilungsbasis Zeile 21) auf die Kostenstellen verrechnet. Die Kostenumlage für Vorstellen erfolgt mittels des Stufenleiterverfahrens (vgl. Abschnitt 4.2.3). Der Verrechnungssatz für die Allgemeine Stelle beträgt 84,00 €/ME, der für die Fertigungshilfsstelle 300,00 €/ME (vgl. Zeilen 7, 9 sowie 23 und 24).

Die Kosten der Zentrale einschließlich der Zentralbereiche belaufen sich auf insgesamt 463.920,00 €/ZE. Die Vollkostenrechnung bezieht diese nun mit in die Kalkulation ein und verrechnet sie vorab -willkürlich- in Abhängigkeit der Gemeinkostenhöhe auf die Endstellen (vgl. Zeile 12):

Center: Deutschland

#		Summe	Allgemeine Stelle	Beschaffung	Fertigung 1	Fertigung 2	Fertigungs-hilfsstelle	Verwaltung	Vertrieb	(10)
		2	3	4	5	6	7	8	9	10
1	Materialeinzelkosten	2.500.000,00		2.500.000,00						
2	Fertigungseinzelkosten	80.000,00			80.000,00					
3										
4	Kostenstellen-Einzelkosten	2.766.000,00	160.000,00	500.000,00	900.000,00	780.000,00	260.000,00	56.000,00	110.000,00	
5	Kostenstellen-Gemeinkosten	1.100.000,00	50.000,00	150.000,00	300.000,00	350.000,00	100.000,00	25.000,00	125.000,00	
6	Zwischensumme in €/ZE **Primärkosten**	3.866.000,00	210.000,00	650.000,00	1.200.000,00	1.130.000,00	360.000,00	81.000,00	235.000,00	
7	Umlage Allgemeine Stelle	210.000,00	0,00	16.800,00	50.400,00	84.000,00	33.600,00	8.400,00	16.800,00	
8	Zwischensumme in €/ZE **Fertigungshilfsstelle**	3.866.000,00	0,00	666.800,00	1.250.400,00	1.214.000,00	393.600,00	89.400,00	251.800,00	
9	Umlage Fertigungshilfsstelle	393.600,00	0,00	15.000,00	225.600,00	150.000,00	0,00	0,00	3.000,00	
10	Zwischensumme in €/ZE **Sekundärkosten**	603.600,00	0,00	31.800,00	276.000,00	234.000,00	33.600,00	8.400,00	19.800,00	
11	**Summe in Gemeinkosten vor €/ZE Konzernumlage**	**3.866.000,00**	**0,00**	**681.800,00**	**1.476.000,00**	**1.364.000,00**	**0,00**	**89.400,00**	**254.800,00**	
12	Umlage Konzern	463.920,00	0,00	81.816,00	177.120,00	163.680,00		10.728,00	30.576,00	
13	**Summe in Gemeinkosten nach €/ZE Konzernumlage**	**4.329.920,00**	**0,00**	**763.616,00**	**1.653.120,00**	**1.527.680,00**	**0,00**	**100.128,00**	**285.376,00**	
14	Verrechnungsbasen							6.524.416,00	6.524.416,00	
15	Fertigungszeit in h/ZE	2.000,00	2,00		800,00	1.200,00				
16	Kalkulationssatz			0,305446	2,214000			0,0153	0,0437	
17	Stundensatz in €/h	3.118,07			1.845,00	1.273,07				
18	Plankosten in €/ZE	4.984.000,00	220.000,00	690.000,00	1.500.000,00	1.360.000,00	410.000,00	90.000,00	254.000,00	460.000,00
19	Istkosten in €/ZE	4.933.520,00	210.000,00	681.800,00	1.476.000,00	1.364.000,00	393.600,00	89.400,00	254.800,00	463.920,00
20	Abweichung in €/ZE	50.480,00	10.000,00	8.200,00	24.000,00	-4.000,00	16.400,00	600,00	-800,00	-3.920,00
21	Verteilung Kostenstellen-Gemeinkosten		2,00	6,00	12,00	14,00	4,00	1,00	5,00	44,00
22	Innerbetriebliche Leistungsverflechtung in ME/ZE									
23	Allgemeine Stelle	2.550,00	50,00	200,00	600,00	1.000,00	400,00	100,00	200,00	
24	Fertigungshilfsstelle	1.342,00	10,00	50,00	752,00	500,00	20,00	0,00	10,00	

Abb. 9-3:   *Vereinfachte Centerrechnung auf Basis von Vollkosten*

$$Umlage_{Zentrale} = \frac{463.920,00 \ €}{3.866.000,00 \ €} = \underline{\underline{12,00\,\%}}$$

Bedingt durch diese Art der Tragfähigkeit verlieren die bis dahin ausgewiesenen Stellenkosten an Informationskraft und eine anschließende Wirtschaftlichkeitskontrolle für die Kostenstellen wäre stark eingeschränkt. Deshalb ist es ratsam, die Abweichungswerte je Kostenstelle auf die Summe der Gemeinkosten vor Konzernumlage zu beziehen (vgl. Zeilen 11, 19 und 20).

Ausgangsdaten:		
Beschäftigung	300	LE/ZE
Kosten für Bauteil	500	€/LE
Sonstige Materialeinzelkosten	120	€/LE
Kapazitätskoeffizient Fertigungsstelle 1	0,8	h/LE
Kapazitätskoeffizient Fertigungsstelle 2	1,4	h/LE
Kalkulatorischer Gewinn	12	%
Kundenrabatt	3	%
Kundenskonto	2	%

Lösung:

Kostenkalkulation:

	Materialeinzelkosten	620,00 €/LE
+	Materialgemeinkosten	189,38
=	Materialkosten	809,38
	Fertigungseinzelkosten	15,00
+	Fertigungsgemeinkosten 1	1.476,00
+	**Konzernumlage Fertigungsstelle 1**	**33,21**
+	Fertigungsgemeinkosten 2	1.782,29
=	Fertigungskosten	3.306,50
=	Herstellkosten	4.115,88
+	Verwaltungsgemeinkosten	63,17
+	Vertriebsgemeinkosten	180,03
=	**Selbstkosten**	**4.359,08**

Preiskalkulation:

	Selbstkosten	4.359,08
+	Kalkulatorischer Gewinnzuschlag	523,09
=	Barverkaufspreis	4.882,17
+	Kundenskonto	99,64
=	Zielverkaufspreis	4.981,81
+	Kundenrabatt	154,08
=	**Listenpreis bzw. Angebotspreis, netto**	**5.135,89**

Abb. 9-4: *Kalkulation für eine Centerrechnung*

In die Kalkulation sind indessen alle Kosten zu integrieren. Die Kalkulationssätze für die Stellen Beschaffung, Verwaltung und Vertrieb ergeben sich auf Basis der klassischen Verrechnungsbasen. Für den Fertigungsbereich soll, falls realisierbar, die Stundensatzrechnung Anwendung finden. Die Aussagekraft der Stundensätze muss dabei im Interesse einer bestmöglichen Unternehmenssteuerung von der Konzernumlage unverfälscht bleiben. Deshalb werden Kostenbestandteile, wie für die Stelle Fertigung 1 beispielhaft praktiziert, als Restfertigungsgemeinkosten auf Basis von Fertigungseinzelkosten verrechnet. Eine verursachungsgerechte Basis für die Verrechnung der Overhead-Kosten bieten weder die Fertigungszeit noch die Fertigungseinzelkosten.

$$Stundensatz_{Fertigung\,1} \quad = \quad \frac{1.476.000,00\ € \,/\, ZE}{800,00\ h\,/\,ZE} \quad = \quad \underline{\underline{1.845,00\ € \,/\, h}}$$

$$KS_{Fertigung\,1} \quad = \quad \frac{177.120,00\ € \,/\, ZE}{80.000,00\ h\,/\,ZE} \quad = \quad \underline{\underline{221,40\ \%}}$$

$$Stundensatz_{Fertigung\,2} \quad = \quad \frac{1.527.680,00\ € \,/\, ZE}{1.200,00\ h\,/\,ZE} \quad = \quad \underline{\underline{1.273,07\ € \,/\, h}}$$

In Abb. 9-4 sind die daraus resultierenden Effekte auf die Kosten- und Preiskalkulation ersichtlich. Immer dann, wenn es gelingt, die Konzernumlage separat auszuweisen, können die Bestandteile der Kalkulation für den Bereichscontroller offengelegt werden, auf die im Grunde keine Beeinflussung besteht. Zum anderen wäre es für ein gehaltvolleres Benchmarking möglich, jene Elemente zur Unternehmenssteuerung nachträglich zu eliminieren. Konsequenterweise müsste man dann für die Unternehmenssteuerung auch empfehlen, zwei isolierte Stundensätze für die Fertigungsstelle 2 auszuweisen. Zum einen

$$Stundensatz_{Fertigung\,2} \quad = \quad \frac{1.364.000,00\ € \,/\, ZE}{1.200,00\ h\,/\,ZE} \quad = \quad \underline{\underline{1.136,67\ € \,/\, h}} \quad \text{und}$$

$$Stundensatz_{Fertigung\,2} \quad = \quad \frac{163.680,00\ € \,/\, ZE}{1.200,00\ h\,/\,ZE} \quad = \quad \underline{\underline{136,40\ € \,/\, h}}$$

Auf das Endergebnis der Kalkulation hätte diese Splittung freilich keinen Einfluss. Hingegen dürften fairerweise die Overhead-Kosten nicht in die Wirtschaftlichkeitskontrolle der Bereichsmanager einfließen, da sie von ihnen i.d.R. in keiner Weise steuerbar sind.

9.1.2.2   Centerrechnung bei Teilkostenansatz

Das folgende Beispiel (vgl. Abb. 9-5, Teil 1 und 2) bezieht sich auf zwei Center mit den Standorten Berlin und Hamburg. Beide Center fertigen jeweils separate Sortenleistungen, welche nicht identisch sind.

Das Beispiel orientiert sich ausschließlich auf den Teilkostenansatz und unterstellt damit eine vorherige Vollkostenrechnung.

Die Herstellkosten setzen sich aus Einzelkosten und variablen Gemeinkosten zusammen. Letztere werden mithilfe von *Äquivalenzzahlen* (vgl. Abschnitt 7.4.2.2) auf die jeweiligen Sorten verrechnet. Als Bezugsbasis für die Bestimmung von Äquivalenzzahlen wird die Fertigungszeit, berechnet auf Basis von Kapazitätskoeffizienten genutzt.

Für das Center Berlin ergeben sich Kosten je Äquivalenzzahleneinheit zur Verrechnung der variablen Fertigungsgemeinkosten $\left[k_{\ddot{A}Z-ME} \, FGK_{var.} \right]$ in folgender Höhe:

$$k_{\ddot{A}Z-ME} \, FGK_{var.} = \frac{FGK_{var.}}{\ddot{A}Z - ME} = \frac{9.016.000,00 \, € / ZE}{14.416,50 \, € / \ddot{A}Z - ME} = \underline{\underline{625,39 \, € / \ddot{A}Z - ME}}$$

Mithilfe dieser Größe können nachfolgend durch Multiplikation mit der jeweiligen Äquivalenzzahlen-Mengeneinheit je Sorte $\left[\ddot{A}Z - ME \right]$ die variablen Fertigungsgemeinkosten $\left[FGK_{var.} \right]$ je Sorte berechnet werden. Beispielhaft ergeben sich für die Sorte A1 am Standort Berlin folgende Kosten:

$$FGK_{var.} = 800 \, \ddot{A}Z - ME \cdot 625,39 \, € / \ddot{A}Z - ME = \underline{\underline{500.315,61 \, € / ZE}}$$

Damit bestehen elementare Anforderungen an das interne Rechnungswesen, Kapazitäten, Zeitbedarfe sowie die dazugehörigen Kostenarten- bzw. Kostenkomplexe zu erfassen und bereitzustellen (vgl. Abschnitt 7.6).

Für die Verrechnung der variablen Vertriebsgemeinkosten dienen hingegen variable Kalkulationssätze, als Verrechnungsbasis fungieren jeweils die variablen Herstellkosten. Die Fixkosten werden entsprechend der *mehrstufigen Deckungsbeitragsrechnung* bezogen auf die Stufen *Sorte – Kostenstelle – Center – Konzern* in die Rechnung einbezogen. Die Stufendeckungsbeiträge üben als Kennzahlen eine weitreichende Bedeutung zur Unternehmenssteuerung aus und symbolisieren gleichfalls den Beitrag der Sorte, der Kostenstelle oder des Centers zur Erwirtschaftung des Unternehmensgewinns. Des Weiteren können die dimensionsbezogenen Fixkosten einer umfassenden Analyse unterzogen werden und demzufolge auch zur längerfristigen Steuerung herangezogen werden.

Das Hauptmanko der Rechnung besteht zweifelsohne in der Zuordnung der Konzernkosten $\left[GK_{Konzern} \right]$ i.H.v. 708.387 €/ZE auf die zwei Center. In diesem Beispiel wird die Aufteilung mittels eines Verteilungssatzes auf Basis des Tragfähigkeitsprinzips $\left[VS_{GK \, Konzern} \right]$ durchgeführt. Als Grundlage dient das Betriebsergebnis auf Centerebene $\left[BE_{Center} \right]$.

$$VS_{GK \, Konzern} = \frac{GK_{Konzern}}{BE_{Center}} = \frac{752.967,00 \, € / ZE}{5.019.780,00 \, € / ZE} \cdot 100 = \underline{\underline{15,00 \, \%}}$$

Bedingt dadurch, dass das Centerergebnis des Standortes Berlin einen Anteil von ca. 94,8 % am Gesamtergebnis einnimmt, muss dieses Center unabhängig von der Inanspruchnahme der Leistungen von Zentralabteilungen diesen hohen Kostenanteil übernehmen. Eine Steuerungsmöglichkeit dieser Kostenbelastung vonseiten des Centers besteht nicht.

#	Center / Kostenstelle / Sorten	B1 A1	A2	BERLIN B2 A3	A4	B3 A5	Summe Berlin
1	Bruttoerlös in €/LE	2.200,00	3.800,00	2.900,00	2.400,00	2.500,00	
2	Absatzmengen LE/ZE	800,00	2.400,00	1.300,00	1.500,00	1.200,00	
3	Bruttoerlös in €/ZE	1.760.000,00	9.120.000,00	3.770.000,00	3.600.000,00	3.000.000,00	21.250.000,00
4	Erlösminderung, direkt in %	2,00	4,00	2,00	2,00	3,00	1,00
5	Erlösminderung, indirekt in %	1,00	1,00	1,00	1,00	1,00	1,00
6	Nettoerlös in €/ZE	1.707.200,00	8.664.000,00	3.656.900,00	3.492.000,00	2.880.000,00	20.400.100,00
7							
8	Einzelkosten in €/LE	600,00	700,00	500,00	300,00	750,00	
9	Einzelkosten in €/ZE	480.000,00	1.680.000,00	650.000,00	450.000,00	900.000,00	4.160.000,00
10	Deckungsbeitrag I in €/ZE	1.227.200,00	6.984.000,00	3.006.900,00	3.042.000,00	1.980.000,00	16.240.100,00
11	Kapazitätskoeffizient in h/LE	0,30000	0,33600	0,24000	0,15600	0,40000	
12	Fertigungszeit in h/ZE	240,00	806,40	312,00	234,00	480,00	2.072,40
13	variable GK €/ZE	500.315,61	5.043.181,35	1.056.916,73	914.639,48	1.500.946,83	9.016.000,00
14	Äquivalenzzahl (ÄZ)	1,00	3,36	1,30	0,98	2,00	
15	Äquivalenzmengen	800,00	8.064,00	1.690,00	1.462,50	2.400,00	14.416,50
16	Fertigungsgemeinkosten je Äquivalenzzahl						625,39
17	variable Herstellkosten in €/ZE	980.315,61	6.723.181,35	1.706.916,73	1.364.639,48	2.400.946,83	13.176.000,00
18	Deckungsbeitrag II in €/ZE	726.884,39	1.940.818,65	1.949.983,27	2.127.360,52	479.053,17	7.224.100,00
19	Vertriebseinzelkosten in €/LE	90,00	40,00	0,00	0,00	130,00	130,00
20	Vertriebseinzelkosten in €/ZE	72.000,00	96.000,00	0,00	0,00	0,00	168.000,00
21	variable Vertriebsgemeinkosten in %	19.606,31	134.463,63	34.138,33	27.292,79	48.018,94	2,00
22	variable Selbstkosten in €/ZE	1.071.921,92	6.953.644,98	1.741.055,06	1.391.932,27	2.448.965,77	13.607.520,00
23	Deckungsbeitrag III in €/ZE	635.278,08	1.710.355,02	1.915.844,94	2.100.067,73	431.034,23	6.792.580,00
24	Deckungsbeitrag III in €/ZE	2.345.633,10		4.015.912,67		431.034,23	
25	Fixkosten Kostenstelle in €/ZE	230.000,00		450.000,00		290.000,00	970.000,00
26	Deckungsbeitrag IV in €/ZE	2.115.633,10		3.565.912,67		141.034,23	5.822.580,00
27	Fixkosten Center in €/ZE			1.100.000,00			1.100.000,00
28	Betriebsergebnis, Center in €/ZE			4.722.580,00			4.722.580,00
29	Gemeinkosten, Konzern in €/ZE			708.387,00			708.387,00
30	Konzernumlage in %						
31	Betriebsergebnis, Konzern in €/ZE						4.014.193,00

Abb. 9-5: Vereinfachte Centerrechnung auf Basis von Teilkosten (Teil 1)

Nr.	Hamburg					Summe Hamburg	Summe Konzern
	H1			H2			
	B1	B2	B3	B4	B5		
	8	9	10	11	12	13	14
1	4.000,00	3.200,00	4.800,00	2.600,00	2.500,00		
2	600,00	700,00	2.100,00	2.000,00	3.100,00		
3	2.400.000,00	2.240.000,00	10.080.000,00	5.200.000,00	7.750.000,00	27.670.000,00	48.920.000,00
4	2,00	1,00	1,00	2,00	1,00		
5	0,50	0,50	0,50	0,50	0,50	0,5	
6	2.340.090,00	2.206.400,00	9.928.800,00	5.070.000,00	7.556.250,00	27.101.450,00	47.501.550,00
7							
8	1.200,00	1.000,00	1.100,00	1.200,00	1.600,00		
9	720.000,00	700.000,00	2.310.000,00	2.400.000,00	4.960.000,00	11.090.000,00	15.250.000,00
10	1.620.000,00	1.506.400,00	7.618.800,00	2.670.000,00	2.596.250,00	16.011.450,00	32.251.550,00
11	0,60000	0,80000	1,40000	1,60000	1,20000		
12	360,00	560,00	2.940,00	3.200,00	3.720,00	10.780,00	12.852,40
13	104.879,83	190.337,46	2.997.815,00	3.107.550,38	5.599.417,33	12.000.000,00	21.016.000,00
14	1,0000	1,5556	8,1667	8,8889	10,3333	10,3333	
15	600,00	1.088,89	17.150,00	17.777,78	32.033,33	68.650,00	83.066,50
16						174,80	
17	824.879,83	890.337,46	5.307.815,00	5.507.550,38	10.559.417,33	23.090.000,00	36.266.000,00
18	1.515.120,17	1.316.062,54	4.620.985,00	-437.550,38	-3.003.167,33	4.011.450,00	11.235.550,00
19	0,00	0,00	0,00	0,00	0,00	0,00	130,00
20	0,00	0,00	0,00	0,00	0,00	0,00	168.000,00
21	20.622,00	22.258,44	132.695,38	137.688,76	263.985,43		4,50
22	845.501,82	912.595,90	5.440.510,38	5.645.239,14	10.823.402,77	2,50	37.274.770,00
23	1.494.498,18	1.293.804,10	4.488.289,62	-575.239,14	-3.267.152,77	23.667.250,00	10.226.780,00
24	2.788.302,28			645.897,72		3.434.200,00	
25	550.000,00			600.000,00		1.150.000,00	2.120.000,00
26		2.238.302,28		45.897,72		2.284.200,00	8.106.780,00
27			1.987.000,00			1.987.000,00	3.087.000,00
28			297.200,00			297.200,00	5.019.780,00
29			44.580,00			44.580,00	752.967,00
30							0,15
31						252.620,00	4.266.813,00

Abb. 9-5: *Vereinfachte Centerrechnung auf Basis von Teilkosten (Teil 2)*

9.2   Interne Verrechnungspreise

9.2.1   Überblick

Interne Verrechnungspreise bzw. Transferpreise sind streng genommen ein Baustein der Leistungsrechnung. Somit tangiert man sämtliche Aspekte der Kosten- und Leistungsrechnung. Grundsätzlich unterscheidet man innerbetriebliche Verrechnungssätze und interne Verrechnungspreise aufgrund der Systematisierung beim Austausch von Lieferungen und Leistungen

- zwischen einzelnen Kostenstellen (innerbetriebliche Verrechnungssätze, vgl. Abschnitt 4.2),
- zwischen Bereichen und Geschäftseinheiten (interne Verrechnungspreise) sowie
- zwischen rechtlich selbstständigen Konzernunternehmen (Konzernverrechnungspreise).

Auch wenn die Thematik der internen Verrechnungspreise bereits erstmals im Jahre 1903 von *Schmalenbach*[225] umfassend aufgegriffen wurde, so ist sie doch aufgrund der stetig zunehmenden Anzahl divisional organisierter Unternehmen aktueller denn je.

Voraussetzungen für die Bestimmung interner Verrechnungspreise unter Steuerungsaspekten[226] sind die Existenz rechnerisch abgrenzbarer Verantwortungsbereiche im Unternehmen (vgl. dazu nochmals Abb. 9-1), ein Reportingsystem, welches den Leistungstransfer von Fertigprodukten bzw. Dienstleistungen oder auch Zwischenprodukten belegt sowie Berechnungsmöglichkeiten von Wertansätzen für diesen dokumentierten Leistungsaustausch.

Interne Verrechnungspreise erfüllen hauptsächlich folgende Funktionen:

- Planungs- und interne Informationsfunktion
  Diese Aufgabe umfasst die Bereitstellung notwendiger Informationen für Kosten- und Preiskalkulationen, die Entscheidungsunterstützung bspw. im Rahmen von Make or Buy – Verfügungen für die einzelnen Divisionen. Letztlich sind sowohl die Zentrale als auch die Bereichsmanager daran interessiert, den Bereichserfolg zu kennen. Auf dessen Grundlage können Maßnahmen des Kostenmanagements, der Erlösforcierung, des optimalen finanziellen Mitteleinsatzes als auch Empfehlungen zur Gewinnverlagerung zwischen Tochterunternehmungen getroffen werden. Darüber hinaus fokussiert die Zentralabteilung Controlling vornehmlich darauf, Standardwerte für Verrechnungspreise einzusetzen, um das Prozedere der Berechnungen zu vereinfachen, sowie gleichfalls Stetigkeit und Konztanz zu gewährleisten als auch externe Einflussfaktoren

---

[225] Vgl. Albach, H.: (Lenkpreise), S. 216 sowie Albach, H.: (Zukunft), S. 1257 ff.
[226] Steuerrechtliche Aspekte werden hier nicht betrachtet. Vgl. dazu bspw. Bär, U.: (Verrechnungspreise), S. 5 ff.

abzufedern. Nicht selten wächst durch Preiskontinuität auch die Akzeptanz gegenüber Verrechnungspreisen aufseiten der Bereichsmanager.

- Abrechnungs- bzw. Kontrollfunktion
  Entsprechend der Planungsdaten sind vergangenheitsorientierte Istwerte (Identität) möglichst verursachungsgerecht je Geschäftsbereich zu erfassen. Nur dadurch wird eine belastbare Abweichungsanalyse zum Zwecke der gewinnoptimalen Steuerung des Gesamtunternehmens praktikabel.
- Koordinations- bzw. Steuerungsfunktion
  Generell sind sämtliche Aktivitäten in Summe auf das Gesamtoptimum des Unternehmens (*„pretiale Lenkung" nach Schmalenbach*)[227] abzustellen. Geschäftsbereichsmanager sollten dazu angehalten werden, wirtschaftlich zu agieren und somit den Bereichsgewinn zu maximieren. Tatsächlich fungieren in diesem Kontext interne Verrechnungspreise auch als Kennzahlen (vgl. Abschnitt 10).
- Motivationsfunktion
  Innerhalb von Unternehmen existieren aufgrund dezentraler Organisationsausprägungen mannigfaltige Zielkonflikte sowie asymmetrisch verteilte Informationen[228]. So dürften Bereichsmitarbeiter i.d.R. einen Informationsvorsprung gegenüber der Zentrale aufgrund ihres fundierten Know-hows über detaillierte Prozessabläufe besitzen. Jene Vorteile könnten durchaus im Interesse der Bereichsoptimierung ausgeschöpft werden, auch wenn sich diese konträr zur Gesamtzielsetzung verhalten (z. B. „Töpfchenwirtschaft"). Hier bieten Verrechnungspreise eine Möglichkeit der Verbindung mit Anreizsystemen.
- Erfolgszuweisungsfunktion
  Der Gesamterfolg eines Unternehmens soll möglichst verursachungsgerecht auf die einzelnen Divisionen zuordenbar sein. Man möchte also grundsätzlich eine Aussage darüber treffen, welchen Anteil ein Geschäftsbereich zum Unternehmenserfolg beigetragen hat. Damit sind Wirtschaftlichkeitsberechnungen je Center oder auch konzernweite Benchmarks ausweisbar, die gesamtoptimale Steuerung könnte insgesamt intensiviert werden.
- Externe Informationsfunktion
  In die Erfolgsermittlung rechtlich selbstständiger Tochtergesellschaften sind gemäß externer Publizitätspflichten Verrechnungspreise in die Bilanzierung und für die Bewertung von unfertigen und fertigen Leistungen aufzunehmen. Ferner gelten sie insbesondere bei international ausgerichteten Konzernen für die Optimierung der Steuerlast als unentbehrlich. Zunehmend spielen Verrechnungspreise im Rahmen von Preisrechtfertigungen[229], so bspw. gegenüber von Regulierungsbehörden für Energiemärkte eine Rolle.

---

[227] Vgl. Coenenberg, A.G./Fischer, T. M./Günter, T.: (Kostenrechnung), S. 692.

[228] Vgl. Ewert, R./Wagenhofer, A.: (Interne Unternehmensrechnung), S. 400 ff.

[229] Vgl. z.B. Ewert, R./Wagenhofer, A.: (Interne Unternehmensrechnung), S. 578 f.

9.2.2   Rahmenbedingungen und Ansatzmöglichkeiten

Die Akzeptanz interner Verrechnungspreise bei den Managern der Geschäftseinheiten ist unabdingbare Voraussetzung für den erfolgreichen Einsatz. Hierbei
dürften die Kriterien der Fairness, Transparenz, Nachvollziehbarkeit sowie Ver-
ständlichkeit bzw. Klarheit einen dominanten Einfluss spielen. Gleichwohl erfordert dieser Prozess die lückenlose horizontale und vertikale Kommunikation zwischen allen beteiligten Entscheidungsträgern.

Die Bestimmung interner Verrechnungspreise liegt in der Mitverantwortung des
Controllings, welches dazu vordergründig das betriebliche Rechnungswesen mit
seinen Methoden und Verfahren in Anspruch nimmt. So erfordert die Berechnung
interner Preise sowohl eine qualifizierte Kostenrechnung als auch umfassende
Resultate der Leistungs- und Erlösrechnung.

Grundsätzlich sind interne Verrechnungspreise zukunftsorientiert (Planpreise)
und/oder vergangenheitsorientiert (Ist- und/oder Normalpreise) zu berechnen. In
Abhängigkeit vom Zweck und ihrer Bedeutung können sie als Festpreis oder glei-
tender Preis Anwendung finden.

Für die Bestimmung interner Verrechnungspreise muss festgelegt werden[230]:

- Wer die Preise bestimmt (z. B. Zentralabteilung Controlling oder Bereichsma-
  nager);
- Die Gültigkeitsdauer der Preise (z. B. Quartal oder Geschäftsjahr);
- Die Bedingungen für eine Anpassung oder Neuberechnung der Preise (z. B.
  Preisexplosion für die Beschaffung eines Bauteils);
- Der Ansatz für die Preisberechnung (z. B. konstant oder variabel in Abhängig-
  keit von der auszutauschenden Leistungsmenge);
- Abnahmeverpflichtungen von Leistungen (z. B. ob ein Center die Leistungen
  ausschließlich intern beziehen muss oder ob auch extern eingekauft werden darf);
- Prioritätsregeln für die Abgabe oder den Bezug interner Leistungen;
- Einflussmöglichkeiten eines Bereichsmanagers auf den Bezug interner Leis-
  tungen (z. B. Auswahlkriterien, Verzicht zugunsten des externen Bezugs oder
  der Eigenherstellung);
- Qualitätskriterien und Leistungsumfang (z. B. interne Reklamationskonditio-
  nen);
- Geschäftsbereichsorganisation, anhand der die Preise zweifelsfrei Legitimität
  haben sollen;
- Informationspflichten zwischen den Geschäftsbereichen (z. B. Kostenstrukturen, Ausschussquote).

---

[230] Vgl. z.B. Ewert, R./Wagenhofer, A.: (Interne Unternehmensrechnung), S. 582 f.

9.2.3   Ansatzmöglichkeiten

9.2.3.1   Überblick

Grundsätzlich ist eingangs davon auszugehen, dass jedes Center seine separate Leistungserstellung plant und bei Bedarf auch kalkuliert. Das liefernde Center A (vgl. Abb. 9-6) berechnet entsprechend des vorherrschenden Fertigungstyps und dem Charakter der Leistungserstellung mittels Divisions-, Äquivalenz-, Zuschlags- oder Kuppelkalkulation die Kosten je Produkt oder Dienstleistung (vgl. Abschnitt 5.4.3). Vonseiten des Centers A stellt damit jene Leistung, welche an das Center B geliefert werden soll, einen klassischen Kostenträger dar.

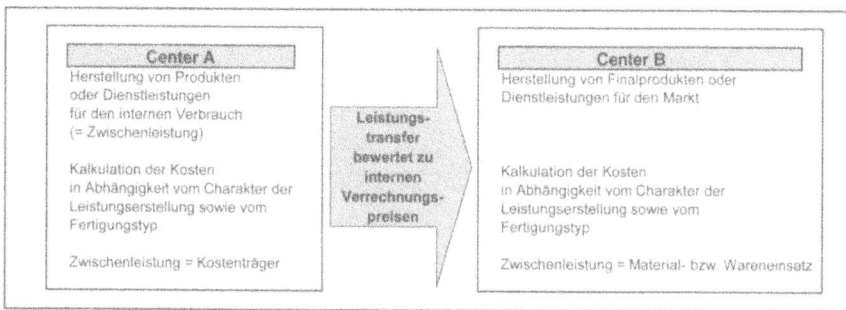

Abb. 9-6:   Beispielhafter Leistungstransfer zwischen zwei Centern

Je nach Struktur des Centers verursacht die Erstellung dieses Kostenträgers fixe und variable Kosten sowie im Falle eines Mehrprodukt-Centers Einzel- und Gemeinkosten. In der Folge gelingt es entsprechend der Kalkulationsform und gewählten Verrechnungsbasis mehr oder weniger verursachungsgerecht, indirekte Kosten auf das Zwischenprodukt zu verrechnen. Es sei an dieser Stelle explizit betont, dass damit die gewählte Kalkulationsform insbesondere des zuliefernden Centers eine elementare Bedeutung auf die Höhe der Transferpreise innehat.

Interne Verrechnungspreise stellen nun für die Bemessung dieses Leistungstransfers zwischen Center A und B den Bewertungsmaßstab dar. Bedingt durch die Bewertung der von Center A abgegebenen Leistung mit Transferpreisen, stellen nun exakt diese bewerteten Leistungen einen Material- bzw. Wareneinsatz dar und erfüllen die Kriterien klassischer Einzelkosten aus Sicht des Centers B.

Für den Ansatz von Transferpreisen existieren drei erprobte Möglichkeiten: marktpreisorientierte und kostenorientierte Verrechnungspreise sowie sonstige Verrechnungspreise (z. B. Verhandlungspreise). Das folgende Beispiel soll die grundsätzliche Vorgehensweise bei der Arbeit mit Transferpreisen im Interesse der Gesamtunternehmenszielsetzung demonstrieren[231]. Es sei dafür auch weiterhin unterstellt, dass ein Unternehmen aus den Divisionen A und B besteht. Das Finalprodukt des Unternehmens muss beide Center durchlaufen, wobei die Division A das Zwischenprodukt herstellt und selbst nicht auf dem externen Absatzmarkt agiert.

Im Ergebnis der jeweiligen Kostenkalkulationen liegen die in Abb. 9-7 dokumentierten Daten vor.

Kostenstruktur der Divisionen	A	B	variable Kosten in €/LE:	A	B
1	*2*	*3*	*4*	*5*	*6*
1 Fixkosten in €/ZE:			variable Kosten in €/LE:		
2 Beschaffungskosten	100	80	Materialkosten	35	10
3 Personalkosten	200	400	Personalkosten	10	8
4 Kalkulatorische Zinsen	250	300	Vertriebskosten	5	12
5 Kalkulatorische Abschreibungen	300	320			
6 Kalkulatorische Wagnisse	50	100			
7 Innerbetriebliche Transportkosten	20	5			
8 Sonstige Fixkosten	80	95			
Summe	1.000	1.300	Summe	50	30

Abb. 9-7:   *Ausgangsdaten*

9.2.3.2   Marktpreisorientierte Verrechnungspreise

Man unterstellt, dass sich der Bereich/ die Division wie ein selbstständig am Markt agierendes Unternehmen verhält. Der Marktmechanismus wird übertragen, d.h., der Preis würde bestimmt durch Angebot und Nachfrage.

Als Verrechnungspreis wird jener Preis bestimmt, der einer vergleichbaren am Markt beziehbaren Leistung entspricht. Ggf. wird dieser Preis um ausgewählte Komponenten, wie bspw. entfallende Marketingkosten durch den internen Leitungsaustausch gekürzt. Der Einsatz marktorientierter Transferpreise setzt folgende Bedingungen voraus:

* Existenz eines Marktes für das Zwischenprodukt bzw. einer substituierenden Leistung in der geforderten Qualität und Funktionalität. Im Falle mehrerer existierender Substitute sind diese untereinander abzuwägen, so bspw. hinsichtlich Beschaffungswegen, -zeiten und deren Einfluss auf die Preise.
* Das betrachtete Unternehmen darf selbst keinen Einfluss auf den Marktpreis des Gutes ausüben.
* Streng genommen müsste ein einheitlicher Marktpreis unterstellt werden, d.h., es soll von Rabattsystemen u.ä. Einflüssen auf den Markt abstrahiert werden.
* Da der interne Verrechnungspreis den Anforderungen an Konstanz und Stetigkeit genügen soll, sind nur langfristige Marktpreise relevant[232].

---

[231] Weiterführende und detailliertere Ausführungen finden sich vor allem in Ewert, R./Wagenhofer, A.: (Interne Unternehmensrechnung), S. 571 ff. sowie Coenenberg, A.G./Fischer, T. M./Günter, T.: (Kostenrechnung), S. 689 ff.
[232] Vgl. dazu insbesondere Ewert, R./Wagenhofer, A.: (Interne Unternehmensrechnung), S. 584 f.

Die Ansatzmöglichkeiten für einen marktpreisorientierten Transferpreis sind sehr vielfältig, einige Alternativen werden im Folgenden kurz vorgestellt.

A   **Verrechnungspreis als unkorrigierter Marktpreis**

Bei dieser Variante[233] (auch als Preisvergleichsmethode bezeichnet) übernimmt man den Marktpreis ohne Korrekturen als Transferpreis. Hier soll dieser 80 €/LE für das Zwischenprodukt der Division A betragen. Der Verkaufspreis des Final-produktes des Centers B beläuft sich auf 150 €/LE, wobei ab einer Absatzmenge von 100 LE/ZE ein Mengenrabatt von 0,05 €/LE gewährt wird.

Ferner sei unterstellt, dass aufgrund von Kapazitätsbeschränkungen eine maximale Verkaufsmenge von 500 LE/ZE gewährleistet werden könnte. Die Kapazität wird als konstant betrachtet, ist also entscheidungsneutral. Der Einsatzfaktor betrage 1, also erfordert der Verkauf eines Finalproduktes genau auch ein Zwischenprodukt. Aus Sicht der Zentrale ergibt sich dann folgende Ausgangsbasis (vgl. Abb. 9-8).

	Absatzmenge [LE/ZE]	Kosten des Centers A [€/ZE]	Kosten des Centers B [€/ZE]	Verkaufspreis [€/LE]	Umsatzerlös [€/ZE]
	1	*2*	*3*	*4*	*5*
1	100,00	6.000,00	4.300,00	145,00	14.500,00
2	200,00	11.000,00	7.300,00	140,00	28.000,00
3	300,00	16.000,00	10.300,00	135,00	40.500,00
4	400,00	21.000,00	13.300,00	130,00	52.000,00
5	500,00	26.000,00	16.300,00	125,00	62.500,00

Abb. 9-8:   *Gesamtsicht bei Ansatz eines marktorientierten Transferreises*

Würde jede Division nach ihrem Suboptimum streben, so wäre Division A an diesem Transfer interessiert, da der erzielbare spezifische Deckungsbetrag $[dB]$ mit 30 €/LE je Zwischenprodukt über null liegt. Das Interesse der Division A am Absatz des Zwischenproduktes besteht also im Intervall von 34 LE/ZE (Break-even-Point $\left(Break-even-Point = \dfrac{1.000 \ € \ / \ ZE}{30 \ € \ / \ LE} \right)$ und der Kapazitätsgrenze von 500 LE/ZE.

Hingegen erreicht die Division B ihr Gewinnoptimum bei einer Abnahme von 400 LE/ZE (vgl. Abb. 9-9). Jede Absatzmengenerhöhung darüber hinaus wäre für dieses Center mit Gewinnreduzierungen verbunden.

---

[233] Vgl. Coenenberg, A.G./Fischer, T. M./Günter, T.: (Kostenrechnung), S. 695 f.

Absatzmenge [LE/ZE]	Kosten des Centers B [€/ZE]	Kosten für das Zwischenprodukt [€/ZE]	Gesamtkosten [€/ZE]	Umsatzerlös [€/ZE]	Gewinn [€/ZE]
100,00	4.300,00	8.000,00	12.300,00	14.500,00	2.200,00
200,00	7.300,00	16.000,00	23.300,00	28.000,00	4.700,00
300,00	10.300,00	24.000,00	34.300,00	40.500,00	6.200,00
400,00	**13.300,00**	**32.000,00**	**45.300,00**	**52.000,00**	**6.700,00**
500,00	16.300,00	40.000,00	56.300,00	62.500,00	6.200,00

Abb. 9-9: *Dezentrale optimale Lösung des Centers B*

Damit ergibt sich aus Sicht der Zentrale folgender Gewinn (vgl. Abb. 9-10):

Center	Absatzmenge [LE/ZE]	Kosten [€/ZE]	Umsatzerlös [€/ZE]	Center-Gewinn [€/ZE]	Unternehmensgewinn [€/ZE]
A	400,00	21.000,00	32.000,00	11.000,00	
B	400,00	45.300,00	52.000,00	6.700,00	
					17.700,00

Abb. 9-10: *Unternehmensgewinn bei dezentralem Lösungsansatz (Variante A)*

Die Abb. 9-11 zeigt nun die optimale Lösung für das Unternehmen. Die Zentrale würde bei Negierung der pretialen Lenkung auf einen Betriebsgewinn (von gesetzlichen Vorschriften des externen Rechnungswesens abstrahiert) von insgesamt 2.500 €/ZE verzichten.

Center	Absatzmenge [LE/ZE]	Kosten [€/ZE]	Umsatzerlös [€/ZE]	Center-Gewinn [€/ZE]	Unternehmensgewinn [€/ZE]
A	500,00	26.000,00	40.000,00	14.000,00	
B	500,00	56.300,00	62.500,00	6.200,00	
					20.200,00

Abb. 9-11: *Unternehmensgewinn bei zentralem Lösungsansatz (Variante B)*

B   Verrechnungspreis als korrigierter Marktpreis

Unterstellt man, dass bedingt durch den internen Leistungstransfer sowohl auf der Lieferseite als auch auf der Abnehmerseite Kostenvorteile im Gegensatz zum reinen Marktgeschäft entstehen, sind korrigierte Marktpreise als Bewertungsmaßstab für den Leistungstransfer anzusetzen.

Sämtliche Korrekturen dienen letztlich dazu, den Synergieeffekt, welcher durch den internen Leistungstransfer entsteht, auf die Center im Interesse der Motivation zu verteilen. Hierfür existieren mannigfaltige Ausprägungen, die von der jeweiligen Branche, den Standortbedingungen u.ä. abhängig sind.[234]

Variante B-1:

	Marktpreis
-	Branchentypische Gewinnmarge
=	Interner Verrechnungspreis

Es sei eine branchentypische Gewinnmarge in Höhe von 10 Prozent unterstellt. Damit reduziert sich der Verrechnungspreis von ehemals 80 €/LE auf 72,00 €/LE. Der Unternehmensgewinn wird damit in einem anderen Verhältnis auf die Center verteilt. Profite, die in der Ausgangslösung lediglich Center A von den erwirtschafteten Synergieeffekten zugerechnet werden, sind nun zum Teil zugunsten des Centers B verrechnet (vgl. Abb. 9-12).

Center	Absatzmenge [LE/ZE]	Kosten [€/ZE]	Umsatzerlös [€/ZE]	Center-Gewinn [€/ZE]	Unternehmensgewinn [€/ZE]
1	2	3	4	5	6
A	500,00	26.000,00	36.000,00	10.000,00	
B	500,00	52.300,00	62.500,00	10.200,00	
					20.200,00

Abb. 9-12:   *Unternehmensgewinn bei zentralem Lösungsansatz (Variante B1)*

Variante B-2:

	Marktpreis
-	Anteilige Absatz-, Versand- und Marketingkosten
-	Kalkulatorische Zinsen und Wagnisse
+	Innerbetriebliche Transportkosten
=	Interner Verrechnungspreis

Je nachdem wie verursachungsgerecht die jeweiligen Kostenarten oder -komplexe dem internen Leistungstransfer zugerechnet werden können, empfiehlt es sich, die Synergieeffekte den einzelnen Geschäftsbereichen zuteilwerden zu lassen. Es sei hier nochmals betont, dass hierbei die Qualität der Kostenkalkulation elementar ist. Die Möglichkeiten der Variantengestaltung der Verrechnungspreisfestsetzung sind hierbei unbegrenzt und die Aufteilung des Effektes auf die Bereiche willkür-

---

[234] Vgl. dazu bspw. Vögele, A./Schetter, U.: (Verrechnungspreise), S. 588.

lich. Im Fokus sollte aber stets die positive Verhaltensbeeinflussung der Bereichsmanager und damit die Motivationsfunktion stehen.

Für das Beispiel sollen nun Kosteneinsparungen aufseiten des Centers A im Umfang von insgesamt 11 €/LE kalkuliert werden. Der Transferpreis beträgt somit 69 €/LE. Damit wird der Synergievorteil noch stärker zugunsten des Centers B verlagert (vgl. Abb. 9-13).

Center	Absatzmenge [LE/ZE]	Kosten [€/ZE]	Umsatzerlös [€/ZE]	Center-Gewinn [€/ZE]	Unternehmensgewinn [€/ZE]
	2	3	4	5	6
A	500,00	26.000,00	34.500,00	8.500,00	
B	500,00	50.800,00	62.500,00	11.700,00	
					20.200,00

Abb. 9-13:   Unternehmensgewinn bei zentralem Lösungsansatz (Variante B2)

Variante B-3:

        Marktpreis

−   Branchentypische Gewinnmarge

+   Eingesparte Beschaffungsnebenkosten

=   Interner Verrechnungspreis

In dieser Variante wird der Synergievorteil auf beide Center verteilt. Zum einen reduziert die branchentypische Gewinnmarge (hier wiederum 10 Prozent) den Verrechnungspreis, zum anderen erhöht sich dieser bedingt durch eingesparte Kosten aufseiten des Leistungsempfängers (hier um 4 Prozent). Der Transferpreis beziffert sich demnach auf 75,20 €/LE (vgl. Abb. 9-14).

Center	Absatzmenge [LE/ZE]	Kosten [€/ZE]	Umsatzerlös [€/ZE]	Center-Gewinn [€/ZE]	Unternehmensgewinn [€/ZE]
	2	3	4	5	6
A	500,00	26.000,00	37.600,00	11.600,00	
B	500,00	53.900,00	62.500,00	8.600,00	
					20.200,00

Abb. 9-14:   Unternehmensgewinn bei zentralem Lösungsansatz (Variante B3)

9.2.3.3   Kostenorientierte Verrechnungspreise

Die Anwendung kostenorientierter Verrechnungspreise erfordert die umfangreiche Kalkulation des Zwischenproduktes anhand der relevanten Kalkulationsverfahren unter Beachtung verursachungsgerechten Zielgrößen. Grundsätzlich besteht eine

Wahlmöglichkeit zwischen einem Vollkosten- oder einem Teilkostenansatz. Unabhängig davon kann im Interesse der Steuerungsfunktion der Verrechnungspreis eine Gewinnkomponente enthalten (vgl. Abb. 9-15).

Für das im obigen Abschnitt aufgezeigte Beispiel würden sich dementsprechend folgende Verrechnungspreise berechnen lassen (vgl. Abb. 9-16). Auch ist wiederum ersichtlich, dass der Preisansatz bei Unterstellung der gesamtoptimalen Lösung keinerlei Auswirkungen auf den Unternehmenserfolg hat. Es geht lediglich darum, den Synergievorteil des Leistungstransfers möglichst motivierend auf die Geschäftseinheiten zu verteilen. Grundsätzliche Bedingung hierfür ist:

$$PUG_{Leistungsabgebende\ Division} \leq Verrechnungspreis \leq POG_{Leistungsempfangende\ Division}$$

Hierbei ist maßgebend, dass die Preisuntergrenze $[PUG]$ der liefernden Geschäftseinheit mindestens dem Stückdeckungsbeitrag entsprechen muss. Indessen ist der Leistungsempfänger nur bereit den Preis zu zahlen, welcher beim Verkauf des Finalproduktes noch einen positiven Deckungsbeitrag verspricht. Zudem dürfte relevant sein, zu welchem Preis dieses Center das Zwischenprodukt auch auf dem externen Markt beziehen könnte.

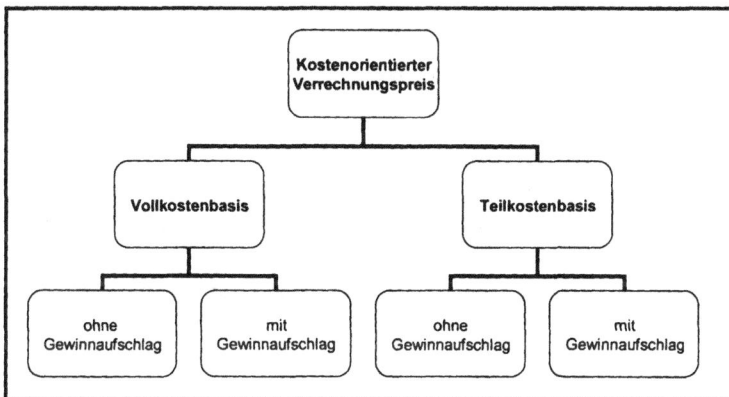

Abb. 9-15:   Ansatzmöglichkeiten kostenorientierter Verrechnungspreise

Wird von sämtlichen Motivationsaspekten und damit von der Verteilung der Synergieeffekte auf die Center abstrahiert, garantiert ein Verrechnungspreis in Höhe der variablen Stückkosten des zuliefernden Bereichs das gesamtbetriebliche Optimum ($PUG_{Leistungsabgebende\ Division} = Verrechnungspreis$).

Letztlich ist für die Berechnung zu klären, in welcher Höhe Fixkosten in den Verrechnungspreis einzubeziehen sind. Oder mit anderen Worten, es gilt eine Entscheidung zu treffen, auf welche Kapazitätsauslastung sich der Preisansatz beziehen soll. Unterstellt man die volle Kapazitätsauslastung, so wird das gesamte Risiko des Absatzerfolgs auf den Leistungsempfänger abgewälzt.

Center	Kalkulationsposition	Interne Verrechnungspreise auf Basis von			
		Vollkosten		Teil- bzw. Grenzkosten	
		ohne Gewinnaufschlag	mit Gewinnaufschlag	ohne Gewinnaufschlag	mit Gewinnaufschlag
A	variable Kosten	25.000,00	25.000,00	25.000,00	25.000,00
	Fixkosten	1.000,00	1.000,00	1.000,00	1.000,00
	Summe Kosten [€/ZE]	26.000,00	26.000,00	26.000,00	26.000,00
	Gewinnaufschlag [%]	0,00	10,00	0,00	12,00
	Verrechnungspreis [€/LE]	52,00	57,20	50,00	56,00
	Umsatz [€/ZE]	26.000,00	28.600,00	25.000,00	28.000,00
	Gewinn [€/ZE]	0,00	2.600,00	-1.000,00	2.000,00
B	Bezugskosten Division A	26.000,00	28.600,00	25.000,00	28.000,00
	sonstige variable Kosten	15.000,00	15.000,00	15.000,00	15.000,00
	Fixkosten	1.300,00	1.300,00	1.300,00	1.300,00
	Summe Kosten [€/ZE]	42.300,00	44.900,00	41.300,00	44.300,00
	Umsatz [€/ZE]	62.500,00	62.500,00	62.500,00	62.500,00
	Gewinn [€/ZE]	20.200,00	17.600,00	21.200,00	18.200,00
	Unternehmenserfolg, gesamt [€/ZE]	20.200,00	20.200,00	20.200,00	20.200,00

Abb. 9-16:   Berechnungsvarianten kostenorientierter Verrechnungspreise

9.2.3.4   Sonstige Verrechnungspreise

Die Palette der Gestaltungsmöglichkeiten interner Verrechnungspreise ist immens. An dieser Stelle seien lediglich einige aufgezählt[235]:

- Verhandlungspreise (Preisfeststellung auf Basis von Unterredungen aller beteiligten Geschäftsbereiche und der Zentrale bzw. dem Controlling);
- Mehrfunktionale Verrechnungspreise (z. B. Gewinnpooling);
- Konzernverrechnungspreise;
- Knappheitspreise (Verrechnungspreis, der Opportunitätskosten einbezieht).

---

[235] Ausführliche Erläuterungen finden sich in Coenenberg, A.G./Fischer, T. M./Günter, T.: (Kostenrechnung), S. 730 ff.

10 Kennzahlen- und Performance Measurement- Systeme

10.1 Kennzahlen

10.1.1 Überblick

Unter Kennzahlen sind vorzugsweise quantitative Daten zu verstehen. Es werden bewusst zahlenmäßig erfassbare betriebswirtschaftliche Informationen der komplexen Realität zum Zwecke der zielkonformen Unternehmenssteuerung verdichtet.[236]

Kennzahlen sind sowohl zukunfts- als auch vergangenheitsbezogen zu erfassen. Sie dienen insbesondere dem Controller zur Wirtschaftlichkeitskontrolle, so z. B. im Rahmen von Soll-Ist- bzw. Plan-Ist-Vergleichen (vgl. Abschnitt 11.5). Kennzahlen sollten stets einen konkreten Informationsbedarf[237] erfüllen und spezieller Bestandteil der Unternehmensberichterstattung sein. Zeitgemäße Controlling- systeme etablieren Kennzahlen als wesentliche Stellgrößen in ein sogenanntes Cockpit, mit deren Hilfe das Management schnell und komprimiert, zukunftsorientiert und operativ im Interesse einer effizienten Unternehmenssteuerung informiert wird. Mit Hilfe von Kennzahlen arbeiten gegenwärtig beinahe alle Unternehmungen. Weil Kennzahlen eine Planungs-, Steuerungs-, Kontroll-, Motivations- sowie Risikoerkennungsfunktion erfüllen[238], nehmen sie eine weitreichende Bedeutung innerhalb des Controllingsystems ein. So unterstützen sie die Controllertätigkeit bspw. dadurch, dass Kennzahlen einzelner Aufgabenfelder mit dem Unternehmensziel komplementär verbunden sind, zur Leistungsvorgabe und demnach auch zur Leistungskontrolle herangezogen werden sowie durch die Kopplung mit Anreizsystemen die Mitarbeitermotivation unterstützen (vgl. Beispiel in Abb. 10-1).

---

[236] In Anlehnung an Lachnit, L.: (Systemorientierte Jahresabschlußanalyse), Wiesbaden 1979, S. 15 ff.

[237] Vgl. zur Ermittlung des Informationsbedarfs Küpper, H.-U.: (Aufgaben), S. 180 ff.

[238] Vgl. dazu weiterführend bspw. Weber, J./Schäffer, U.: (Einführung), S. 173.

Für die Erfassung und Berechnung von Kennzahlen ist die Anwendung kaufmännischer Basissysteme, vorzugsweise einer qualitätsgerechten Kosten- und Leistungsrechnung unter Einbeziehung sämtlicher relevanter Methoden und Verfahren unabdingbar. Der Einfluss des betrieblichen Rechnungswesens auf dieses Controlling-Tool ist augenscheinlich. Nur in der Güte, wie es dem betrieblichen Rechnungswesen gelingt, möglichst verursachungsgetreu die Kosten und Leistungen von Kalkulationsobjekten zu erfassen, zu verrechnen und schließlich für Auswertungsrechnungen bereitzustellen, wird die Qualität von Kennzahlen sein. Nicht selten bestimmt demnach die Qualität des betrieblichen Rechnungswesens nachhaltig die Akzeptanz, die die Unternehmensangehörigen einzelnen Kennzahlen zuerkennen.

Unternehmensziel: Erhöhung des Gewinns im Vergleich zum Vorjahresmonat um 4 Prozent

Beschaffung:	Erhöhung der Beschaffungseffizienz um 0,8 Prozent
Leistungsbereich:	Reduzierung der Fehlerquote um 0,5 Prozent sowie
	Reduzierung der Durchlaufzeit um 2 Prozent
Marketing:	Erhöhung des wertmäßigen Marktanteils um 4 Prozent
Vertrieb:	Erhöhung der Kundenakquisitionsrate um 5 Prozent
Personal:	Reduzierung des Krankenstandes um 3 Prozent
Soziales:	Erhöhung der Betreuungszeiten in der firmeneigenen
	Kindertagesstätte um 2 Prozent

Abb. 10-1:   Beispiel zur Vorgabe von Kennzahlen

Generell ist deshalb darauf achtzugeben, dass insbesondere im Interesse

- realitätsnaher Zeitvergleiche sowie
- interner Gegenüberstellungen einzelner Bereiche und Center (Benchmarking),
- unerlässlicher Akzeptanz aller Unternehmensangehörigen und
- uneingeschränkter Glaubwürdigkeit der Informationen

eine angemessene Stetigkeit und Konstanz beim Einsatz von Kennzahlen gewahrt wird. Zur Realisierung dieser Anforderungen empfiehlt es sich, dass über die Verwendung von Kennzahlen, ihre Berechnungsansätze und ihre Bereitstellung (bspw. welche Entscheidungsträger erhalten zu welchem Zeitpunkt mit welchem Detaillierungsgrad eine zweckbezogene Information in Form von Kennahlen) das Chefcontrolling (bspw. des Zentralbereichs Controlling) in Absprache mit der Unternehmensspitze entscheidet. Zudem ist es unabdingbar, klare Definitionen für die im Unternehmen verwendeten Kennzahlen zu dokumentieren, die Zeitraster für die Erhebung und Auswertung der Kennzahlen publik zu machen, Ziel- und Kausalzusammenhänge zu verdeutlichen sowie Zielwerte und ihre Toleranzen vorab festzulegen. Ferner sind zum einen Verantwortliche für die Definition und Dokumentation von Kennzahlen zu benennen und zum anderen in den jeweiligen Leistungsbereichen die für die Realisierung zuständigen Mitarbeiter zu unterrichten.

Im Zuge ansteigender Internationalisierung der Rechnungslegung und der damit einhergehenden Annäherung der Rechnungskreise I und II (Konvergenz) ist eine Tendenz zur Kopplung von Controlling und IFRS-Rechnungslegung zu verzeichnen[239]. In der Konsequenz werden Daten aus dem Controllingbereich, bspw. in Form von Kennzahlen, unverändert in den Jahresabschluss übertragen. Damit erfüllt das Controllingsystem eine Dienstleistungsfunktion für das externe Rechnungswesen. Der Export von Daten des internen Reportings in das Datennetz des externen Rechnungswesens nach IFRS wird als Management Approach bezeichnet[240]. Damit würden bspw. für die Segmentberichterstattung bereits existierende Informationen für interne Entscheidungsträger auch Stakeholdern zur Verfügung gestellt.

10.1.2   Gliederungsmöglichkeiten von Kennzahlen

Üblicherweise gliedern sich Kennzahlen wie in Abb. 10-2 dargestellt. Mittels einer Einzelkennzahl wird ein zahlenmäßig erfassbarer Sachverhalt separat aufgezeigt. Hingegen stellt ein Kennzahlensystem die Kombination von zwei oder mehreren Kennzahlen dar.

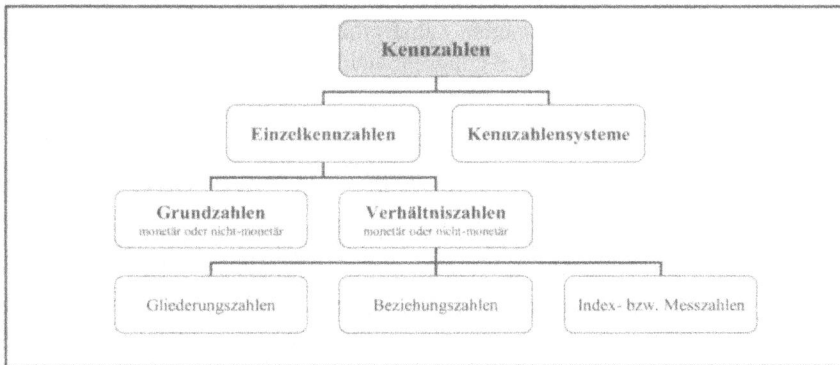

Abb. 10-2:   Gliederungsmöglichkeiten von Kennzahlen

Kennzahlen können sich zum einen auf nicht-monetäre (Mengengröße bzw. Naturalausdruck, z. B. Anzahl der verkauften Produkte oder Servicegrad) und zum anderen auf monetäre (z. B.: Wert- bzw. Geldausdruck, z. B. Umsatz oder Return on Investment) Sachverhalte beziehen.

Nicht-monetäre Kennzahlen zeichnen sich durch einen niedrigen Grad von Subjektivität aus, wobei eine monetäre Kennziffer stets einen Bewertungsmaßstab integriert. Ein solcher impliziert nicht selten durch Entscheidungsträger beein-

---

[239] Vgl. dazu bspw. Hoffjan, A./ Trapp, R.: (Internationale Rechnungslegung) S. 1022.
[240] Vgl. Weißenberger/International Group of Controlling (IGC): (Controller und IFRS), S. 29.

flussbare Momente. Hingegen ist die Verwertbarkeit nicht-monetärer Kennzahlen bedingt durch ihre begrenzte Kumulierbarkeit (bspw. lassen sich die Absatzzahlen verschiedenartiger Produkte unter betriebswirtschaftlichen Aspekten nicht addieren) häufig eingeschränkt.

Unter *Grundzahlen* sind absolute Mengen- oder Wertgrößen wie Summen (z. B. Gesamtkosten), Durchschnitte (z. B. durchschnittlicher Rabatt pro Monat) und Differenzen (z. B. Deckungsbeitrag) zu definieren.

Im Falle von *Verhältniszahlen* (Quoten) werden Mengen- oder Wertgrößen, die in einem sachlich-inhaltlichen Zusammenhang stehen, zueinander in Beziehung gesetzt. Verhältniszahlen lassen sich in drei Ausprägungen unterscheiden:

- *Gliederungszahlen* (Verhältnis eines Teils zum Ganzen, z. B. Materialkostenanteil an den Gesamtkosten),
- *Beziehungszahlen* (Verhältnis zweier verschiedener Merkmale, die zueinander in logischer Beziehung stehen, z. B. Umsatzrendite),
- *Index- bzw. Messzahlen* (Beschreibung der zeitlichen Veränderung gleichartiger Merkmale bezogen auf eine Basisgröße, z. B. Umsatzentwicklung).

Indexzahlen setzen inhaltlich gleichartige, aber zeitlich oder örtlich verschiedene Daten zueinander ins Verhältnis und finden in praxi sehr häufig Anwendung. Es erfolgt die Messung einer bestimmten Zählergröße an einer Basisgröße[241]. So gilt bspw. für die Berechnung einer Leistungsentwicklung:

$$Index\ der\ Leistungsentwicklung\ =\ \frac{Leistung\ im\ Berichtszeitraum\ (Ist)}{Leistung\ im\ Basiszeitraum\ (Plan)}\cdot 100$$

Ferner gilt zu beachten, dass die Leistung entweder als nicht-monetäre oder auch als monetäre Größe abgebildet werden kann. Der Einsatz nicht-monetärer Daten erfordert die Kumulierbarkeit der Leistung (Homogenität). Diese Voraussetzung kann ggf. für Center, Projekte und Einproduktunternehmen erfüllt werden. Zu bedenken sind zudem die Möglichkeiten, die unter bestimmten Bedingungen (vgl. dazu Abschnitt 5.4.3.2) Äquivalenzzahlen bieten. Verschiedenartige Leistungen lassen sich hingegen ausnahmslos nur monetär addieren und demzufolge vergleichen (vgl. Beispiel in Abb. 10-3).

Schwierigkeiten in der Praxis ergeben sich insbesondere bei der Gewährleistung der sinnvollen und realitätsgerechten Vergleichbarkeit der ins Verhältnis gesetzten Größen sowie bei der Verwertung und Interpretation der daraus gewonnenen Erkenntnisse. Außerdem sind über den Zeitablauf modifizierte Rahmenbedingungen, so bspw. Produktlebenszyklen und damit einhergehende Sortimentsveränderungen sowie ein verändertes Kaufverhalten der Kunden einzubeziehen.

---

[241] Vgl. Küpper, H.-U.: (Controlling), S. 360.

Periode	PLAN		IST	
	LE/ZE	€/ZE	LE/ZE	€/ZE
01	10.000	50.000	9.800	50.960
02	10.500	53.550	11.000	55.550

a) Entwicklung der Leistung auf Basis nicht-monetärer Größen:

Planerfüllung:

$$Index_{01} = \frac{Ist}{Plan} \cdot 100 \quad = \quad \frac{9.800\ LE/ZE}{10.000\ LE/ZE} \cdot 100 \quad = \quad 98,00\ \%$$

$$Index_{02} = \frac{Ist}{Plan} \cdot 100 \quad = \quad \frac{11.000\ LE/ZE}{10.500\ LE/ZE} \cdot 100 \quad = \quad 104,76\ \%$$

Leistungsentwicklung:

$$Index_{Plan} = \frac{Bericht}{Basis} \cdot 100 \quad = \quad \frac{10.500\ LE/ZE}{10.000\ LE/ZE} \cdot 100 \quad = \quad 105,00\ \%$$

$$Index_{Ist} = \frac{Bericht}{Basis} \cdot 100 \quad = \quad \frac{11.000\ LE/ZE}{9.800\ LE/ZE} \cdot 100 \quad = \quad 112,24\ \%$$

b) Entwicklung der Leistung auf Basis monetärer Größen:

Planerfüllung:

$$Index_{01} = \frac{Ist}{Plan} \cdot 100 \quad = \quad \frac{50.960\ LE/ZE}{50.000\ LE/ZE} \cdot 100 \quad = \quad 101,92\ \%$$

$$Index_{02} = \frac{Ist}{Plan} \cdot 100 \quad = \quad \frac{55.550\ LE/ZE}{53.550\ LE/ZE} \cdot 100 \quad = \quad 103,73\ \%$$

Leistungsentwicklung:

$$Index_{Plan} = \frac{Bericht}{Basis} \cdot 100 \quad = \quad \frac{53.550\ LE/ZE}{50.000\ LE/ZE} \cdot 100 \quad = \quad 107,10\ \%$$

$$Index_{Ist} = \frac{Bericht}{Basis} \cdot 100 \quad = \quad \frac{55.550\ LE/ZE}{50.960\ LE/ZE} \cdot 100 \quad = \quad 109,01\ \%$$

Abb. 10-3:   Beispiel zur Berechnung von Indizes unter Einbeziehung monetärer und nicht-monetärer Größen

10.1.3   Beispiele für ausgewählte Kennzahlen

10.1.3.1   Basiskennzahlen

Nachfolgend sind in Abb. 10-4 einige ausgesuchte Kennzahlen aufgeführt, die in der Praxis elementare Bedeutung innehaben. Es sei an dieser Stelle betont, dass die Fülle an existierenden Kennzahlen immens ist und deshalb hier nur eine sehr begrenzte Auswahl getroffen werden kann.

Wirtschaftlichkeit:

Allgemein

$$W = \frac{Output\ (monetär)}{Input\ (monetär)} \quad oder \quad \frac{Leistung}{Kosten}$$

Beispiel:

Wirtschaftlichkeit eines Bereiches

$$W = \frac{Leistung\ des\ Logistikbereichs}{Kosten\ des\ Logistikbereichs}$$

$$W = \frac{Leistung\ des\ Restaurants\ des\ Hotelbetriebs}{Kosten\ des\ Restaurants}$$

Liquidität:

1. Grades

$$L = \frac{Zahlungsmittel \cdot 100}{kurzfristige\ Verbindlichkeiten}$$

Beispiele:

2. Grades

$$L = \frac{Monetäres\ Umlaufvermögen \cdot 100}{kurzfristige\ Verbindlichkeiten}$$

3. Grades

$$L = \frac{Kurzfristiges\ Umlaufvermögen \cdot 100}{kurzfristige\ Verbindlichkeiten}$$

Working Capital
(Net Working Capital)

Umlaufvermögen – erhaltene Anzahlungen – kurzfristige Verbindlichkeiten

Statischer Verschuldungsgrad

$$VG = \frac{Fremdkapital \cdot 100}{Eigenkapital}$$

Dynamischer Verschuldungsgrad

$$VG = \frac{Effektivverschuldung}{Cash\ Flow} = \frac{Netto - Finanzschulden}{Cash\ Flow}$$ 242

Produktivität:

Allgemein

$$P = \frac{Output\ (gemessen\ in\ ME)}{Inputeinheit\ (gemessen\ in\ ME)} \quad oder \quad \frac{Produktion}{Faktoreinsatz}$$

Beispiele:

Arbeitsproduktivität

$$P_{Arbeit} = \frac{\sum Output\ bzw.\ Produktion\ bzw.\ Nettoumsatz}{\sum Arbeitsstunden\ bzw.\ Anzahl\ Mitarbeiter\ bzw.\ Kosten_{Personal}}$$

Maschinen-produktivität

$$P_{Maschine} = \frac{\sum Stückzahl\ bzw.\ Ausbringung}{\sum Laufzeit\ (h)}$$

Transport-produktivität

$$P_{Transport} = \frac{\sum Transporte}{\sum Arbeitszeit\ (h)\ bzw.\ Anzahl\ Mitarbeiter}$$

Rentabilität:

Allgemein

Beziehungszahl, bei der eine Ergebnisgröße zu einer Größe ins Verhältnis gesetzt wird, die dieses Ergebnis maßgeblich beeinflusst.

Beispiele:

Umsatzrentabilität

$$R_{Umsatz} = \frac{Gewinn\ vor\ Steuern + i_{FK}}{Umsatz} 100$$

Gesamtkapital-rentabilität
(Return on Assets)

$$R_{GK} = \frac{Gewinn\ vor\ Steuern + i_{FK}}{Gesamtkapital} 100$$

Eigenkapital-rentabilität

$$R_{EK} = \frac{Gewinn\ vor\ Steuern + i_{FK}}{Eigenkapital} 100$$

Return on Investment

$$ROI = \frac{Gewinn\ vor\ Zinsen}{investiertes\ Kapital} = KU \cdot R_{Umsatz}$$

---

242 Die Effektivverschuldung berechnet sich wie folgt:
  a) Effektivverschuldung Level 1 = kurz- und mittelfristige Fremdmittel zzgl. Verbindlichkeiten mit einer Restlaufzeit kleiner 5 Jahre abzgl. monetäres Umlaufvermögen (abzgl. Forderungen mit einer Restlaufzeit größer 1 Jahr).
  b) Effektivverschuldung Level 2 = Effektivverschuldung Level 1 zzgl. Rückstellungen für Pensionen.

Effizienz und Effektivität:

Effizienz	*Ein gegebener Zweck bzw. vorgegebenes Ziel soll mit möglichst geringen Mitteln realisiert werden („Die Dinge richtig tun.").*
Effektivität	*Einsatz von Mitteln für Ziele mit möglichst hohem Nutzen bzw. mit gegebenen Mitteln ein anzustrebendes Ziel möglichst weitestgehend erreichen („Die richtigen Dinge tun.").*
Rationalisierung:	*„Indem Controller eine effiziente Versorgung mit Inputdaten und einen effizienten Führungsprozess sicherstellen, schaffen sie notwendige Voraussetzungen für das rationale Handeln des Managements."* *Beziehung zwischen Zweck bzw. Ziel und Mittel in Abhängigkeit vom Stand des Wissens bzw. von Wissensdefiziten bzw. effiziente Mittelverwendung bei gegebenen Zwecken/ Zielen oder auch Zweckrationalität orientiert auf die Effizienz und Effektivität des Handels.*

Abb. 10-4:   *Ausgesuchte Basiskennzahlen[243, 244]*

Einen primären Einfluss nehmen in der heutigen Praxis Kennzahlen ein, die die finanzielle Situation des Unternehmens, des Centers oder auch des Projektes widerspiegeln. Ihre Aussagekraft ist zwar bedingt durch den Charakter von Einzelkennzahlen eingeschränkt, und sie lassen folglich auch keine umfassende Beurteilung der jeweiligen ökonomischen Gesamtsituation zu, dennoch bieten sie unverzichtbare wesentliche Erkenntnisse.

Ursprünglich zählten hierzu traditionelle Kenngrößen wie bspw. Umsatz-, Eigen- und Gesamtkapitalrentabilität oder auch der Return on Investment. Zunehmend wird indes die Kennzahl

$$Return\ on\ Capital\ Employed\ (ROCE) = \frac{EBIT \cdot 100}{Average\ Capital\ Employed} \text{ eingesetzt[245]}.$$

Aufgrund des anglo-amerikanischen Einflusses nutzt man häufig als Erfolgsgröße den Jahresüberschuss (vgl. Abb. 10-5). Es sei hier jedoch ausdrücklich betont, dass für die interne Steuerungs- und Entscheidungsunterstützung die alternative Verwendung des Betriebsergebnisses als Erfolgsgröße der Kosten- und Leistungsrechnung unabhängigere Informationen (bspw. von der Bilanzpolitik) bereitstellt. Damit rückt die Wahl sämtlicher Verfahren und Methoden innerhalb des Rechnungskreises I und das Streben nach dem Verursachungsprinzip in den Fokus.

Der Cashflow gilt als Indikator für die Finanzkraft des Unternehmens und kann zum einen für Investitionen und zum anderen zur Schuldentilgung genutzt werden.

---

[243] Quelle zur Definition Rationalisierung: Weber, J./Schäffer, U.: (Einführung), S. 49.

[244] Vgl. bspw. Krause, H.-U./Aurora, D.: (Controlling-Kennzahlen), S. 1 ff.

[245] Average Capital Employed = Eigenkapital + Pensionsrückstellungen + Finanzschulden. Vgl. dazu bspw. Krause, H.-U./ Arora, D.: (Controlling-Kennzahlen), S. 49.

Der operative Cashflow (bzw. laufender Cashflow) symbolisiert das Innenfinan-zierungspotenzial eines Unternehmens.[246]

Cashflow *(direkte Ermittlung)*:
      Einnahmewirksame Erträge
 -    Ausgabewirksame Aufwendungen
 =   Cashflow

Cashflow *(indirekte Ermittlung)*:
      Jahresüberschuss oder -fehlbetrag
 +   Ausgabeunwirksame Aufwendungen
 -    Einnahmeunwirksame Erträge
 =   Cashflow

Cashflow *(sogenannte vereinfachte Praktikerformel)*:
      Jahresüberschuss oder -fehlbetrag
 +   Abschreibungen (- Zuschreibungen auf das Anlagevermögen)
 +   Erhöhungen (- Minderungen) langfristiger Rückstellungen
 =   Cashflow

Earnings Before Interest and Taxes *(EBIT)*:
      Jahresüberschuss oder -fehlbetrag
 +   Steuern vom Einkommen und Ertrag (- Steuererstattung)
 =   EBT
      (Income from Operating Business before Taxes bzw. Ergebnis der gewöhnlichen Geschäftstätigkeit vor Steuern)
 +   Zinsaufwand
 =   EBIT *(Operating Income before Interest and Taxes bzw. ordentliches Ergebnis vor Zinsen und Steuern)*

Earnings Before Interest, Taxes and Amortization *(EBITA)*
      Jahresüberschuss oder -fehlbetrag
 +   Steuern vom Einkommen und Ertrag (- Steuererstattung)
 =   EBT
      (Income from Operating Business before Taxes bzw. Ergebnis der gewöhnlichen Geschäftstätigkeit vor Steuern)
 +   Zinsaufwand
 =   EBIT
      (Operating Income before Interest and Taxes bzw. ordentliches Ergebnis vor Zinsen und Steuern)
 +   Abschreibungen auf immaterielle Vermögenswerte einschl. Geschäfts- und Firmenwerte
 =   EBITA
      (Ergebnis der Geschäftstätigkeit vor Zinsen und Steuern sowie Abschreibungen auf immaterielle Vermögenswerte)

Net Operating Profit After Taxes *(NOPAT)*
      EBIT *(ordentliches Ergebnis vor Zinsen und Steuern)*
 -    Ertragssteuern
 =   NOPAT *(operativer Nettogewinn nach Steuern und vor Zinsen)*

Abb. 10-5:   Ausgewählte Finanz-Kenngrößen

Entsprechend der Kapitalflussrechnung werden folgende drei Bereiche (vgl. auch Abb. 10-6) unterteilt:

- Cashflow aus laufender Geschäftstätigkeit (Aktivitäten des Produktions-, Ver-kaufs- und Servicebereichs; entspricht dem operativem Cashflow)

---

[246] Vgl. bspw. Copeland, Th. E./ Weston, J. F./Shastri, K.: (Finanzierungstheorie und Unternehmens-politik), S. 55 ff. sowie Wöhe, G./ Döring, U.: (Einführung), S. 698 ff.

- Cashflow aus der Investitionstätigkeit (Saldo aus Ein- und Auszahlungen im Kontext mit Ressourcen, die langfristig, i.d.R. länger als ein Jahr dem Unternehmen zur Ertragserzielung zur Verfügung stehen)
- Cashflow aus der Finanzierungstätigkeit (Aktivitäten, welche mit Eigen- oder Fremdkapital in Zusammenhang stehen).[247]

Die Summe aus operativem Cashflow, Investitions-Cashflow und Finanzierungs-Cashflow stellt die Veränderung des Finanzmittelfonds dar.[248]

	Einzahlungen von Kunden für den Verkauf von Erzeugnissen, Waren und Dienstleistungen
-	Auszahlungen an Lieferanten und Beschäftigte
+	Sonstige Einzahlungen, die nicht der Investitions- oder Finanzierungstätigkeit zuzuordnen sind
-	Sonstige Auszahlungen, die nicht der Investitions- oder Finanzierungstätigkeit zuzuordnen sind
+/-	Ein- und Auszahlungen aus außerordentlichen Posten
=	**Cashflow aus der laufenden Geschäftstätigkeit**
	Einzahlungen aus Abgängen von Gegenständen des Sachanlagenvermögens
-	Auszahlungen für Investitionen in das Sachanlagevermögen
+	Einzahlungen aus Abgängen von Gegenständen des immateriellen Anlagevermögens
-	Auszahlungen für Investitionen in das immaterielle Anlagevermögen
+	Einzahlungen aus Abgängen von Gegenständen des Finanzlagevermögens
-	Auszahlungen für Investitionen in das Finanzanlagevermögen
+	Einzahlungen aus dem Verkauf von konsolidierten Unternehmen und sonstigen Geschäftseinheiten
-	Auszahlungen aus dem Erwerb von konsolidierten Unternehmen und sonstigen Geschäftseinheiten
+	Einzahlungen aufgrund von Finanzmittelanlagen im Rahmen der kurzfristigen Finanzdisposition
-	Auszahlungen aufgrund von Finanzmittelanlagen im Rahmen der kurzfristigen Finanzdisposition
=	**Cashflow aus der Investitionstätigkeit**
	Einzahlungen aus Eigenkapitalzuführungen (Kapitalerhöhungen, Verkauf eigener Anteile usw.)
-	Auszahlungen an den Unternehmenseigner und Minderheitsgesellschafter (bspw. Dividenden)
+	Einzahlungen aus der Begebung von Anleihen und der Aufnahme von (Finanz-)Krediten
-	Auszahlungen aus der Tilgung von Anleihen und (Finanz-)Krediten
=	**Cashflow aus der Finanzierungstätigkeit**

Abb. 10-6:   *Mindestgliederungsschema des Cashflows nach DRS 2 (direkte Methode)*[249]

10.1.3.2   Wertorientierte Kennzahlen

A   Shareholder Value

Favorisiert man die Shareholder-Value-Perspektive (vgl. Abb. 10-7), so stehen die Interessen der Anteilseigner vornehmlich im Zentrum der Betrachtung. In den Fokus der unternehmerischen Entscheidungen tritt die langfristige Gewinnmaximierung der Eigenkapitalgeber und damit auch deren Einfluss auf sämtliche unternehmerische Entscheidungen.

---

[247] Vgl. Coenenberg, A. G./Haller, A./Schultze, W. (Jahresabschluss), S. 824 ff.
[248] Vgl. Coenenberg, A. G./Haller, A./Schultze, W. (Jahresabschluss), S. 1071.
[249] Coenenberg, A. G./Haller, A./Schultze, W. (Jahresabschluss), S. 833 f.

Die Grundidee besteht dann darin, dass den Anteilseignern eine Verzinsung ihres eingesetzten Kapitals zustehen sollte, die dem Engagementrisiko und den Opportunitätskosten entgangener (sicherer) Alternativanlagen Rechnung trägt (z. B. Pensionsfonds). Aus diesem Grund gelten für den Ansatz wertorientierter Kennzahlen folgende Eingangsdaten: eine Ergebnisgröße vor Zinsabzug, das gebundene Vermögen einer Periode sowie die Finanzierungskosten für das gebundene Vermögen.

Als *Shareholder-Value* wird der Marktwert des Eigenkapitals verstanden. Als Maßgröße für die Leistung eines Unternehmens gilt der Barwert zukünftiger Zahlungsströme. Es handelt sich hierbei um eine Kennzahl der strategischen Unternehmensführung. Oftmals besteht aber die Gefahr, dass diese Kennzahl irrtümlich zur Steuerung kurzfristiger Entscheidungsbeeinflussung mit fatalen Folgen[250] herangezogen wird.

Wertorientierte Zielsetzungen laufen darauf hinaus, dass das im Unternehmen eingesetzte Kapital eine höhere Verzinsung *(interne Verzinsung = r)* erwirtschaften soll, als in einer adäquaten alternativen Anlage [*externe Eigenkapitalverzinsung = Kapitalkosten i*].

Ein Mehrwert bzw. zusätzlicher Shareholder-Value wird geschaffen, wenn gilt: $r > i$. Damit werden Ansätze der Finanzierungs- und Kapitalmarkttheorie in die Unternehmensführung integriert. Die Schaffung eines Shareholder-Value wird gleichgesetzt mit einem nachhaltig, optimalen Unternehmenswert $[UW]$.

Für ein Mehrperiodenmodell (ewige Rente) kann dann vereinfachend formuliert werden:

$$UW = \frac{Ertrag\ oder\ Einzahlungen\ -\ Aufwand\ oder\ Auszahlungen}{i}.$$

Die Relevanz der Wertschöpfung und die Gefahr der Wertvernichtung stehen im Vordergrund. Der *Shareholder-Value* entspricht dem Kapitalwert der künftigen Free Cashflows, wobei als Kalkulationszinssatz die langfristigen Kapitalkosten des Unternehmens anzusetzen sind.[251] Der Free Casflow steht zur Befriedigung der Zahlungsansprüche vonseiten der Kapitalgeber zur Verfügung.

---

[250] Vgl. dazu bspw. Wüpping, J.: (Konjunkturelle Achterbahn), S. 4 ff.
[251] Vgl. bspw. Ewert, R./Wagenhofer, A.: (Interne Unternehmensrechnung), S. 43.

	Barwert der betrieblichen Free Cashflow
+	Barwert des kapitalisierten Restwerts
=	Wert des betrieblichen Gesamtkapitals
-	Fremdkapital
=	Wert des betrieblichen Eigenkapitals
+	Nicht betriebsnotwendiges Vermögen
=	Wert des Eigenkapitals *(Shareholder-Value)*

wobei gilt:

	Ergebnis vor Zinsen und Steuern (EBIT)
-	Unternehmenssteuern
=	Ergebnis vor Zinsen
+/-	Abschreibungen/Zuschreibungen
+/-	Bildung/Auflösung langfristiger Rückstellungen
=	Brutto Cashflow
-/+	Investitionen/Desinvestitionen des Anlagevermögens
-/+	Erhöhung/Minderung des Umlaufvermögens
=	Free Cashflow

bzw.

	Cashflow aus laufender Geschäftstätigkeit
+	Cashflow aus Investitionstätigkeit
+	Fremdkapitalzinszahlungen, bereinigt um fiktive Ertragssteuern
=	Free Cash Flow

Abb. 10-7:   Berechnungsmöglichkeit des Shareholder Value[252]

Die langfristigen Kapitalkosten des Unternehmens werden als Kalkulationszinssatz hinzugezogen. Ihre Berechnung erfolgt als gewogener durchschnittlicher Kapitalkostensatz bestehend aus den Kapitalkosten des Eigen- $[EC]$ und Fremdkapitals $[FC]$, wobei eine Gewichtung mit den jeweiligen Anteilen von Eigen- und Fremdkapital vorgenommen wird. Dieser Mischzinssatz wird üblicherweise als *Weighted Average Cost of Capital* $[WACC]$ bezeichnet.[253]

$$WACC = \frac{EC}{EC + FC} \cdot i_{EC} + \frac{FC}{EC + FC} \cdot i_{FC}$$

B   Cash Value Added (CVA)

Der CVA für eine Periode ergibt sich aus dem Produkt von eingesetztem Kapital und der Differenz (= Rentabilitätsspanne) aus Cashflow Return on Investment $[CFROI]$ und gewichtetem Kapitalkostensatz $[WACC]$:

$$CVA = Bruttoinvestitionsbasis \cdot (CFROI - WACC) \quad bzw.$$

$$CVA = Brutto\,Cash\,Flow - Ökonomische\,Abschreibung - Kapitalkosten$$

---

[252] Vgl. dazu Ewert, R./Wagenhofer, A.: (Interne Unternehmensrechnung), S. 552 ff.

[253] Vgl. bspw. dazu Weber, J./ Schäffer, U.: (Einführung), S. 178.

Letztlich handelt es sich um eine Differenz zwischen dem in einem Jahr erwirt-schafteten Cashflow und einem Mindest-Cash Flow, welcher auf den Kosten für das investierte Kapital basiert. Ein positiver CVA zeigt mit Einschränkungen eine Wertsteigerung für eine Periode, demzufolge ein negativer CVA eine Wertver-nichtung an.

Auch für diese Kennzahlen zum Wertbeitrag wird anstelle des Gewinns eine Cashflow-Größe als Performance-Maß eingesetzt. Der Nachteil der Verwendung des Cashflows besteht in der Volatilität, vor allem deshalb, weil Zahlungen oft-mals sehr unregelmäßig über die Perioden getätigt werden. Wird bspw. übermäßig stark in einer Periode investiert, führt das zwangsläufig zu einer ungünstigeren Wertbeitragsberechnung.[254] Um diese Auswirkungen zu vermeiden, soll eine Glät-tung der Investitionszahlungen mithilfe der

$$\text{Ökonomischen Abschreibung} = \frac{WACC}{(1 + WACC)^{t} - 1}$$

berücksichtigt werden. Die Ökonomische Abschreibung berechnet auf Basis der Anschaffungskosten[255] jenen Betrag, welcher über die gesamte Nutzungsdauer pro Periode angespart werden müsste, damit sämtliche Ersatzinvestitionen getätigt werden könnten.[256] Es gilt:

$$CFROI = \frac{\text{Brutto Cashflow} - \text{Ökonomische Abschreibung}}{\text{Bruttoinvestitionsbasis}}$$

C   Discounted Cashflow (DCF)

Wählt man einen mehrperiodischen Ansatz (ewige Rente) zur wertorientierten Unternehmensführung [*Unternehmenswert = UW*] ist dies entweder auf Basis einer klassischen Gewinngröße, also bspw.

$$UW = \frac{\text{Ertrag} - \text{Aufwand}}{i} \quad \text{oder auf Basis einer Cashflow-Größe}$$

$$DCF = \frac{\text{Cashflow}}{i} \quad \text{möglich.}$$

Auf diese Weise wird der Barwert des Cashflows berechnet. Ein Mehrwert für Eigentümer liegt dann vor, wenn die Wertsteigerung [= Residualgewinn] größer als die eingesetzten Kapitalkosten ausfällt.

Es gilt: $(r - i) \, Kapital > 0.$

---

[254] Vgl.Weber, J./Schäffer, U.: (Einführung), S. 552.

[255] Vgl. Ausführungen zur Berechnung kalkulatorischer Abschreibungen auf Basis von Wiederbe-schaffungswerten und deren Vorzüge unter Abschnitt 5.2.2.4.

[256] Vgl. bspw. dazu Weber, J./ Schäffer, U.: (Einführung), 2008, S. 180 sowie Ewert, R./Wagenhofer, A.: (Interne Unternehmensrechnung), S. 549.

Die Kapitalrendite [*interne Verzinsung* = *r*] berechnet sich dabei wie folgt:

$$r \quad = \quad \frac{NOPAT}{eingesetztes\ Kapital}$$

Als Input-Größen sind hierbei eine Ergebnisgröße vor Zinsen, das gebundene Kapital einer Periode sowie die Kosten der Finanzierung für das gebundene Vermögen relevant. Damit rücken sämtliche Methoden und Verfahren zur Bestimmung der jeweiligen Ergebnis- oder Cashflow-Komponente in das Interesse des Controllers.

D   Economic Value Added (EVA)

Das sogenannte EVA-Konzept stellt ein einperiodisches Modell zur Bestimmung der Wertentwicklung auf Basis einer Indifferenzbedingung dar. Es wird unterstellt, dass eine Wertentwicklung aus unternehmerischer Tätigkeit resultiert, wenn das Unternehmensergebnis $[Ertrag - Aufwand]$ die Kapitalkosten $[eingesetztes\ Kapital \cdot i]$ übersteigt. Es gilt daher:

$$EVA \qquad = \quad NOPAT - i \cdot K \qquad und \qquad Kapitalkosten = \quad i \cdot K$$

Eine Wertsteigerung liegt dann vor, wenn gilt : $r > i$.[257]

Das folgende Beispiel in Abb. 10-8 soll diese Aussage demonstrieren.

Ergebnis vor Steuern	180.000	€/Jahr	
Umsatz	3.000.000	€/Jahr	
Kapitalkostensatz	10,50	%	
Ergebnis nach Steuern	117.000	€/Jahr	$(180.000\ € \cdot 35\%)$
Eingesetztes Kapital	1.000.000	€	
Kapitalrendite r	11,70	%	$\left(\dfrac{117.000\ € \cdot 100}{1.000.000\ €}\right)$
Kapitalkosten i	105.000	€/Jahr	$(1.000.000\ € \cdot 10,50\%)$
Wertbeitrag (EVA)	**12.000**	**€/Jahr**	$(117.000\ € - 105.000\ €)$
			$(r > i)\ also\ 11,70\ \% > 10,50\ \%$
			Wertzuwachs

Abb. 10-8:   *Beispiel zur Berechnung des Economic Value Added (EVA)*

---

[257] Bei gemischter Eigen- und Fremdfinanzierung ist wiederum für den Kalkulationszinsfuß i der gewichtete Mischzinssatz WACC zu verwenden.

10.1.3.3   Bereichs- und branchenbezogene Kennzahlen

In der Regel ist es nicht ausreichend, sich auf Kennzahlen für das globale Gesamt-unternehmen zu beschränken. Vielmehr dürfte es zweckmäßiger sein, sämtliche Bereiche, Projekte und Center unter Berücksichtigung ihrer jeweiligen Besonder-heiten separat abzubilden und unternehmenszielkonform zu steuern. Das Control-ling hat demzufolge den internen Entscheidungsträgern mithilfe des betrieblichen Rechnungswesens auch lokale Kenngrößen bereitzustellen. Dies erfordert neben einer ansprechenden Datenerfassung, bspw. im Rahmen einer Centerrechnung ein zeitgemäßes Reportingsystem.

In der Abb. 10-9 werden dazu einige wenige Beispiele gegeben.

A Markt- und Kundenperspektive

• **Marktanteil:**

mengenmäßig

$$\frac{\textit{Absatzmenge eines Anbieters} \cdot 100}{\textit{Gesamtabsatzmenge aller Anbieter der Branche}}$$

wertmäßig

$$\frac{\textit{Umsatz eines Anbieters} \cdot 100}{\textit{Gesamtumsatz aller Anbieter der Branche}}$$

kundenorientiert

$$\frac{\textit{Anzahl der eigenen Kunden} \cdot 100}{\textit{Gesamtzahl aller Kunden der Branche}}$$

• **Preisstellung:**

Allgemein

Mengenmäßig: Anteil des innerhalb des angestrebten Preisbands erzielten Absatzes am eigenen Absatz
Wertmäßig: Anteil des innerhalb des angestrebten Preisbands erzielten Umsatzes am eigenen Umsatz

Preispremium

$$\frac{\textit{wertmäßiger Marktanteil} \cdot 100}{\textit{mengenmäßiger Marktanteil}}$$

Preisnachlassquote

$$\frac{\sum \textit{Preisnachlässe} \cdot 100}{\textit{Umsatz}}$$

• **Kundenbeziehung:**

Kundenakquisitionsrate

$$\frac{\textit{Anzahl neuer Kunden} \cdot 100}{\textit{Anzahl alter Kunden}}$$

Kundenbedeutungsgrad

$$\frac{\textit{Umsatzanteil des Kunden in \%}}{100\,\% \;-\; \textit{Break} - \textit{Even} - \textit{Kapazität in \%}}$$

• **Reklamationsquote:**

Produktbezogen

$$\frac{\textit{Anzahl der reklamierten Produkte oder Dienstleistungen} \cdot 100}{\textit{Anzahl der verkauften Produkte oder Dienstleistungen}}$$

Kundenbezogen

$$\frac{\textit{Anzahl der Kundenreklamationen} \cdot 100}{\textit{Anzahl der Kunden}}$$

• **Misserfolgsquote/ Flop Rate:**

Flop Rate

$$\frac{\textit{Anzahl erfolgloser Produkt} - / \textit{Dienstleistungsinnovationenen} \cdot 100}{\textit{Gesamtanzahl der Produkt} - / \textit{Dienstleistungsinnovationenen}}$$

B Prozessperspektive

● **Projektkennzahlen:**

Schedule Performance Index (SPI)

$$\frac{Earned\ Value \cdot 100}{Planned\ Value} = \frac{Plankosten\ Q^I \cdot 100}{Plankosten\ Q^P}$$

Cost Performance Index (CPI)

$$\frac{Earned\ Value \cdot 100}{Actual\ Cost} = \frac{Plankosten\ Q^I \cdot 100}{Istkosten\ Q^I}$$

Time Estimate at Completion (TEAC)

$$\frac{Time\ at\ Completion\ (urspr\ddot{u}nglicher\ Fertigstellungszeitpunkt)}{Schedule\ Performance\ Index}$$

● **Qualitätskennzahlen:**

Qualitätsquote

$$\frac{Fehlerfreie\ Menge\ der\ Periode \cdot 100}{Gesamtmenge\ der\ Periode}$$

Fehlerquote

$$\frac{Ausschussmenge\ der\ Periode \cdot 100}{Gesamtproduktionsmenge\ der\ Periode}$$

Fehlerfolgen-kostenanteil

$$\frac{Produkt - oder\ kundenbezogene\ Fehlerfolgekosten \cdot 100}{Gesamtproduktionskosten\ des\ Produkts\ /\ des\ Kunden}$$

● **Supply Chain-Kennzahlen:**

Beschaffungseffizienz

$$\frac{Gesamtkosten\ des\ Beschaffungsbereiches\ der\ Periode \cdot 100}{Beschaffungsvolumen\ der\ Periode}$$

Fertigungstiefe

$$\frac{Wertsch\ddot{o}pfung\ der\ Periode \cdot 100}{Gesamtleistung\ der\ Periode}$$

Lieferbereitschaftsgrad

$$\frac{Anzahl\ der\ termingerechten\ Lieferungen\ pro\ Periode \cdot 100}{Gesamtzahl\ aller\ Lieferungen\ der\ Periode}$$

● **Kapazitätskennzahlen:**

Anlagenverfügbarkeit

$$\frac{Maschinenlaufzeit\ der\ Periode \cdot 100}{Gesamte\ Maschinenzeit\ der\ Periode}$$

Anlagenausfallrate

$$\frac{unplanm\ddot{a}\ss{ige}\ Ausfallzeit\ in\ der\ Periode \cdot 100}{Gesamte\ Maschinenzeit\ der\ Periode}$$

Kapazitätsaus-lastungsgrad

$$\frac{Effektive\ Produktions - bzw.\ Arbeitsstunden \cdot 100}{Gesamte\ Produktions - bzw.\ Arbeitszeit} = \frac{Q^I \cdot 100}{Q^P}$$

Engpassbezogener Deckungsbeitrag

$$\frac{dB}{Engpassbeanspruchung\ (l)}$$

- **Prozesskennzahlen:**

Durchlaufzeit   *Be- oder Verarbeitungszeit + Prüfzeit + Transportzeit + Warte- oder Lagerungszeit*

Manufacturing Cycle Effectiveness $\dfrac{Be-oder\ Verarbeitungszeit \cdot 100}{Durchlaufzeit}$

- **Mitarbeiterkennzahlen:**

Überstundenquote $\dfrac{Zahl\ der\ \ddot{U}berstunden\ der\ Periode \cdot 100}{Gesamtzahl\ der\ Normal-Arbeitsstunden\ der\ Periode}$

Auszubildendenquote $\dfrac{Zahl\ der\ Auszubildenden \cdot 100}{Zahl\ aller\ Mitarbeiter\ (Vollzeitkr\ddot{a}fte)}$

Fluktuationsquote $\dfrac{Ausgeschiedene\ Mitarbeiter\ je\ Periode \cdot 100}{durchschnittliche\ Mitarbeiterzahl}$

Mitarbeiterproduktivität $\dfrac{Erfolg\ je\ Periode}{durchschnittliche\ Mitarbeiterzahl}$

- **Innovationskennzahlen:**

Innovationsquote $\dfrac{Umsatz\ mit\ neuen\ Produkten\,/\,Dienstleistungen \cdot 100}{Gesamtumsatz\ der\ Periode}$

Forschungs- und Entwicklungsintensität $\dfrac{Periodenkosten\ f\ddot{u}r\ Forschung-und\ Entwicklung \cdot 100}{Gesamtumsatz\ der\ Periode}$

Break-even-Time   *Zeitpunkt, zu dem die Summe der diskontierten Einzahlungen die Summe der diskontierten Auszahlungen für ein Innovationsprojekt überschreitet.*

Vorschlagsquote $\dfrac{Zahl\ der\ Verbesserungsvorschl\ddot{a}ge\ der\ Periode \cdot 100}{durchschnittliche\ Mitarbeiterzahl\ der\ Periode}$

Abb. 10-9:   Beispiele für ausgesuchte spezielle Kenngrößen[258]

10.2   Traditionelle Kennzahlensysteme

Ein Kennzahlensystem kombiniert zwei oder mehrere Kennzahlen miteinander, die in einer sachlich sinnvollen Beziehung zueinanderstehen, sich gegenseitig ergänzen oder auch erklären. Häufig sind Kennzahlensysteme auf ein übergeordnetes Ziel orientiert (bspw. Gewinnmaximierung). Die Schwierigkeit besteht insbesondere darin, dieses Ziel in einer Spitzenkennzahl auszudrücken.

Im Übrigen gelten die analogen Anforderungen wie an die Kreation einer Einzelkennzahl. Weil Kennzahlensysteme zumeist einen umfassenderen Überblick über wirtschaftliche Gegebenheiten gestatten und damit eine fundierte Informationsplattform für interne Entscheidungsprozesse bieten, gelten sie als vorteilhafter als der Einsatz von separaten Kenngrößen.

---

[258] Vgl. bspw. Krause, H.-U./Arora, D.: (Controlling-Kennzahlen), S. 132 ff.

Der Einsatz von Kennzahlensystemen ist sowohl vergangenheitsbezogen (Istgrö-ßen) als auch zukunftsbezogen (Plangrößen) möglich. Für Zwecke der Wirtschaft-lichkeitskontrolle sind zudem Sollgrößen berechenbar. Des Weiteren sind die Systeme auf das Gesamtunternehmen jedoch auch für Teilbereiche, Prozesse oder die Vorteilhaftigkeit einzelner Investitionen anwendbar.

Kennzahlensysteme sollte deshalb problemgerecht (Diagnose- und Steuerungsin-strument), konsistent (Ursache-Wirkungs-Zusammenhänge), flexibel (Adaptions-fähigkeit), benutzerfreundlich (Standardisierung und Transparenz), glaubwürdig (Akzeptanz) sowie wirtschaftlich konzipiert sein[259].

Entsprechend der Art der Kombination von Einzelkennzahlen lassen sich *Ord-nungssysteme* (empirisches Zusammenfügen von Kennzahlen ohne mathematische Verknüpfung, z. B. Balanced Scorecard) und *Rechensysteme* (Kennzahlen sind derart systematisch verbunden, dass sich Veränderungen einer Kennzahl auf vor-bzw. nachgelagerte Kenngrößen auswirken, z. B. Return on Investment) unter-scheiden.

A   DuPont-System

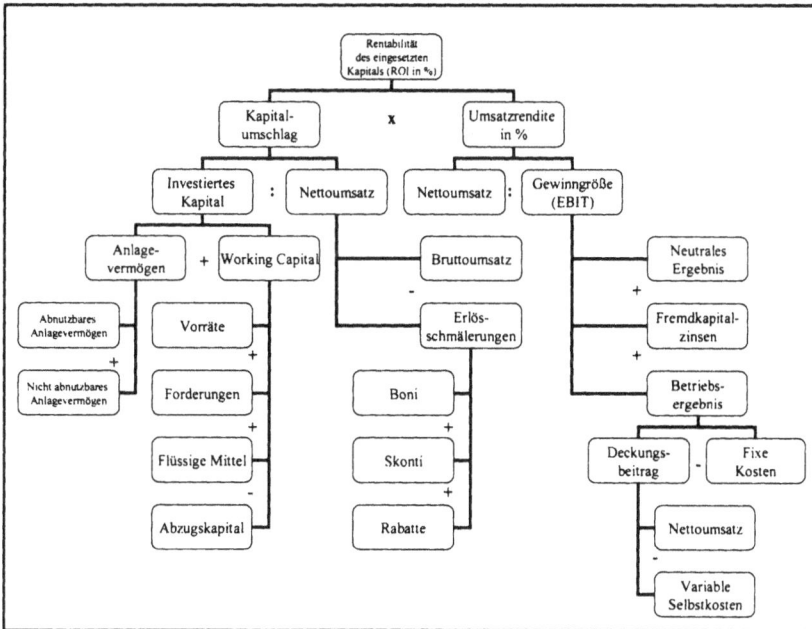

Abb. 10-10:   Beispiel für ein DuPont-Kennzahlensystem[260]

---

[259] Vgl. Reinecke, S./ Geis, G.: (Kennzahlen), S. 280.
[260] In Anlehnung an Horváth, P.: (Controlling), S. 547.

Das vom Chemiekonzern DuPont 1919 entwickelte Kennzahlensystem (vgl. Abb. 10-10) arbeitet mit der Spitzenkennzahl *Return on Investment* $[ROI]$. Es wird damit die Rendite des eingesetzten Kapitals, diese entspricht der Gesamtkapitalrentabilität, favorisiert. Als Gewinngröße gilt der Operating Profit bzw. der Gewinn vor Steuern zuzüglich der Fremdkapitalzinsen:

$$ROI = \frac{Gewinn + Fremdkapitalzinsen}{Gesamtkapital} = \frac{Operating\ Profit}{Gesamtkapital} = \frac{EBIT}{Gesamtkapital}$$

Erweitert man sowohl Zähler als auch Nenner um den Nettoumsatz, dann splittet sich das System in jene zwei Ebenen auf, mit denen die Steigerung des Return on Investment erreicht werden kann:

- Erfolgskomponente der Marktebene, ausgedrückt durch die Umsatzrentabilität $[R_U]$

$$R_U = \frac{EBIT}{Umsatz}$$

- Erfolgskomponente der Finanzebene, ausgedrückt mit dem Kapitalumschlag $[KU]$

$$KU = \frac{Umsatz}{Gesamtkapital}$$

Beide Kennzahlen weisen oftmals, insbesondere auch in Abhängigkeit von der Branche, sehr unterschiedliche Entwicklungen auf. Das folgende Beispiel in Abb. 10-11 soll vereinfachend zeigen, dass sich bei gleich hohen Kapitaleinsätzen die Kennzahlen wiederum kompensieren können. So weisen anlagenintensive Unternehmen zwangsläufig einen niedrigeren Kapitalumschlag als bspw. Dienstleistungsunternehmen auf. Letztere erreichen in der Regel einen höheren Kapitalumschlag als Industrieunternehmen.

$$ROI = R_U \cdot KU = \frac{EBIT}{Umsatz} \cdot \frac{Umsatz}{Gesamtkapital}$$

	Firma A	Firma B
Umsatz in €/ZE	100.000	800.000
Gesamtkapital in €	500.000	500.000
Kosten in €/ZE	60.000	760.000
EBIT in €/ZE	40.000	40.000
Kapitalumschlag	0,2	1,6
Umsatzrendite	0,4	0,05
Return on Investment	0,08	0,08

Abb. 10-11: Beispiel zur Berechnung des Return on Investment

In der Folge sind beide Komponenten in ihre Einflussfaktoren weiter zu analysieren (vgl. nochmals Abb. 10-10). Die Kostenanalyse wird ermöglicht durch die

weitere Auflösung der Umsatzrendite, eine Analyse in das Anlage- und Umlaufvermögen gestattet hingegen die Aufgliederung des Kapitalumschlags.

Aus dieser Untersuchung ergeben sich mannigfaltige Steuerungsmöglichkeiten zur
Erhöhung des ROI. So ist bspw. eine *Verbesserung der Umsatzrendite* über die
Forcierung des Umsatzes, also durch Absatzmengenerhöhung und/oder Preisanhe-
bung sowie mittels variabler und fixer Kostenreduzierung erlangbar.

Eine *Verbesserung des Kapitalumschlags* lässt sich für das Anlagevermögen z. B.
mittels Rationalisierungsmaßnahmen wie Verringerung des eingesetzten Kapitals
bspw. durch Bestandsreduzierung, Verkauf nicht betriebsnotwendigen Anlage-
vermögens, Sale and lease Back-Verfahren oder auch Outsourcing erreichen. Auf
der Seite des Umlaufvermögens wären die Vermietung von Teilkapazitäten, Fac-
toring, ein strafferes Mahnwesen und forciertere Rechnungslegung oder auch die
Optimierung der Lagerhaltung (just-in-time) denkbare Maßnahmen.

Die Vorteile des DuPont-Schemas liegen insbesondere in der Orientierung am
Gesamtunternehmensziel ausgedrückt in einer Rentabilitätsgröße, der Einsatzmög-
lichkeit in dezentralen Strukturen, dem einfachen und verständlichen Aufbau, der
Präzision des Zahlenwerkes und der Benchmarkfähigkeit. Insgesamt garantiert
damit dieses System einen wirtschaftlichen Einsatz als Controllingwerkzeug.

Als Nachteile werden indes häufig benannt[261]: fehlende Mitarbeiter- und Kundenorientierung, Missachtung qualitativer bzw. nicht-monetärer Einflussfaktoren,
keine strategische Komponenten zur Unternehmenssteuerung, mangelnde Berücksichtigung von Innovationen wie bspw. Aufwand für Forschung und Entwicklung,
keine Beachtung von prozessorientierten und umfeldgeprägten Aspekten sowie zu
starke Orientierung am kurzfristigen Erfolg eines Unternehmens. Zudem wird
angeführt, dass die dezentrale Ausgestaltung für einzelne Bereiche zu Suboptima
führen könne.

B   ZVEI-Kennzahlensystem[262]

Dieses System[263], ebenso ein Rechensystem, entstammt der Praxis und muss als
überaus detailliert und umfangreich beschrieben werden. Insgesamt beinhaltet es
fast 200 Kennzahlen. Als Spitzenkennzahl fungiert die Eigenkapitalrendite; das
Unternehmenswachstum gilt als wichtiger Erfolgsindikator. Dabei konzentriert es
sich das System zum einen auf die

- Wachstumsanalyse und zum anderen
- auf die Strukturanalyse.

Die *Wachstumsanalyse* gibt einen Gesamtüberblick über absolute Einzelzahlen
wie Anfangsbestand, Umsatzerlöse, EBIT, Jahresüberschuss, Cashflow, Ergebnis
der gewöhnlichen Geschäftstätigkeit oder Betriebsergebnis, Personalaufwand,

---

[261] Vgl. dazu insbesondere Horváth, P.: (Controlling), S. 549.
[262] ZVEI: Zentralverband der Elektrotechnik- und Elektroindustrie
[263] Vgl. Horváth, P.: (Controlling), S. 554.

Wertschöpfung und Personal. Diese Aussagen werden im Zeitvergleich zu Vorperioden dargestellt und bieten einen Einstieg in die Unternehmensanalyse.

Hingegen widmet sich die *Strukturanalyse* (vgl. Abb. 10-12) einer umfassenden Erhebung unternehmensbezogener Periodendaten und ihrer Auswertung. Beginnend mit der *Eigenkapitalrentabilität als Spitzenkenngröße* werden Informationen zu Rentabilität, Liquidität, Ergebnis, Vermögen, Kapital, Finanzierung/Investition, Umsatz, Ertrag, Aufwand, Leistung, Kosten und Produktivität zur Verfügung gestellt. Hierbei sind die absoluten Kenngrößen in Bestandszahlen (z. B. Anfangsbestand Lager Fertigerzeugnisse) und Bewegungszahlen (z. B. Umsatz) einteilbar.

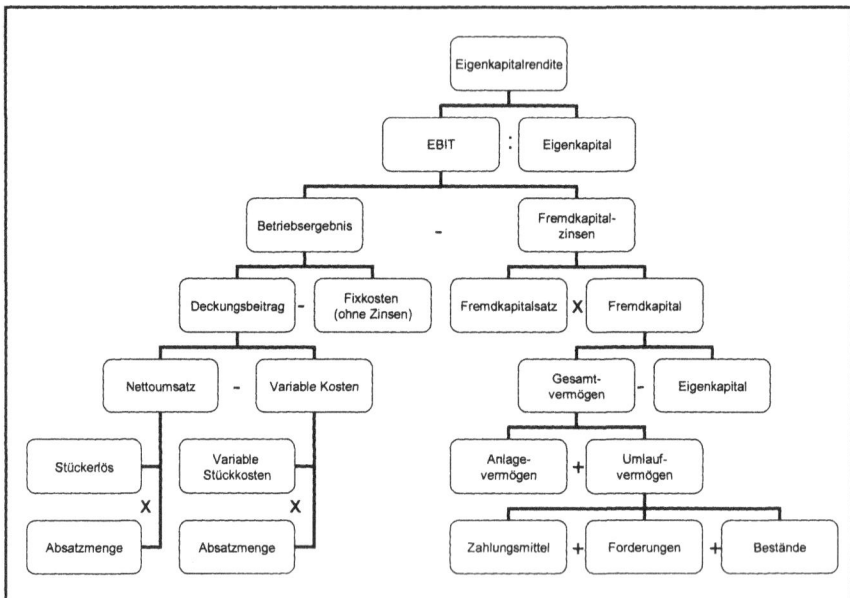

Abb. 10-12:   *Auszug aus dem ZVEI-Kennzahlensystem*[264]

Ferner unterscheidet das ZVEI-System in Hauptkennzahlen, welche in den folgenden Schritten weitergehend analysiert werden können (bspw. Eigenkapital), und in Hilfsgrößen (bspw. Umsatz). Diese dienen lediglich zur näheren Erläuterung der Kennzahlen und müssen nicht weiter aufgesplittet werden. Betrachtet man allerdings gerade die Umsatzgröße, so wäre es zur Steuerung des Unternehmens interessant, mit welchen Produkten man in konkreten Absatzgebieten und gekennzeichneten Kundengruppen Umsätze erzielt hat. Eine mehrdimensionale Analyse sollte demnach, Analoges gilt im Übrigen auch für das DuPont-Schema, angestrebt werden.

---

[264] Vgl. bspw. Horváth, P.: (Controlling), S. 554.

Zusammengefasst ist festzuhalten, dass im ZVEI-System die Spitzenkennzahl Eigenkapitalrendite in ihre Elemente aufgespaltet wird. Ursache-Wirkungszusammenhänge werden mithilfe von Verhältniszahlen, die mathematisch verknüpft sind, dargestellt. Die Kombination der Hauptzahlen erfolgt durch Hilfszahlen.

Das ZVEI-System eignet sich insbesondere für Zeit- und Betriebsvergleiche (Benchmarking), da es die Planung und Bestimmung relevanter ausgewählter Zielgrößen erlaubt. Entgegen dem DuPont-Schema integriert es den operativen und finanziellen Leverageeffekt und berücksichtigt deshalb die Kapazitätskosten, also langfristige Fixkosten, die i.d.R. durch Fremdkapital gegenfinanziert sind in besonderer Weise.

Einerseits gilt es, den *Financial-Leverage* (vgl. Abschnitt 7.8.1.1) als Hebeleffekt der Kapitalstruktur zu beachten:

$$r_{EC} = r_i + \frac{FC}{EC} \cdot (r_i - r_{FC}).$$

Andererseits bildet dieses System auch den *Operational-Effekt*, also den Hebeleffekt der Kostenstruktur ab, indem das Verhältnis zwischen fixen und variablen Kosten Beachtung findet.

Man kann davon ausgehen, dass mit Fixkostenerhöhung auch die Fremdkapitalhöhe im Unternehmen steigt. Investitionen mit dem Ziel der Kapazitätserhöhung bewirken zum einen den Anstieg fixer Kosten und des Fremdkapitals, eröffnen zum anderen aber auch die Chance eines Umsatzwachstums. Solange der Markt den Absatzanstieg bei zusätzlicher Kapitalaufnahme honoriert, gewinnt das Unternehmen durch Zunahme der Eigenkapitalrendite.[265] Das in Abb. 10-13 aufgeführte Beispiel soll diese Aussage belegen. Es zeigt im Vergleich die Wirkung auf die Spitzenkennzahl bei Umsatzrückgang für ein Unternehmen mit positivem Verschuldungsgrad sowie niedrigem Fixkostenanteil und einem Unternehmen mit hohem Verschuldungsgrad und sehr ungünstigem Fixkostenanteil.

Als vorteilhaft gegenüber dem DuPont-Schema wird die Abkehr von der Monozielsetzung benannt. Das ZVEI-System bildet das Unternehmen sehr komplex und umfassend ab. Es bedient sich zudem einer ausführlichen Dokumentation (Formblätter) jeder einzelnen Kennzahl. Allerdings beschränkt es sich auch nur auf quantitativ erfassbare Daten. Strategische Momente sind auch in diesem System nur äußerst partiell erkennbar (bspw. Analyse von Fixkostenschichten). Die Steuerung eines Unternehmens mit derart vielen Kennzahlen dürfte der Motivation und Akzeptanz bei den Mitarbeitern nicht immer zuträglich sein. Der Erfassungs- und Aufarbeitungsaufwand der notwendigen Input-Daten sowie die Weitergabe und Auswertung der Kennzahlen lässt auf einen extrem hohen Verwaltungsaufwand schließen.

---

[265] Vgl. dazu weiterführend bspw. Lohmann, K.: (Kapazitätswirkungen), S. 171 ff.

	Unternehmen 1		Unternehmen 2	
	Fall A	Fall B *Umsatz- rückgang um 20%*	Fall C	Fall D *Umsatz- rückgang um 20%*
Eigenkapitalrendite in %	20,00	5,60	20,00	- 2,40
Fixkosten in €/ZE	50.000	50.000	70.000	70.000
Variable Kosten in €/ZE	120.000	96.000	80.000	64.000
Kostenverhältnis	0,42	0,52	0,875	1,09
Fremdkapital in €/ZE	100.000	84.000	300.000	284.000
Eigenkapital in €/ZE	100.000	100.000	100.000	100.000
Verschuldungsgrad	1,00	0,84	3,00	2,84
EBIT in €/ZE	20.000	5.600	20.000	- 2.400
Betriebsergebnis in €/ZE	30.000	14.000	50.000	26.000
Deckungsbeitrag in €/ZE	80.000	64.000	120.000	96.000
Zinsaufwand in €/ZE	10.000	8.400	30.000	28.400
Fremdkapitalsatz in %	10	10	10	10
Umsatz in €/ZE	200.000	**160.000**	200.000	**160.000**
Erlös in €/LE	10	10	10	10
Absatzmenge in LE/ZE	20.000	16.000	20.000	16.000
Gesamtvermögen in €/ZE	200.000	184.000	400.000	384.000
Anlagevermögen in €/ZE	100.000	100.000	300.000	300.000
Umlaufvermögen in €/ZE	100.000	84.000	100.000	84.000
Zahlungsmittel in €/ZE 0,025 x Umsatz	5.000	4.000	5.000	4.000
Forderungen in €/ZE 0,125 x Umsatz	25.000	20.000	25.000	20.000
Bestände 0,25 x Umsatz + 20.000 €	70.000	60.000	70.000	60.000

Abb. 10-13:   Beispiel zum ZVEI – Kennzahlensystem

C   Rentabilitäts-Liquiditäts-Kennzahlensystem

Dieses von *Reichmann*[266] entwickelte *Ordnungssystem* orientiert sich an den Unternehmenszielen Erfolg sowie Liquidität und arbeitet deshalb mit den Spitzenkennzahlen *ordentliches Ergebnis nach Steuern* und *liquiden Mitteln*. Für beide Zielgrößen sind empirisch abgeleitete Kennzahlen erfasst, eine mathematische Verknüpfung dieser findet sich dabei zumeist nicht. Die Auswahl und Anordnung der Kennzahlen folgt Plausibilitätsüberlegungen.

Das System gliedert sich entsprechend der beiden Spitzenzahlen in zwei Bestandteile. Für die Zielgröße *ordentliches Ergebnis* wird einerseits ein allgemeiner Analyseteil angeboten, in dem das Ergebnis unternehmensübergreifend analysiert wird und bei Bedarf für das Benchmarking mit anderen Firmen genutzt werden kann. Des Weiteren schließt sich ein Sonderteil mit detaillierten Informationen zum Betriebserfolg wie

---

[266] Vgl. Reichmann, Th.: (Kennzahlen), S. 32 ff.

bspw. zum Produkterfolg, den Kostenstrukturen oder auch zu Deckungsbeiträgen (vgl. Abb. 10-14) an. Die Zielgröße *liquide Mittel* wird andererseits in einer isolierten Analyse in den Cashflow und das Working Capital aufgelöst.

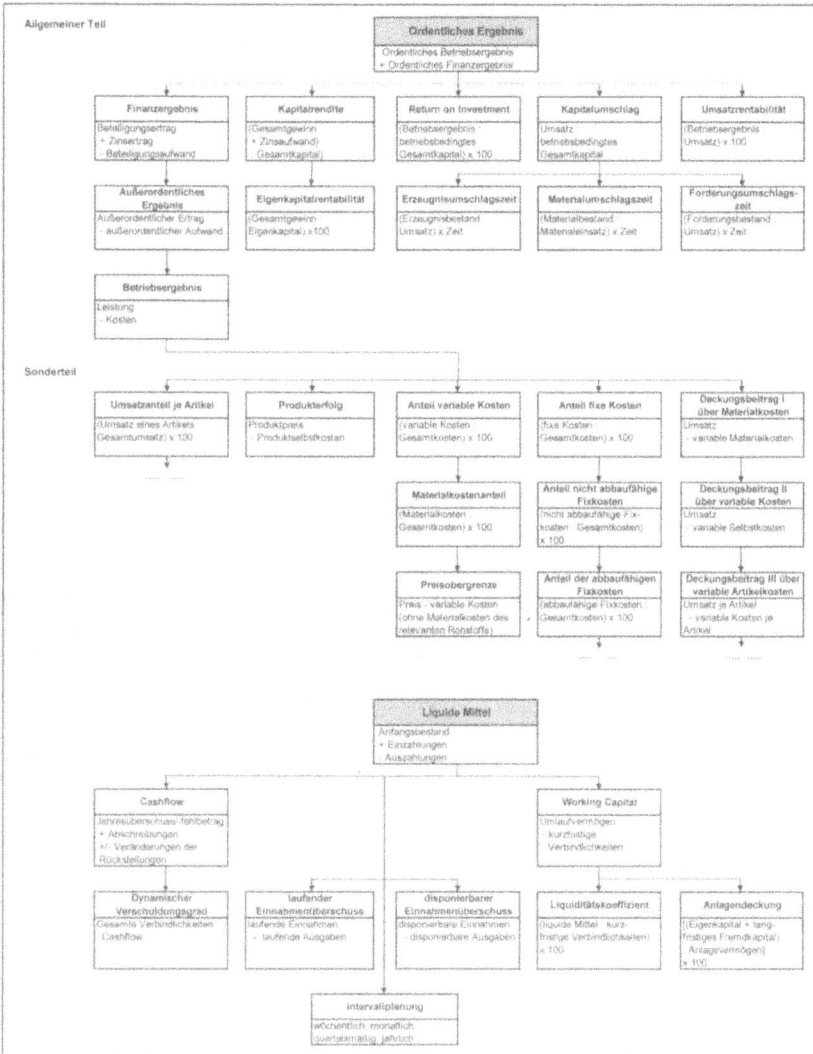

Abb. 10-14: *Rentabilitäts-Liquiditäts-Kennzahlensystem*[267]

Als vorteilhaft an dieser Vorgehensweise sind die dual gewählten Spitzenkennzahlen Liquidität und Erfolg, die dem System innewohnende Flexibilität bedingt durch die fehlende strenge mathematische Verknüpfung, die Komplexität sowie die Möglichkeit der individuellen Angaben zu Produkterfolgen, Preisgrenzen usw. anzuführen. Die Flexibilität ermöglicht bei internen und externen Veränderungen

---

[267] Vgl. Reichmann, Th.: (Kennzahlen), S. 34 f.

die Aufnahme oder die Streichung von Kennzahlen im System. Als besonders positiv kann die Kostenanalyse bezogen auf die Fixkosten herausgestellt werden. So offeriert dieses System z. B. Informationen über abbaufähige und nicht abbaufähige Kapazitätskosten.

Hingegen wird aufgrund des induktiven Vorgehens bemängelt, dass es dem System an Klarheit fehle. Die Komplexität und die zweifelsfrei dargestellten Ursache-Wirkungsbeziehungen könnten die Aussagefähigkeit beeinträchtigen[268]. Interpretationsspielräume und Plausibilitätsüberlegungen beeinflussen ggf. die Akzeptanz der angebotenen Informationen negativ.

10.3   Performance Measurement-Systeme

10.3.1   Überblick

10.3.1.1   Aktuelle Bedeutung

In klassischen Kennzahlensystemen dominieren finanzielle Größen sowie die Ausrichtung auf operative Ziele. Der Fokus liegt auf komprimierbaren, quantitativ erfassbaren Daten. Die Einbeziehung qualitativer Stellgrößen sowie die Forcierung zu Leistungsverbesserungen bleiben klassische Systeme weitestgehend schuldig. Des Weiteren finden Erfolgspotenziale, wie bspw. die Integration innovativer Prozesse oder auch motivierter Mitarbeiter, keine Beachtung. Deshalb leisten diese Systeme keinen befriedigenden Beitrag zur Managementunterstützung bei der Strategieumsetzung.

Aus diesen Gründen haben sich seit Mitte der 1980iger Jahre neue Ansätze der Leistungsmessung und –bewertung mithilfe von Kennzahlen, i.d.R. bezeichnet mit „Performance Measurement" etabliert[269]. Als maßgebliche Impulse für ihre Entwicklung gelten:

- Grenzen der einseitigen Ausrichtung auf das Kostenmanagement
  Die zumeist dominante Ausrichtung der Unternehmen auf Kostenaspekte stößt an ihre Grenzen. So wird erkennbar, dass die Motivationsfunktion des Controllings allein mit Kostenreduzierungsansprüchen zunehmend nicht erfüllt werden kann.
- Fehlende strategische Orientierung klassischer Kennzahlensysteme
  Eine zeitgemäße Unternehmenssteuerung verlangt eine harmonische Abstimmung zwischen operativen und strategischen Zielen und deren übereinstimmende Umsetzung. Es bedarf eines Konzeptes, welches die Strategie in das Alltagsgeschäft übersetzen kann[270].

---

[268] Vgl. Küpper, H.-U.: (Aufgaben), S. 412.
[269] Vgl. bspw. Horváth, P.: (Controlling), S. 562.
[270] Vgl. Probst, H.-J.: (BSC), S. 7.

- Notwendigkeit einer integrierten, gesamtheitlichen und prozessorientierten Unternehmenssteuerung
  Die rasanten Veränderungen des Unternehmensumfeldes sowie die daraus resultierenden permanenten Anforderungen an das Change-Management, bspw. bezogen auf die gesamtunternehmerischen Prozesse, erfordern eine Qualifikation der vorhandenen Steuerungs- und Informationssysteme.
- Orientierung auf wertorientierte Stellgrößen
  Das externe Berichtswesen fokussiert neben den gesetzlichen Vorlagen immer mehr auf das Value Reporting, um den Wert des Unternehmens externen Adressaten wie dem Kapitalmarkt zu signalisieren.
  In diesem Zuge steigen die Anforderungen an das Controlling an ein Value Reporting[271] oder auch Business Reporting, außerdem nimmt auch die Berichtsfrequenz (bspw. Quartalsberichte) zu.
- Einbeziehung von Erfolgspotenzialen
  Unternehmen müssen zunehmend erkennen, dass individuelle Mitarbeiterkompetenzen zur Forcierung des Shareholder-Value[272] beitragen. Dieser Effekt ist bspw. durch soziale Kompetenzen wie z. B. firmeneigene Kindertagesstätten und ethisch orientiertes Handeln stimulierbar.
- Internationalisierung der Rechnungslegung
  Bedingt durch die Einführung der IFRS für die Konzernrechnungslegung kommt es zu einem stärkeren kapitalmarktorientierten Rechnungswesen. In der Folge rücken Daten des externen Rechnungswesens zur Planung, Steuerung und Kontrolle offensiver in den Fokus des Controllings. Die Anforderungen an die Segmentberichterstattung[273] forcieren zudem das Management Approach.
- Gestiegene Anforderungen an ein Risikocontrolling
  Die in traditionellen Systemen favorisierte periodenerfolgsorientierte Steuerung der Eigenkapitalrendite bedarf einer Erweiterung auf mehrperiodische Betrachtungen, die barwertbasiert sein müssen. Diese Sichtweise ist Bestandteil des Value Controllings[274].

Zusammenfassend stellt das Performance Measurement ein Subsystem des Controllings dar. Das Controlling verantwortet die Koordination des Steuerungssystems eines Unternehmens in seiner Gesamtheit. Weil sich das Performance Measurement der Leistungsmessung widmet, liefert es einen unerlässlichen Beitrag für das Controlling[275] und wird im Folgenden als Controllinginstrument interpretiert.

---

[271] Vgl. bspw. Horváth, P.: (Reporting), S. 43 ff.

[272] Vgl. bspw. Körnert, J./Wolf, C.: (Shareholder Value-Konzept), S. 133 f.

[273] Vgl. bspw. Franz, K.-P./Winkler, C.: (Unternehmenssteuerung), S. 87 ff.

[274] Vgl. bspw. Schierenbeck, H./Lister, M.: (Value Controlling), S. 115 sowie Beinhauer, Ch./Filiz, A.: (Risikomanagement), S. 85.

[275] Vgl. Horváth, P./Seiter, M.: (Performance Measurement), S. 394.

10.3.1.2   Verbindung zwischen Strategie und Operative

Entgegen klassischer Kennzahlensysteme erfordert die Implementierung von Performance Measurement-Systemen eine umfängliche Abstimmung zwischen strategischen und operativen Abläufen im Unternehmen (vgl. Abb. 10-15), um damit wiederum eine allgemein akzeptierte Spitzenkennzahl sowie komplementäre Kennzahlen für sämtliche untergeordnete Hierarchieebenen, Projekte und Prozesse ableiten zu können.

Es geht letztlich darum, die Leistungsfähigkeit eines Unternehmens zu verbessern. Einerseits sind durch Planung und Kontrolle der eingesetzten Ressourcen Kosten zu reduzieren, andererseits sind mittels konsequenter Kundenorientierung die Kundenzufriedenheit und somit die Erlöse zu forcieren.

Das *Unternehmensleitbild* gibt eine klare und bewusste Orientierung für das effektive Handeln zur Zielerreichung *(„Doing the right things")* und muss die Mission, die Vision und die Unternehmensphilosophie integrieren. Die Leitidee gibt den Sinn und die Vision wieder und drückt aus, welcher Nutzen für den Kunden, den Markt und die Gesellschaft entsteht.

Die *Mission* bezeichnet den Zweck unternehmerischen Handelns, also letztlich das Kerngeschäft und damit die zulässigen Aktionsfelder des Unternehmens. Mit der *Unternehmensvision* (bspw. „Menschen glücklicher zu machen", Walt Disney) formuliert man, was das Unternehmen auf lange Sicht zukünftig erreichen möchte. Das Motto muss prägnant, kurz sowie leicht zu merken sein und sich von anderen Unternehmen zweifelsfrei unterscheiden. Eine unternehmerische Vision bedeutet im Grunde, einen faszinierenden Wunsch oder Traum für das Unternehmen bildhaft zu kommunizieren. Sie nutzen der Motivation und dem Engagement der Mitarbeiter und fördern das Vertrauen und die Identität bei den Mitarbeitern und Geschäftspartnern positiv[276]. Visionen sind als orientierende Basis mit den grundlegenden Prinzipien und Werten des Unternehmens, also dem *Leitbild*, zu verschmelzen. Auf diese Weise soll es gelingen, eine transparente Unternehmenskultur zu etablieren.

---

[276] Vgl. Baum, H.-G./Coenenberg, A. G./Günther, Th.: (Strategisches Controlling), S. 11.

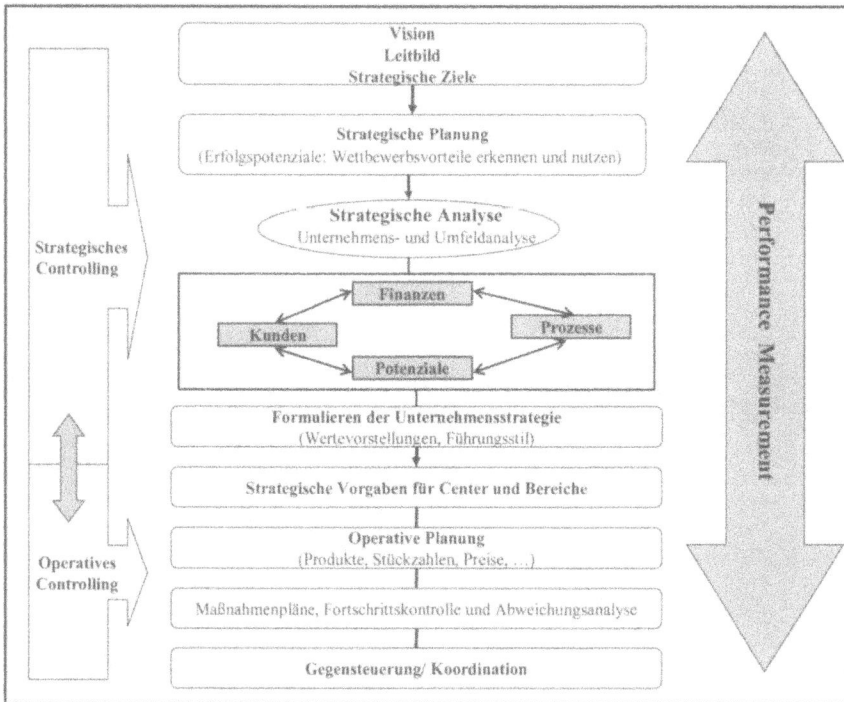

Abb. 10-15: Performance Measurement als Teilaspekt des Controllings

Zur Umsetzung dieser Grundsätze ist eine *Strategie* zur dauerhaften Existenzsicherung des Unternehmens zu entwickeln. Deren Formulierung erfordert von der strategischen Planung eine umfassende Umfeld- und Unternehmensanalyse. Mittels der Umfeldanalyse (vgl. Abb. 10-16) in den Rubriken rechtlich (z. B. Gesetzgebung Bund und Länder, Verordnungen usw.), ökonomisch (z. B. Zinsentwicklung, Inflationsrate, Bevölkerungsentwicklung), ökologisch (z. B. Nachhaltigkeit, Qualität des Luftraums), gesellschaftlich (z. B. kulturelle Werte und Normen, Bildungssystem) und technologisch (z. B. Weiterentwicklungspotenzial relevanter Techniken, konkurrierende technische Verfahren) sind zukünftige *Chancen und Risik*en des Unternehmens herauszuarbeiten.

Hingegen zielt die Unternehmensanalyse auf das Identifizieren der *Stärken und Schwächen* des Unternehmens ab. Es geht dabei um eine möglichst objektive Einschätzung der Unternehmenssituation anhand quantitativer Informationen, insbesondere auf dem Rechnungswesen basierend, sowie qualitativer Angaben. Im Ergebnis der Unternehmensanalyse sollten strategische Potenziale ermittelt, bewertet und visualisiert sein. Die *Wertkette nach Porter* (vgl. Abb. 10-17) bietet zur Durchführung der Unternehmensanalyse wertvolle Hilfestellungen.

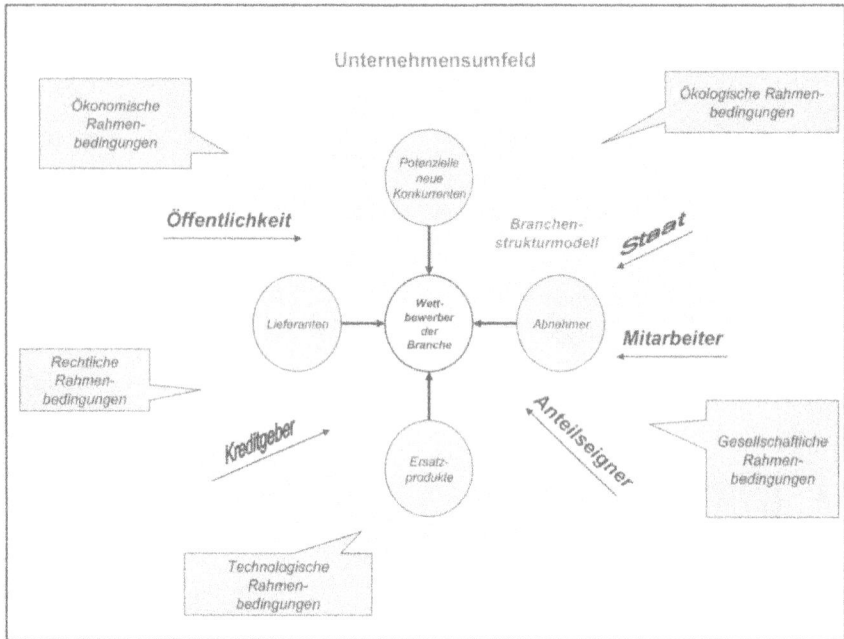

Abb. 10-16:   Einflussfaktoren auf die Umfeldanalyse eines Unternehmens

Primäre Aktivitäten		Unterstützende Aktivitäten	
Eingangslogistik	Annahme, Lagerung, Distribution von Inputs für das Produkt	Unternehmens-infrastruktur	Geschäftsführung, Rechnungswesen, Controlling usw.
Operations	Prozessschritte: Fertigung, Montage, Verpackung usw.	Personal-wirtschaft	Rekrutierung, Ausbildung, Fortbildung
Marketing und Vertrieb	Konzepte zur Absatzsteigerung wie Werbung, Außendienst, Vertriebswege, Preisgestaltung usw.	Technologie-entwicklung	Produkt- und Verfahrens-verbesserungen
Ausgangs-logistik	Aktivitäten am Fertigprodukt, Auslieferung, Auftragsabwicklung	Beschaffung	Einkauf von bspw. Maschinen, Dienstleistungen, Büro- und Geschäftsausstattung
Kundendienst	Produktbezogene Dienstleistungen wie Installation, Reparatur, Beratung		

Abb. 10-17:   Ermittlung der strategischen Potenziale nach Porter[277]

---

[277] Vgl. Porter, M. E.: (Wettbewerbsvorteile), S. 62.

Die SWOT-Analyse[278], eine der wohl bekanntesten Werkzeuge zur Identifikation von Stärken und Schwächen eines Unternehmens, erarbeitet die kritischen Erfolgsfaktoren (z. B. Mangel an Fachkräften, Notwendigkeit innovativer Technologien) und dient zur nachhaltigen Entwicklung schlagkräftiger Handlungskompetenz für die langfristige Unternehmensexistenz (vgl. Abb. 10-18).

	Ergebnis der Unternehmensanalyse	
	Stärken (Strengths)	Schwächen (Weaknesses)
Ergebnis der Umfeldanalyse		
Chancen (Opportunities)	Einsatz der Stärken des Unternehmens zur Ausnutzung der Chancen des Unternehmensumfeldes (Wachstumsstrategie)	Überwindung der Schwächen des Unternehmens durch Ausschöpfung der Chancen des Unternehmensumfeldes
Risiken (Threats)	Einsatz der Stärken des Unternehmens zur Reduzierung der Risiken des Unternehmensumfelds	Minimierung der Schwächen des Unternehmens und der Risiken des Unternehmensumfeldes (Defensivstrategie)

Abb. 10-18:   *SWOT-Analyse (Strengths-Weaknesses-Opportunities-Threats)*[279]

Im Ergebnis der Analyse muss das Unternehmen konkret festlegen, mit welcher Strategie (vgl. Abb. 10-19) es zukünftig sein Unternehmensziel erreichen will. Das Unternehmensziel drückt messbar aus, was ganz konkret in den kommenden 5-10 Jahren erreicht werden soll.

Nach Festlegen der Unternehmensstrategie gilt es, diese für Center und Bereiche herunterzubrechen und funktional zuzuschneiden. In der Verantwortung der einzelnen Führungskräfte liegt es dann, operative Umsetzungsstrategien im typischerweise Einjahresrhythmus (vgl. Abschnitt 11) zu erarbeiten und konkrete *Maßnahmen* abzuleiten. Dabei sollte auch im operativen Bereich, also im Alltagsgeschäft, jeder Mitarbeiter zur Umsetzung der Vision motiviert werden.

Das Performance Measurement mit seinen Tools Balanced Scorecard $[BSC]$ und Tableau de Bord $[TdB]$ bietet dafür durch Verfassen von operativen und strategischen Kennzahlen, abgebildet in Ursache-Wirkungszusammenhängen, maßgebliche Unterstützung.

---

[278] Vgl. bspw. zur SWOT-Analyse und weiteren Werkzeugen wie Gap-Analyse. PEST-Analyse. Lebenszyklusanalyse bspw. Reinecke, S./Janz, S.: (Marketingcontrolling). S. 117 ff. und Kreikebaum, H. (Unternehmensplanung), S. 43 ff.

[279] Vgl. Baum, H.-G./Coenenberg, A. G./Günther, Th.: (Strategisches Controlling). S. 72.

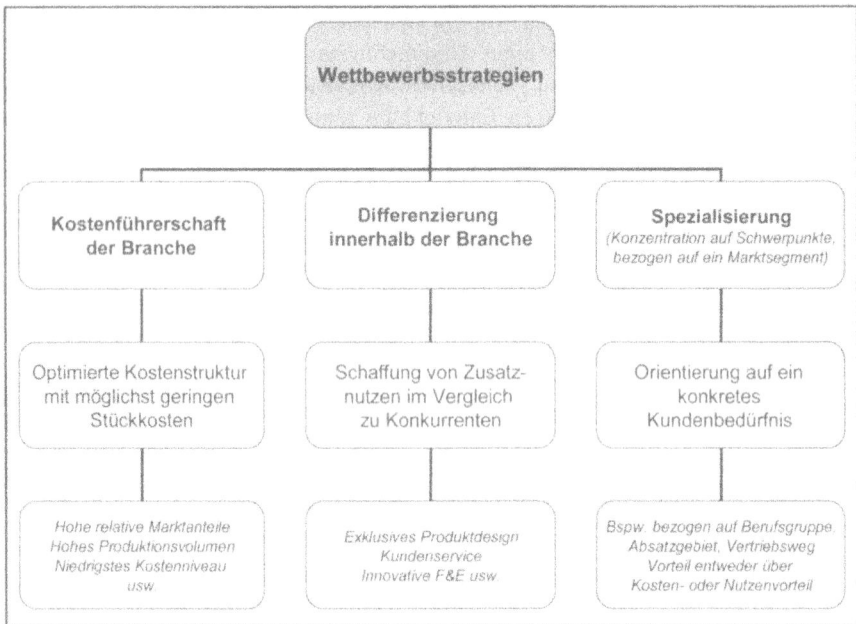

Abb. 10-19:   *Wettbewerbsstrategien nach Porter[280]*

10.3.2   Balanced Scorecard (BSC)

Die BSC, entwickelt von *Kaplan/Norton*[281] dient als Führungsmethode zur zielorientierten Koordination von Organisationen im Interesse eines gemeinsamen Ziels,
die auf allen Hierarchieebenen Anwendung findet. Sie richtet sich zum einen auf
die Messung und Kommunikation erfolgskritischer Größen und zum anderen auf
das Veranlassen von Aktionen und Maßnahmen. Basis für eine BSC bildet die
Strategie des Unternehmens, welche mittels Zielen und Indikatoren bzw. Erfolgsfaktoren über sämtliche Organisationsebenen transportiert wird.

Im Grunde gibt es für das Kreieren einer BSC kein Referenzmodell, sondern es
finden sich lediglich eine Anzahl von Empfehlungen[282]. Letztlich ist jede BSC ein
Unikat. Als die gängigsten Schritte gelten:

*   Version identifizieren (z. B. „Freude am Fahren", BMW),
*   Strategie unverkennbar definieren und in einer Strategy Map abbilden (z. B.
    Differenzierungsstrategie),
*   Perspektiven darstellen (z. B. Finanzen, Kunden, Mitarbeiter, Prozesse),
*   Erfolgsfaktoren/Indikatoren festlegen (z. B. Erfolg, Kapitalnutzen, Kundenzu-
    friedenheit, Mitarbeiterkompetenz, Prozessorientierung),

---

[280] Vgl. Porter, M. E.: (Wettbewerbsstrategie), S. 69 f.
[281] Vgl. Kaplan, R. S./ Norton, D. P.: (BSC), S. 5 ff.
[282] Vgl. z. B. Weber, J./Schäffer, U.: (BSC), S. 68 ff.

- Kennzahlen definieren (z. B. Economic Value Added, durchschnittliche Lieferzeiten, Customer Lifetime Value/Kundenwert[283], Schulungsquote, Durchlaufzeit),
- Maßnahmenpläne erstellen (z. B. Einführung eines Prozessmanagements, Ausbau des Beschwerdemanagements und Etablieren eines Kundenportals, Kooperationsvertrag mit Hochschulen abschließen),
- System der BSC weiterentwickeln (z. B. Abstimmung zwischen BSC und Budgetierung verbessern, Informationsbedarfsanalysen zur Akzeptanz von Kennzahlen).

Nachfolgend seien einige ausgewählte Aspekte zu den einzelnen Schritten aufgeführt. Primär ist die Strategie in einer *Strategy Map* darzustellen. Diese repräsentiert die Strategie visuell. Im Konzept der BSC werden traditionelle finanzielle Kennzahlen durch zumeist drei Perspektiven, insbesondere die Kundenperspektive, die Prozessperspektive und die Mitarbeiterperspektive ergänzt. Es sei jedoch betont, dass die Auswahl der Perspektiven vor allem in Abhängigkeit von der Branche getroffen werden muss. Hierbei sind die Unternehmen frei in ihrer Ausprägung und ihrer Anzahl der Perspektiven. Das in der Fachliteratur am häufigsten vorgestellte Modell zeigt Abb. 10-20.

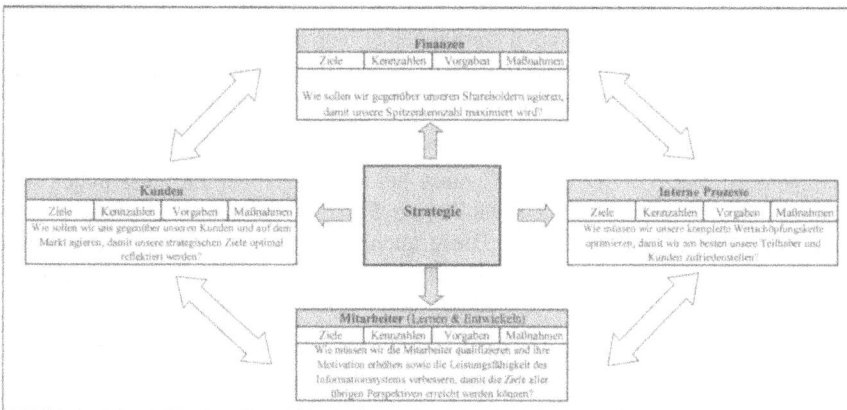

Abb. 10-20: *Perspektiven nach Kaplan/Norton*[284]

Die Strategy Map zeigt nun auf, wie die Ziele der vier Perspektiven kombiniert und in die Strategie integriert werden. Entsprechend den Zielsetzungen der jeweiligen Perspektiven werden Messgrößen (ca. insgesamt 20–30) definiert, die zueinander in klaren Ursache-Wirkungs-Beziehungen stehen und die Bedeutung der Unternehmensstrategie vermitteln. *Messgrößen* spiegeln wider, wie die gewünschten Ergebnisse der Kunden- und Finanzperspektive mit Leistungen der kritischen internen Prozesse (bspw. Kunden- oder auch Produktionsmanagement) verbunden

---

[283] Customer Lifetime Value = Summe aller Barwerte (also Kapitalwert) des Kunden über die gesamte Lebensdauer.

[284] Vgl. Kaplan, R. S./ Norton, D. P.: (BSC), S. 9 sowie Weber, J./Schäffer, U.: (BSC), S. 4.

werden. Bedingt durch diese Prozesse wird dann der Wertbeitrag des Unternehmens geschaffen, welcher wiederum an die Kunden kommuniziert wird. Dadurch forciert man die monetären Ziele der Finanzperspektive. Zusammenfassend sollte die Kausalkette aller Kennzahlen der Scorecard mit den finanziellen Zielen des Unternehmens verbunden sein.

Letztlich soll die Strategy Map auch die spezifischen Fähigkeiten einer Organisation (also Human-, Informations- und Organisationskapital) abbilden.[285] Als positiv ist herauszustellen, dass die Ursache-Wirkungs-Ketten eine weitreichende Bedeutung für die Unternehmenskommunikation einnehmen. Hingegen vermitteln sie aufgrund der relativ simplen Abbildung linearer Zusammenhänge unter Umständen die Illusion einer einfachen Umsetzbarkeit und komplizieren damit das Denken in langfristigen Effekten operativen Handelns[286].

Auf Basis der Strategy Map (vgl. Abb. 10-21) sind die Ziele in die Perspektiven der Scorecard zu übernehmen. Entsprechend des Ziels der Perspektive sind Kennzahlen, konkrete Sollvorgaben zu den Kennzahlen und Maßnahmen zu dokumentieren. Eine gute BSC besteht aus der richtigen Mischung zwischen Ergebniskennzahlen (Spätindikatoren) und Leistungstreibern (Frühindikatoren), die präzise auf die Strategie abgestimmt sind.[287] Eine Kennzahl gehört also nur dann in die BSC aufgenommen, sollte sie ein strategisches Ziel messen.

Indikatoren bzw. Kennzahlen sind sowohl zukunftsorientiert in Form einer Planzahl und/oder Sollzahl als auch vergangenheitsorientiert, ausgedrückt in einer Istzahl, zu dokumentieren. *Spätindikatoren* sind zumeist traditionelle finanzielle Zahlen, welche die sogenannten „Hard Facts" wie EVA, Rentabilität, Cashflow, Forderungsbestand oder Deckungsbeitrag symbolisieren.

Als zweifelsfreier Vorzug der BSC muss herausgestellt werden, dass neben den quantitativen Kenngrößen auch qualitative Faktoren, sogenannte „Soft Facts" gleichermaßen Beachtung finden. Diese auch als *Frühindikatoren* bezeichneten Kenngrößen drücken zumeist eine Besonderheit der Geschäftseinheit aus (bspw. Image, Mitarbeiterzufriedenheit, Qualität des Dienstleistungsmanagements).

Beide Formen von Indikatoren (vgl. Beispiel Abb. 10-21 und Abb. 10-22) beeinflussen den Geschäftserfolg maßgeblich. Aus diesem Grunde wird empfohlen, den weichen Faktoren die gleiche Aufmerksamkeit im Controlling, bspw. bezogen auf die Planung, die Kontrolle, das Reporting und die Steuerung zuteilwerden zu lassen, wie den vermeintlich harten Faktoren.

Dieses Vorgehen gestattet im Anschluss die *Ableitung von Maßnahmenplänen* (vgl. nochmals Abb. 10-21) je Perspektive. Wichtige Schritte sind hierbei:

- das Definieren von Planwerten,
- das Bestimmen von Maßnahmen zum Erreichen dieser Planwerte,
- das Festlegen von Verantwortlichkeiten für die Durchsetzung der Maßnahmen,

---

[285] Vgl. Kaplan, R. S./Norton, D. P.: (Strategy Maps), S. 48 f.

[286] Vgl. Friedag, H. R./Schmidt, W.: (BSC), S. 21.

[287] Vgl. z. B. Weber, J./Schäffer, U.: (BSC), S. 9.

- das Setzen von Terminen sowie
- das Verknüpfen der Maßnahmen mit dem Budget auf Grundlage fundierter Schätzungen und/oder Kostenplanungen und dem Anreizsystem.

Prozess: Prozess- und Logistikmanagement
Thema: Turnaround im Bodenbereich

Strategy Map	Ziele	Balanced Scorecard		Aktionsplan	
		Messgröße	Vorgabe	Initiative	Budget
Finanzperspektive (Gewinn, Flugzeuge reduzieren, Umsatzwachstum)	Wirtschaftlichkeit; Umsatzwachstum; Anzahl der Flugzeuge reduzieren	Marktwert; Umsatz/Sitz; Leasingkosten/Flugzeug	30%; 20%; 5%		€; €; €
Kundenperspektive (Anzahl der Kunden-Akquise erhöhen, Pünktlicher Service, Niedrigste Preise)	Mehr Kunden anziehen und binden; Pünktliche Flüge; Niedrigste Preise realisieren	Anzahl der Stammkunden; Anzahl der Kunden; FAA-Rating für Pünktlichkeit; Kundenranking	70%; 12% p.a.; Platz 1; Platz 1	CRM - System implementieren; Qualitätsmanagement Kundenloyalitätsprogramm	€; €; €
Interne Prozessperspektive (Schneller Ground Turnaround)	Schneller Turnaround im Bodenbereich	Bodenzeit; Pünktlicher Abflug	30 Minuten; 90%	Optimierung der Durchlaufzeit	€
Lern- und Entwicklungsperspektive (Strategischer Job Flugabfertiger, Strategische Systeme Personaleinsatzplanung, Ausrichtung des Bodenpersonals)	Notwendige Fähigkeiten beim Personal entwickeln; Unterstützungssystem entwickeln; Bodenpersonal an der Strategie ausrichten	Strategische Jobbereitschaft; Verfügbarkeit des Informationssystems; Strategisches Bewusstsein; Potenzialanteil der Mitarbeiter, die Aktien halten	1. Jahr: 1–70%; 2. Jahr: 3–90%; 3. Jahr: 5–100%; 100%; 100%; 100%	Training des Bodenpersonals; Einführung eines Systems für die Planung des Einsatzpersonals; Kommunikationsprogramm; Aktienbeteiligungsplan	€; €; €

Abb. 10-21: Beispiel für eine Strategy Map (Quelle: Kaplan, R. S./Norton, D. P.; (Strategy Maps), S. 47.

Perspektiven	Strategische Ziele	Messgrößen
Finanzperspektive (zeigt, ob die Strategie zur Ergebnisverbesserung beiträgt)	Cashflow –ROI maßgeblich erhöhen Personalkosten senken Liquidität verbessern	Cashflow-ROI Cashflow Personalkosten/ Umsatz
Kundenperspektive (reflektiert die Strategie in Bezug auf Kunden- und Marktsegmente)	Kundenbetreuung intensivieren Funktionssicherheit steigern Bestell- und Lieferservice verbessern	Wiederverkaufsquote Höhe der Störquote Anzahl der Reklamationen
Prozessperspektive (entsprechend der Wertschöpfungskette sind jene Prozesse abzubilden, die maßgeblich die Finanz- und Kundenperspektive fördern)	Produktivität des Personals steigern	Umsatz je Mitarbeiter Anzahl der Überstunden je Mitarbeiter
Potenzialperspektive (Wahl der Ziele, die hinsichtlich der Leistungsfähigkeit zu setzen sind, um zukünftigen Herausforderungen gewachsen zu sein)	Mitarbeitermotivation erhöhen Mitarbeiterqualifikation fördern Mitarbeiterzufriedenheit verbessern	Mitarbeiterbefragungsindex Ausbildungstage je Mitarbeiter Anzahl der Mitarbeitergespräche Fehlstunden der Mitarbeiter

Abb. 10-22:   *Beispiele für Messgrößen*[288]

Dazu bedarf es dem Bezug zu den Plansystemen horizontal und vertikal (vgl. Abschnitt 11) sowie einer realistischen Einschätzung der zukünftigen Unternehmensentwicklung. Hierbei ist auf eine flexible Handhabung der BSC durch die Bereichsmanager zu achten.[289]

Kaplan/Norton versprechen einen durchschlagenden Unternehmenserfolg sollte die Verbindung zwischen Strategy Maps, BSC und strategiefokussierte Organisation gelingen[290]. Die Implementierung, zumeist mittels eines Projekts und die damit verbundenen Reorganisationen im gesamten Unternehmen ist indes nicht einfach. Wichtige Wegweiser für das Gelingen sind[291]:

- Disziplin der Projektteilnehmer (Vermeidung des Gedankens der „Töpfchenwirtschaft"),
- Integration der Mitarbeiter in die Entscheidungs- und Implementierungsprozesse,

---

[288] CFROI = interner Zinsfuß, der den Erfolg (Brutto Cashflow) relativ zum investierten Kapital misst. Dieser ist Maßstab für den Erfolg und die Ressourcenallokation. Vgl. auch zur Abb. Baum, H.-G./Coenenberg, A. G./Günther, Th.: (Strategisches Controlling), S. 264 ff.
[289] Vgl. Lux, W./Schmidt, A.: (Strategieumsetzung), S. 95 f.
[290] Vgl. Kaplan, R. S./Norton, D. P.: (Strategy Maps), S. XIII.
[291] Vgl. Lux, W./Schmidt, A.: (Strategieumsetzung), S. 99.

- unbedingte Kombination von strategischer und operativer Steuerung,
- Gleichschaltung von Budgets und strategischen Zielen,
- Lösen von fixen Vorgaben des IT-Systems; falls notwendig zu Beginn manuelle Datenerfassung favorisieren,
- ständige Überprüfung der BSC und ihrer Ziele; bei strategischer Zielerfüllung ist die BSC zu bereinigen und Ziele sind neu zu priorisieren sowie
- Integration der IT-Abteilung in die ständige Arbeit mit der BSC; Erfahrungen offen darlegen und gemeinschaftlich nutzen.

Zum einen dient die BSC als Steuerungsinstrument dem Controlling zur ergebnisorientierten Koordination des Unternehmens, zum anderen hat es selbst dafür Sorge zu tragen, dass das System der BSC mit entsprechenden Planwerten gefüllt wird und für die Kontrolle zeitpunkt- und bedarfsgerecht den Spitzen- und Bereichsmanagern Istwerte zur Verfügung stehen. Entsprechend der dimensionalen, ganzheitlichen Ausrichtung der BSC und dem jeweiligen Informationsbedarf beziehen sich diese umfassenden Daten bspw. auf Produkte/ Dienstleistungen, Kunden, Absatzgebiete, Vertriebswege aber auch auf Mitarbeiter, Prozesse, Bereiche, Projekte sowie Geschäftspartner. Hierbei stehen sämtliche Anforderungen des betrieblichen Rechnungswesens, vorrangig das Streben nach der Verursachung, im Mittelpunkt.

Des Weiteren erfordert der Einsatz einer BSC zahlreiche weitere Controllinginstrumente. So verlangt die Orientierung auf Kundenwünsche bspw. eine Wertanalyse, die Kostenermittlung und Terminierung der Kundenwünsche wiederum z. B. das Target Costing. Bei all diesen Arbeitsschritten muss das Spagat zwischen der Zentrale und den operativen Managern, die durch die BSC unterstützt werden sollen, gelingen.

10.3.3 Tableau de Bord

Das Tableau de Bord kann als aktionsorientiertes Instrument zur zeitnahen und schnellen Information, d. h. zur Feststellung und Darlegung des aktuellen Status, definiert werden.

Es basiert auf der Bestimmung von Schlüsselkomponenten für Entscheidungen (Stellschrauben) und der Verantwortungshierarchie im Unternehmen.[292] Es handelt sich letztlich um eine Konzeption einer gemeinsamen Infrastruktur zum Zwecke koordinierten Handelns und einheitlicher Vorgehensweise über alle Verantwortungsbereiche hinweg. Damit stellt es ein Kommunikationswerkzeug dar, welches auf einer gemeinsamen Mission und Vision der Anwender aufbaut und eine entscheidende Unterstützung der Manager für die ergebnisorientierte Steuerung des eigenen Verantwortungsbereichs bietet. Zugleich schafft das Tableau de Bord eine Support-Plattform für Vorgesetzte bei der Kontrolle delegierter Aufgaben sowie untergeordneter Manager beim Reporting an den Vorgesetzten.

---

[292] Vgl. de Guerny, J./Guiriec, J. C./Lavergne, J.: (Tableau de Bord), S. 14.

Als unbedingter Vorzug des Tableau de Bord ist die Existenz eines eindeutigen Referenzmodells und der unbeirrte Blickwinkel auf Prozesse zu nennen. Im Vordergrund des Konzeptes steht das alltagstaugliche Angebot für ein Entscheidungsunterstützungs- und Steuerungsinstrument. Die technische Sicht, also die Anwenderfreundlichkeit, findet dabei besondere Beachtung und wird um den betriebswirtlichen Blickwinkel, insbesondere die Budgetierung und die Kosten- und Leistungsrechnung, ergänzt.

Das Konzept Tableau de Bord[293] wird zum Zwecke der Unternehmenssteuerung seit über 40 Jahren überaus erfolgreich in Frankreich und Kanada praktiziert. Es weist neben einigen Differenzen zahlreiche Ähnlichkeiten zum wesentlich jüngeren BSC-Konzept auf und gilt als bewährtes mehrdimensionales Performance Measurement-System.

Insbesondere zeichnet sich das Tableau de Bord durch einen sehr viel stärkeren Bezug zur Steuerung operativer Geschäftsprozesse aus. Die Implementierung ist entgegen jener einer BSC in einem eindeutigen Verfahren klar strukturiert. Fundamentales Ansinnen eines Tableau de Bord (Armaturenbrett oder Cockpit) besteht in der zukunftsorientierten und möglichst zeitnahen Steuerung einer Geschäftseinheit im Interesse der Unternehmenszielsetzung. Hierbei geht es vordergründig um die *wesentlichen Stellgrößen bzw. Kennzahlen* während der aktuellen Periode. Folgendes gilt es dabei zu beachten:

- Die Auswahl ist stets auf die jeweils erfolgsentscheidenden Faktoren zu konzentrieren. Damit wird trotz der Komplexität des Gesamtsystems die Steuerungs-, Reaktions- bzw. Entscheidungsfähigkeit des Managements gewährleistet.
- Die Kontrolle über die Einhaltung der Kennzahlen (bzw. die Abweichungsanalyse) wird nicht nach Ablauf der Abrechnungsperiode vorgenommen, sondern es erfolgt eine permanente Kontrolle und Steuerung während der Periode.

Die *Akzeptanz des Konzeptes* in der Praxis ist wohl auch deshalb so groß, weil:

- das Konzept einfach und relativ schnell implementierbar ist.
- die Konzentration auf nur wenige Schlüsselinformationen erfolgt. Diese stellen sich im Zeitverlauf verändernde Variablen über einen Status dar, die den jeweiligen Verantwortungsbereichen eindeutig zuordenbar sind und auf eine konkrete Arbeitsaufgabe fokussieren. Das Cockpit ist eine komprimierte Informationsplattform zugeschnitten auf den jeweiligen Manager.
- zeitnah und weitestgehend permanent Informationen über den Prozessstatus in den operativen Bereichen vom Controlling bereitgestellt werden. In der Regel sollten finanzielle Ergebnisse in diesem Cockpit keine hervorgehobene Bedeutung besitzen.
- Informationen üblicherweise schnell je nach Informationsbedarf auch außerhalb der Abrechnungszyklen des Rechnungswesens zur Verfügung stehen.

---

[293] Vgl. zu diesem Gliederungspunkt vor allem Daum, J. H.: (Tableau de Bord), S. 459-502.

- das Konzept die Komplexität der Unternehmensabläufe auf entscheidungsrelevante Parameter für die operative Steuerung zu komprimieren und zu reduzieren vermag. Darüber hinaus bietet es eine horizontale und vertikale Verbindung zwischen den Geschäftsbereichen und stellt somit die optische Verbindung zur Unternehmenszielsetzung her.

Das *Cockpit* bzw. Tableau de Bord dient zur zukunftsorientierten und zielgerichteten Steuerung im Interesse eines konkret formulierten Ziels. Damit besteht gleichfalls die Anforderung entsprechend der Mission, Vision und Strategie eines Unternehmens klar verständliche Ziele abzuleiten. Der Prozess zum Aufbau eines Tableau des Bord erfolgt üblicherweise in fünf Schritten[294]:

- Ableitung strategischer Ziele entsprechend der Unternehmensstrategie,
- Definition der kritischen Erfolgsfaktoren und Verfassen von Maßnahmeplänen,
- Bestimmung von Verantwortlichkeiten zur Umsetzung der Maßnahmepläne,
- Identifikation von Indikatoren zur Fortschrittsmessung der Maßnahmepläne und schließlich
- grafische Abbildung der Indikatoren im Softwaresystem.

Letztlich zeigt sich schon in diesem Ablauf die Funktionalität und Technisierung des Konzeptes. Das Unternehmen selbst wird als System (im Grunde wie eine Maschine) bestehend aus einer Vielzahl von Geschäftseinheiten (Aggregaten) gesehen. Es besteht nun die Notwendigkeit einer koordinierten Gesamtsteuerung bzw. Optimierung sämtlicher Einheiten im Sinne des Gesamtunternehmens. Letztlich wird damit die Effektivität thematisiert *("Die richtigen Dinge tun")*. Dazu bedarf es konkreter Strategien und Ziele sowohl des Unternehmens als auch der Bereiche. Für deren Festsetzung sind umfassende Analysen der Management- und Leistungsstrukturen vorzunehmen sowie Kernaufgaben zu identifizieren.

Im Rahmen eines Top-down-Prozesses sind nun stufenweise für alle Hierarchieebenen Mission, Vision und Kennzahlen bzw. Stellhebel darzustellen. Dabei bestimmen die Inhalte der übergeordneten Ebene die Eckpunkte für die nächstfolgende Geschäftseinheit. Dieser Prozess erfolgt rollierend und nicht einmalig, er ist permanenter Bestandteil der strategischen Planung. Neben dem Top-Down-Prozess sind zwecks einheitlicher Abstimmung von Zielen, Strategien und Indikatoren Bottom-up-Diskussionen zwischen Manager und Mitarbeiter (vertikale Koordination) sowie zwischen Managern unterschiedlicher Geschäftseinheiten (horizontale Koordination, vgl. auch Abschnitt 11.2) durchzuführen.

Unterschiedliche Informationsbedarfe sowie mannigfaltige Berichts- und Kommunikationsplattformen finden dadurch Beachtung, dass bspw. die Inhalte eines Tableau de Bord bezogen auf eine Kostenstelle in unterschiedliche Informations-Cluster Eingang finden.

---

[294] Vgl. Baum, H.-G./Coenenberg, A. G./Günther, Th.: (Strategisches Controlling), S. 365.

Das Cockpit eines Entscheidungsträgers besteht damit üblicherweise aus drei Clustern (vgl. Abb. 10-23).

- Das *Ergebnis-Cluster* stellt Informationen zur Verfügung, welche für das Reporting und die Kommunikation mit dem Vorgesetzten relevant sind.
- Das *Steuerungs-Cluster* gibt Berichte zu Indikatoren des eigenen Verantwortungsbereichs.
- Das *Koordinations-Cluster* stellt Daten in Form von Kennzahlen für die Koordination mit Manager-Kollegen zur Verfügung, die außerhalb der eigenen Verantwortung liegen.

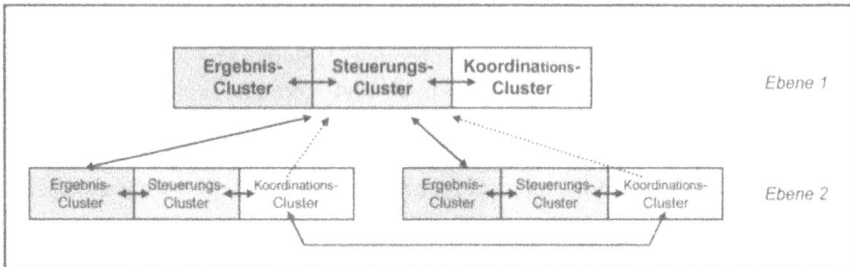

Abb. 10-23:   *Struktur der Cluster in einem Tableau de Bord (nach Daum, J.H.)*

Im Anschluss können kurz- und mittelfristige Maßnahmen sowie Indikatoren bestimmt werden. Diese finden Eingang in das Cockpit. Zusammenfassend kann demzufolge eingeschätzt werden, dass trotz dezentraler Elemente ein aufeinander abgestimmtes und gut verständliches Modell kreiert wird, welches die Performance und die Strategieumsetzung permanent überwacht (vgl. Abb. 10-24).

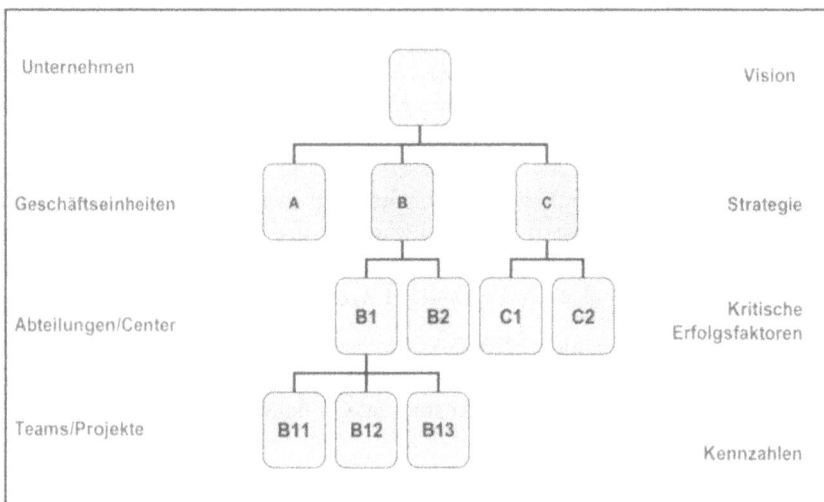

Abb. 10-24:   *Organisatorische Struktur des Tableau de Bord (nach Daum, J.H.)*

Die *Philosophie des Tableau de Bord* ist relativ simpel und umfasst das Armaturenbrett für den Manager mit ausgesuchten Stellgrößen. Diese werden in der Folge entsprechend des vereinbarten Ziels erfasst, gemessen und bewertet um konkrete Maßnahmen zur effizienten Leistungserstellung ableiten zu können.

Abb. 10-25 soll diese Vorgehensweise am vereinfachten Beispiel eines Reiseveranstalters für Busreisen veranschaulichen.

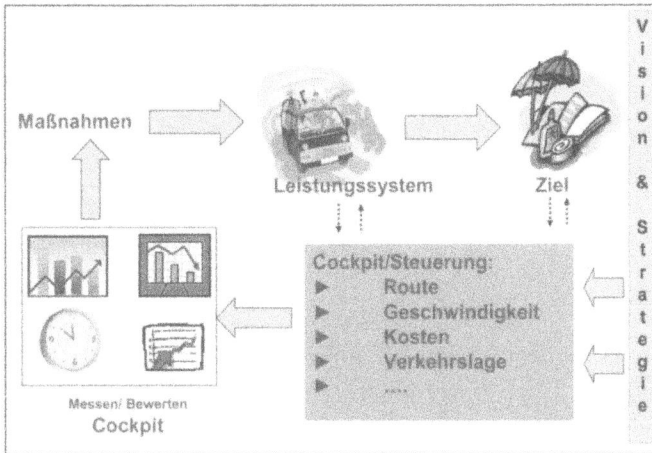

Abb. 10-25:   Philosophie des Tableau de Bord

Folgende Informationen enthält ein Tableau de Bord:

- Status der kritischen Erfolgsfaktoren/ Kennzahlen eines Geschäftsbereichs;
- Maßnahmen und Initiativen, die bislang erfolgt sind, um die definierten Ziele mittels Beeinflussung der Schlüsselfaktoren zu erreichen;
- aktuelle Performance-Angaben des Geschäftsbereichs im Kontext zur Zielerreichung;
- Beschreibung von Möglichkeiten zur Beeinflussung von Erfolgsfaktoren und ihrer Effekte auf das Gesamtergebnis;
- zukunftsorientierte Angaben zur Zielerreichung (Prognose); keine Konzentration auf Analyse vergangenheitsorientierter Daten;
- Informationen über das Bereichsumfeld und Angabe externer Kriterien um ein rechtzeitiges Reagieren auf beeinflussbare Umweltfaktoren zu forcieren.

Der Auswahl der Indikatoren muss besondere Aufmerksamkeit geschenkt werden. Diese sollten insgesamt folgenden Informationsbedarf erfüllen:

- Ergebnis/Zielerreichungsgrad (Output),
- Ressourcenverwendung (Input),
- Zielkonformität der im Unternehmen ablaufenden Prozesse und Maßnahmen,
- vom Manager nicht beeinflussbare externe Einflüsse sowie interne Einflüsse aufzeigen, die indirekt durch Steuerungsaktivitäten beeinflussbar sind.

Für Indikatoren sind des Weiteren Toleranzwerte zu definieren und zu publizieren, die ein sofortiges Agieren der Entscheidungsträger in den Geschäftsbereichen erfordern (vgl. Abb. 10-26).

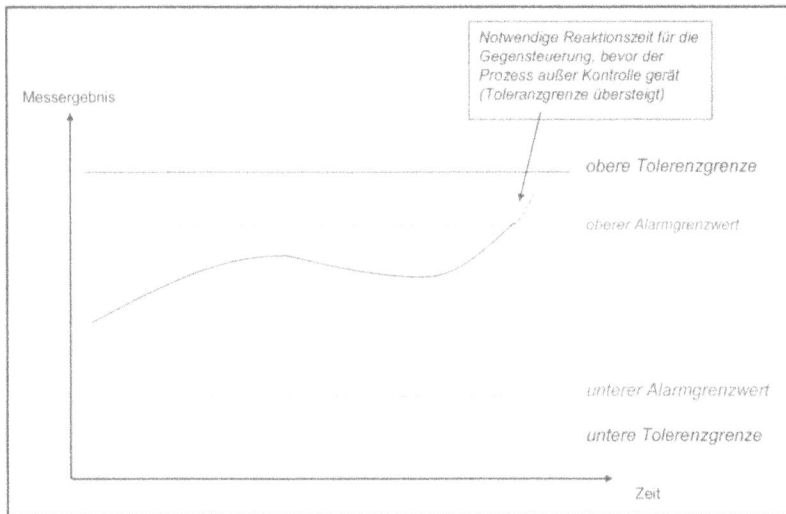

Abb. 10-26:   Prinzip des Alarmindikators (nach Daum, J.H.)

Wendet man ein Tableau de Bord in der Praxis an, so sind damit vielfältige Anforderungen an das Rechnungswesen verknüpft. Dieses muss die schnelle und bedarfsgerechte Informationsbereitstellung garantieren. Veraltete und/oder nicht auf den Entscheidungsträger abgestimmte Daten gefährden die gewinnorientierte Unternehmenssteuerung enorm. Hierbei gilt oftmals die Maxime, dass die schnellere Verfügbarkeit über der unbedingten Exaktheit der Informationen steht.

Ebenso erhebt ein Tableau de Bord, im Gegensatz zum Rechnungswesen, nicht den Anspruch auf Vollständigkeit und Detailliertheit. Sondern ganz im Gegenteil, das Cockpit konzentriert sich auf die Auswahl erfolgskritischer Faktoren des speziellen Verantwortungsbereichs. Dabei liegt der Fokus eindeutig auf Zukunftsangaben.

Insbesondere zur Budgetierung finden sich auch zahlreiche Gemeinsamkeiten[295]. So sind bspw. die zu berücksichtigenden Koordinationsfelder (vgl. Abschnitt 11.2) in beiden Instrumenten deckungsgleich. Allerdings ist das Tableau de Bord ein kontinuierliches und streng bedarfsbezogenes Steuerungsinstrument. Die Budgetierung orientiert sich hingegen vordergründig an den Abrechnungszyklen des internen Rechnungswesens und stellt neben Performance – Daten vorzugsweise auf monetäre Sachverhalte ab. Ein Vorzug des Tableau de Bord ist aber vor allem auch die Verwendung nicht-monetärer Angaben.

---

[295] Vgl. Daum, J. H.: (Tableau de Bord), S. 495 ff. sowie Baum, H.-G./Coenenberg, A. G./Günther, Th.: (Strategisches Controlling), S. 365 f.

10.3.4 Balanced Scorecard versus Tableau de Bord

Die Entscheidungskriterien für eines der beiden Werkzeuge sind vielfältig, diffizil und abhängig von den vorherrschenden Prinzipien der Unternehmenssteuerung. Zumeist dürfte die Entscheidung von den bisherigen Erfahrungen der Geschäftsführung und ihren Führungsgrundsätzen abhängig sein. Die Abb. 10-27 zeigt einige Vor- und Nachteile beider Instrumente auf.

Balanced Scorecard	Tableau de Bord
• Die strategische Steuerung und das unternehmerische Change-Management stehen im Vordergrund. Die Strategy Map bildet die Strategie visuell und nachvollziehbar ab.	• Die unternehmerischen Rahmenbedingungen werden klar und explizit abgebildet. Damit werden Mission, Vision , Werte und die Strategie mit den konkreten Vorgaben und den erreichten Resultaten verbunden.
• Die Auswahl der Perspektiven und damit die mehrdimensionale Abbildung in Ursache-Wechselbeziehungen bieten einen fassbaren Handlungsrahmen und somit Empfehlungen für eine Implementierung.	• Es besteht ein Kausalmodell zur Steuerung der Wertschöpfungsprozesse und damit ein standardisiertes Vorgehen für die Implementierung.
• Das Zentrum liegt auf der finanziellen Perspektive und ihren gegenwärtig zumeist wertorientierten Indikatoren.	• Partiell fokussieren die Indikatoren zu stark auf interne Prozesse und damit weniger auf externe Dimensionen wie Kunden, Absatzgebiete, Vertriebswege.
• In der operativen Ebene ist zumeist die strategische Stoßrichtung nicht mehr ausreichend präsent, weil strategische Erfolgsfaktoren in den Geschäftsprozessen nicht abgebildet werden.	• Finanzielle Kenngrößen stehen entgegen den Zielen des Tableau de Bord zahlreich im Cockpitzentrum.
• Oftmals orientiert man sich zu stark an konstanten Abläufen im operativen Bereich. Reorganisationsaspekte werden oftmals vernachlässigt.	• Zum einen wird in praxi der operativen Ebene zu wenig Aufmerksamkeit zuteil, andere Unternehmen orientieren zu stark auf das Alltagsgeschäft. Eine Balance zwischen Strategie und Operative wird häufig nicht erreicht.
• Die Anzahl der Kennzahlen in der BSC ist oftmals zu hoch, das Konzept damit zu umfangreich.	• Die Anzahl der Kennzahlen im Cockpit ist oftmals zu hoch, das Konzept damit zu umfangreich.
• Eine BSC ist stets individuell auf das Unternehmen abzustimmen.	• Die zumeist komprimierte Datenbereitstellung ist als überaus positiv einzuschätzen.
• Ein standardisiertes Verfahren für die Ableitung der Mission, Vision, Strategie, Indikatoren ist nicht existent.	• Die Inhalte des Cockpits (Status, Maßnahmen, Einflussfaktoren, Interpretationen) unterstützen das Management entscheidend.
• Die Implementierung erfordert häufig erhebliche Ressourcen und zudem den Support externer Consulter.	• In der Praxis besteht die Gefahr, dass das Konzept primär als Reporting-Tool und nicht ebenso als Kommunikationsinstrument eingesetzt wird.

Abb. 10-27: Vergleich BSC und Tableau de Bord[296]

---

[296] Vgl. Daum, J. H.: (Tableau de Bord), S. 496 ff.;

11 Traditionelle Budgetierung

11.1 Zweck und Aufgaben

Die in den vorangegangenen Abschnitten behandelte Kosten- und Leistungsrechnung stützt sich fast ausschließlich auf vergangenheitsorientierte Daten[297]. Das Ziel von Istrechnungen besteht in der Abrechnung der jeweiligen Perioden. Dessen ungeachtet bedarf eine bewusste zielorientierte und wirtschaftlichkeitskonforme Steuerung des Unternehmens einer zukunftsorientierten Kosten- und Leistungsrechnung. Nur diese garantiert eine fundierte Entscheidungsunterstützung und wird deshalb als eine folgerichtige Ergänzung zur Istrechnung angesehen. Der Aufbau der Plankosten- und Planleistungsrechnung entspricht dem einer vergangenheitsorientierten Rechnung (vgl. Abschnitt 2.2.2). Demzufolge sind sowohl Kosten, und zwar Einzel- und Gemeinkosten separat, als auch Leistungen für zukünftige Abrechnungsperioden festzulegen. Diese Aspekte betreffen gleichermaßen die *Kosten- und Leistungsplanung*. Ebenso trägt die Budgetierung nicht nur zur kosten- und leistungsorientierten Steuerung, sondern fernerhin zur bilanz- und liquiditätsorientierten Koordination bei. Mittels des Vergleiches von Plan- und Istdaten können vor allem mithilfe der Möglichkeiten von *Abweichungsanalysen* maßgebliche Erkenntnisse für die Entscheidungsvorbereitung und Verhaltensbeeinflussung von Mitarbeitern abgeleitet werden.

Im Interesse eines koordinierten und gesamtheitlichen Handelns sind des Weiteren den organisatorischen Einheiten, Prozessen oder auch Projekten für einen konkreten Zeithorizont und ein festgeschriebenes Leistungsspektrum *Budgets*[298] zuzuweisen. Ein Budget entspricht einem monetären, vorwiegend kurzfristigen und schriftlichen Plan für eine Abrechnungsperiode mit einem fixierten Verbindlichkeitsgrad. Die als Controllinginstrument geltende *Budgetierung* als ein Instrument der Planung[299] beinhaltet alle Aktivitäten zur Erstellung, Genehmigung, Durchsetzung und Anpassung von Budgets. Damit leistet die Budgetierung, als eines der am intensivsten genutzten Controllinginstrumente in der Praxis[300], einen tonangebenden Beitrag zur Koordination sämtlicher Unternehmensaktivitäten unter der Maßgabe der Leistungserzielung bei Einhaltung der bestehenden finanziellen

---

[297] Es sei betont, dass sowohl die Deckungsbeitrags- als auch die Prozesskostenrechnung als maßgebliche Planmodelle dienen.

[298] Vgl. Wild, J.: (Budgetierung), S. 325.

[299] Vgl. Horváth, P.: (Controlling), S. 230.

[300] Vgl. Tschandl, M./Baumann, R.: (Controlling), S. 100 f.

330 11 Traditionelle Budgetierung

Restriktionen. Als überaus positiv sind die zunehmende Kommunikation zwischen den Unternehmensbereichen und eine Identifizierung von Engpass- und Konflikt-bereichen im Unternehmen, allerdings meist nur während des Budgetierungspro-zesses, anzuführen.

Im selben Maße dient die Budgetierung der Steuerung von Verhaltensweisen und letztlich der Motivation von Mitarbeitern, so bspw. durch die Vorgabe von realis-tischen und partizipierten Kosten- und Leistungszielen. Damit einher geht die Anforderung, Entscheidungsträger an der Budgeterstellung teilhaben zu lassen und ihnen eindeutige Verantwortlichkeiten zu übertragen. Die dringend notwendi-ge Akzeptanz der daraus folgenden Budgetzuweisung vonseiten der zuständigen Budgetverantwortlichen ist damit größtenteils sichergestellt.

Gleichfalls werden diese Budgets für die Beurteilung von Entscheidungsträgern genutzt. Je präziser die Planvorgaben sind, desto eindeutiger können Manager abschätzen, welche Erfolgsbeiträge von ihnen erwartet werden. Budgets geben somit einen Handlungsrahmen für deren Geltungsbereiche vor[301]. Häufig wird allerdings ebenso registriert, dass Bereichsmanager höhere Budgets einfordern, um drohenden Kürzungen vorab entgegenzuwirken. Letztlich ist das zugewiesene Bereichsbudget auch abhängig vom Verhandlungsgeschick und dem Durchset-zungsvermögen des Bereichsverantwortlichen[302].

Zusätzlich sollte es verbindlich sein, dass die Einhaltung des Budgets und nicht dessen Unterschreitung angestrebt werden muss. Alle anderen Handlungsweisen würden der Zielkonformität widersprechen. Die Merkmale Beeinflussbarkeit, Zielausmaß und Flexibilität bestimmen dabei die Budgeterreichbarkeit[303]. Je grö-ßer der Handlungsspielraum der Bereiche bezogen auf die festgelegten Parameter ausfällt, desto besser, ist die von Budgets wahrzunehmende Steuerungsfunktion zu beurteilen. Gleichfalls gilt es, die Interdependenz von Budget und Anreizsystem[304] zu beachten. Wie schon im betrieblichen Rechnungswesen zwingend, trifft es auch für die Budgetierung zu, Pläne klar abgegrenzten Verantwortungsbereichen ein-deutig zuzuordnen. Nicht zuletzt ist die zielorientierte Ausrichtung aller Maßnah-men, und infolgedessen die Bearbeitung und Abstimmung sämtlicher Einzelbud-gets gesamtheitlich mit Hilfe von Budgets zu gewährleisten.

---

[301] Vgl. Küpper, H.-U.: (Konzeption), S. 336.
[302] Vgl. bspw. Schentler, P./Rieg, R./Gleich, R.: (Budgetierung), S. 7.
[303] Vgl. Küpper, H.-U.: (Konzeption), S. 336 f.
[304] Vgl. Ewert, R./Wagenhofer, A.: (Unternehmensrechnung), S. 511.

11.2 Koordinationsfelder der Budgetierung

Die Budgetierung spielt bei der Lösung mannigfaltiger Koordinationsprobleme innerhalb des Unternehmens, so z. B. bei der Nutzung knapper Ressourcen oder auch im Falle von Interdependenzen im Erfolgsverbund, eine wesentliche Rolle. Die vielgestaltig ausgerichteten arbeitsteiligen[305] Aufgabenfelder im Unternehmen sind auf das gesamtunternehmerische Ziel zu formieren.

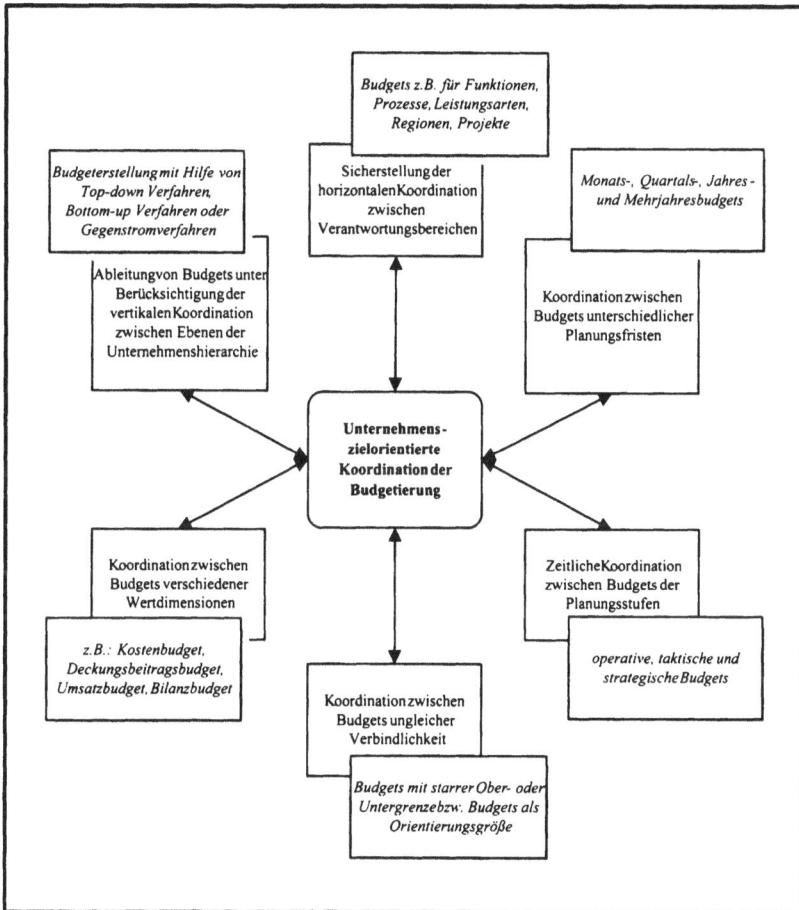

Abb. 11-1:   Koordinationsfelder innerhalb der Budgetierung

Für die Erstellung, Realisierung und Kontrolle von Budgets als ergebniszielorientierte Pläne[306] erweisen sich insbesondere *Koordinierungsaspekte in vertikaler,*

---

[305] Vgl. zu Aspekten der Arbeitsteilung z.B. Hinterhuber, H. H.: (Paradigmenwechsel), S. 58 ff.
[306] Vgl. Horváth, P.: (Controlling), S. 230.

horizontaler, zeitlicher, wertorientierter und verbindlichkeitsorientierter Hinsicht
als ausschlaggebend (vgl. Abb. 11-1). Diese nachfolgend kurz erläuterten Koordinationsfelder beinhalten zudem zahlreiche wechselseitige Abhängigkeiten.

A   Zeitliche Koordination

Die eng miteinander verzahnten Planungsebenen (vgl. Abb. 11-2) sind unter zeitlichem Blickwinkel in die operative, taktische und strategische Planung zu unterscheiden. Die *strategische Planung* ist auf die Potenzialerkennung sowohl intern im Unternehmen selbst als auch im Rahmen von externen Bedingungen gerichtet. Im Fokus stehen zumeist qualitative Eckwerte oder auch Basisentscheidungen zukünftiger Aktionen.

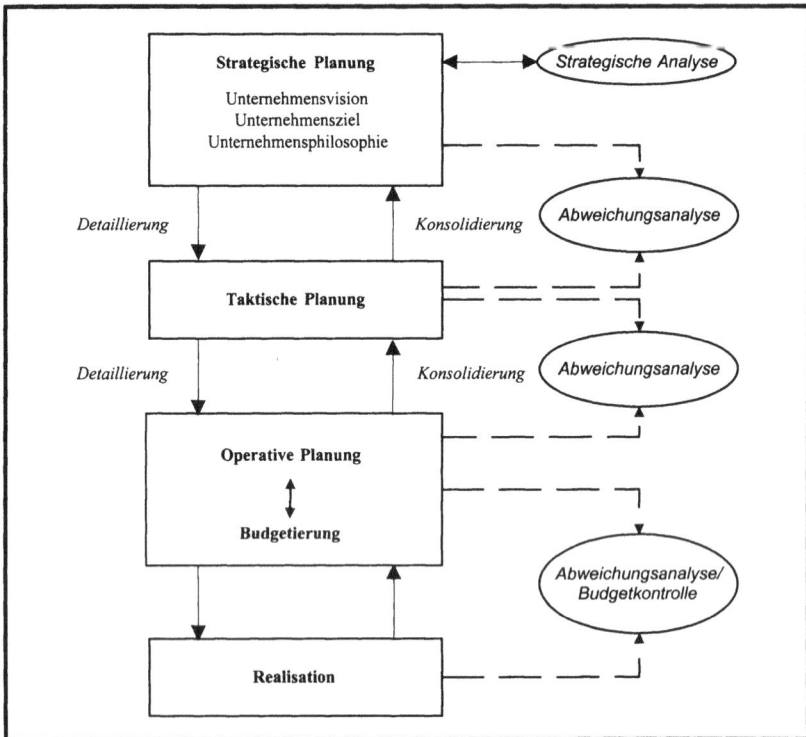

Abb. 11-2:   *Zusammenhang zwischen Planungsebenen und Budgetierung*

Hierbei handelt es sich um einen kreativen Prozess, in dem zielkonforme Erfolgspotenziale als Initiatoren zukünftiger Ergebnisgrößen und alternative Wege für die Umsetzung dieser herauszufinden sind[307]. Eigene Stärken und Schwächen sowie Chancen und Risiken gilt es zu identifizieren. Weil der Planungshorizont strategi-

---

[307] Vgl. Liessmann, K.: (Strategisches Controlling), S. 11.

scher Pläne weit über das operative Geschäft hinausgeht, sind diesbezügliche Vorgaben mit erheblicher Unsicherheit behaftet. Die Unternehmensspitze muss die Unsicherheit, welche Diskontinuitäten des Umfeldes impliziert, beherrschen und das Unternehmen bewusst zielorientiert gestalten[308].Diese langfristigen Wettbewerbsvorteile, in zunehmendem Maße auch in Form von strategischen Budgets[309] gefordert, bilden die Eckwerte für die Formulierung von operativen Budgets.

Die *taktische Planung* erstreckt sich auf vorwiegend mehrperiodige, quantitative Größen bspw. mit dem Ziel, Produktionsprogramm- oder auch Investitionsentscheidungen zielkonform auf Basis bestehender Erfolgspotenziale abzuleiten. Diese Planungsebene besitzt in der Regel nicht den strengen Verbindlichkeitscharakter wie die operative Ebene, sondern sie bildet das Bindestück zwischen strategischer und operativer Planung.

Die Planrechnungssysteme, als *operative Planung* üblicherweise für ein Geschäftsjahr mit monatlichen Detailplänen ausgestaltet, gelten als Kernstück der Unternehmensplanung. Auf diese Ebene konzentriert sich vornehmlich die *traditionelle Budgetierung*. Man orientiert sich hauptsächlich auf die integrierte Vorausberechnung von konkreten Umsatz-, Kosten- und Ergebniszahlen. Damit wird deutlich, dass sich die einzelnen Planungsebenen[310] grundsätzlich durch den jeweils angestrebten Detaillierungsgrad (vgl. Abb. 11-3) unterscheiden[311].

	Strategisch	Taktisch	Operativ
Differenziertheit	wenig differenziert	←——————→	stark differenziert
Detailliertheit	globale Größen	←——————→	globale Größen
Orientierung	intern und extern	←——————→	intern
Präzision	niedrig	←——————→	hoch
Fristigkeit	langfristig	←——————→	kurzfristig
Struktur	schlecht	←——————→	stark
Revidierbarkeit	gering	←——————→	hoch
Innovationsgehalt	innovativ; kreativ	←——————→	routinemäßig; repetitiv
Delegierbarkeit	niedrig	←——————→	hoch

Abb. 11-3: *Kriterien strategischer, taktischer und operativer Planung*

---

[308] Vgl. Weber, J.: (Controlling), S. 489.
[309] Vgl. Weber, J.: (Controlling), S. 140.
[310] Vgl. dazu auch Pfohl, H.-C.: (Planung), S. 123.
[311] Vgl. Ziegenbein, K.: (Controlling), S. 117.

Zuweilen erfährt diese Differenzierung der Planungsebenen noch eine Erweiterung um die *dispositive Planung*[312]. Diese basiert auf den Ergebnissen der Abweichungsanalyse und orientiert sich an der zielorientierten Steuerung in der Realisationsphase bzw. im Alltagsgeschäft.

Es sei an dieser Stelle besonders darauf verwiesen, dass eine Abweichungskontrolle von Plan- und Istgrößen und damit die Steuerungsanforderungen des Controllings zwischen sämtlichen Planungsebenen zwingend sind. Letztendlich dürfen die einzelnen Planungsstufen nicht isoliert voneinander betrachtet werden. Strategische Budgets determinieren die taktische und operative Planung. Mithilfe des Budgetierungsprozesses wird schließlich die Umsetzung von Erfolgspotenzialen unternehmenszielkonform unter Beachtung sämtlicher Koordinationsfelder gewährleistet.

B   Koordination von Budgets unterschiedlicher Frist

Üblicherweise ist unter dem Kriterium der Frist in *unterjährige, jährige und überjährige Budgets* zu unterscheiden (vgl. Abb. 11-4).

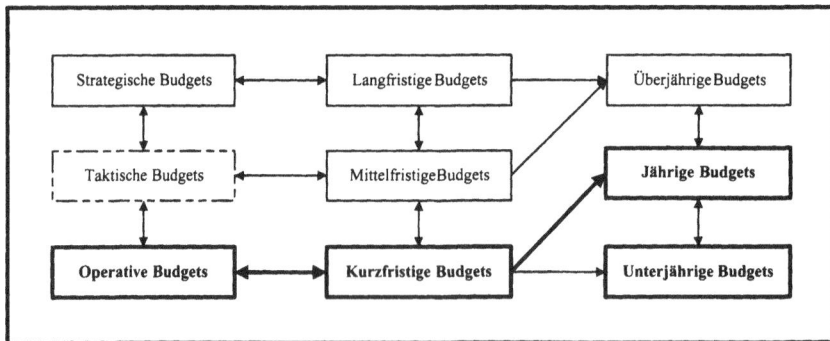

Abb. 11-4:   *Koordination der Budgetierung unter Berücksichtigung der Aspekte Zeit und Frist*

Ungeachtet der gegenwärtig meist noch üblichen Jahresbudgets sind insbesondere für Projektbudgets unter- und überjährige Budgets alltäglich. Deren Eingliederung in die Planung und Abrechnung von Wirtschaftsjahren gestaltet sich anspruchsvoll und erfordert mannigfaltige sachliche und zeitliche Abgrenzungen. Zunehmend arbeiten vor allem größere Unternehmungen neben Jahresplänen auch mit Mehrjahresbudgets. Planungssysteme, die sich isoliert auf eine kurz-, mittel- und langfristige Periode beziehen, haben sich sowohl in der betrieblichen Praxis (z. B. „Dezemberfieber" oder „Januarflut") als auch im Zuge der dynamischen Marktveränderungen (z. B. rasanter Wechsel im Kaufverhalten von Kunden) nicht bewährt. Aus diesen Gründen tendiert man derzeit zu *überlappenden Planansätzen,* welche zum einen starre Fristen aufweichen und dadurch die Planflexibilität auf

---

[312] Vgl. Deyhle, A.: (Controller-Praxis), S. 145.

sich verändernde Rahmenbedingungen ermöglichen sowie zum anderen Entscheidungsspielräume bezüglich der leistungsorientierten Vorgaben bieten. Die überlappende Planung eröffnet folglich die Möglichkeit, Änderungen von Zielen, Umweltbedingungen und Handlungsmöglichkeiten, die im Gegensatz zu früheren Plänen neu auftreten, aufzunehmen[313].

Die Budgetierung bezieht sich nicht mehr ausschließlich auf einzelne Planungsfristen, sondern der gesamte Planungsprozess wird stets, in der Regel jährlich, für alle Fristen gleichermaßen für eine konstante Planperiode erarbeitet (vgl. Abb. 11-5 sowie Abschnitt 11.6).

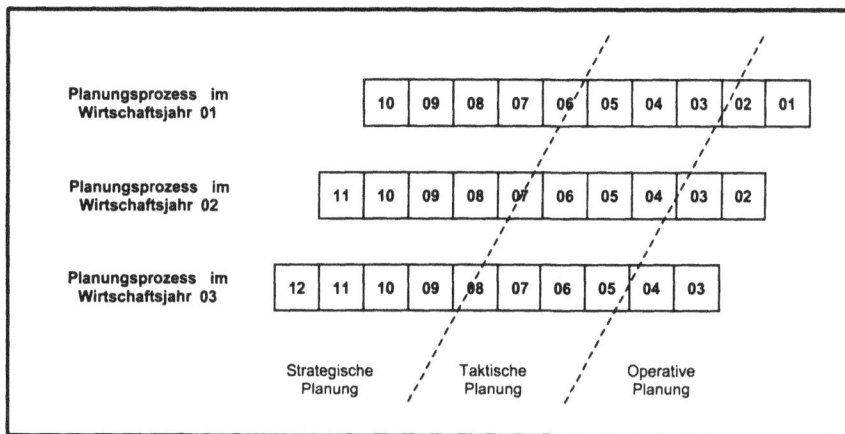

Planungsprozess im Wirtschaftsjahr 01 | 10 | 09 | 08 | 07 | 06 | 05 | 04 | 03 | 02 | 01

Planungsprozess im Wirtschaftsjahr 02 | 11 | 10 | 09 | 08 | 07 | 06 | 05 | 04 | 03 | 02

Planungsprozess im Wirtschaftsjahr 03 | 12 | 11 | 10 | 09 | 08 | 07 | 06 | 05 | 04 | 03

Strategische Planung — Taktische Planung — Operative Planung

Abb. 11-5: *Überlappender Budgetierungsprozess*

Darüber hinaus arbeitet man heute üblicherweise mit Forecasts[314]. Das *Forecasting*, im Grunde eine Prognose bzw. Hochrechnung des zukünftigen Istwertes, kann entweder rollierend über das Jahresende hinaus (bspw. für 18 Monate) und/oder auf die Jahreserfüllung des Budgets orientiert werden. Diese Prognosen erhöhen ganz maßgeblich die Flexibilität und die Steuerungsmöglichkeiten. Im Vordergrund stehen hierbei nicht Detailtreue und Exaktheit, sondern das komprimierte und schnelle Aufzeigen von positiven und negativen Tendenzen. Informationen sind den Verantwortlichen bedarfsgerecht und anschaulich zur Verfügung zu stellen.

In der Regel finden sich in diesen Cockpits (vgl. bspw. Abschnitt 10.3.3) Angaben zu Vorjahreswerten, Abweichungen und Hochrechnungen. Nicht selten bestehen diese Reportings aus grafischen Darstellungen und zeigen den Handlungsbedarf mithilfe eines Ampelsystems an. Die Informationen (vgl. Abb. 11-6) aus dem

---

[313] Vgl. Schneider, D.: (Betriebswirtschaftslehre), S. 200.

[314] Vgl. z.B. Schön, D./Irmer, K.-H.: (Forecasting), S. 51.

Forecasting ermöglichen den Bereichsmanagern ein zügiges Reagieren betreffs der unterjährigen Ressourcenplanung.

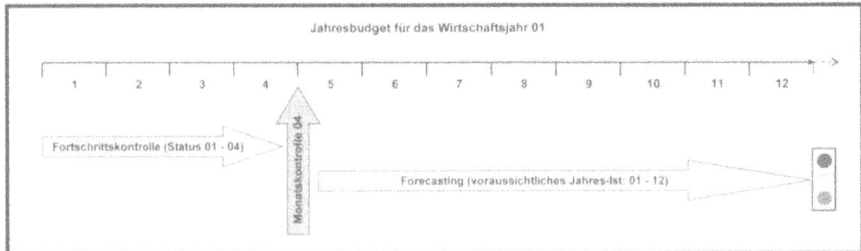

Abb. 11-6:   *Forecasting mit Ampelsystem*

C   Vertikale Koordination

Für die Budgeterstellung existieren vielschichtige Möglichkeiten. Bei Anwendung des *top down-Verfahrens* (retrograde Budgetierung) bilden die strategischen Pläne sowie die (zumeist monetären) Zielvorgaben der Gesamtunternehmung den Ausgangspunkt für die Ableitung wertmäßiger Ziel- und Maßnahmenpläne der Funktionsbereiche[315]. Die speziellen Ziele der Einzelbudgets ergeben sich stringent aus der Vorgabe des Gesamtbudgets, strategische Zielsetzungen bleiben dabei stets im Fokus. Die Unternehmensspitze legt generell die Planprämissen fest, die von den untergeordneten Ebenen im Einzelnen untersetzt werden. Als nachteilig, ist die fehlende Beteiligung der Mitarbeiter am Budgetierungsprozess anzuführen. Damit einher geht eine nur geringe Identifikation und Akzeptanz der Budgetvorgaben. Nicht selten bleiben die differenzierte Leistungsfähigkeit der Funktionsbereiche unberücksichtigt sowie die detaillierteren und oftmals umfassenderen Informationen der unteren Hierarchieebenen ungenutzt.

Die *bottom up-Budgetierung* (progressive Budgetierung) beginnt bei der Ausarbeitung der Einzelbudgets, welche nachfolgend sukzessive zum übergeordneten Budget bis hin zum Gesamtbudget verdichtet werden. Auf diese Weise ist die Nutzung von Detailkenntnissen der betrieblichen Teilbereiche und damit verbunden die Identifikation der Budgetverantwortlichen mit der Planvorgabe gewährleistet. Dieses Budgetierungsverfahren weist zwar dadurch den maximalen Partizipationsgrad auf, könnte allerdings mit der Gefahr behaftet sein, dass Entscheidungsträger im Budgetierungsprozess Informationen im Interesse der eigenen Bereichsziele zurückhalten[316]. Die mit diesem Verfahren ungenügende Ausrichtung auf das Unternehmensziel ist als überaus nachteilig anzuführen. Daraus resultiert zwangsläufig ein erhöhter Abstimmungsbedarf bei der Zusammenführung der Einzelbudgets zum fixierten Gesamtbudget. Das Budgetierungsverfahren stellt während des Planungsprozesses nicht auf das Gesamtoptimum des Unternehmens ab. Bedingt

---

[315] Vgl. dazu auch Hahn, D./Hungenberg, H.: (PuK), S. 505.

[316] Vgl. Ewert, R./Wagenhofer, A.: (Unternehmensrechnung), S. 484.

durch diese Vorgehensweise wird sich auf die Einzeloptima der Bereiche orientiert, welche nicht selten Konflikte zwischen den Teilbereichen provozieren.

Das *Gegenstromverfahren* (iterative Budgetierung) soll die Vorteile von top down- und bottom up-Verfahren verbinden. Zu Beginn gibt die Zentrale entsprechend der strategischen Zielsetzung des Unternehmens Planprämissen für das Gesamtbudget vor (top down-Eröffnung). Unter Maßgabe dieser Vorbedingungen entwickeln die Verantwortlichen der jeweiligen betrieblichen Teilbereiche Einzelbudgets, die anschließend abgestimmt, auf Einhaltung der Prämissen kontrolliert und angepasst werden. Dieser häufig zeitintensive Abstimmungsprozess bedarf solange einer Wiederholung, bis sämtliche Einzelbudgets in Summe die Einhaltung des Gesamtbudgets garantieren. Als vorteilig, ist der Dialog und damit der einhergehende Informationsaustausch während der Budgetierung unter Führung der Unternehmensspitze zwischen strategischer und operativer Ebene aber ebenso zwischen Bereichen identischer Hierarchie herauszustellen.

D   Horizontale Koordination

In die Budgeterstellung sind sowohl der gesamte Ressourcenverbrauch als auch die Leistungsschaffung getreu der Wertschöpfungskette[317] einzubeziehen. Dazu gehören primäre Aktivitäten der Entwicklung, Beschaffung, Produktion bzw. Leistungserstellung und des Absatzes. All diese Tätigkeiten laufen weitestgehend vernetzt ab. Aus diesem Grunde sind sie simultan zu planen. Hinzu kommen zum einen noch die so genannten übergreifenden Aktivitäten, wie bspw. das Personalwesen, und zum anderen Querschnittsaufgaben wie das Controlling, die Qualitätssicherung und die Logistik. Die Abstimmungsanforderungen gestalten sich insbesondere im Falle von isolierten Detailplanungen von separaten Unternehmensbereichen sehr anspruchsvoll.

E   Koordination von Budgets unterschiedlicher Wertdimension

Eine zielorientierte Gestaltung des Unternehmens beansprucht ein funktionsfähiges und zeitgemäßes betriebliches Rechnungswesen. Fundierte realistische Werteplanung bedarf aussagekräftiger und objektiver Informationen über die Zusammenhänge z. B. von Kosten, Leistungen, innerbetrieblichen Verrechnungspreisen oder auch wertmäßigen Prozessabläufen. Eine Vielzahl von Informationen für die Erstellung von Bereichsbudgets wird von Abteilungen des Rechnungswesens zur Verfügung gestellt[318]. Es besteht der Anspruch, dass ein überwiegender Anteil des Informationsbedarfs (ca. 80-90%) vonseiten des Standardberichtswesens abgedeckt wird[319].

F   Koordination von Budgets unterschiedlicher Verbindlichkeit

Progressivere Ansichten (vgl. Abschnitt 8.6) der Budgetierung fordern zunehmend die Abkehr von klassischen Budgets mit fixer Verbindlichkeit, also starrer Ober-

---

[317] Vgl. Porter, M.E.: (Wettbewerbsvorteile), S. 59.

[318] Vgl. z.B. Hahn, D./Hungenberg, H.: (PuK), S. 510.

[319] Vgl. Waniczek, M.: (Berichtswesen), S. 123.

grenze oder ggf. auch Untergrenze. Alternativ fokussieren diese Modelle auf Budgets als Orientierungsgröße bzw. mit einem festgelegten Intervall des Handlungsspielraumes[320].

11.3   Arten von Budgets

Die Klassifizierung von Budgets und ihre Ausgestaltung sind vielfältig (vgl. Abb. 11-7). Gliederungsmöglichkeiten finden sich bereits unter Abschnitt 11.2.

Gliederungskriterium	Beispiele für eine Budgetart
Wertgröße	Umsatz-, Kosten-, Ertrags-, Bilanz-, Deckungsbeitragsbudgets
Geltungsdauer	Monats-, Quartals- und Jahresbudgets, Mehrjahresbudgets
Umfang	Einzel- oder Gesamtbudgets
Flexibilität	Starre und flexible Budgets
Funktionsbereich	Beschaffungs-, Fertigungs-, Vertriebs- und Verwaltungsbudgets
Produktionsfaktor	Material-, Personal-, Kapitalbudgets
Planungshorizont	Operative, taktische und strategische Budgets
Verantwortungs- und Entscheidungseinheit	Funktions-, Sparten-, Regionen-, Projekt- und Prozessbudgets
Verbindlichkeitsgrad	Budgets mit starrer Ober- bzw. Untergrenze oder Budgets als Orientierungsgröße
Kostenumfang	Budgets auf Basis von Voll- oder Teilkosten

Abb. 11-7:   Ausgewählte Möglichkeiten von Budgetarten

Eine gesamtheitliche Budgetierung des Unternehmens verlangt harmonisch aufeinander abgestimmte Einzelbudgets. Diese betreffen nicht nur horizontale und funktionale Sichtweisen, sondern auch unterschiedliche Wertdimensionen sämtlicher erfolgs- und finanzbezogener Kategorien. Ihre Verdichtung folgt denen des Rechnungswesens, nämlich erfolgsorientiert (z. B. Erfolgsbudget), gerichtet auf Finanzierungsaspekte (z. B. Finanzmittelbudget) und fokussiert auf Rechnungslegungsaspekte (z. B. Bilanzbudget).

Eine Übersicht zum Zusammenhang zwischen der Flexibilität und dem Kostenumfang von Budgets zeigt Abb. 11-8.

Budgets auf Vollkostenbasis unterscheiden sich in ihrer Zusammensetzung nach fixen und variablen Kosten[321]. Die Planung der Kostenart je Leistungseinheit, in der Budgetierung in Form des Plankostensatzes in €/LE ausgedrückt, verrechnet die Vollkosten in €/ZE auf die Gesamtbeschäftigungshöhe in LE/ZE:

---

[320] Vgl. Hope, J./Fraser, R.: (Beyond Budgeting), S. 73.

[321] Vgl. zu nachfolgenden Ausführungen zur Plankostenrechnung insbesondere Kilger, W./Pampel, J./Vikas, K.: (Plankostenrechnung) sowie Schweitzer, M./Küpper, H.-U.: (Kosten- und Erlösrechnung), S. 270 ff.

$$KS^P \quad = \quad \frac{K^P}{Q^P}$$

Legende:

KS^P ... *Plankostensatz in €/LE*

K^P ⋯ *Plankosten in €/ZE*

Q^P ⋯ *Planbeschäftigung in LE/ZE*

Im Gegensatz dazu bezieht man für *Budgets auf Teilkostenbasis* lediglich variable Plankosten auf die Planbeschäftigung. Fixkosten werden, wie in Teilkostenrechnungssystemen üblich, separat als Periodenkosten geplant [K_f^P]:

$$KS_{var}^P \quad = \quad \frac{K_{var}^P}{Q^P}$$

Legende:

KS_{var}^P ... *variabler Plankostensatz in €/LE*

K_{var}^P ⋯ *variable Plankosten in €/ZE*

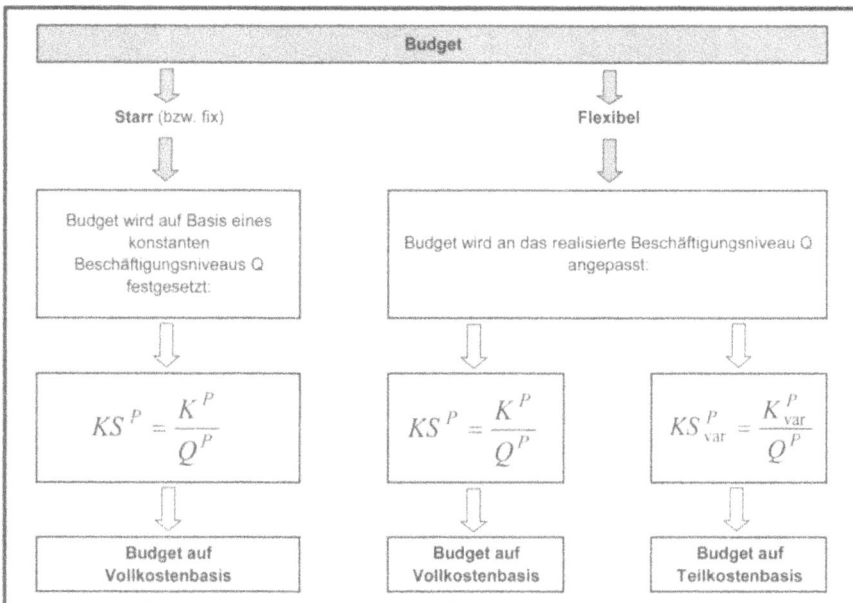

Abb. 11-8: *Beziehung zwischen Flexibilität und Kostenumfang von Budgets*

Die Unterscheidung in starre und flexible Budgets nimmt für die Budgeterstellung eine dominierende Stellung ein. Im Falle *starrer Budgets* werden Kostenarten bezogen auf ein konstantes Beschäftigungsniveau geplant. Konsequenzen auf Beschäftigungsschwankungen z. B. bezüglich der Kostenhöhe erlangen bei dieser

Budgetform keine Beachtung. Eine Unterscheidung in variable und fixe Kostenbestandteile erfolgt nicht, deshalb handelt es sich stets um Budgets auf Vollkostenbasis. Starre Budgets sollten aufgrund dessen und der damit verbundenen stark
begrenzten Aussagefähigkeit für die Unternehmenssteuerung und Wirtschaftlichkeitskontrolle nur selten Anwendung finden. Ausnahmen können Budgets für
Funktionsbereiche sein, in denen keine Korrelation zur Beschäftigungshöhe
nachweisbar ist bzw. Beschäftigungsschwankungen nicht oder nur in zu vernach-
lässigbarem Ausmaß auftreten.

Flexible Budgets gelten als Qualifizierung starrer Budgets. Sie ermöglichen die
Planung von Kosten je Kostenart unter Berücksichtigung auftretender Beschäftigungsschwankungen während des Budgetzeitraumes. Hierbei differenziert man in
fixe und variable Kostenanteile. In der Konsequenz ergeben sich, weitestgehend
verursachungsgerecht, Plankosten für jedwede Beschäftigungshöhe. Im Falle der
Budgetkontrolle wäre das üblicherweise die tatsächliche Beschäftigung, also die
Istbeschäftigung. Wie im betrieblichen Rechnungswesen definitiv, werden für
variable Periodenkosten proportionale und für Periodenfixkosten konstante Kostenverläufe unterstellt.

Plankosten, die sich auf die tatsächliche Beschäftigung orientieren, bezeichnet
man als *Sollkosten*:

$$K^S \quad\quad = \quad KS_{\text{var}}^{P} \cdot Q^I \quad + \quad K_f^P$$

> *Legende:*
>
> K^S ...   *Sollkosten in €/ZE*
>
> K_f^P ...   *fixe Plankosten in €/ZE*
>
> Q^I ...   *Istbeschäftigung in LE/ZE*

Flexible Budgets finden sich sowohl in Voll- als auch in Teilkostensystemen wieder. Ihre Differenzierung richtet sich hierbei nach der Form des Planansatzes.
Werden sämtliche Kosten, also fixe und variable Bestandteile, auf Beschäfti-
gungseinheiten bezogen, basiert das Budget auf einem Vollkostensatz. Die Budgetzuweisung innerhalb des Budgetzeitraumes, als *verrechnete Plankosten* bezeichnet, bezieht sich auf die Gesamtkosten je Kostenart:

$$_{VR}K^P \quad\quad = \quad KS^P \quad \cdot \quad Q^I$$

> *Legende:*
>
> $_{VR}K^P$ ...   *verrechnete Plankosten in €/ZE*

Die flexible Budgetierung auf Teilkostenbasis (*Grenzplankostenrechnung*, Plandeckungsbeitragsrechnung) kommt hingegen dem Kostenverursachungsprinzip nach und ordnet Budgets getrennt nach variablen und fixen Kostenbestandteilen zu. Demgemäß sind für die Budgetzuweisung variable Plankostensätze, also variable *verrechnete Plankosten* maßgebend. Die Kapazitätskosten [K_f^P] werden den Bereichen separat bei konstant angenommener Planbeschäftigung zuerkannt.

$$_{VR}K_{var}^P \quad = \quad KS_{var}^P \quad \cdot \quad Q^I$$

Legende:

$_{VR}K_{var}^P$ ...   *variable verrechnete Plankosten in €/ZE*

11.4   Budgeterstellung

11.4.1   Überblick

Eine aussagekräftige Kosten- und Leistungsplanung bedarf einer stringenten Berücksichtigung sämtlicher Kosten- und Leistungseinflussgrößen[322] je Kostenart, Kostenstelle, Prozess und/ oder Projekt. Damit bestimmt die Qualität der Kosten- und Leistungsrechnung die Güte der Budgets[323] und infolgedessen das Controlling. Je detaillierter, unter Maßgabe des Wirtschaftlichkeitsprinzips, Kosteneinflussgrößen Beachtung finden, desto präziser und aussichtsreicher kann der gesamtheitlichen Steuerung im Sinne der Gesamtzielsetzung entsprochen werden.

Des Weiteren reicht die alleinige Kenntnis von Leistungen und Kosten nur unzureichend aus. Gleichwohl sind Aussagen zur Liquidität, zu Kapazitäten einzelner Leistungsbereiche, zu prognostischen Finanzierungen und Investitionen sowie bezüglich von Konsequenzen für die Planerfolgsrechnung und Planbilanz unerlässlich. Hierzu besteht ein wissenschaftlich gesicherter Fundus an theoretischen Grundlagen. Dazu zählen z. B. der Zusammenhang zwischen Produktions- und Kostenfunktionen[324] einschließlich dessen immenser Bedeutung von Verbrauchsfunktionen[325], aber auch der Lern- und Erfahrungskurveneffekte[326] und nicht zuletzt die Methoden des Operation Research zur Bestimmung der optimalen Gestaltung von Prozessbedingungen[327]. Die Erstellung des Gesamtbudgets nach klassi-

---

[322] Vgl. z.B. Kilger, W./Pampel, J./Vikas, K.: (Plankostenrechnung), S. 101.

[323] Vgl. Horváth, P.: (Controlling), S. 237.

[324] Vgl. Busse von Colbe, W./Laßmann, G.: (Produktionstheorie); Gutenberg, E.: (Produktion), S. 326 ff.

[325] Vgl. dazu insbesondere Haberstock, L.: (Kostenrechnung II), S. 106 ff.; Heinen, E.: (Produktions- und Kostentheorie), S. 241 ff. sowie Kilger, W.: (Plankostenrechnung), S. 243 ff.

[326] Vgl. z.B. Coenenberg, A.G.: (Kostenrechnung), S. 185 ff.; Henderson, B.D.: (Erfahrungskurve), S. 19 sowie Schneider, D.: (Lernkurven), S. 501 ff.

[327] Vgl. z.B. Dürr, W./Kleibohm, K.: (Operation Research) und Runzheimer, B./Cleff, T./Schäfer, W.: (Operation Research).

scher Vorgehensweise verläuft infolgedessen in einzelnen Stufen ab, wobei die jeweiligen Einzelbudgets unter Beachtung sämtlicher Koordinationsfelder nacheinander bzw. zeitgleich aufgestellt werden (vgl. Abb. 11-9).

Ferner bedarf es einer Reihe organisatorischer Planungsgrundsätze, so z. B. dem Budgetierungshandbuch des jeweiligen Unternehmens, in welchem Budgetierungsgrundsätze, Inhalte, Umfänge und Zusammenhänge von Einzelbudgets aber auch der Budgetzeitraum und Maßnahmenkataloge verbindlich fixiert sind[328]. Im Regelfall sollte das Budgetierungsverfahren gewählt werden, welches das gesamtbetriebliche Optimum zum Ziel hat. Hierbei ist auch eine sinnvoll abgestimmte Abfolge der zu erstellenden Einzelbudgets[329] einzuhalten. Häufig empfiehlt es sich, das Budget für den Funktionsbereich zuerst zu erarbeiten, der den Engpass oder einen zentralen Bereich darstellt.

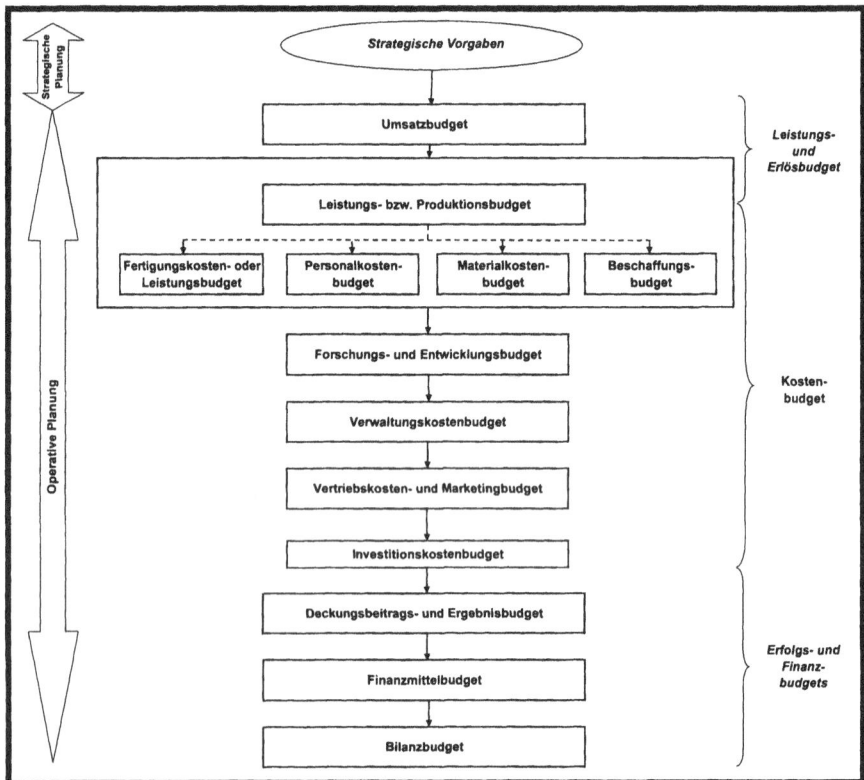

Abb. 11-9   Struktur der Budgeterstellung

---

[328] Vgl. dazu auch Steinmüller, P.H./Hering, E./Jórasz, W.: (Controller), S. 359.
[329] Vgl. dazu bspw. Ziegenbein, K.: (Kompakt-Training), S. 203.

Die Vorgehensweisen der Budgeterstellung hängen vom Planungssystem, der Aufbau- und Prozessorganisation, der Unternehmensgröße und von der Art der Planungsproblematik ab. So ist es z. B. entscheidend, inwiefern Prozessstrukturen, ihre Art, Wiederholbarkeit, Ungewissheit und Wertigkeit determiniert werden können. Gleichfalls interessant ist die Heterogenität von Leistungsprogrammen. Als ausnehmend einflussreich für die Budgetvorgabe erweist sich, in welchem Ausmaß Zusammenhänge zwischen Faktorverbrauch und Outputgrößen registrierbar sind. Insbesondere gestaltet sich die Aufstellung zwischen Input und Output in Dienstleistungsunternehmen, so z. B. hinsichtlich der Definition relevanter Leistungsarten, problematisch. Grundsätzlich lassen sich die Verfahren in problemorientierte und verfahrensorientierte Methoden unterscheiden (vgl. Abb. 11-10). Problemorientierte Ansätze stellen Input-Output-Beziehungen ins Zentrum, wobei materielle Prozesse mit hoher Standardisierbarkeit betrachtet werden. Weil sich bei schwer oder nicht standardisierten Prozessen ein Output, im Gegensatz zum Input, im Allgemeinen nicht quantifizieren lässt und deshalb die Verfahren der Kosten- und Leistungsrechnung an ihre Grenzen stoßen, nutzt man bei dieser Sachlage verfahrensorientierte Techniken.

Budgeterstellung			
Problemorientiert		Verfahrensorientiert	
basierend auf der Kostenplanung	basierend auf Solldeckungs-beiträgen	Input-orientiert	Output-orientiert
- Planung von Einzel- und Gemein-kosten - Planung von Deckungsbeiträgen - Bestimmung von Zielkosten		- Fortschreibungs-budgetierung - Wertanalyse - Gemeinkosten-Wertanalyse - Administrative Wertanalyse - Gemeinkosten-Systems-Engineering	- Zero-Base-Budgeting - Projektplanung - Programm-budgetierung

Abb. 11-10:   *Systeme der Budgeterstellung*[330]

11.4.2   Problemorientierte Budgeterstellung

11.4.2.1   Ansätze der Kostenplanung

Dieses System der Budgeterstellung nutzt die Erkenntnisse des betrieblichen Rechnungswesens, insbesondere der Grenzplankostenrechnung. Als Hauptkosteneinflussgröße wird die Beschäftigung angesehen. Dies gilt ausnahmslos für die Planung der Einzelkosten, für die Budgetierung von Gemeinkosten nimmt dagegen die Bedeutung der Prozesskostenrechnung (vgl. Abschnitt 8) mit einer damit

---

[330] In Anlehnung an Küpper, H.-U.: (Controlling), S. 340 und S. 349.

verbundenen großen Anzahl alternativer Kosteneinflussgrößen stetig zu. Die Planung der Kosten[331] kann grundsätzlich auf der Basis[332]

- betrieblicher Dokumente zur Leistungserstellung (z. B. technischer Studien und Berechnungen) beruhen, indem auf dieser Grundlage auf Planverbrauchsmengen bzw. Verbrauchsfunktionen geschlussfolgert wird.
- von Probeläufen und Musterproduktionen erfolgen.
- begründeter Schätzungen geschehen.
- von statistischen Vergangenheits- und Erfahrungswerten entstehen.
- externer Richtzahlen, Normen, Verbrauchskennzahlen oder auch wissenschaftlicher Studien vorgenommen werden.

Prinzipiell sind Kosten je Kostenart und je Kostenstelle bzw. je Prozess oder Projekt zu planen. Daraus folgt, dass für jede Kostenart allgemeingültige Algorithmen entwickelt werden müssen. Die Planung von Materialeinzelkosten lässt sich z. B. durch folgende Schritte beschreiben[333]:

I.   *Bestimmung der Netto-Planverbrauchsmengen je Materialart*

II.   *Ermittlung der zusätzlichen Planverbrauchsmengen bedingt durch Verluste je Materialart (z. B. Ausschuss, Abfall)*

III.   *Schlussfolgerung auf Brutto-Planverbrauchsmengen je Materialart*

IV.   *Berechnung der Standard-Planpreise je Materialart*

V.   *Ausweis der Plan-Materialeinzelkosten je Materialart durch Multiplikation der Brutto-Planverbrauchsmengen mit den Standard-Planpreisen je Materialart*

Das in Abb. 11-11 vereinfachte Beispiel soll diese Vorgehensweise belegen. Es sei für den Budgetzeitraum unterstellt, dass für den Absatz eines Produktes von 800 LE/ZE die Rohstoffe A und B benötigt werden.

Die Planung der Gemeinkosten je Kostenstelle kann in Form von Plankalkulationssätzen erfolgen. Diese stellen für die Kostenkontrolle sogenannte Sollwerte dar. Entscheidend für deren Festlegung ist die Bezugsgröße, also üblicherweise die Planbeschäftigung je Stelle. Je nachdem, ob auf Voll- oder Teilkostenbasis prognostiziert wird, sind unterschiedliche Ausprägungen denkbar. Bei Nutzung des Vollkostensystems ist in Engpass-, Kapazitäts- oder Normalplanung zu unterscheiden (vgl. Abschnitt 11.4.4.1). Wird hingegen das System der Teilkostenrechnung favorisiert, sind Kalkulationssätze lediglich für variable Gemeinkosten relevant. Der Anteil der variablen Kosten an den Gesamtkosten wird durch den *Variator* angegeben (vgl. Abschnitt 5.2.2). Die Methoden der Gemeinkostenplanung unterscheiden sich in statistische und analytische Methoden[334]. Statistische Ver-

---

[331] Vgl. Käfer, K.: (Standardkostenrechnung), S. 83 f.
[332] Vgl. Haberstock, L.: (Kostenrechnung II), S. 199 f.
[333] Vgl. Kilger, W.: (Plankostenrechnung), S. 243 ff.
[334] Vgl. Kilger, W./Pampel, J./Vikas, K.: (Plankostenrechnung), S. 266 ff.

fahren leiten Plankosten auf Basis von Istkosten vergangener Perioden ab. Diese Methoden beziehen sich auf die Möglichkeiten der Kostenauflösung (vgl. Abschnitt 7.2.2). Im Gegensatz dazu arbeiten analytische Verfahren nicht auf Basis von Istwerten. Vielmehr werden mithilfe technisch-kostenwirtschaftlicher Analysen des Prozesses Mengen- und Zeitvorgaben abgeleitet (vgl. Abschnitt 7.2.3).

		Rohstoff A	Rohstoff B	Angaben
	1	*2*	*3*	*4*
1	Mengen:	100,00	40,00	Nettomenge in ME/LE
2		2,00	0,25	technisch bedingter Abfall in %
3		1,20	0,60	Ausschuss in %
4		0,90	0,20	geplante Auschussreduzierung aufgrund Lernkurven in %
5		5,00	0,00	Kreislaufmaterial, gesamt in %
6				
7	Preise:	45,00	208,00	Einkaufspreis in €/ME
8		3,00	2,50	Rabatt %
9		1,50	1,50	Skonto %
10		0,80	1,20	Transportkosten in €/ME; jährlicher Anstieg um 1%
11		0,40	0,80	Bezugskosten in €/ME
12				
13	Planung:	100,00	40,00	Nettomenge in ME/LE
14		2,00	0,10	Abfall
15		1,20	0,24	Ausschuss
16		0,01080	0,00048	Lernkurveneffekt
17		3,19	0,34	Plan-Abfall, gesamt
18		0,16	0,00	Kreislaufmaterial
19		103,03	40,34	Plan-Bruttomenge, Rohstoffe
20				
21		45,00	208,00	Listenpreis
22		1,35	5,20	Rabatt
23		43,65	202,80	ZVP
24		0,65	3,04	Skonto
25		43,00	199,76	BVP
26		0,81	1,21	Transportkosten Anstieg um 1%
27	Kosten:	0,40	0,80	Plan-Bezugskosten
28		44,2033	201,7700	Materialeinzelkosten in €/ME
29		4 554,2494	8.139,3050	Materialeinzelkosten in €/LE
30				
31	10.154.843,44	3.643.399,48	6.511.443,96	Materialeinzelkosten in €/ZE

Abb. 11-11:   *Beispiel zur Budgetierung von Materialeinzelkosten*

11.4.2.2   Solldeckungsbeiträge

Die Festlegung von Verkaufserlösen zählt aufgrund der parallelen Einflüsse von Kosten und Marktkomponenten zu einem der anspruchsvollsten Problemfelder. Die traditionelle Preiskalkulation auf Vollkostenbasis führt zu mannigfaltigen Schwierigkeiten. Bedingt durch die proportionale Zurechnung von Fixkosten werden im Falle von Absatzschwankungen keine verursachungsgerechten Preise kalkuliert, zumal ein Zusammenhang für die Preisbildung zwischen Angebot und Nachfrage nicht oder nur völlig unzureichend Berücksichtigung findet[335]. Letzt-

---

[335] Vgl. Kilger, W./Pampel, J./Vikas, K.: (Plankostenrechnung), S. 607 f.

lich, und darin besteht das Dilemma[336], müssen Unternehmungen um ihre dauerhafte Fortführung zu gewährleisten, Absatzpreise realisieren, die eine Vollkostendeckung gewährleisten. Die Budgetierung anhand von Solldeckungsbeiträgen (oder auch Deckungsbudgets[337]) folgt dem Grundgedanken, Solldaten und Istwerte gegenüberzustellen (vgl. auch Abschnitt 11.5.3.5). Folgende Arbeitsschritte[338] sind zu absolvieren:

I.   Bestimmung des Solldeckungsbeitrages der Zielplanung

Der Plandeckungsbeitrag orientiert sich an der langfristig angestrebten Planrentabilität des Unternehmens und wird zunächst unabhängig von der internen Absatzplanung festgesetzt. Die Rentabilitätsberechnung verlangt den Ausweis des durchschnittlich betriebsnotwendigen Kapitaleinsatzes differenziert nach Eigen- und Fremdkapitalanteilen für die Budgetperiode. Hierbei kann zwischen der Rentabilität vor oder nach Ertragssteuern variiert werden. Im Ergebnis erhält man den handels- und steuerrechtlichen Vorschriften entsprechenden Plangewinn vor Ertragssteuern. Dieser Plangewinn ist nachfolgend an das kalkulatorische Betriebsergebnis anzupassen, so z. B. durch die Einbeziehung kalkulatorischer Kosten oder auch die Eliminierung neutraler Aufwendungen und Erträge. Im Anschluss an diese Berichtigungen müssen, um den Solldeckungsbeitrag auszurechnen, zum Plangewinn die gesamten prognostizierten Vorleistungskosten, z. B. Forschungs- und Entwicklungskosten, sowie die geplanten Fixkosten hinzuaddiert werden.

II.   Bestimmung des Solldeckungsbeitrages der Absatzplanung

Der unter Schritt 1 berechnete Solldeckungsbeitrag stellt auf die rentabilitätsbezogenen Ziele der langfristigen Unternehmensplanung ab. Die Möglichkeiten der Absatztätigkeit bleiben dabei unberücksichtigt. Deshalb sind nachfolgend die Solldeckungsbeiträge mit denen der Absatzplanung abzustimmen. Hierbei ist zwischen der Deckungsbeitragsplanung für bereits bewährte und für neue Leistungsarten zu unterscheiden. Bei der Berechnung der Deckungsbeiträge von Produkten des laufenden Programms greift man auf Erfahrungen und Daten der Vergangenheit zurück. Diese sind ggf. mit Hilfe von zukunftsorientierten Veränderungsfaktoren, gewonnen aus Marktbeobachtungen und Absatzprognosen, an gegenwärtige Bedingungen anzupassen. Zur Berechnung der Plandeckungsbeiträge für neu einzuführende Produkte nutzt man bspw. Bedarfsanalysen und Prognosemodelle. Nachfolgend empfiehlt es sich, Vorleistungskosten und Fixkosten nach dem Grundgedanken der mehrstufigen und mehrdimensionalen Deckungsbeitragsrechnung einzubeziehen.

III.   Abstimmung der Solldeckungsbeiträge

Nach Kenntnis des Solldeckungsbeitrages der Absatzplanung wird dieser mit dem Solldeckungsbeitrag der Zielplanung verglichen. Hierbei treten in der Regel Abweichungen auf. Liegt der Solldeckungsbeitrag der Absatzplanung über dem der

---

[336] Vgl. Kilger, W./Pampel, J./Vikas, K.: (Plankostenrechnung), S. 609.
[337] Vgl. Riebel, P.: (Einzelkostenrechnung), S. 475 ff.
[338] Vgl. Kilger, W./Pampel, J./Vikas, K.: (Plankostenrechnung), S. 612 ff.

Zielplanung, so kann die Differenz durch Anhebung der Planrentabilität ausgeglichen werden. Ergibt sich hingegen ein Deckungsbeitragsdefizit, so können folgende Maßnahmen[339] erwogen werden:

- Kurzfristige Verbesserung der Deckungsbeiträge der Absatzplanung durch Forcierung der Akquise (z. B. Werbemaßnahmen, verbesserte Preis- bzw. Rabattkonditionen),
- Kurzfristige Verbesserung der Deckungsbeiträge der Absatzplanung durch veränderte Produktgestaltung (z. B. neue Verpackung),
- Kurzfristige Verbesserung der Deckungsbeiträge der Absatzplanung durch Rationalisierungsmaßnahmen (z. B. Einsparungen des Materialeinsatzes),
- Kurzfristiger Abbau fixer Kosten (z. B. Outsourcing, Kurzarbeit),
- Reduzierung des Kapitaleinsatzes (z. B. Abbau von Vorräten),
- Verminderung der Vorleistungskosten (z. B. durch Verschiebung in spätere Planungsperioden).

Bei Bedarf kann dieses Budgetierungsverfahren bis zur Bestimmung der Verkaufspreise je Leistungsart fortgeführt werden.

Das in der Abb. 11-12 dokumentierte Beispiel zeigt eine Möglichkeit der Arbeit mit Solldeckungsbeiträgen. Es sei hier einerseits in der Variante a) unterstellt, dass zur Einhaltung des Solldeckungsbeitrags lediglich der Wareneinsatz disponierbar wäre. In Variante b) gelingt es hingegen, die variablen Handlungskosten [HDK] um 5 Prozent zu reduzieren und somit die Preisobergrenze für den Bezug von Fremdleistungen um 2,08 €/LE anzuheben.

Leistung:		
geplante Absatzmenge	[LE/ZE]	50
Kosten:		
Bezugskosten für Fremdleistungen	[€/LE]	60
voraussichtliche Einkaufspreisminderung	[%]	2
variabler Handlungskostensatz	[%]	20
Ziel:		
Solldeckungsbeitrag	[€/LE]	110
kurzfristige Preisobergrenze für den Wareneinsatz:		
a) Annahme: KS für variable HDK = 20%	[€/LE]	47,69
b) Annahme: KS für variable HDK = 15%	[€/LE]	49,77

Abb. 11-12:   *Beispiel zur Anwendung von Solldeckungsbeiträgen*

---

[339] Vgl. Kilger, W./Pampel, J./Vikas, K.: (Plankostenrechnung), S. 614 f.

11.4.2.3   Target Costing

A   Überblick

Entgegen der Berechnung von Solldeckungsbeiträgen, die auf kurzfristige Entscheidungen orientieren, bietet sich für die strategische Kostenplanung die Zielkostenrechnung an. Dieses strategische Controllinginstrument zählt folglich zum
Kostenmanagement. Es gestattet die Offenlegung von Defiziten und offeriert
Möglichkeiten der Kostenbeeinflussung unter Bezugnahme von Kundenbedürfnis-
sen bereits in der Phase der Produktentwicklung. Somit orientiert man sich

- sowohl auf die Beeinflussung variabler und fixer Kosten als auch
- auf die Steuerung leistungsbezogener Kostenverursachung in direkten und
  indirekten Bereichen.

Die Vorteile des Konzeptes sind zahlreich. So vermag man mittels dieses Konzeptes maßgeblich das Einhalten von Ziel- und Budgetvorgaben in der Entwicklungs-
phase der Leistung, in welcher bekanntermaßen die größten Einsparungseffekte
liegen, sowie späterhin in deren Herstellung zu beeinflussen. Zugleich orientiert
sich diese Rechnung konsequent am Marktbedarf. Zudem folgt der Ansatz sehr
diszipliniert dem Koordinationsgedanken des Controllings[340]. Unter geradliniger
Anwendung der Kosten- und Leistungsrechnung sind sämtliche Stufen der Wertschöpfungskette abzubilden und in die Kostenplanung zu integrieren. Somit gelingt es, sämtliche Prozesse in den Unternehmensbereichen produktbezogen und
zielkonform zu steuern. Die Aufmerksamkeit wird auf die permanente Kostenreduzierung unter Beachtung der Qualitätsanforderungen gerichtet. Als besonders
vorteilhaft muss eingeschätzt werden, dass in die Kostenkalkulation vornehmlich
die Wünsche der Kunden bzw. Kundengruppen einbezogen werden. Preis, Funktionalität und Qualität eines Produktes stehen im Fokus der Betrachtung. Da es sich
hierbei um einen langfristigen Kostenansatz handelt, sind Gewinne zu maximieren, die Gesamtkosten einer Leistungsart sind über den Preis zu verdienen.

Die zentrale Frage der Zielkostenrechnung lautet daher: *„Was darf ein Produkt
maximal kosten?".* Kundenwünschen ist langfristig unter Maßgabe möglichst
niedriger Kosten gerecht zu werden. Dadurch wird die Marktakzeptanz der Kostenträger entscheidend erhöht und zugleich das Risiko einer Fehlentscheidung,
also die Entwicklung eines nicht marktfähigen Produktes, reduziert. Der Verhaltensbeeinflussung von Entscheidungsträgern, eine der Hauptaufgaben des betrieblichen Rechnungswesens, schenkt man hierbei im Interesse des Kostenbewusst-
seins ganz besondere Aufmerksamkeit.

Für die Durchführung des Target Costing finden sich grundsätzlich drei Methoden[341] (vgl. Abb. 11-13), allerdings gewährleistet lediglich das *market into com-*

---

[340] Vgl. Peemöller, V. H.: (Controlling), S. 285.
[341] Vgl. weiterführend zu diesen Methoden bspw. Däumler, K.-D./Grabe, J.: (Plankostenrechnung), S.
215 ff.

pany-Vorgehen eine stringente Marktorientierung. Im Folgenden wird sich deshalb ausschließlich dieser Variante gewidmet.

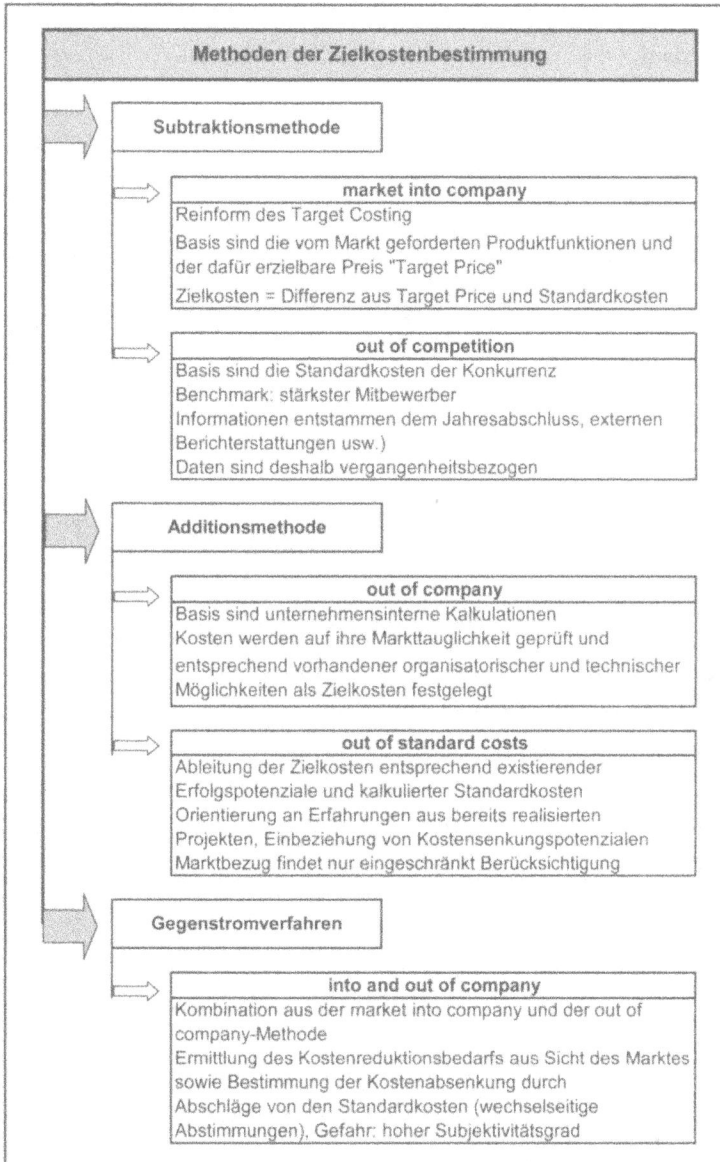

Methoden der Zielkostenbestimmung

Subtraktionsmethode

market into company
Reinform des Target Costing
Basis sind die vom Markt geforderten Produktfunktionen und der dafür erzielbare Preis "Target Price"
Zielkosten = Differenz aus Target Price und Standardkosten

out of competition
Basis sind die Standardkosten der Konkurrenz
Benchmark: stärkster Mitbewerber
Informationen entstammen dem Jahresabschluss, externen Berichterstattungen usw.)
Daten sind deshalb vergangenheitsbezogen

Additionsmethode

out of company
Basis sind unternehmensinterne Kalkulationen
Kosten werden auf ihre Markttauglichkeit geprüft und entsprechend vorhandener organisatorischer und technischer Möglichkeiten als Zielkosten festgelegt

out of standard costs
Ableitung der Zielkosten entsprechend existierender Erfolgspotenziale und kalkulierter Standardkosten
Orientierung an Erfahrungen aus bereits realisierten Projekten, Einbeziehung von Kostensenkungspotenzialen
Marktbezug findet nur eingeschränkt Berücksichtigung

Gegenstromverfahren

into and out of company
Kombination aus der market into company und der out of company-Methode
Ermittlung des Kostenreduktionsbedarfs aus Sicht des Marktes sowie Bestimmung der Kostenabsenkung durch Abschläge von den Standardkosten (wechselseitige Abstimmungen), Gefahr: hoher Subjektivitätsgrad

Abb. 11-13: *Methoden zur Bestimmung von Zielkosten*

Die *market into company –Methode*[342] gilt als Reinform des Target Costing und folgt nachstehendem Algorithmus (vgl. auch Abb. 11-14).

I.   Definition von geforderten Eigenschaften und Funktionen des Produkts (Vision)

Unter Verwendung von Instrumenten der Marktforschung, bspw. der Conjoint-Analyse, soll auf für neue innovative Produkte oder Dienstleistungen geschluss-folgert werden. Es gilt, aus Sicht des Kunden lukrative Merkmale oder Merk-malsausprägungen und deren Nutzen herauszuarbeiten.

Jene Merkmale sind anschließend in ein Cluster zu übertragen. Üblicherweise ist hierbei in harte und weiche Funktionen zu unterscheiden. Als harte Funktionen gelten technische Ausprägungen (z. B. Gewicht, Materialkomponenten des Lauf-schuhs), hingegen zählt zu den weichen Funktionen die Benutzerfreundlichkeit (z. B. Haltbarkeit, Tragekomfort). Letztere Funktion symbolisiert den Produktwert aus Kundensicht.

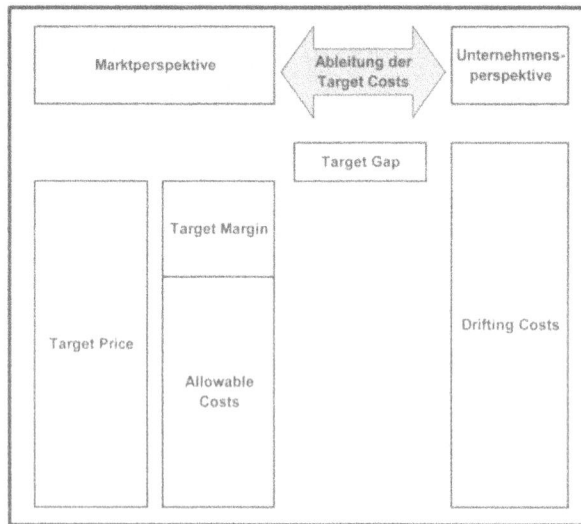

Abb. 11-14:   *Übersicht zu Kategorien des Target Costing*

II.   Gewichtung der Produkt- oder Leistungsfunktionen

Im Anschluss sind die dokumentierten und vom Markt gewünschten Produkt-merkmale wiederum mithilfe von Kundenbefragungen zu gewichten. Damit wird die Basis für eine Funktions- und Qualitätsdifferenzierung des zu entwickelnden Produktes gelegt. Ergebnis sollte eine prozentuale Gewichtung der einzelnen

---

[342] Vgl. dazu Götze, U.: (Kostenrechnung), S. 273 ff. und Däumler, K.-D./Grabe, J.: (Plankostenrech-nung), S. 218 ff. sowie Jórasz, W. (Kosten- und Leistungsrechnung), S. 310 ff.

Funktionen im Verhältnis zum Gesamtnutzen der Leistung/ des Produkts sein. Hierbei sind klassische Basisanforderungen (z. B. gesetzliche Mindestanforderungen), Leistungsanforderungen (z. B. bezogen auf die Kundenzufriedenheit) sowie Begeisterungsanforderungen (z. B. Produkteigenschaften von denen der Kunde positiv überrascht ist) einzubeziehen. Die Gewichtungsfaktoren bilden in der Folge die Basis für die Zielkostenermittlung.

III. Grobentwurf des neuen Produkts entsprechend der vom Markt geforderten Produktmerkmale

Der Grobentwurf beinhaltet eine Produktskizze unter Beachtung konkreter Kundenerwartungen, d.h., die jeweiligen gewichteten Produktmerkmale sind zu integrieren. Teilprozesse und Aktivitäten, welche zur Erfüllung der Nutzenkomponenten und zur Ausgestaltung der Leistung notwendig sind, müssen klar definiert werden.

IV. Ermittlung der Allowable Costs

Die Allowable Costs (die vom Markt erlaubten Kosten) ergeben sich aus der Differenz zwischen dem Target Price (Preisobergrenze aus Marktperspektive; also jenem Preis, den der Kunde wahrscheinlich bereit ist zu zahlen) und der von der Unternehmensspitze festgelegten Gewinnmarge (Target Margin).

Allowable Costs = Target Price – Target Margin

V. Ermittlung der Drifting Costs

Unter Drifting Costs sind die klassischen *Standardkosten*, also die Plankosten für ein herzustellendes Produkt, zu verstehen. Hierbei kommt die Qualität des betrieblichen Rechnungswesens zum Tragen. Sämtliche Methoden und Verfahren des betrieblichen Rechnungswesens, beginnend mit der Qualität der Kostenartenrechnung bis hin zu den angewandten Kalkulationsverfahren und/oder der Prozesskostenrechnung münden in den Ergebnissen der Zielkostenrechnung.

Die Standardkosten symbolisieren jenen bewerteten Verbrauch an Produktionsfaktoren der zum gegenwärtigen Zeitpunkt unter Maßgabe des prognostizierten Innovationsgrades und ebenso der vorhandenen Bedingungen (personelle und technische Ausstattung) für die Herstellung des neuen Produktes verursacht werden würde. Es dürfte nicht verwundern, dass diese Rechnung üblicherweise mit einem gewissen Grad an Risiko behaftet ist. Es lässt sich demnach schlussfolgern, dass mit Anstieg des Innovationsgrades zukünftiger Produkte das Risiko, dass Kalkulationsergebnisse mit Ungenauigkeiten behaftet sind, zunimmt.

VI.   Berechnung der Zielkosten

Stellt man nun die vom Markt erlaubten Kosten (Allowable Costs) den Standardkosten gegenüber, erhält man die Zielkostenlücke (Target Gap).

Target Gap   =   Allowable Costs – Drifting Costs

Aus dieser Zielkostenlücke sind die Ansatzpunkte zur Verbesserung von Struktur
und Technologie abzuleiten. Diesen Abstand zwischen erlaubten und kalkulierten
Plankosten gilt es, mittels innovativen Aktivitäten auszugleichen. Die Impulse des
Controllings hinsichtlich der Verhaltenssteuerungsfunktion von Managern werden
deutlich. So sind bei der Fixierung der Vorgabenhöhe die nachgewiesenen Moti-
vationswirkungen im Zusammenspiel mit dem Anspruchs- sowie Leistungsniveau
der Mitarbeiter in jedem Fall zu berücksichtigen[343].

VII.   Ermittlung der Zielkosten je Produktkomponente sowie Gewichtung

Aus dem unter III. konzipierten Grobentwurfs ergeben sich die relevanten Produktkomponenten. Diese sind im Folgenden anhand von Kundenbefragungen
einzuschätzen. Es muss festgestellt werden, in welchem Ausmaß Zielkosten zur
Realisierung der Produktkomponenten notwendig werden, um deren Kostenanteil
an den Gesamtzielkosten berechnen zu können.

Diese Kostenplanung stellt höchste Ansprüche an das Controlling. Letztlich wird
damit der Grundstein dafür gelegt, dass hoch eingeschätzte Produktfunktionen
vonseiten des Kunden auch höhere Kosten verursachen dürfen. Analoges gilt für
niedrig gewichtete Funktionen, welchen dann nur wenig Kosten für die Entwicklung und spätere Umsetzung zugestanden werden.

VIII.   Bestimmung der Zielkostenindizes der Produktkomponenten

Der Zielkostenindex zeigt an, ob die Umsetzung einer Produktfunktion zu teuer
(kleiner 1) oder zu billig (größer 1) geplant ist.

$$\textit{Zielkostenindex}   =   \frac{\textit{Nutzenanteil in \%}}{\textit{Kostenanteil in \%}}$$

Der Idealfall würde dann eintreten, falls ein Teilprozess (die Umsetzung einer
Produktfunktion) exakt jenen Kostenumfang (Anteil der Komponente an den Drifting Costs in %) verursacht, welchen er zur Erfüllung des Gesamtnutzens beiträgt.
Der Index würde den Wert von 1 annehmen. Die Kosten wären sämtlich proportional zur Komponente verteilt. Demzufolge würden jeder Funktion mit zunehmender Kundenwertschätzung höhere Zielkosten zuerkannt.

---

[343] Vgl. Weber, J./Schäffer, U.: (Einführung), S. 69 f.

Beträgt der Nutzenanteil größer 1, liegt für die Komponente eine Kostenunterschreitung („zu einfach") vor; hingegen spricht ein Index kleiner 1 für eine Kostenüberschreitung („zu aufwendig").

IX. *Optimierung der Zielkostenindizes mittels dem Zielkostendiagramm und Veranlassen von Kostensenkungsmaßnahmen*

Da ein Index von 1 als Idealzustand einzuschätzen wäre, gelten üblicherweise in der Praxis Toleranzen, wobei mit steigender Bedeutung der Komponente der Toleranzbereich vonseiten des Managements enger gesetzt wird. Mittels eines Zielkostendiagramms ist leicht ablesbar (vgl. Abb. 11-15), ob ein Kostenreduktionsbedarf (Index kleiner 1).

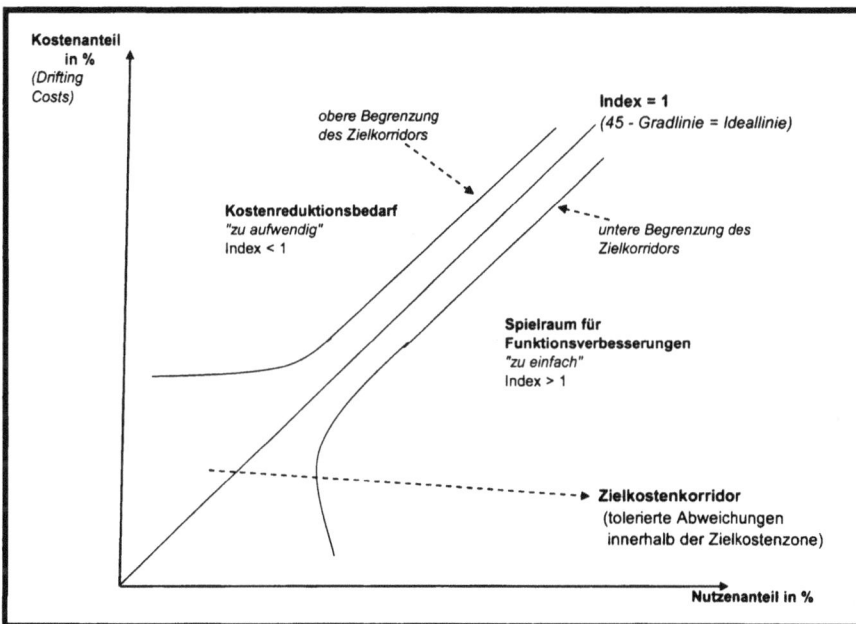

Abb. 11-15:   Zielkostenkontrolldiagramm[344]

In diesem Fall sind die Kosten in Relation zum Kundennutzen zu hoch. Kosteneinsparungen sind, ohne die Marktchancen des Produktes zu bedrohen, anzuschieben. Andererseits ist bei einem Index größer 1 der Kundennutzen der Komponente größer als deren Kostenanteil an den Gesamtkosten des Produkts. Es wäre demzufolge überlegenswert, den Nutzen durch weitere Produktverbesserungen anzuheben.

---

[344] In Anlehung an Götze, U.: (Kostenrechnung), S. 276.

B   Beispiel

Abb. 11-16 zeigt ein vereinfachtes Beispiel zur Anwendung der Zielkostenrechnung. Hierbei geht es um die Entwicklung eines Laufschuhs.

Entwicklung von Laufschuhen

Produktmerkmale	Gewichtung
Gewicht	10 %
Dämpfung	25 %
Tragekomfort	40 %
Haltbarkeit	25 %
	100 %

Komponenten	Sohle		Schuhaufbau			Summe [%]
	Fußbett	Untersohle	Höhe	Form	Polsterung	
Merkmale						
Gewicht	10	40	10	0	40	100
Dämpfung	70	10	10	0	10	100
Tragekomfort	50	10	10	10	20	100
Haltbarkeit	20	50	0	0	30	100

Kostenschätzung/ Standardkosten:

Sohle	50,00
Schuhaufbau	40,00
	90,00 €/Paar

| Gemeinkosten | 6.500.000 € |

Absatzmengen- und Preisprognose:

prognostizierte Absatzmenge in LE (Produktlebenszyklus)	340.000
Zielpreis in €/Paar	150
angestrebte Umsatzrendite in %	15

Berechnungen:

Umsatz	51.000.000,00
angestrebter Gewinn	7.650.000,00
Zielkosten	**43.350.000,00 €**

gesamte Zielkosten	43.350.000,00
Gemeinkosten	6.500.000,00
in Zielkostenspaltung eingehende Kosten	36.850.000,00

Zielkosten/ Schuhpaar	**108,38 €/LE**

Nutzenanteil je Komponente (Anteil der Komponente x Gewichte) in %:

Komponenten	Sohle		Schuhaufbau			
	Fußbett	Untersohle	Höhe	Form	Polsterung	
Merkmale						
Gewicht	1,00	4,00	1,00	0,00	4,00	
Dämpfung	17,50	2,50	2,50	0,00	2,50	
Tragekomfort	20,00	4,00	4,00	4,00	8,00	
Haltbarkeit	5,00	12,50	0,00	0,00	7,50	
Nutzenanteil	43,50	23,00	7,50	4,00	22,00	100,00

Zielkosten einer Komponente (Multiplikation des Nutzenanteils x Zielkosten der Produkteinheit):

Komponente:	Zielkosten		Standard-kosten	Reduzierungs-bedarf	Anteil [%] Standardkosten	Zielkostenindex
	€/Schuh	Summe				
Sohle	47,15 24,93	72,08	50,00	-22,08	55,56	1,20
Schuhaufbau	8,13 4,34 23,84	36,31	40,00	3,69	44,44	0,75

Abb. 11-16:   Vereinfachtes Beispiel für eine Zielkostenrechnung

11.4.3   Verfahrensorientierte Budgeterstellung

11.4.3.1   Fortschreibungsbudgetierung

Übernimmt man vergangenheitsorientierte Werte entweder deckungsgleich oder modifiziert als Basiswert für den künftigen Budgetzeitraum, spricht man von Fortschreibung bisheriger Wertansätze[345]. Diese Form der Budgetierung gilt als eine der Trivialsten. Istwerte, Normalwerte (also durchschnittliche Istwerte vergangener Perioden) oder auch Vorgabewerte der Vorperiode werden unter Berücksichtigung externer Einflussgrößen für die Budgetvorgabe überarbeitet. Eine gebräuchliche externe Größe ist z. B. die Inflationsrate. Rationalisierungsraten aufgrund der Ausschöpfung von Lernkurveneffekten sind hingegen typische interne Steuerungsgrößen. Eine Bezugnahme auf das Leistungsprogramm oder auch den Faktoreinsatz geschieht in der Regel nicht oder nur sehr begrenzt (vgl. Beispiel unter Abschnitt 11.4.4.2).

Dem Vorteil eines niedrigen Verwaltungsaufwandes für die Budgetvorgabe stehen mannigfaltige Nachteile gegenüber. So werden etwaige Unwirtschaftlichkeiten vergangener Perioden auf die Zukunft überwälzt, Strukturen des Gütereinsatzes und des Leistungsprogramms bleiben weitestgehend unberücksichtigt, sodass in der Konsequenz den Motivations- und Koordinierungsaufgaben der Budgetierung lediglich bedingt entsprochen wird.

11.4.3.2   Wertanalytische Verfahren

Die mannigfaltigen Techniken der Wertanalyse, als vorwiegend Input-orientierte Analysen, stehen unter dem Zeichen der Kostensenkung. Outputorientierte Momente hinsichtlich ihrer Zielkonformität des Unternehmens oder auch der Leistungsstruktur sind ihnen nur in sehr sparsamen Maß zuzuschreiben. Im Ergebnis dieser Verfahren wird die Erhöhung der Effizienz angestrebt. Die für die Gemeinkostenbudgetierung zur Verfügung stehenden Verfahren unterscheiden sich vor allem einerseits im zu untersuchenden Leistungsumfang sowie dem angestrebten Grad der Kostensenkung und andererseits in organisatorischen Aspekten, wie z. B. Projektgruppenzusammensetzung und Projektabwicklung.

A   Wertanalyse

Hierbei handelt es sich um ein Verfahren zur Optimierung von Kosten, indem Leistungsarten, Herstellungsverfahren und/ oder Verwaltungsabläufe analysiert werden. In diesem Zusammenhang müssen die Fragen abgeklärt werden, ob man erstens in Zukunft auf bestimmte Leistungen verzichten könnte, zweitens die Leistungserstellung kostengünstiger möglich wäre oder auch drittens zusätzliche Leistungen ohne Erhöhung von Kosten in das Programm aufgenommen werden könnten.[346] Hierbei folgt das Verfahren einem klar definierten Algorithmus.

---

[345] Vgl. Küpper, H.-U.: (Controlling), S. 348 f.
[346] Vgl. Däumler, K.-D./Grabe, J.: (Plankostenrechnung), S. 210.

- Begonnen wird mit vorbereitenden Maßnahmen hinsichtlich der Auswahl des Untersuchungsobjektes,
- daran schließt sich die Ermittlung des Istzustandes und die Beschreibung der zu analysierenden Komponenten an, um
- im weiteren Verlauf unnötige Funktionen sowie unberechtigte Kostenschwerpunkte zu identifizieren.
- Nachfolgend sind diesbezügliche Lösungsalternativen zu entwickeln,
- die in einem weiteren Schritt zu überprüfen sind.
- Im Ergebnis dieser Prüfung ist ein Lösungsvorschlag auszuwählen.[347]

B   Gemeinkosten-Wertanalyse

Erstreckt sich das Verfahren auf Tätigkeiten im Rahmen von Dienstleistungen oder auf die Analyse der Kosten-Nutzen-Relation in Gemeinkostenbereichen, ist diese Form der Wertanalyse anzuwenden. Im Ergebnis sollen Lösungsmöglichkeiten aufgezeigt werden, mit denen eine Wirtschaftlichkeitserhöhung des Bereiches möglich ist. Es besteht die Anforderung, mit geringeren Kosten das gleiche Leistungsspektrum oder mit gleichen Kosten verbesserte Leistungen zu gewährleisten[348].

C   Administrative Wertanalyse

Diese Form der Wertanalyse bietet sich für die Untersuchung der Kosten- und Leistungsstruktur von Verwaltungstätigkeiten an. Auch hier steht die Verbesserung der Wirtschaftlichkeit im Fokus. Einerseits kann die Analyse funktions- und andererseits ablauforientiert erfolgen. Wird die Aufbauorganisation auf den Prüfstand gestellt, gilt es, die einzelnen Funktionsbereiche und deren Bedeutung für die Betriebshierarchie herauszustellen. Konsequenzen sind z. B. Überarbeitungen von Stellenbeschreibungen oder das Erfassen von Doppeltätigkeiten. Im Gegensatz dazu kann sich das Anliegen der Wertanalyse auf Tätigkeitsabläufe, wie z. B. auf die Auftragsabwicklung oder auch Bestellvorgänge, beziehen.

D   Zero-Base-Budgeting

Zero – Base – Budgeting[349] ist eine spezielle Budgetierungstechnik. Im Gegensatz zu den übrigen Budgetierungstechniken sind für das aufzustellende Budget alle Aktivitäten neu zu begründen. Vergangenheitsorientierte Daten und die darauf basierenden Aktivitäten sollen keiner reinen Extrapolation unterliegen. Ein bloßes „Fortschreibungsdenken" wird vermieden. Die fiktive Neugründung der Unternehmung wird unterstellt und geprüft, welche mengenmäßigen und monetären Maßnahmen bzw. Leistungspakete im Gemeinkostenbereich erforderlich wären. Der Planungsprozess startet demnach bei null. Dabei wird analysiert, in welcher Qualität Leistungen des Gemeinkostenbereiches für die Umsetzung strategischer und operativer Ziele des Unternehmens notwendig sind und mit welchem Verfah-

---

[347] Vgl. Küpper, H.-U.: (Grundbegriffe), S. 340.
[348] Vgl. z.B. Peemöller, V.H.: (Controlling), S. 242 ff.
[349] Vgl. z.B. Ziegenbein, K.: (Controlling), S. 531 ff.

ren sie am kostengünstigsten realisiert werden können. Im Ergebnis können ggf. Gemeinkosten reduziert bzw. Kosten auf andere Aufgabenbereiche in Abhängigkeit ihres Nutzens verschoben werden (z. B. Erkennen von Rationalisierungspotenzialen in Gemeinkostenbereichen).

Zero-Base-Budgeting bedarf der Einbeziehung von Führungskräften und dem Etablieren einer Projektgruppe. Die Budgetierung auf „Null–Basis" kann für spezielle Abteilungen oder für die gesamte Unternehmung durchgeführt werden. Diese Möglichkeit der Budgetvorgabe und die Gemeinkostenwertanalyse stehen zwar in engem Zusammenhang, sie unterscheiden sich dessen ungeachtet grundlegend im methodischen Vorgehen.

Diese Budgetierungsform folgt einer systematischen Vorgehensweise:

- Formulierung der Unternehmensziele und Festlegung der zu planenden Bereiche,
- Bildung von Entscheidungseinheiten und ihrer Teilziele,
- Bestimmung der qualitativen und quantitativen Leistungsniveaus je Entscheidungseinheit,
- Festlegen der Entscheidungspakete,
- Aufstellen einer Rangordnung der Entscheidungspakete innerhalb einer Entscheidungseinheit,
- Bildung einer Prioritätenliste für die Entscheidungspakete über alle hierarchischen Stufen,
- Zuordnung verfügbarer finanzieller Mittel zu den Entscheidungspaketen gemäß der Rangordnung/ Budgetschnitt,
- Maßnahmeplanung und Budgetvorgabe,
- Realisation und Kontrolle der beschlossenen Entscheidungspakete.

E   Projektplanung

Projekte bestehen üblicherweise aus unterschiedlichen Einzelaufgaben, welche mehrfach unter Mitarbeitern verschiedener Bereiche projekt- und unternehmenszielkonform abgestimmt werden müssen. Die damit hervorgerufene Komplexität von Projekten und ihre häufig unter- oder überjährigen Fristen bedingen einer gesonderten Budgetierung, die wiederum passfähig zum Budget des Unternehmens im Wirtschaftsjahresrhythmus eingebettet werden muss.

Als Planungselemente sind zu beachten[350]:

- Definition der Leistungsbeschreibung unter Angabe von Zielen, Zeiten und einsetzbaren Ressourcen,

---

[350] Vgl. Diethelm, G.: (Projektmanagement), S. 225.

- Spezifizierung von Arbeitsphasen, Aufgaben und Aktivitäten unter Berücksichtigung von Interdependenzen sowie des dafür notwendigen Zeitaufwandes sowie
- Erstellung des Projektplanes und Formulierung von kritischen Arbeitselementen, Meilensteinen und maßgeblichen Vereinbarungen.

Daraus schlussfolgernd sind Projekte im Rahmen eines zeitgemäßen Controlling in den Dimensionen Kosten, Liquidität, Kapazität, Zeit, Frist, Aufgabenkomplexe und Termine zu planen, zu steuern, abzurechnen und zu kontrollieren sowie etwaige Gegensteuerungsmaßnahmen[351] vorzubereiten.

11.4.4   Beispiele

11.4.4.1   Beispiel zur Budgeterstellung mit Ansätzen der Kostenplanung

Anhand eines ersten Beispiels[352] werden in stark vereinfachter Form die Erstellung von Einzelbudgets und ihr Zusammenführen zu einem Jahresgesamtbudget unter dem Einfluss des betrieblichen Rechnungswesens demonstriert. Im Folgenden wird angenommen, dass in der zu planenden Periode die drei Leistungsarten A, B und C hergestellt und verkauft werden. Für die Erzeugung dieser Leistungsarten werden jeweils die Fertigungskostenstellen I, II, III und IV beansprucht. Für die Planung der Fertigungskosten wird sich der Stundensatzrechnung auf Teilkostenbasis bedient.

A   Umsatzbudget
Oftmals bilden die Planabsatzmengen, bewertet zu normalen Nettoverkaufspreisen, den Ausgangspunkt für die Budgeterstellung. Hierbei charakterisieren die durchschnittlichen Verkaufserlöse die sogenannten Standards. Dabei ist man bestrebt, solche Preise anzusetzen, die mit großer Wahrscheinlichkeit der mittel- bis langfristigen Entwicklung entsprechen. Zur Feststellung der Standardpreise kann z. B. auf Preisstatistiken, Marktrecherchen und Branchenvergleiche zurückgegriffen werden.

Die Planung der Absatzmengen fußt zum einen auf der Erfassung der Marktbedürfnisse und zum anderen auf den Ergebnissen der Programmplanung. Für das Beispiel gelten die in Abb. 11-17 aufgeführten Mengen und Preise.

---

[351] Vgl. z.B. Kesten, R.: (Projektbudgets), S. 343 f. sowie Meyer, M./Hirsch, B.: (Projektcontrolling), S. 413 ff.
[352] Vgl. dazu Hórvath, P.: (Controlling), S. 221 ff.

Leistungsart	Geplanter Absatz [LE/ZE]	Durchschnittlicher Erlös [€/LE]	Umsatzerlös [€/ZE]
1	*2*	*3*	*4*
A	18.000	38	684.000
B	14.000	45	630.000
C	10.000	55	550.000
Σ			1.864.000

Abb. 11-17: Absatzbudget

B Produktionsbudget

Aus dem Absatzbudget lässt sich auf die herzustellende Menge je Leistungsart schlussfolgern. Dabei sind auch etwaige Planabsatzmengen zukünftiger Planperioden ins Kalkül zu ziehen, um somit mengenmäßige Endbestände an Fertigleistungen zu bestimmen (vgl. Abb. 11-18).

Leistungsart	Geplanter Absatz [LE/ZE]	Anfangs-bestand (per 1.1.) [LE/ZE]	Geplanter Endbestand (per 31.12.) [LE/ZE]	Herstellmenge [LE/ZE]
1	2	3	4	5
A	18.000	500	400	17.900
B	14.000	800	300	13.500
C	10.000	400	200	9.800

Abb. 11-18: Budgetierung der Herstellmengen

Die Berechnung der Periodenfertigungskosten verlangt die Durchführung einer Kapazitätsrechnung (vgl. Abb. 11-19). Im Ergebnis dieser können die erforderlichen zeitlichen (in aller Regel durchschnittlichen) Parameter für die Herstellung einer konkreten Leistungsart je Kapazitätseinheit berechnet werden. Des Weiteren wird unter Maßgabe technischer und betriebswirtschaftlicher Kriterien jene Kapazität festgelegt, die als Kontrollmaßstab für die Kapazitätsauslastung fungiert.

Dieser kommt im Zusammenhang mit der Budgetkontrolle hinsichtlich der fixen Kosten eine ausschlaggebende Rolle zu. Dem Management stehen zur Vorgabe dieser Plangröße zwei Formen der Standardkostenrechnung zur Verfügung[353]. Erstens kann die Standardkostenrechnung auf Basis von *Optimalbeschäftigungen* praktiziert werden. Diese Form unterstellt als Planbeschäftigung die Größe, welche sich als Kostengünstigste erweist. Einerseits kann im Falle von Stufenprozessen als Optimalbeschäftigung z. B. die Höchstausbringung des Engpasses gelten (Engpassplanung), andererseits kann für jede Kostenstelle bzw. für jeden Prozess die Optimalbeschäftigung bezogen auf die Teilkapazität berechnet werden.

---

[353] Vgl. Schweitzer, M./Küpper, H.-U.: (Systeme), S. 658; Kosiol, E.: (Plankostenrechnung), S. 37; Joos-Sachse, Th.: (Controlling), S. 184 ff.

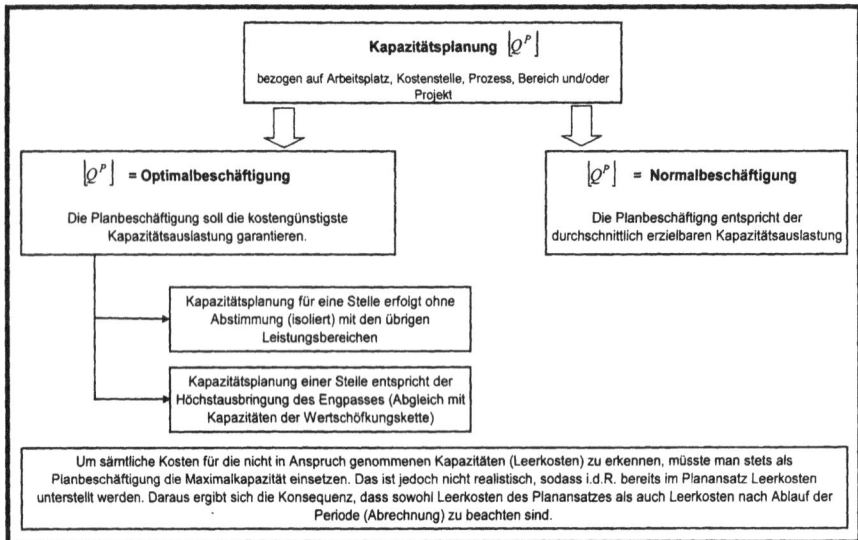

Abb. 11-19:   *Bestimmung der Planbeschäftigung (Kapazitätsplanung)*

Wird hingegen die Planbeschäftigung auf Basis der *Normalbeschäftigung* (vgl. Abb. 11-20, Zeile 2) festgeschrieben, so geht man von einer durchschnittlich erzielbaren Kapazitätsauslastung aus.

		Fertigungs-stelle I	Fertigungs-stelle II	Fertigungs-stelle III	Fertigungs-stelle IV
	1	*2*	*3*	*4*	*5*
1	Kapazitätsinan-spruchnahme [Stunden/LE] A B C	0,5 0,8 1,0	0,6 0,8 1,0	0,5 0,2 0,3	0,4 0,6 0,8
2	Standardstunden bei *Normal-beschäftigung* [Stunden/ZE]	30.000	33.500	15.000	24.000
3	Standard-Stundensatz [€/Stunde] fix variabel	5 2	8 4	4 4	9 2

Abb. 11-20:   *Berechnung der Standardstundensätze*

Dieser Variante haftet an, dass die Gesamtkostenabweichungen nicht sämtliche Leerkosten (vgl. Abschnitt 11.5.2.4) integrieren. Aus diesem Grund wird eine zusätzliche *Analyse der Leerkosten* unentbehrlich, um sämtliche Rationalisie-rungspotenziale erkennen zu können[354]. Die Berechnung der Standardstunden bezogen auf die Planperioden ergibt sich durch Multiplikation von Kapazitätsin-anspruchnahme je Leistungsart i [l_i] und Beschäftigung [Q_i] (vgl. Abb. 11-21). Durch Gegenüberstellung der auf Basis der Absatzmengen berechneten Standard-stunden je Stelle und der geplanten Stunden bei *Normalbeschäftigung* [N] werden die bereits im Plan ungenutzten Kapazitätsstunden dokumentiert.

Leistungs-art		Standardstunden [Stunden/ZE]				
		Fertigungs-stelle I	Fertigungs-stelle II	Fertigungs-stelle III	Fertigungs-stelle IV	Σ
	1	*2*	*3*	*4*	*5*	*6*
1	A	8.950	10.740	8.950	7.160	35.800
2	B	10.800	10.800	2.700	8.100	32.400
3	C	9.800	9.800	2.940	7.840	30.380
4	Σ	29.550	31.340	14.590	23.100	98.580
5	N	30.000	33.500	15.000	24.000	
6	Δ	450	2.160	410	900	

Abb. 11-21:   Berechnung der Standardstunden

B-1   Fertigungskostenbudget

Für die Berechnung des Fertigungsbudgets muss primär die Kapazität je Stelle geplant werden, woraufhin sich auf die Planbeschäftigung [Q^P] schlussfolgern lässt. Hierbei bestehen zahlreiche Alternativen (vgl. Abb. 11-22). Letztlich unter-scheiden sich diese darin, in welcher Weise mit Nutz- und Leerkosten im Planan-satz umgegangen wird. In der Konsequenz können die geplanten Kapazitätskosten [K_f^P] zweigeteilt ausgewiesen werden. Zum einen lässt sich der Kapazitätskos-tenanteil an den Gesamtfixkosten erfassen, welcher in der kommenden Periode auf Basis der durchschnittlich geplanten Beschäftigung (Normalbeschäftigung [Q^{Normal}] genutzt wird. Diesen Anteil der Kosten bezeichnet man als *Nutzkosten* [K_f^{Nutz}]. *Leerkosten* entstehen zum anderen für nicht genutzte, jedoch bereitge-stellte Kapazität [K_f^{Leer}].

Durch Bewertung der mengenmäßig erfassten Zeiteinheiten mit proportionalen und fixen Kostensätzen (Faktorpreise) erhält man nun die Fertigungskosten je Stelle (vgl. Abb. 11-22). Die gesamten Fertigungskosten in €/ZE betragen somit für die Leistungsart A 341.890 €/ZE, für die Leistung B 315.900 €/ZE sowie für die Leistungsart C 295.960 €/ZE.

---

[354] Vgl. Schweitzer, M./Küpper, H.-U.: (Systeme), S. 659 f. Die Autoren führen ferner aus, dass die Standardkostenrechnung den Rechnungszielen der Verhaltensbeeinflussung zur Wirtschaftlich-keitssteigerung am ehesten entspricht.

		Fertigungskosten [T€/ZE]								
		Fertigungsstelle I			Fertigungsstelle II			Fertigungsstelle III		
		Σ	fix	var.	Σ	fix	var.	Σ	fix	var.
	1	2	3	4	5	6	7	8	9	10
1	A	62,65	44,75	17,90	128,88	85,92	42,96	71,60	35,80	35,80
2	B	75,60	54,00	21,60	129,60	86,40	43,20	21,60	10,80	10,80
3	C	68,60	49,00	19,60	117,60	78,40	39,20	23,52	11,76	11,76
4	Σ	206,85	147,75	59,10	376,08	250,72	125,36	116,72	58,36	58,36
5	$\frac{K^P}{Q^{Normal}}$	210,00	150,00	60,00	402,00	268,00	134,00	120,00	60,00	60,00
6	K_f^{Leer}	2,25			17,28			1,64		

		Fertigungskosten [T€/ZE]		
		Fertigungsstelle IV		
		Σ	fix	var.
	1	11	12	13
1	A	78,76	64,44	14,32
2	B	89,10	72,90	16,20
3	C	86,24	70,56	15,68
4	Σ	254,10	207,90	46,20
5	$\frac{K^{Plan}}{Q^{Normal}}$	264,00	216,00	48,00
6	K_f^{Leer}	8,10		

Abb. 11-22:   *Fertigungskostenbudget*

B-2   Materialkostenbudget

Die Materialeinzelkosten ergeben sich, indem der durchschnittliche Materialverbrauch [MV] je Materialart auf die Planmengen je Leistungsart in Leistungseinheiten [LE] bezogen wird (vgl. Abb. 11-23). Der durchschnittliche Faktorpreis für die Materialart X betrage 2,00 €/ME, für Y 4,00 €/ME und für die Materialart Z 3,00 €/ME.

	Leistungsart	Materialart X			Materialart Y		
		MV [ME/LE]	MV [ME/ZE]	MV [T€/ZE]	MV [ME/LE]	MV [ME/ZE]	MV [T€/ZE]
	1	2	3	4	5	6	7
1	A	0,5	8.950	17,90	0,3	5.370	21,48
2	B	0,4	5.400	10,80	0,6	8.100	32,40
3	C	0,8	7.840	15,68	1,0	9.800	39,20
4	Σ		22.190	44,38		23.270	93,08

Leistungsart		Materialart Z		
		MV [ME/LE]	MV [ME/ZE]	MV [€/ZE]
	1	*8*	*9*	*10*
1	A	0,4	7.160	21,48
2	B	0,3	4.050	12,15
3	C	-	-	-
4	Σ		11.210	33,63

Abb. 11-23:   *Budget für Materialeinzelkosten*

Die Materialkosten belaufen sich demgemäß für die Leistungsart A auf 60.860 €/ZE, für B auf 55.350 €/ZE und für auf C 54.880 €/ZE (Summe = 171.090 €/ZE).

B-3   Beschaffungsbudget

Das Unternehmen strebt zum Abschluss des Planzeitraumes konkrete Materialbestände an (Soll-Endbestand). Diese und die zu Beginn der Periode vorliegenden Materiallagervorräte bilden die Basis für die Ermittlung der zu beschaffenden Materialmengen (vgl. Abb. 11-24).

		Materialart X		Materialart Y		Materialart Z		Σ
		Menge [ME/ZE]	Wert [€/ZE]	Menge [ME/ZE]	Wert [€/ZE]	Menge [ME/ZE]	Wert [€/ZE]	
	1	*2*	*3*	*4*	*5*	*6*	*7*	*8*
1	Material-verbrauch	22.190	44.380	23.270	93.080	11.210	33.630	171.090
2	Endbestand (Soll)	2.800	5.600	2.900	11.600	1.400	4.200	21.400
3	- Anfangs-bestand	4.000	8.000	3.000	12.000	2.000	6.000	26.000
4	Beschaffungs-budget	20.990	41.980	23.170	92.680	10.610	31.830	166.490

Abb. 11-24:   *Beschaffungsbudget*

B-4   Budget für Gemeinkostenmaterial

Die Planung des Gemeinkostenmaterials erfolgt zum Plan-Kalkulationssatz von 20 Prozent. Als Verrechnungsbasis fungieren die Einzelkosten (vgl. Abb. 11-25).

		Materialart X		Materialart Y		Materialart Z		Σ
		Menge [ME/ZE]	Wert [€/ZE]	Menge [ME/ZE]	Wert [€/ZE]	Menge [ME/ZE]	Wert [€/ZE]	
	1	*2*	*3*	*4*	*5*	*6*	*7*	*8*
1	Material-einzelkosten	22.190	44.380	23.270	93.080	11.210	33.630	171.090
2	Gemein-kostenmaterial -Budget		8.876		18.616		6.726	34.218

Abb. 11-25:   *Budget für Gemeinkostenmaterial*

B-5   Ermittlung der spezifischen Plan-Herstellkosten (Kostenbudget)
Durch Zusammenfassung aller bisherig ermittelten kostenartenbezogenen Budgets
kann das gesamte Herstellkostenbudget berechnet werden (vgl. Abb. 11-26).

		\multicolumn{9}{c}{Herstellkosten je Leistungsart [€/LE]}								
		\multicolumn{3}{c}{A}	\multicolumn{3}{c}{B}	\multicolumn{3}{c}{C}						
		fix	var.	Σ	fix	var.	Σ	fix	var.	Σ
	1	2	3	4	5	6	7	8	9	10
1	Materialeinzelkosten									
2	X	0,00	1,00	1,00	0,00	0,80	0,80	0,00	1,60	1,60
3	Y	0,00	1,20	1,20	0,00	2,40	2,40	0,00	4,00	4,00
4	Z	0,00	1,20	1,20	0,00	0,90	0,90	0,00	0,00	0,00
5	Σ	0,00	3,40	3,40	0,00	4,10	4,10	0,00	5,60	5,60
6	Materialgemeinkosten (Annahme: Variator = 20%)									
7		0,54	0,14	0,68	0,66	0,16	0,82	0,90	0,22	1,12
8	Materialkosten									
9		0,54	3,54	4,08	0,66	4,26	4,92	0,90	5,82	6,72
10	Fertigungskosten									
11	I	2,50	1,00	3,50	4,00	1,60	5,60	5,00	2,00	7,00
12	II	4,80	2,40	7,20	6,40	3,20	9,60	8,00	4,00	12,00
13	III	2,00	2,00	4,00	0,80	0,80	1,60	1,20	1,20	2,40
14	IV	3,60	0,80	4,40	5,40	1,20	6,60	7,20	1,60	8,80
15	Σ	12,90	6,20	19,10	16,60	6,80	23,40	21,40	8,80	30,20
16	**Herstellkosten**									
17				23,18			28,32			36,92

Abb. 11-26:   Budget für Herstellkosten

C   Forschungs- und Entwicklungsbudget
Bei diesem Budget handelt es sich um ein fixes Budget. Für den Planzeitraum
werden sowohl finanzielle Mittel in €/ZE für spezielle Kostenarten als auch für
das Unternehmen insgesamt vorgesehen (vgl. Abb. 11-27).

	Leistungsart A	Leistungsart B	Leistungsart C	Unternehmen Allgemein	Σ
	1	2	3	4	5
1	40.000	30.000	50.000	100.000	220.000

Abb. 11-27:   Forschungs- und Entwicklungsbudget

D   Verwaltungs- und Vertriebsbudget
Verwaltungs- und Vertriebskosten werden für die Planperiode ausnahmslos als
fixe Kosten in €/ZE angesetzt (vgl. Abb. 11-28).

	Leistungsart A	Leistungsart B	Leistungsart C	Unternehmen Allgemein	Σ
	1	2	3	4	5
1	30.000	35.000	20.000	95.000	180.000

Abb. 11-28:   Verwaltungs- und Vertriebsbudget

E   Investitionsbudget

Das Unternehmen plant Investitionen in technische Anlagen und Maschinen per 01.07 des Budgetjahres in Höhe von 240.000 €/ZE.

F   Ergebnisbudget

Das Ergebnisbudget (vgl. Abb. 11-29) basiert in diesem Beispiel auf dem Vollkostenansatz, wobei Bestandsminderungen an Fertigleistungen stark vereinfachend zu Herstellkosten der Planperiode bewertet werden. Fixe Budgetanteile für die Bereiche Forschung- und Entwicklung [F&E], Verwaltung- und Vertrieb [VwVt] sowie für die Leerkosten sind lediglich für das Unternehmen insgesamt in die Rechnung integrierbar. Im Anschluss an dieses Ergebnisbudget könnte auf Grundlage der bereits ermittelten Werte auch ein Deckungsbeitragsbudget ausgewiesen werden.

			Leistungsart A	Leistungsart B	Leistungsart C	Unternehmen
	1		2	3	4	5
1	Abgesetzte Leistungen	[LE/ZE]	18.000	14.000	10.000	
2	Hergestellte Leistungen	[LE/ZE]	17.900	13.500	9.800	
3	Bestandsminderung	[LE/ZE]	– 100	– 500	– 200	
4	Herstellkosten hergestellte Leistung	[€/LE]	23,18	28,32	36,92	
5	Herstellkosten hergestellte Leistung	[€/ZE]	414.922	382.320	361.816	1.159.058
6	Bestandsminderung	[€/ZE]	2.318	14.160	7.384	23.862
7	Herstellkosten abgesetzte Leistung	[€/ZE]	417.240	396.480	369.200	1.182.920
9	Kosten F&E	[€/ZE]	40.000	30.000	50.000	120.000
10	Kosten VwVt	[€/ZE]	30.000	35.000	20.000	85.000
11	Selbstkosten (zurechenbar)	[€/ZE]	487.240	461.480	439.200	1.387.920
12	Umsatzerlöse	[€/ZE]	684.000	630.000	550.000	1.864.000
13	Zwischenergebnis	[€/ZE]	196.760	168.520	110.800	476.080
14	Kosten F&E	[€/ZE]				100.000
15	Kosten VwVt	[€/ZE]				95.000
16	Leerkosten	[€/ZE]				29.270
17	Kosten (nicht zurechenbar)	[€/ZE]				224.270
18	**Ergebnis**	**[€/ZE]**				**251.810**

Abb. 11-29:   Ergebnisbudget

G   Finanzmittelbudget

Die Abb. 11-30 zeigt das Finanzmittelbudget. Für die Berechnung gelten folgende
zusätzliche Angaben:

Planmäßige Abschreibungen:
    Gebäude (linear, 2 % pro Jahr)   5.800 €/ZE
    Technische Anlagen und Maschinen (degressiv)   20 % p.a.
    Betriebs- und Geschäftsausstattung   10.000 €/ZE

Darlehenstilgung   5.000 €/ZE

Endbestand Forderungen am 31.12.20… in Höhe von
15 % des Umsatzerlöses   279.600 €

Endbestand Verbindlichkeiten (31.12.20...)   89.270 €

	Rechenposition	Betrag [€/ZE]	Zwischensumme [€/ZE]	Summe [€/ZE]
	1	2	3	4
1	Anfangsbestand flüssige Mittel		160.000	
2	Umsatzerlöse	1.864.000		
3	Anfangsbestand Forderungen		190.000	
4	Endbestand Forderungen	279.600	1.774.400	
5	Σ Einnahmen			1.934.400
6	Fertigungskosten	953.750		
7	Materialeinzelkosten	166.490		
8	Materialgemeinkosten	34.218		
9	Kosten Forschung und Entwicklung	220.000		
10	Verwaltungs- und Vertriebskosten	180.000		
11	Investitionen	240.000		
12	Leerkosten	29.270		
13	Zwischensumme		1.823.728	
14	Tilgung Darlehen		5.000	
15	Abbau Verbindlichkeiten		95.000	
16	Abschreibungen		- 103.800	
17	Σ Ausgaben			1.819.928
18	**Endbestand flüssige Mittel**			**114.472**

Abb. 11-30:   Finanzmittelbudget

H   Bilanzbudget

Bei der Berechnung des Bilanzbudgets (vgl. Abb. 11-31) ist nun die Brücke zwischen betrieblicher Erfolgs- und Bilanzrechnung zu schlagen.[355]

					(Zahlenangaben in €/ZE)
		Bilanz per 31.12.20... (stark vereinfacht)			
Aktiva					Passiva
I.	Anlagevermögen		I.	Eigenkapital	
1.	Gebäude	284.200	1.	Eigenkapital	672.554
2.	Technische Anlagen und Maschinen	472.000			
3.	Betriebs- und Geschäftsausstattung	60.000			
II.	Umlaufvermögen		II.	Fremdkapital	
1.	Material	21.400	1.	Darlehen	495.000
2.	Fertigerzeugnisse	25.152	2.	Verbindlichkeiten aus Lieferungen und Leistungen	
3.	Forderungen aus Lieferungen und Leistungen	279.600			89.270
4.	Flüssige Mittel	114.472			
		1.256.824			1.256.824

		Anfangsbilanz	Differenz	Schlussbilanz
1		*2*	*3*	*4*
1	Aktiva			
2	Gebäude	290.000	-5.800	284.200
3	Technische Anlagen und Maschinen	320.000	152.000	472.000
4	Betriebs- und Geschäftsausstattung	70.000	-10.000	60.000
5	Material	26.000	-4.600	21.400
6	Fertigerzeugnisse	49.014	-23.862	25.152
7	Forderungen	190.000	89.600	279.600
8	Flüssige Mittel	160.000	-45.528	114.472
9	**Summe**	**1.105.014**	**151.810**	**1.256.824**
10	Passiva			
11	Eigenkapital	420.744	251.810	672.554
12	Darlehen	500.000	-5.000	495.000
13	Verbindlichkeiten	184.270	-95.000	89.270
14	**Summe**	**1.105.014**	**151.810**	**1.256.824**

Abb. 11-31:   Bilanzbudget

---

[355] Vgl. dazu z.B. Deyhle, A.: (Controller-Praxis II), S. 87.

11.4.4.2   Beispiel zur modifizierten Fortschreibungsbudgetierung

Im Folgenden wird vereinfachend ein Budget unter Verwendung von Standards erstellt[356]. Diese Standards beruhen auf prozentualen Faktoren für die jeweiligen betrieblichen Planungskategorien. Ihre Festlegung fußt auf der Kenntnis vorheriger marktbezogener Recherchen, Durchschnittswerte oder Erfahrungswerte vergangener Jahre. Standards besitzen den Status von Planungsprämissen. Zusätzlich dazu werden in diesem Beispiel einerseits Rationalisierungsraten resultierend aus der Ausnutzung von Erfahrungs- und Lernkurveneffekten und andererseits etwaige Preissteigerungen für Faktoreinsätze für die Budgetfestsetzung berücksichtigt. Diese Form der Budgetierung gewährleistet eine relativ zügige und globale Vorgehensweise bei respektablen Resultaten. Man verzichtet in der Regel zugunsten eines höheren Verwaltungsaufwandes auf die separate Vorwärtskalkulation einzelner Budgetpositionen. Als besonders nachteilig ist allerdings anzuführen, dass hierbei vorrangig auf Grundlage vergangenheitsorientierter Daten (Basisjahre) agiert wird.

Das Unternehmen prognostiziert für die kommende Periode (Budgetjahr) die Herstellung und den Verkauf der Leistungsarten A, B und C. Die Planungsprämissen sind der Abb. 11-32 und der Abb. 11-33 zu entnehmen.

Kostenart		Leistungsart	Planungsprämisse	
			Standardsatz [%]	Bezugsbasis
1		*2*	*3*	*4*
1	Materialeinzelkosten	A	12	Umsatz Budgetjahr
2		B	9	
3		C	10	
4	Materialgemeinkosten		1,5	Umsatz Basisjahr
5	Lohneinzelkosten	A, B, C	6	Umsatz Budgetjahr
6	Gemeinkostenlöhne und Gehälter		100	Gemeinkostenlöhne, Gehälter Basisjahr
7	Personalzusatzkosten		68 47	Löhne Gehälter
8	Sonstige Fertigungsgemeinkosten		8	Umsatz Basisjahr
9	Verwaltungs- und Vertriebskosten		5	Umsatz Basisjahr

Abb. 11-32:   Planungsprämissen für Kostenarten bzw. Kostenartengruppen

Abnutzbares Anlagevermögen wird degressiv zu 20 Prozent abgeschrieben. Das Unternehmen geht im Budgetjahr von einer Tilgung in Höhe von 120.000 € aus. Die Zinszahlung wird sich auf 110.000 € belaufen. Aufgrund des Leistungserstellungsprozesses sind keine Bestandsänderungen von Leistungen zu erwarten. Die Gemeinkostenlöhne und Gehälter im Basisjahr haben einen Wert von 420.000 €.

---

[356] Vgl. Ziegenbein, K.: (Controlling), S. 501 ff.

	Planungsprämisse	Betrag [% p.a.]
	1	*2*
1	Rationalisierungsrate in direkten Bereichen	2,0
2	Rationalisierungsrate in indirekten Bereichen	0,8
3	Preissteigerungsrate für Material	1,3
4	Tariferhöhung Löhne und Gehälter	1,9
5	Preissteigerungsrate für sonstige Kosten	0,5

Abb. 11-33:   *Planungsprämissen für Zu- bzw. Abschläge*

Als Grundlage dient ebenfalls die voraussichtliche Anfangsbilanz des Budgetjahres (vgl. Abb. 11-34).

Plananfangsbilanz per 1.1. [T€]			
Aktiva			**Passiva**
1	*2*	*3*	*4*
1	Anlagevermögen		Eigenkapital	3.000
2	nicht abnutzbar	1.600		
3	abnutzbar	3.200	Fremdkapital	
4			Darlehen	2.489
5	Umlaufvermögen		Sonstige Verbindlichkeiten	290
6	Forderungen	450		
7	Flüssige Mittel	400		
8	Sonstiges Umlaufvermögen	129		
9		5.779		5.779

Abb. 11-34:   *Voraussichtliche Anfangsbilanz*

Zum Ende des Budgetjahres sind Investitionen in Höhe von 400.000 € vorgesehen. Dafür werden für das Budgetjahr noch keine Abschreibungsbeträge eingestellt. Das Unternehmen strebt per 31.12. des Budgetjahres einen Endbestand von Forderungen in Höhe von 820.000 € und für Verbindlichkeiten von 150.000 € an. Leistungsdaten werden entsprechend der Abb. 11-35 erwartet.

	Leistungsart	Umsatz Basisjahr [€/ZE]	Wachstumsrate im Budgetjahr [% p.a.]
	1	*2*	*3*
1	A	920.000	4,5
2	B	560.000	5,2
3	C	870.000	3,0

Abb. 11-35:   *Leistungsdaten*

A   Umsatzbudget
Das Umsatzbudget ergibt sich durch Multiplikation der Umsätze je Leistungsart des Vorjahres und der Wachstumsraten nach Kenntnis von Marktrecherchen (vgl. Abb. 11-36).

Leistungsart		Umsatz Budgetjahr [T€/ZE]
	1	*2*
1	A	961.400
2	B	589.120
3	C	896.100
4	Σ	**2.446.620**

Abb. 11-36:   Umsatzbudget

B   Kostenbudget
B-1   Materialeinzelkosten
Unter Beachtung der prozentualen Standardsätze je Leistungsart sowie der prognostizierten Preissteigerungsrate berechnen sich die Materialeinzelkosten (vgl. Abb. 11-37).

Leistungsart		Umsatz Budgetjahr [€/ZE]	Materialeinzelkosten, real [€/ZE]	Materialeinzelkosten, nominal [€/ZE]
	1	*2*	*3*	*4*
1	A	961.400	115.370	116.870
2	B	589.120	53.020	53.710
3	C	896.100	89.610	90.770
4	Σ	2.446.620		**261.350**

Abb. 11-37:   Budget der Materialeinzelkosten

B-2   Materialgemeinkosten
Für die Planung der Materialgemeinkosten stützt man sich auf einen prozentualen Ansatz beruhend auf den Umsatzzahlen des Basisjahres in Höhe von 2.350 T€/ZE. Dieser Wert wird um die Rationalisierungsrate von 0,8 Prozent pro Jahr sowie um die Preissteigerung in Höhe von 1,3 Prozent pro Jahr korrigiert. Damit beträgt der Planansatz für diese Sammelkostenart insgesamt 35.420 €.

B-3   Personalkosten
Die Lohneinzelkosten lassen sich entsprechend der Vorgehensweise gemäß Abb. 11-38 berechnen. Hierbei sind 6 Prozent des Budgetumsatzes sowie 2 Prozent Kostenreduzierung pro Jahr infolge von Rationalisierungsmaßnahmen anzusetzen. Der nominale Wert ergibt sich letztlich nach Berücksichtigung der Tariferhöhung von 1,9 Prozent pro Jahr.

Leistungsart	Umsatz Budgetjahr [€/ZE]	Fertigungs- lohn [€/ZE]	Fertigungslohn Rationa- lisierung, real [€/ZE]	Fertigungslohn Rationa- lisierung, nominal [€/ZE]
1	*2*	*3*	*4*	*5*
1 A	961.400	57.680	56.530	57.600
2 B	589.120	35.350	34.640	35.300
3 C	896.100	53.770	52.690	53.690
4 Σ	2.446.620			**146.590**

Abb. 11-38:   *Fertigungslohnbudget*

Auf Grundlage der indirekten Personalkosten des Basisjahres mit einem Standard-
satz von 100 Prozent leitet man die Gemeinkostenlöhne und Gehälter von insgesamt 424.560 €/ZE ab. Des Weiteren integriert dieser Wert eine Tariferhöhung
von 1,9 Prozent pro Jahr und eine Rationalisierungskomponente von 0,8 Prozent
pro Jahr. Folglich kann auf die Summe der Personalzusatzkosten geschlussfolgert
werden (vgl. Abb. 11-39).

Entgeltart	Kosten Budgetjahr [€/ZE]	Standardsatz [%]	Personalzusatzkosten [€/ZE]
1	*2*	*3*	*4*
1 Lohneinzelkosten	146.590	68	99.680
2 Gemeinkostenlöhne	424.560	47	199.540
3 Σ			**299.230**

Abb. 11-39:   *Budget der Personalzusatzkosten*

B-4   Abschreibungen
Die Abschreibungen in Höhe von 640.000 €/ZE ergeben sich durch Multiplikation
des Buchwertes für abnutzbares Anlagevermögen und dem Abschreibungssatz.

B-5   Sonstige Fertigungsgemeinkosten
Zur Budgetierung sonstiger Fertigungskosten sind vergangenheitsorientierte Werte
um Preissteigerungs- und Rationalisierungsraten zu bereinigen (vgl. Abb. 11-40).

Umsatz Basisjahr [€/ZE]	Fertigungs- kosten [€/ZE]	Fertigungskosten Rationalisierung, real [€/ZE]	Fertigungskosten Rationalisierung, nominal [€/ZE]
1	*2*	*3*	*4*
1 2.350.000	188.000	186.500	**187.430**

Abb. 11-40:   *Budget für sonstige Fertigungsgemeinkosten*

B-6   **Verwaltungs- und Vertriebskosten**

Analog ist bei der Budgetierung von Verwaltungs- und Vertriebskosten zu verfahren (vgl. Abb. 11-41).

	Umsatz Basisjahr	Verwaltungs- und Vertriebskosten	Verwaltungs- und Vertriebskosten Rationalisierung, real	Verwaltungs- und Vertriebskosten Rationalisierung, nominal
	[€/ZE]	[€/ZE]	[€/ZE]	[€/ZE]
	1	*2*	*3*	*4*
1	2.350.000	117.500	116.560	**117.140**

Abb. 11-41:   *Budget für Verwaltungs- und Vertriebskosten*

B-7   **Kumuliertes Kostenbudget**

Nach Zusammenfassung sämtlicher Einzelbudgets für Kostenarten erhält man das Gesamtkostenbudget (vgl. Abb. 11-42).

	Kostenart	Budgetansatz [€/ZE]
	1	*4*
1	Materialeinzelkosten	261.350
2	Materialgemeinkosten	35.420
3	Lohneinzelkosten	146.590
4	Gemeinkostenlöhne und Gehälter	424.560
5	Personalzusatzkosten	299.230
6	Sonstige Fertigungsgemeinkosten	187.430
7	Abschreibungen	640.000
8	Zinsen	110.000
9	Verwaltungs- und Vertriebskosten	117.140
10	Σ	**2.221.720**

Abb. 11-42:   *Kostenbudget*

C   **Ergebnisbudget**

Stark vereinfacht werden nun Umsatzerlöse und Kosten, die sich auf abgesetzte Leistungen beziehen müssen, gegenübergestellt. Das budgetierte Betriebsergebnis ist der Abb. 11-43 zu entnehmen.

	Kostenart	Budgetansatz [€/ZE]
	1	*2*
1	Umsatzerlöse	2.446.620
2	Kosten	2.221.720
3	**Betriebsergebnis**	**224.900**

Abb. 11-43:   *Ergebnisbudget*

D **Finanzmittelbudget**

Durch Zusammenfassung aller bisherig aufgestellten, finanzwirksamen Einzelbudgets kann das Finanzmittelbudget abgeleitet werden. Im Anschluss wäre
gleichfalls die Berechnung des Bilanzbudgets möglich (vgl. Abb. 11-44).

	Rechenposition	Betrag [€/ZE]	Zwischensumme [€/ZE]	Summe [€/ZE]
	1	2	3	4
1	Anfangsbestand flüssige Mittel		400.000	
2	Umsatzerlöse	2.446.620		
3	Anfangsbestand Forderungen	450.000		
4	Endbestand Forderungen	820.000	2.076.620	
5	Σ Einnahmen			2.476.620
6	Materialeinzelkosten	261.350		
7	Materialgemeinkosten	35.420		
8	Lohneinzelkosten	146.590		
9	Gemeinkostenlöhne und Gehälter	424.560		
10	Personalzusatzkosten	299.230		
11	Sonstige Fertigungsge-meinkosten	187.430		
12	Abschreibungen	640.000		
13	Zinsen	110.000		
14	Verwaltungs- und Ver-triebskosten	117.140		
15	Investitionen	400.000		
16	Zwischensumme		1.981.720	
17	Tilgung Darlehen		120.000	
18	Abbau Verbindlichkeiten		140.000	
19	Abschreibungen		- 640.000	
20	Σ Ausgaben			1.601.720
21	Endbestand flüssige Mittel			874.900

Abb. 11-44: Finanzmittelbudget

11.5   Budgetkontrolle

11.5.1   Aufgaben und Voraussetzungen

11.5.1.1   Überblick

Die Budgetkontrolle (bzw. *Soll-Ist-Vergleiche* oder auch *Abweichungsanalysen*[357]) zählt ohne Zweifel zu den Kernaufgaben des Controllings. Rechnungswesen- und Controllingabteilungen nehmen bei der Durchführung der Budgetkontrolle eine federführende Position ein[358]. Die permanente oder zumindest monatlich geführte Gegenrechnung von Planrealisation zu den Planzielsetzungen unterstützt die unternehmenszielkonforme Koordination.[359] Hierbei ist zu unterscheiden in[360]

- die Prämissenkontrolle (antizipative Kontrolle bei der Aufstellung von Plänen, z. B. Prognosefehler),
- die Planfortschrittskontrolle (begleitende Kontrolle zum Start und Durchführung von Maßnahmen sowie zur Überprüfung der Realisation einzelner Planungsstufen) sowie
- in die Realisationskontrolle (Überprüfung der Finalergebnisse nach Abschluss der Maßnahmen).

Die Kontrolle von Kosten, Leistungen und Erfolgsgrößen vollzieht sich durch den Vergleich eines tatsächlich eingetretenen Wertes (Istgröße) mit einem vorgegebenen Sollwert (Vorgabe, Plangröße). Die damit einhergehende Ermittlung und Analyse von Abweichungen zwischen diesen Daten dient erstens zur Erkenntnisgewinnung sowohl in Bezug auf die Ist- als auch hinsichtlich der Sollgrößen. Somit ist eine Kontrolle der Planerreichung und der Planformulierung gleichermaßen berührt, denn Ursachen von Abweichungen können nicht nur im kontrollierten Prozess, sondern gleichfalls in einer fehlerhaften Definition des zu kontrollierenden Sachverhaltes bzw. der Festlegung der Normgröße bzw. der Maßstabgröße liegen. Ein zweites Anliegen der Abweichungsanalyse liegt in der Verhaltensbeeinflussung von Entscheidungsträgern für zukünftige Handlungen.

Als wesentlich ist herauszustellen, dass dem *Anspruch der Identität*[361] zu genügen ist. Das heißt, dass Plangrößen und Abrechnungsdaten deckungsgleichen Abgrenzungskriterien zu unterliegen haben. Es müssen identische Kriterien hinsichtlich Inhalt, Gliederung, Erfassung und Aufbereitung von Kosten, Leistungen und Ergebnisgrößen zugrunde liegen. Ansonsten würden die Resultate von Abwei-

---

[357] Kontrollen können nicht nur in Form von Soll-Ist-Vergleichen, sondern gleichfalls als Zeit- und Betriebsvergleiche durchgeführt werden. Vgl. Mellerowicz, K.: (Planung) , S. 33 ff.

[358] Vgl. Schäffer, U./Künkele, J.: (Budgetkontrolle), S. 7 ff. Ferner wurde in dieser Untersuchung festgestellt, dass erfolgreiche Unternehmen über eine bessere Zuverlässigkeit und Aktualität der Informationen für die Budgetkontrolle verfügen.

[359] Vgl. Horváth, P.: (Controlling), S. 168.

[360] Vgl. Ewert, R./Wagenhofer, A.: (Interne Unternehmensrechnung), S. 311.

[361] Vgl. Schmidt, A.: (Kostenrechnung), S. 199.

chungsanalysen Systemfehler integrieren, Soll-Ist-Vergleiche wären verzerrt und demzufolge würde zu Recht keine Akzeptanz der Entscheidungsträger bezüglich der Kontrollergebnisse und daraus resultierender Steuerungsaktivitäten gewonnen.

Ein erfolgreicher Kontrollprozess setzt das Aufstellen eines Kontrollfeldes mit folgenden Aufgaben voraus:

- Definition des Kontrollobjektes (Bestimmung der zu kontrollierenden Sachverhalte, z. B. Personalkosten eines Projektes),
- Festlegen des Kontrollausmaßes (Umfang der Kontrolle je Kontrollzeitpunkt, z. B. geschlossene (Personalkosten ausgewählter Projekte) oder partielle Kontrolle (Personalkosten aller Projekte),
- Klärung der Kontrollhäufigkeit (Bestimmung der Zeitabstände für Kontrollen, z. B. wöchentlich, monatlich).

Gleichfalls ist es vor Beginn von Kontrollprozessen unerlässlich, in Abhängigkeit von Zielstellung und Priorität der Kontrolle die *Maßstabgröße* zu definieren. Hierbei bietet das betriebliche Rechnungswesen eine zahlreiche Auswahl an Größen, so sind bspw. alle nachstehenden Größen mit Vorgabecharakter[362] denkbar:

- Istgrößen einer Vorperiode (für Zeitvergleiche, Indizes sinnvoll, allerdings nicht für die Entscheidungs- und Verhaltenssteuerung von Managern),
- Normalgrößen als durchschnittliche Istgrößen (ungeeignet für unternehmerische Steuerung),
- Istgrößen vergleichbarer Unternehmen oder Center (für Benchmarking bedingt geeignet, objektive und belastbare Vergleichbarkeit i.d.R. nur sehr eingeschränkt möglich),
- Prognosegrößen als erwartete Istgrößen zukünftiger Perioden (unterstützen strategische Entscheidungsfunktion, mit oftmals großen Risiken und Unwirtschaftlichkeiten verbunden),
- Standardgrößen als Festwerte (Mengenkomponente steht im Vordergrund, als Normal- oder Optimalgrößen[363] einsetzbar, i.d.R. gut geeignet, ggf. nachteilig in Bezug auf Motivationsfunktion).

Die Festlegung der Vorgabegröße bedarf der Beachtung des Zusammenhangs zwischen Vorgabe (umgangssprachlich auch als *Soll* bezeichnet), Anspruchsniveau (erhofftes Ziel vonseiten des Entscheidungsträgers) und Leistungsniveau des Mitarbeiters[364]. So kann als primär erwiesen dokumentiert werden, dass die Zielerreichung ein subjektives Gefühl des Erfolgs auslöst, hingegen lässt das Verfehlen eines Ziels das Gefühl eines Misserfolgs entstehen. Daraus resultieren nun die folgenden Szenarien:

---

[362] Vgl. Ewert, R./Wagenhofer, A.: (Interne Unternehmensrechnung), S. 318 f.
[363] Vgl. Abschnitt 11.4.3.1.
[364] Vgl. dazu bspw. Weber, J./Schäffer, U.: (Einführung), S. 69 f.

- Steigt das Budget ausgehend vom Status quo, so reduziert sich das Anspruchs-niveau und nachfolgend sinkt auch die Leistung des Mitarbeiters.
- Wird das Budget im Vergleich zu einer Festgröße abgesenkt, führt dies zu-nächst zu einer Zunahme des Anspruchsniveaus und folglich zur Leistungs-steigerung.
- Werden Budgets stetig weiter abgesenkt, wird lediglich nur noch ein sehr mi-nimaler Anstieg oder sogar eine Reduzierung des Anspruchsniveaus zu regist-rieren sein. Die Vorgaben werden vonseiten des Mitarbeiters als unrealistisch oder nicht erfüllbar eingeschätzt, die Leistungserfüllung wird abfallen („Ermü-dungszeitpunkt").

Die Akzeptanz der Vorgaben und ebenso das Entlohnungssystem sind fundamen-tale Basis für die extrinsische und intrinsische Motivationswirkung.

Im Rahmen der Budgetkontrolle kommt es aufgrund von Doppeldeutigkeiten immer wieder zu Verwirrungen zwischen den Begriffen „Soll" und „Plan". Diese Begriffe werden in Theorie und Praxis entweder synchron verwendet oder inhalt-lich klar voneinander abgegrenzt. Letztlich sind sie immer in den jeweiligen Kon-text zu setzen bzw. in der Praxis des Unternehmens ist vorab zu prüfen, in welcher Bedeutung diese angewandt werden.

- Möglichkeit 1: Umgangssprachlich gilt das Soll als Vorgabe- oder Zielgröße.

  Plangröße = Sollgröße = Vorgabe – bzw. Maßstabgröße

- Möglichkeit 2: Plangrößen unterstellen, dass alle Einflussgrößen auf den Kon-trollgegenstand mit dem Indizes „Plan" eingesetzt werden. Demnach werden Plankosten wie folgt formuliert: $K^P = k_v^P \cdot Q^P + K_f^P$ Sollgrößen implizieren hingegen, dass sich die jeweilige Plankontrollgröße flexibel auf die tatsächli-che Leistung (Absatz- oder Herstellmenge) bezieht. Daraus ergibt sich folgen-de Definition für Sollkosten: $K^S = k_v^P \cdot Q^I + K_f^P$

11.5.1.2   Ansatzpunkte für eine Abweichungsanalyse

Bezogen auf das betriebliche Rechnungswesen, insbesondere bei Anwendung der Standardkosten- und Leistungsrechnung, könnte eine Abweichungsanalyse für den Periodendeckungsbeitrag wie in der Abb. 11-45 sukzessive gestaltet werden. Bei konsequenter Respektierung des Verursachungsprinzips wird beispielhaft das Betriebsergebnis auf Teilkostenbasis unter Verwendung des Umsatzkostenverfah-rens (vgl. dazu auch Abschnitte 7.5 und 10.2) berechnet.

Abweichungsanalyse des Betriebsergebnisses bei Anwendung ein-, mehrstufiger und mehrdimensionaler Deckungsbeitragsrechnung

$$\Delta BE = BE^P - BE^I$$

$$\Delta BE = \left[\left(e^P - k_{var}^P\right)Q^P - K_f^P\right] - \left[\left(e^I - k_{var}^I\right)Q^I - K_f^I\right]$$

Abweichungsanalyse des Stück- und Periodendeckungsbeitrages	Abweichungsanalyse der Periodenfixkosten
$\Delta DB = DB^P - DB^I$ $\Delta DB = \left(e^P - k_{var}^P\right)Q^P - \left(e^I - k_{var}^I\right)Q^I$	$\Delta K_f = K_f^P - K_f^I$
Analyse der Stückerlöse und des Umsatzes[365] $\Delta e = e^P - e^I$ $\Delta E = E^P - E^I$ $E = e \cdot Q$	**Analyse der Kapazitätsinanspruchnahme** $K_f = K_f^{Nutz} + K_f^{Leer}$ $K_f^{Nutz} = K_f^P \cdot \dfrac{Q^I}{Q^P}$ $K_f^{Leer} = K_f^P - K_f^{Nutz}$

Analyse der variablen Kosten (Verbrauchsmengen und Faktorpreise)

$$\Delta k_{var} = k_{var}^P - k_{var}^P$$

$$\Delta K_{var} = K_{var}^P - K_{var}^P$$

$$k_{var} = v \cdot x$$

$$K_{var} = k_{var} \cdot Q$$

Analyse der Verkaufsmengen

$$\Delta Q = Q^P - Q^I$$

Legende:

BE	... Betriebsergebnis in €/ZE	E	... Periodenerlös in €/ZE
e	... Erlös in €/LE	K_f	... Fixkosten in €/ZE
Q	... Absatzmenge in LE/ZE	v	... Verbrauch Faktormenge
I	... Ist	x	... Faktorpreis
P	... Plan	k_{var}	... variable Kosten in €/LE
K_{var}	... variable Kosten in €/ZE		

Abb. 11-45:   Allgemeine Vorgehensweise zur Analyse des Betriebsergebnisses

Es ergeben sich bei einem Plan-Ist-Vergleich in einer ersten Stufe die Einflussgrößen Periodendeckungsbeitrag und die auf die Abrechnungsperiode bezogenen Fixkosten. Sowohl Deckungsbeitrag als auch fixe Kosten sind nun in einer zweiten Ebene der Betrachtung analysierbar. Es empfiehlt sich grundsätzlich, Fixkosten nicht nur absolut, sondern differenziert, dem Grundgedanken der mehrstufigen und mehrdimensionalen Rechnung folgend, nach Fixkostenschichten zu untersuchen. Zusätzlich dazu müssen z. B. auch die Chancen eines in zeitlichen Intervallen möglichen Fixkostenabbaus und -aufbaus erwogen werden.

---

[365] Vgl. dazu z.B. Albers, S.: (Abweichungsanalyse), S. 648 ff.

Die Analyse des Deckungsbeitrags ist grundsätzlich perioden- und leistungsarten-
bezogen möglich. Hinzu kommt, dass im Interesse einer controllinggerechten,
umfassenden Unternehmenssteuerung Deckungsbeiträge nicht nur für das Unternehmen insgesamt, sondern gleichfalls z. B. für marktbezogene Bereiche, Absatzgebiete und Kundengruppen differenziert darzustellen sind.

Die drei Haupteinflussgrößen, welche die Höhe des Deckungsbeitrages und damit
mögliche Abweichungen zwischen Plan- und Istgröße bewirken, sind Erlöse,
variable Kosten und Absatzmengen. Diese drei Faktoren sind in einer weiteren
Ebene zu analysieren. Nettostückerlöse ergeben sich aus der Differenz von Brut-
toerlösen und Erlösminderungen (Boni, Skonti, Rabatte). Demzufolge spielen alle
diese Faktoren für die Erlöskontrolle eine maßgebliche Rolle. Die Analyse der
variablen Kosten ist besonders geprägt durch den Einfluss von Verbrauchsmengen
und deren Faktorpreise. Für die Analyse der Absatzmengen sind Bestandszu- und
Bestandsabgänge einer Periode näher zu erklären. Zwischen allen drei Einflussgrößen bestehen zudem zahlreiche Interdependenzen.

Für die Abweichungsanalyse stehen zwei grundsätzliche Möglichkeiten zur Verfügung. Diese unterscheiden sich darin, dass

- zum einen eine multiplikative Verknüpfung und
- zum anderen eine additive Verbindung von Einflussfaktoren angenommen
  werden kann bzw. muss (vgl. Abb. 11-46).

In den folgenden Abschnitten werden diese zwei Vorgehensweisen näher erläutert.

Abweichungsanalyse im Rahmen der Standardkosten- und Leistungsrechnung					
Abweichungsanalyse bei mehrvariablen Funktionen			Abweichungsanalyse bei linearen Funktionen		
Multiplikative Verknüpfung von Einflussgrößen			Additive Verknüpfung von Einflussgrößen		
Abweichungsinterdependenzen			Keine Abweichungsinterdependenzen		
Abweichungsmethoden			Abweichungsmethoden bei		
Kumulativ	Alternativ	Differenziert kumulativ	starrer Budgetie-rung	flexibler Budgetie-rung und Vollkosten-rechnung	flexibler Budgetie-rung und Teilkosten-rechnung

Abb. 11-46:   Übersicht zu Ansätzen der Abweichungsanalyse

11.5.2 Abweichungsanalyse ohne Beachtung von Abweichungsinterdependenzen

11.5.2.1 Eliminierung von Einflussfaktoren

Die Anwendung der Abweichungsanalyse bei additiver Verknüpfung[366] von Einflussfaktoren stellt auf die Untersuchung von solchen Abweichungen ab, welche ausnahmslos von den zu untersuchenden Bereichen beeinflussbar sind. Aus diesem Grund separiert man oftmals vorweg die Teilabweichungen, welche gewöhnlich nicht mit der betrieblichen Wirtschaftlichkeit in Zusammenhang gebracht werden und demzufolge auch nicht von dieser Kostenstelle beeinflussbar sind. Man ist bestrebt, jene Abweichungen explizit zu berechnen, die von der Kostenstelle (also dem Budgetbereich) verursacht wurden. Konsequenterweise sind deshalb für Bereiche ohne direkten Marktzugang Preisabweichungen, z. B. Preise für Faktoreinsatzmengen betreffend, von vornherein zu eliminieren (vgl. Abb. 11-47). Diese Preisabweichungen können nachfolgend einer gesonderten Abweichungsanalyse unterzogen werden (vgl. Abschnitt 11.5.3).

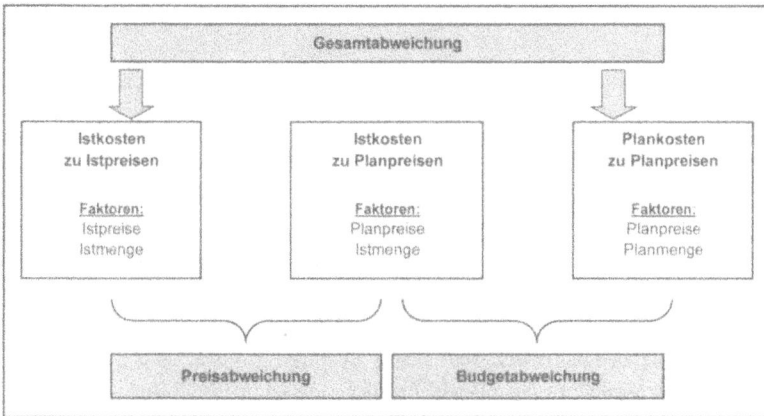

Abb. 11-47:   *Eliminierung der Preisabweichung*

11.5.2.2 Kostenkontrolle bei starrer Budgetierung

Je Budgetbereich werden die Plankosten undifferenziert nach beschäftigungsvariablen und –fixen Bestandteilen für ein *konkretes Beschäftigungsniveau* $[Q^P]$ verbindlich festgelegt. Im Verlauf des Budgetzeitraums erfolgt weder eine Anpassung an Leistungsschwankungen noch an sich verändernde Prozessbedingungen,

---

[366] Vgl. zu nachstehenden Abschnitten betreffs Plankostenrechnung vornehmlich Kilger, W./Pampel, J./Vikas, K.: (Plankostenrechnung), S. 101 ff.

wie z. B. Seriengrößen. Das Budget je Kostenart [K^P] berechnet sich demnach unter Verwendung des Plan-Kostensatzes auf Basis von Vollkosten:

$$K^P \quad = \quad KS^P \quad \cdot \quad Q^P$$

Im Verlauf der Budgetgültigkeit werden finanzielle Mittel und folglich Kosten entsprechend der tatsächlichen Beschäftigung den Bereichen zugerechnet, man spricht von verrechneten Plankosten. Für die Budgetkontrolle [ΔK] ist aus diesem Grund der Vergleich zwischen den Istkosten bewertet zu Planpreisen und den verrechneten Plankosten relevant.

$$\Delta K \quad = \quad K^I \; - \; {}_{VR}K^P \quad = \quad K^I \; - \; KS^P \cdot Q^I$$

Legende:

K^P	...	*Plankosten bzw. Budget in €/ZE*
KS^P	...	*Plankostensatz in €/LE*
Q^P	...	*Planbeschäftigung in LE/ZE*
ΔK	...	*Budget- bzw. Gesamtkostenabweichung in €/ZE*
K^I	...	*Istkosten in €/ZE*
Q^I	...	*Istbeschäftigung in LE/ZE*
${}_{VR}K^P$	...	*verrechnete Plankosten in €/ZE*

Im Regelfall beziehen sich Plan- und Istkosten auf unterschiedliche Beschäftigungsniveaus. Damit integriert die Budgetabweichung zum einen Kostenabweichungen aufgrund veränderter Kapazitätsauslastung und zum anderen wegen sparsameren oder erhöhten Ressourcenverbrauchs. Für eine aussagefähige Kostenkontrolle bedarf es einer weitergehenden Analyse dieser Gesamtkostenabweichung in Teilabweichungen, die lediglich noch einer Kosteneinflussgröße verursachungsgerecht zuzuschreiben sind[367]. Weil es die starre Plankostenrechnung nicht vermag, Plankosten auf das tatsächlich realisierte Beschäftigungsniveau anzupassen, genügt sie dem Anspruch an eine Wirtschaftlichkeitskontrolle nicht. So gestaltet sich die starre Plankostenrechnung zwar als einfach zu praktizierende Möglichkeit, für Kontrollprozesse ist sie jedoch gänzlich ungeeignet, sofern Ist- und Plan-Beschäftigungen auseinanderfallen.

Weil sich die Kostenplanung zudem auf den Vollkostensatz bezieht, werden Fixkosten bei Beschäftigungsschwankungen proportional auf Leistungseinheiten verrechnet. Die Aussagefähigkeit dieses Systems ist damit sehr eingeschränkt.

Zur weiteren Erklärung wird sich im Folgenden eines Beispiels bedient. Für eine Kostenstelle werden bezogen auf eine Kostenartengruppe Kosten in Höhe von 120.000 €/ZE bei einer Beschäftigung von 10.000 LE/ZE geplant. Aufgrund dessen ergibt sich ein Plankostensatz von 12,00 €/LE. Effektiv erbringt die Stelle in

---

[367] Vgl. Haberstock, L.: (Kostenrechnung II), S. 259.

der Abrechnungsperiode 8.000 LE/ZE und beansprucht 112.000 €/ZE. Demzufolge betragen die auf die Leistungseinheiten verrechneten Plankosten 96.000 €/ZE. Die Budgetkontrolle zeigt, dass das Budget um 16.000 € überschritten wurde. Diese Budgetabweichung berücksichtigt einerseits die Fixkosten nicht korrekt. Im Plankostensatz werden spezifische Kapazitätskosten auf eine konstante Beschäftigungshöhe bezogen und infolgedessen vollproportional zur Beschäftigung behandelt. Der degressive Kostenverlauf von spezifischen fixen Kosten wird bei sinkender Leistungsmenge nicht einkalkuliert, sodass in der Folge Fixkosten falsch verrechnet werden. Andererseits kann die Ursache der Budgetabweichung zusätzlich in Mehr- oder Minderverbräuchen an Einsatzfaktoren liegen. Eine Auflösung der gesamten Kostenabweichung von 16.000 €/ZE vermag die starre Plankostenrechnung indes nicht zu leisten.

11.5.2.3   Kostenkontrolle bei flexibler Budgetierung auf Vollkostenbasis

Diese Form der Kostenkontrolle beseitigt den Mangel der starren Budgetierung und passt für die Kostenkontrolle die Plankosten an die jeweils relevante, also die tatsächlich geleistete, Istbeschäftigung an. Es werden Plankosten bezogen auf die Istbeschäftigung, sogenannte *Sollkosten*, berechnet:

$$K^S \quad = \quad KS_{\text{var}}^P \cdot Q^I \quad + \quad K_f^P$$

Auf diese Weise gelingt es, die Gesamtbudgetabweichung in Teilabweichungen aufzulösen (vgl. Abb. 11-48). Die Sollkostenfunktion trennt die Budgetabweichung in eine absolute Verbrauchsabweichung und die Beschäftigungsabweichung:

$$\Delta K \quad = \quad \Delta V \quad + \quad \Delta B \qquad \text{bzw.} \qquad \Delta K = K^I - {}_{VR}K^P$$

$$\Delta V \quad = \quad K^I \quad - \quad K^S$$

$$\Delta B \quad = \quad K^S \quad - \quad {}_{VR}K^P$$

Legende:

K^S	...	*Sollkosten in €/ZE*
KS_{var}^P	...	*variabler Plankostensatz in €/LE*
K_f^P	...	*fixe Periodenkosten in €/ZE*
ΔK	...	*Budget- bzw. Gesamtkostenabweichung in €/ZE*
ΔV	...	*Verbrauchsabweichung in €/ZE*
ΔB	...	*Beschäftigungsabweichung in €/ZE*
${}_{VR}K^P$	...	*verrechnete Plankosten in €/ZE*

Die *globale Verbrauchsabweichung*, auch als Mengenabweichung bezeichnet, trifft eine erste Aussage über die Wirtschaftlichkeit der Kostenstelle. Ursachen dafür können z. B. unsachgemäßer Umgang mit Materialien, Einsatz minderwertiger Inputfaktoren oder auch eine hohe Ausschussquote sein. Für die zweckgerichtete Steuerung ist die globale Abweichung allerdings noch in Spezialabweichungen zu differenzieren. Zu ihnen zählen z. B. die Intensitätsabweichung und die Seriengrößenabweichung.

Die *Seriengrößenabweichung* resultiert aus der Veränderung der Relation von Rüstzeit und Ausführungszeit und steht damit im Zusammenhang zur Auftragsfertigung. Die *Intensitätsabweichung* ist mithilfe der Verbrauchsfunktionen erklärbar. Sie entsteht vor allem dadurch, weil das betriebliche Rechnungswesen lineare Kostenfunktionen unterstellt, obwohl ggf. nichtlineare Zusammenhänge zwischen Kosten und Einflussgröße existieren.

Des Weiteren hängt diese Abweichung z. B. stark von den technischen und/ oder organisatorischen Eigenschaften des Betriebsprozesses ab. Die Berechnung der Spezialabweichungen folgt dem Grundgedanken der Abweichungsanalyse bei multiplikativer Verknüpfung von Einflussfaktoren (vgl. Abschnitt 11.5.3). Für die separate Erfassung einer Spezialabweichung werden z. B. alle übrigen Einflussfaktoren als Planwert konstant angesehen, lediglich die zu untersuchende Größe wird in einen Ist-Soll-Vergleich einbezogen.

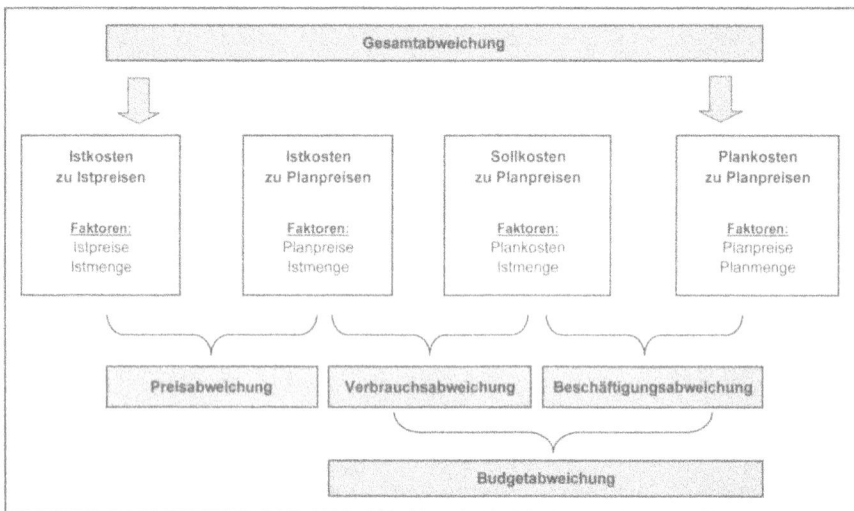

Abb. 11-48:   *Systematik der Kostenkontrolle bei flexibler Plankostenrechnung auf Vollkostenbasis*[368]

Die *Beschäftigungsabweichung* hingegen beruht auf der fehlerhaften proportionalen Behandlung von Fixkosten bei der Berechnung der Plankostensätze. Die flexible Budgetierung auf Vollkostenbasis beachtet zwar die Beschäftigungsschwankungen in Form der Sollkostenfunktion, missachtet diese aber bei der Budgetvor-

---

[368] Vgl. dazu auch Haberstock, L.: (Kostenrechnung II), S. 262.

gabe. Verrechnete Plankosten implizieren den Vollkostensatz. Die Beschäftigungsabweichung weist nun genau die Höhe des falsch verrechneten Fixkostenbetrages bezogen auf die Beschäftigungsschwankung aus. Insbesondere in direkten Leistungsbereichen sind Beschäftigungsschwankungen fremdbestimmt und fallen deshalb nicht in die Verantwortung dieser Kostenstellen (vgl. Abb. 11-49).

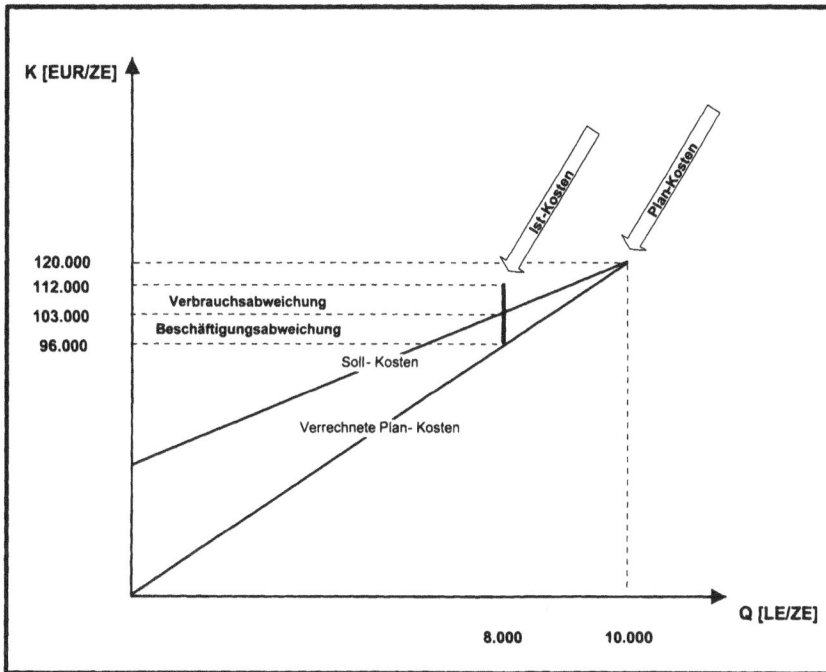

Abb. 11-49: Grafische Darstellung der Abweichungsergebnisse bei flexibler Budgetierung auf Vollkostenbasis

Nachfolgend sei das Beispiel unter Abschnitt 11.5.2.2 nochmals aufgegriffen. Demnach gilt eine Budgetabweichung von 16.000 €/ZE. Diese soll nun analysiert werden. Für die Berechnung der Sollkosten wird ein Variator von 70 Prozent vorgegeben:

$$K^S \quad = \quad \frac{84.000 \ €/ZE}{10.000 \ LE/ZE} \cdot 8.000 \ LE/ZE + 36.000 \ €/ZE \quad = \quad 103.200 \ €/ZE$$

Diese Plangröße stellt den Kontrollmaßstab für die Einschätzung der Wirtschaftlichkeit im Vergleich zu den tatsächlich abgerufenen Mitteln dar. Im Ergebnis erhält man die globale Verbrauchsabweichung:

$$\Delta V \quad = \quad 112.000 \ €/ZE \ - \ 103.200 \ €/ZE \quad = \quad 8.800 \ €/ZE$$

Die Istkosten übersteigen die vorgegebene Marke für die Budgetinanspruchnahme. Die Differenz ist mit einem unwirtschaftlichen Einsatz von Ressourcen zu begründen und weiter differenzierbar (vgl. ebenfalls Abschnitt 11.5.3).

Der fehlerhaft verrechnete Anteil der Fixkosten auf Leistungseinheiten wird durch die Beschäftigungsabweichung ausgedrückt:

$$\Delta B \quad = \quad 103.200 \, € / ZE \quad - \quad 96.000 \, € / ZE \quad = \quad 7.200 \, € / ZE$$

Der Plankostensatz in Höhe von 12,00 €/LE suggerierte eine Fixkostenbelastung je Leistungseinheit von 3,60 €/LE. Diese spezifischen Fixkosten gelten genau für 10.000 LE/ZE Beschäftigungsniveau. Aufgrund einer Beschäftigungsreduzierung um 2.000 LE/ZE im Ist gegenüber dem Plan werden diese Einheiten mit 3,60 €/LE falsch verrechnet, in der Konsequenz insgesamt zu 7.200 €/ZE. Genau um diesen Betrag wurden die fixen Kosten zu niedrig im Plan angesetzt.

11.5.2.4 Kostenkontrolle bei flexibler Budgetierung auf Grenzkostenbasis

Werden Budgets ausschließlich für proportionale und fixe Kosten separat formuliert, wobei der degressive Verlauf der spezifischen Fixkosten streng beachtet wird, spricht man von *Grenzplankostenrechnung*. Plankostensätze finden ausschließlich für variable Kosten Anwendung, Fixkosten werden gesondert in Abhängigkeit von der festzulegenden Kapazitätsgrenze entweder für Optimal- oder Normalbeschäftigungen betrachtet. Dem Kostenverursachungsprinzip wird insofern weitestgehend entsprochen. Der *variable Plankostensatz* bestimmt in Bezug auf die Istbeschäftigung die Höhe der *variablen Sollkosten*. Weil keine Vollkostensätze zur Anwendung kommen, entsprechen diese auch dem verrechneten Budget je Leistungseinheit, also den variablen verrechneten Plankosten:

$$K^S_{var} \quad = \quad KS^S_{var} \cdot Q^I \quad = \quad {}_{VR}K^P_{var}$$

Die Budgetabweichung [ΔK] stimmt demzufolge mit der Verbrauchsabweichung [ΔV] überein:

$$\Delta V \quad = \quad K^I_{var} \quad - \quad K^S_{var} \quad = \quad \Delta K$$

Legende:

K^S_{var} ... *variable Sollkosten in €/ZE*

${}_{VR}K^P_{var}$ ... *variable verrechnete Plankosten in €/ZE*

K^I_{var} ... *variable Istkosten in €/ZE*

KS^S_{var} ... *variabler Kalkulationssatz in €/LE*

Die Fixkostenkontrolle wird in Form einer *Nutz- und Leerkostenanalyse*[369] durch-geführt. Dieses Modell beruht auf einem linearen Zusammenhang, der unterstellt, dass bei zunehmender Beschäftigung die Nutzung der bereitgestellten Kapazität in gleichem Maße zunimmt, wie die nicht in Anspruch genommene vorrätige Kapa-zität abnimmt. Nutzkosten können folglich als Fixkosten definiert werden, welche für in Anspruch genommene Kapazität entsteht. Infolgedessen sind Leerkosten fixe Kosten für nicht genutzte verfügbare Kapazität (vgl. Abb. 11-50):

$$K_f = K_f^{Nutz} + K_f^{Leer}$$

$$K_f^{Nutz} = K_f^P \cdot \frac{Q^I}{Q^P} \qquad \text{Daraus folgt:}$$

$$K_f^{Leer} = K_f^P \left(1 - \frac{Q^I}{Q^P}\right) = K_f^P - K_f^{Nutz}$$

Legende:

K_f^{Nutz} ... *Nutzkosten bzw. genutzte Kapazitätskosten in €/ZE*

K_f^{Leer} ... *Leerkosten bzw. ungenutzte Kapazitätskosten in €/ZE*

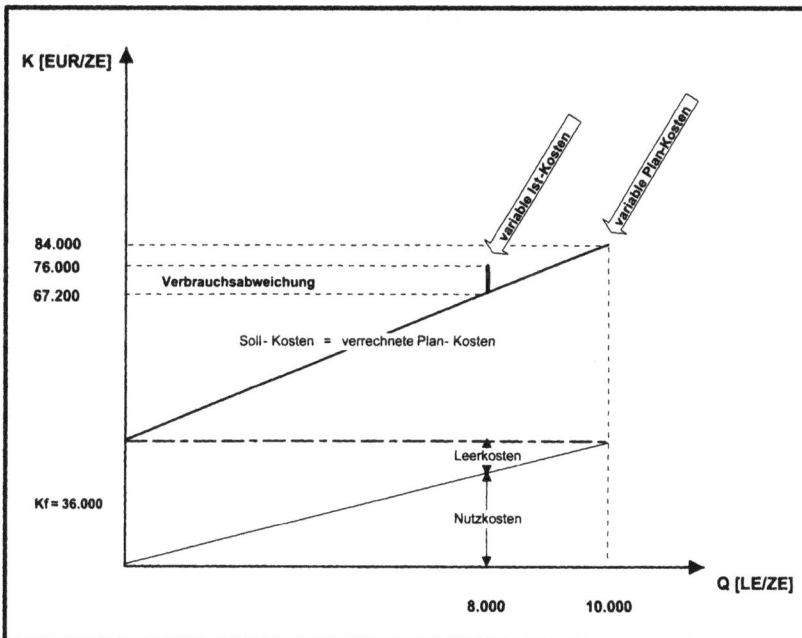

Abb. 11-50:   Grafische Darstellung der Abweichungsergebnisse bei flexibler Budgetierung auf Grenzkostenbasis

---

[369] Vgl. dazu insbesondere Haberstock, L.: (Kostenrechnung II), S. 367 ff.

Nachfolgend soll das Beispiel zur starren und flexiblen Budgetierung auf Vollkostenbasis aufgegriffen und für die Grenzplankostenrechnung modifiziert werden. In
den Plankostensatz von 8,40 €/LE werden lediglich die variablen Plankosten auf
die Planbeschäftigung von 10.000 LE/ZE einbezogen. Demnach ergeben sich für
eine Istbeschäftigung von 8.000 LE/ZE Sollkosten in Höhe von 67.200 €/ZE.
Genau dieser Wert entspricht sowohl der Budgetvorgabe für proportionale Kosten
als auch dem verrechneten Budget auf die tatsächlich erbrachte Leistung.

Durch Gegenüberstellung dieses Kontrollmaßstabes und den variablen tatsächlich
in Anspruch genommenen Kosten erhält man die Verbrauchsabweichung von
8.800 €/ZE. Damit ist eine *verursachungsgerechte Wirtschaftlichkeitsbetrachtung*
gegeben, welche durch Spezialabweichungen untersetzt werden sollte (vgl. Abschnitt 11.5.3). Es ist ersichtlich, dass diese Wirtschaftlichkeitsbetrachtung jener
der flexiblen Budgetierung auf Vollkostenbasis entspricht.

Dennoch liegt der Vorteil der Grenzplankostenrechnung auf der Hand. Denn entgegen dem flexiblen Ansatz auf Vollkostenbasis stimmen Budgetzuweisung und
Kontrollmaßstab überein, es besteht eine Identität in Bezug auf Umfang und Inhalt
des Kontrollumfeldes, also zwischen verrechneten Plankosten (Budgetzuweisung)
und Sollkosten (Kontrollmaßstab). Der flexible Vollkostenansatz bedarf jedoch
vor der Kontrolldurchführung einer Korrektur des Maßstabes, die Budgetzuweisung (verrechnete Plankosten) weist den Fehler der falschen Fixkostenbudgetie-
rung je Leistungseinheit auf und muss nachträglich vor Gegenüberstellung mit den
Sollkosten um die Beschäftigungsabweichung korrigiert werden.

Die Analyse der Fixkosten kommt zu einem Ergebnis für Nutzkosten in Höhe von
28.800 €. Die Leerkosten belaufen sich auf 7.200 € und stimmen mit dem Ausweis
der Beschäftigungsabweichung in der flexiblen Budgetierung bei Vollkostenrechnung überein. Es gilt deshalb:

$$\Delta B \qquad = \quad K_f^{Leer}$$

Der Informationsgehalt im Interesse der optimalen Unternehmenssteuerung ist
deshalb unbestritten vor allem aufgrund der Eindeutigkeit und Akzeptanz, denn es
gilt auch für Abweichungsanalysen die altbewährte Erkenntnis *„If you don't mea-
sure it, you can't improve it "*[370].

---

[370] Erdmann, M.-K.: (Performance Measurement), S. 63.

11.5.3 Abweichungsanalyse bei Beachtung von Abweichungsinterdependenzen

11.5.3.1 Überblick

Sind Einflussgrößen *multiplikativ* miteinander verknüpft, wie z. B. Material-einsatzmenge und Materialpreis, Arbeitszeit und Lohnsatz oder auch spezifischer Erlös und Absatzmenge, entstehen Abweichungsüberschneidungen aufgrund von Interdependenzen der Bestimmungsfaktoren. Damit sind Abweichungen nicht mehr einem Faktor eindeutig zurechenbar, es entstehen Abweichungen höherer Ordnung[371] (vgl. Abb. 11-51).

Zur Lösung der Abweichungsanalyse bei Interdependenzen stehen eine Vielzahl an Methoden zur Verfügung. Diese unterscheiden sich vor allem darin, in welcher Weise und in welchem Ausmaß Abweichungen höherer Ordnung denen erster Ordnung zugezählt werden bzw. gänzlich darauf verzichtet wird.[372] Wegen der unzureichenden Anerkennung des Verursachungsprinzips bieten sämtliche Me-thoden *zweckdienliche Näherungslösungen*. Die Analyseergebnisse hängen einer-seits zum Teil auch davon ab, in welcher Reihenfolge relevante Einflussgrößen in die Untersuchung einbezogen werden. Andererseits ist stringent in Plan (bzw. Soll)-Ist-Vergleiche und Ist-Plan (bzw. Soll)-Vergleiche zu unterscheiden. Diese Gegenüberstellungen sollten aus Gründen der Zweckmäßigkeit auf Plandaten basieren (Relevanzanforderung). Kriterien für die Einschätzung der einzelnen Methoden sind Vollständigkeit, Invarianz, Willkürfreiheit, Koordinationsfähig-keit, Wirtschaftlichkeit, Praktikabilität sowie Relevanz[373].

Diese Verfahrensweisen finden vor allem neben der Budgetkontrolle von Be-triebserfolgen, Deckungsbeiträgen sowie Umsätzen für die Analyse der globalen Verbrauchsabweichung (vgl. Abschnitte 11.5.2.3 sowie 11.5.2.4) breite Anwen-dung. Im Ergebnis kann die Verbrauchsabweichung der flexiblen Plankostenrech-nung im Vollkosten- und demzufolge auch im Teilkostensystem nach den relevan-ten Einflussfaktoren aufgelöst werden.

---

[371] Diese Verfahren finden insbesondere Anwendung für die weiterführende Analyse der globalen Verbrauchsabweichung in Spezialabweichungen (siehe z.B. Grenzplankostenrechnung).

[372] Vgl. z.B. Ewert, R./Wagenhofer, A.: (Unternehmensrechnung), S. 364 ff. und Coenenberg, A.G.: (Kostenrechnung), S. 363 ff.

[373] Vgl. Kloock, J.: (Erfolgskontrolle), S. 426 ff.

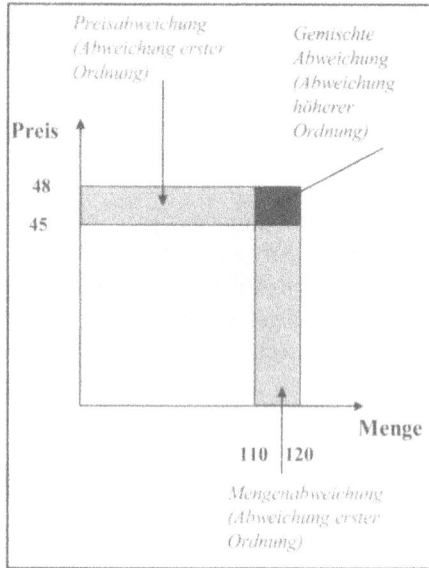

Abb. 11-51:   Grafische Darstellung von Preis- und Mengenabweichungen

Voraussetzungen für die Auflösung der Gesamtabweichung in Teilabweichungen sind:

- Formulierung eines funktionalen Zusammenhangs zwischen Kontrollgröße und den jeweiligen Einflussgrößen,
- Definition von Plan- bzw. Vorgabegrößen mithilfe bewährter Planungsrechnungen, wie bspw. der Plankosten- und Leistungsrechnung,
- Möglichst verursachungsgerechte Erfassung von Istwerten in einem qualitativ ansprechenden Berichtssystem.

Des Weiteren sind im Interesse einer belastbaren Abweichungsanalyse Restriktionen betreffs des Bezugssystems zu formulieren, d.h., es ist über die jeweiligen Bezugsgrößen für die Kontrolle zu befinden (vgl. Abb. 11-52).

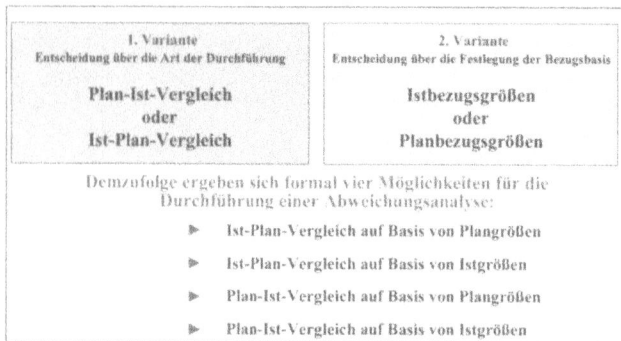

Abb. 11-52:   Bezugssysteme für die Abweichungsanalyse

Im Folgenden wird sich auf die in der Praxis häufig angewandten Methoden beschränkt. Hierzu gehören die alternative, die kumulative sowie die differenziert kumulative Abweichungsanalyse. Zum besseren Verständnis werden diese anhand eines Beispiels kurz erklärt. Es gelten folgende Ausgangsdaten: Es wird allgemein vereinfachend angenommen, dass sich die Kosten [K] einer Kostenart aus der Multiplikation von Faktorpreis [x] und Faktormenge [Q] ergeben.

Planmenge	$[Q^P]$	110	ME/ZE
Planpreis	$[x^P]$	45	€/ME
Istmenge	$[Q^I]$	120	ME/ZE
Istpreis	$[x^I]$	48	€/ME

Die Gesamtabweichung [ΔK] beläuft sich demnach im Falle eines Ist-Plan-Vergleiches auf Basis von Plandaten auf insgesamt 810 €/ZE:

$$\Delta K \quad = \quad \left(Q^I \cdot x^I\right) \; - \; \left(Q^P \cdot x^P\right)$$

$$= \quad (120 \cdot 48) \; - \; (110 \cdot 45) \; = \; \underline{\underline{810 \, € / ZE}}$$

11.5.3.2   Kumulative Abweichungsanalyse

Die kumulative Methode stellt darauf ab, die gesamte Abweichung durch die Summe der Teilabweichungen zu erklären. Dafür werden den Einzelabweichungen unterschiedliche Umfänge von Differenzen höherer Ordnung zugerechnet. Der Zuweisungsumfang ist abhängig von der Reihenfolge der Einflussgrößenbetrachtung (Invarianz). Tendenziell werden die Abweichungen höherer Ordnung den Einflussgrößen zugeordnet, die in der Analyse zuerst betrachtet werden.

In der Praxis muss besonders darauf geachtet werden, dass keine Akzeptanzprobleme der Kontrollergebnisse bedingt durch die Reihenfolgentscheidung entstehen. Aus diesem Grund sollten jene Einflussfaktoren zu Beginn behandelt werden, die nicht im Verantwortungsbereich des Kostenstellenleiters liegen. Die am Schluss der Analyse einbezogene Einflussgröße bekommt keine Abweichung höheren Grades zugeteilt und gilt demzufolge als weitestgehend objektiv. Ferner sollte die einmal festgelegte Rangfolge der Einflussfaktoren im Interesse von aussagefähigen Zeitvergleichen über mehrere Kontrollperioden beibehalten werden. Dennoch bleibt bedingt durch die Reihenfolgeproblematik diese Methode nicht frei von Subjektivität.

Die allgemeine Formulierung der kumulativen Methode für einen Ist-Plan-Vergleich auf Basis von Planwerten lautet:

$$\Delta K_{\Delta Q} \quad = \quad \left(Q^I \cdot x^P\right) \; - \; \left(Q^P \cdot x^P\right)$$

$$\Delta K_{\Delta x} \quad = \quad \left(Q^I \cdot x^I\right) \; - \; \left(Q^I \cdot x^P\right)$$

bzw. bei konträrer Untersuchungsreihenfolge:

$$\Delta K_{\Delta x} = \left(Q^P \cdot x^I\right) - \left(Q^P \cdot x^P\right)$$

$$\Delta K_{\Delta Q} = \left(Q^I \cdot x^I\right) - \left(Q^P \cdot x^I\right)$$

Wird zunächst die Mengenabweichung abgespaltet, beträgt die Kostenabweichung, welche auf die Beschäftigungsschwankung von 10 ME/ZE zurückzuführen ist, 450 €/ZE. Daraus resultiert eine absolute Preisabweichung von 360 €/ZE. Diese liegt im spezifischen Preisanstieg von 3 €/ME begründet. Bei konträrer Reihenfolgebetrachtung ergibt sich eine Kostenabweichung bezogen auf die Mengenschwankung von 480 €/ZE und eine Preisabweichung von 330 €/ZE. Die Gesamtabweichung würde in jedem Fall vollständig erklärt.

11.5.3.3 Alternative Abweichungsanalyse

Bei Anwendung der alternativen Analyse wird jeweils nur eine Einflussgröße betrachtet, alle übrigen Faktoren bleiben unverändert im Planzustand. Abweichungen höherer Ordnung werden negiert. Aus diesem Grund kann nicht die vollständige Gesamtabweichung durch die Summe der Teilabweichungen aufgezeigt werden. In welcher Reihenfolge Teilabweichungen erfasst werden, ist dabei ohne Belang. Im Folgenden wird auch hier ein Ist-Plan-Vergleich unterstellt:

$$\Delta K_{\Delta Q} = \left(Q^I \cdot x^P\right) - \left(Q^P \cdot x^P\right)$$

$$\Delta K_{\Delta x} = \left(Q^P \cdot x^I\right) - \left(Q^P \cdot x^P\right)$$

Bezogen auf die Beispieldaten wird eine Kostenabweichung aufgrund der Mengenerhöhung von 450 €/ZE und eine Preisabweichung von 330 €/ZE festgestellt. Damit gelingt es nicht, die Gesamtkostenabweichung von 810 €/ZE zu erklären. Es bleibt eine Restabweichung von 30 €/ZE bestehen. Die Anforderung an die Vollständigkeit einer Abweichungsanalyse wird mit dieser Methode nicht erfüllt.

11.5.3.4 Differenziert kumulative Abweichungsanalyse

Das Hauptmerkmal dieser Methode besteht darin, dass Abweichungen höherer Ordnung gesondert ausgewiesen werden. Die gesamte Kostenabweichung wird mit Teilabweichungen untersetzt, wobei in unterschiedliche Ordnungen zu differenzieren ist. Die Anzahl der Einflussfaktoren entspricht der Zahl der Ordnungsstufen. Es darf allerdings bezweifelt werden, ob die Abweichungen höheren Grades, dabei insbesondere die Restabweichung (Abweichung letzter Ordnung), tatsächlich zur zweckdienlichen Unternehmenssteuerung bei ausreichender Akzeptanz der Ergebnisse beitragen.

Im vorliegenden Beispiel sind demzufolge Abweichungen ersten und zweiten Grades zu berechnen. Der Rechenansatz für die Abweichung ersten Grades ist wie folgt zu formulieren:

$$\Delta K_{\Delta Q} = \left(Q^I \cdot x^P\right) - \left(Q^P \cdot x^P\right)$$

$$\Delta K_{\Delta x} = \left(Q^P \cdot x^I\right) - \left(Q^P \cdot x^P\right)$$

Kostendifferenzen, die durch das parallele Wirken von zwei Einflussfaktoren, hier also Mengensteigerung und Preiserhöhung, auftreten, nennt man Abweichungen zweiten Grades:

$$\Delta K_{\Delta Q} = \left(Q^I - Q^P\right) \cdot \left(x^I \cdot x^P\right)$$

Die Abweichungen ersten Grades entsprechen immer denen der alternativen Abweichungsanalyse. Kostenabweichungen, welche gleichermaßen der Mengen- und der Preisänderung zuzuschreiben sind, betragen 30 €/ZE. Damit wird die Gesamtkostenabweichung vollständig begründet.

11.5.3.5   Beispiel zur Deckungsbeitragsanalyse

Im Folgenden wird eine vereinfachte Budgetkontrolle für den Periodendeckungsbeitrag einer Leistungsart i in zwei Varianten vorgestellt. In einer ersten Lösungsmöglichkeit wird sich der differenziert kumulativen Abweichungsanalyse und in einer zweiten Herangehensweise der Idee von Sollfunktionen bedient. Es gelten jeweils die Ausgangsdaten in Abb. 11-53.

	Angaben		Planzahlen [P]	Istzahlen [I]	absolute Abweichung Plan – Ist
1			2	3	4
1	Absatzmenge [€/ZE]	Q	1.000	1.200	-200
2	Erlös [€/ZE]	E	400.000	360.000	40.000
3	variable Kosten [€/ZE]	K_{var}	250.000	300.000	-50.000
4	Deckungsbeitrag [€/ZE]	DB	150.000	60.000	90.000

Abb. 11-53: Ausgangsdaten

A   Lösung mit der differenziert kumulativen Abweichungsanalyse

Gemäß einem Plan-Ist-Vergleich auf Basis von Istzahlen ist von dem folgenden Ansatz für die Berechnung der gesamten Budgetabweichung des Deckungsbeitrages auszugehen:

$$\Delta DB = DB^P - DB^I$$
$$= \left(e^P - k_{var}^P\right)Q^P - \left(e^I - k_{var}^I\right)Q^I = \underline{\underline{90.000 \, € / ZE}}$$

Mittels der differenziert kumulativen Abweichungsanalyse kann im Nachgang diese Budgetabweichung je Kategorie vollständig erklärt werden. Die Abweichungsanalyse setzt sich somit aus drei Einzelabweichungen bezüglich des Umsatzes, der Absatzmenge und der variablen Kosten zusammen. Es gilt:

$$\Delta DB \qquad = \Delta E + \Delta Q + \Delta K_{\text{var}}$$

Für die Analyse ist die Reihenfolge der Einflussgrößenbetrachtung irrelevant, es wird mit der Berechnung der Erlösabweichung begonnen. Die Betrachtung zeigt, dass in den Rechenansätzen auch mit Sollwerten gearbeitet wird, die als Bewertungsmaßstab angesehen werden können. Der Sollumsatz [E^S] drückt den Planumsatz bezogen auf die tatsächlich realisierte Absatzmenge aus. Die Abweichungen ersten Grades führen zu folgenden Ergebnissen:

$$\Delta E_{\Delta e} \qquad = E^S \quad - \quad E^I = e^P Q^I \quad - \quad e^I Q^I \quad = \quad +120.000 \, \text{€} / ZE$$

$$\Delta E_{\Delta Q} \qquad = e^I Q^P \quad - \quad e^I Q^I \qquad\qquad = \quad -60.000 \, \text{€} / ZE$$

Im Anschluss daran kann die Sekundärkostenabweichung berechnet werden, die entsteht, weil sich parallel der spezifische Erlös um 100 €/LE, bei einer Absatzsteigerung um 200 LE/ZE, reduziert hat:

$$\Delta E_{\Delta Q \Delta E} = \Delta Q \quad \cdot \quad \Delta e \qquad\qquad = \quad -20.000 \, \text{€} / ZE$$

Die Durchführung der Abweichungsanalyse bezogen auf die variablen Kosten führt zu nachstehenden Resultaten:

$$\Delta K_{\Delta K \text{var}} = K^S_{\text{var}} \quad - \quad K^I_{\text{var}} \quad = k^P_{\text{var}} Q^I \quad - \quad k^I_{\text{var}} Q^I \qquad = \quad \pm 0$$

Weil sich hier die spezifischen variablen Kosten im Ist gegenüber dem Plan nicht verändert haben, tritt folgerichtig keine diesbezügliche Deckungsbeitragsabweichung auf. Im vorliegenden Beispiel entspricht diese Abweichung der Differenz von variablen Sollkosten und variablen Istkosten und damit der Verbrauchsabweichung in der Grenzplankostenrechnung. Folgt man den Argumenten der Teilkostenrechnung, dürfte diese Angabe infolgedessen als weitestgehend verursachungsgerecht interpretiert werden. Sie stellt das Kriterium für die Wirtschaftlichkeitseinschätzung dar. Die Kostenabweichung bedingt durch die Steigerung der Absatzmenge um 200 LE/ZE beträgt:

$$\Delta K_{\Delta Q} \qquad = k^I_{\text{var}} Q^P \quad - \quad k^I_{\text{var}} Q^I \qquad = \quad -50.000 \, \text{€} / ZE$$

Die gemischte Abweichung bezogen auf die Kostenabweichung beträgt:

$$\Delta K_{\Delta Q \Delta K \text{var}} = \Delta Q \quad \cdot \quad \Delta k_{\text{var}} \qquad\qquad = \quad \pm 0$$

Schließlich bedarf es der Untersuchung der Deckungsbeitragsabweichung aufgrund der Absatzmengenerhöhung. Diese Abweichung wird auch als *Strukturabweichung* bezeichnet. Die Abweichung entsteht zum einen durch den extrem starken Rückgang des spezifischen Deckungsbeitrages:

$$\Delta Q_{\Delta DB} \quad = DB^S \quad - \quad DB^I = dB^P\, Q^I \quad - \quad dB^I\, Q^I \quad = \quad +120.000\,\text{€}\,/\,ZE$$

Zum anderen ist die Abweichung durch den Einfluss der Absatzmengensteigerung zu erklären:

$$\Delta Q_{\Delta Q} \quad = dB^I\, Q^P \quad - \quad dB^I\, Q^I \quad = \quad -10.000\,\text{€}\,/\,ZE$$

Die Abweichung zweiten Grades wird wie folgt ermittelt:

$$\Delta Q_{\Delta Q\,\Delta DB} \quad = \Delta Q \quad \cdot \quad \Delta DB \quad = \quad -20.000\,\text{€}\,/\,ZE$$

Die Abweichung des Deckungsbeitrages von insgesamt 90.000 €/ZE setzt sich folglich aus der Gesamtabweichung des Umsatzes in Höhe von 40.000 €/ZE und der Kostenabweichung bezogen auf variable Anteile von 50.000 €/ZE zusammen.

B   **Lösung mit Hilfe von Sollfunktionen**

Die Budgetabweichung wird gemäß dem Ansatz analysiert:

$$\Delta DB \quad = \Delta E + \Delta Q + \Delta K_{\text{var}}$$

Formuliert man nun für jede einzelne Kategorie Bewertungsmaßstäbe, d.h. variable Sollkosten [K_{var}^S], Sollumsätze [E^S] und Solldeckungsbeiträge [DB^S] und vergleicht diese im Rahmen eines Plan-Ist-Vergleichs mit Istkosten, kann die Gesamtabweichung in Höhe von 90.000 €/ZE wie folgt erklärt werden:

$$\Delta DB_{\Delta K\,\text{var}} \quad = K_{\text{var}}^I \quad - \quad K_{\text{var}}^S = \left(Q^I\, k_{\text{var}}^I\right) - \left(Q^I\, k_{\text{var}}^P\right) \quad = \quad \pm\,0$$

Diese Abweichung entspricht, da sie verursachungsgerecht ermittelt wurde, der unter Lösungsteil A. Für die Umsatzabweichung ergibt sich auf der Grundlage des Sollumsatzes, als Produkt von Istmenge [Q^I] und spezifischem Planerlös [e^P], ein Umsatzdefizit in Höhe von:

$$\Delta DB_{\Delta E} \quad = E^S \quad - \quad E^I = \left(Q^I\, e^P\right) - \left(Q^I\, e^I\right) \quad = \quad +120.000\,\text{€}\,/\,ZE$$

Die Absatzmengenabweichung, als Differenz aus Plandeckungsbeitrag und Solldeckungsbeitrag, führt zu einem Deckungsbeitragsüberschuss von:

$$\Delta DB_{\Delta Q} \quad = DB^P \quad - \quad DB^S = \left(Q^P\, dB^P\right) - \left(Q^I\, dB^P\right) \quad = \quad -30.000\,\text{€}\,/\,ZE$$

Die Gesamtbudgetabweichung in Höhe von 90.000 €/ZE kann auch mit dieser Vorgehensweise vollständig erklärt werden.

11.6   Ausblick auf alternative Budgetierungsansätze

11.6.1   Überblick

Die in den vorangegangenen Abschnitten erläuterten traditionellen Budgetierungstechniken erfahren gegenwärtig beachtliche Erneuerungen. Die Detailliertheit und Komplexität der operativen Planung muss zugunsten einer stärkeren Orientierung auf die Bedürfnisse des Kapitalmarktes eine Eindämmung hinnehmen. Traditionelle Ansätze, so der Vorwurf, orientieren sich nur unzureichend auf dynamische Marktveränderungen und strategische Zielsetzungen. Es wird zuweilen behauptet, sie würden gar die Innen- und Kurzfristorientierung sowie die Unwirtschaftlichkeit von Unternehmungen begünstigen und Fehlverhalten von Bereichsmanagern fördern[374]. Diesen Vorhaltungen stehen zweifelsohne auch kompetente Gegenargumente gegenüber[375]. Dennoch bleiben eine Anzahl berechtigter Kritikpunkte[376] an der traditionellen Budgetierung bestehen. Hierzu gehört das Anliegen der ganzheitlichen und damit vollständigen Abbildung des Unternehmens. Daraus resultiert ein immenser Aufwand bei hoher Aufgabenkomplexität. Hinzu kommt, dass der vergangenheitsorientierten Fortschreibungsbudgetierung ohne ausreichende Zukunftsorientierung in der Praxis noch häufig der Vorrang gegeben wird. Damit einher geht die fehlende strategische Sichtweise. Traditionelle Budgets mit ihrer zumeist starken Ausrichtung auf finanzielle Steuerungsgrößen sind in Zeiten dynamischer Märkte oftmals inflexibel. Außerdem wird vielfach angeführt, dass wegen Interdependenzen zwischen Budget und Anreizsystem nicht den objektiven Anforderungen an Kontrollmaßstäbe genügt wird[377].

Anforderungen an neuere Budgetierungsmodelle sollten deshalb sein: Einfachheit, Akzeptanz, Flexibilität und Integration. Budgets sollten zentrale Prozesse aber vor allem belastbare Inhalte angepasst an die Wertschöpfung und Organisation als Bausteine aufweisen.[378] Es geht nicht darum, was alles mittels eines ausgeklügelten Controllinginstruments möglich wäre, sondern was unter wirtschaftlichen und nachhaltigen Gesichtspunkten notwendig ist.

Die gegenwärtig am meisten diskutierten Ansätze alternativer Budgetierungsansätze beziehen sich auf Better Budgeting, Advanced Budgeting und Beyond Budgeting. Es sei hier nur in aller Kürze auf die Eckpunkte dieser Konzepte verwiesen. Alle diese Konzeptionen fokussieren auf eine stärkere Marktorientierung bei rückläufiger Bedeutung intern orientierter Zielsetzungen. Des Weiteren wird für

---

[374] Vgl. Pfläging, N.: (Beyond Budgeting), S. 410.
[375] Untersuchungen belegen z.B., dass je größer der Detaillierungsgrad der verfügbaren Informationen ist, desto höher ist die Kontrollfähigkeit einzuschätzen. Vgl. Kren, L.: (Control), S. 113.
[376] Vgl. z.B. Ewert, R./Wagenhofer, A.: (Unternehmensrechnung), S. 510 f. und Weber, J.: (Controlling), S. 374.
[377] Vgl. Baum, H.-G./Coenenberg, A.G./Günther, T.: (Strategisches Controlling), S. 371.
[378] Vgl. dazu auch Schentler, P./Rieg, R./Gleich, R.: (Budgetierung), S. 11.

eine zunehmende Dezentralisierung der Planung bei kontinuierlich durchzuführenden Planungsprozessen mittels rollierender Forecasts plädiert[379].

11.6.2   Better Budgeting und Advanced Budgeting

Better Budgeting[380] zielt auf eine Planoptimierung einzelner Unternehmensbereiche ab. Der Hauptschwerpunkt besteht darin, Budgetierungsabläufe einfacher und schneller zu gestalten. Dafür wird sich auf erfolgskritische Prozesse unter Berücksichtigung strategischer Zielsetzungen orientiert. Dem Kritikpunkt der traditionellen Budgetierung, sie sei nicht hinreichend marktbezogen, wird stringent entgegen gewirkt.

Das Better Budgeting ist kein isoliertes Modell, sondern die Idee integriert eine Reihe unterschiedlichster Vorschläge zum Abbau nachteiliger Effekte von traditionellen Budgets. Hauptanliegen sind u.a.:

- Budgets sind marktorientierter und flexibler zu gestalten sowie dezentrale Prozesse in den Fokus der Steuerung zu setzen.
- Der Budgetierungsaufwand ist bspw. durch weniger Detailliertheit der Vorgaben zu minimieren.
- Rollierende Planungen sind zu favorisieren, um damit die Probleme der periodenbezogenen Budgets zu umgehen. Die Prognosequalität ist anzuheben sowie eine möglichst kontinuierliche Strategiebeachtung zu integrieren.

Rollierende Budgets sollten folgende Bedingungen[381] erfüllen:

- Konstanter Planungshorizont (bspw. 18 Monate),
- Monatliche oder quartalsbezogene Überarbeitung gemäß üblicher Abrechnungsperioden,
- Integration monetärer und nicht monetärer Planungsgrößen,
- Differenzierte Detaillierungsgrade entsprechend des Planungshorizontes (bspw. zukünftige Monatsplanung mit hoher Detailtreue, aber nachfolgende Perioden werden zunehmend globaler geplant).

Die Umsetzung solcher Budgetierungsmodelle erfordert zeitgemäße Controllinginstrumente, wie bspw. die Balanced Scorecard oder auch die Prozesskostenrechnung.

Advanced Budgeting[382], mitunter auch konform zum Better Budgeting verstanden[383], folgt der Idee des Better Budgeting. Das Augenmerk ist jedoch hier auf die Optimierung des gesamten Planungssystems unter Zuhilfenahme neuer Instrumen-

---

[379] Vgl. z.B. Weber, J./Schäffer, U.: (Einführung), S. 376.

[380] Vgl. z.B. Downes, J.: (Budget Process), S. 20 ff.

[381] Vgl. Leyk, J.: (Rollierender Forecast), S. 84.

[382] Vgl. Tschandl, M./Schentler, P.: (Beyond Budgeting), S. 92 f.

[383] Vgl. Weber, J.: (Controlling), S. 375.

te gerichtet. Letztlich strebt dieser Budgetierungsansatz die Verbesserung der
Effektivität und Effizienz der Planung und Budgetierung bei gleichzeitiger Abnahme der Budgetbedeutung an.

11.6.3   Beyond Budgeting

Beyond Budgeting[384] verlangt eine Qualifizierung des gesamten Führungsmodells
und letztlich die Abkehr von der bisherigen Budgetierungspraxis. Die in der traditionellen Budgetierung gängigen Praktiken der Delegation von Managementver-
antwortung und Erfolgsmessung werden total reorganisiert. Klassische Budgets
erfahren eine umfassende Neugestaltung.[385] Der Ansatz verlangt die Abschaffung
der gewohnten Budgetierung und orientiert bei strenger Dezentralisierung aller
wirtschaftlicher Aktivitäten letztlich auf ein neues Steuerungsmodell. In der Konsequenz verzichtet man auf koordinierende Budgets und setzt stattdessen auf
Selbstbestimmung, teambasierte Zielstellungen und die Wirkung interner Märkte.

Der gegenwärtige Ansatz des Beyond Budgeting beruht auf zwölf Prinzipien[386]:

- Vermeidung einer detaillierten Budgetierung, Erhöhung der Reaktionsfähig-
  keit, Förderung stärkerer Dezentralisierung durch Self-Governance,
- Forcierung der Selbstkontrolle sowie Vermeidung starker Planungshierarchien,
- Motivations- und Marktbezugssteigerung durch dezentrale Ergebnisverantwor-
  tung in der operativen Ebene,
- Flexibilitätsförderung durch Abkehr von der klassischen Organisationsstruktur
  zugunsten des Aufbaus von netzwerkartigen Strukturen,
- Abschaffung hierarchisch aufgestellter Budgets im Interesse der Koordination
  über Märkte,
- Wissenszuwachs für die dezentralen Manager auf dem Gebiet der Informati-
  ons- und Früherkennungssysteme zur Bewältigung der Steuerungsaufgabe,
- Verwendung relativer Kennzahlen im Sinne der umfassenden Marktorientierung,
- Permanente, unterjährige und rollierende Strategieentwicklungs- und Strate-
  gieumsetzungsprozesse,
- Durchführung einer rollierenden Prognose unter Verwendung von Früherken-
  nungsmethoden und damit flexible Anpassung an Umweltveränderungen,
- Steuerung durch Vorgabe von Kapitalkosten- und Lohntarifsätzen im Interesse
  einer Entscheidungsverlagerung an dezentrale Manager,
- Übergang von der Fremdkontrolle zur Selbstkontrolle und damit Forcierung
  optimaler Entscheidungen in operativen Ebenen und
- Teambasierte Vergütung auf der Grundlage relativer Erfolgsgrößen und somit
  Abkehr der Verknüpfung von Prognose- und Anreizsystemen.

---

[384] Vgl. Hope, J./Fraser, R.: (Beyond Budgeting), S. 17 ff.
[385] Vgl. Tschandl, M. /Schentler, P.: (Beyond Budgeting), S. 93.
[386] Vgl. Hope, J./Fraser, R.: (Beyond Budgeting), S. 29 ff. sowie Fraser, R./Hope, J.: (Beyond Budgeting), S. 439 f.

Diese Prinzipien sind nicht widerspruchsfrei und werden gegenwärtig sehr kontrovers diskutiert. [387] Die Umsetzung dieser Ansätze in der Praxis[388] beschränkt sich derzeit auf nur wenige Pilotfirmen.

Insbesondere wird die Prämisse der generellen Marktüberlegenheit angezweifelt, welche der internen Koordination immer komplexer werdenden Prozesse und der stetigen Zunahme heterogener Leistungserstellung (bspw. Verbundleistungen) nicht gerecht wird. Dergleichen bietet dieser Ansatz keine zufriedenstellende Antwort betreffs einer komplementären Verbindung zwischen Motivation und Koordination. Beyond Budgeting favorisiert Teamarbeit und koppelt daher im Grunde folgerichtig Motivation an die Performance von Teams. Jedoch ist die Entscheidungsqualität dieser nur bedingt höher als die von Einzelpersonen. Als nachteilig muss außerdem die fehlende Orientierung auf komplexe Zielsysteme beurteilt werden. Der Ansatz des Beyond Budgeting fokussiert zu pauschal auf den Einsatz relativer Ziele. Aspekte im Rahmen von Zielvereinbarungen sollten aber in jedem Falle persönliche Ziele des Mitarbeiters, Bereichsziele und Unternehmensziele mit jeweils lang- und kurzfristigen Horizonten beinhalten.[389]

Der maßgebliche Einfluss des betrieblichen Rechnungswesens auf die Qualität der Budgetierungspraxis dürfte, trotz oder gerade wegen der damit einhergehenden notwendigen Adaptionen, ungebrochen sein.

---

[387] Vgl. Baum, H.-G./Coenenberg, A.G./Günther, T.: (Strategisches Controlling), S. 372.
[388] Vgl. Rickards, R. C.: (Budgetplanung), S. 29 ff.
[389] Vgl. Schentler, P./Rieg, R./Gleich, R.: (Budgetierung), S. 8 f.

Literaturverzeichnis

Agthe, Klaus: (Fixkostendeckungsrechnung) Stufenweise Fixkostendeckung im System des Direct Costing, in: Zeitschrift für Betriebswirtschaft (29) 1959, S. 404–418.

Albach, Horst: (Zukunft) Gutenberg und die Zukunft der Betriebswirtschaftslehre, in: ZfB, 67. Jg. (1966/ Gutenberg), S. 1257–1283.

Albach, Horst: (Lenkpreise) Innerbetriebliche Lenkpreise als Instrument dezentraler Unternehmensführung, in: ZfbF, 26. Jg., 1974, S. 216–242.

Albers, Sönke: (Abweichungsanalyse) Ein System zur Ist-Soll-Abweichungs-Ursachenanalyse von Erlösen, in: Zeitschrift für Betriebswirtschaft 1989, S. 637–654.

Allweyer, Thomas, Thomas Besthorn und Jürgen Schaaf: (Outsourcing) Zwischen Hungerkur und Nouvelle Cuisine, in: economics – Digitale Ökonomie und struktureller Wandel, hrsg. von Deutsche Bank Research, April/2004, Nr. 43, S. 1–28.

Auer, Kurt V.: (Segment Reporting) IAS 14: Inhalte/ Schnittstellen zum Controlling, in: Controlling und Management, hrsg. von Barbara E. Weißenberger, 48. Jg., 2004, Sonderheft 2, S. 4–11.

Baecker, Dirk: (Komplexität) Komplexität und Chaos im Betrieb, in: Blick in die Wirtschaft vom 2.4.1992.

Bär, Ulrike: (Verrechnungspreise) Verständigungen über Verrechnungspreise verbundener Unternehmen im deutschen Steuerrecht, Berlin, 2009.

Barthelheimer, Jörg, Markus Kückelhaus und Andreas Wohltat: (Impairment) Auswirkungen des Impairment of Assets auf die interne Steuerung, in: Controlling und Management, hrsg. von Barbara E. Weißenberger, 48. Jg., 2004, Sonderheft 2, S. 22–30.

Baum, Heinz-Georg, Adolf G. Coenenberg und Thomas Günther: (Strategisches Controlling) Strategisches Controlling, 3. Auflage, Stuttgart 2004.

Beinhauer, Christian und Aydin Filiz: (Risikomanagement) Risikomanagement und Performance Management. Integriertes Zusammenspiel als Absicherung für den geplanten Unternehmenserfolg, in: Controller-Magazin, 34. Jg., Heft 4, 2009, S. 85–92.

Böhmeke, Joachim: (Berichtswesen) Prozessorientiertes Berichtswesen, in: Controller-Magazin, Heft 4/ 2005, S. 328–330.

Braun, Stephan: (Prozesskostenrechnung) Die Prozeßkostenrechnung: Ein fortschrittliches Kostenrechnungssystem?, 3. Auflage, Sternenfels/ Berlin 1999.

Brösel, Gerrit, Rolf Dintner und Frank Keuper: (Unternehmensführung) Quo vadis Unternehmensführung? Über die nicht vorhandene Dichotomie von Sach- und Dienstleistungsunternehmen, in: Burkhardt, Thomas, Jan Körnert und Ursula Walther (Hrsg.): Banken, Finanzierung und Unternehmensführung. Festschrift für Karl Lohmann zum 65. Geburtstag, Berlin 2004, S. 11–28.

Buchholz, Rainer: (Rechnungslegung) Internationale Rechnungslegung, 4. Auflage, Berlin 2004.

Burkhardt, Thomas, Jan Körnert und Ursula Walther (Hrsg.): Banken, Finanzierung und Unternehmensführung. Festschrift für Karl Lohmann zum 65. Geburtstag, Berlin 2004.

Busse von Colbe, Walther und Gert Laßmann: (Produktionstheorie) Betriebswirtschaftstheorie 1, Grundlagen, Produktions- und Kostentheorie, 5. Auflage, Berlin u.a. 1991.

Coenenberg, Adolf G.: (Jahresabschluss) Jahresabschluss und Jahresabschlussanalyse, 19. Auflage, Stuttgart 2003.

Coenenberg, Adolf G.: (Kostenrechnung) Kostenrechnung und Kostenanalyse, 5. Auflage, Stuttgart 2003.

Coenenberg, Adolf G., Thomas M. Fischer und Thomas Günther: (Kostenrechnung) Kostenrechnung und Kostenanalyse, 7. Auflage, Stuttgart 2009.

Coenenberg, Adolf G., Axel Haller und Wolfgang Schultze: (Jahresabschluss) Jahresabschluss und Jahresabschlussanalyse. Aufgaben und Lösungen, 13. Auflage, Stuttgart 2009.

Coenenberg, Adolf G., Gerhard Mattner und Wolfgang Schultze: (Rechnungswesen) Einführung in das Rechnungswesen. Grundzüge der Buchführung und Bilanzierung, Stuttgart 2004.

Copeland, Thomas. E., J. Fred Weston und Kuhdeep Shastri: (Finanzierungstheorie und Unternehmenspolitik) Konzepte der kapitalmarktorientierten Unternehmensfinanzierung, 4. Auflage, München 2008.

Daum, Jürgen H.: (Tableau de Bord) Tableau de Bord: Besser als die Balanced Scorecard?, in: Der Controlling Berater, Heft 7, Dezember 2005, S. 459–502.

Däumler, Klaus-Dieter und Jürgen Grabe: (Plankostenrechnung) Kostenrechnung 3, Plankostenrechnung mit Fragen und Aufgaben, Antworten und Lösungen, 6. Auflage, Herne/ Berlin 1998.

Däumler, Klaus-Dieter und Jürgen Grabe: (Kostenrechnung) Kostenrechnung 1, Grundlagen mit Fragen und Aufgaben, Antworten und Lösungen, Testklausuren, 8. Auflage, Herne/ Berlin 2000.

Däumler, Klaus-Dieter und Jürgen Grabe: (Plankostenrechnung) Kostenrechnung 3, Plankostenrechnung mit Fragen und Aufgaben, Antworten und Lösungen, Tests und Tabellen, 7. Auflage, Herne/ Berlin 2002.

de Guerny, J./Guiriec, J. C./Lavergne, J.: (Tableau de Bord) Principes et mise en place du Tableau de Bord de Gestion, 6. Aufl., Paris 1990.

Deimel, Klaus, Rainer Isemann und Stefan Müller: (Kosten- und Erlösrechnung) Kosten- und Erlösrechnung, München u.a. 2006.

Deyhle, Albrecht: (Controller-Praxis) Controller-Praxis. Führung durch Ziele – Planung – Controlling, Band I: Unternehmensplanung, Rechnungswesen und Controlling, 15. Auflage, Gauting/ München 2003.

Deyhle, Albrecht: (Controller-Praxis II) Controller-Praxis. Führung durch Ziele – Planung – Controlling, Band II: Soll-Ist-Vergleich, Erwartungsrechnung und Führungs-Stil, 15. Auflage, Gauting/ München 2003.

Deyhle, Albrecht und Beat Steigmeier: (Controller) Controller und Controlling, Bern 1993.

Diethelm, Gerd: (Projektmanagement) Projektmanagement, Band 1: Grundlagen, Herne/ Berlin 2000.

Downes, John: (Budget Process) Reinventing the Budget Process, in: Controller Magazine, 09/ 1996, S. 20–24.

Dürr, Walter und Klaus Kleibohm: (Operation Research), Operation Research, 3. Auflage, München 1992.

Eberlein, Jana: (Deckungsbeitragsrechnung) Prozessorientierte mehrdimensionale Deckungsbeitragsrechnung – ein aktuelle Herausforderung für Unternehmen?, in: Festschrift 15 Jahre Hochschule Harz, hrsg. von Armin Willingmann, Halberstadt 2008, S. 280–289.

Eberlein, Jana: (Instandhaltungscontrolling) Der Einfluß der Unternehmensstrategie auf ausgewählte Entscheidungen im Instandhaltungsbereich unter besonderer Berücksichtigung des Controlling, München 1996.

Eisele, Wolfgang: (Rechnungswesen) Technik des betrieblichen Rechnungswesens, 3. Auflage, München 1988.

Engelbrechtsmüller, Christian und Harald Fuchs: (Segmentberichterstattung) Annäherung der Segmentberichterstattung nach IFRS an das operative Controlling, in: Zeitschrift für Recht und Rechnungswesen (RWZ), Heft 2/2007, S. 37–43.

Erdmann, Marc-Ken: (Performance Measurement) Supply Chain Performance Measurement, 2. Auflage, Köln 2007.

Ewert, Ralf und Alfred Wagenhofer: (Unternehmensrechnung) Interne Unternehmensrechnung, 5. Auflage, Berlin/ Heidelberg/ New York 2003.

Ewert, Ralf: (Fair Values) Fair Values und deren Verendung im Controlling, in: Controlling und IFRS-Rechnungslegung, hrsg. von Alfred Wagenhofer, Berlin 2006, S. 1–20.

Ewert, Ralf und Alfred Wagenhofer: (Interne Unternehmensrechnung) Interne Unternehmensrechnung, 7. Auflage, Berlin/ Heidelberg/ New York 2008.

Franz, Klaus-Peter: (Prozesskostenrechnung) Die Prozeßkostenrechnung – Darstellung und Vergleich mit der Plankosten- und Deckungsbeitragsrechnung, in: Ahlert, Dieter, Klaus-Peter Franz und Hermann Göppl: Finanz- und Rechnungswesen als Führungsinstrument, Wiesbaden 1990.

Franz, Klaus-Peter und Peter Kajüter (Hrsg.): Kostenmanagement. Wertsteigerung durch systematische Kostensteuerung, 2. Auflage, Stuttgart 2002.

Franz, Klaus-Peter und Peter Kajüter: (Kostenmanagement) Proaktives Kostenmanagement als Daueraufgabe, in: Franz, Klaus-Peter und Peter Kajüter (Hrsg.): Kostenmanagement. Wertsteigerung durch systematische Kostensteuerung, 2. Auflage, Stuttgart 2002, S. 3–32.

Franz, Klaus-Peter und Carsten Winkler: (Unternehmenssteuerung) Unternehmenssteuerung und IFRS, Grundlagen und Praxisbeispiele, München 2006.

Fraser, Robin und Jeremy Hope: (Beyond Budeting) Beyond Budgeting, in Controlling, 13. Jahrgang, Heft 8, 9/ 2001, S. 437–442.

Freidank, Carl-Christian und Elmar Mayer (Hrsg.): Controlling-Konzepte. Neue Strategien und Werkzeuge für die Unternehmenspraxis, 5. Auflage, Wiesbaden 2001.

Friedag, Herwig R. und Walter Schmidt: (BSC) Balanced Scorecard, 3. Aufl., München 2008.

Friedag, Herwig R. und Walter Schmidt: (My BSC) My Balanced Scorecard. Das Praxishandbuch für Ihre individuelle Lösung , 3. Aufl., Freiburg 2008.

Gallenmüller, Otto, Hans Hieke, Frieder Hülsenberg und Joachim Neubert: (Kosten) Leistung-Kosten-Ergebnis, 4. Auflage, Leipzig 1988.

Gleich, Ronald: (Performance Measurement) Prozessorientiertes Performance Measurement, in: Kostenmanagement, hrsg. von Franz, Klaus-Peter und Peter Kajüter, 2. Auflage, Stuttgart 2002.

Götze, Uwe: (Kostenrechnung) Kostenrechnung und Kostenmanagement, 3. Auflage, Berlin/ Heidelberg 2004.

Gutenberg, Erich: (Produktion) Die Produktion, 24. Auflage, Berlin/ Heidelberg/ New York 1983.

Haberstock, Lothar: (Kostenrechnung II) Kostenrechnung II, (Grenz-) Plankosten-rechnung mit Fragen, Aufgaben und Lösungen, bearbeitet von Volker Breithecker, 9. Auflage, Berlin 2004.

Haberstock, Lothar: (Kostenrechnung I) Kostenrechnung I, Einführung mit Fra-gen, Aufgaben, einer Fallstudie und Lösungen, bearbeitet von Volker Breithecker, 12. Auflage, Berlin 2005.

Hahn, Dietger und Harald Hungenberg: (PuK) Planung und Kontrolle, Planungs- und Kontrollsysteme, Planungs- und Kontrollrechnung. Wertorientierte Control-lingkonzepte, 6. Auflage, Wiesbaden 2001.

Heinen, Edmund: (Produktions- und Kostentheorie) Produktions- und Kostentheo-rie, in: Allgemeine Betriebswirtschaftslehre in programmierter Form, hrsg. von Herbert Jacob, Wiesbaden 1969.

Heinhold, Michael: (Kosten- und Erfolgsrechnung) Kosten- und Erfolgsrechnung in Fallbeispielen, 3. Auflage, Stuttgart 2004.

Henderson, Bruce D.: (Erfahrungskurve) Die Erfahrungskurve in der Unterneh-mensstrategie, Frankfurt am Main 1974.

Henschel, Karla: (Hotelmanagement) Hotelmanagement, München/ Wien 2001.

Hieke, Hans: (Deckungsbeitragsrechnung) Teilkosten- und Deckungsbeitrags-rechnung, Herne/ Berlin 1998.

Hinterhuber, Hans H.: (Paradigmenwechsel) Paradigmenwechsel: Vom Denken in Funktionen zum Denken in Prozessen, in: Journal für Betriebswirtschaft, 8. Jahr-gang., Heft 2/ 1994, S. 58–75.

Hoberg, Peter: (Personalkosten) Wie „fix" sind Personalkosten?, in: Controller-Magazin, Heft 1/ 2006, S. 14–21.

Hoffjan, Andreas und Monika Bebek: (Anforderungen) Anforderungen an den Controller aus Sicht der Praxis. Eine Bestandsaufnahme, in: Controlling, 21. Jg., Heft 11, 2009, S. 617–623.

Hoffjan, Andreas und Rouven Trapp: (Internationale Rechnungslegung) Implika-tionen der internationalen Rechnungslegung für das Controlling. Folgen am Bei-spiel der Segmentberichterstattung nach IFRS 8, in: Buchführung – Bilanz – Kos-tenrechnung (BBK), S. 1021–1030.

Hope, Jeremy und Robin Fraser: (Beyond Budgeting) Beyond Budgeting, über-setzt von Horváth, Péter und Ralf Sauter, Stuttgart 2003.

Horváth, Péter und Micha Seiter: (Performance Measurement) Performance Mea-surement, in: Die Betriebswirtschaft, 69. Jg., Heft 3, 2009, S. 393–413.

Horváth, Péter: (Reporting) Grundlagen des Management Reportings, in: Mana-gement Reporting. Grundlagen, Praxis und Perspektiven, hrsg. von Ronald Gleich, Péter Horváth und Uwe Michel, München 2008, S. 15–42.

Horváth, Péter: (Controlling) Controlling, 9. Auflage, München 2003.

Horváth, Péter: (BSC) Balanced Scorecard umsetzen, hrsg. von Horváth & Partner, 2. Aufl., Stuttgart 2001.

Horváth, Péter und Reinhold Mayer: (Prozesskostenrechnung) Prozeßkostenrechnung – Der neue Weg zu mehr Kostentransparenz und wirkungsvollen Unternehmensstrategien, in: Controlling, Heft 1/ 1989, S. 214–219.

Horváth, Péter und Reinhold Mayer: (Methodik) Prozeßkostenrechnung – Konzeption und Entwicklungen, in: Prozeßkostenrechnung. Methodik, Anwendung und Softwaresysteme. Sonderheft 2/ 1993 der Kostenrechnungspraxis, hrsg. von Wolfgang Männel. Wiesbaden 1993, S. 15–28.

Hummel, Siegfried und Wolfgang Männel: (Kostenrechnung 1) Kostenrechnung 1. Grundlagen, Aufbau und Anwendung, 4. Auflage, Wiesbaden 1986.

Hummel, Siegfried und Wolfgang Männel: (Kostenrechnung 2) Kostenrechnung 2. Moderne Verfahren und Systeme, 4. Auflage, Wiesbaden 1990.

Joos-Sachse, Thomas: (Controlling) Controlling, Kostenrechnung und Kostenmanagement. Grundlagen – Instrumente – Neue Ansätze, 3. Auflage, Wiesbaden 2004.

Jórasz, William: (Kosten- und Leistungsrechnung) Kosten- und Leistungsrechnung. Lehrbuch mit Aufgaben und Lösungen, 5. Aufl., Stuttgart 2009.

Käfer, Karl: (Standardkostenrechnung) Standardkostenrechnung, 2. Auflage, Stuttgart 1964.

Kajüter, Peter: (Prozesskostenmanagement) Prozesskostenmanagement, in: Kostenmanagement. Wertsteigerung durch systematische Kostensteuerung, hrsg. von Klaus-Peter Franz und Peter Kajüter, 2. Auflage, Stuttgart 2002, S. 249–278.

Kaplan, Robert S. und David P. Norton: (Strategy Maps) Strategy Maps. Der Weg vom immateriellen Werten zum materiellen Erfolg, übersetzt von Horváth, Péter und Bernd Gaiser, Stuttgart 2004.

Kaplan, Robert S. und David P. Norton: (BSC) Balanced Scorecard, Stuttgart 1997.

Kesten, Ralf: (Projektbudgets) Controlling von Projektbudgets mit Earned Value Analysen, in: Controller-Magazin, Heft 4/ 2005, S. 343–347.

Kieninger, Michael und Péter Hórvath: (Controlling) Controlling bei Horváth und Partners, in: Controlling, 20. Jg., Heft 3/2008, S. 157–162.

Kilger, Wolfgang: (Plankostenrechnung) Flexible Plankostenrechnung, 3. Auflage, Köln/ Opladen 1967.

Kilger, Wolfgang: (Kostenrechnung) Einführung in die Kostenrechnung, 3. Auflage, Wiesbaden 1992.

Kilger, Wolfgang, Jochen Pampel und Kurt Vikas: (Plankostenrechnung) Flexible Plankostenrechnung und Deckungsbeitragsrechnung, 11. Auflage, Wiesbaden 2002.

Kloock, Josef: (Erfolgskontrolle) Erfolgskontrolle mit der differenziert-kumulativen Abweichungsanalyse, in: Zeitschrift für Betriebswirtschaft, 1988, S. 423–434.

Knolmayer, Gerhard F. (Sourcing-Entscheidungen) Sourcing – Entscheidungen aus den Perspektiven des Produktions- und Informationsmanagements, in: Insourcing – Outsourcing – Offshoring. Tagungsband der Herbsttagung 2005 der wissenschaftlichen Kommission Produktionswirtschaft, hrsg. von Dieter Specht, Wiesbaden 2007, S. 1–30.

König, Reiner und Jana Eberlein: (Kosten- und Leistungsrechnung) Kosten- und Leistungsrechnung, Arbeitsbuch Teil 1, Wernigerode 2004.

König, Reiner und Jana Eberlein: (Kosten- und Leistungsrechnung 2) Kosten- und Leistungsrechnung, Arbeitsbuch Teil 2, Wernigerode 2004.

Körnert, Jan und Cornelia Wolf: (Shareholder Value-Konzept) Systemtheorie, Shareholder Value-Konzept und Stakeholder-Konzept als theoretisch-konzeptionelle Bezugsrahmen der Balanced Scorecard, in: Controlling & Management, 51. Jg., Heft 2, 2007, S. 130–140.

Kosiol, Erich: (Plankostenrechnung) Die Plankostenrechnung als Mittel zur Messung der technischen Ergiebigkeit des Betriebsgeschehens (Standardkostenrechnung), in: Plankostenrechnung als Instrument moderner Unternehmensführung. Erhebungen und Studien zur grundsätzlichen Problematik, hrsg. von Erich Kosiol, 2. Auflage, Berlin 1956, S. 15–48.

Kosiol, Erich: (Systematik) Zur Theorie und Systematik des Rechnungswesens, in: Analysen zur Unternehmenstheorie, hrsg. von Karl Lechner, Berlin 1972, S. 133–147.

Kosiol, Erich: (Kostenrechnung) Kostenrechnung und Kalkulation, Berlin/ New York 1972.

Krause, Hans-Ulrich und Dayanan Arora: (Controlling-Kennzahlen) Controlling-Kennzahlen/ Key Performance Indicators, München 2008.

Kreikebaum, H.: (Unternehmensplanung) Strategische Unternehmensplanung, 6. Auflage, Stuttgart, Berlin, Köln 1997.

Kren, Leslie: (Control) Control System Effects on Budget Slack, in: Advanced in Management Accounting, Vol. 2/ 1993, S. 109–113.

Kreyszig, Erwin: (Statistische Methoden) Statistische Methoden und ihre Anwendungen, 2. Auflage, Göttingen 1967.

Kruschwitz, Lutz: (Leistungsverrechnung) Innerbetriebliche Leistungsverrechnung mit nicht exakten und iterativen Methoden, in: Kostenrechnungspraxis, Heft 3/ 1979, S. 105–116.

Kruschwitz, Lutz: (Investitionsrechnung) Investitionsrechnung, 6. Auflage, Berlin/ New York 1995.

Künkele, Kai Peter und Christian Zwirner: (Bilanzierung) Bilanzierung nach dem BilMOG: Passiva, in: Zeitschrift für Bilanzierung und Rechnungswesen, 33. Jg., Heft 8, 2009, S. 358–362.

Küpper, Hans-Ulrich und Jürgen Weber: (Grundbegriffe) Grundbegriffe des Controlling, Stuttgart 1995.

Küpper, Hans-Ulrich: (Controlling) Controlling. Konzeption, Aufgaben und Instrumente, 3. Auflage, Stuttgart 2001.

Küpper, Hans-Ulrich: (Konzeption) Controlling. Konzeption, Aufgaben und Instrumente, 4. Auflage, Stuttgart 2005.

Küpper, Hans-Ulrich: (Aufgaben) Controlling. Konzeption, Aufgaben und Instrumente, 5. Auflage, Stuttgart 2008.

Lachnit, Laurenz (Systemorientierte Jahresabschlußanalyse) Systemorientierte Jahresabschlußanalyse Wiesbaden 1979.

Leyk, Jörg: (Rollierender Forecast) Budgetierungsaufwand senken und Unternehemnsziele besser erreichen, in: Gleich, Ronald, Stefan Hofmann und Jörg Leyk (Hrsg.): Planungs- und Budgetierungsinstrumente – Innovative Ansätze und Best-Practice für den Managementprozess, Freiburg, Berlein, München 2006.

Liessmann, Konrad: (Strategisches Controlling) Strategisches Controlling – Konzept, Werkzeuge, Umsetzung, in: Freidank, Carl-Christian und Elmar Mayer: Controlling-Konzepte. Neue Strategien und Werkzeuge für die Unternehmenspraxis, 5. Auflage, Wiesbaden 2001, S. 3–102.

Lohmann, Karl: (Kapazitätswirkungen) Kapazitäts- und Finanzierungswirkungen von Investitionen in abnutzbare Anlagegegenstände, in: Standort Deutschland, hrsg. von W. Lücke und K. Schulz, Wiesbaden 1991, S. 171–226.

Losbichler, Heimo: (Controlling) Controlling – 30 Jahre in die Zukunft, in: Controller-Magazin, 31. Jg., 2006, Heft 1, S. 52–58.

Lux, Wilfried und Alexander Schmidt: (Strategieumsetzung) Strategieumsetzung mit der BSC. Standards und Templates, in: Controller-Magazin, 34. Jg., Heft 4, 2009, S. 93–99.

Männel, Wolfgang: (Kostenrechnung 1) Kostenrechnung 1. Grundlagen, Aufbau und Anwendung, 4. Auflage, Wiesbaden 1986.

Männel, Wolfgang: (Kostenrechnung 2) Kostenrechnung 2. Moderne Verfahren und Systeme, 3. Auflage, Wiesbaden 1990.

Matthäus, Heidrun und Wolf-Gert Matthäus: Mathematik für BWL-Master. Ergänzende Kapitel für die weiterführende Qualifikation, Wiesbaden 2009.

Mayer, Elmar: (Leitbildcontrolling) Leitbildcontrolling als Denk- und Steuerungskonzept in der Informations- und BIONIK-Wirtschaft, in: Controlling-Konzepte. Neue Strategien und Werkzeuge für die Unternehmenspraxis, hrsg. von Carl-Christian Freidank und Elmar Mayer, S. 103–144, Wiesbaden 2001.

Mellerowicz, Konrad: (Planung) Planung und Plankostenrechnung, Band II: Plankostenrechnung, Freiburg 1972.

Mensch, Gerhard: (Finanz-Controlling) Finanz-Controlling, Finanzplanung und – kontrolle, Controlling zur finanziellen Unternehmensführung, 2. Auflage, München 2008.

Meyer, Matthias und Bernhard Hirsch: (Projektcontrolling) Überblick über das Projektcontrolling, in: Bereichscontrolling. Funktionsspezifische Anwendungsfelder, Methoden und Instrumente, hrsg. von Schäffer, Utz und Jürgen Weber, Stuttgart 2005, S. 405 – 422.

Muschol, Horst und Bernd Zirkler: (Kompendium) Kompendium des Rechnungswesens, Band 2, Entscheidungsorientiertes (internes) Rechnungswesen, Plauen 2009.

Olfert, K.: (Kostenrechnung) Kostenrechnung, 13. Auflage, Ludwigshafen 2003.

Peemöller, Volker, H.: (Controlling): Controlling. Grundlagen und Einsatzgebiete, 4. Auflage, Herne/ Berlin 2002.

Pfläging, Niels: (Beyond Budgeting) Ziele und Leistung im Steuerungsmodell Beyond Budgeting – eine Neudefinition, in: Controller-Magazin, Heft 5/ 2005, S. 410–416.

Pfohl, Hans-Christian: (Planung) Planung und Kontrolle, Stuttgart 1981.

Porter, Michael E.: (Wettbewerbsstrategien) Wettbewerbsstrategien (Competitive Strategy). Methoden zur Analyse von Branchen und Konkurrenten, 6. Aufl., Frankfurt/New York 1990.

Porter, Michael E.: (Wettbewerbsvorteile) Wettbewerbsvorteile. Spitzenleistungen erreichen und behaupten, Frankfurt/ New York 1986.

Porter, Michael E.: (Competitive Advantage) Competitive Advantage, New York 1985.

Probst, Hans-Jürgen: (BSC) Balanced Scorecard leicht gemacht. Zielgrößen entwickeln und Strategien erfolgreich umsetzen. Leipzig 2007.

Reichmann, Thomas: (Kennzahlen) Controlling mit Kennzahlen und Management-Tools. Die systemgestützte Controlling-Konzeption. 7. Aufl., München 2006.

Reinecke, Sven und Gerold Geis: (Kennzahlen) Kennzahlengestütztes Marketing-controlling in Dienstleistungsunternehmen, in: Forum Dienstleistungsmanagement – Dienstleistungscontrolling, hrsg. von Manfred Buhn und Bernd Stauss, Wiesbaden 2006.

Reinecke, Sven und Simone Janz: (Marketingcontrolling) Marketingcontrolling. Sicherstellen von Marketingeffektivität und –effizienz, Stuttgart 2007.

Rickards, Robert C.: (Budgetplanung) Budgetplanung kompakt, München, Wien 2007.

Riebel, Paul: (Einzelkostenrechnung) Einzelkosten- und Deckungsbeitragsrechnung, Opladen 1972.

Riebel, Paul: (Deckungsbeitragsrechnung) Einzelkosten- und Deckungsbeitragsrechnung, 7. Auflage, Wiesbaden 1994.

Riebel, Paul: (Einzelkostenrechnung) Einzelkosten- und Deckungsbeitragsrechnung. Grundfragen einer markt- und entscheidungsorientierten Unternehmensrechnung, 7. Auflage, Wiesbaden 1994.

Runzheimer, Bodo, Thomas Cleff und Wolfgang Schäfer: (Operation Research) Operation Research. Lineare Planungsrechnung und Netzplantechnik, 8. Auflage, Wiesbaden 2005.

Samuelson, Paul A. und William D. Nordhaus: (Volkswirtschaftslehre) Volkswirtschaftslehre. Das internationale Standardwerk der Makro- und Mikroökonomie, Landsberg am Lech 2005.

Schäffer, Utz: (Ethik) Wie halten es Controller in deutschen Unternehmen mit der Ethik? – im Zeichen der Wirtschaftskrise, in: Controller-Magazin, 34. Jg., Heft 4, 2009, S. 10–11.

Schäffer, Utz und Jürgen Weber (Hrsg.): (Bereichscontrolling) Bereichscontrolling. Funktionsspezifische Anwendungsfelder, Methoden und Instrumente, Stuttgart 2005.

Schäffer, Utz und Julia Künkele: (Budgetkontrolle) Budgetkontrolle in deutschen Unternehmen. Eine Bestandsaufnahme, in: Controlling, Heft 1/ 2006, S. 5–12.

Schentler, Peter, Robert Rieg und Ronald Gleich: (Budgetierung) Budgetierung im Spannungsverhältnis zwischen Motivation und Koordination, in: Controlling, 22. Jg., Heft 1, 2010, S. 6–11.

Schierenbeck, Henner und Michael Lister: (Value Controlling) Value Controlling. Grundlagen Wertorientierter Unternehmensführung, 2. Aufl., München 2002.

Schmalenbach, Eugen: (Selbstkostenrechnung) Selbstkostenrechnung, in: Zeitschrift für handelswissenschaftliche Forschung, 13/ 1919, S. 257–299.

Schmalenbach, Eugen: (Selbstkostenrechnung) Selbstkostenrechnung und Preispolitik, 1934, S. 175.

Schmidt, Andreas: (Kostenrechnung) Kostenrechnung. Grundlagen der Vollkosten-, Deckungsbeitrags- und Plankostenrechnung sowie des Kostenmanagements, 4. Auflage, Stuttgart 2005.

Schneider, Dieter: (Lernkurven) „Lernkurven" und ihre Bedeutung für Produktionsplanung und Kostentheorie, in: Zeitschrift für betriebswirtschaftliche Forschung, 17. Jg., 1965, S. 501–515.

Schneider, Dieter: (Betriebswirtschaftslehre) Allgemeine Betriebswirtschaftslehre, 3. Auflage, München/ Wien 1994.

Schneider, Dieter: (Grundlagen) Betriebswirtschaftslehre. Band 1: Grundlagen, 2. Auflage, München/ Wien 1995.

Schneider, Dieter: (Rechnungswesen): Betriebswirtschaftslehre, Band 2: Rechnungswesen, 2. Auflage, München/ Wien 1997.

Schön, Dietmar und Karl-Heinz Irmer: (Forecasting) Effiziente Steuerung mit Forecasting und Integrierter Unternehmensplanung bei der GRAMMER Gruppe, in: Controlling, 22. Jg., Heft 1, 2010, S. 49–56.

Schweitzer, Marcel und Hans-Ulrich Küpper: (Systeme) Systeme der Kosten- und Erlösrechnung, 8. Auflage, München 2003.

Schweitzer, Marcel und Hans-Ulrich Küpper: (Kosten- und Erlösrechnung) Systeme der Kosten- und Erlösrechnung, 9. Auflage, München 2008.

Shank, John K.: (Cost Driver Analysis) Cost Driver Analysis: One Key to Effective Cost Management, in: Kostenmanagement. Wertsteigerung durch systematische Kostensteuerung, hrsg. von Klaus-Peter Franz und Peter Kajüter, 2. Auflage, Stuttgart 2002, S. 75–89.

Simons, Dirk und Barbara E. Weißenberger: (Konvergenz) Die Konvergenz von externem und internem Rechnungswesen – Kritische Faktoren für die Entwicklung einer partiell integrierten Rechnungslegung aus theoretischer Sicht, in: Betriebswirtschaftliche Forschung und Praxis (BFuP), 60. Jg., Heft 2, S. 137–162.

Steinmüller, Peter H., Ekbert Hering und William Jórasz: (Controller) Die neue Schule des Controller, Band 2: Kosten- und Leistungsrechnung, ganzheitliches Controlling, Stuttgart 1999.

Tschandl, Martin und Roland Baumann: (Controlling) Controlling. State of the Art, in: Controller-Magazin, Heft 1/ 2002, S. 100–106.

Tschandl, Martin und Peter Schentler: (Beyond Budgeting) Missverständnis Beyond Budgeting. Warum die Diskussionen um Beyond Budgeting im falschen Kontext geführt werden, in: Controller-Magazin, Heft 1/ 2006, S. 91–96.

Vögele, Alexander und Ulrich Schetter: (Verrechnungspreise) Der Zusammenhang zwischen den Verrechnungspreisen und einer wertorientierten Unternehmensführung, in: Controlling, 21. Jg., Heft 11, 2009, S. 585 – 590.

Wagenhofer, Alfred: (Controlling) Zusammenwirken von Controlling und Rechnngslegung nach IFRS, in: Controlling und IFRS-Rechnungslegung, hrsg. von Alfred Wagenhofer, Berlin 2006, S. 1–20.

Waniczek, Mirko: (Berichtswesen) Berichtswesen optimieren. So steigern Sie Effizienz in Reporting und Controlling, Frankfurt am Main/ Wien 2002.

Weber, Jürgen (Hrsg.): (Rechnungswesen) Einführung in das Rechnungswesen. 2. Kostenrechnung, 5. Auflage, Stuttgart 1997.

Weber, Jürgen und Utz Schäffer: (Controlling) Einführung in das Controlling, 10. Auflage, Stuttgart 2004.

Weber, Jürgen und Utz Schäffer: (Einführung) Einführung in das Controlling, 12. Auflage, Stuttgart 2008.

Weber, Jürgen und Utz Schäffer: (BSC) Balanced Scorecard & Controlling. Implementierung – Nutzen für Manager und Controller – Erfahrungen in deutschen Unternehmen, 2. Aufl., Wiesbaden 2000.

Weber, Jürgen: (Erfolg der Controller) Erfolg der Controller – Stand und Entwicklungstendenzen der Controlling-Forschung, Emden 2009.

Weber, Thomas A. und Andreas Daum: (Prozessmanagement) Wertorientierung im Prozessmanagement, in: Controller-Magazin, Heft 4/ 2005, S. 381–384.

Wedell, Harald: (Grundlagen) Grundlagen des Rechnungswesens, Band 2: Kosten- und Leistungsrechnung, 9. Auflage, Herne/ Berlin 2004.

Weißenberger, Barbara E. und Cornelia A. J. Haas: (Neuausrichtung) Neuausrichtung der Interpretationsfunktion des Controllings, in: Controlling & Management, Sonderheft 2/ 2004, S. 54–62.

Weißenberger, Barbara E./ International Group of Controlling – IGC: (Controller und IFRS) Controller und IFRS, Freiburg 2006.

Weißenberger, Barbara E.: (IFRS) IFRS für Controller, Freiburg, Berlin, München 2007.

Wild, Jürgen: (Budgetierung) Budgetierung, in: Marketing Enzyklopädie, München 1974, S. 325–340.

Wöhe, Günter und Ulrich Döring: (Einführung), 23. Auflage, München 2008.

Wüpping, Josef (Konjunkturelle Achterbahn) Konjunkturelle Achterbahn – nach Aufschwung kommt Abschwung kommt Aufschwung, in: Controller-Magazin, Heft 1, 2010, S. 4–6.

Ziegenbein, Klaus: (Controlling) Controlling, 7. Auflage, Ludwigshafen 2002.

Ziegenbein, Klaus: (Kompakt-Training) Kompakt-Training Controlling, hrsg. von Klaus Olfert, Ludwigshafen 2001.

Stichwortverzeichnis

Für ein effizientes Studium

Hans Corsten, Joachim Deppe
Technik des wissenschaftlichen Arbeitens

3., vollständig überarbeitete Auflage 2008
142 S. | Broschur
€ 16,80 | ISBN 978-3-486-58753-1

Die Autoren stellen für alle Bereiche des Studiums relevante Arbeitstechniken verständlich dar. Der Aufbau des Buches folgt dabei dem Studienverlauf: Kapitel A umreißt die Organisation des Studiums, Kapitel B folgt den Studierenden in den Hörsaal und zeigt die Technik des Mitschreibens auf. Die vielen Studenten bis in hohe Semester hinein verschlossene Welt der Bibliotheken öffnet die Beschreibung der Literatursuche in Kapitel C. Die in Kapitel D beschriebenen Techniken geben nützliche Hinweise zu den unterschiedlichsten Bereichen des wissenschaftlichen Arbeitens. Kapitel E zeigt, wie das gesammelte und verarbeitete Wissen im Rahmen von Präsentationen und Prüfungen durch die Studierenden dargeboten werden kann.

Das Buch richtet sich an Studierende aller Studienrichtungen sowie an Leser, die an ihrer Dissertation arbeiten.

Über die Autoren:

Univ.-Prof. Dr. habil. Hans Corsten ist seit 1995 Inhaber des Lehrstuhls für Produktionswirtschaft an der Universität Kaiserslautern.

Dr. Joachim Deppe ist Vice President Human Resources & Organisation in einem internationalen Industriekonzern und Lehrbeauftragter für Personalmanagement an der Fachhochschule Köln.

Oldenbourg

150 Jahre
Wissen für die Zukunft
Oldenbourg Verlag

Bestellen Sie in Ihrer Fachbuchhandlung oder direkt bei uns: Tel: 089/45051-248, Fax: 089/45051-333
verkauf@oldenbourg.de

Das erste Fachbuch zur Finanzkrise

Michael Bloss | Dietmar Ernst
Joachim Häcker | Nadine Eil

Von der Subprime-Krise zur Finanzkrise

Immobilienblase: Ursachen, Auswirkungen,
Handlungsempfehlungen

2008 | 247 S. | gb. | € 29,80 | ISBN 978-3-486-58873-6

Milliardenschwere Rettungspakete kontra drohende
Staatspleiten – die Finanzkrise hat die Börsenwelt im Griff.
Und sie ist nicht mehr allein ein Problem der Banken, längst
sind auch die Bürger betroffen, die sich um die Sicherheit
ihrer Geldanlagen und um die Zukunft ihrer Arbeits-
plätze sorgen. Und als Steuerzahler fragen sie sich, welche
Belastungen noch auf die Staatskasse zukommen.

Doch wie wurde die Subprime-Krise in den USA – und
damit die Finanzkrise – eigentlich ausgelöst und warum
konnte sie sich über die gesamte Welt ausbreiten? Und
welche Rolle spielten Zentralbanken, Rating-Agenturen
und Hedge-Fonds? All das und noch einiges mehr beant-
wortet das erste Buch zum Finanzfiasko. Die vier Autoren
– vom Wertpapierspezialisten bis zum Wirtschafts-
professor – analysieren die Ursachen, schildern die Auswirkungen und geben sogar Handlungsempfehlungen.

»Ein guter Ratgeber zur richtigen Zeit.«
(Hamburger Morgenpost)

Über die Autoren:
Michael Bloss ist Wertpapierspezialist und Prokurist der
Commerzbank AG.

Dr. Dr. Dietmar Ernst ist Professor an der Hochschule für
Wirtschaft und Umwelt (HfWU) in Nürtingen.

Dr. Dr. Joachim Häcker ist Professor an der Hochschule
Heilbronn.

Nadine Eil arbeitet bei der KfW IPEX-Bank GmbH in
Frankfurt/Main.

Schon aufgefallen?
Praxisbücher bei
Oldenbourg jetzt im
neuen Layout!

Bestellen Sie in Ihrer Fachbuchhandlung oder
direkt bei uns: Tel: 089/45051-248, Fax: 089/45051-333
verkauf@oldenbourg.de

Oldenbourg

www.ingramcontent.com/pod-product-compliance
Lightning Source LLC
Chambersburg PA
CBHW081037220326
41598CB00038B/6908